当·代·中·国·学·术·精·品

哲学

中国哲学史新编

中

冯友兰/著

人民出版社

目录

第三册

第 四 册

第 三 册

绪　论

第一节　“过　秦”

秦始皇兼并了六国，统一了全中国，把中国置于一个最高统治者的统治之下，建立了专制主义的中央集权的全国性的政权，这样他就完成了当时地主阶级的第一项重大的历史任务。

在秦始皇统一全国以后，他下令说：“寡人以眇眇之身，兴兵诛暴乱。赖宗庙之灵，六王咸伏其辜，天下大定。今名号不更，无以称成功，传后世。其议帝号。”李斯等人说：“昔者五帝，地方千里，其外侯服、夷服。诸侯或朝或否，天子不能制。今陛下兴义兵，诛残贼，平定天下。海内为郡县，法令由一统。自上古以来未尝有，五帝所不及。”他们建议尊秦始皇为泰皇。秦始皇改泰皇为皇帝，并且下命令说：“朕为始皇帝，后世以数计，二世、三世至于万世，传之无穷。”(《史记·秦始皇本纪》)

秦始皇和李斯等的对话，不能认为仅只是一般的吹捧之词。他们确实作出了前所未有的事业。也不能认为仅只是说出了他们这些人的个人意见。从阶级的观点看，他们的这些话，是代表地主阶级说的。地主阶级推翻了奴隶主阶级的统治，又统一了全中国，建立了全国性的地主阶级专政的政权。于是全中国只有一个政府，一个法律，一个经济组织，一个交通系统，一个道德标准。这就为巩固封建制度创造了极有利的条件，使地主阶级政权得到稳固的基础。于是他们就认为封建制度和地主阶级政权从此可以万世长存，永远不变。秦始皇所说的“至于万世，传之无穷”，就是表现了当时地主阶级的这种意识。

秦始皇在建立统一的、全国性的政权过程中，实行了一项对其政权具有根本意义的重要措施，那就是实行郡县制。郡县制代替分封制是经过了一个相当长时期的过程的。在春秋时期，有些诸侯国就在本国内实行郡县制，这在本书第一册中已经讲过。到战国末期，郡县制已经相当普遍地施行。秦始皇统一全中国后，更加有计划、有系统、大规模地施行郡县制。可是，主张恢复分封制的也还有其人。在当时的情况下，主张恢复分封制是就制度而言，分封的对象不一定就是原来的奴隶主。地主也不因为受了封就成为奴隶主。在封建社会中，也可以实行分封制。地主也可以世袭为侯王。

在秦朝统一以后，彻底实行郡县制和重新分封诸侯两种主张又成为当时政治上公开辩论的问题。当时的丞相王绾等言：“诸侯初破，燕、齐、荆地远，不为置王，毋以填之，请立诸子。”（《史记·秦始皇本纪》）这一派的人拥护旧制度，认为一个边远地方如果没有王，就好像是个“真空地带”，要有王把“真空”填起来（“以填之”）。

李斯反对这个建议。他说，周朝所封子弟同姓很多，后来都自相攻击，“诸侯更相诛伐”。现在既然“一统皆为郡县”了，这是“安宁之术”，所以“置诸侯不便”（同上）。秦始皇接受他的建议，分天下为三十六郡，由中央政府所任命的官吏直接统治，把原来各国所有的防御工事以及截断河流的堤防一律撤除，又统一了度、量、衡、车轨和文字，使中国社会达到前所未有的统一。

可是，上面所说的两派意见还是分歧。到秦始皇三十四年（前213年），又有周青臣和淳于越的辩论。在秦始皇面前，周青臣说：“以诸侯为郡县，人人自安乐，无战争之患。”一个博士淳于越反驳说，郡县制是古来所没有的，“事不师古而能长久者，非所闻也”。这又牵涉到儒家向来坚持的一个原则，就是“师古”。秦始皇叫群臣讨论。李斯反驳淳于越说，“五帝不相复，三代不相袭，各以治，非其相反，时变异也”。这是法家向来主张变法的论据。李斯接着说，以前诸侯割据，“天下散乱”，各家各派的“私学”也都兴起来了，私学“语皆道古以害今，饰虚言以乱实”；现在已经统一了，“百姓”应该“力农工”，“士”应该学习法令；可是还有“私学”，“闻令下则各以其学议之，……如此弗禁，则主势降乎上，党与成乎下”。所以李斯主张“禁之便”。他又建议，发布禁令，除属于技术一类的著作，“医药、卜筮、种树之书”以外，民间所藏的“《诗》《书》百家语”都要烧掉。有谈论《诗》、《书》的就处死；有“以古非今”的，杀其全家；有愿学法令的，“以吏为师”。这个建议，经秦始皇批准执行(《史记·秦始皇本纪》)。这样就完全实现了韩非所说的“明主之国，无书简之文，以法为教；无先王之语，以吏为师”(《韩非子·五蠹》)。

封建社会的经济基础，经过三四百年的发展，到这时候已经确定下来了，这个时候所需要的是建立一套与之相适应的上层建筑，把它保持下来。秦始皇和李斯的“以法为教”、“以吏为师”的政策，就是这一方面的具体措施。他们是想在上层建筑方面实行暴力专政，“焚书坑儒”便是暴力的表现。要建设一套上层建筑，千头万绪，本来是极其复杂的事，秦始皇和李斯把问题看得太简单了，所用的手段也太生硬粗暴了，他们实际上是搞了一个“真空”，这个“真空”是几条法令，一群官吏，所万万不能“填补”的。他们想用快刀斩乱麻的手段，割断历史，但历史是不能割断的。谁要企图割断它，它就会把割断者割断。秦朝的灭亡证实了这个真理。

秦朝是中国封建社会的第一个统治全中国的大朝代，秦始皇是秦朝的第一个皇帝，他为地主阶级全国性的政权打下了基础，从这个意义说，他真不愧为“始皇帝”，那个“始”字的历史意义就在这里。

地主阶级成功了，可是秦始皇和他的秦朝却失败了，而且失败得很惨。在他死以后,二世皇帝元年,农民的领袖陈胜就起义了。陈胜举起了反秦的义旗,全国同时响应,口号是“天下苦秦久矣”。二世皇帝挣扎了三年,在一次宫廷政变中被杀。他的继承人还没有来得及宣布为三世皇帝,刘邦所率领的义军就打到咸阳。在正式投降的仪式中,这位小皇帝就投降了。在中国历史中,一个统治全国的大朝代还没有这样短命的。在中国历史中,秦始皇是个悲剧性的人物,成功很大,失败很惨,成功和失败的对比最为鲜明。

在汉朝初年,人们纷纷议论这个对比,想从其中得到教训。当时的一位大思想家、大政论家贾谊作《过秦论》(论秦朝的错误)。他说:“秦以区区之地致万乘之势,序八州而朝同列,百有余年矣。然后以六合为家,殽函为宫。一夫作难,而七庙堕,身死人手,为天下笑者,何也?仁义不施而攻守之势异也。”问题提得尖锐,结论作得明确。司马迁把这篇文章全文抄入《史记》,作为《秦始皇本纪》论赞。司马光也把这篇文章引一段抄入《资治通鉴》,作为秦朝的结论(《汉纪一》)。贾谊结论的意思是说,在秦朝统一以前,秦国的战略是攻;在统一以后,形势变了,秦朝的战略应该是守,守就应该施仁义。秦朝不知道形势变了,还是专凭暴力。战略和形势不相符,所以很快就失败了。贾谊的这个结论,是有根据的。如果对于这段历史作阶级的分析,根据就更清楚了。

贾谊所谓形势变了,其最根本之点是什么呢?第一是社会的根本矛盾变了。从春秋以来,中国社会的根本矛盾是奴隶主同奴隶、农民及其他反奴隶主势力的矛盾。在奴隶社会被推翻以后,奴隶主阶级被消灭了,与此同时奴隶阶级也没有了,这两个阶级在激烈的阶级斗争中同归于尽。社会转入了封建社会,地主阶级取代了奴隶主阶级,成为统治阶级。与此同时,社会的根本矛盾就成为地主阶级与农民阶级的矛盾。

第二是地主阶级地位的转化。在奴隶社会中,新出现的地主阶级也是被奴隶主压迫统治的。在社会转入封建社会过程中,地主阶级由被统治阶级转化为统治阶级了。对于农民来说,地主阶级同样是一个剥削阶级，但是，在与奴隶主的斗争中，农民是拥护封建制的，因为在封建的生产关系中，农民在社会财富的分配中也占有一定地位，不再像奴隶那样，只被视为会说话的工具。在封建的生产和分配中，农民的地位提高了，生活也相对地改善了，他们拥护封建制，所以能同地主阶级共同反对奴隶主阶级。农民与地主阶级是有矛盾的，但这个矛盾为对奴隶主阶级的共同斗争所掩盖。地主阶级成为统治阶级以后，这个矛盾就突出了。在这种形势下，地主阶级的战略应该是守。所谓守，就是要守住它的既得利益。它对于奴隶主的战略是攻，但对于农民的战略应该是守。

第二节 “宣　汉”

汉高祖在取得政权以后，作了一首《大风歌》。歌词说：“大风起兮云飞扬，威加海内兮归故乡，安得猛士兮守四方。”他知道要注重守，这个守，不完全是守住四方的疆域，其中也是要守住地主阶级既得的政权和利益。

贾谊所谓“攻守之势异也”的历史意义就在这里。贾谊未必能充分地认识这个意义。一个作家往往不能够认识他自己所说的话的充分意义。一个大人物也往往不能够认识他的行动的充分意义。那就是说，一个大作家往往不能够充分地认识他说的是什么话，一个大人物也往往不能认识他做的是什么事。因为他们所说的话和所做的事是历史趋势的反映，而历史的趋势往往是在事情发生以后才能被明确地认识。

守的主要措施，应该是缓和地主阶级与农民之间的矛盾，而不是加剧这种矛盾。但是秦朝的政治措施，正是加剧和激化这种矛盾。秦朝的各种措施，迫使农民敢怒而不敢言。唐朝的杜牧把这六个字稍微颠倒了一下，改为“不敢言而敢怒”（《阿房宫赋》），民不敢言而敢怒，这个怒如果爆发,那可不得了。秦朝就是在这种民怒爆发之下而土崩瓦解的。

要缓和地主阶级同农民之间的矛盾,地主阶级就要施仁义。所谓施仁义,就是要使农民的生产得以提高,农民的生活得以改善,使人觉得舒服一点,愉快一点。儒家的三个大人物孔丘、孟轲、荀况,都说有两种政治,两种统治术,一个叫"王",一个叫"霸"。孔丘虽然没有用这两个词,但他明确地说有两种统治术,一种是"道之以德,齐之以礼",另外一种是"道之以政,齐之以刑"。孟轲说王是以德服人,霸是以力服人。"道之以政,齐之以刑"是法家的统治术,实际上就是奴隶主对于奴隶的统治术,是把奴隶当成牛马一样使用的办法。人们使用牛马,只要发一声号令,牛马就照着号令走。牛马不服从号令,就抽它几鞭子。这就是"道之以政,齐之以刑"。《管子·七法》说:"治人如治水潦;养人如养六畜;用人如用草木。"这就是奴隶主对待奴隶的态度和办法。在奴隶社会中,这种办法可以行得通,但是到了封建社会,这种办法就行不通了。因为劳动人民,已经觉悟到他们在社会财富的生产和分配中,占有一定的位置,不只是一种工具。对于他们,仍然是"道之以政,齐之以刑",他们就不吃那一套。在这种情况下,那就不能专靠以力服人了,必须用一种办法,叫他们在一定程度上心服,这就叫施仁义。

事情都是很复杂的,不能一概而论。一般说来,儒家是拥护传统的,法家是反对传统的。可是就统治术这一方面说,法家恰恰是继续奴隶主统治奴隶的办法,而儒家却有一套新路子、新办法。秦朝不知道中国社会已经进入到封建社会,仍然用奴隶主的统治术。措施和形势不相应,所以就碰得头破血流。用当时的话说,即贾谊所谓"仁义不施,而攻守之势异也"。

汉高祖问陆贾,秦朝为什么失败,以后他自己应该怎么办。陆贾说:"居马上得之,宁可以马上治之乎?"(《史记·郦生陆贾列传》)马上得天下，就是攻，要用暴力。如果要治天下，那就是守，守就不能专用暴力了。陆贾的这句话，也是当时的名言。

秦朝用法家的办法，所立的法很多，对于犯法的人用刑也很重。据说秦孝公死后，商鞅想逃出秦国，走到秦国的边境，要住一家旅馆，旅馆的主人说，商君之法，如果一家旅馆收留没有证件的客人，主人与客人一律同罪。"商君喟然叹曰：'嗟乎！为法之敝一至此哉！'"（《史记·商君列传》）法多了，老百姓动辄得咎。汉高祖打到咸阳，召集各县父老豪杰开会，说："父老苦秦苛法久矣，吾与诸侯约，先入关者王之，吾当王关中，与父老约，法三章耳：杀人者死，伤人及盗抵罪。余悉除去秦法。"（《史记·高祖本纪》）他把秦朝苛刻的法律一律废除，只立了三条简单的约法，这对于当时的老百姓说，是一个大解放。以后的吕后、文帝、景帝都本着高祖的这个精神对待老百姓。这就是所谓黄老之学。

黄老之学恰好就是当时的老百姓所需要的。老百姓所需要的就是统治者不要做什么事，让他们比较自由自在的生活，这就是所谓无为。在统治者无为的政治之下，老百姓可以恢复生产，提高生活水平，这就是历史上所说的"文景之治"。

这一段的无为为武帝的有为创造了条件。武帝做了三件大事：第一件是打退了匈奴对中原的入侵；第二件是定孔丘为一尊，确定了地主阶级的统治思想；第三件是利用国家的权力，打击商人。有了这三件大事，从春秋以来历史发展的成果就保持下来了，中国封建社会的基础和规模都固定下来了。在这三件事情中与本书有直接关系的是"罢黜百家"、定孔丘为一尊。

从表面上看来，定孔丘为一尊，就是以儒家思想作为统治思想。但是，历史是发展的，这个汉朝定为一尊的孔丘，已经不是原来的孔丘了，儒家思想也不是原来儒家的思想了。一个时代的统治思想，必须和当时的历史条件相适应，必须是针对当时的问题，能够解决当时的问题。无论某种思想原来是什么样子，经过这一适应，它就不是原来的样子了,这就叫发展。

汉朝的儒家思想,是春秋公羊学。照公羊家的说法,孔丘作《春秋》,为汉制法。就是说,孔丘预先知道有个汉朝,所以作《春秋》一书,为汉朝的精神文明定出一套规范。这个话有一半是真的,一半是假的。说孔丘预先知道有个汉朝,这当然是假的;但是为汉制法,这倒是真的。不过制法者不是孔丘本人,而是打着孔丘旗号的汉代春秋公羊家。公羊家的领袖是董仲舒。

武帝对董仲舒亲自发出策问,董仲舒作了回答,就是所谓《天人三策》。他们的所问所答,并不只是一些空话,确实是当时政治上、思想上的一些实际问题。武帝会问,董仲舒也会答。

公羊家所说的那一半假话,后来发展为谶纬。在谶纬中,儒家成为儒教,孔丘成为教主。若说儒家是一种宗教,在这个时期内倒有点像。

不过,这个时间并不很长。在西汉后期,出现了古文经学,反对公羊家的今文经学。在东汉初期,出现了王充的唯物主义哲学体系,作为董仲舒的对立面。

就中国历史上第一次社会大转变说,从春秋开始的转变,到秦始皇告一段落,到汉武帝才完全固定下来。在这次大转变中,原来的奴隶社会是"正",是"肯定";秦始皇所建立的秦朝是"反",是"否定";汉武帝所固定下来的封建制是"合",是"否定之否定"。就与此相适应的中国传统文化的发展说,原来的儒家是"正",是"肯定";法家是"反",是"否定";以董仲舒为代表的春秋公羊家是"合",是"否定之否定"。

否定之否定并不是简单地恢复过去,而是在新的条件下对过去的发展。

关于分封和郡县的争论,汉朝也建立了一个新的制度。龚自珍说:"汉有大善之制一,为万世法,关内侯是矣。汉既用秦之郡县,又兼慕周之封建,侯王之国,与守令之郡县,相错处乎禹之九州,是以大乱繁兴。封建似文家法,郡县似质家法,天不两立。天不两立,何废何立?

天必有所趋，天之废封建而趋一统也昭昭矣。然且相持低印徘徊二千余年，而后毅然定。何所定？至我朝而后大定。关内侯者，汉之虚爵也。虚爵如何？其人揖让乎汉天子之朝，其汤沐邑之入，稍稍厚乎汉相、公卿。无社稷之祭，无兵权，无自辟官属。”（《龚自珍全集·答人问关内侯》）这虚爵的办法使受封的人享有虚名，也分到一些土地，作为他的“汤沐邑”。但是，他在“汤沐邑”中只能收租税，不能掌政权。他的子孙可以继承“汤沐邑”的土地，但没有政权可以继承。这样的制度，就是有分封而无害于中央政府的统一。这也是一种正、反、合的发展。原来的分封制是正，是肯定；郡县制是反，是否定；虚爵制是合，是否定之否定。这个制度，在不同的程度上，一直实行于中国的封建社会中。

第二十五章

汉初黄老之学

贾谊的思想是很复杂的。在当时的阶级斗争形势下,他的思想的复杂性是地主阶级的意识的反映。从阶级斗争的形势看,当时地主阶级处在一个转攻为守的过程。在这个过程中,它考虑要改变秦朝的统治思想,但是,怎样改变?这是当时地主阶级所面临的又一个大问题。陆贾和贾谊建议用施仁义代替重赏罚,以注重礼替代注重法。但这只是一个建议,是一个开端。从建议到实行,这中间要有一个考虑和酝酿的过程。在这个过程中,地主阶级需要作出一个决定,在作出决定之前,还要从先秦以来的各家之中作一个选择;各家也有一个争取成为统治思想的斗争。司马迁说:"自曹参荐盖公言黄老,而贾生、晁错明申商,公孙弘以儒显。百年之间,天下遗文古事,靡不毕集。"(《史记·太史公自序》)太史公的这一段话,说出了这种斗争的一个概况。

第一节　曹参的黄老政治

曹参是汉高祖的同乡。在秦朝的时候,他同汉高祖和萧何都是秦朝的统治阶层中的小吏。后来跟着汉高祖起兵,立了功,当了当时齐国的丞相。他到任的时候,听说当地有个盖公"善治黄老言"。他派人把盖公请来。“盖公为言治道贵清静而民自定，推此类具言之。”（《史记·曹相国世家》）“贵清静而民自定”是个纲，“推此类具言之”，是说盖公对于这个黄老之学的中心思想作了相当详细的发挥。这个发挥的言论没有传下来。我们所知道的只是曹参用“黄老术”治理齐国。他在齐国做了九年丞相，据说“齐国大治”。

当时中央政府的丞相萧何死了，曹参被召到中央政府当丞相。他走的时候告诉他的继任人说：“以齐狱市为寄，慎勿扰也。”“后相曰：‘治无大于此者乎？’参曰：‘不然。夫狱市者，所以并容也。今君扰之，奸人安所容也？吾是以先之。’”（同上）这一段话的意义下文再说。且说曹参代替萧何以后，什么事情都没有变动，一切都照萧何的办法，他自己只是坐在家里喝酒。汉惠帝看见他不办事，觉得很奇怪。曹参对惠帝说：“高帝与萧何定天下、法令既明。今陛下垂拱，参等守职，遵而勿失，不亦可乎？”（同上）曹参做了三年丞相，老百姓歌颂他说：“萧何为法，顜若画一。曹参代之，守而勿失。载其清净，民以宁一。”（同上）

这就是曹参的黄老政治，这种政治其实就是实行法家的统治术的一个原则。这个原则就是，治国要先定出一套规章制度，有了规章制度以后，统治者要守着它，不可轻易改变。在汉朝建立以后，萧何定了一套规章制度。曹参认为，只要守着它，皇帝和丞相就可以使他们的臣下按着规章制度办事，让老百姓都照着规章制度生活，皇帝丞相就可以无为而治。曹参对惠帝说的那一段话，就是这个意思。据说老百姓的赞歌所说的也是这个意思。

第二节　汲黯的黄老政治

汲黯（卒于前 112 年），濮阳人，汉武帝时推行黄老政治的一个人物。司马迁记载:“黯学黄老之言,治官理民,好清静,择丞史而任之,其治,责大指而已,不苛小。”(《史记·汲郑列传》)当汲黯任东海太守的时候,用这种办法治理东海。据说“岁余,东海大治”,只用了一年多时间,东海就大治了。

汲黯的这种黄老政治合乎法家的一个原则。这个原则就是“上无为而下有为”。汲黯责成他的属吏,叫他们办事,这就是“下有为”,在叫他们办事的时候,要给他们一定的自由。汲黯只“责大指,不苛小”,说的就是这个意思。他并不亲自办事,这就是“上无为”。汲黯的身体不好,经常害病。但他能够责成他的属吏替他办事,这是法家的原则。要想达到上无为而下有为的原则,“上”必须“清静”。所谓清静有两方面的意思。一方面,这个“上”必须寡欲,这就是黄老之学所说的“虚一而静”。必须“虚一而静”才可以对下属的成绩作正确的判断,行公正的赏罚。另一方面,这个“上”心中必须寡欲,才可以不乱出主意,不瞎指挥。汲黯批评汉武帝说:“陛下内多欲而外施仁义,奈何欲效唐虞之治乎?”(同上)“内多欲”,就是说他不能寡欲,“外施仁义”,就是说他不能无为。照黄老之学看起来,“施仁义”也是有为。当时汉武帝正重用公孙弘和张汤。公孙弘讲仁义,张汤定律令。汲黯有好几次在武帝面前质问张汤,说他“非苦就行,放析就功”(同上)。这八个字有点费解,可能文字上有错误,但是大概的意思就是《史记》下文所说的。下文说,汲黯当面批评公孙弘和张汤,说他们“徒怀诈饰智,以阿人主取容。而刀笔吏专深文巧诋,陷人于罪,使不得反其真,以胜为功”。这段话,前半段是骂公孙弘,后半段是骂张汤。汲黯又骂张汤说:“天下谓刀笔吏不可以为公卿,果然。必汤也,令天下重足而立,侧目而视矣!”在汲黯看起来,张汤这一类人不过是一些刀笔吏。所谓刀笔吏就是玩弄法律的条文,专从文字上讲法律,不管法律的精神。这种人当小吏还可以,如果当公卿掌着大权那就要使天下的老百姓都人人自危。

第三节　司马迁父子的黄老之言

司马迁是《史记》的作者。他同他的父亲司马谈（卒于前110年）在汉初世袭为史官。他们父子都是讲黄老之学的，司马谈尤其如此。

司马迁说：司马谈“学天官于唐都，受《易》于杨何，习道论于黄子”（《史记·太史公自序》）。司马谈所作《论六家要旨》对于先秦各家思想作了一个概括的评述。他把先秦思想分为阴阳、儒、墨、名、法、道德六家。他认为在六家之中，道德家（道家）最高。其余各家都有所长也有所短。他认为道德家的思想能够包括其余五家的长处，而没有它们的短处。他所谓道德家其实就是黄老之学。他说：“道家无为，又曰，无不为。其实易行，其辞难知。其术以虚无为本，以因循为用。……虚者，道之常也；因者，君之纲也。群臣并至，使各自明也。其实中其声者谓之端，实不中其声者谓之窾。窾言不听，奸乃不生。贤不肖自分，白黑乃形。在所欲用耳，何事不成？乃合大道，混混冥冥，光耀天下，复反无名。凡人所生者神也，所托者形也。神大用则竭，形大劳则敝，形神离则死。死者不可复生，离者不可复反，故圣人重之。由是观之，神者生之本也，形者生之具也。不先定其神，而曰‘我有以治天下’，何由哉？”（《史记·太史公自序》）这里所讲的就是黄老之学。他首先从养生讲起，然后把养生之道应用到治国。他认为，人之所以生，主要的是形、神合，如果形、神分离，人就要死了。形当然是指人的身体，神是什么，他没有说，可能就是稷下黄老之学所讲的精气。稷下黄老之学认为，人的身体好比一所房子，神是住在房子里边的精气。神不离开形，人就生存。形里边住的神越多越好。如果精气少了，人就要生病，如果形里边完全没有精气，那个形也不能独立存在，这就是死亡。神和形都不能用得太多,过于劳累。如果过于劳累,形神就要分离。这个道理也要用来治天下。最高统治者要保持着自己的形、神,让它们不要分离,他首先得无为。可是,无为并不是什么都不做,而是要无不为。怎么样才能无为无不为?这就要用群臣替他办事,实行君主无为、臣下有为。怎么样可以保证臣下都在替他好好地办事?那就要使他们"自明",看他们办事的成绩是不是跟他们所说的或者所担任的职务相符合。这就是法家所讲的综核名实。

至于一般老百姓,可以说又是有为,又是无为。说他们是有为,是说他们都要做他们自认为是有利的事,既然都做事,那就是有为。可是,他们做这些事都是出于自愿,并不是出于勉强,所以也可以说是无为。照黄老之学的说法,让老百姓都做他们自认为是有利的事情,这就叫"因循",或者叫"因"。司马谈在这里所说的"因循"或"因"就是这个意思。

"因循"或"因"是黄老之学的前辈慎到所提出的。照慎到所说的"因"就是"用人之自为"(《慎子·因循》)。所谓"自为",就是为自己,替自己打算。慎到认为,统治者用人,所靠的是人人都趋利避害、替自己打算的这种私心。正因为人都有这种私心,所以统治者才可以用刑、赏把人组织起来,为他自己服务。这就叫作"用人之自为"(参看本书第二册第十六章《慎到和稷下黄老学派》)。

这个道理,《管子》中也讲过。《管子》说:"夫凡人之情,见利莫能勿就,见害莫能勿避。其商人通贾,倍道兼行,夜以续日,千里不远者,利在前也。渔人入海,海深万仞,就彼逆流,乘危百里,宿夜不出者,利在水也。故利之所在,虽千仞之山,无所不上,深渊之下,无所不入焉。故善者势利之在,而民自美安,不推而往,不引而来,不烦不扰,而民自富。如鸟之覆卵,无形无声,而唯见其成。"(《管子·禁藏》)意思就是说,凡人都是趋利避害的。每一个人也都知道怎么样可以得到他认为是利的东西,用不着统治者替他们操心。统治者只要听其自然,他们都可以找到他们所需要的东西。譬如鸟之覆卵,不声不响,到时候小鸟自然就出来了。

司马迁也讲这个道理。他说:“故待农而食之,虞而出之,工而成之,商而通之。此宁有政教发征期会哉?人各任其能,竭其力,以得所欲。故物,贱之征贵,贵之征贱,各劝其业,乐其事,若水之趋下,日夜无休时,不召而自来,不求而民出之。岂非道之所符而自然之验邪?”(《史记·货殖列传》)意思就是说,社会的财富、生产、流通,因为利之所在,自然会有人做农、矿、工、商这四种事情。在这四种事情中,每个人都可以发挥他的能力,得到他所要的东西,用不着在上的人发出命令征发。财富的流通有一定的规律。如果一种东西贱了,贱自然会把贵召来。如果一种东西贵了,贵自然会把贱召来。每一种职业的人,都有他自己认为是最好的方法。这是出于自然的,也就是合乎规律的。

司马迁又说:“天下熙熙,皆为利来。天下攘攘,皆为利往。”(同上)又说:“故善者因之,其次利道之,其次教诲之,其次整齐之,最下者与之争。”(同上)意思就是说,既然每一个人都在求利,就让他们求利好了。在上者最好不要干预,这就是“善者因之”。其次的办法是在不同程度上加以指导。最下的办法是同他们争利。

盖公同曹参所讲的“清静而民自定”,其意思就是司马迁所说的“上者因之”。“民自定”的这个“自”字很重要,就是说,照他们自己的打算,以满足他们自己的欲望。“清静而民自定”,就是稷下黄老学派的所谓“静因之道”(《管子·心术上》)。

当然人与人之间,总是会有矛盾的。照曹参的办法,这也不要管它。曹参离开齐国的时候告诉他的继任人说:“以齐狱市为寄,慎勿扰也。”“狱”字为“嶽”字之误。嶽市是齐国都城中的闹市,其中人物不齐,难免有闹事的情况。曹参认为,要把这些情况都看成一种暂时的情况(“寄”),不要干扰它。

曹参住在相府。相府的后园附近,有一个官僚的宿舍。那些官僚们每天都在宿舍里喝酒、唱歌、叫喊。管那个宿舍的人很厌恶这种情况,他想了一个办法,请曹参到相府的后园游玩。他想,曹参如果听见那个宿舍中的胡闹声音,必定要责备他们。谁知道,曹参听见那个宿舍中的人在喝酒、唱歌、叫喊,他也在他自己的园中,设了酒席,喝酒、唱歌、叫喊。曹参看见别人有些小的错误,他总是设法替他们掩盖(《史记·曹相国世家》)。这一段故事,可能就是他离齐国时向他的继任人说的那句话的说明。

在汉武帝的时候,有个人叫卜式。他出身于一个搞农业和畜牧业的家庭。他同他的弟弟分家的时候,只要一个有一百多头羊的羊群。他赶着羊群上山,过了十几年,羊增加到一千多头。那时候,汉武帝正打匈奴。卜式上书,愿意把他的家财捐出一半,为边防之用。汉武帝想叫他做官,他不愿意。汉武帝说,我也有些羊在上林苑中,你可以替我在那里牧羊。卜式在上林苑牧羊过了一年多,羊都很肥了,头数也增加了,武帝很赞赏他。卜式说:"非独羊也,治民亦犹是矣。以时起居,恶者辄去,毋令败群。"就是说,他牧羊的办法就是让羊的活动都有一定的时候。如果有得病的羊,就把它隔离出去,不让它败坏羊群。不仅牧羊用这个办法,就是"治民"也是这样。武帝听了他的话,很以为奇,想试用卜式"治民",叫他到缑氏去当一个县令。缑氏的老百姓都觉得卜式这种办法很方便(《汉书·公孙弘卜式兒宽传》)。卜式并不"为黄老言",但是,他所讲的道理就是当时黄老之言的道理。

在汉朝初年,黄老之学很受当权派的尊崇。司马迁记载了张释之的一个故事可以作为说明。张释之在文帝时候做官做到廷尉。景帝当太子的时候,有一次进朝到宫门口没有下车,张释之弹劾过他。后来景帝当了皇帝,张释之恐怕景帝杀他,深为忧虑。后来他用了一个善为黄老言的王生的计策。王生虽然不是什么大官,但很受皇帝的尊崇。在有一次朝会之中,所有的大臣都在站着。王生却在坐着。他向张释之说,我的袜子带解开了,你给我绑上。张释之跪在那里把王生的袜带绑上。在这件事情以后,有人向王生说,你为什么在朝廷之上、众人面前羞辱张廷尉,叫他跪在那里给你绑袜带?王生说,我这个人又老又贱,自己想着没有办法可以帮张廷尉的忙,张廷尉是当今的有名人物,所以我才羞辱他,叫他跪下给我绑袜带,我羞辱他正是尊重他。当时的大臣们听说这个话,果然都重视张释之,景帝也没有治张释之的罪(《史记·张释之列传》)。

当时最尊崇黄老的是文帝的皇后窦氏。司马迁记载说:"窦太后好黄帝老子言。帝(景帝)及太子(武帝)诸窦,不得不读黄帝老子,尊其术。"(《史记·外戚世家》)窦太后做了二十三年的皇后,十六年的皇太后,六年的太皇太后。在这四十五年之中,她极力推崇黄老之言。在景帝的时候,她召见了一个儒家的人辕固生,问他对于《老子》的意见。辕固生说:"此是家人言耳。"意思是说,这不过是一些老生常谈。太后大怒说:"安得司空城旦书乎?"司空城旦是一种罪人。意思就是说:你说我的《老子》书是家人言,我说你的儒家书是犯罪人的书。太后罚他到猪圈里去和猪斗。景帝心里知道辕固生没有什么罪,就暗中给辕固生一把利剑。辕固生进到猪圈,一下子就把猪刺倒。太后也就没有话说了(《史记·儒林传》)。不能认为窦太后这种举动仅只是她个人的行为。她是代表当时拥护黄老之学的那一派人,以发泄他们对儒家的愤恨。张释之和窦太后的这两个故事,固然都是些个人的事,但也不仅是个人的事。这两个故事说明当时黄老之学和儒家的斗争是很激烈的,也说明当时的地主阶级选择新的统治思想的一段过程。

司马迁对于曹参的无为政治大加称赞。他说:"参为汉相国,清静极言(本或无言字)合道。然百姓离秦之酷后,参与休息无为。故天下俱称其美矣。"(《史记·曹相国世家》)有些历史家盛称汉朝的"文景之治",归其功于黄老之学。其实,所谓"文景之治"有些是封建历史家的夸张。文帝时候的贾谊曾向文帝说:"汉之为汉几四十年矣。公私之积,犹可哀痛。失时不雨,民且狼顾。岁恶不入,请卖爵、子。既闻耳矣,安有为天下阽危者若是,而上不惊者!"(《汉书·食货志》)照贾谊所说的,当时的情况是危不是安。

汉初的黄老之学,实际上就是让老百姓在封建生产关系的范围内,自由竞争,发家致富。商鞅"废井田、开阡陌"的意义本来也就在此。《汉书·食货志》说:"秦孝公用商君,坏井田,开阡陌,急耕战之赏,虽非古道,犹以务本之故,倾邻国而雄诸侯。然王制遂灭,僭差亡度。庶人之富者累巨万,而贫者食糟糠。"就是说,这种政策,在短时期内可以刺激生产,提高生产者的积极性,发展生产力,但其后果是贫富两极分化,贫者更贫,富者更富。这倒是实际情况。

从阶级的观点说,在这种发家致富、自由竞争的情况下,商人处在有利的地位,农民的地位非常不利。晁错就这个问题作了一个对比,他说:一个五口之家的农民,有两个劳动力,能够种的地,至多不过一百亩。一百亩的收入,至多不过一百石粮食。他们的一切开支,都靠这一点粮食。一年之间,没有一天可以休息,非常勤苦。此外还有水旱之灾,官府的横征暴敛,当急于用钱的时候,只得把所有的东西半价出卖,或者是借高利贷,以致倾家荡产,卖儿卖女。可是商人呢?男的不种地,女的不织布,倒是吃好的,穿好的。所以商人"无农夫之苦,有阡陌之得",况且他们可以利用他们的财富结交官府,压迫农民。晁错得出结论说:"此商人所以兼并农人,农人所以流亡者也。"(《汉书·食货志》)晁错说的是商人对于农民的压迫,实际上也是说商人对于地主阶级的威胁。晁错提出的"粟虚"政策,就是打击商人的政策。实际上掌握粮食的是地主阶级,提高粮食的使用价值,就是提高地主阶级在经济上的权力。地主阶级在对商人做斗争的时候,运用它的专政的特权,打击商人,使商人在经济上处于不利的地位。

在汉朝初期,地主阶级和商人的斗争,是很激烈的。以下还要讲到。

第二十六章

汉初最大的政论家和哲学家——贾谊

陈胜所领导的农民大起义推翻了秦朝的政权，但没有推翻地主阶级的统治。在当时的各种势力的斗争中，刘邦取得了胜利，建立了汉朝，替代秦朝成为地主阶级的新的政治上的代理人。

秦朝的灭亡使地主阶级大为惊慌。它的政治上、思想上的代理人开始认真地考虑秦朝所以迅速灭亡的原因，想从它的失败中取得教训，重新考虑用什么办法能够对付农民的反抗，遏止农民的起义，以保存地主阶级的统治。汉高祖的“安得猛士兮守四方”这一句歌词，说的就是这个问题。

第一节　陆贾的“逆取顺守”的策略

汉高祖本来是不喜欢儒士的。在他起兵的时候，有些人戴着儒士的帽子去看他，他就把他们的帽子摘下来往里边撒尿（《史记·郦生陆贾列传》）。可是，他的一个谋士陆贾常在他面前称引《诗》、《书》。司马迁记载说：“陆生时时前说称《诗》、《书》。高帝骂之曰：‘乃公居马上而得之，安事《诗》、《书》？’陆生曰：‘居马上得之，宁可以马上治之乎？且汤、武逆取而以顺守之，文武并用、长久之术也。昔者吴王夫差、智伯极武而亡。秦任刑法不变,卒灭赵氏(秦亦称赵氏)。乡使秦已并天下,行仁义,法先圣,陛下安得而有之?'高帝不怿,而有惭色。乃谓陆生曰:'试为我著秦所以失天下、吾所以得之者何,及古成败之国。'陆生乃粗述存亡之征,凡著十二篇。每奏一篇,高帝未尝不称善,左右呼万岁。号其书曰《新语》。"(同上)

在这一段记载里,司马迁生动地叙述了汉高祖在当时所经常考虑的一个问题及其对于这个问题的思想转变的过程。他原来是反对儒家的,他骂陆贾说,你老子是骑在马上得天下的,用《诗》、《书》干什么?陆贾针对高祖这种思想作了回答。他把夫差、智伯专用武力和秦始皇专用刑法作为一类的事。因为这些都是一种暴力的形式。陆贾认为所谓"居马上得天下",就是用暴力夺取政权。但是得天下以后,专用刑罚,那就是继续专用暴力。如果经常是这样,那就要蹈夫差、秦始皇的覆辙。他举出商汤和周武作为另一种不同的典型。据他说,商汤灭夏桀、周武灭殷纣,用的都是暴力。用暴力叫"逆取"。可是在取得天下以后,汤、武就用"文"来统治他们的国家。这就叫做"顺守"。"逆取"以后,必继之以"顺守",才可以长久统治。如果秦始皇是这样,就不至于灭亡。陆贾的回答,恰好说中了汉高祖的心中的问题,于是汉高祖就叫他细讲秦朝所以灭亡的原因,以及他认为是所应该采取的策略。陆贾作了《新语》12 篇,其中心内容也就是司马迁所记载的那些思想。

稍后,进一步发挥这些思想的有贾谊。

第二节 贾谊对于秦朝所以灭亡的分析及其对付农民的策略

贾谊(前 200—前 168 年)是汉朝初年最大的哲学家、思想家和杰出的政论家。他从十八岁就开始政治和学术活动,三十三岁就死了。

在十五年中他对当时各方面的重大问题，都作了分析并提出积极的解决方案。这些方案成为后来汉朝的统治者制定政策的基础。

《汉书·艺文志》著录"贾谊五十八篇"。现有的《贾谊新书》大半是从《汉书》割裂下来的，不一定是原来的58篇，但还是研究贾谊思想的主要材料（以下引《新书》据卢文弨校本）。

贾谊《过秦论》在《史记》中不分篇，《新书》分之为上、下篇，后来又有人分之为上、中、下三篇。

照《新书》所编排的《过秦论》上篇论秦始皇，把秦朝所以灭亡的原因归结为一句话："仁义不施而攻守之势异也。"下篇继续对于攻守异势作了进一步的说明。他指出，秦始皇统一全中国的政策，是得到老百姓的拥护的。因为原来在诸侯割据的局面之下，各诸侯国"强侵弱，众暴寡，兵革不休，士民罢敝"。秦朝灭了六国，把全中国置于一个政府的统治之下，老百姓都希望从此以后可以不打仗了，可以平安过日子了。这是一种形势。贾谊说："夫并兼者高诈力，安定者贵顺权。以此言之，取与守不同术也。秦虽离战国而王天下，其道不易，其政不改。是其所以取之守之者无异也。"（《新书·过秦论下》）这里所说的"并兼者高诈力，安定者贵顺权"，就是陆贾所说的"逆取、顺守"。取与守的方法是不同的。秦朝在用诈力取天下之后应该改用守的方法，可是秦朝没有改，所以就很快地灭亡了。

陆贾和贾谊的这种意见，从阶级斗争的观点看，是说地主阶级在夺取政权的时候可以而且应该用暴力。在得到政权统一全中国以巩固政权的时候，也可以而且应该用暴力。但是，在政权已经巩固以后，就应该用另外一种方法对付老百姓。就是说，对付奴隶主阶级和敌国可以用暴力消灭它，可是对付老百姓专凭那一手就不行。

汉高祖的《大风歌》说："安得猛士兮守四方。"他也知道在他已经掌握了统治权以后，问题在于怎么样守住政权。陆贾和贾谊也都说，要注重"守"，并且提出了"守"的方法。这就回答了地主阶级取得了政权之后,在农民起义面前所要面临的问题。

陆贾和贾谊虽然都批判了秦朝,但并不是像后来的儒家那样,完全否定秦朝对于历史的贡献。他们只是说,秦朝所以先成功而后失败,这主要是由于在它统一全中国以前和以后的形势不同。形势不同,应付的方法也应该不同。在“取”的时候,秦朝用的方法对了,所以成功。在“守”的时候,秦朝不知道要改变方法,方法用错了,所以失败。

第三节 贾谊对于地主阶级的忠告

贾谊虽然认为,在农民起义的新的形势下,应该用“仁义”对付老百姓。但他讲“仁义”并不是像孟轲那样,从所谓“不忍人之心”出发,不是从“爱”出发,而是从地主阶级的功利主义出发。他根本瞧不起劳动人民,这在《过秦论》中已讲得很清楚。

他说:“夫民之为言也,瞑也;萌之为言也,盲也。”(《新书·大政下》)就是说,劳动人民都是愚昧无知的,如同瞎子一样。但是农民起义的成功使他不得不承认,“故夫民者,至贱而不可简也;至愚而不可欺也。故自古至于今,与民为仇者,有迟有速,而民必胜之。”(《新书·大政上》)贾谊的这些话,是地主阶级新得的教训,也是贾谊《过秦论》的逻辑的结论。

贾谊更明确地说:“闻之于政也,民无不为本也,国以为本,君以为本,吏以为本。故国以民为安危,君以民为威侮,吏以民为贵贱,此之谓民无不为本也。闻之于政也,民无不为命也,国以为命,君以为命,吏以为命。故国以民为存亡,君以民为盲明,吏以民为贤不肖,此之谓民无不为命也。闻之于政也,民无不为功也,故国以为功,君以为功,吏以为功。国以民为兴坏,君以民为强弱,吏以民为能不能。此之谓民无不为功也。闻之于政也,民无不为力也。故国以为力,君以为力,吏以为力。

故夫战之胜也，民欲胜也；攻之得也，民欲得也；守之存也，民欲存也。故率民而守，而民不欲存，则莫能以存矣；故率民而攻，民不欲得，则莫能以得矣；故率民而战，而民不欲胜，则莫能以胜矣。”（同上）

在这一段话中，贾谊从四方面说明民和国、君的关系。第一，民是国、君的根本；国、君都是依附于这个根本而存在的。根本安则枝叶安；根本危则枝叶危；所以“国以民为安危”。第二，民是国、君的命脉；国、君都是因为有了这个命脉而才能生活的。有了命脉才能生活，没有命脉就要死亡；所以“国以民为存亡”。第三，国、君的事业（“功”）都是民所做出来的。第四，国君的威力（“力”）都是民所给予的。孟轲说：“民为贵。”（《孟子·尽心下》）荀况说：“君者，舟也；庶人者，水也。水则载舟，水则覆舟。”（《荀子·哀公》）贾谊的这些话，从表面上看，不过是重复孟轲和荀况已经说过的意思。但是，贾谊的这些话是地主阶级从秦朝灭亡的教训中总结出来的，所以就有了更多的内容，更深的意义。

贾谊并不是站在劳动人民的立场分析历史的动力，而是站在地主阶级的立场，警告新得政权的地主阶级，不可忽视劳动人民的反抗力量。他向地主阶级大声疾呼说：“故夫灾与福也，非粹天也，又在士民也。呜呼！戒之！夫士民之志不可不要也。呜呼！戒之！”（《新书·大政上》）

第四节　贾谊恢复了关于“礼”、“法”的争论

贾谊又恢复了从春秋末以来的关于“礼”与“法”的辩论。他说：“夫礼者，禁于将然之前；而法者，禁于已然之后。是故法之所用易见，而礼之所为生难知也。若夫庆赏以劝善，刑罚以惩恶；先王执此之政，坚如金石；行此之令，信如四时；据此之公，无私如天地耳；岂顾不用哉？然而曰‘礼云礼云’者，贵绝恶于未萌，而起教于微眇，使民日迁善远罪

而不自知也。孔丘曰:‘听讼犹人也。必也使毋讼乎?’为人主计者,莫如先审取舍。取舍之极定于内,而安危之萌应于外矣。安者,非一日而安也;危者,非一日而危也;皆以积渐然,不可不察也。人主之所积,在其取舍。以礼义治之者积礼义;以刑罚治之者积刑罚。刑罚积而民怨背;礼义积而民和亲。故世主欲民之善同,而所以使民善者或异。或道之以德教,或驱之以法令。道之以德教者,德教洽而民气乐;驱之以法令者,法令极而民风哀(《大戴礼记》作‘民哀戚’)。哀乐之感,祸福之应也。”(《汉书·贾谊传》,又《大戴礼记·礼察篇》全钞此文)

贾谊的这段议论是春秋以来“礼”与“法”的争辩的继续发展,但是其意义不同。在先秦,“礼”与“法”的辩论,是地主阶级和奴隶主阶级两个阶级的斗争。在汉初,“礼”与“法”的辩论,主要是研究统治人民的两种方法。在这两种方法之中作出“取舍”。不同的取舍有不同的政治后果,即所谓“安危”。这个“安危”是就地主阶级的政权说的。贾谊明确地指出,“礼”与“法”在统治老百姓的作用上,有不同的效果。“礼者,禁于将然之前”,即事前预防。“法者,禁于已然之后。”是事后惩罚。贾谊并不主张完全不用“法”,他只是认为应把重点放在“礼”上。因为他认为,“法”仅能使老百姓不敢“为非”,而“礼”则能使老百姓根本没有“为非”的思想,这就是所谓“绝恶于未萌”。

上面引文的末段说明,贾谊企图用“礼”、“教化”,达到阶级调和。所谓“礼义积而民和亲”就是阶级调和论。

实际上,汉朝的统治者,是“礼”、“法”并用的。汉宣帝说:“汉家自有制度,本以霸王道杂之。奈何纯任德教,用周政乎?”(《汉书·元帝纪》)

贾谊认为,地主阶级所要求的道德品质可以用教育得来;人的品质是随着所受的教育的不同而改变的。他引孔丘的话说:“少成若天性,习惯如自然。”他又说:“化与心成,故中道若性。”又说:“大胡粤之人,生而同声,嗜欲不异;及其长而成俗,累数译而不能相通行者,有虽死而不相为者,则教习然也。”(《汉书·贾谊传》)贾谊对于“礼”的理论,是从地主阶级的长远利益出发的,是地主阶级的功利主义。在这一方面,他同荀况是一致的。贾谊认为“礼”不是人生来就知道的,是学来的。在这一方面,贾谊也是和荀况一致的。他不是像孟轲那样,认为人生来都有“善端”,教育只是将其扩而充之。他认为,习就可以成为性。他注重“习”,注重“礼”。在这些方面,贾谊是接着荀况讲的。

第五节　贾谊对于巩固地主阶级政权的一些建议

秦始皇灭了六国,统一全中国,建立了专制主义的中央集权的政权。秦朝的这一成就,贾谊是肯定的(见《过秦论下》)。汉初,又部分地恢复了分封制,与郡县制并行。分封的诸侯王国,强大起来,与中央政权对立。贾谊认为这是当时政治上的大患,称之为“可为痛哭”的事。他认为要解决这个问题不能用教化,必须用暴力。他说,从前有一个善于屠牛的人,一个早晨分割十二条牛,可是他所用的那把屠刀的锋芒不受损伤,这是因为他的刀所接触的都是牛的肉,顺着肉丝割下去,不受很大的阻力,如果是碰见大骨头,那就非用斧头不可,现在那些割据的诸侯王都是些大骨头,如果不用斧头而用刀锋,那样是不行的。他说:“仁义恩厚,人主之芒刃也;权势法制,人主之斤斧也。”对于诸侯王这些大骨头,就不能用“仁义恩厚”,而必须用“权势法制”(《汉书·贾谊传》)。贾谊的这些话是对于当时的诸侯王说的。但是他于无意之中泄露了所谓“仁义恩厚”的秘密。原来“仁义恩厚”也是一种“芒刃”,跟“权势法制”本质上是一类的东西,都是统治者进行统治的武器。

贾谊建议,先用表面上的“仁义恩厚”削弱诸侯国的势力。他提出了一个削弱诸侯国的策略,叫做“众建诸侯而少其力”。他说:“力少则易使以义,国小则亡邪心。"(同上)他建议汉文帝表面上说是对于割据诸侯施恩,让他们可以把国土再分封给他们的子弟。这样,原来是一个大国,一下子就分为几个小国。国小了,力量就弱了。力量弱了就容易听话,不敢有"邪心"。这种办法,西方称之为"分而治之"。

文帝采取了这种办法,也收到了一定的效果。可是,终究还是不行。到了景帝就发生了七个诸侯王国联合叛乱。景帝还是用兵才把叛乱平息下去,使中国恢复了统一局面。

贾谊的理想是:"令海内之势,如身之使臂,臂之使指,莫不制从。"(同上)这是秦始皇统一全中国的理想,是法家的理想,也是地主阶级的理想。在这一点上,贾谊并不"过秦",并不认为这是秦朝的错误,反而认为不继续执行秦朝的统一全中国的政策,那倒是大错。

贾谊认为,汉朝已经建立了二十余年,政权还没有十分稳固。他主张要积极建立封建社会的上层建筑,以巩固封建的经济基础。在这一方面,秦朝已经做了一些工作。

在周朝建立的时候,它的政治上和理论上的奠基人周公旦,捏造了一种理论,硬说他们是受了上帝的命令统治人民。这就是后来"君权神授"说的开始。这种说法宣称,君权是上帝授予的。秦国灭了六国,建立秦朝,不用这一套骗人的说法。李斯和秦朝的大臣并且批判了"君权神授"说。他们说:"古之五帝三王,知教不同,法度不明,假威鬼神,以欺远方。实不称名,故不久长。"(《史记·秦始皇本纪》)就是说,秦朝以前的统治者,明知自己的力量不足以统治,所以假借鬼神,以欺骗老百姓。李斯和这些大臣认为,秦朝的成功完全由于能用"法"和"威",不是由于什么"天命"和鬼神。他们在秦始皇巡行到的地方刻石歌颂秦始皇的"功德"说:"皇帝临位,作制明法,臣下修饬。二十有六年,初并天下,罔不宾服。"(《史记·秦始皇本纪》)"圣法初兴,清理疆内,外诛暴强。武威旁畅,振动四极,禽灭六王。"(同上)这就是说,秦朝的统治者的成功是靠自己的"威力"。这表明,地主阶级在上升的阶段，深信自己的力量，代表它的思想家也还在一定程度上保持唯物主义的哲学。这些刻石文，据说都是李斯作的，也是李斯写的，反映地主阶级的这种意识。

但是，地主阶级和秦朝的统治者也意识到，这种专凭“威力”的理论还不足以巩固自己的统治，还需要更多的理论根据。秦朝不用“天命”的说法，但也找出了另一个根据。《史记》说：“秦始皇既并天下而帝。或曰：‘黄帝得土德，黄龙、地螾见。夏得木德，青龙止于郊，草木畅茂。殷得金德，银自山溢。周得火德，有赤乌之符。今秦变周，水德之时。昔秦文公出猎，获黑龙，此其水德之瑞。’于是秦更命河曰‘德水’，以冬十月为年首，色上黑，度以六为名，音上大吕，事统上法。”（《封禅书》）下文说：“自齐威、宣之时，驺子之徒，论著终始五德之运。及秦帝，而齐人奏之，故始皇采用之。”（同上）可见，这个“或曰”，就是出自邹衍一派的人（关于邹衍，见本书第二册第十九章）。

秦始皇认为秦是“以水德王”。跟四时配合，冬季属水。因此秦朝就规定以十月为正月（一年的第一个月）。跟五色配合，水的色是黑，因此秦朝就以黑为正色。跟数目配合，水的数是六，因此秦朝以六为一个标准数。更重要的是，照阴阳家的说法，水在北方，它的性质是严酷死亡。因此秦朝政治上的一切措施的基本精神是“刚毅戾深，事决于法，刻削毋仁恩和义”（《史记・秦始皇本纪》）。秦始皇认为必须如此，“然后合五德之数”。这种“水德”恰好合于法家的政治思想的要求。

归根到底，秦朝还是假设一种超乎社会的力量作为它的统治的根据。照它的说法，它的统治不是靠“奉天命”而是靠“五德”运行中“水德”的“当运”。后来封建社会的皇帝兼用这两种虚构，自称为“奉天承运皇帝”。“奉天”是说“奉天命”；“承运”是说承“五德”的运行。

贾谊认为，汉朝既然是一个新的朝代，它就应该要用新的一套。他主张应该“改正朔、服色、制度，定官名，兴礼乐”，认为汉朝应该“色尚黄，数用五”（《汉书・贾谊传》）。秦自以为是“以水德王”、“数用六”。

贾谊认为,在五行中,胜水的是土,汉应该是“以土德王”,黄是“土”的颜色,五也是“土”的数目。贾谊和秦朝一样,不说汉朝的统治是“受天命”,而说它是当五行运行中的一“运”。就是说,他也不讲“奉天”,只讲“承运”。

对于汉初的政治上、社会上的重大问题,贾谊提出了一系列的解决办法,称为“治安之策”。《汉书·贾谊传》载了这套“策”的要点,现有的《新书》有许多篇都是《治安策》的一部分。

当时,商人阶级相当强大,他们的力量的扩张,妨碍农业生产,并且威胁地主阶级的政权。当时的地主阶级思想家都主张重农抑商。贾谊在《治安策》中也指出,在人民生活中,在国家政治中,粮食是最重要的东西。他说:“古之人曰:‘一夫不耕,或受之饥;一女不织,或受之寒。’生之有时,而用之亡度,则物力必屈。……今背本而趋末,食者甚众,是天下之大残也。……生之者甚少而靡之者甚多,天下财产,何得不蹷?”他主张“今驱民而归之农,皆著于本。使天下各食其力,末技游食之民转而缘南亩,则畜积足而人民乐其所矣。”(《汉书·食货志》又见《新书·无蓄》,有删节)

贾谊在《治安策》中论述当时的社会情况说:“夫百人作之,不能衣一人,欲天下亡寒,胡可得也。一人耕之,十人聚而食之,欲天下无饥,不可得也。饥寒切于民之肌肤欲其无为奸邪,不可得也。”(《汉书·贾谊传》)针对这种情况,贾谊认为必须采取有效的措施。他批判了“无为”的思想。他说:“国已屈矣,盗贼直须时耳,然而献计者曰:毋动为大耳。夫俗至大不敬也,至亡等也,至冒上也,进计者犹曰:毋为。可为长太息者此也。”(同上)在《治安策》中,贾谊主张确立封建社会的等级秩序:“立君臣,等上下,使父子有礼,六亲有纪。”他指出,“此非天之所为,人之所设也。夫人之所设,不为不立,不植则僵,不修则毁”。贾谊承认封建社会的等级制度,不是自然的产物,是社会的产物。不是出于人的本性,而是出于人为。但是他认为,正因为如此,统治者必须经常培修，不然就会失去，所以要赶紧把这些秩序规定下来。他说："秦灭四维而不张，故君臣乖乱，六亲殃戮，奸人并起，万民离叛，凡十三岁而社稷为虚。今四维犹未备也，故奸人几幸而众心疑惑。岂如今定经制，令君君臣臣上下有差，父子六亲各得其宜，奸人亡所几幸，而群臣众信，上不疑惑。此业一定，世世常安，而后有所持循矣。"（同上）这是说，由于秦王朝灭亡的教训，汉朝应该急于把封建的等级制度建立起来，其中最重要的是严格区别统治者与被统治者的界限，"君子"和"庶人"的界限，他说："廉、耻、节、礼，以治君子，故有赐死而亡戮辱，是以黥劓之罪，不及大夫。"他认为，如果不这样，"夫卑贱者习知尊贵者之一旦吾亦乃可以加此也，非所以习天下也，非尊尊、贵贵之化也"（《汉书·贾谊传》）。他的目的就是严格分别"卑贱者"与"尊贵者"，使"卑贱者"承认"尊贵者"与他们在社会地位上有本质的不同。这样"等级分明"就可以使"卑贱者"对于"尊贵者"不敢反抗。

第六节　贾谊的唯物主义哲学思想

作为一个政治家，贾谊站在地主阶级的立场，讨论了有关维护地主阶级政权的根本问题，并提出了具体解决办法。他的《治安策》对于巩固地主阶级的统治起了重大的作用。作为一个哲学家，贾谊继承并且发展了黄老学派的唯物主义思想，这表现在他所作的《道德说》（《新书》卷8）这篇论文中。以前人们都忽视了，以致其中的错字很多，有些地方不甚可解。但就其可解者看起来，这是汉初一篇最重要的哲学著作。

这篇论文可能是贾谊十几岁时候作的。论文开始就说："德有六理。何谓六理？曰：道、德、性、神、明、命，此六者，德之理也。"《六术》篇开始也提出"德有六理"，以下继续提出"六法"、"六术"、"六行"，

"阴阳各有六月之节,而天地有六合之事"。还有诗、书、易、春秋、礼、乐,谓之"六艺"。贾谊说:"艺之所以六者,法六法而体六行故也。故曰:六则备矣。六者,非独为六艺本也,他事亦皆以六为度。"(《新书》卷8)数目尚六是秦朝的制度,因为秦自命为"以水德王",六是水的数。贾谊后来认为汉应该是"以土德王",土的数是五,所以数目尚五。所谓"六则备矣","事亦皆以六为度",大概是他早年还未脱秦朝统治思想影响时候的见解。他早年也就是十几岁的时候。

他所讲的"德有六理"倒不是只为在形式上凑够六个数目。他所讲的六理,确是相当深刻的唯物主义思想。

《道德说》"以玉效德之六理",就是说,举玉为例以说明"德有六理"。下面接着说:"泽者鉴也,谓之道;腒如窃膏之德;湛而润,厚而胶谓之性;康若泺流谓之神;光辉谓之明,礐乎坚哉谓之命。"这是道、德、性、神、明、命的初步解释。这种解释很不明确,下文继续作进一步的解释。

下文说:"道者无形,平和而神,道物有(又)载物者。……模贯物形,通达空窍"。这是说,道的特点是"无形";"模贯物形,通达空窍"就是用以说明"无形"。因为无形,所以才能贯通于有形之中。下文说:"鉴者所以能见也;见者,目也。……在气莫精于目。目清而润泽若濡,无毳秽杂焉,故能见也。"这是说:道的"无形"就好像一面镜子,又好像人的眼珠。镜子和眼珠的内部,看起来是空洞的;可是,正因为如此,所以才能有"见"的作用。

下文说:"德者离无而之有,故润则腒然浊而始形矣,故六理发焉。六理所以为变而生也。……德者变及物理之所出也。未变者,道之颂(容)也;道,冰疑(凝)而为德。神载于德。德者,道之泽也。道虽神,必载于德而颂(容)乃有所因以发动变化而为变。变及诸生之理,皆道之化也。各有条理以载于德。德受道之化,而发之各不同状。"这是说,德是从道分化出来的;它"离无而之有",就是说,德开始从"无形"

到“有形”。“离无而之有”就是“变”。道是未变的“无形”，德是道的凝聚。凝聚就是“离无而之有”的变。德虽是从道分化出来，但道又为德之一理，因为道不是离开德而独立存在的东西，它就在德之中（“必在于德”），道必须在德之中才能发生作用（“颂乃有所因以发动变化而为变”）。“变及诸生之理”都是“道之化”，可是这些理都“载于德”。

贾谊说：人的眼珠是“气之精者”。他以此比喻道，但没有明确地说明，道也是“气之精者”。他说：“道，冰疑而为德。”卢文弨说：“冰古疑字。旧本下有一疑字，当是旧校者不识冰之即凝，故注一疑字作标记耳。”在他的《新书》校本中，删去“疑”字。我认为“疑”字就是“凝”的坏体。冰凝就是如冰之凝结。极清的水，看起来也似无形，但凝结为冰就有一定的形体了。这是“离无而之有”的一个很好的比喻。无论如何，贾谊认为德是由道的凝结而成，凝结即“浊而始形”，这就是说，开始成为有一定形体的个体事物。这就说明，贾谊所说的道是物质性的。只有物质性的东西才能凝结；只有物质性的东西，才可以因凝结而“浊而始形”。

《道德说》接着说：“性者，道德造物，物有形而道德之神专而为一气，明其润益厚矣。浊而胶相连，在物之中为物莫生气皆集焉，故谓之性。性，神气之所会也。性立则神气晓晓然发而通行于外矣，与外物之感相应，故曰润厚而胶谓之性，性生气通之以晓。”这是说，形是德的进一步的具体化。在形之中，道、德更具体地“抟”为一个个体的事物（“专为一气”）。“专”就是《老子》所说“抟气致柔”（《老子》第十章）的“抟”。这样的个体就更是“浊而胶”。一个个体的事物所有的“神气”的总体就是它的性（“性者，神气之所会也”）。一个个事物的性使它更确定地成为一个事物。这一事物跟另外的事物都有一定的关系，都因受外部的刺激而有一定的反应（“与外物之感相应”）。有几句不可解，但其大意如此。

《道德说》接着说：“神者，道、德、神、气发于性也，康若泺流，不可物效也。变化无所不为,物理及诸变之起,皆神之所化也。故曰,康若泺流谓之神,理生变通之以化。”这是说,神是性所发出来的变化作为。《道德说》在上面说到“道之神”、“道德之神”。这些所谓“神”大概都是指变化作为。“道之神”是道的变化作为;“道、德之神”是道、德的变化作为。这两种变化作为,合起来(“专为一气”)就是物的性。

《道德说》接着说:“明者,神、气在内则无光而为知,明则有辉于外矣。外内通一,则为得失,事理是非,皆职于知。故曰,光辉谓之明,明生识通之以知。”这是说,一个个体事物在内的神、气,发出来为对于外界的认识、知识。这大概是特别就人说。就人说,如果仅只有主观的认识能力而不同客观外界接触,那还是不能有知识。必须主观和客观有所接触,(“外内通一”)这才有知识。有了知识就可以分别行为的得失和事理的是非。这是唯物主义的反映论的认识论。

《道德说》接着说:“命者,物皆得道德之施以生则泽润,性、气、神、明及形体之位分数度,各有极量指奏矣。此皆所受其道德,非以嗜欲取舍然也。其受此具也;礐然有定矣,不可得辞也,故曰命。命者不得毋生,生则有形,形而道、德、性、神、明、命,因载于物形,故礐坚谓之命,命生形通之以定。”这是说:一个个体的事物成为某种事物,它所有的形体必有确定的结构;由此发出的作用,也必有确定限度(“各有极量指奏”)。这是不依它的主观意志为转移的(“非以嗜欲取舍然也”)。这是受客观情况的决定,不可能拒绝推辞的(“其受此具也,礐然有定矣,不可得辞也”)。这就叫做命。

《道德说》说:“物所道(此字疑衍)始谓之道;所得以生谓之德。德之有也,以道为本。”稷下黄老学派和韩非也主张:“物所始谓之道;物得以生谓之德。”但是贾谊又与他们不同。贾谊《道德说》的重点在德而不在道,所以他说“德有六理”而不说道有六理。这个不同有很大的哲学意义。他所说的“德有六理”,是说一个东西的存在必有六个方面。这里所说的“德”,是指具体事物存在的各方面的总和。在他看来，稷下黄老学派和韩非所讲的“道”和“德”，只是具体事物存在的各方面的一部分，只能存在于具体事物之中，不能离开具体事物而独立存在。这是贾谊对稷下黄老学派和韩非的一个重大的发展。贾谊强调“道虽神必载于德”，而德又是“形之始”，实际上就是说，所谓“六理”都必存在于“形”，不能离开形而独立存在。他说：“形而道、德、性、神、明、命，因载于物形。”又说：“六理无不生也，已生而六理存乎所生之内。”(《新书·六术》)他把“道”和“德”看成是“理”的两个方面，认为“理”不能离开物体。这就使韩非的“理”的学说更加明确。

照这个说法，所谓“六理”是对具体事物作本体论的分析而得到的范畴，并不是就事物的发生作世界形成论的叙述而得到的阶段。黑格尔说：“哲学不应当去叙述什么东西在发生，而应当去认识在发生着的东西中什么是真理的。”(列宁《哲学笔记》引，《列宁全集》，38卷，182页)黑格尔这里所说的，就是本体论和世界形成论的分别。贾谊所讲的是本体论而不是世界形成论。他并不是说，有一个时间只有无形的道，后来从其中凝结为万物。照他的说法，没有只有道而没有事物的时候。他只是就具体的事物加以本体论的分析而见其“以道为本”。这样，就把“道”和具体事物紧密结合起来，使其唯物主义的观点更加明确。稷下黄老学派所讲的道与德的关系，似乎着重在世界发生论的讲法。贾谊的讲法是本体论的讲法。他能保持稷下黄老学派和韩非的唯物主义传统而且作了重要的发展。

《道德说》又说：“德有六美。何谓六美？有道，有德，有仁，有义，有忠，有信，有密。道者，德之本也。仁者，德之出也。义者，德之理也。忠者，德之厚也。信者，德之固也。密者，德之高也。”又解释说：“物所道(此字疑衍)始谓之道，所得以生谓之德。德之有也，以道为本，故曰：道者，德之本也。德生物又养物，则物安利矣。安利物者，仁行也；仁行出于德，故曰：仁者，德之出也。德生理，理立则有宜，适之谓义。义者，理也，故曰：义者，德之理也。德生物，又养长之而弗离也，得以安利,德之遇物也忠厚,故曰:忠者,德之厚也。德之忠厚也,信固而不易,此德之常也,故曰:信者,德之固也。德生于道而有理,守理则合于道,与道理密而弗离也,故能畜物养物,物莫不仰恃德,此德之高,故曰密者,德之高也。”《道德说》上文说:“六理、六美,德之所以生阴阳、天地、人与万物也,固为所生者法也。”社会中的伦理道德也是“所生者”。“为所生者法”,就是说社会伦理道德也是以此“六美”为法。贾谊企图用“德”的“六理”、“六美”为封建社会中的伦理、道德做理论的基础。这种企图的后果,就是认为自然界的事物具有伦理、道德的属性,否认伦理、道德是社会的产物,是随着社会的生产关系的改变而改变的。这两方面,无论从哪一方面说,都陷入了唯心主义。

贾谊所说的“道”还有另外一种意义。在《道术》篇中,贾谊说:“道者所从接物也;其本者谓之虚,其末者谓之术。虚者言其精微也,平素而无设储也。术也者所从制物也,动静之数也。凡此皆道也。”这里所说的“道”是君主驾驭臣下、处理事物的原则。下面说:“明主者南面正而清,虚而静,令名自命,物自定”;这就是所谓“虚”。又说:“周听则不蔽;稽验则不惶;明好恶则民心化;密事端则人主神”,这就是所谓术。这些原则是从稷下黄老学派至韩非所一贯主张的。

贾谊的哲学思想还表现于他的《鹏鸟赋》中。如果贾谊的唯物主义的自然观,在《道德说》中还有不很明确之处,在《鹏鸟赋》中就很清楚了。《鹏鸟赋》说:“万物变化兮,固无休息。斡流而迁兮,或推而还(旋),形气转续兮,变化而嬗。”又说:“天地为炉兮,造化为工。阴阳为炭兮,万物为铜。”他认为,万物都是气,特别是阴阳二气变化而成的,经常在变化之中。在变化的过程中,相反的东西经常在一起。“祸兮福所倚;福兮祸所伏。忧喜聚门兮,吉凶同域。……水激则旱(悍)兮,矢激则远。万物回薄兮,振荡相转。云蒸雨降兮,错缪相纷;大专(《汉书》作钧)槃物兮,块轧无垠。”这就是说,事物的变化是互相反对而又互相错综的。贾谊由此谈到对于人生的态度,他说:“忽然为人兮,何足控抟？化为异物兮，又何足患？”“释知遗形兮，超然自丧；寥廓忽荒兮，与道翱翔。”这是庄周的思想了。贾谊为当时的大臣所排挤，被贬到长沙。“长沙卑湿，自以为寿不得长，又以适去，意不自得。”伤悼之，乃为赋以自广（以上引文见《史记·屈原贾生列传》）。贾谊认为到长沙是一件不得意的事情，他在《庄子》中得到安慰和共鸣。

汉文帝“感鬼神事”，叫贾谊给他讲“鬼神之本”，“谊具道所以然之故”。汉文帝大为称赏。他所讲的大概就是事物变化的原则，如《鹏鸟赋》所说的，人的生死，是“形气转续，变化而嬗”。文帝死的时候，遗诏说：“朕闻之，盖天下万物之萌，生靡不有死。死者，天地之理，物之自然，奚可甚哀？”（《汉书·文帝纪》）这大概就是贾谊所讲的道理。“闻之”，可能就是指贾谊而言。

至于一般迷信中所谓鬼神，贾谊是不信的。他说：“人能修德之理，则安利之谓福。莫不慕福，弗能必得。而人心为鬼神能兴于利害，是故具牺牲俎豆、粢盛，戒而祭鬼神，欲以佐成福。故曰：‘祭祀鬼神，为此福者也。’”这是说“鬼神能兴于利害”，只是“人心以为”，并不真是如此。

贾谊处于地主阶级从上升阶段开始转变的时期。他对于秦朝的统治和统治思想，有继承也有改变。

秦朝对于劳动人民用了极暴虐的统治，激化了农民同地主阶级之间的矛盾。但在统一中国，建立中央集权专制主义的政权方面，也做了许多合乎历史潮流，推动历史前进的事情。汉朝初期的地主阶级，一方面要继续秦朝在统一中国、建立中央集权专制主义的政权方面所做的工作，另一方面又要吸取秦朝灭亡的教训，修改统治劳动人民的方法。贾谊的政治、社会思想，就是为这两个方面制订出具体的方案。他的任务是双重的，一肩而二任。贾谊的哲学思想一方面还是稷下黄老学派和韩非的唯物主义的继续，一方面也有唯心主义的成分，这是他的双重任务在哲学思想中的反映。

贾谊对于当时政治的批评和建议是很多的。汉文帝本来打算重用他,可是没有实行,只叫他到长沙做长沙王的太傅。实际上是调他离开中央政府,不要他干预中央的政治。据说这是因为当时老一辈的大臣不喜欢他。这恐怕还不是真正的原因。真正的原因恐怕是汉文帝的政治方向是“无为”,贾谊的政治方向是“有为”。上边所引贾谊批评“无为者”的话,可见他是和“无为者”对立的。所以,汉文帝虽然赏识贾谊的才能,但还是让他郁郁不得志地早夭于长沙。

第二十七章

董仲舒公羊学和中国封建社会上层建筑

第一节　中国封建社会的经济基础和上层建筑、汉武帝和董仲舒

作为《四书》之一的《中庸》原来是《礼记》中的一篇。在这篇文章中有一段说："非大子，不议礼，不制度，不考文。今天下车同轨，书同文，行同伦。虽有其位，苟无其德，不敢作礼乐焉；虽有其德，苟无其位，亦不敢作礼乐焉。"这篇文章的确切著作时代，已不可考了，但是这一段话给了我们以启发。它说："今天下车同轨，书同文，行同伦"，这是秦朝统一全中国以后的情况。从这句话看，这篇文章一定是在秦朝统一以后作的，不可能是统一以前的作品。但是，它的著作时代也不能太晚，因为照这几句话的语气看，作者对同轨、同文、同伦等情况觉得很新鲜，这些情况大概是出现在离作者不远的事。所以它的时代也不能太晚，大概是汉朝初年的作品。

这篇文章的作者是一个儒家的人。他在这篇文章里边讲了很多赞美孔丘的话，特别是像他所说的，"是以声名洋溢乎中国，施及蛮貊。舟车所至，人力所通，天之所覆，地之所载，日月所照，霜露所坠，凡有血气者，莫不尊亲，故曰配天。"照这些话的语气看起来，作者很有一种洋

洋得意的情绪,大有翻身之感。所以,这篇文章不是秦朝的作品,而是汉初的作品。

说上面所引的那一段话的人虽然是儒家的人,但不能认为那一段话只是代表一家一派的人说的。那一段话可以说是代表了那个时代的呼声,是当时历史发展的客观要求的反映。从春秋以来,各诸侯国先后都进入了封建社会。秦始皇把全中国都统一在封建的经济制度之下,上面所说的"行同伦"就包括这个意思。中国社会进入了封建社会,封建社会的经济基础固定下来了,它就需要一种与之相适应的上层建筑。这是历史发展的必然趋势。一种社会的上层建筑,名目繁多,千头万绪。上边所引的那一段话把它概括为三个部分:第一部分叫"议礼",这是关于社会规范及道德范畴这一类的东西;第二部分叫"制度",这是关于章程法律方面的东西;第三部分叫"考文",这是关于文艺创作、学术研究等方面的东西。概括地说,这三部分合称为"礼乐"。关于这方面的活动叫制礼作乐。

上边所引的那一段话的最后两句说:"虽有其位,苟无其德,不敢作礼乐焉;虽有其德,苟无其位,亦不敢作礼乐焉。"这两句话的第二句是指孔丘说的。《中庸》的作者认为,孔丘有制礼作乐的主观条件,但他没有做"天子",所以缺乏制礼作乐的客观条件。这两句话的第一句,大概是指秦始皇说的。秦始皇统一了全中国,做了中国历史上的第一个"皇帝",他有了制礼作乐的客观条件。但是,他主张"以法为教,以吏为师",所以也不能制礼作乐。把两句话合起来看,《中庸》的作者的意思是,汉朝的皇帝是既"有其位",又"有其德",具备了制礼作乐的主观和客观两个方面的条件。这是对于汉朝皇帝的吹捧,但是也表示一种希望,希望汉朝的皇帝能把当时所需要的上层建筑都建设起来。因为汉朝是中国封建社会的第一个大朝代,汉朝所作的礼乐,也就成为中国封建社会的上层建筑。

《中庸》的下文说:"王天下有三重焉!"三重,就是上边所说的议礼、制度、考文这三方面的事情。这三个方面是三件重要的事情,所以称为“三重”。

一种社会的上层建筑名目繁多,有许多方面,但它又是一个统一的整体,必须有一个广泛的包括宇宙、社会、人生各方面的哲学体系作为中心。这个广泛的体系能够把一种上层建筑的各个方面、各个部门统一起来,连贯起来,使它们“如网在纲”。抓着这个纲就可以“纲举目张”,把上层建筑的各个方面带领起来。这个广泛的哲学体系是上层建筑的中心思想,也是它的最高的理论根据。中国封建社会的经济结构需要有一套上层建筑,也需要有一个这样的可以作为中心的哲学体系。它是这套上层建筑的中心思想,也是这套上层建筑的理论根据。在汉朝初年,中国社会需要有一整套的上层建筑,也需要有一个具有这样广泛的哲学体系,这是那个时代的要求。尽量满足这个要求是当时的一个历史任务。

《中庸》所说的既有其德又有其位的人终于出现了。这个人就是汉武帝。汉武帝有其位,因为他是皇帝。他又有其德,因为他能感觉到上边所说的时代的要求。他有满足这个要求的雄心壮志,又有满足这个要求的雄才大略。他刚一即位,就命令群臣选出“贤良文学”之士,把他们召集起来,由他亲自考试。他以皇帝的名义提出问题(“策问”),叫那些“贤良”们回答(“对策”)。

在有董仲舒参加的那一次考试中,汉武帝的策问说:“朕……永惟万事之统……欲闻大道之要,至论之极。”“欲闻大道之要”,就是说,他所经常考虑的是那些具有纲领性的东西,他所要知道的是那些能贯穿一切事物的广泛的体系,这就类似上边所说的那个统率贯穿上层建筑各个方面的广泛的哲学体系。这是一个总问题,另外他又提出三个分问题,他问:“三代受命,其符安在?灾异之变,何缘而起?性命之情,或夭或寿,或仁或鄙,习闻其号,未烛厥理。”就是说,他要求“贤良”们从理论上回答这些问题。

董仲舒的对策很得武帝的欣赏(“天子览其对而异焉”),于是他又第二次提出策问。在这一次策问中,武帝提出古代帝王的“劳”和“逸”的问题,“奢”和“俭”的问题,还有质朴和雕琢的问题。在这些问题上,武帝说:“或曰良玉不琢,又曰非文无以辅德,二端异焉。”这三个问题,在我们现在看起来好像是空洞广泛,没有什么现实的意义。其实,这三个问题实质上就是一个问题,就是从汉初以来一直争论的“有为”和“无为”的问题。从汉初以来,文帝和景帝都喜欢黄老之学,执行“无为”的政策。特别是文帝的皇后窦氏更是坚持黄老之学。在武帝初年窦氏还没有死,她以太皇太后的身份坚持黄老之学,武帝的“有为”的方针政策在当时还是有阻力的。因此,武帝特别就这个问题“策问”,要“贤良”们“对策”,这在当时是一个非常重要、非常现实的问题。

董仲舒在对策中说:“帝王之条贯同然而劳逸异者,所遇之时异也。”就是说,古代的帝王,或主张“无为”而“逸”,或主张“有为”而“劳”,这是由于他们所处的时代不同,不能一概而论。董仲舒又说:“臣闻制度文采玄黄之饰,所以明尊卑,异贵贱,而劝有德也。”就是说,这些“奢”的东西,看起来好像是虚文,没有什么实际的用处,其实它是有实际的用处,是上层建筑中所不可少的。他得出结论说:“俭非圣人之中制也。”他接着说,所谓质朴和雕琢的问题,以玉为例,那就要看是什么样的玉了。如果是良玉,那自然用不着雕琢。但如果是常玉,那就非加以雕琢不可。他说:“常玉不琢不成文章,君子不学不成其德。”董仲舒对于武帝所提出的三个问题的答案,实质上是肯定“有为”,否定“无为”。他的这种态度,当然是武帝所喜欢的。

武帝和董仲舒在一问一答之间,谈得很投机。在第三次对策的最后一段中,董仲舒提出了一个最重要的建议。他说:“《春秋》大一统者,天地之常经,古今之通谊也。今师异道,人异论,百家殊方,指意不同,是以上亡以持一统;法制数变,下不知所守。臣愚以为诸不在六艺之科、孔子之术者,皆绝其道,勿使并进。邪辟之说灭息,然后统纪可一而法度可明，民知所从矣。”（《汉书·董仲舒传》）。他的这个建议实际上汉武帝已经做了。他在第一次命令举“贤良”的时候，当时丞相卫绾奏：“所举贤良，或治申、韩、苏、张之言，乱国政，皆罢。”汉武帝表示同意（“奏可”）（《汉书·武帝纪》）。可见在以后所举的“贤良”之中，非儒家的人，都已被淘汰了。董仲舒的对策，不过是重新肯定武帝所行的“罢黜百家”的政策，再一次强调其重要性而已。董仲舒的历史任务，不在于制定这个政策，而在于给“六艺之科、孔子之术”以新的内容。

第二节　董仲舒和公羊春秋

董仲舒，广川（今河北枣强县）人。早年就研究《春秋》，在汉景帝的时候做过博士（官方讲授儒家经典的教师）。他的对策得到武帝的赏识，武帝派他做江都王的相国。他是讲“天人感应”的。照这个说法，凡是自然界的不正常现象，都是因为当时政治上的某一项措施犯了错误，“天”以不正常的现象对统治者发出警告。在武帝时，辽东地方的汉祖庙和汉高祖陵墓中的便殿先后失火。这在当时说，也是一种“灾异”。董仲舒附会当时的政治，写了一个文件准备上奏。在还没有发出的时候，他的一位朋友主父偃来看望他，看见了这篇稿子，就把它偷了出来，上奏武帝。武帝召集了当时的一些人讨论。董仲舒的学生吕步舒不知道这是他老师的稿子，“以为大愚”。董仲舒被定成死罪，武帝赦免了他。董仲舒以后就不敢再言灾异了（“遂不敢复言灾异”）。

《汉书·五行书》记载了董仲舒的这篇文章的大意。照他所说，这两个灾异都是天用以表达它的意志的。辽东地方的祖庙失火是说，在外地的不法的诸侯该杀。高祖陵墓的便殿失火是说，在朝的不法的大臣该杀。这个结论当然引起了执政者的愤怒,所以他们要置董仲舒于死地。董仲舒以后不敢再言灾异,是说他以后不敢再这样具体地比附实际政治,并不是说他放弃了"天人感应"那个一般的原则,那可是他的哲学的一个组成部分。

董仲舒虽然捅了这个大祸,武帝还是信任他。他虽然住在家里,朝廷如果有什么大议论,还派人到他家里征求意见(《汉书·董仲舒传》)。

据《汉书·董仲舒传》说:董仲舒的著作有123篇,另外还有讲《春秋》的文章数十篇。《汉书·艺文志·六艺略》春秋类著录"《董仲舒》百二十三篇",《诸子略》儒家著录"《公羊董仲舒治狱》十六篇"。流传到现在的只有《春秋繁露》82篇,当是董仲舒讲《春秋》的著作。还有他的《对策》3篇,在《汉书·董仲舒传》中,后来称为"天人三策"。他的"天人三策"和贾谊的"治安策",都是汉朝的大文。"治安策"在政治上为巩固地主阶级的统治提出了一系列的具体政策;"天人三策"为地主阶级的统治提出了一套哲学的根据。

汉朝人所说的"六艺"是《易》、《诗》、《书》、《礼》、《乐》和《春秋》,认为这是儒家传授下来的六种经典。因为没有乐经,所以实际上只有五经。但是照《论语》的记载,孔丘并没有关于《春秋》的言论,也没有提到《春秋》这个名字。孟轲开始讲《春秋》,并予以最高的评价。孟轲认为,在他以前的中国历史的进程中有三个里程碑。第一个是"禹抑洪水而天下平"。第二个是"周公兼夷狄驱猛兽而百姓宁"。第三个是"孔子作《春秋》而乱臣贼子惧"。这三个大人物,他称为"三圣"。照孟轲的说法,孔丘在《春秋》中用"书法""诛"乱臣贼子,所以他们就"惧"了。《春秋》所"诛"的乱臣贼子,主要是当时的国君大臣。照说,只有天子才有权处罚他们,孔丘不过是一个平民,不仅在事实上没有力量处罚他们,在理论上也没有权处罚他们。《春秋》所最着重的是"名分",所最反对的是"僭越"。孔丘是一个平民,而要"诛"那些国君大臣,即使他们是乱臣贼子，这也是最大的“僭越”。孟轲也承认，“《春秋》，天子之事也”，孔丘不过是一个平民，怎么能行天子之事呢？这是一个大矛盾。孟轲没有办法解释这个矛盾，并且认为孔丘也没有办法解释，所以他假托孔丘的话说：“知我者其惟《春秋》乎，罪我者其惟《春秋》乎。”（《孟子·滕文公下》）后来的春秋公羊学虚构了一套理论和历史，这个矛盾就得到解释了。

大概在汉朝初年，出现了一部《春秋公羊传》。“传”，就是注解。据说这个传是公羊高作的，所以称为《春秋公羊传》。据这一派的人传说，孔丘作《春秋》，有许多“微言大义”，其中有许多“非常可怪之论”，因为要避免当时的政治迫害，所以不敢用笔写出来，只是口、耳相传，到了公羊高才写出来，称为《春秋公羊传》。在这些“非常可怪之论”中，有一条是孔丘受天命为王。据说，孔丘作《春秋》的时候，他已经不是平民，而是一个新受天命的王。照这派的说法，凡是一个新王受命，“天”都要发出一种信号，称为“受命之符”。孔丘也有他的受命之符，那就是“西狩获麟”。在鲁哀公十四年，鲁国一个砍柴的人，打死了一只怪兽。据说这种兽就是麟，《春秋》写了一笔说：“十四年春，西狩获麟。”《公羊传》说：“何以书？记异也。何异尔？非中国之兽也。然则孰狩之？薪采者也。薪采者，则微者也，曷为以狩言之？大之也。曷为大之？为获麟大之也。曷为为获麟大之？麟者，仁兽也，有王者则至，无王者则不至。”（《春秋公羊传》哀公十四年）据《公羊传》的说法，《春秋》用一个“狩”字表明“获麟”是一件大事。它是一个信息，传达中国有王者了。但是这个王并不是一个事实上的王，麟一来就被打死了。但是孔丘知道，这是他的“受命之符”，所以作《春秋》，以寄托他的“一王之法”。《公羊传》说：“君子曷为为《春秋》？拨乱世，反诸正，莫近诸《春秋》。”何休解释说：“孔子仰推天命，俯察时变，却观未来，豫解无穷，知汉当继大乱之后，故作拨乱之法以授之。”（《公羊传解诂》哀公十四年）这就解决了孟轲所遇到的矛盾，也弥补了《中庸》所说的缺陷。孔丘是既有其德又有其位,所以有资格为中国封建社会制定上层建筑。

第三节 公羊春秋和汉朝的政策

《春秋》本来是鲁国的国史。当时各国都有史官,他们记载事情,有一定的格式。比如说,记载当时各诸侯的事情,都称他们的爵位。这些爵位都是原来周天子所封的。比如楚国和吴国的国君,在周朝的五等爵位(公、侯、伯、子、男)中,都是很低的一等,称"子"。它们本来都是小国,到了春秋时候,它们都强大了。它们的国君都自称为王。可是《春秋》还称他们为"子",因为这些史官们向来都是照着当时官方的官样文章办事。周天子当然不会承认吴国和楚国的"王",所以《春秋》只好认为他们还是"子"。楚子还是楚子,吴子还是吴子。

就当时的史官说,这不过是照例办事的形式主义,没有什么意义,但也可以认为有很大的意义。其意义又可能有两种解释:一种是不承认现实,一种是改革现实。用前一种解释,《春秋》是保守的;用后一种解释,《春秋》是革新的。公羊家就是认为,《春秋》的意义是革新。孔丘对于《春秋》的有些地方,还要再作一点修改、补充,使其革新的意义更加突出,于是他就修《春秋》。

孔丘修《春秋》所用的方法是"笔、削"。"笔"是就原来的《春秋》的记录上加一两个字;"削"是就原来的《春秋》的记录上减一两个字。公羊家说:孔丘为《春秋》,"笔则笔;削则削。子夏之徒不能赞一辞"(《史记·孔子世家》)。就是说,他对于一两个字的加减,有很大的讲究,孔丘学生都帮不上忙。一两字的加减,就有褒有贬,这就叫"书法"。

照公羊家的说法,《春秋》的每一个书法都有很深的意义。这个很深的意义,就是当时历史趋势的反映,也往往是当时政治措施的理论根据。下边举两个例以为说明。

《春秋》的第一条记载是:"元年,春,王正月。"这本来是鲁国史官于隐公元年照例记载的一句话,《公羊传》认为这条记载有很深的意义。它说:"元年者何?君之始年也。春者何?岁之始也。王者孰谓?谓文王也。曷为先言王而后言正月?王正月也。何言乎王正月?大一统也。"(《春秋公羊传》隐公元年)这就是说,一切事情都应该统一于王,这就叫"一统"。《春秋》开章明义首先提出这个原则,这就是大一统。"大"在这里是一个动词,大一统就是以一统为大。《公羊传》一开始就赞美一统,这是当时历史趋势的反映。《公羊传》这样说,表明它对于这个趋势的支持。

董仲舒的《对策》说:"《春秋》大一统者,天地之常经,古今之通谊也。"他以公羊家的这一原则为前提,以证明"罢黜百家"是应该的。这是这个原则在实际上的应用。

另外一个例,就是所谓夷夏之辨。照公羊家所说的,"夷狄"和中国的分别不在于种族不同,而在于有没有文化,特别是有没有道德。在春秋时期,几个大诸侯国中,从当时的中原文化的观点看,吴楚被认为是蛮夷。《春秋》昭公二十三年书:"吴败顿、胡、沈、蔡、陈、许之师于鸡父。胡子髡、沈子楹灭,获陈夏齧。"《公羊传》认为,《春秋》的"书法"对于吴有贬意,因为《春秋》"不与夷狄之主中国也。然则何为不使中国主之?中国亦新夷狄也。"但也不是全贬,因为"吴少进也"。这就是说,在当时大转变时期,有些本来是中国的诸侯国,而在文化道德上成为夷狄,也有些原来是夷狄的诸侯国,而在文化道德上成为中国。《春秋》宣公十二年记载晋国和楚国的邲之战。《公羊传》认为《春秋》"不与晋而与楚子为礼"。董仲舒也说:"《春秋》之常辞也,不予夷狄而予中国为礼,至邲之战,偏然反之,何也?曰:《春秋》无通辞,从变而移。今晋变而为夷狄,楚变而为君子,故移其辞以从其事。"(《春秋繁露·

竹林》以下只注篇名)

公羊家认为,《春秋》对于“中国”和“夷狄”的分别,态度是极严肃的,但这种分别又是相对的,一个原是夷狄的种族、部族或个人,如果接受了中国文化,它们就进入“中国”,成为“新中国”。一个原来是中国的人,如背离了中国文化,他就变为“夷狄”,成为“新夷狄”。“夷狄”可以转化为“中国”;“中国”可以转化为“夷狄”。转化为“中国”,《春秋》的“书法”就以“中国”待之;转化为“夷狄”,《春秋》的“书法”就以“夷狄”待之,一视同仁。这个原则成为汉朝的民族政策。

汉武帝派司马相如为“使者”招抚四川西南部的少数民族(“通西南夷”)。四川有一部分人不赞成。司马相如以“使者”的身份对这一部分人讲汉武帝的政策。

他首先说:武帝,作为一个贤君,“必将崇论竑议,创业垂统,为万世规。故驰骛乎兼容并包,而勤思乎参天贰地”。下面说“西南夷”的情况,“而夷狄殊俗之国,辽绝异党之域,舟车不通,人迹罕至,政教未加,流风犹微,内之则犯义侵礼于边境,外之则邪行横作,放杀其上,君臣易位,尊卑失序,父兄不辜,幼孤为奴虏,系絫号泣,内乡而怨。”中国的贤君,不能忍受这种情况,“故乃关沫、若,徼牂牁,镂灵山,梁孙原,创道德之涂,垂仁义之统,将博恩广施,远抚长驾,使疏逖不闭,曶爽闇昧得耀乎光明,以偃甲兵于此,而息讨伐于彼。遐迩一体,中外禔福,不亦康乎?”(《汉书·司马相如传》)这就是汉朝的民族政策。

“兼容并包”、“遐迩一体”是多民族国家的民族政策的根本。可注意的是,司马相如对“夷狄”和“中国”的区分,完全是从文化上讲的,这正是春秋公羊家所讲的“春秋之义”。

在秦汉统一以前,中国不仅在政治上分为许多诸侯国,各自为政,在民族上也分裂为不同的种族、部族、部落,当时称“南蛮、北狄、东夷、西戎”。按上面所说的原则,汉朝把不同的种族、部族、部落融合起来,成为一个统一的民族,称为汉族。汉族的形成是中华民族形成的第一阶段。

第四节　董仲舒所讲的《春秋》的“微言大义”

徐彦《公羊疏》引《春秋说》:“《春秋》设三科、九旨”。“科”是《春秋》的“微言大义”的纲领;“旨”是其中的细目。第一科是“存三统”,其中有三旨:“新周,故宋,以《春秋》当新王”。第二科是“张三世”,其中有三旨:“所见异辞,所闻异辞,所传闻异辞。”第三科是“异内外”,其中有三旨:“内其国而外诸夏,内诸夏而外夷狄”(《公羊传》隐公元年疏)。

董仲舒在《春秋繁露》中说,“春秋大义”有“六科”(《正贯》)“十指”(《十指》),它的编排没有上面所引的那样简要。但所谓“九指”也都是董仲舒所主张的。他在《春秋繁露》中说:“故《春秋》应天作新王之事,时正黑统,王鲁,尚黑,绌夏,亲周,故宋。”(《三代改制》)又说:“《春秋》分十二世(十二公)以为三等,有见、有闻、有传闻。……于所见微其辞,于所闻痛其祸,于传闻杀其恩,与情俱也。”(《楚庄王》)又说:“亲近以来远,故未有不先近而致远者也。故内其国而外诸夏,内诸夏而外夷狄,言自近者始也。”(《王道》)

第二科所说的“所见世”,其中的事情,是孔丘所亲自看见的。“所闻世”中的事情,是孔丘所听说的,但是说这些事情的人亲自见过这些事情。“所传闻世”中的事情,也是孔丘所听说的,但是说这些事情的人也只是听说,自己也没有见过。这三世有远近的不同,孔丘对于其中事情的了解也有深浅的不同。因此,《春秋》关于三世中的事情的“书法”也有不同。这是公羊家所谓“三世”的原来的意义。

后来何休把“张三世”和第三科“异内外”联合起来。他认为《春秋》的“所传闻世”是“据乱世”,在其时《春秋》“内其国而外诸夏”。“所闻世”是“升平世”,于其时《春秋》“内诸夏而外夷狄”。“所见世”是“太平世”,于其时已没有国家和民族的界限,“夷狄进至于爵,天下远近大小若一”(隐公元年)。全中国就统一于一个国家,一个民族了。这表示《春秋》的“大一统”的思想已经实现了。这是公羊家为中华民族预定的一个理想,一个目标。

第一科的第三旨是以《春秋》当新王,这在上边已经讲过。《公羊传》说:“君子曷为为《春秋》? 拨乱世,反诸正,莫近诸《春秋》。”(哀公十四年)这几句话所说的“乱世”,指的是秦朝;所说的“正”指的是他们所要新立的上层建筑。《公羊传》接着说:孔丘“制《春秋》之义,以俟后圣”(同上)。何休注说:“待圣汉之王以为法。”从“据乱世”进到“升平世”就是拨乱反正的结果。

董仲舒也是这样了解《春秋》的,他认为孔丘是“奉天命”为汉朝制定上层建筑,所以孔丘的思想应该是汉朝的统治思想,也就是作为封建社会的统治思想。就当时说,汉朝是封建社会政治上的具体代表;孔丘是封建社会的思想上的具体代表。这就是给汉朝的皇帝加上“受天命”的头衔,将皇权神化,也给孔丘加上“受天命”的头衔,将孔丘神化,使他们都好像有超社会甚至超自然的权威。董仲舒发挥这种思想说:“有非力之所能致而自致者,西狩获麟,受命之符是也。然后托乎春秋正不正之间,而明改制之义,一统乎天子,而加忧于天下之忧也。”(《符瑞》)这样把孔丘和《春秋》神化,是公羊家所讲的《春秋》“微言大义”之一。

第五节　董仲舒的政治纲领

公羊家把他们所讲的“《春秋》之义”,应用到中国封建社会上层建筑的各个领域里。经过他们的宣传，在汉朝，《春秋》仿佛是一部宪法。凡有政治上和法律上的重大问题，都引《春秋》解决。《汉书·艺文志》著录《公羊董仲舒决狱》十六卷（已佚），大概都是这一类的解决方法。

《春秋》词句简单，解释《春秋》的人，可以从它的"书法"中找出一些例，作为他们所需要的教条。这些例都是解释的人随意穿凿附会作出来的。董仲舒说："《诗》无达诂，《易》无达占，《春秋》无达辞。"（《精华》）这就是说，对于《春秋》，可以随便穿凿附会。

董仲舒说："《春秋》之道，奉天而法古。"（《楚庄王》）这就是他的"更化"（《汉书·董仲舒传》）。所谓"更化"就是变更秦朝的一套做法。新做法的中心内容是"奉天而法古"。

秦始皇和法家不讲"天命"，也反对"法古"。这是地主阶级在反对奴隶主阶级时的革命态度，是"攻"的态度。在取得了政权以后，地主阶级改"攻"为"守"，就要"奉天而法古"。不过这个"古"并不是原来奴隶主的传统，而是公羊家所说的孔丘所托于《春秋》的新制。原来的"古"是正，法家反对"法古"是反，董仲舒主张的"法古"是合。

在本书第一册中，我讲到在周朝取代了商朝以后，周公姬旦也大讲了一番"天命"。"天命"对于汉朝的统治者尤其需要。在奴隶主贵族的统治中，贵族们的权威是世代积累下来的。贵族们用他们祖先的名义进行统治。春秋以后，诸侯国的国君在其本国内，消灭小贵族，实行中央集权，但那些国君还是历代相传的贵族。秦国灭了那些国君，但秦始皇的一家还是一个古来的贵族。汉朝的统治者就不然了，刘邦及其功臣将相，都是原来社会的下层平民，这是一个全新的局面。他们更需要向老百姓宣传他们的权威的神圣性，这就更需要天命论。武帝在第一次策问中所问的"三代受命，其符安在？灾异之变，何缘而起"？都是关于"天命"的问题。董仲舒就这些问题要作出回答，对于"天命"给予理论说明。

第六节　董仲舒关于“天”的宗教化思想

董仲舒所说的“天”是至上神,在表面上看,有一点像基督教所崇拜的“耶和华”以及中国传统迷信中的“昊天上帝”、“玉皇大帝”之类。这样的“上帝”是一个活灵活现的人格神,它不仅有人的意志和情感,而且有和人一样的形体。董仲舒所讲的“天”,在有些地方,如“天者百神之大君也”,也是可以作这样的了解的。但这不是他所讲的“天”的主要意义。在大多数地方,他所讲的“天”不能作这样的了解。在大多数地方,董仲舒所讲的“大”,就其主宰万物的作用说,类似人格神的“上帝”,但没有与人一样的形体。他是把物质的天神秘化了,把它看成为一种有意志、有意识、有目的的超越的实体;或者说,他把物质的天人格化了,看成为有人的意识和情感的实体。但这个被人格化了的天,又不就是和人类的形体相类似的“上帝”。这是董仲舒所讲的“天”的一个特点。

董仲舒所说的天是物质的天,但又是有意志的。例如,他说:“天高其位而下其施,藏其形而见其光。高其位,所以为尊也;下其施,所以为仁也;藏其形,所以为神;见其光,所以为明。故位尊而施仁,藏神而见光者,天之行也。”(《离合根》)这段话又见于《天地之行》,其中又说:“天执其道为万物主。”这里所说的“天”,是指万物的主宰。但这种作为“万物主”的“天”,并不就是一般宗教所说的“上帝”,而是被神秘化了的物质的天。“天高其位”,是说天在地的上面;“而下其施”,是说,为风雨,化育万物;“藏其形”,是说,天是虚空;“见其光”,是说,凭借日月星放出光明。这种生化万物的作用,就是“天之行”。这是对物质的天的一种带有神秘色彩的描述。他认为天高高在上,“所以为尊”;化育万物,“所以为仁”。这样的“天”,就不是物质的天,而成了具有“上帝”的尊严和意志的天。

董仲舒又说：“仁之美者在于天。天，仁也。天覆育万物，既化而生之，有（又）养而成之，事功无已，终而复始。凡举归之以奉人。察于天之意，无穷极之仁也。人之受命于天也，取仁于天而仁也。……天常以爱利为意，以养长为事；春、秋、冬、夏，皆其用也。”（《王道通三》）又说：“天虽不言，其欲赡足之意可见也。古之圣人，见天意之厚于人也，故南面而君天下，必以兼利之。”（《诸侯》）董仲舒在这里所谓的“天”，就是春、夏、秋、冬等自然现象的运行。就其为自然现象的运行说，这样的天是自然之天。可是，董仲舒又认为天有目的、有意志、有仁爱等道德品质，这样的天，又不是自然的天而成了意志的天。因此，他又说：“天有喜怒之气，哀乐之心，与人相副。以类合之，天人一也。春，喜气也，故生；秋，怒气也，故杀；夏，乐气也，故养；冬，哀气也，故藏。”（《阴阳义》）这是说，四时的变化是“气”的运行，可是，“气”同时也体现了天的喜怒哀乐之心。照这种说法，自然现象不仅有人的意志，而且有人的情感。这就是把自然现象的变化拟人化了的目的论的理论。

董仲舒说：“天、地、阴、阳、木、火、土、金、水，九，与人而十者，天之数毕也。故数者至十而止，书者以十为终，皆取之此。圣（俞樾云：圣衍字）人何其贵者？起于天，至于人而毕。毕之外谓之物，物者，投（俞樾云：投字无义，疑数字之误）所贵之端而不在其中，以此见人之超然万物之上，而最为天下贵也。”（《天地阴阳》）董仲舒认为十是“天之数”。他说：“天之大数，毕于十旬。旬天地之间，十而毕举；旬生长之功，十而毕成。十者，天数之所止也（俞樾云：上旬字衍文，下两旬字乃匀字之误。匀者，周匝之本字也）。……是故阳气以正月始出于地，生育养长于上。至其功必（毕）成也，而积十月。人亦十月而生，合于天数也。是故天道十月而成，人亦十月而成，合于天道也。”（《阳尊阴卑》）在董仲舒看起来，十是自然完备的数目，并且有一种神秘的意义。

董仲舒说：“天子受命于天，诸侯受命于天子，子受命于父，臣妾受命于君,妻受命于夫。诸所受命者,其尊皆天也。”(《顺命》)天命即天的命令,所谓“天令之谓命”(《汉书·董仲舒传》)。董仲舒关于天的理论的社会意义,在于论证封建地主阶级的政权和代表这种政权的皇权,都是出于天意,这也是为地主阶级的政治哲学在宇宙观方面虚构出一个理论的根据。

第七节　董仲舒关于气和阴阳五行的学说

董仲舒认为宇宙的最高主宰是“天”。但“天”主宰万物的作用是通过阴阳和五行之气而表现出来的。因此,气也是董仲舒哲学中一个重要范畴。他说:“天地之气,合而为一,分为阴阳,判为四时,列为五行。”(《五行相生》)又说:“天意难见也,其道难理。是故明阴阳入出、实虚之处,所以观天之志。辨五行之本末、顺逆、小大、广狭,所以观天道也。”(《天地阴阳》)这是说,阴阳五行都是气,但阴阳五行之气是用以体现天的意志的工具。这也就是说,气是从属于“天”的。在气之上还有“天”主宰着它。

关于阴阳之气,董仲舒说:“天地之间,有阴阳之气,常渐人者,若水常渐鱼也。所以异于水者,可见与不可见耳,其淡淡也。然则人之居天地之间,其犹鱼之离(附)水,一也。其无间,若气而淖于水。水之比于气也,若泥之比于水也。是天地之间若虚而实。”(同上)他讲这段话的目的,在于企图说明人和天可以互相感应。但也可以看出,他认为阴阳之气虽然是肉眼所看不见的,但充满了天地之间,是确实存在着的物质。“天地之间若虚而实”,这是当时自然科学的共同说法。秦汉之际的医学著作《内经》说:“地为人之下,大虚之中者也……大气举之也。”(《内经·五运行大论》)这是说,地处于广大虚空之中,而虚空又充满了气。董仲舒关于气的说法,正是从当时的自然科学的知识中吸取了适合于自己需要的思想资料。

董仲舒对于五行也有很详细的理论。他说:"天有五行,一曰木,二曰火,三曰土,四曰金,五曰水。木,五行之始也;水,五行之终也;土,五行之中也。此其天次之序也。"(《五行之义》)又说:"行者,行也。其行不同,故谓之五行。五行者,五官也,比相生而间相胜也。"(《五行相生》)五行相胜:"金胜木……水胜火……木胜土……火胜金……土胜水。"(《五行相胜》)五行的次序是,木、火、土、金、水。木生火,火生土,土生金,金生水,水生木。第一生第二,第二生第三,第三生第四,第四生第五,第五生第一。此所谓"比相生"。金胜木,中隔水;水胜火,中隔木;木胜土,中隔火;火胜金,中隔土;土胜水,中隔金。此所谓"间相胜"。

董仲舒吸取了战国以来的阴阳五行的思想,虚构出一个世界图式,以说明他所认为是自然界和人类社会的秩序及其变化的规律。照这个图式,宇宙是一个有机的结构;天与地是这个结构的轮廓;五行是这个结构的间架;阴阳是运行于这个间架中的两种势力。从空间方面想象,木居东方,火居南方,金居西方,水居北方,土居中央。这五种势力,好像是一种"天柱地维",支持着整个的宇宙。从时间方面想象,五行中的四行,各主一年四时中的一时之气:木主春气,火主夏气,金主秋气,水主冬气。"行"有五而"时"只有四,怎么办呢?董仲舒解释说:"土者,天之股肱也。其德茂美,不可名以一时之事。故五行而四时者,土兼之也。"(《五行之义》)意思就是说,土就是地,本来是配天的,所以它不限于某一行,而兼主四时。

四时既各有一行为主,为什么在一年之中四时不是并行而是续行呢?董仲舒有一个比较复杂的说法。他说:"天之常道,相反之物也,不得两起,故谓之一。一而不二者,天之行也。阴与阳,相反之物也,故或出或入,或右或左,春俱南,秋俱北,夏交于前,冬交于后,并行而不同路,交会而各代理。"(《天道无二》)"天之道终而复始,故北方者,天之所终始也,阴阳之所合别也。冬至之后,阴俛而西入,阳仰而东出。出入之处,常相反也。多少调和之适,常相顺也,有多而无溢,有少而无绝。春夏阳多而阴少,秋冬阳少而阴多,多少无常,未尝不分而相散也。以出入相损益,以多少相溉济也。多胜少者倍入,入者损一而出者益二。天所起一,动而再倍。常乘反衡再登之势,以就同类,与之相报。故其气相侠,而以变化相输也。"(《阴阳终始》)这是说,阴阳乃相反的东西,依"天之常道",相反之物,不得同时并起,故阳出则阴入;阳入则阴出。入者其势力"损一",出者其势力"益二"。故出者之势力比入者多三分之二。

董仲舒又说:"如金、木、水、火,各奉其所主,以从阴阳,相与一力而并功。其实非独阴阳也,然而阴阳因之以起助其所主。故少阳因木而起助,春之生也;太阳因火而起助,夏之养也。少阴因金而起助,秋之成也;太阴因水而起助,冬之藏也。"(《天辨在人》)这是说,当阴阳之气运行到某一方位的时候,它们就与原来主持某一方位的某一行,合力并功,形成为某一季节。

照上面所引的,董仲舒认为阴阳的运行,其轨道不同,方向也不同。他详细解释说:"初薄大冬,阴阳各从一方来,而移于后。阴由东方来西,阳由西方来东。至于中冬之月,相遇北方,合而为一,谓之曰至。别而相去,阴适右,阳适左。……冬月尽而阴阳俱南还。阳南还出于寅,阴南还入于戌。……至于仲春之月,阳在正东,阴在正西,谓之春分。春分者,阴阳相半也。故昼夜均而寒暑平。阴日损而随阳(苏舆云:阳字疑衍,随谓委随),阳日益而鸿。故为暖热。初得大夏之月,相遇南方,合而为一,谓之曰至。别而相去,阳适右,阴适左。……夏月尽而阴阳俱北还。阴北还而入于申,阴北还出于辰。……至于中秋之月,阳在正西,阴在正东,谓之秋分。秋分者,阴阳相半也。故昼夜均而寒暑平。阳日损而随阴(苏舆云:阴字亦疑衍)阴日益而鸿。"(《阴阳出入》)董仲舒的说法,以图明之如下:

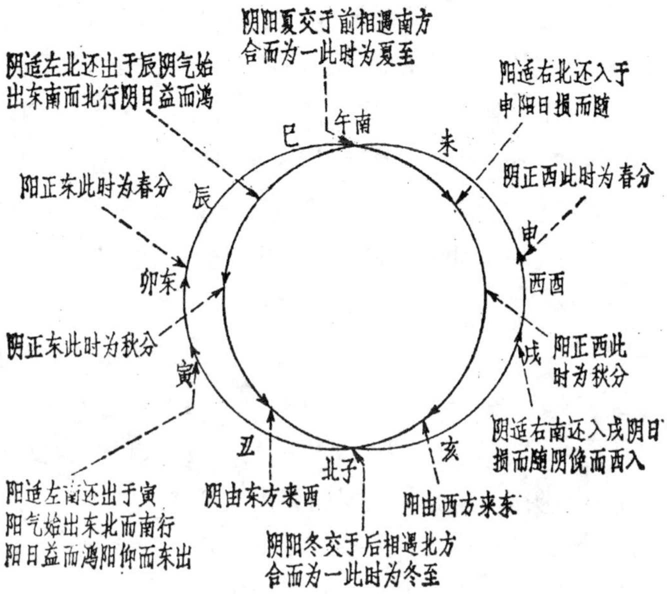

在上所引《天辨在人》一篇中，他说："少阴因金而起助，秋之成也。"可是照他在《阴阳出入》中的说法，如图所表示的，当秋季的时候，阴不在正西而在正东，怎么能"助金"呢？董仲舒解释说："天之道有伦，有经，有权。""至春，少阳东出就木，与之俱生；至夏，太阳南出就火，与之俱暖。此非各就其类而与之相起与？……此非正其伦与？"这是说，在春夏两季，阳气的运行和木火二行的方位相当，这种情况就是"天之道"的"经"的表现。反之："至于秋时，少阴兴而不得以秋从金，从金而伤火功。虽不得以从金，亦以秋出于东方，俛其处而适其事，以成岁功，此非权与？"(《阴阳终始》)这是说，在秋季，阴气的方位与金相背；这种情况就是"天之道"的"权"的表现。为什么天使阴气受这样的委屈呢？照董仲舒的说法，这是因为，天"任阳不任阴，好德不好刑"(《阴阳位》)。

《天辨在人》又说："阴之行，春居东方，秋居西方"。这是说，阴在秋季也居西方,这好像跟上面所说有冲突。这也需要说明。董仲舒说:“阴之行,春居东方,秋居西方,夏居空右,冬居空左,夏居空下,冬居空上,此阴之常处也。阳之行,春居上,冬居下,此阳之常处也。阴终岁四移,而阳常居实。……天之志常置阴空处,稍取之以为助。……阴者阳之助也;阳者岁之主也。天下之昆虫随阳而出入,天下之草木随阳而生落。”(《天辨在人》)董仲舒又说:“阳始出,物亦始出;阳方盛,物亦方盛;阳初衰,物亦初衰。物随阳而出入,数随阳而终始。”(《阳尊阴卑》)董仲舒认为,四时的变化,主要是由阳气的盛衰决定的。秋冬的来临,与其说是由于阴气盛,不如说是由于阳气衰。但阴气也并非完全没有作用。“天”也是“稍取之以为助”。董仲舒说:“天以阴为权,以阳为经。阳出而南,阴出而北。(此即同篇上文所谓‘阳行于顺,阴行于逆’)经用于盛,权用于末。……阳常居实位而行于盛,阴常居空位而行于末。”(同上)所以照上图所表示的,在秋季,西方也有阴,但是其时在“阴入于戌”以后,是阴之“末”。在这个时候,这个末也“助金”,但是“稍取之以为助”。至于阴盛的时候,它在正东,不起作用。这就是所谓不“行于盛”而“行于末”。

还有一点,董仲舒认为,春秋两季在四时变化中又有不同的作用。春季是“天之所起”,秋季是“天之所废”。“天之所起,其气积;天之所废,其气随(苏舆云:言委随而不振)”(《阴阳终始》)。所以在秋季,只用一些萎靡不振的气就足够“助金”了。

董仲舒的《对策》说:“天道之大者在阴阳。阳为德,阴为刑。刑主杀而德主生。是故阳常居大夏而以生长养育为事。阴常居大冬而积于空虚不用之处。”(《汉书·董仲舒传》)在《春秋繁露》中,他也说:“故阴,夏入居下,不任岁事,冬出居上,置之空处也。”(《阳尊阴卑》)在夏季,阴伏而不出,这就是所谓“居下”。在冬季,阴气出来了,居上了。可是在冬季,阳气已衰,万物本来不能生长养育。所以阴气实际上不发生很大作用。这就是所谓“积于空虚不用之处”。这个“不用之处”,就是所谓“空位”。阳气实际起着生长、养育万物的作用，这就是居于“实位”。这就是《天辨在人》所说的，阴“夏居空下，冬居空上”。这里所说的“夏居空右，冬居空左”可能是衍文。这里是说四时的变化，冬夏不可能重出。也可能是另外一种情况。在这里，“春居东方，秋居西方”二句是衍文。“夏居空右，冬居空左”，应作“春居空右，秋居空左”。古人以右为上，左为下，这里所说的“左右”，与下两句所说的“上下”意思相同。在春季，阴气方盛，可以为上，但其时阳气也方盛，阴气不发生作用，所以是“空右”。到秋季，阴气已衰，又值秋为“天之所废”，万物本来要衰落，所以阴气又是“空左”。这些字句上的校正和解释虽出于推测，但董仲舒的意思是明确的。他说：“阴之行固常居虚而不得居实。至于冬而止空虚，太阳（苏舆云：当为太阴）乃得北就其类而与水起寒。”（《阴阳终始》）阴居虚而阳居实；这是董仲舒关于阴阳的思想的一个要点。

阳尊阴卑，阳为主导，阴为属从；这本来也是易传的意思。但易传也认为“刚柔相推而生变化”（《周易·系辞》）。这就是认为，阴阳可以互相推动，由此才有发展、变化。这就是承认对立面的矛盾是发展变化的根源。照董仲舒的说法，阴实际上不能发生什么作用。这就是否认对立面的矛盾是发展、变化的根源，由此否认了辩证法。他的自然观，是以形而上学的发展观为基础的。董仲舒吸收了以前唯物主义的思想资料，加以改造，使之成为唯心主义思想。他的关于阴阳的说法是吸收了易传中辩证法的思想资料，加以改造，使之成为形而上学思想。

照这个说法，阴在自然界，是经常受到控制和压抑的。董仲舒所以这样说，一方面是企图以此证明“天任阳不任阴，好德不好刑”，因此统治者统治人民也应多用“德”，少用刑，以缓和阶级矛盾。但更重要的一方面是，董仲舒企图以此证明“阳尊阴卑”，统治者对于被统治者的控制和压抑是应该的。

说“阳德阴刑”、“阳尊阴卑”，就是认为，四时的变化体现了一种道德的目的,这就把阴阳二气的运行神秘化了。这是目的论的自然观,也是唯心主义的自然观。

在这种有神论和目的论的支配下,董仲舒进一步又把阴阳二气本身看成了具有意识、欲望和道德性质的神秘势力。他说:“阳气暖而阴气寒;阳气予而阴气夺;阳气仁而阴气戾;阳气宽而阴气急;阳气爱而阴气恶;阳气生而阴气杀。”(《阳尊阴卑》)又说:“阴,刑气也;阳,德气也。阴始于秋;阳始于春。春之为言犹偆偆也;秋之为言犹湫湫也。偆偆者,喜乐之貌也;湫湫者,忧悲之状也。”(《王道通三》)“春气爱;秋气严;夏气乐;冬气哀。爱气以生物,严气以成功,乐气以养生,哀气以丧终,天之志也。”(同上)这是说,气不仅能爱能恶,而且有喜、怒、哀、乐的情感。正是由于气的这些意识和情感的变化,才形成了春、夏、秋、冬四季的不同。从这里可以看出,董仲舒所讲的气,已经不是物质性的东西的概念,而是把这个原来是关于物质性的东西的概念作了唯心主义和神秘主义的歪曲。这是董仲舒所讲的气的学说的另一个特点。董仲舒所讲的这种气,也成了汉代神秘主义思潮的理论基础之一。

董仲舒的阴阳学说的政治目的,在于论证封建的等级制度和社会规范的合理性,为封建的君权、父权、夫权制造根据。他说:“丈夫虽贱,皆为阳;妇人虽贵,皆为阴。……诸在上者皆为其下阳,诸在下者各为其上阴。”(《阳尊阴卑》)“君、臣、父、子、夫妇之义,皆取诸阴阳之道。君为阳,臣为阴;父为阳,子为阴;夫为阳,妻为阴。”(《基义》)这是说,封建的等级秩序是阴阳两种法则在社会生活中的表现。他认为,在自然界中,阳气的运行,占主导的地位,因此,在社会生活中,阳的势力也占统治地位。他说:“幼者居阳之所少,老者居阳之所老,贵者居阳之所盛,贱者居阳之所衰。藏者,言其不得当阳。而不当阳者,臣子是也;当阳者,君父是也。故人主南面,以阳为位也。阳贵而阴贱,天之制也。”(《天辨在人》)从这里可以看出,董仲舒在自然观方面竭力推崇阳气,目的在于论证君、父是神圣不可侵犯的。他还认为,在自然界中,阳气使万物生长,阴气使万物收藏。但阳气常居实位而阴气常居空位。因此,在社会生活和政治生活中,君臣、父子、夫妇之间,在君、父、夫处于主导地位的条件下,臣、子、妻应该服从、辅助,不要搞对立斗争。他说:“是故仁义制度之数,尽取之天。天为君而覆露之,地为臣而持载之;阳为夫而生之,阴为妇而助之……故圣人多其爱而少其严,厚其德而简其刑,以此配天。”(《基义》)这样,董仲舒的阴阳学说,又在世界观上为儒家的仁义道德和德治主义立了一个理论根据。用他的话说,就是所谓“王道之三纲,可求于天”(同上)。他也正是从这种论证出发,把道德观念强加于自然界,将阴阳二气神秘化,完成了唯心主义和目的论的体系。

从表面上看,董仲舒似乎有一种以五行为间架的唯物主义的自然观,但实际上并非如此。他同样是从当时的科学知识中吸取了自己所需要的材料,进一步将五行神秘化,为自己的唯心主义体系服务。

董仲舒认为五行的关系就是社会伦理的关系。他解释“五行相生”说:“木生火,火生土,土生金,金生水,水生木;此其父子也。”(《五行之义》)又说:“水为冬,金为秋,土为季夏,火为夏,木为春。春主生,夏主长,季夏主养,秋主收,冬主藏。藏,冬之所成也。是故父之所生,其子长之;父之所长,其子养之;父之所养,其子成之。诸父所为,其子皆奉承而续行之,不敢不致如父之意,尽为人之道也。故五行者,五行也。由此观之,父授之,子受之,乃天之道也。故曰,夫孝者,天之经也,此之谓也。”(《五行对》)又说:“是故木已生而火养之,金已死而水藏之,火乐木而养以阳,水克金而丧以阴,土之事天竭其忠。故五行者,乃孝子忠臣之行也。”(《五行之义》)这是说,五行相生的顺序,体现了封建的君臣、父子的关系。在五行之中,董仲舒特别表扬土德。他说:“土者,五行之主也。五行之主土气也,犹五味之有甘肥也,不得不成。是故圣人之行,莫贵于忠,土德之谓也。”(同上)他认为,土处于五行之中,其他四行,都不能离土。它不主管某一时,可是它赞助其他四行以形成春、夏、秋、冬四时。因此，土有忠臣孝子的行为，其品德最为可贵。

从以上这些材料看，董仲舒把五行的运行同样伦理化了。他不是从五行的机械的物质性能，说明它们之间的相互关系，而是用社会伦理的关系，说明它们之间的相互作用。按照董仲舒所作的解释，五行的运行，同样体现了一种道德目的。这就又把原来是唯物主义的五行学说歪曲为唯心主义和目的论，用以论证封建秩序和封建道德的永恒性和合理性。

以上所讲的是董仲舒关于阴阳五行学说的一个基本轮廓。本书在第二册中说，战国末期发展起来的阴阳五行思想，在自然观上，基本上是唯物主义的，但也夹杂了天人感应的因素。后来，阴阳五行思想的发展，形成唯物主义和唯心主义两个方向。董仲舒就是唯心主义方向一个典型的代表。

在这里附带讨论一个问题——董仲舒关于“元”的思想。上面说过，《春秋》的第一句话是：“元年，春，王正月。”这是鲁国国史对于隐公即位的记载。这是一种照例的记载，可是，公羊家认为，这句话有很深的意义。董仲舒说：“一者，万物之所从始也；元者，辞之所谓大也。谓一为元者，视(示)大始而欲正本也。”(《汉书·董仲舒传》)这就是说，元年的意思是第一年，《春秋》所以不书一年而书元年，因为重视事物的开始，要在开始时就端正它的根本，这是董仲舒对于“元”的一种解释。他又说：“是以《春秋》变一谓之元，元犹原也，其义以随天地终始也。……故元者，为万物之本，而人之元在焉。安在乎？乃在乎天地之前。故人虽生天气及奉天气者，不得与天元本、天元命而共违其所为也。”(《玉英》从苏舆本)这是董仲舒对于“元”的另一种解释。照这种解释，元不仅是事物的开始，而且是事物所据以开始的东西。这是个什么东西呢？后来的公羊学家认为，“元”就是“气”。何休说：“元者，气也。无形以起，有形以分，造起天地，天地之始也。”(《公羊传》隐公元年注)何休又说：“故春秋以元之气正天之端，以天之端正王之政，以王之政正诸侯之即位,以诸侯之即位正境内之治。”(同上)《春秋繁露·二端》篇中亦有此一段(苏舆本移入《玉英》),但“以元之气”作“以元之深”。徐彦《公羊传疏》引《春秋说》也作“以元之深”。徐彦又说:“《春秋说》云:‘元者,端也;气泉’。注云:‘元为气之始,如水之有泉。泉流之原,无形以起,有形以分,窥之不见,听之不闻’。”由此可见徐彦所见的《春秋说》认为,“元”就是气,“元”和“气”这两个名词联系起来,就成为后来所通用的“元气”这个名词。

这是对董仲舒所讲的“元”的一种可能的解释,这种解释主要是依据后来公羊学家的说法,把“元”解释成“气”或“元气”,这在董仲舒的著作中,没有直接的材料可以证明。因此,对这个问题,我们还不能作出肯定的结论。另外还有一种可能的解释,董仲舒所说的“元”可能就是他所说的“天”。董仲舒一方面说:“天者万物之祖”,一方面又说:“元者为万物之本。”他还说:“故人虽生天气及奉天气者,不得与天元本、天元命而共违其所为也”。这段话不甚可解,但可见其把“天元”二字连用,“元”可能即指“天”。《史记·历书》说:“王者易姓受命,必慎始初。改正朔,易服色,推本天元,顺承厥意”,这里所说的“天元”,可与董仲舒的说法互相印证。董仲舒说:“以元之深,正天之端”,“元”似乎比“天”更根本。董仲舒又说:“木生火,火为夏,天之端。”(《十指》)这里所谓“天之端”即指“春”。“元年,春,王正月”,即以“元”正“春”。所谓“正天之端”,是说,使“阴阳调而风雨时”(《汉书·董仲舒传》)。在阴阳五行的运行之上,还有一个更高的天,即“元”,这也是符合董仲舒的体系的。这也只是一种解释,从董仲舒的著作中也没有直接的材料可以证明。因此,董仲舒所讲的“元”究竟是什么东西,我们还不能作出明确的说明。有一点是明确的,在董仲舒的体系中,“元”不可能是一种物质性的实体。即使把“元”解释成“元气”,而这个“元气”也一定是有意识和道德性质的东西,这从上面的叙述中可以看出来。仅仅依据后来某些公羊家认为“元”就是“气”的说法,便得出董仲舒的哲学体系是唯物主义结论,这是站不住的。

第八节　董仲舒的神秘主义的天人感应论

董仲舒认为,哲学所要讨论的一个重要问题,就是所谓“天人相与之际”(《汉书·董仲舒传》)。这个问题,汉朝人也简称为“天人之际”。这个问题也就是人和自然的关系问题。这确实是哲学所要讨论的一个重要问题。关于这个问题,从先秦以来,就一直进行着争论,到荀况作了一次唯物主义的总结。荀况根据“明天人之分”的原则,比较正确地处理了人和自然的关系,集中地驳斥了宗教神秘主义的天人感应论。董仲舒在荀况之后,又重新提出了这个问题,但他对这个问题却作了唯心主义和神秘主义的回答。从某种意义说,他又复活了古代的天人感应的迷信,同时也是对荀况的天论的一种否定。但是,董仲舒也不是简单地重复奴隶制时代的有神论的理论,而是在新的历史条件下加以改造,并企图给以理论上的根据。天人感应论是董仲舒的哲学体系的核心。上面所讲的关于天的理论和阴阳五行的学说,都是为这种迷信服务的。

“天人同类”的观念是董仲舒所宣扬的天人感应论的一个理论基础。他说:“以类合之,天人一也。”(《阴阳义》)这是说,天和人是同类的,人有什么,天也就有什么;天有什么,人也有什么。人也可以说是天的副本,宇宙的缩影。他说:“天地之符,阴阳之副,常设于身,身犹天也。……天以终岁之数成人之身,故小节三百六十六,副日数也。大节十二分,副月数也。内有五藏,副五行数也。外有四肢,副四时数也。乍视乍瞑,副昼夜也。乍刚乍柔,副冬夏也。乍哀乍乐,副阴阳也。……于其可数也,副数;不可数者,副类。皆当同而副天,一也。”(《人副天数》)这是从人的身体的构造方面讲天人同类。他又说:“人之形体,化天数而成。人之血气,化天志而仁。人之德行,化天理而义。人之好恶,化天之暖清。人之喜怒,化天之寒暑。人之受命,化天之四时。人生有喜、怒、哀、乐之答,春秋冬夏之类也。……天之副在乎人,人之性情有由天者矣。"(《为人者天》)这是从人的情感意识方面讲天人同类。以上这些说法,都是毫无根据的主观比附。不过,这种比附,在他的体系中都有重要意义。在董仲舒看来,人是宇宙的缩影,是一个小宇宙。反过来也可以说,宇宙是人的放大,是一个"大人"。他实际上是把自然拟人化了,把人的各种属性,特别是精神方面的属性,强加于自然界,倒转过来再把人说成是自然的摹本。这是一种典型的唯心主义的拟人观的理论。在这种唯心主义的基础上,他宣传天人感应的迷信。

战国时代的阴阳五行家认为,凡同类的东西,是可以互相感应的。董仲舒附会这一思想,他说:"五音比而自鸣,非有神,其数然也。美事召美类,恶事召恶类。类之相应而起也,如马鸣则马应之,牛鸣则牛应之。……物故以类相召也。"(《同类相动》)这是说,物类相感,不是由于鬼神支配,而是一种自然的感应。从这一点出发,他认为既然天人同类,所以天和人可以互相感应。他说:"天有阴阳,人亦有阴阳。天地之阴气起,而人之阴气应之而起;人之阴气起,而天之阴气亦宜应之而起,其道一也。"(同上)荀况的哲学体系的主题是"明天人之分",董仲舒的哲学一个主要思想,是"天人一也","其道一也"。这是唯物主义和唯心主义的一个鲜明的对立。

他说:"人主以好恶喜怒变俗习,而天以煖清寒暑化草木。喜怒时而当,则岁美;不时而妄,则岁恶。天地人主一也。"(《王道通三》)又说:"庆、赏、罚、刑,与春、夏、秋、冬,以类相应也,如合符。故曰王者配天。……庆、赏、罚、刑,当其处不可不发,若暖、清、寒、暑,当其时不可不出也。"(《四时之副》)这是说,天有春、夏、秋、冬,暖、清、寒、暑,人君有喜、怒、哀、乐,庆、赏、罚、刑。四时运行不当则岁凶;人君喜怒赏罚不当则世乱。他认为人君能法天道进行统治,就是"与天地参"。这同样是一种天人同类的说法。仅止于这种说法,还不就是天人相感的迷信。董仲舒从这种说法出发,进一步论证说:“人,下长万物,上参天地。故其治乱之故,动静顺逆之气,乃损益阴阳之化,而摇荡四海之内。”(《天地阴阳》)“世治而民和,志平而气正,则天地之化精,而万物之美起。世乱而民乖,志僻而气逆,则天地之化伤,气生灾害起。”(同上)“四海之内,殽阴阳之气,与天地相杂。是故人言:既曰王者参天地矣。苟参天地,则是化矣,岂独天地之精哉?王者亦参而殽之。治则以正气殽天地之化,乱则以邪气殽天地之化。同者相益,异者相损之数也,无可疑者矣。”(同上)这是说,因为天人同类,所以人的意识和行为,可以引起自然界的非常的变化;好的政治(由于人君喜怒得当),可以使寒暑得时,风调雨顺;不好的政治(由于人君喜怒不当),可以使寒暑不时,形成自然的灾害。因此,他说:“刑罚不中则生邪气。邪气积于下,怨气蓄于上。上下不和则阴阳缪戾而妖孽生矣。”(《汉书·董仲舒传》)《洪范》讲“五事”和“庶征”。董仲舒更详细地讲“五事”和五行相感应的关系。“五事”即人君的“貌、言、视、听、思”五种行动。这五种行动,如有不当,就会引起五行的变化,表现为四季的失常(《五行五事》)。就是说,人君的一举一动都可以引起天时气节的变化。这完全是神秘主义的迷信。

董仲舒把荀况所讲的“人与天地参”的思想,作了唯心主义的歪曲,把人的动作,特别是人君的动作,说成是一种神秘的力量,从而论证君权的神圣性。在这里,他对汉武帝在册问中所提出的天人关系问题,作了唯心主义的回答。

董仲舒认为天人关系是《春秋》中的一个重要问题。他说:“孔子作《春秋》,上揆之天道,下质诸人情,参之于古,考之于今。故《春秋》之所讥,灾害之所加也;《春秋》之所恶,怪异之所施也。书邦家之过,兼灾异之变,以此见人之所为,其美恶之极,乃与天地流通而往来相应。此亦言天之一端也。”(第三《对策》,见《汉书》本传)这就是说,孔子作

《春秋》,把当时各国的统治者的错误或罪恶和当时的自然灾害或变异联系起来,认为其间有因果的关系。统治者的比较小的错误是“《春秋》之所讥”,这些错误引起自然的灾害;统治者的比较大的错误是“《春秋》之所恶”,这些罪恶引起自然界的比较大的非常现象,即所谓怪异。合而言之,称为“灾异”。董仲舒认为,《春秋》把它所讥、所恶的政治现象和灾害、怪异的自然现象同时记录下来,借此说明,人的行事与自然现象互相感应(“流通而往来相应”)。他认为,这是讲“天”所必须讨论的一个问题。

董仲舒又申述说:“国家将有失道之败,而天乃先出灾害以谴告之。不知自省,又出怪异以警惧之。尚不知变,而伤败乃至。以此见天心之仁爱人君而欲止其乱也。”(第一《对策》,《汉书》本传)又说:“天地之物有不常之变者谓之异,小者谓之灾。灾常先至而异乃随之。灾者,天之谴也;异者,天之威也。谴之而不知,乃畏之以威。”(《春秋繁露·必仁且智》)照此说,灾异又起于天的怒和罚,同时也表现天对于人君的爱护。

这样,关于灾异的问题,在董仲舒的体系中便出现了两种说法。一种认为天人同类,自然相感,“非有神,其数然也”,这是一种带有机械论倾向的说法。一种认为天有喜怒和赏罚,灾异出于天的意志,这是一种目的论的说法。这两种说法,在先秦就已经存在。董仲舒把这两种说法都容纳了。他在第一《对策》中就已把这两种说法同时并举。这两种说法是有矛盾的,但在董仲舒的体系中是结合在一起的。他实际上是在后一种说法的基础上容纳了前一种说法。这和他在肯定意志的天的前提下吸收了阴阳五行学说的做法,是一致的。因此,他对机械论的感应说,不能不加以修正,使它适合于目的论的体系。董仲舒在《春秋繁露·同类相动》中,阐述了同类相感的机械论的说法以后,最后得出结论说:“故琴瑟报,弹其宫,他宫自鸣而应之,此物之以类动者也。其动以声而无形,人不见其动之形,则谓之自鸣也。又相动无形,则谓之自然,其实非自然也,有使之然者矣。物固有实使之,其使之无形。”这是说,物类虽机械地相感,但归根到底有个东西使它们如此,而不是出之于自然。在这里,他又采取了“或使”说,抛弃了“莫为”说。董仲舒认为这个“或使”的“或”是无形的,看不见的,但它确实存在着,并且主宰着一切,这就是他所讲的“天”。因此,他紧接着引《尚书传》的话说:“周将兴之时,有大赤乌衔谷之种,而集王屋之上者,武王喜,诸大夫皆喜。周公曰:茂(勉)哉茂哉!天之见此以劝之也。”这是说,同类相感,最终体现了天的意志。这就把机械论的感应说,归结为目的论。

董仲舒的天人感应论,对汉代的神秘主义思潮起了很大的影响。这种理论,是将自然人格化的唯心主义思想的一种表现形式。这种思想把自然现象和社会现象混同起来,以社会现象理解自然现象,又反过来用自然现象说明社会现象。这和荀况的“明天人之分”的思想成了鲜明的对比。

天人感应说是一种神秘主义的虚构。董仲舒自己也上过这种说法的当。前面说过,他因汉祖庙失火一事,大加发挥他的“天人感应”,差点送了命。由这个滑稽的事情,正可以说明“天人感应”的荒唐。

董仲舒的天人感应说的实际的社会意义有两方面。地主阶级以专制主义的君主作为它的代理人。但是代理人的利益和地主阶级的长远利益有时也是有矛盾的。以皇帝为中心的君权势力和其他阶层的地主阶级势力也存在着一定的矛盾。因此,地主阶级觉得,对于代理人的权力,也需要有适当的限制。可是在他的绝对权威下,什么力量可以限制呢?这就要用虚构中的“天”的力量。董仲舒说:“春秋之法,以人随君,以君随天。”(《楚庄王》)汉朝的人常用“灾异”恐吓皇帝,要求他反省自己的错误。从以上所引证的材料看,董仲舒的天人感应论,对于最高统治者来说,着重在劝告他推行“仁政”。这从他给汉武帝的《对策》中也可以看出来。当时和后来讲灾异迷信的某些儒家,也都利用这一种迷信,作为向当权派进行合法斗争的一种工具。通过这种迷信的方式,在一定程度上也表达了被压迫阶层的某些要求。天人感应说在一定程度上有这一方面的作用。

董仲舒的天人感应说,还有另一方面的作用,就是用以巩固地主阶级对人民的统治。董仲舒说:"世治而民和,意平而气正,则天地之化精,而万物之美起;世乱而民乖,意僻而气逆,则天地之化伤,气生灾害起。"(《春秋繁露·天地阴阳》)这些话就不是对封建帝王说的了。这是说,农民如果安于封建的统治,自然界就可以风调雨顺,如果起来暴动或进行反抗,就要遭到自然的惩罚,这就暴露了天人感应说的阶级本质。因此,董仲舒的天人感应论主要是用以巩固地主阶级长久利益的工具。

第九节　董仲舒的人性论

照董仲舒所说的,整个宇宙的变化和运行有一个总的目的,宇宙间每个事物的生长变化都有一个目的,那就是,为总目的服务。董仲舒认为宇宙的最后目的是生人和建立封建主义的社会。他认为,人是天的副本,是宇宙的缩影,因而人也是天地的精华的体现。他说:"莫精于气,莫富于地,莫神于天。天地之精所以生万物者,莫贵于人。"(《人副天数》)因为人是物中之最高贵的,所以其头向上当天,与植物之头(根)向地,其他动物之头横向("旁折")不同。"所取于天地少者旁折,所取于天地多者正当之,此见人之绝于物而参天地。"(同上)

就心理方面说,董仲舒认为,人的心有性有情,与天之有阴有阳相当。他说:"身之有性情也,若天之有阴阳也。言人之质而无其情,犹言天之阳而无其阴也。"(《深察名号》)性表现于外为仁;情表现于外为贪。董仲舒说:"人之诚有贪有仁,仁、贪之气,两在于身。身之名取诸天。天两有阴、阳之施,身亦两有贪、仁之性。"(同上)

照董仲舒的解释,一方面,情和性都是人先天就具有的资质。所谓“如其生之自然之资谓之性。性者,质也”(同上)。“天地之所生谓之性情,性情相与为一瞑,情亦性也。”(同上)另一方面,性和情又是人的“质”中的两个对立物。这个对立与天有阴阳的对立相副。

董仲舒也肯定人有先天的善质,这一点基本上还是承接孟轲的观点。照他的说法,在阴阳这两个对立面中,阳是主,阴是从。人与天副,在人的“质”中,也应该性是主,情是从。这就是说,人的“质”的主要部分是善的。

董仲舒一方面承认人有善质,同时,又着重指出不能认为人性本来“已善”。如上所述,人的“质”中,有性有情,有贪有仁;而且“性情相与为一瞑,情亦性也”。既然如此,怎能简单地肯定“性已善”呢?“谓性已善,奈其情何?”(同上)他比喻说:“善如米,性如禾。禾虽出米,而禾未可谓米也。性虽出善,而性未可谓善也。”(《实性》)他又说:“性有似目,目卧幽而瞑,待觉而后见。当其未觉,可谓有见质,而不可谓见。今万民之性,有其质而未能觉,譬如瞑者,待觉教之然后善。当其未觉,可谓有善质,而不可谓善,与目之瞑而(疑脱‘不’字)觉,一概之比也。”(《深察名号》)这就是说,要把“善质”和“善”加以区别。人有善质,但还不能认为“性固已善”。

在这方面,董仲舒的人性论就表现出和孟轲的性善说又有所不同。对这种不同,董仲舒自己作了说明。他说:“或曰:‘性有善端,心有善质,尚安非善?’应之曰:‘非也。茧有丝,而茧非丝也。卵有雏,而卵非雏也。比类率然,有何疑焉?’天生民有六经(苏舆曰:疑有误字,或云六当为大),言性者不当异。然其或曰性也善,或曰性未善。则所谓善者,各异意也。性有善端,动之爱父母(苏舆云:动疑作童),善于禽兽,则谓之善,此孟子之善。循三纲五纪,通八端之理,忠信而博爱,敦厚而好礼,乃可谓善,此圣人之善也。……夫善于禽兽之未得为善也,犹知于草木而不得名知。……圣人以为,无王之世,不教之民,莫能当善。

善之难当如此，而谓万民之性皆能当之，过矣。质于禽兽之性，则万民之性善矣；质于人道之善，则民性弗及也。……吾质之命性者异孟子。孟子下质于禽兽之所为，故曰性已善；吾上质于圣人之所为，故谓性未善。善过性，圣人过善。"（同上）照这样的分析，董仲舒和孟轲的不同，不仅是在于"善"字的用法有异。究其实，董仲舒讲"善"的目的，就是在孟轲性善说的基础之上，进一步明白地强调其封建统治阶级的阶级性，更突出地要求劳动人民接受"圣王"的教化，从而严格地服从"三纲五纪"这些封建道德规范。诚然，孟轲也不主张"性已善"，他也说，必须使性中已有的善端充分发展才能为"已善"。不过，董仲舒更突出地强调"教化"这一方面。他又认为，情是恶的，但又在人的质（广义的性）中。这可能又是受荀况的影响。

董仲舒又认为，他所说的性，是就普通人之质言之。人也有生而即不止仅有善端的，也有生而即几乎无善端的。他说："名性不以上，不以下，以其中名之。"（同上）又说："圣人之性，不可以名性。斗筲之性，又不可以名性。名性者，中民之性。中民之性如茧如卵。卵待覆二十日而后能为雏；茧待缫以涫汤而后能为丝；性待渐于教训而后能为善。"（《实性》）这又是孔丘的"唯上智与下愚不移"的说法。董仲舒的人性论，是以孟轲的人性论为主，而不吸取孔丘和荀况的说法。

董仲舒所以强调"性未善"，主要的是要强调统治者的作用。他说："天、地、人，万物之本也。天生之，地养之，人成之。"（《立元神》）人的作用是完成天地的未竟之功。他所说的人的这种作用，并不是改造自然，而是建立封建社会，并用封建道德对人进行教育。

董仲舒认为这种"教育"也是与"天"相副的。他认为人之心有情有性，与天之有阴有阳相当。"身之有性情也，若天之有阴阳也。言人之质而无其情，犹言天之阳而无其阴也。"（《深察名号》）照董仲舒所说，天"任阳不任阴"，人亦应该以"性禁情"。董仲舒说："是以阴之行不得于春夏，而月之魄常厌于日光，乍全乍伤。天之禁阴如此，安得不损其欲而辍其情,以应天?天所禁而身禁之,故曰身犹天也。禁天所禁,非禁天也。"(同上)人必禁天所禁,然后合乎封建道德。封建道德是"人之继天而成于外也,非在天所为之内也。天所为有所至而止。止之内谓之天,止之外谓之王教。王教在性外,而性不得不遂。故曰,性有善质而未能为善也"(《实性》)。

董仲舒认为"王"是天之所立以教民的。他说:"民之号取之瞑也。使性而已善,则何故以瞑为号?以瞑言者,弗扶将则颠陷猖狂,安能善?"因此他又说:"天生民性,有善质而未能善,于是为之立王以善之,此天意也。民受未能善之性于天,而退受成性之教于王。王承天意以成民之性为任者也。今案其真质而谓民性已善者,是失天意而去王任也。万民之性苟已善,则王者受命尚何任也?"(《深察名号》)董仲舒把封建社会统治阶级的社会秩序和道德标准说成是"王道",又把"王道"和"王"的统治说成是"天意"的表现。这是他的"奉天"的理论的又一作用。

第十节　董仲舒的封建主义的社会和伦理思想

儒家讲所谓"五伦":君臣、父子、兄弟、夫妇、朋友,这就是封建社会中五种人与人的关系。这五种关系,除朋友一种外,都是统治与被统治的关系。董仲舒更于五种关系之中,提出君臣、父子、夫妇三种,特别强调其统治与被统治的关系。这就是所谓"三纲":君为臣纲,父为子纲,夫为妻纲。

董仲舒把他的自然观中关于阴阳的理论,作为他的社会、伦理思想中的"三纲"的根据。他说:"王道之三纲,可求于天。"(《基义》)他说:"凡物必有合。合,必有上必有下,必有左必有右,必有前必有后,必有表必有里。有美必有恶,有顺必有逆,有喜必有怒,有寒必有暑,有昼必有夜,此皆其合也。阴者,阳之合;妻者,夫之合;子者,父之合;臣者,君之合。物莫无合,而合各有阴阳。阳兼于阴,阴兼于阳;夫兼于妻,妻兼于夫;父兼于子,子兼于父;君兼于臣,臣兼于君。君臣、父子、夫妇之义,皆取诸阴阳之道。君为阳,臣为阴;父为阳,子为阴;夫为阳,妻为阴。阴道无所独行,其始也不得专起,其终也不得分功,有所兼之义。是故臣兼功于君,子兼功于父,妻兼功于夫,阴兼功于阳,地兼功于天。”(同上)照表面上看,好像董仲舒在这里讲到事物的对立面统一的辩证法。其实,他所讲的“合”是配合,不是对立的统一。(董仲舒在《天道无二》中说:“一而不二者,天之行也”;这里所谓“一”也是“专一”,不是统一。)他认为,有一个东西,就必有另一个东西跟它相配。这个东西是主;跟它相配的东西是从。阳是主,阴是从;君是主,臣是从;父是主,子是从;夫是主,妇是从。这个主、从的关系是不能互相转化的,是永恒不可变的。他也说“阳兼于阴,阴兼于阳”等等,照表面上看,他似乎认为阴阳、君臣等,可以互相“兼”。这似乎是讲到对立面互相渗透的辩证法。其实,联系下文,就可知他所说的阳对于阴的“兼”,是包括的意思;阴对于阳的“兼”,是被包括的意思,即所谓“所兼”。阳可以兼阴,阴则只能为阳所兼。这就是他所说的,“阴道无所独行,其始也不能专起,其终也不得分功,有所兼之义”。这就是说,即使阳在阴的配合下而有了功,这功也是阳的功,阴不能分享。上面讲过,董仲舒在自然观方面,认为阳永远统治着阴。把这个理论应用到社会、伦理思想中,他断言,君永远统治着臣,父永远统治着子,夫永远统治着妇,这是“道”。“天不变,道亦不变”,这是典型的形而上学的思想。

董仲舒的这种思想,后来发展成为封建社会中“纲常名教”的理论。“纲”就是“三纲”。这个理论只管“名”,不管有这个“名”的“实”是个什么样的“实”。照这个理论,君、父、夫是臣、子、妻的统治者。不管为君、为父、为夫者实际上是怎样的人,他们都有这些“名”所给他们的权利;他们的臣、子、妻,对于他们都有绝对服从的义务。所以这个理论称为“名教”。封建社会的统治阶级认为“名”是永恒不变的,所以“名教”也是永恒不变的。这种理论,就其阶级根源说,是统治者压迫被统治者的思想上的武器;就其认识论的根源说,这也是形而上学思想的表现。

在中国哲学史中,伦理学中的动机论和效果论的争辩,表现为“志”和“功”的问题。“志”是行为者的主观的动机,“功”是行为的效果。主张动机论的注重“志”;主张效果论的注重“功”,这在第一册第七章、第二册第十二章中已经讲过。董仲舒的伦理学说明确地主张“动机论”。他的主张是“正其谊不谋其利;明其道不计其功”(《汉书·董仲舒传》)。(《对胶西王越大夫不得为仁》篇作“正其道不谋其利,修其理不急其功”。)董仲舒的这两句话,后来封建社会的唯心主义哲学家经常引用,有很大的影响。董仲舒又说:“《春秋》之听狱也,必本其事而原其志。志邪者不待成;首恶者罪特重;本直者其论轻。”(《精华》)《公羊传》讲到《春秋》“书法”中“及”与“暨”的区别说:“及犹汲汲也,暨犹暨暨也。及,我欲之;暨,不得已也。”(隐公元年)何休注说:“举及、暨者,明当随意善恶而原之。欲之者,善重,恶深;不得已者,善轻,恶浅;所以原心定罪。”这就是说,如果一个人有为善或为恶的动机,主动地为恶或为善,这样,他所为的善就应该受到更大的赞扬(“褒”),他所为的恶也应该受到更大的惩罚(“贬”)。如果是一个人没有为善或为恶的动机,被迫不得已而为善或为恶,他所为的善就应该受到比较小的赞扬,他所为的恶也应该受到比较小的惩罚。这就是所谓“原心定罪”,也就是董仲舒所说的“本其事而原其志”。

董仲舒说:“志邪者不待成”,就是说,只要一个人有了邪志,就应该马上加以惩罚,不必待其成为行为。《公羊传》说:“《春秋》贬陈侯之弟招。”为什么贬?“言将自弑君也。今将尔,词曷为与亲弑者同?君亲无将,将而必诛焉”(昭公元年)。就是说,不但已经弑君的要诛,就是将弑君的也要诛。

董仲舒说："《春秋》之好微，与其贵志也。……是故君弑，贼讨，则善而书其诛。若莫之讨，则君不书葬，而贼不复见矣。不书葬，以为无臣子也；贼不复见，以其宜灭绝也。"(《玉杯》)这是公羊家为《春秋》定的例。这就是说，如果一个国的国君被人杀了，这个国的人就应该讨贼，把弑君的人也杀了。如果是没有讨贼，《春秋》就不记载那个被杀的国君是什么时候葬的，那个弑君的贼的名字以后也就不再见于《春秋》。为什么不记载那个君的葬？因为既然贼还没有讨，就可以认为那个国没有臣子。为什么贼的名字不再见于《春秋》？因为那个贼应该灭绝，所以就认为他已经灭绝了。这是公羊家从他们的主观见解为《春秋》定了许多例。《春秋》的记载不一定都合于这些例，那就是说，有许多地方是"例外"。公羊家就利用这些"例外"发挥他们的"春秋大义"。

《春秋》昭公十九年记载："夏五月戊辰，许世子止弑其君买。"又记载："冬，葬许悼公。"《公羊传》说："贼未讨何以书葬？不成于弑也。曷为不成于弑？止进药而药杀也。止进药而药杀则曷为加弑焉尔？讥子道之不尽也。……止进药而药杀，是以君子加弑焉尔。曰：'许世子止弑其君买'，是君子之听(判罪)止也；'葬许悼公'是君子之赦止也。赦止者，免止之罪辞也。"许悼公有病，他的太子名叫止的，叫他吃药。可是药吃错了，许悼公因此而死。按其效果说，世子止是弑父，所以《春秋》给他"加弑"。但是，世子止的动机并不是弑父，并没有弑父之志，所以《春秋》又把他赦了。董仲舒曾经根据这种原则治狱。《汉书・艺文志》著录有《公羊董仲舒治狱》十六卷。这部书现已不存在。《太平御览》有一条引董仲舒说："《春秋》之义，许止父病，进药于其父而卒。君子原心，赦而不诛。"(《太平御览》卷六百四十)

《春秋》宣公二年记载："秋九月乙丑，晋赵盾弑其君夷獆。"六年记载："春，晋赵盾、卫孙免侵陈。"《公羊传》说："赵盾弑君，此其复见何？

杀弑君者,赵穿也。亲弑君者赵穿,则曷为加之赵盾?不讨贼也。"公羊家认为赵盾本来没有弑君之志,《春秋》于加以弑君之罪之后,又使赵盾复见,这就是说,又把他赦了。董仲舒说:"夫名为弑父而实免罪者,已有之矣。亦有名为弑君而罪不诛者,逆而距之,不若徐而味之。"(《玉杯》)这段话所说的两件事,前者是指许世子止,后者指赵盾。董仲舒论赵盾说:"是故训其终始,无弑之志。挂恶谋者,过在不遂去,罪在不讨贼而已。臣之宜为君讨贼也,犹子之宜为父尝药也。子不尝药,故加之弑父;臣不讨贼,故加之弑君,其义一也。所以示天下废臣子之节,其恶之大若此也。故盾之不讨贼为弑君也,与止之不尝药为弑父,无以异。盾不宜诛,以此参之。"(同上)就是说,赵盾和许世子止的情况是一类的。《春秋》既然赦免了许世子止,当然也要赦免赵盾。赵盾之名复见,就是赦免的表示。董仲舒认为,就许世子止和赵盾这两个例看,《春秋》是"贵志",就是说,在判断一个行为的善恶的时候,着重的是行为者的动机,不是行为的效果。

在中国哲学中,义和利问题,还包含着道德行为和物质利益的关系问题。对这个问题,董仲舒也作了回答。他说:"天之生人也,使人生义与利。利以养其体,义以养其心。心不得义不能乐,体不得利不能安。"(《身之养莫重于义》)这里所说的"义",是指道德的原则,"利"是指物质生活的利益。从这几句话看,董仲舒认为义和利,对人说来都是不可缺少的。但是,他接着又说:"体莫贵于心,故养莫重于义。义之养生人大于利。"(同上)这是说,归根到底,义比利更为重要。他论证说:"夫人有义者,虽贫能自乐也,而人无义者,虽富莫能自存。……民不能知而常反之,皆忘义而殉利,去理而走邪,以贼其身而祸其家。此非其自为计不忠也,则其知之所不能明也。"(同上)董仲舒这里所说的也是"义利之辨"的一个方面,虽还不是儒家最后的意思,不过他仅说到此。这个问题直到宋明道学才讨论清楚。

志和功,义和利,是儒家伦理学的两对范畴。另外一对范畴是

“经”和“权”。“经”是一般的原则,“权”是原则的灵活运用。孔丘说:“可与共学,未可以适道;可与适道,未可与立;可与立,未可与权。”(《论语·子罕》)这里所说的“道”就是一般的原则,所谓“权”,就是原则的灵活运用。孟轲说:“男女授受不亲,礼也;嫂溺则援之以手者,权也。”(《孟子·离娄上》)在这里,所谓“礼”是指一般的规范,权是指规范的灵活的运用。孔丘和孟轲所谈的都是关于“经”和“权”的问题,公羊家对于这个问题更作了有系统的讨论。

在春秋的时候,郑国的“相”祭仲为宋国所执。宋国向祭仲提出要求,叫他把当时郑国的国君公子忽驱逐出去,立宋国的外甥公子突为君。祭仲答应了这个要求,回国以后,果然照办。《公羊传》认为,《春秋》以祭仲为贤,因为他“知权”。《公羊传》说:“祭仲不从其言,则君必死,国必亡;从其言,则君可以生易死,国可以存易亡。少辽缓之,则突可故出,而忽可故反,是不可得则病,然后有郑国。古人之有权者,祭仲之权是也。权者何?权者,反于经然后有善者也。权之所设,舍死亡无所设。行权有道。自贬损以行权,不害人以行权。杀人以自生,亡人以自存,君子不为也。”(桓公十一年)照《公羊传》的说法,如果祭仲答应了宋国的要求,公子忽虽然暂时出亡,但过一些时候,仍然可以回来为君。即使不能回来,也无非是祭仲自己蒙了逐君之罪。如果他不答应宋国的要求,他自己必定要死,郑国也必定要亡。在这种情况下,祭仲权其轻重,答应了宋国的要求。他的这样行为,虽然不合乎忠君的原则,但是可以使郑国不至于灭亡,这就是所谓“反于经然后有善”。

春秋时候,还有一个故事。晋国同齐国打仗,齐国败了,齐顷公被围。他的一个将,逄丑父,冒充齐顷公受擒,使齐顷公得以逃脱。晋军判逄丑父以“欺三军”之罪,把他杀了。(成公二年)董仲舒认为,逄丑父虽然杀其身以生其君,但是不算是“知权”。董仲舒在《春秋繁露》里,提出了这个问题。“丑父欺晋,祭仲许宋,俱枉正以存其君,然而丑父之所为难于祭仲,祭仲见贤,而丑父犹见非,何也?”董仲舒回答说:

“是非难别者在此。此其嫌疑相似,而不同理者,不可不察。夫去位而避兄弟者,君子之所甚贵。获虏逃遁者,君子之所甚贱。祭仲措其君于人所甚贵,以生其君,故《春秋》以为知权而贤之。丑父措其君于人所甚贱,以生其君,《春秋》以为不知权而简之。其俱枉正以存君相似也,其使君荣之与使君辱不同理。故凡人之有为也,前枉而后义者,谓之中权;虽不能成,《春秋》善之,鲁隐公、郑祭仲是也。前正而后有枉者,谓之邪道,虽能成之,《春秋》不爱,齐顷公、逄丑父是也。”(《竹林》)这就是说,祭仲的行为是“反于经然后有善”,所以他的行为算是“中权”。这种行为,就其道德价值说,是善的行为。逄丑父的行为是反于经不能有善,所以不能算是“中权”。这种行为,就其道德价值说,是恶的行为。

公羊家认为人必须在一定条件下才可以行权。上边所引的《公羊传》所说的,“权之所设,舍死亡无所设”;这是说,必须在有关生死存亡的问题上,才可以行权。譬如孟轲所说的,“嫂溺则援之以手”,如果不援之以手,她就要淹死了,所以就顾不得“男女授受不亲”的礼了。这是行权第一个条件。上边所引《公羊传》所说的“行权有道”等,都是行权的条件。

董仲舒又为行权划出了一定的范围。他说:“夫权虽反经,亦必在可以然之域。不在可以然之域,故虽死亡,终弗为也。”(《玉英》)这就是说,行权有一定范围(“可以然之域”),如果超过了这个范围,虽然生死攸关,也不可以行权。这就比《公羊传》所说的更加严格了。董仲舒说:“故诸侯在不可以然之域者,谓之大德;大德无逾闲者谓正经。诸侯在可以然之域者谓之小德;小德出入可也。权,谲也,尚归之以奉巨经耳。”(同上)孔丘说:“大德不逾闲,小德出入可也。”(《论语·子张》)董仲舒引孔丘的这段话解释经权。经是大德,在不可以然之域,就是说,不在可以行权的范围之内,这是在任何情况下都必须遵守的。权是小德,小德是在可以行权范围之内的。在这个范围之内,可以行权。行权必然要违反一些原则，但违反这些原则的目的，是为了合乎更高的原则（“尚归之以奉巨经耳”）。

董仲舒讨论了伦理学中的三对范畴，志和功，义和利，经和权。在志和功这两个对立面中，董仲舒认为志是主要的，功是次要的。在义和利这两个对立面中，董仲舒认为义是主要的，利是次要的。在经和权这两个对立面中，董仲舒认为经是主要的，权是次要的。

第十一节　董仲舒的历史观

本书第二册讲过，秦朝用邹衍的“五德转移，治各有宜”的说法，为它的统治找根据。这个说法的根本意思，汉朝的统治阶级还在利用。不过在实际应用的时候，有不同的意见。例如，汉所代表的是水德，或土德，或火德，在当时成为争论的问题。这种争论是很难解决的，因为无论怎么说，总都是主观的穿凿附会。

董仲舒另提出一种新的说法，以说明历史上的变化。照他的说法，一年十二个月之中，有三个月可以作岁首（正月）。这三个月是子月（现在农历的十一月）、丑月（现在农历的十二月）和寅月（现在农历的正月）。每一个朝代都要重新规定以这三个月中的某月为岁首。这就是所谓“改正朔”。如果一个朝代以子月为岁首，这就是所谓“建子”。在这个月里，“天统气始施化物，物始动，其色赤”，所以“建子”的朝代就以赤色为上色（“尚赤”），这就是“易服色”。这样的一套，称为“正赤统”。如果一个朝代以丑月为岁首，这就是所谓“建丑”。在这个月里，“天统气始蜕化物，物始芽，其色白”，所以“建丑”的朝代就以白色为上色（“尚白”）。这样的一套，称为“正白统”。如果一个朝代以寅月为岁首，这就是所谓“建寅”。在这个月里，“天统气始通化物，物见萌达，其色黑”，所以建寅的朝代就以黑色为上色（“尚黑”）。这样的一套,称为“正黑统”。这就是所谓“三统”或“三正”。照董仲舒的说法,夏朝“建寅”,代表“正黑统”;商朝“建丑”,代表“正白统”;周朝“建子”,代表“正赤统”。继周的朝代必须“建寅”,代表“正黑统”。如此循环下去,周而复始。

董仲舒认为,每一个“新王受命”,建立新朝代以后,必须封其以前二代的后人为王,在其封地的范围之内,继承前二代的“正朔”、“服色”等。孔丘“受命”作“新王”;《春秋》代表“一王之法”。“故《春秋》应天作新王之事,时正黑统,王鲁,尚黑,绌夏,亲周,故宋”。(《三代改制质文》)《春秋》是鲁史,所以《春秋》做新王之事,即是以鲁为主。《春秋》继周的“赤统”,所以“尚黑”。周原来封夏之后于杞,殷之后于宋,各于其所封之地,行其“正朔”等。《春秋》既为“新王”,则推上去,以杞为后的夏,就不能称王了;这就是“绌夏”。为殷之后的宋,就离当时统治的王,《春秋》,远了;这就是“故宋”。周是《春秋》以上的前王,《春秋》仍封其后人,使继承“赤统”;这就是“亲周”。照董仲舒的说法,继周的王,并不是秦而是《春秋》。秦虽在事实上成了统一中国的王朝,但天不承认,是不合法的,不能算数的。这一套荒唐的幻想,就是上面所引第一科的“三指”的意义。

照董仲舒的说法,一个新的朝代,必须改正。“改正之义,奉元(苏舆云:疑作奉天)而起。……所以明乎天统之义也。其谓统三正者,曰:正者,正也。统致其气,万物皆应而正,统正,其余皆正,凡岁之要,在正月也。”(同上)这就是说,一个“新王”建立新朝代,这是新奉“天命”,统治老百姓,“改正”所以承“天统”,一种“正”承一种“天统”之气,能够“统致其气,万物皆应而正”。这是“天人感应”的神秘主义的又一种表现。

照董仲舒的说法,“三统”是“三而复”。还有“再而复”,“四而复”,“五而复”,“九而复”的各种东西,随着朝代的改变而改变。但改变是循环的,“复”就是循环。

董仲舒一方面说："新王必改制"，因为照他所说，一个新朝代的王，是新受天命而来统治老百姓的。这个新王必须照着他所说的"三统"的次序有所变革，以表示自己是新受天命，这样才合乎"天志"。但是所改的，主要的是"徙居处，更称号，改正朔，易服色"等一些表面上的事情。此外，主要的是"有不易者"（同上）。董仲舒说："若夫大纲人伦、道理、政治、教化、习俗、文义，尽如故，亦何改哉？故王者有改制之名，无易道之实。"（《楚庄王》）这就是说，地主阶级用以维护剥削制度的整个上层建筑，是永恒的。整个上层建筑的基本原则就是"道"。董仲舒说："道者万世无弊，弊者道之失也。"（《汉书·董仲舒传》）就是说，道是不会错的，只有在失了道的时候才会有错。为什么"道"会有这样大的权威呢？董仲舒说："道之大原出于天。天不变，道亦不变。"（同上）所以他说："春秋之于世事也，善复古，讥易常。"（《楚庄王》）因此必须"法古"，而"法古"也就是"奉天"。这就是他所说的"奉天而法古"。

董仲舒认为，自然界的最高原则（"天"）是不变的；社会的最高原则（"道"）也是不变的。他虽承认有可变的东西，但其变也是循环的。这是典型的形而上学的宇宙观。这种形而上学的宇宙观，表现在董仲舒的历史哲学中就是唯心主义的历史循环论。

董仲舒的三统说的历史观，表面上类似于五德说的历史观，其实有根本的不同。五德说的历史观认为五行以相克相胜的原则，推动朝代的转变。五行的相克相胜，是历史转变的动力。一个统治的朝代为其以后的朝代所代替，是出于历史的必然。这种必然是机械的，不以人的意志为转移。这种历史观，在地主阶级争取政权的时候，有其一定的积极作用。在地主阶级已经取得政权以后，它不希望另一个阶级以机械的必然来替代它的统治。"五德转移"的说法对于它就不合适了。于是董仲舒代之以三统说。他所说的"三统"并不是历史转变的动力，只是"新王受命"的一种标志。"新王受命"完全是"天意"的决定；表现

“天意”的“道”是永恒不变的。董仲舒吸收了五德说的历史观的一些思想资料,但加以改造,使之为已居统治地位的地主阶级服务。

第十二节　董仲舒的逻辑思想

在《春秋繁露》中,董仲舒接触到了一些逻辑问题。他说:“《春秋》辨物之理,以正其名。名物如其真,不失秋毫之末。故名陨石则后其五,言退鹢则先其六。圣人之谨于正名如此。君子于其言,无所苟而已。”(《深察名号》)《春秋》僖公十六年记载:“春,王正月戊申朔,陨石于宋,五。是月,六鹢退飞,过宋都。”《公羊传》说:“曷为先言陨而后言石?陨石,记闻。闻其磌然,视之则石,察之则五。是月者何?仅逮是月也。……曷为先言六而后言鹢?六鹢退飞,记见也。视之则六,察之则鹢,徐而察之,则退飞。”这就是说,《春秋》的“五石、六鹢之辞”是以认识的程序为根据的。照《公羊传》所说,人对于五石、六鹢的认识,其程序有所不同。《春秋》按着这两个程序不同,有不同的记载。《春秋》的记载是客观情况的反映。董仲舒由此作出推论,认为《春秋》先分析了事物的“理”,根据这些“理”确定名的意义。名必须跟“理”完全相合,没有一点差异。他又说:“名生于真,非其真弗以为名。名者,圣人之所以真物也。名之言真也。故凡百讥有黮黮者,各反其真,则黮黮者还昭昭耳。”(《深察名号》)这一段话的最末一句是说,一种事物,如果有了名,本来是不清楚的就可以清楚了。

董仲舒也谈到荀况所说的“共名”和“别名”的分别。共名他称为号;别名他称为名。他说:“名众于号。号其大全,名也者,名其别离分散也。号凡而略;名详而目。目者,遍辨其事也;凡者,独举其大也。享鬼神者号一曰祭;祭之散名:春曰祠,夏曰礿,秋曰尝,冬曰蒸。猎禽兽者号一曰田;田之散名:春苗、秋蒐、冬狩、夏狝。”(同上)这就是说,号指一类事物的共有的性质，这就是“独举其大”。名指一类事物中的各种事物所特有的性质，这就是“遍辨其事”。例如享鬼神这一类的事，号为祭。祭又依春、夏、秋、冬四时的不同分为四种。猎禽兽这种行为，号为田。田又依春、夏、秋、冬四时的不同分为四种。

董仲舒认为，一种事物如果有了名，原来是不清楚的就可以清楚。这种说法，作为一种逻辑思想，是正确的。如果这个名真是代表这种事物的概念，而这种概念又是反映这种事物的本质，原来是不清楚的确是可以清楚。名代表概念，概念都是一种抽象。毛泽东同志引列宁的话说：“物质的抽象，自然规律的抽象，价值的抽象以及其他等等，一句话，一切科学的（正确的、郑重的、非瞎说的）抽象，都更深刻、更正确、更完全地反映着自然。”（《实践论》，《毛泽东选集》第一卷，275 页）董仲舒所说的名，也都代表一种抽象，但都是任意的、轻率的、瞎说的抽象。它并不反映事物的本质，并不是“生于真”。这种名并不能使我们对于事物的认识更清楚，而是使其更糊涂。例如他说：“受命之君，天意之所予也，故号为天子者，宜视天如父，事天以孝道也。号为诸侯者，宜谨视所候奉之天子也。号为大夫者，宜厚其忠信，敦其礼义，使善大于匹夫之义，足以化也。士者，事也。民者，瞑也。”（《深察名号》）他把“诸侯”的“侯”了解为“伺候”的“候”；把“大夫”了解为“大于匹夫”；把“士”了解为能办事；把“民”说成是“瞑”，是没有觉悟。这些都是真正的瞎说。

董仲舒还认为名是“天意”的表现。他说：“謞而效天地者为号；鸣而命者为名。名号异声而同本，皆鸣号而达天意者也。天不言使人发其意，弗为使人行其中；名则圣人所发天意，不可不深观也。”（同上）照他这个说法，名是“圣人”所制定的，“圣人”制名的根据是“天意”。

董仲舒认为“名”代表一种“理”，人应该由“名”以求理。他说：“随其名号，以入其理，则得之矣。”（同上）因此，他认为名就是是非的标准。他说：“欲审曲直，莫如引绳，欲审是非，莫如引名。名之审于是非也,犹绳之审于曲直也。诘其名实,观其离合,则是非之情,不可以相谰已。”(同上)在这里,他也讲到名实的问题。名与实有离合的问题,名与实可合不可离。唯物主义认为名必须合乎实,要用实校正名。董仲舒恰好相反,他认为实必须合乎名,要用名校正实。他把名放在第一位,把实放在第二位。

董仲舒把他的关于逻辑的理论很明显地跟他的唯心主义观点结合起来,跟封建等级制度结合起来,又把这些理论跟他所说的神权结合起来。这是他的神秘主义的思想在逻辑方面的表现。他的关于逻辑的理论是他的唯心主义、神秘主义体系的一个组成部分。

第十三节　春秋公羊学和中国社会的两次大转变

在两汉以后,春秋公羊学没有人提了。一直到清朝末年,中国社会的第二次大转变刚露出苗头的时候,春秋公羊学又出现了。1840 年鸦片战争前后的先进人物,如魏源、龚自珍,都提倡过春秋公羊学。到“戊戌变法”的时候,康有为更是以春秋公羊学为他的“变法”的理论根据。“托古改制”这四个字就是他给孔丘安上的。

春秋公羊学出现在中国社会两次大转变时期,而不在其他时期。汉初出现的春秋公羊学,为第一次大转变的结尾;清末出现的春秋公羊学为第二次大转变的开头。这不是偶然的,这是因为春秋公羊学的基本精神是“改制”。

在汉初,董仲舒的春秋公羊学所说的改制,就是为以汉朝为代表的封建社会制定一套上层建筑,为新出现的全中国封建社会的经济基础服务,使之巩固起来,稳定下来,使中国社会循着封建社会的发展规律,稳步前进。这种作用是进步的还是反动的呢?

进步与反动是相对的形容词。先进与落后也是相对的形容词。社会的发展进步是按阶段进行的，经过一个阶段，才能进到另一个阶段，好像人走路，走了第一步，才能走第二步。在社会发展史中已出现和将出现的各种社会，就是这种阶段，每一种社会，同在它以前出现的那种社会比，都是先进。同在它以后出现的那种社会比，都是落后。即使共产主义社会也不是例外。共产主义社会也是社会发展史中的一个阶段，它不是社会发展的终点。社会发展是没有终点的。

有人可以说，公羊家所谓改制，无非是"徙居处，更称号，改正朔，易服色"等形式上的东西。董仲舒明确地说："若夫大纲、人伦、道理、政治、教化、习俗、文义尽如故，亦何改哉？故王者有改制之名，无易道之实。"（《楚庄王》）他认为"道"是不能改的，"天不变道亦不变"。不易道而改制，那算什么改制？

要知道公羊家的历史任务是给中国封建社会制定一套上层建筑，他们所说的话，都是就封建社会说的。他们是在封建社会之内而不是在封建社会之外。就封建社会说，最大的变动是改朝换代，他们所说的改制，是就一个新的朝代说的。一个新的朝代所能改的，也就是那些形式上的事情。至于所谓大纲人伦，那都是从属于生产关系一类的东西。如果生产关系没有改变，那些大纲人伦是不能变的。如果变了，社会也就不是封建社会了。在封建社会中，无论什么朝代，对于封建的生产关系是不能改变的，也不知道要改变，因为它们本身就是封建生产关系的产物。

公羊家也并不是没有他们的乌托邦式的空想，何休所说的"三世"，就是封建社会中的乌托邦式的空想。

公羊家为中国社会所制定的上层建筑，是好呢，还是坏呢？所谓好坏也是相对的，一种社会的上层建筑，如果能巩固那种社会的经济基础，它就是好的。如果不能，它就是坏的。上层建筑的好坏，就看它对于经济基础是否合适。公羊家为中国封建社会所制定的上层建筑是不是合适呢？是合适的。上边已经说过,董仲舒所说的“三纲”对于当时中国社会的经济基础是合适的。中国历史中的实践也证明这个上层建筑是合适的。也许太合适了,所以我们在反封建的时候,要批判它,就觉得要多费一点功夫。好比一座房子,如果盖得很坚固,拆的时候就觉得很费力。但不能由此得出结论说,盖房子就不应该坚固,就只能盖地震棚式的房子,以便随时都可以拆掉。

在清朝末年,春秋公羊学第二次出现的时候,就是要开始拆房子的时候。戊戌变法的最激进的代言人谭嗣同称封建的上层建筑为“网罗”,声称要“冲破网罗”。(见《仁学》)这是新的经济基础已开始出现的信息。新的经济基础需要新的上层建筑。原来保护落后的经济基础的上层建筑,就成为“网罗”,成为束缚人的绳索了。

我们生活在比封建社会更先进的社会,回顾过去,当然说过去封建社会中的一切都是落后的,但不可忘记它也有着先进的时候。

第二十八章

《礼记》与中国封建社会的上层建筑

第一节 《礼记》其书

董仲舒的春秋公羊学以“托古改制”的精神为建设封建社会的上层建筑制定了一个理论性的纲领。其他儒家的人(可能是公羊学派也可能不是)为上层建筑各个领域内的具体节目、条文做了具体的工作。这种工作大部分是取材于他们所掌握的文献资料而予以新的解释,使之有新的内容、新的意义,以为新社会服务。这种解释他们称为“义”。“义”有原理、原则和意义的意思。例如有婚礼,就有婚义为其原理、原则或理论的根据。这些儒家的贡献,不在于重提旧社会的婚礼,而在其赋予新“义”。这也是“托古改制”的一种形式。

用当时的话说,上层建筑可以笼统地称为“礼乐”,更笼统一点可以简称为“礼”。汉朝的这一类讲上层建筑的著作,统称为讲“礼”的著作。这些著作的总集就是《汉书·艺文志》礼类所著录的《礼记》130篇。《艺文志》还著录有《明堂阴阳记》33 篇,《孔子三朝记》7 篇,《王史氏记》21 篇,《乐记》23 篇。这五种合起来共有 214 篇。现在传下来的有汉朝的两个选本:一是戴德的选本,称为《大戴礼记》;一是戴圣的选本,称为《小戴礼记》。《小戴礼记》似乎是《大戴礼记》的选本,所以两个选本没有重复的篇。现有的《大戴礼记》是《小戴礼记》选剩下来的那些著作。一般所说的《礼记》就是《小戴礼记》。

第二节 关于冠礼和婚礼的"义"

《礼记》中以"义"为题者7篇:《祭义》,《冠义》,《昏义》,《乡饮酒义》,《射义》,《燕义》,《聘义》。除《祭义》外,其余6篇,都排在一起(第43—48篇)。这7篇似乎是成为一组,《祭义》所以排在第24,因为要同《祭法》(第23)和《祭统》(第25)排在一起。这一组可能是一个人或一派作的。

这位作者有一个关于礼的概念。他说:"夫礼者,始于冠,本于婚,重于丧祭,尊于朝聘,和于乡射,此礼之大体也。"(《昏义》)这个概论,简明扼要地说明了礼在人生和社会中的作用,特别是冠、婚、丧、祭这四种礼在人生中的作用。

一个人的一生之中有两件大事,一件是生,一件是死。死是生的终结,但却是人生中的大事。关于一个人的一生中的这件大事,这个人是无法处理的,因为他已经死了。他虽没有权利处理他自己的这件大事,但有义务处理他的先人的这件大事。他处理他的先人的这件大事;他的后人也要处理他死后的这件大事。这件大事的节文、仪式就是丧、祭礼。丧、祭礼之所以重要,因为它所处理的是人生中的一件大事。

人的生是从他的生日就开始了。从生物学的意义上说是如此。但从社会的意义说,这还不是正式的开始,因为在他还是婴儿或孩子的时候,他还不能作为社会的一个正式成员。我们中华人民共和国的宪法也明文规定,一个人满十八周岁,才能成为国家的公民,才能享受选举权和被选举权,才能结婚。当一个人成年,开始成为社会正式成员的时候,社会或家庭是否应以一种仪式,以表示承认和庆祝呢?古代有这种仪式,这就是冠礼。所以说"礼始于冠"。

古代男子到了一定的年龄,他的家庭就为他举行一种仪式,给他戴上表示一定身份的帽子,好像欧洲封建社会的国君即位,举行"加冕"仪式那样,这就是冠礼。

《冠义》对于冠礼的一个节目解释说:"故冠于阼,以著代也。醮于客位,三加弥尊,加有成也。已冠而字之,成人之道也。""阼"是一个房子中的主人的位。在给被加冠的人加冠的时候,让他站在主人的地位,这表示他已经有了做接班人的资格了,"代"就是接班的意思。以后又让他站在客位,向他敬酒,再加帽子。这表示他已经取得了和社会上别的家庭成员对等的地位,所以待以宾客之礼。以后还给起一个"字",以表示他的名字已成为"讳",人们不敢随便叫他的名,这表示他已经"成人"了。

已经"成人","见于母,母拜之,见于兄弟,兄弟拜之。成人而与为礼也"。被加冠的人于礼成之后,去见他母亲,他母亲也要对他回拜。去见他的弟兄,他的弟兄也要向他下拜,以表示祝贺和敬意,然后他就以"成人"的资格出去拜客。先见国君,以及邻居父老。他们见了他当然也要有一番祝贺。

《冠义》接着说:"成人之者,将责成人礼焉也。责成人礼焉者,将责为人子,为人弟,为人臣,为人少者之礼行焉。"就是说,社会或家庭承认他为正式成员,就要求他尽社会或家庭的正式成员的义务,负起正式成员的责任,这才是他的"生"的正式开始。

《礼记》中的《昏义》说:"昏礼者,将合二姓之好,上以事宗庙,而下以继后世也,故君子重之。"就是说,男女结婚的作用,是上以继承对于祖先的祭祀("事宗庙"),下以传种接代("继后世"),前者的作用是社会的,后者的作用是生物的,后者的作用是主要的,因为"继后世",所继者不仅是结婚者自己的"后世",也是祖先的后世。继祖先的后世也是"事宗庙"的主要任务。这是从维护封建的家族制度来说明婚姻的意义。这个意思,在《礼记》别篇中也有发挥。

《哀公问》说:“天地不合,万物不生。大昏,万世之嗣也,君何谓已重焉?”《昏义》说:“舅姑先降自西阶,妇降自阼阶,以著代也。”《郊特牲》说:“昏礼不贺,人之序也。”《曾子问》说:“嫁女之家三夜不息烛,思相离也。取妇之家,三日不举乐,思嗣亲也。”

当时婚礼中的这些习惯仪式都有其社会的根源。但照《礼记》诸篇的解释,这些习惯、仪式都与传种接代有关系。“舅姑”是新妇的公婆;西阶是宾客走的台阶,阼阶是主人走的台阶。新妇入门升堂以后,公婆从西阶走下来,这表示公婆把家传给他们的接班人了。婚礼有老一辈向晚一辈“办交代”(“以著代”)的意义。从家族的观点看是如此,从生物学的观点看,人结婚为的是生子生孙以继后嗣。从这些方面看,结婚并不是可贺的事。它是人“预备后事”中的主要的一项。它是跟预备棺材同样可悲。所以“取妇之家,三日不举乐”,“昏礼不贺”。

《礼记》从生物学的观点以解释当时的婚礼;但是它们同时也强调结婚在封建家庭中建立夫权的意义。《郊特牲》说:“天地合而后万物兴焉。夫昏礼,万世之始也。……信,妇德也,壹与之齐,终身不改,故夫死不嫁。男子亲迎,男先于女,刚柔之义也。天先乎地,君先乎臣,其义一也。……出乎大门而先,男帅女,女从男;夫妇之义,由此始也。妇人,从人者也。幼从父兄,嫁从夫,夫死从子。夫也者,夫也。夫也者,以知帅人者也。”婚礼是“万世之嗣”,也是“万世之始”。这都是说,结婚是为的传种接代,这两句话中的一字之差,也各有其意义。“万世之嗣”是就过去祖先的生命说的;“万世之始”是就将来自己的生命说的。从生物学的观点看,一个人的生命,是一个千万年生命的一个环节。结婚生子就是要继续千万年以来的生命(“万世之嗣”),也是要使自己的生命延长至千万年(“万世之始”)。这真正可以说是“继往开来”的任务。

以这种生物学的意义为基础,婚礼的习惯、仪式,又给结婚加上了很多的社会的意义。旧日结婚的一种习惯、仪式,是新郎亲自到女家迎接新妇,这就是所谓"亲迎"。照这种的解释,"亲迎"是表示新郎对于新妇的尊敬。《易经》的咸卦䷞,艮下兑上。艮为少男;兑为少女。少男居少女之下,是"取女吉"(卦辞)之象。《彖辞》说:"咸,感也。柔上而刚下,二气感应以相与,止而说,男下女,是以亨利贞,取女吉也。"婚礼中的"亲迎"就是表示"男下女"之义。照这个解释,在夫妇关系的长期过程中,至少在开始时,男有象征性的"下女"的一段。但是《郊特牲》的解释不同。它所说的"男先于女"是说,男掌握主动;女处于被动的地位。"亲迎"是表示男的主动权。男到女家,接了女,出了女家的大门以后,这就是正式地"男帅女,女从男","夫妇之义"也就从此开始了。夫妇的关系是统治与属从的关系。《郊特牲》所说的夫妇的关系,《大戴礼记·本命》篇有更详细的发挥。

《本命》篇说:"男者,任也;子者,孳也。男子者,言任天地之道,如(而)长万物之义也。故谓之丈夫。丈者,长也;夫者,扶也。言长万物也。知可为者,知不可为者。知可言者,知不可言者。知可行者,知不可行者。是故审论而明其别谓之知。所以正夫德也(原作者,依戴震校改)。女者,如也;子者孳也。女子者,言如男子之教而长其义理者也。故谓之妇人,妇人伏于人也。是故无专制之义,有三从之道。在家从父,适人从夫,夫死从子,无所敢自遂也。故令不出闺门,事在馈食之间而已矣。是故女及日乎闺门之内,不百里而犇丧,事无独为,行无独成之道。参知而后动;可验而后言;宵夜行烛,宫事必量。六畜蕃于宫中,谓之信也。所以正妇德也。"在结婚以后,男女成为夫妇。夫有"夫德";妇有"妇德"。为夫者能有独立的判断,能"长万物",能"扶"他的妇。为妇者,只能"伏"于她的夫,做"馈食之间"的事,就是说,"围着锅台转"。这种理论是封建社会束缚妇女的绳索。她们于政权、神权和族权以外,还受夫权的压迫和统治。

《昏义》说:"礼本于昏。"这个"本"字又如何解释呢?在儒家的典籍中,有许多地方都说,夫妇是人伦之本。这就是说:在"五伦"中,表面上看起来,似乎君臣、父子这两伦最重要,但它们还不是"五伦"的原始和根本。《昏义》自己说:"男女有别,而后夫妇有义;夫妇有义而后父子有亲;父子有亲而后君臣有正。"易传中的《序卦》说:"有夫妇然后有父子,有父子然后有君臣,有君臣然后上下礼义有所措。"《礼记》中的《中庸》说:"君子之道,造端乎夫妇。"为什么是如此呢?它们所举的理由,都未必充分。最根本的理由,还是在封建社会的经济基础上。上面讲过,封建经济主要是以个体农民为生产单位的个体经济。其基础是农民个体户。在这样的一户中,一个农民是主要劳动力,率领他的妻子儿女进行生产。如果他不结婚,妻子儿女从何而来?没有妻子儿女,他就没有家,没有家,封建经济的生产单位就组织不起来,组织不起来,生产就不能进行。一直到现在,中国有许多地方,还都说结婚是"成家"。夫妇是人伦之始,就是因为它是个体农民的一家一户,是社会生产的最基层单位,是生产关系中最先有的生产关系。所以也是社会关系中最先有的社会关系。其他的生产关系和社会关系都以它为先决条件。这就是"本于昏"的那个"本"字的确切意义。

这是封建社会的经济基础的重要环节,所以封建社会的上层建筑就要巩固这个环节。例如"壹与之齐,终身不改"就是巩固夫妇关系的一种理论和措施。它是巩固封建社会的家庭和社会的一种纽带。当然,在封建社会的生产基础崩溃的时候,纽带就变成绳索。

第三节　关于丧、祭礼的"义"

《礼记》中没有以丧义为题的篇,但讲丧义的地方很多。也有些地方讲生、死的性质,讲生、死是怎么一回事,以作为丧礼的理论基础。《礼运》说:"故人者,其天地之德,阴阳之交,鬼神之会,五行之秀气也。"又说:"故人者,天地之心也,五行之端也,食味、别声、被色而生者也。”“天地之德”和“天地之心”意思相同;“五行之秀气”和“五行之端”意思相同。总而言之,就是“人为万物之灵”的意思。

人是“阴阳之交”,“五行之秀气”,“食味、别声、被色而生者也”。这就是说,人是物质的产物,靠物质的东西的营养,才可以生存。人又是“鬼神之会”。《礼运》在上文说到,人死了以后,“体魄则降,知气在上”,“故天望而地藏也”。照这个说法,人之死是“体魄”和“知气”的分离;人死,“体魄”归于地,“知气”归于天。人之生是“体魄”与“知气”的结合。“体魄”为“鬼”,“知气”为“神”,二者的结合就是“鬼神之会”。《礼运》所说的这个意思,在《礼记》别篇中,有更详细的说明。《檀弓》说:延陵季子于葬其子的时候说:“骨肉复于土,命也。若魂气则无不之也。”《郊特牲》说:“魂气归于天;形魄归于地。故祭,求诸阴阳之义也。”“魂气”就是《礼运》所说的“知气”;“形魄”就是《礼运》所说的“体魄”,也就是《檀弓》所说的“骨肉”。《祭义》说:“气也者,神之盛也,魄也者,鬼之盛也。合鬼与神,教之至也。”“众生必死,死必归土,此之谓鬼。骨肉毙于下,阴为野土。其气发扬于上,为昭明焄蒿凄怆,此百物之精也,神之著也。因物之精,制为之极,明命鬼神,以为黔首则。百众以畏,万民以服。”照这里所说的,所谓“体魄”、“形魄”就是人的肉体。人死,肉体归土。所谓“鬼”就是“归”的意思。所谓“知气”、“魄气”是一种气;这种气是“百物之精”,如稷下黄老学派所说的“精气”。这就是所谓“神”。人活着的时候,“精气”与“形魄”相结合,这就是所谓“鬼神之会”。人死的时候,“精气”与“形魄”分离,精气升于天,形魄归于地,形成了“鬼神之会”的分离。

《郊特牲》又说:“鬼、神,阴、阳也。”这是说,“魂气”是由阳气构成的,“形魄”是由阴气构成的。二者结合,形成了人的生命,所以说是“阴阳之交”。人死以后,又还原于阴阳二气,称为鬼神。

以上是《礼记》对人的生死以及鬼神所作的基本的解释。这些解释显然是受了稷下黄老学派的影响。但也可以看出,因为这种说法,实际上是形、神二元论,也可说是一种物活论。他们又夸大了稷下黄老学派的缺点。这里有一个问题,人死以后的魂气,是还原为一般阳气呢,或者是仍然保留张三或李四的个性,成为张三或李四的“灵魂”呢?这就牵涉到,人死后有知或是无知的问题。世俗所谓鬼,就是指张三或李四死后有知的灵魂。《礼记》所谓鬼,显然不是这个意思。照它所说,一个人死后,他的魂气还原为一般的阳气;这就肯定人死后是无知的。《祭法》说:“大凡生于天地之间者,皆曰命。其万物,死皆曰折。人死曰鬼。”这就是说,鬼只是人死的名称,犹如“折”是人以外的其他生物死的名称。并不是人死以后还有一种如世俗所谓灵魂的存在叫做“鬼”,正如人以外的其他生物死以后不能还有一种存在叫做“折”。人和其他生物生存的时候,都叫“命”。《大戴礼记·本命》说:“分于道谓之命。形于一谓之性。化于阴阳,象形而发,谓之生。化穷数尽谓之死。故命者,性之始也;死者,生之终也;有始则必有终矣。”(原作“命者,性之终也,则必有终矣”。依王念孙校改)下文说:“一阴一阳然后成道。”这里所谓道就是阴阳,这里所说的“道”、“命”、“性”等概念,都有一定的唯物主义的内容,可以同《祭法》所说,互相参考。

墨翟批评儒家说:“执无鬼而学祭祀,是犹无客而学客礼也,是犹无鱼而为鱼罟也。”(《墨子·公孟》)对于墨家的这种批评,荀况和《礼记》各篇的作者们作了详细的解答。他们提出了一种理论,给原来关于丧、葬的一些宗教仪式以新的解释。但是《礼记》各篇的作者们和荀况还有不同。

荀况明确地认为人死后无知,但还是需要丧、祭祀。丧、祭祀的目的,是使生者的情感得到安慰,并不是认为死者有知还能享受。荀况总论丧礼说:“礼者,谨于治生死者也。生,人之始也;死,人之终也。终始俱善,人道毕矣。故君子敬始而慎终,终始如一,是君子之道,礼义之文也。夫厚其生而薄其死,是敬其有知而慢其无知也。……故死之为道也,一而不可得再复也,臣之所以致重其君,子之所以致重其亲,于是尽矣。……丧礼者,以生者饰死者也,大象其生以送其死也。故事死如生,事亡如存(据郝懿行校改),终始一也。……故丧礼者,无它焉,明死生之义,送以哀敬而终周藏也。……事生,饰始也;送死,饰终也。终始具而孝子之事毕,圣人之道备矣。刻死而附生谓之墨,刻生而附死谓之惑,杀生而送死谓之贼。大象其生,以送其死,使死生终始,莫不称宜而好善,是礼义之法式也,儒者是矣。"(《荀子·礼论》)荀况关于丧礼的理论,也是《礼记》的作者们所主张的。《礼记》中《问丧》更加以肯定说:"此孝子之志也,人情之实也,礼义之经也。非从天降也,非从地出也,人情而已矣。"

荀况一方面坚持无鬼论,一方面又主张厚葬和祭祀,认为这样可使生者的情感得到安慰。《礼记》继承荀况的说法,但是强调生者情感上的安慰。因此,对于人死后有知或无知的问题,采取了两可的说法。

古来用人殉葬,并为死者预备生活用的器具,其意以为,死者灵魂继续存在,还要继续"生活"。但后来这些器具只是一种象征性的东西,称为明器。《檀弓》解释说:"之死而致死之,不仁而不可为也,之死而致生之,不智而不可为也。是故竹不成用,瓦不成味,木不成斫,琴瑟张而不平,竽笙备而不和,有钟磬而无簨虡。其曰明器,神明之也。"又说:"孔子谓为明器者,知丧道矣,备物而不可用也。"这是从人的理智和情感两方面说明"明器"的意义。专从理智的观点以待死者,断定其无知,这是"不仁";专从情感的观点以待死者,断定其有知,这是"不智"。折中于二者,为死者"备物而不可用"。为之"备物",希望死者还能用之,这是生者情感的期望;但是这些物又"不可用",因为生者的理智明知死者不能用之。

《檀弓》又说:"仲宪言于曾子曰:'夏后氏用明器,示民无知也。殷人用祭器,示民有知也。周人兼用之,示民疑也。'曾子曰:'其不然乎!其不然乎!夫明器,鬼器也。祭器,人器也。夫古之人胡为而死其亲乎。'"曾子不赞成仲宪的说法。他认为,并不是在理智上对于死后有知或无知的问题有所怀疑，而是从情感上不忍认为其亲已死。这是说，人死后有知或无知，可以不必简单地肯定，只要情感需要，就应祭祀。刘向《说苑》记载说："子贡问孔子：'死人有知无知也?'孔子曰：'吾欲言死者有知也，恐孝子顺孙妨生以送死也。欲言无知，恐不孝子孙弃不葬也。'"（《辨物》）这是汉朝儒家流行的说法，与《礼记》的观点是一致的。这种观点，实际上是帮助了有鬼论。因此，后来遭到了无神论者王充的批评。王充指出，儒家的错误，在于为了推行孝道，而"不明死人无知之义"（《论衡·薄葬》）。

《昏义》说："夫礼始于冠，本于昏，重于丧祭，尊于朝聘，和于乡射，此礼之大体也。""朝聘"指诸侯向天子朝拜，天子向诸侯送礼，以及各诸侯之间互相送礼访问。在这种场合下所行的礼，就是朝聘之礼。在民间，一乡的人按时举行宴会，宴会之后举行射箭比赛。在这种场合下所行的叫"乡饮酒义"和"射礼"。《昏义》的作者用"尊"、"和"两个字说明这些礼的意义。"尊"指封建社会里的等级制度，在封建社会里有尊、卑、贵、贱各种等级，"尊"就是强调这些等级的分别。有了这些等级的分别，就有由等级分别所发生的矛盾。如果矛盾激化，封建社会就不能巩固。所以封建统治者又要调和矛盾，"和"就是调和矛盾。封建统治阶级既要维持封建等级又要调和由此而发生的矛盾。这就是《昏义》的作者所说的"尊"与"和"的意义。其实朝聘之礼和乡射之礼都有这两方面的意义。《礼记》中的《乡饮酒义》、《射义》、《聘义》，都是这样说的。《昏义》的作者，把"尊"与"和"分开来说，这是"互文见义"。

《昏义》说，"重于丧祭"就是说：礼以丧祭为重点。为什么丧祭是重点呢？因为这两项礼都是关于人死的事。死是人生中的一件大事，一个人在一生中只能死一次，所以特别重要。这就是荀况所说的"一而不可再复也，故君子重之"。

这里反映出一个真正的哲学问题，那就是不死的问题。人都是要死的，可是又都不愿意死，希望不死，特别是个体的不死。究竟有没有不死呢？在西方哲学中，这是一个被广泛讨论的问题。康德把“上帝存在”、“灵魂不死”、“意志自由”，作为三大哲学命题。

其实，这又何必讨论呢？自然本来已经替一切的生物解决了这个问题；自然本来已经为一切生物安排了不死的办法。植物的开花结果，动物的繁殖生育，都是传种接代的办法。有了这种办法，各种生物都是不死的，而且是个体的不死。一个人所生的子女，确切就是他自己身体的延伸。人的结婚，就是实行这种办法，《昏义》说：“昏礼者，将合二姓之好，上以事宗庙，而下以继后世也。”这就是老老实实地承认，照着自然所规定的办法，人就可以不死。

或者可以说，个体的不死，不但需要肉体的延伸，还需要意识的继续。照《礼记》中所说的，丧、祭礼的意义就在于此。丧、祭礼的主要意义是“事死如事生，事亡尤如事存”。死者虽然死了，但又活在他子孙的心中。本来有奇才异能、丰功伟绩的人，都是社会所不能遗忘的。他们都活在人们的心中。可是，并不是每一个人都有奇才异能、丰功伟绩，他们不能活在人们的心中。如果他们的子孙对他们行丧祭礼，他们也活在他们子孙的心中。

由男女结婚所得的不死，是一切生物所同的。但人以外的其他生物，对于这点并没有自觉和理解。人有自觉和理解。《昏义》就表示这种自觉和理解，而且是更明确地说明这种自觉和理解。人为万物之灵，其灵就灵在这些地方。

第四节　关于孝的理论

儒家认为，结婚的功用，主要的是生子生孙，以继承祖先的生命和事业，为其“万世之嗣”。子孙若能完成这样的任务，就是能“嗣亲”，即为孝子贤孙。孝子“嗣亲”之道，谓之孝道。照儒家的说法，孝子“嗣亲”之道,可分为两方面:一为肉体方面,一为精神方面。其肉体方面,又可分为三方面:一方面是养父母的身体。另一方面须生子生孙以续传父母的生命,这一方面特别重要,孟轲说:“不孝有三,无后为大。”(《孟子·离娄上》)再一方面是慎重保护自己的身体,因为这是父母的遗体。《祭义》说:“天之所生,地之所养,无人为大。父母全而生之,子全而归之,可谓孝矣。不亏其体,不辱其身,可谓全矣。故君子顷步而弗敢忘孝也。”专从这方面说,为了保护父母之遗体,什么危险一点的事都不可做了。这也不然,因为还有精神方面的孝。

精神方面的孝包括“先意承志,谕父母于道”(《祭义》)。就是说,要能顺从父母的意志,但于其有错误的时候,也要尽力规劝。更主要的是继承发展祖先的事业。《中庸》说:“舜其大孝也欤!德为圣人,尊为天子,富有四海之内,宗庙飨之,子孙保之。”又说:“武王周公,其达孝矣乎!夫孝者,善继人之志,善述人之事者也。春秋修其祖庙,陈其宗器,设其裳衣,荐其时食。……践其位,行其礼,奏其乐。故其所尊,爱其所亲。事死如事生,事亡如事存;孝之至也。”

这几个“其”字都是指祖先父母。当春秋祭祀的时候,子孙们把祖先的庙堂收拾一新,摆开祭祀用的器皿,把祖先父母穿过的衣服都陈列出来,献上合乎时令的食品。子孙们站在从前祖先父母站过的位置上,行他们所行的礼,奏他们所奏的乐,尊敬他们所尊敬的人,亲爱他们所亲爱的人。他们已经不在了,但是子孙们仍然像他们在世一样,侍奉他们。这就使他们仍然活在子孙们的心中。

这种精神方面的孝是“大孝”、“达孝”,较肉体方面的孝更为重要。《祭义》说:“孝有三:大孝尊亲;其次弗辱;其下能养。”这就是说,大孝的人,能使父母因自己而受到人们的尊敬;其次是不使父母因自己而受人们的辱骂;再其次是能养活父母的身体。前二者是精神方面的孝,这是首要的。后者是肉体方面的孝,这是次要的。

封建社会的国,是家的放大。人们对于国家的道德是忠。忠是孝的放大,是以孝为基础的。

《大戴礼记·本命》篇说:"资于事父以事君而敬同。贵贵,尊尊,义之大者也。……资于事父以事母而爱同。天无二日,国无二君,家无二尊,以治之也。"《孝经》说:"资于事父以事母而爱同;资于事父以事君而敬同。故母取其爱,而君取其敬,兼之者,父也。故以孝事君则忠,以敬事长则顺。忠顺不失,以事其上,然后能保其禄位而守其祭祀,盖士之孝也。"这就是说,"父"是家庭的最高主宰,"子"对之只有服从。"君"是国家的最高主宰,"臣"对之只有服从。《礼记》和《孝经》用这样的理论,把"孝"和"忠"联系起来,也就是把族权和政权联系起来。

孝道虽然也反映了人生的一些普遍的问题,表现了人生中的一些普遍的愿望,但是,作为封建社会的上层建筑是以"家"为出发点的。封建社会的经济基础,以个体农民生产户为基本生产单位。这些户是封建社会生产的基层组织,封建社会的上层建筑,都以巩固这种组织为目的。孝是其中的一个主要部分,孝是以家为基础的。没有封建社会中的家,也就没有封建社会中的孝。孝,真正是一种封建道德。

但在中国哲学中,这个家的内容也逐渐扩大。如《礼记·礼运》篇说:"圣人以天下为一家,以中国为一人。"到了宋明道学,张载的《西铭》就以宇宙为一家,以乾坤为父母,人的一切道德行为,都是向乾坤尽孝。这就把孝道的范围扩充到最大的限度。但这并不说明这些哲学家们已经打破了家的范围,只是说明他们还是用封建社会的家的观念来理解世界和宇宙。只有封建社会的经济基础变了,人们才可以完全不需要以家为基础的上层建筑。

封建社会的上层建筑随着封建社会一去不复返了,但是传种接代和继志述事仍然是人生的大事。没有传种接代,人类就要灭亡;没有继志述事,社会就不会发展。每一个个人总是社会的一个成员,人类的一个成员,再扩大一点说,是宇宙的一个成员。这样,他就承继为个人、为社会、为人类传种接代的义务,担负继志述事的责任。不过在不同的社会制度中,这些义务和责任将以不同的形式表现出来。

第五节 礼是变动的

《礼记》中有一篇题名为《礼运》。“运”就是运动变化的意思,这篇一开始就用孔丘的话说:“大道之行也,与三代之英,丘未之逮也,而有志焉。大道之行也,天下为公,选贤与能,讲信修睦。故人不独亲其亲,不独子其子,使老有所终,壮有所用,幼有所长,矜寡孤独废疾者皆有所养。男有分,女有归。货,恶其弃于地也,不必藏于己;力,恶其不出于身也,不必为己。是故谋闭而不兴,盗窃乱贼而不作,故外户而不闭。是谓大同。今大道既隐,天下为家。各亲其亲,各子其子,货力为己。大人世及以为礼,城郭沟池以为固。礼义以为纪,以正君臣,以笃父子,以睦兄弟,以和夫妇,以设制度,以立田里,以贤勇知,以功为己。故谋用是作而兵由此起。禹、汤、文、武、成王、周公,由此其选也。此六君子者,未有不谨于礼者也。以著其义,以考其信,著有过,刑仁讲让,示民有常。如有不由此者,在势者去,众以为殃。是谓小康。”这就是说,有两种社会:一种叫“大同”,一种叫“小康”。照它所描写的大同社会就是原始共产主义社会,在这种社会中,人们还没有私有财产,还没有家庭,还没有阶级的对立,还没有道德,也还没有战争。在小康的社会中,有私有财产,有家庭,有阶级的对立,有战争。当时的“圣人”能用“礼”加以制约调和,也能使这种社会继续存在。

也可以说,按狭义的礼说,大同社会是“无礼”的社会。小康社会是“有礼”的社会。但就广义的礼说,无礼也是一种礼。所谓大同社会也是一种社会,也有它的社会秩序,像《礼运》所描写的那样。从无礼的社会到有礼的社会,这就是“礼运”。

《礼运》所描写的大同那一段,在中国近代史中经常为当时的先进人物所引用,认为是社会进步的理想。康有为引用它,孙中山也引用它,其实,他们所理想的和《礼运》所描写的并不是一回事。他们所理想的是经过社会主义革命才能实现的共产主义社会。《礼运》所描写的是原始共产主义社会。一个是对于未来的向往,一个是对于过去的回忆,真正的共产主义社会和原始共产主义社会表面上有类似之处,但本质上是不同的。原始共产主义社会是还没有私有财产,还没有阶级,没有战争的社会。真正共产主义社会是已经消灭了私有财产,消灭了阶级,消灭了战争的社会。从"尚未有"到"已有"这中间要经过许多阶段,许多环节。这就叫"发展"。"发展"有进步、进化的意思。《礼运》把原始共产主义社会作为理想的社会,称为"大同",把封建社会的"小康"看作是退步、退化,所以不能说它认识到礼是发展的。它认识到礼是变动的,但没有认识到这个变动是发展的。

能够认识到礼是变动的,能够以"礼运"作为它的标题,这就是很了不起的了。在儒家的传统中,禹、汤、文、武、成王、周公等,都是圣人,他们的政治都是最完善的,称谓"至治"。而《礼运》认为他们的时代却是"大道既隐"的时代,这也是很不容易的。

《礼运》于最初二段以下就专讲"小康"社会的礼了。它大概认为,"大同"是一去不复返了,那就只好专讲"小康"了。它所讲的是它所认为贯穿各种礼之中的根本原则,《礼运》这一篇是关于礼的通论,如果用《昏义》、《祭义》等题目为例,这一篇可以称为《礼义》。

《礼运》说:"夫礼,先王以承天之道,以治人之情。"又说:"圣人作则……,人情以为田。"又说:"故礼义也者,人之大端也……所以达天道,顺人情之大窦也。"又说:"故圣王脩义之柄、礼之序,以治人情。故人情者,圣王之田也。"《礼运》认为,礼是"顺人情"的,也是"治人情"的。这就是说,人情是礼的基础,也是礼的教育的对象。好比一块农田,农民种植农作物必须以农田为基础,但管理农作物又必须以农田为管理的对象。

什么是人情?《礼运》说:“何谓人情,喜、怒、哀、惧、爱、恶、欲七者弗学而能。”下文又把这七情归结为二种,一种是“欲”,一种是“恶”。《礼运》说:“饮食男女,人之大欲存焉。死亡贫苦,人之大恶存焉。故欲恶者,心之大端也。”《礼运》认为,礼必须顺人情,就是说,必须顺从人的欲恶。礼又治人情,就是说必须管理人情,使之有一定的节制。

《礼运》认为,治人情必须有个标准,这个标准就是人义。它说:“何谓人义?父慈、子孝、兄良、弟弟、夫义、妇听、长惠、幼顺、君仁、臣忠十者谓之人义。”这里所说的是人与人的关系,就是所谓“人伦”。在人伦之中,每个人都有他的一定的地位,一定的责任。这一定责任的完成就叫“义”。《礼运》说:“故圣王脩义之柄、礼之序,以治人情。”“义”是道德的原则;礼是道德原则的节目和秩序。“圣王”把道德的原则作为一个把柄,以制定表现这个原则的节目或秩序,用以“治人情”。

《礼运》认为“义”是“礼”的基础,礼是义的表现。它说:“故礼也者,义之实也,协诸义而协,则礼虽先王未之有,可以义起也。”就是说,礼是以义为根据的,“圣王”可以根据义来制定新的礼,也可以根据义改变旧的礼。在这后半句它没有明说,但是它有这个意思,因为它在上文说,礼是“变而从时,协于分艺”。义的一个意思就是宜。“变而从时”,就是说它宜于一个时代,时代变了它也要跟着变。“协于分艺”,就是说它必须和“分艺”相合。这八个字,就是“礼运”的基本内容。

什么是“分艺”?向来的注解都不能解决问题,可以说都不得其解,照字面上讲,“艺”就是技艺或技术,“分”就是范围、程度。下文说:“义者,艺之分,仁之节也。”“协于分艺”就是“变而从时”的注解。就是说,礼要宜于时。“时”是一个空泛的名词,更确切一点说,就是宜于当时的技艺、技术,下文接着说:“其居人也曰养。其行之以货力辞让饮食,冠昏丧祭射御朝聘。”这里所说的技艺、技术,都是与“养”有关系的。如“货力”、“饮食”之类。可见,如果没有“货力”、“饮食”,“冠昏”等礼都是不能行的。

《礼运》在开始的几段中说:“昔者先王未有宫室,冬则居营窟,夏则居橧巢。未有火化,食草木之实,鸟兽之肉,饮其血,茹其毛。未有麻丝,衣其羽皮。后圣有作,然后修火之利,范金合土,以为台榭宫室牖户,以炮以燔,以亨以炙,以为醴酪,治其麻丝,以为布帛,以养生送死,以事鬼神上帝,皆从其朔。”这里所说的,是人类社会在经济方面发展的过程。礼亦表现这个过程,这就是所谓“皆从其朔”,“朔”就是“初”的意思。

照这样的解释,《礼运》认为,礼是随时代的变动而变动的。时代的变动以经济的发展为其主要内容,经济的发展,是随着生产技术发展而发展的。这就把“礼运”的原则建立在一个坚定的基础之上。这个道理是太好了,对于汉朝人说是太高了,我不相信汉朝的“礼运”能达到这样的高度。这个解释未必正确,但很新奇,所以也写在这里,以备一说。

《礼记》的别篇中,也有认为“中”是礼的标准。《孔子闲居》中说:“礼乎礼,夫礼所以制中也。”礼为人情定下一个中道。就个人说,感情的发泄,必须恰到好处,这就是“中”;超过“中”就是太过,压制感情使之不能发泄,这就是不及。太过是不对的,不及也是不对的。就社会说,有些人的感情发泄太过,有些人的感情不能发泄,制礼的人,定出一个平均数,这个平均数就是“中”。《礼记》中的《三年问》说,照丧礼的规定,一个人要为他的父母服丧三年。为什么是三年呢?这是一个平均数,有些不孝的子孙,他们的父母刚死就被忘记,这是不对的。有些孝子贤孙,终生悲痛,这也是不对的。制礼的人以三年作为一个平均数,这个平均数就是三年,实际上是25个月,是过了三个年头。

《三年问》和《荀子》中的《礼论篇》的一段,字句完全相同,可能是从《荀子》中抄过来的。

第六节 《乐 记》

儒家重视艺术的政治作用,特别是音乐的政治作用。孔丘认为乐和礼同样重要。关于乐,他曾评论说:“韶尽美矣,又尽善也”,“武尽美矣,未尽善也。”(《论语·八佾》)这是说,好的音乐,不仅要有艺术性(美),而且要有政治性(善)。但是他还没有提出一套关于乐的一般原则的理论。荀况于《礼论》之外又作《乐论》,论乐的起源、性质及其在政治上的作用,用以反驳墨家的“非乐”。到汉武帝的时候,“河间献王好儒,与毛生等共采周官及诸子言乐事者,以作《乐记》”。(《汉书·艺文志》)《汉书·艺文志》著录《乐记》23 篇。小戴《礼记》中的《乐记》就是从这 23 篇中选出来的;原来是 11 篇,合为 1 篇(孔颖达疏引郑玄说)。这 11 篇原来有“乐本”、“乐论”、“乐情”等题目。《乐记》所讲关于乐的理论,又见于《史记》中的《乐书》和刘向《说苑》中的《修文》篇。其中可能包括一些先秦时代讲乐的思想材料,但基本上是秦到汉初的儒家的作品。

《乐记》开始说:“凡音之起,由人心生也。人心之动,物使之然也。感于物而动,故形于声。声相应,故生变。变成方,谓之音。比音而乐之,及于戚羽旄,谓之乐。”这是关于乐的起源(“乐本”)的理论。《乐记》认为,人心受了外物的感动,就有对于外物的知觉。《乐记》说:“物至知知,然后好恶形焉。”此句中上一个知字指人的能知的官能,下一个知字指认识的活动。由对于外物的认识而有对于外物的喜好和厌恶。好恶引起喜怒等情感;人有不同的情感,即发出不同的声。《乐记》说:“是故其哀心感者,其声噍以杀。其乐心感者,其声啴以缓。其喜心感者,其声发以散。其怒心感者,其声粗以厉。其敬心感者,其声直以廉。其爱心感者,其声和以柔。六者非性也,感于物而后动。"这些声,有高、下、清、浊的不同。不同的声的配合变化,合乎一定的规律("变成方")就成为音。用乐器奏出音,并且配上舞,就成为乐。

照《乐记》这里所说,"声"、"音"、"乐"三个不同的概念,指三种不同的东西。感于外物而发出不同的声,这是人和禽兽所共同的。音是人所特有的。乐是文化更进一步的产物。《乐记》说:"是故知声而不知音者,禽兽是也。知音而不知乐者,众庶是也。唯君子为能知乐。"它所谓乐包括与音乐相配的跳舞。

《乐记》认为,人的音、声,是外物的反映,特别是政治生活的反映,因为政治对于人的影响是直接的,普遍的,深刻的。《乐记》说:"凡音者,生人心者也。情动于中,故形于声。声成文谓之音。是故治世之音安以乐,其政和。乱世之音怨以怒,其政乖。亡国之音哀以思,其民困。声音之道,与政通矣。"这就是说,一个时代或一个国家的人的声音是其时或其国的政治的反映。

《乐记》认为,人心受外物的刺激而有一定的情感,由一定的情感而发出一定的音、声,反过来也可以用一定的音、声使人有一定的情感。这就是乐的教育的功用,也就是其政治作用。

《乐记》说:"是故先王之制礼乐也,非以极口腹耳目之欲也,将以教民平好恶而反人道之正也。"《乐记》所说的"人道之正",这个"正",就是封建统治阶级的政治标准。"礼"、"乐"都是巩固封建统治和封建社会秩序的重要工具,二者配合起来,就能发生更有效的作用。礼的作用是分别封建社会中的等级差别。封建统治阶级的思想家也顾虑到,专注重等级分别,会使阶级的矛盾更加强化。他们认为乐注重和谐,有缓和阶级矛盾的作用,可以跟礼相辅而行。《乐记》说:"乐者为同;礼者为异。同则相亲;异则相敬。乐胜则流;礼胜则离。合情饰貌者,礼乐之事也。礼义立则贵贱等矣;乐文同则上下和矣。……乐由中出;礼自外作。乐由中出故静;礼自外作故文。大乐必易;大礼必简。乐至则无怨;礼至则不争。揖让而治天下者,礼乐之谓也。”这一段话明确地说明,在巩固封建统治这个总目的之下,礼、乐的作用是相反而又相成的。礼的作用是分别贵、贱的等级;乐的作用是缓和上、下的矛盾。一是“为异”,一是“为同”。专讲等级差别,会使阶级矛盾强化(“礼胜则离”),专讲缓和矛盾,会使等级不分(“乐胜则流”)。所以必须乐以“合情”,礼以“饰貌”,二者相辅而行。《乐记》认为,“礼自外作”,这是从荀况的观点说的。孟轲认为,人的性本善,生来都有“辞让之心”,这就是“礼之端也”。从这个观点出发,礼也是“自中出”。《乐记》认为,礼是“圣王”所制定以“节人之欲”,所以是“自外作”。乐是人的情感的表现,所以是“自中出”。《乐记》也承认,统治总是统治,专靠礼乐还是不行,也要依靠暴力。“揖让而治天下”,不过是那么说而已。为了巩固封建统治,礼、乐之外,还要加上政、刑。《乐记》说:“故礼以道其志,乐以和其声,政以一其行,刑以防其奸。礼、乐、刑、政,其极一也。所以同民心而出治道也。”又说:“礼节民心,乐和民声,政以行之,刑以防之。礼、乐、刑、政,四达而不悖,则王道备矣。”归结起来,封建统治阶级统治老百姓,还是需要两手。礼、乐是“文”的一手;政、刑是“武”的一手。

《乐记》又说:“天高地下,万物散殊,而礼制行矣。流而不息,合同而化,而乐兴焉。……故圣人作乐以应天,制礼以配地。礼乐明备,天地官矣。天尊地卑,君臣定矣。卑高已陈,贵贱位矣。动静有常,大小殊矣。方以类聚,物以群分,则性命不同矣。在天成象,在地成形。如此则礼者,天地之别也。地气上齐,天气下降,阴阳相摩,天地相荡。鼓之以雷霆,奋之以风雨,动之以四时,暖之以日月,而百化兴焉。如此则乐者,天地之和也。化不时则不生,男女无辨则乱升,天地之情也。及夫礼乐之极乎天而蟠乎地,行乎阴阳而通乎鬼神,穷高极远而测深厚。乐著大始,而礼居成物。著不息者,天也。著不动者,地也。一动一静者,天地之间也。故圣人曰礼云乐云。"《乐记》关于自然界的秩序和运动的说法是从《易传》取过来的。上所引的一段,有许多字句是直接从《周易·系辞》抄来的。照《乐记》说法,总起来说,礼是自然界("天地")秩序在社会生活中的体现,乐是自然界的运动在社会生活中的体现。分别地说,乐取法于天,礼取法于地("乐由天作,礼以地制"),因为照当时的科学知识,天动,地静。("著不息者天也,著不动者地也"。)天地的动、静,相反相成,封建社会中的礼、乐也是相反相成。

《乐记》认为,礼、乐是自然界的秩序和运动在社会生活中的体现,由此以证明,封建统治阶级的这两个工具是合理的,其存在是永恒的。他们企图用自然现象说明社会生活。因此把自然现象社会化,甚至于神秘化了。《乐记》认为,既然礼、乐来源于天地的秩序及其化生万物的作用,那么,礼、乐也可以翻过来感动天地万物的变化。它说:"夫歌者,直己而陈德也。动己而天地应焉,四时和焉,星辰理焉,万物育焉。"这就是天人感应的神秘主义。

《乐记》所讲的,主要的是音乐的政治标准及其政治作用。在这个中心思想上,它和荀况的《乐论》是相同的,但在《乐论》中,没有天人感应一类的思想。这是荀况的唯物主义精神的表现。不过他在《礼论》中讲到礼、乐的作用时也说"天地以合,日月以明"等,这是他的儒家思想的包袱。

《乐记》又说:"人生而静,天之性也。感于物而动,性之欲也。……夫物之感人无穷,而人之好恶无节,则是物至而人化物也。人化物也者,灭天理而穷人欲者也。于是有悖逆诈伪之心,有淫佚作乱之事。……此大乱之道也。是故先王之制礼乐,人为之节。"这一段为后来宋、明道学家所经常引用。"天理"、"人欲"两个名词并且成为道学中的重要术语。《乐记》在这里所谓"天理"可能是指人的"天性",即未被外物感动的心理状态。但这样也就把"天性"和"外物"对立起来,把"理"和"欲"对立起来,所谓"天理",也有道德的意义,其内容也就是封建道德。

乐的本质是“和”。《乐记》中没有明确的词句,以说明这个正式的定义,它讲得最多的是乐的起源和乐的社会作用,特别是后者。因为它不是讲美学,而是讲上层建筑,所以它着重说明音乐是上层建筑的一个主要部分。但是《乐记》讲和的地方也是很多的。它说:“大乐与天地同和,大礼与天地同节。”又说:“乐者天地之和也,礼者天地之序也。和故百物皆化,序故群物皆别。”又说:“然后发以声音,而文以琴瑟,动以干戚,饰以羽旄,从以箫管,奋至德之光,动四气之和,以著万物之理,是故清明象天,广大象地,终始象四时,周还象风雨,五色成文而不乱,八风从律而不奸,百度得数而有常,小大相成,终始相生,倡和清浊,迭相为经,故乐行而伦清,耳目聪明,血气和平,移风易俗,天下皆宁。”

从这些话看起来,《乐记》认为乐的本质是“和”,这是不成问题的。特别是“小大相成,终始相生,倡和浊清,迭相为经”,这些话说明了乐的“和”是怎样的一个“和”。乐是利用声的大小清浊不同,互相调配,以构成一个“和”。这是一个比较纯粹的“和”。作为一种上层建筑,它可以使人“血气和平,移风易俗”,以达到“天下皆宁”的目的,这是乐的社会作用。

《乐记》认为礼乐的本源是人情,它说:“是故君子反(返)情以和其志,广乐以成其教,乐行而民乡方,可以观德矣。德者性之端也,乐者德之华也,金石丝竹乐之器也,诗言其志也,歌咏其声也,舞动其容也,三者本于心,然后乐器从之。是故情深而文明,气盛而化神,和顺积中而英华发外,惟乐不可以为伪。”又说:“乐也者,情之不可变者也,礼也者,理之不可易者也。乐统同,礼辨异,礼乐之说,管乎人情矣。”这是说,“礼”“乐”都是本于人情,但“声”是人情的直接表现,有什么情才能发出什么声;没有那种情,就不能发出那种声。所以礼还可以作假,而乐却不能作假(“不可以为伪”)。

第七节 《中 庸》

《礼记》中的《中庸》,相传为孔丘之孙子思所作。司马迁说:“子思作《中庸》。”(《史记·孔子世家》)荀况以子思、孟轲为一派(见《荀子·非十二子》)。《中庸》的思想,也确近似孟轲的思想,但《中庸》所反映的社会情况,有些明显地是秦朝统一以后的景象(见本册第二十八章第一节)。《中庸》所论命、性、诚、明诸点,也都比孟轲所讲的更为详细,似乎是孟轲思想的发挥。《汉书·艺文志》于《诸子略》儒家著录《子思》23篇;又于《六艺略》礼类著录《中庸说》2篇。可能《子思》中有《中庸》1篇,但《礼记》中的《中庸》显然是礼类中的《中庸说》。它可能是发挥《子思》中的《中庸》的思想,但并非一个人的著作,也不是一个时期的著作。

《中庸》也认为,“修身”是“治国”、“平天下”的根本。它说:“知所以修身,则知所以治人;知所以治人,则知所以治天下、国家矣。”《中庸》也讲“慎独”。它说:“莫见乎隐,莫显乎微,故君子慎其独也。”它讲的更多的是“诚”。这可见,《中庸》所讨论的问题跟《大学》所讨论的,有许多是相同的。但《中庸》发挥更多的是孟轲的观点。它从孟轲的观点提出了一些自然观方面的看法,作为它的“修身”的理论根据。

《中庸》首段说:“天命之谓性,率性之谓道,修道之谓教。”这是说明人性的来源,及其与“天”的关系。孟轲说:“心之官则思,思则得之,不思则不得也。此天之所与我者。”(《孟子·告子下》)心是天之所与,性亦是天之所与。心、性与天的关系如此,所以孟轲说:“尽其心者,知其性也。知其性则知天矣。”(《孟子·尽心上》)《中庸》所说,与孟轲所说意思相同。“率性”就是顺性;顺性而行,就是“道”。照这个说法,“性”是人生来就有的道德品质,而“天”也有道德的意义。《中庸》的这两句“开宗明义”的话,简要地肯定了孟轲的唯心主义观点。照荀况的理论,人性是从“天”(自然)来的,但人性是恶的,所以人只能“化性起伪”,而不能“率性”而行。

“修道之谓教”的“修”是修房修路之修。将道修立起来就是教。《中庸》说:“道也者,不可须臾离也。可离非道也。”道既是不可须臾离的,又何待于修?《中庸》对于这个问题有两点回答。

就第一点说,《中庸》认为,一般人不能须臾离道;他们时时都在行道;但他们并不自知其是如此。他们是“日用而不知”。他们是“终身由之而不知其道”。《中庸》说:“人莫不饮食也,鲜能知味也。”“教”的功用,就在于使人了解“道”是人所不可须臾离者,使人意识到他时时都在行道,就是在使人知味。《中庸》认为,道本来是人所不可须臾离的。人本来都时时在行道,就此方面说,道无须修,但就人的认识方面说,道则须修。

就第二点说,《中庸》认为一般人虽都时时在行道,但他们都不能尽道。“率性之谓道”,所以尽道就是尽性。《中庸》说:“惟天下至诚,为能尽其性。”这不是不学而能的。教的功用,就是使人能“尽性”。能尽性则能尽道。《中庸》说:“苟不至德,至道不凝焉。”尽性的人有至德;有至德就有至道;道或者无须修,但要有至道则须修。

“圣人”所知的道,也就是一般人所不可须臾离的道,不过是一般人由之而不知。“圣人”所得的至道,也就是一般人所不可须臾离的道,不过是将其行之至其极致。《中庸》说:“君子之道费而隐。夫妇之愚,可以与知焉。及其至也,虽圣人亦有所不知焉。夫妇之不肖,可以能行焉。及其至也,虽圣人亦有所不能焉。”“君子之道,造端乎夫妇,及其至也,察乎天地。”《中庸》认为,“造端乎夫妇”,是一般人所本来行的,此无须乎修而至。“察乎天地”,则须修而至。

《中庸》所说的“道”,是有其具体内容的。《中庸》说:“天下之达道五,所以行之者三。曰,君臣也,父子也,夫妇也,昆弟也,朋友之交也。五者,天下之达道也。知、仁、勇三者,天下之达德也,所以行之者一也。”这里所谓“达道”,就是封建社会中的五种人与人的社会关系,即所谓“五伦”。这里所谓“达德”,就是封建社会中的个人的道德品质。《中庸》所说“率性之谓道”的“道”,包括此二者。照“率性之谓道”的含义就是认为,所谓“五达道”和“三达德”,都是人性中所固有,也是人实际上或多或少都有的,但是人有之而不知,行之而不尽,所以需要“修”之。“修道”就是“教”,这个“教”指教育和教化。

《中庸》认为,这个道是本于人性的,不照着这个道就是违反人性。在封建社会中,人确实都在“君臣”等“五伦”的关系之中,照着这些关系所要求的规范生活,这些都是平常的事。平常的事称为“庸”。《中庸》就是要求封建社会中的人,都照着封建统治阶级的标准,过这样的日常生活。“所求乎子”,“以事父”;“所求乎臣”,“以事君”;“所求乎弟”,“以事兄”;“所求乎朋友”,“先施之”。这里所谓“求”,都是照着封建统治阶级的标准而办的。这就是所谓“庸德之行,庸言之谨”。在这种标准和要求下,封建社会中的人都安于他们的现状,“素富贵,行乎富贵;素贫贱,行乎贫贱;素夷狄,行乎夷狄;素患难,行乎患难。君子无入而不自得焉”。封建社会中的人,也都要安于他们的阶级地位,“在上位,不陵下;在下位,不援上;正己而不求于人,则无怨。上不怨天,下不尤人”。这样,封建社会就可以巩固起来。

《中庸》说:“道之不行也,我知之矣。知者过之,愚者不及也。道之不明也,我知之矣,贤者过之,不肖者不及也。”在封建社会中,有些人还不能达到或者违反统治阶级的道德标准。例如,父母死要服丧三年。也有人认为太短,而要超过三年,《中庸》不能不承认这些人是“知者”和“贤者”,但是认为这些人是“太过”,是“偏至”。《中庸》认为,“太过”和“不及”都是一样地错。它要求,不要“太过”也不要“不及”。无过,无不及,就是所谓“中”。

《中庸》说:“喜怒哀乐之未发谓之中;发而皆中节谓之和。中也者,天下之大本也;和也者,天下之达道也。致中和,天地位焉,万物育焉。"喜、怒、哀、乐未发的时候,心无所偏倚,也无过、不及,所以谓之中。这是指一种情形,以为中之例证,并不必是说,只此是中。"发而皆中节",亦是中。所以谓之和,因为照儒家的说法,和就是中的功用。孔丘说:"君子和而不同;小人同而不和。"(《论语·子路》)同与异是反对的;和则包含异。合众异以成和。不过众异若成为和,则必须众异皆有一定的量度,各恰好如其量,无过亦无不及,此所谓得其中,亦即所谓中节。众异各得其中,然后可成为和。所以说"发而皆中节谓之和"。此亦是举一种情形,以为和之例证。并不是说,只此是和。

《中庸》认为,这种社会中的"和"是跟自然界中的"和"相适应的。它说:"万物并育而不相害;道并行而不相悖;小德川流,大德敦化;此天地之所以为大也。"它认为自然界也是一个大和。所以说:"致中和,天地位焉,万物育焉。"这个和并不是普通社会中人与人间的和,所以,《易传》称之为"太和";乾卦《彖辞》说:"大哉乾元","保合太和,乃利贞"。《易传》和《中庸》都以它们所谓自然界的"太和"作为它们所主张的和的根据。《中庸》和《易传》的说法,有似于西方资产阶级哲学家所说的预先和协论。

《中庸》又认为"修身"也须"知天"。它说:"故君子不可以不修身。思修身不可以不事亲。思事亲不可以不知人。思知人不可以不知天。""天"的特点是什么呢?《中庸》说:"天地之道,可一言而尽也。其为物不贰,则其生物不测。天地之道,博也,厚也,高也,明也,悠也,久也。""天地之道"的特点是"不贰"和"悠久",总起来说,就是"诚"。"不贰"就是专一;专一是"诚"。"悠久"就是"无息","无息"也是诚。《中庸》说:"至诚无息。"《中庸》又说:"诚者,天之道也;诚之者,人之道也。诚者,不勉而中,不思而得,从容中道,圣人也。诚之者,择善而固执之者也。"这是说,"诚"是"天道"的本然,所以"不勉而中,不思而得"。"圣人"也可以达此境界。但就一般人说,则需"勉"而后"中",

“思”而后“得”;这样努力于为“诚”,即所谓“诚之”;这是“人道”。“择善而固执之”下文说:“博学之,审问之,慎思之,明辨之,笃行之。……果能此道矣,虽愚必明,虽柔必强。”这样一系列的工夫,都是“明”的过程。下文接着说:“自诚明谓之性,自明诚谓之教。诚则明矣,明则诚矣。”照《中庸》的说法,“天命之谓性”;性是自“天”而来,由这一方面说“明”的过程,也就是“性”的发展的过程;这是自“诚”而“明”。这也就是“率性之谓道”;但又有“修道之谓教”的过程。从这一面说,“道”又需有“教”以“修”之;这是自“明”而“诚”。这不是两个过程,而实是一个过程的两个方面。最后都达一个结果,所以说“诚则明矣;明则诚矣”。

《中庸》说:“诚者,物之终始,不诚无物。是故君子诚之为贵。诚者,非自成己而已也,所以成物也。成己,仁也;成物,智也;性之德也,合内外之道也,故时措之宜也。”

由成己而成物,就是孔丘所说的,“己欲立而立人,己欲达而达人。”(《论语·雍也》)也就是孟轲所说的:“强恕而行,求仁莫近焉。”(《孟子·尽心上》)照《中庸》的说法,由此可以逐渐消灭“人”“己”的界限,最后达到“合内外之道”。就是说对于有这种修养的人,主观和客观的分别已不存在。这当然只是一种主观的精神境界。

《中庸》认为,这是“性之德”。“教”不能于性外更有所加,不过助性使得尽量发展而已,性的尽量发展,即所谓尽性。《中庸》说:“唯天下至诚,为能尽其性。能尽其性,则能尽人之性;能尽人之性,则能尽物之性;能尽物之性,则可以赞天地之化育;可以赞天地之化育,则可以与天地参矣。”照《中庸》的说法,人物之性都是由“天”之“所命”,同出于一源。所以能尽自己的性的人,也能“尽人之性”,“尽物之性”。照《中庸》的逻辑,也可以说,人尽其性,也就是尽人之性,尽物之性,因为它们都同出于一源。至诚的人,既无内外之分,人己之见,就达“万物一体”的境界。所以《中庸》认为他能“赞天地之化育”,“与天地参”。这和荀况的人与天地参的观点根本不同。荀况的观点是以“明于天人之分”为前提,区别“所以参”和“所参”两个方面。他首先肯定“天有其时,地有其财”这些客观条件,进而认为“人有其治”,能与客观世界相斗争,相配合,这是唯物主义的思想。上述《中庸》的观点,其实质却是以主观包括客观,这正是孟轲的主观唯心主义的发挥。

“至诚”怎么能“参天地之化育”?《中庸》又说:“唯天下至诚为能经纶天下之大经,立天下之大本,知天地之化育。”《中庸》说:“凡为天下国家有九经。”又说:“中也者天下之大本也。”此所谓“大经”、“大本”,就是指此说。知天地之化育,就是赞天地之化育。“鸢飞戾天,鱼跃于渊。”这都是天地之化育。人的生活中,一举一动,亦都是天地之化育。人若了解其一举一动都是天地之化育,则他的一举一动,就都是赞天地之化育。能赞天地之化育,即可以与天地参。若不了解其一举一动都是天地之化育,则他的一举一动,都是为天地所化育。为天地所化育,即只是天地中之一物,不能与天地参。道家常说:“物物而不物于物。”《中庸》所说的“赞天地之化育”,跟道家的意思有相同之处。为天地所化育者,就是“物于物”。赞天地之化育者,则能“物物而不物于物”。

所以照《中庸》的说法,至诚的人并不必须做与众不同的事。就他的行为说,他可以只是“庸德之行,庸言之谨”。但就他的主观境界说,他可以自己觉得与宇宙同其广大,同其悠久。他可以自己觉得,如《中庸》所说,“博厚配地,高明配天,悠久无疆”。

《中庸》的主题是“极高明而道中庸”。它的最后目的是要达到“合内外之道”的精神境界。在其中主观、客观的界限消失了,个体与天地合一了,万物都一体了,这是“极高明”。但是这种极高明就在极平凡的生活之中。

人们的日常生活都是极平凡的,不离于冠、婚、丧、祭、饮食、男女之中,这些都是极平凡的事。因为极平凡,所以人们都不能离开它们;也正因为人们都不能离开它们,所以极平凡。所谓“道也者不可须臾离也,可离非道也”。“人莫不饮食也,鲜能知味也。”饮食是极平凡的事,谁能不饮食?问题在于你能不能够知道饮食的味道。

《中庸》的目的就是要把饮食的味道讲出来。人生日用的事,当你不知道它的真正味道的时候,它就是极平凡。当你真正知道它的味道的时候,它就是极高明。

某些人有奇才异能,某些人有奇节异行,这都是非常可贵的。但不是人人都能有的,因为这都需要有特殊的主观和客观的条件。《中庸》说的“中庸之道”,是人人都能行的,而且是人人已经或多或少地在行的。所以人人都能于其中得到一个“安身立命之地”。

照《中庸》所讲的,要达到“极高明而道中庸”,最需要的是“诚”。诚就是实实在在、老老实实,没有虚假。《中庸》说:“诚者,天之道也。”自然的规律和现象都是实实在在、老老实实的,刮风就是实实在在、老老实实地刮风;下雨就是实实在在、老老实实地下雨。人不能这样实实在在、老老实实,所以要“思诚”,要“诚之”。你要饮食,也要想到别人也要饮食,还要努力使别人都能得到饮食。努力可能失败,但是你要尽你所能,不能有一点虚假。是不是真正地没有虚假,别人不能知道,只有你自己知道,因为这是你自己的精神境界。如果有虚假而装作没有虚假,这是欺人;如果有虚假而自以为没有虚假,那就是自欺。诚需要不欺人也不自欺。不自欺比不欺人更难。所以《大学》说:“所谓诚其意者,毋自欺也。”究竟自欺不自欺,只有你自己知道。就是在这些地方要特别注意,这就叫“慎独”。

这些道理,后来的宋明道学,更加发挥。

《中庸》是封建时代的哲学著作,其中当然有些封建的杂质,剥去这些杂质可以看出来,它所讲的中庸之道,既有不少的辩证法因素,也有不少的实践价值。

《中庸》引用孔丘的话说:(舜)“执其两端用其中于民”。一般的讲法,“两端”就是“过”和“不及”。从辩证法的观点看,还可以做广泛一点地了解。

从辩证法说,一个统一体一分为二,分成两个对立面。这两个对立面互相排斥,而又互相关联。就是说,它们是矛盾的统一。矛盾着的双方互相依存又互相转化。两方面之中,必有一方面是主要的,他方面是次要的。其主要方面决定这个统一体的性质。但这种情形是不固定的,矛盾的主要方面和次要方面如果互相转化了,这个统一体的性质,也就随着变化。这两个对立面经常变化。如果它们的量变还能保持着相对的平衡,这个统一体就能保持着原来的性质,保持着相对的稳定。暂时的平衡,即所谓常态,用《中庸》的名词即所谓“庸”。当它们的量变超过了一定的限度,这个统一体的相对的平衡,所谓常态,就不能维持了。它就要改变性质,成为一个新的事物。合乎这个一定的限度,就是“中”。

他们的这个思想,在实践中也有指导的意义。毛泽东同志说:“‘过’的即是‘左’的东西,‘不及’的即是右的东西。依照现在我们的观点说来,过与不及乃指一定事物在时间与空间中运动,当其发展到一定状态时,应从量的关系上找出与确定其一定的质,这就是‘中’或‘中庸’,或‘时中’。说这个事物已经不是这种状态而进到别种状态了,这就是别一种质,就是‘过’或‘左’倾了。说这个事物还停止在原来状态并无发展,这是老的事物,是概念停滞,是守旧顽固,是右倾,是‘不及’。孔子的中庸观念没有这种发展的思想,乃是排斥异端树立已说的意思为多,然而是从量上去找出与确定质而反对‘左’右倾则是无疑的。这个思想的确是孔子的一大发现,一大功绩,是哲学的重要范畴,值得很好地解释一番。”(《毛泽东书信选集》人民出版社 1983 年,146—147 页)

“执其两端用其中于民。”这个“中”并不是两端间的一个等距离的地方,孟轲说:“子莫执中。执中为近之。执中无权,犹执一也。”如果静止在两端中间的等距离的地方，那就是无权。“中”是随着空间、时间上的情况变化而变化的。它是变动的，不是死的，所以它又和“时”分不开，《中庸》引孔丘的话说：“君子之中庸也，君子而时中。”

《中庸》引孔丘的话说：“道之不行也，我知之矣，知者过之，愚者不及也。道之不明也，我知之矣，贤者过之，不肖者不及也。”“愚者不及”，“不肖者不及”。这是很容易理解的。“知者过之”，“贤者过之”这就不容易理解了。但是，必须理解这一点，才可以看出“中”和“庸”的关系。

曾看见报上说，有一位农民有急病，要往大城市进医院。到了车站，没有经过这个站停靠的列车，站长作出决定，把一列经过这个站不该停的车停下来，让病人上车走了。报上大加赞扬，说这位站长真能急群众之所急，为群众创造方便，真是了不起。这件事可能是了不起，但是不足为训，不足为法。在一条铁路线上各列车的运行，都是互相制约的。一次列车误了点，其余的列车都要误点，全铁路的列车都不能正常运行，原来的列车时刻表都得打乱。这就耽误了许多人的事，有的人可能耽误了大事。如果每个站长，都可以随意把列车停下来，列车的运行就不能正常进行，甚至成为不可能。这个站长为一个人创造了方便，可是为许多人创造了不方便。方便转化成它的对立面，不方便。所以，这个站长的行为，不足为法，就是说，不能成为正常的规律，也就是说，不能成为“庸”。这就叫“贤者过之”，“之”是指中庸之道。这位站长，不能说不是一个贤者，他所做的决定，比对于站长的一般的要求，看起来还要高。但是，不能成为“庸”，也就是不合乎“中”。把“中”和“庸”联系起来，二者的意义就都更清楚了。

任何东西，都不仅只包含一对对立面，就是说，都不仅是一对矛盾构成的。一个东西，如果能够存在，能够发展，它所包含的那些对立面，都必须各自保持一定的限度，不能多，也不能少。好像一位中医开一付药方，其中的药味都有一定的分量，不能随意加减。这才能分出君臣佐使,互相补充,互相配合,成为一股战胜疾病的力量。一定的分量就叫"节",一付药的药味,都合乎一定的分量,就叫"中节"。由各味药互相配合而形成的战斗力量就叫"和"。这个力量的作用是与疾病作斗争,是战斗,但一付药的内部必须是一个"和"。未有内部不和,而能对外战斗者。"中"与"和"联系起来,二者的意义,才更明显。

辩证法的中心是发展。一切事物都是流动的,变化的,这就是发展。这一点,《中庸》没有完全认识到。也不是完全不认识,因为它也讲"时中",认为"中"是随着情况的变动而变动的。它讲"时中",讲"中庸",讲"中和",从这些方面看起来,它对于对立面的对立和互相转化,量变和质变,常态和变革,这些辩证法的要点,都有一定程度的认识。虽不能说它所讲的就是辩证法,但它对于辩证法有相当深的认识。在古代这就很难能可贵了。

以上《中庸》讲完了。怎样讲《中庸》,还需要有几点说明。

《中庸》在讲到几个要点的时候,都称引"子曰"。我不认为"子曰"下边的那一句或几句话,真是孔丘说的。在汉朝人的著作中,称引"子曰"的地方太多了,大概都是依托。《中庸》所称引的"子曰"也是依托。不过这个依托也不是完全没有意义。它说明《中庸》对于这些要点特别重视,所以用"子曰"以加重语气。

本书第一册第四章讲孔丘,完全以《论语》为根据,但是也引用了《中庸》的一些话。这是用以说明儒家思想的后来的发展,并不是说孔丘原来就有与《中庸》完全相同的思想。从春秋末到汉初经过二百多年的时间,儒家思想是有发展的。例如"过犹不及"这四个字,在《论语》中,不过是孔丘评论两个学生的话,是就事论事。在《中庸》中,这四个字就上升为讲一般规律的话了。《中庸》说:"道之不行也,吾知之矣,贤者过之,不肖者不及也。道之不明也,吾知之矣,智者过之,愚者不及也。"它把"过犹不及"作为"道"的说明,这四个字的应用的范围,大得多了,意义也深得多了,这就是发展。

本书第一册第四章说，孔丘讲"中"是形而上学反辩证法的观点。(本书第一册)本章又说《中庸》有辩证法的思想。两种说法似乎有矛盾，其实不然。我是把孔丘和《中庸》分开讲的，孔丘是孔丘，《中庸》是《中庸》，其间虽有关系，但不完全一致。这里还有一个区别。对于客观辩证法有所认识，这是一；怎样应用这个认识，这是二。这其间也是有分别的。关于"中"的思想，包括有对于量变到质变的认识，这不能不说是对于客观辩证法有所认识。怎样应用这个认识呢？革命的人可以应用这个认识以加速质变，打破常态，他就反对"中"。保守的人也可以应用这个认识，以延缓质变，维持现状。孔丘就是这样保守的人。他认为"礼"就是"中"的具体规定。他所说的"礼"就是"周礼"，就是奴隶社会的制度。孔丘用"中"作为"周礼"的根据，所以他的思想总起来说是形而上学的思想。他的对于客观辩证法的认识，为其形而上学思想所掩盖了。《中庸》是为封建社会"制法"，它当然也主张维持封建社会的现状。但是，它没有像孔丘那样的问题。

毛泽东同志是用传统的说法，不分别孔丘和《中庸》，所以我可以把他评论孔丘的话，引以评论《中庸》。

第八节 《大　学》

《礼记》中《大学》、《中庸》两篇，在以后宋明道学中，有很大的影响。《大学》，朱熹以为系曾参所作，王柏以为系子思所作。这都是推测之辞，在宋、元以前，没有这样的说法。《大学》说："大学之道，在明明德，在亲民，在止于至善。知止而后有定，定而后能静，静而后能安，安而后能虑，虑而后能得。物有本末，事有终始，知所先后，则近道矣。古之欲明明德于天下者，先治其国。欲治其国者，先齐其家。欲齐其家者，先修其身。欲修其身者，先正其心。欲正其心者，先诚其意。欲诚其意者,先致其知。致知在格物。物格而后知至,知至而后意诚。意诚而后心正,心正而后身修,身修而后家齐,家齐而后国治,国治而后天下平。自天子以至于庶人,壹是皆以修身为本。其本乱,而末治者,否矣。其所厚者薄,而其所薄者厚,未之有也。此谓知本,此谓知之至也。”

此段所说,是《大学》的主要思想,后来称为《大学》的三纲领(明德、亲民、止至善)、八条目(格物、致知、诚意、正心、修身、齐家、治国、平天下)。“修身”是“齐家”、“治国”的根本;孟轲、荀况都是这样主张(见《孟子·离娄》、《荀子·君道》)。但是《大学》把儒家思想中的这些先后次序,更明确地排出来,并肯定地说:“自天子以至于庶人,壹是皆以修身为本。”照《大学》的意思,也可以说,三纲领、八条目都是“修身”的内容。“格物”、“致知”、“诚意”、“正心”是“修身”的方法,也就是属于“明德”的事。“齐家”、“治国”、“平天下”是“修身”的功用,也就是属于“亲民”的事。“修身”达到最完全的程度,就是“至善”。

《大学》的这些主要思想本来是很清楚的,它所说的“修身”的方法,首先是要“格物”。“物”怎样“格”? 所要“格”的是什么“物”? 这都是首先要解决的问题。但是,《大学》没有说明。宋明道学以《大学》为其基本经典之一,但是对“格物”的解释,道学家中各有不同。道学中的程、朱和陆、王两大派,都以对于“格物”的不同的解释,作为他们的不同的哲学见解的根据。这些争执和辩论,我们现在不讨论。我们现在的任务,是说明《大学》三纲领、八条目的本来意义。

这是比较困难的任务,因为后来在这方面争执、辩论很多。它们虽不同,但都自以为是《大学》本来的意义。我们不但要说明《大学》的本来意义,还需要证明这是《大学》的本来意义。

如果把《大学》和《荀子》比较,就看出其间不仅有些意思基本上相同,而且有些字句也是相同的。我认为照这个方向解释《大学》,可能得到它的本来意义。

《大戴礼记》中的《劝学》篇,与《荀子·劝学》篇文同。《礼记》中的《学记》也是用荀况的观点。《学记》说:“古之教者,……九年知类通达,强立而不反,谓之大成。夫然后足以化民易俗,近者悦服而远者怀之,此大学之道也”。“强立而不反”即《荀子·不苟》篇所谓“长迁而不反其初,则化矣”的意思。这是跟荀况的性恶论有联系的。孟轲认为人性善,教育的目的和作用,是教人“复其初”。荀况认为人性恶,教育的目的和作用是教人“不反其初”,即不复返其初。《学记》讲“大学之道”,《大学》也讲“大学之道”。二者所用的名词是相同的。荀况说:“今人主有能明其德,则天下归之,若蝉之归明火也。”(《荀子·致士》)“明其德”是发扬德的光辉。“明其德”相当于《大学》所说的“明明德”;“天下归之”,相当于《大学》所说的“亲民”。

荀况说:“凡以知,人之性也。可以知,物之理也。以可以知人之性,求可以知物之理,而无所疑(俞樾云:“疑训定”)止之,则没世穷年,不能遍也。……故学也者,固学止之也。恶乎止之?曰,止诸至足。曷谓至足?曰,圣也。”(《荀子·解蔽》)《大学》也教人“学止之”。“恶乎止之”?荀况说:“止诸至足。”《大学》说:“止于至善。”《大学》说:“为人君,止于仁。为人臣,止于敬。为人子,止于孝。为人父,止于慈。与国人交,止于信。”荀况以圣为“至足”;又说:“圣也者,尽伦者也。”《大学》所说“为人君止于仁”等,也是“尽伦”之义。

荀况说:“闻修身,未尝闻为国也。君者,仪也;仪正而景(影)正。君者,槃也;槃圆而水圆。君者,盂也;盂方而水方。君射则臣决。楚庄王好细腰,故朝有饿人。故曰,闻修身,未尝闻为国也。”(《荀子·君道》)荀况认为,统治者是一国的仪表,所以在上者能修身,则国及天下的人皆修其身。《大学》说:“尧舜帅天下以仁,而民从之。桀纣帅天下以暴,而民从之。其所令反其所好,而民不从。是故君子有诸己而后求诸人,无诸己而后非诸人,所藏乎身不恕,而能喻诸人者,未之有也。故治国在齐其家。……《诗》云:‘其仪不忒,正是四国’;其为父子兄弟足法,而后民法之也。”这里所说的“法”,就是荀况所说的“仪”。

《大学》在这里提出“恕”;“恕”是推己及人。必须“恕”才可以“喻诸人”;这也是荀况的思想。荀况说:“圣人者,以己度者也。故以人度人,以情度情。”(《荀子·非相》)这就是所谓“恕”。荀况又说:“五寸之矩,尽天下之方也。”(《荀子·不苟》)《大学》也说:“所谓平天下在治其国者,上老老而民兴孝,上长长而民兴弟,上恤孤而民不倍;是以君子有絜矩之道也。所恶于上,毋以使下;所恶于下,毋以事上;所恶于前,毋以先后;所恶于后,毋以从前;所恶于右,毋以交于左;所恶于左,毋以交于右;此之谓絜矩之道。”“絜矩之道”,即“操五寸之矩,尽天下之方”之道。

荀况说:“故人心譬如槃水,正错(措)而勿动,则湛浊在下,而清明在上,则足以见须眉而察理矣。微风过之,湛浊动乎下,清明乱于上,则不可以得本(原作大,依王先谦校改)形之正也。心亦如是矣。故导之以理,养之以清,物莫之倾,则足以定是非,决嫌疑矣。”(《荀子·解蔽》)《大学》说:“所谓修身在正其心者,心有所忿懥,则不得其正;有所恐惧,则不得其正;有所好乐,则不得其正;有所忧患,则不得其正。”心有所好乐等,就如“微风过之,湛浊动乎下,清明乱于上,则不可以得本形之正也。”心不能“正错(措)而勿动”,就不能“定是非,决嫌疑”。《大学》所说的“正心”,也就是荀况所说的“正心”。

荀况继续说:“小物引之,则其正外易,其心内倾,则不足以决庶理矣。故好书者众矣,而仓颉独传者,壹也。好稼者众矣,而后稷独传者,壹也。……自古及今,未尝有两而能精者也。”(同上)这是说,如果心不专一,就乱而不正。《大学》说:“心不在焉,视而不见,听而不闻,食而不知其味。”这也是说心不专一的结果。要想避免这样的结果,对于所求的东西,必须专一而真实求之。《大学》说:“《康诰》曰:如保赤子。心诚求之,虽不中,不远矣。未有学养子而后嫁者也。”慈母对于赤子,真实爱护之,这就是诚的具体的例。

《大学》说:“所谓诚其意者,毋自欺也。如恶恶臭,如好好色,此之谓自慊。故君子必慎其独也。小人闲居为不善,无所不至,见君子而后厌然,揜其不善而著其善。人之视己,如见其肺肝然,则何益矣?此谓诚于中,形于外,故君子必慎其独也。”荀况也说:“君子至德,默默而喻,未施而亲,不怒而威。夫此顺命以慎其独者也。善之为道者,不诚则不独,不独则不形,不形则虽作于心,见于色,出于言,民犹若未从也,虽从必疑。”(《荀子·不苟》)荀况和《大学》都说“慎独”。“独”有两方面的意思。一方面是专一之意。人若能对于一事物真实求之,自能对于其事物专一求之。另一方面是内外一致之意。“诚于中”自然“形于外”;不诚于中,外虽有形也不能发生什么作用。

《大学》认为,心必须有所诚求,方能不乱而正。此所以“欲正其心者,先诚其意”。诚意系由“知止”得来。这就是“知止而后有定”云云之义。所以“欲诚其意者,先致其知”。“物有本末,事有终始;知所先后,则近道矣。”“致知”即知此。《大学》说:“自天子以至于庶人,壹是皆以修身为本。其本乱,而末治者,否矣。其所厚者薄,而其所薄者厚,未之有也。此谓知本,此谓知之至也。”“知本”是“知之至”,知修身为本,而专一真实以修身,即“知至而后意诚”。《大学》又说:“德者,本也;财者,末也。外本内末,争民施夺。”知德为本即专一真实,以“明明德于天下”,也就是“知至而意诚”。

关于“格物”,《大学》没有明确的解释。《尔雅·释诂》说:“格者,至也。”郑玄注:“格,来也;物,犹事也。”《尔雅》释“格”、“来”都为“至”。“来”也有“至”的意思,“至物”或“来物”,都是说与外在的事物相接触。《大学》认为,这是“致知”的首要条件。这正是荀况的思想。《荀子》中没有“格物”一词,但荀况明确地认为,人要获真知识不能离开外物。荀况说:“吾尝终日而思矣,不如须臾之所学也。吾尝跂而望矣,不如登高之博见也。……君子生非异也,善假于物也。”(《荀子·劝学》)“假物”是说凭借外物(古时假、格二字互通,“格物”也可以了解为“假物”)。荀况又说:“凡观物有疑,中心不定,则外物不清,吾虑不清,则未可定然否也。……水动而景摇,人不以定美恶;水势玄也。……有人焉,以此时定物,则世之愚者也。彼愚者之定物,以疑决疑,决必不当。夫苟不当,安能无过乎?"(《荀子·解蔽》)这是说,要获得知识,不能受感觉到的表面现象所迷惑,要用思维正确地反映外物,才能得到外物的真象。这里提到"观物"和"定物",也就是说,获得正确的认识,不能离开外物。荀况又说,君主个人的耳目所知是有限的,要统治天下,必须以自己亲近的人为门户,所知才全面。"其知惠(慧)足使规物,其端诚足使定物。"(《荀子·君道》)这是说,求知的目的,在于确定事物的性质。《荀子·尧问》篇发挥这个思想说:"不闻即物少至,少至则浅。彼浅者,贱人之道也。"又说:"士至而后见物,见物然后知是非之所在。"这里提到"至物"、"见物",也是说,必须和外物接触,然后才知道正确和错误。荀况的这些话,综合起来,就是《大学》所说的"致知在格物","物格而后知至"。这样用荀况的观点解释《大学》,可能近于其原来的意义。

《大学》虽然用了荀况的一些意思和字句作为思想资料,但它有自己的中心思想和独立见解。正因为如此,所以它能在后来被宋明道学奉为基本经典,成为《四书》之一。

《大学》的中心思想的第一点,是把格物和修身结合起来。荀况所讲的格物,完全是知识方面的事。为什么要有知识?《大学》认为,知识为的是修身。它说:"自天子以至于庶人,壹是皆以修身为本。其本乱,而末治者,否矣。其所厚者薄,而其所薄者厚,未之有也。此谓知本,此谓知之至也。"(依《礼记》原本,非朱熹章句本。)《大学》认为,最重要的知识是"知本",知道"自天子以至于庶人,壹是皆以修身为本"。所谓"知之至"不是说,能够"知本"就算有完备的知识,只是说"知本"是最重要的知识。有了这种知识,就知道一切知识都是为修身服务的。为修身而求知识,一切知识都有了一个目标,一个方向。

有了这个知识,就要认真地在这个"本"上下工夫,一切为了这个

"本",这就叫"诚意"。《大学》在"此谓知之至也"这一句下面,紧接着就说:"所谓诚其意者,毋自欺也。如恶恶臭,如好好色,此之谓自慊,故君子必慎其独也。"(依《礼记》原本,非朱熹章句本。)就是说,知道修身为本了,就要实心实意去修身,不能有一点假,好比一个人闻见恶臭,就真实地厌恶它,见了好色,就真实地喜欢它,没有一点虚伪,也用不着造作。他是否真是如此,只有他自己知道,这就叫"独"。他就是要在这些地方注意,这就叫"慎独"。

《大学》的中心思想的第二点,是把修身、齐家、治国、平天下结合起来。《大学》自以为它所讲的是"大学之道"。"大学"是对于"小学"而言。小学所教的是生活的技术,如礼、乐、射、御、书、数之类。大学所讲的是人生的道理,人怎样可以成为一个道德上完全的人,"完人"。《大学》提出了"三纲领"、"八条目"而归结为以"修身为本"。"修身"就是把自己修养成为一个"完人"。

从表面上看,好像格物、致知、诚意、正心、修身是属于"明明德"的事,齐家、治国、平天下是属于"亲民"的事,把二者都做到最完全的地步,就是"止于至善"。所以,三纲领只是二纲领,只是两件事。在这两件事中,一件是对内,是对于主观世界的修养;一件是对外,是对于客观世界的治理。这样的了解是把内、外隔绝,把主观和客观对立起来。这是不对的,也不是《大学》的意思。

《大学》说:"古之欲明明德于天下者,先治其国。"它说"明明德于天下",可见"明明德"不是一个人在书房里瞑目静坐就可以达到的,它说"修身为本",但是,绕了几个弯子才说到修身。可见它是认为,人是不能离开家、国、天下而单独成为"完人"的。他不但不能离开家、国、天下而单独的修养,他甚至也不能离开家、国、天下而单独存在。他必须生活于家、国、天下之中,投身于家、国、天下的事务之中,尽他的义务,尽他的责任。所谓格物、致知、诚意、正心,这些工夫也是不能离开家、国、天下的事务,单独去做的。这些事务就是"物",首先需要接触这种“物”,然后致知、诚意、正心那些工夫才有着落。

所以,“明明德”和“亲民”并不是两回事,内、外是不能分开的,主观和客观是不能对立起来的。“止于至善”就是把这一件事做到最完全的地步。所以“三纲领”只是一纲领,表面上看起来是三件事,其实是一回事。做这件事,从何处下手呢?大概地说,无论从何处下手都可以。人总是在家、国、天下中生活的,他在生活中的一举一动,都可以对家、国、天下有关系,有影响。比如说一个人随地吐一口痰,就可能成为一个地区的环境污染,可以表现一个地区的精神文明。更重要的是表现在人与人的关系上。道德问题,都是从人与人的关系中产生出来的,如果只有一个人,那就没有什么道德问题。人与人的关系,中国封建社会称为“人伦”。《大学》讲“止于至善”就是举人伦中的事为例,它说:“为人君,止于仁。为人臣,止于敬。为人子,止于孝。为人父,止于慈。与国人交,止于信。”“止”就是标准的意思。一个人总在人伦中占一种地位,在哪一种地位,就照着哪一种地位的标准去做,那就是“修身”,也就是“齐家、治国、平天下”了。一个人不必是一个家长,也不必是一个国君,他至少是一个“国人”,那他就要“止于信”。“止于信”就是“修身”,就是“齐家、治国、平天下”。

《大学》的中心思想的这一点所讲的,就是个人与社会的关系。说它把个人与社会结合起来,还不十分确切。因为社会和个人本来是一体的,没有离开社会而单独存在的个人,也不可能有。希腊哲学家亚里士多德在他的《政治学》中说,一只手只有在一个人的身体上,才能成为手。如果离开了人的身体,它就不能发生手的作用,也就不成其为手了。《大学》所谓家、国、天下都是指社会而言,不过随其范围的大小,划三个圈子,一圈包一圈。它是以个人为中心,向内延伸到他的主观世界,向外延伸到他的客观世界。这就是以修身为中心,向内延伸到正心、诚意、致知,向外延伸到齐家、治国、平天下。这都是修身。所以,“三纲领”、“八条目”虽然名目繁多,但归根到底只是一回事。

再重说一遍,《大学》认识到一个真理,那就是,个人是不能单独存在的,没有单独存在的个人。所以,也没有只管个人的那种修身。一个人要修身,他必须在家、国、天下中去修,那就是说,他必须齐家、治国、平天下。所以,修身和齐家、治国、平天下就是一回事。

第二十九章

董仲舒哲学体系的对立面
——淮南王刘安的黄老之学

汉武帝定孔子为一尊。董仲舒春秋公羊家的哲学体系,成为当时中央政权的统治思想。在汉初流行的黄老之学,仍然继续存在。它以神仙家的形式流行于宫廷之中。上册讲过,黄老之学的一派,流为神仙家。这一派得到秦始皇、汉武帝的信仰。在武帝的时候,作为哲学体系的黄老之学,则得到地方政权的宣传,一直成为和中央政权对立的一面旗帜。

第一节　黄老之学与神仙家

秦始皇和汉武帝都喜欢神仙这一套。自称为能使人成仙的人叫"方士"。秦始皇信奉神仙方士。司马迁说:始皇"东游海上,行礼祠名山大川及八神,求仙人羡门之属"。又说:"而宋毋忌、正伯侨、充尚、羡门高,最后皆燕人,为方僊道,形解销化,依于鬼神之事。驺衍以阴阳主运显于诸侯,而燕、齐海上之方士传其术不能通。然则怪迂阿谀苟合之徒自此兴,不可胜数也。"(《史记·封禅书》)

有个方士卢生向秦始皇说:"真人者,入水不濡,入火不爇,陵云气,与天地久长。今上治天下,未能恬淡,愿上所居宫毋令人知,然后不死药殆可得也。”(《史记·秦始皇本纪》)方士所说的“真人”是长生不死的神仙。汉武帝时,有一个方士李少君,向武帝说:“丹沙可化为黄金。黄金成以为饮食器,则益寿。益寿而海中蓬莱仙者乃可见,见之以封禅则不死,黄帝是也。臣尝游海上,见安期生。……安期生仙者,通蓬莱中,合则见人,不合则隐。”(《史记·封禅书》)照李少君的说法,炼金术可以使人长生不死,并假托黄帝,宣扬神仙方术迷信。这里又提到仙人安期生。《史记·乐毅列传》说:乐臣(巨)公学黄帝、老子,其本师号曰河上丈人,河上丈人教安期生,后来又传至乐巨公,乐巨公又教盖公。按司马迁的叙述,安期生是汉初黄老学派所推崇的人物之一。当时的方士,把安期生说成是一个长生不死的神仙。他所教的盖公,就是教曹参“清静无为”的那个人。《史记·封禅书》又记载说,武帝时,齐人公孙卿对武帝说,黄帝采首山之铜,铸鼎于荆山下,鼎铸成后,有龙从天而下,黄帝便骑龙上天成仙了。武帝听了以后说:“嗟呼!吾诚得如黄帝,吾视去妻子,如脱蹝耳!”这是当时的神仙方术之士,假托黄帝宣扬长生不死的又一种说法。

秦始皇、汉武帝对于神仙迷信的信仰,也是黄老之学所流行的原因之一。

汉朝初,部分地恢复了分封制,分封功臣、子弟为王。这些王时常叛乱,最大的一次是景帝时候的七国之乱。由七个王国联合起兵,要用武力推翻中央政权。汉景帝平定了这次叛乱。但仍然部分地保留分封制。到武帝的时候,还有些分封的王国作为地方政权与中央政权相对立。

这些地方势力的统治集团在其本国是当权派,但对当时的中央政权说是不当权派。当时的地方政权和中央政权的对立,实际上是地主阶级内部当权派和不当权派的对立。董仲舒春秋公羊家体系和黄老之学体系的对立,是地主阶级内部对立的两派在思想战线上的反映。在这个时候,不当权派在思想上的代表人物是淮南王刘安,他也是神仙迷信的一个代表人物。

第二节 刘安其人和《淮南子》其书

刘安是汉高祖的孙子。他的父亲刘长被封为淮南王。刘长在其本国内,用皇帝的仪仗,自称东帝,汉文帝把他废了,并把他所受封的土地分为三个王国,刘安被封为淮南王。到了景帝的时候,这三个王国中的其他两个王国,都参加了七国之乱,刘安没有参加。但是后来还是因叛乱失败而被杀。

淮南王刘安是代表当时地方割据势力和神仙迷信的一个人物。汉武帝时,他企图叛变,事败自杀。他在当时的贵族中,是比较有学问的。为了夺取汉王朝的政权,他招纳了许多"宾客",并叫他们写了不少的书。《汉书·艺文志》的《诸子略》著录:《淮南内》21 篇;《淮南外》33 篇。此外,"又有中篇八卷,言神仙黄白之术"(《汉书·淮南王传》)。这"内"、"中"、"外"三部分包括了汉初黄老之学的各方面内容。可以说是汉初黄老之学的论文总集。现在"中"、"外"两部分都失传了。只有《淮南内》21 篇还保存下来。这部书亦名《淮南鸿烈》或称《淮南王书》,简称为《淮南子》。

《汉书·淮南王传》说,刘安招集宾客方术之士数千人,著书立说。当时参加的人,有苏飞、李尚、左吴、田由、雷被、毛被、伍被、晋昌以及诸儒大山、小山等。这些著书的"宾客",不一定在政治上都是跟刘安一致的。在这些著书的人之中,左吴、伍被劝谏刘安不要起兵反对中央政府;伍被在刘安起兵时到中央政府告密(见《汉书·淮南王传》)。但他们都是因某些原因不得志于中央,聚集于淮南,依附刘安。他们在学术上发展了黄老之学思想,与官方的儒家学说作斗争;这在学术上与中央的官方哲学成为对立面。他们反对定儒家为一尊,这在政治上与中央统一思想的政策成为对立面。

《汉书·艺文志》把《淮南子》列入杂家，大概是因为《淮南子》和《吕氏春秋》一样，成于众人之手。但成于众人之手，是杂家所以为杂的一个条件，有了这个条件，可以成为杂家，也可以不成为杂家。杂家的人，自觉地要搞一个拼盘式的思想体系。有一点这样菜，有一点那样菜，齐齐整整地摆在一个盘子里，看起来也许很好看，但吃起来各有各的味道。杂家的人，从这一家取一点，从那一家取一点，把它们抄在一部书里边，但读起来各家还是各家。这是因为它没有一个中心的思想，把一部书的内容贯串起来，它实在是不成为一部书。凡是一部书，无论多么大的书，总要有一个中心思想，贯串于其中，这才成为一个体系。杂家之所以杂，就在于它不能成为一个体系。

凡是大思想家、哲学家，都是以自然、社会和人生，为其研究对象。杂家的人，着重在收集各家之长，必然要以各家的学说为其对象。好像一个学绘画的人，他不注重于描写自然和生活，而着重于摹临别人的画稿，这样的思想家或画家，一定是第二流的。这是杂家的一个重要标志，这在第二册第二十四章中已经讲过。

从这两个标准看，都不能说刘安是杂家，他有一个中心思想，那就是黄老之学。他自以为他的书“观天地之象，通古今之事，权事而立制，度形而施宜。原道德之心（原缺德字，依顾千里校补），合三王之风”（《淮南子·要略》，以下只注篇名）。他所说的未免夸大其词，但他的意思是说，他的书是以客观实在为对象，这就不是杂家。

刘向不懂得《淮南子》，也不懂得黄老之学。现在流传下来的《淮南子》是经过刘向编辑的。高诱说：“光禄大夫刘向校定撰具，名之淮南，又有19篇者，谓之淮南外篇。”（《淮南鸿烈解序》）据说还有中篇论“神仙黄白之术”（《汉书·淮南王传》），《汉书·艺文志》没有著录。这些内、外、中之分，大概都是后人加上的，如果照黄老之学的分法，现在流传下来的《淮南子》，应该称为淮南外，神仙黄白之术的那些篇应该称为淮南内。因为黄老之学以治身为内,以治国为外。晋朝葛洪所作的《抱朴子》分内、外篇,以讲修炼的部分为内篇,以讲哲学政治的为外篇。这倒是合乎黄老之学的精神的。

有人说,黄老之学本身就是杂家,认为先秦本来没有道家,司马谈所说的道德家就是杂家。这是不知杂家之所以为杂的特点。司马谈所说的道德家就是汉初的黄老之学,这是不错。但他的意思是说,道德家兼有别家的长处,并不是说道德家是一个拼盘,不过他确实是用了两个不适当的字。他说:道德家"采儒墨之善,撮名法之要"(《史记·太史公自序》),"采"、"撮"这两个字是不适当的。大概司马谈对杂家之所以为杂者,也没有搞清楚。

《淮南子》自以为有一个出发点,它说:"欲一言而寤,则尊天而保真;欲再言而通,则贱物而贵身;欲叁言而究,则外物而反情。"(《要略》)就是说,说来说去,它是以"贵身"、"保真"为主。这也正是司马谈所认为道德家的特点。从这方面看,《淮南子》所讲的,正是司马谈所说的道德家的思想内容。《淮南子》所体现的,正是黄老之学的体系。

《淮南子》继承道家的传统,从《原道训》开始。

汉朝人著书,都有一个"自序",列在全书之末。《淮南子》的自序叫"要略",说明全书及各篇的大旨。全书从《原道训》开始。《要略》说:"《原道》者,卢牟六合,混沌万物,象太一之容,测窈冥之深,以翔虚无之轸。""以翔虚无之轸"是黄老之学的一个重要目的,像屈原的《离骚》和《远游》所说的那样。

《淮南子》又说:"故言道而不言事,则无以与世浮沈;言事而不言道,则无以与化游息。"这说明它与先秦道家的不同。先秦道家自认为是要超乎"尘世"之表;社会的具体事物是他们所企图避免不谈的。《淮南子》认为,"言道"只是它的思想的一个方面;其他一方面是"言事"。它认为社会之中的事物,与"尘世"之表的主观境界同样重要。《淮南子》不但不逃避社会,而且还企图解决其中的问题。

第三节 《淮南子》关于"气"的唯物主义的理论

《淮南子》同先秦道家一样,以"道"作为其体系的最高范畴。但是其间也有不同。先秦道家讲道,虽然也讲宇宙的发生和发展的过程,但主要是从本体论方面讲的,就是说,它主要讲的是宇宙的构成。《淮南子》讲道,虽然也讲宇宙的构成,但主要是从宇宙形成论讲的,就是说,它主要讲的是宇宙的发生和发展的过程。

《淮南子》继承稷下黄老学派,提出了一个倾向于唯物主义的宇宙形成论。但是《淮南子》不出于一人之手,所以它的宇宙形成论,在《原道训》中所讲的,跟在《天文训》和《俶真训》中所讲的,很有不同。《原道训》说:"夫道者,覆天载地,廓四方,柝八极,高不可际,深不可测,包裹天地,禀授无形,原流泉浡,冲而徐盈,混混滑滑,浊而徐清。"对于"道"的这样了解,是继承稷下黄老学派的唯物主义传统的。照这里所说,道是像泉水一样涌出来,原来是混浊的,后来从其中分化出来澄清的一部分("浊而徐清")。它又形容这种混浊的情况说:"甚淖而滒,甚纤而微",就是说,道的原始情况,有点像稀饭汁一样(高诱注:滒亦淖也,夫饘粥多沈者谓滒)。又说:"(道)横四维而含阴阳。"这样的道是混沌未分的气,也就是原始的物质。《精神训》说:"古未有天地之时,惟像无形,窈窈冥冥,芒芠漠闵,澒濛鸿洞,莫知其门。有二神混生,经天营地,孔乎莫知其所终极,滔乎莫知其所止息。于是乃别为阴阳,离为八极,刚柔相成,万物乃形。"《淮南子》比较明确地说,道是阴阳二气尚未分化的物质实体。

在这里《淮南子》没有说,这样的原始物质是有始的。但《天文训》说:"天坠未形,冯冯翼翼,洞洞灟灟,故曰太昭。道始于虚霩,虚霩生宇宙,宇宙生元气(原作生气,依庄逵吉校补),元气(原作气,依庄逵吉校补)有涯垠。清阳者薄靡而为天,重浊者凝滞而为地。清阳之合专(抟)易,重浊之凝竭难,故天先成而地后定。”这里所说的“太昭”,是天地尚未分化出来的时候的情况。照这个说法,在还没有天地的时候,只有混沌的元气。后来元气发生分化,有一部分轻清的,上浮为天;有一部分重浊的,下沉为地。关于天地发生的这样的唯物主义学说,先秦已经有了萌芽。《楚辞·天问》说:“邃古之初,谁传道之?上下未形,何由考之?冥昭瞢暗,谁能极之?冯翼惟像,何以识之?”《淮南子》所说的宇宙发生论,正是《天问》所说的。不过《淮南子》对于阴阳如何剖判,讲得很明确。

照《天文训》所说的,元气之上,还有所谓“虚霩”、“宇宙”等,这又是些什么东西呢?关于这个问题,《俶真训》有比较详细的说明。

《俶真训》说:“有始者,有未始有有始者,有未始有夫未始有有始者。有有者,有无者,有未始有有无者,有未始有夫未始有有无者。所谓有始者,繁愤未发,萌兆芽蘖,未有形埒垠堮,冯冯(原作无无,依李哲明校改)蠉蠉,将欲生兴而未成物类。有未始有有始者,天气始下,地气始上,阴阳错合,……欲与物接而未成兆朕。有未始有夫未始有有始者,天含和而未降,地怀气而未扬,虚无寂寞,萧条霄雿,无有仿佛,气遂而大通冥冥者也。有有者,言万物掺落,……可切循把握而有数量。有无者,视之不见其形,听之不闻其声,扪之不可得也,望之不可极也。……浩浩瀚瀚,不可隐仪揆度,而通光耀者。有未始有有无者,包裹天地,陶冶万物,大通混冥。深闳广大,不可为外;析豪剖芒,不可为内。无环堵之宇,而生有无之根。有未始有夫未始有有无者,天地未剖,阴阳未判,四时未分,万物未生,汪然平静,寂然清澄,莫见其形。”

这段话显然是以《庄子·齐物论》中的一段话为根据而加以发挥的。但是这一发挥使这一段话跟《齐物论》原来的意义大不相同。在《齐物论》中,所谓“有始者”、“有无者”等,都是虚构的逻辑概念(即后来玄学家所谓名理)。其目的在于论证“万物一齐”的相对主义。《淮南子》所谓“有始者”、“有无者”等,是确指一些特殊的东西,具有宇宙发生论的意义。这些东西,可能只是作者想象中所有的,但并非虚构的逻辑概念。

照《天文训》所讲的,道并不就是元气。道从“虚霩”这种状态开始(“道始于虚霩”)。由“虚霩”生出“宇宙”。这以后才有元气。这是一种“有生于无”的思想的发挥。《淮南子》也说:“是故有生于无,实出于虚。”(《原道训》)不过《淮南子》所谓“无”不是一个虚构的逻辑概念。《淮南子》所谓“无”是“虚霩”和“宇宙”,实际上是没有任何东西的时间和空间。这样的理论也是错误的,因为它把物质和时、空分裂开来。这样的理论,认为元气有一个开始,也就是说,物质存在有一个开始。这也是错误的,因为物质的存在是无始无终的。认为物质存在有一个开始,那就会导致唯心主义的结论。但《淮南子》的倾向还是唯物主义的。它企图以此唯物地说明宇宙发生的程序,从而否定了上帝创世说,具有无神论的性质。汉朝的一些唯物主义者,关于宇宙发生的问题,都有类似《淮南子》的说法。

《淮南子》还用气的学说,进一步说明了万物构成和发生的物质原因。《天文训》认为,作为原始物质的元气,含有两个对立物:阳气和阴气。阳气的性能“清阳而薄靡”,造成了天;阴气的性能“重浊而凝滞”,造成了地。阳气具有热的性能,热气积聚产生火,火气之精者形成为太阳;阴气具有寒的性能,寒气积聚产生水,水气之精者形成为月亮。阳气的性能主发散,阴气的性能主吸收。天气(阳)激发,就成为风;地气(阴)凝聚,就成为雨。阴阳二气相冲激,就成为雷霆;阳气胜,发散出来成为雨露;阴气胜,凝聚起来成为霜雪。这是说,天体和气候的变化,都是由阴阳二气的运动形成的。《天文训》还认为,阳气清妙,积聚起来则上升;阴气重浊,积聚起来则下沉;火是阳气构成的,所以向上升;水是阴气构成的,所以向下流;鸟类属阳,所以高飞;鱼类属阴,所以潜行。这是企图用阴阳二气的性能,说明其他自然现象的差别。《淮南子》认为人也是由阴阳二气构成的。阳气形成为人的精神;阴气形成为人的肉体(见《精神训》,参看下文)。人死以后,精气升天,形骸归地。

从以上这些材料看,《淮南子》认为,各种自然物都是由阴阳二气构成的;万物所以千差万别,是由于阴阳二气具有各种不同的性能。所以《本经训》说:"阴阳者承天地之和,形万殊之体,含气化物,以成埒(高诱注:形也)类。"用气说明世界的物质构成,这是稷下黄老学派的一个基本观点。万物都由气构成,但万物为什么又有不同的差别和性能?稷下黄老学派没有回答这个问题。《淮南子》用阴阳的学说试图作解答。从以上的材料中还可以看出,它明确地认为气是有数量的。《天文训》说:"气有涯垠。"气也是有质量的,阳气的质量是"清阳",阴气的质量是"重浊"。因为质量不同,所以它们有飞扬和下降,发散和凝聚等不同的物理性能。这样,就明确地肯定了气的物质性。稷下黄老学派仅仅认为气是一种细微的东西,以至于人的感官不能直接觉察到。这样的气,很容易被了解为一种非物质性的东西。《淮南子》对气所作的说明,克服了这个弱点,大大地丰富了气的概念。这样的物质的气的概念,一直为后来的唯物主义者所继承。这在中国古典唯物主义发展史上是一个重要的贡献。

从以上的材料中还可以看出,《淮南子》所讲的气,是没有意识和意志的,也没有道德的属性;气的运行和变化,是按着本身所具有的物质的物理性能而进行的;万物的形成和差别,是阴阳二气的物理性能机械地互相作用的结果,而不是体现某种道德的目的。这就跟董仲舒的唯心主义的目的论鲜明地对立起来。关于这一点,从下面的材料中更可以看出来。

在董仲舒的体系中,阳气是尊贵的,阴气是卑贱的;阳主德,阴主刑。就一年四季的形成说,他认为阴气的运行常居空位,四时的变化是阳气盛衰所决定的。(董仲舒的这种说法,在下章中将有详细的说明。)这是一种目的论的思想。《淮南子》提出了一种与董仲舒不同的说法。《诠言训》说:"阳气起于东北,尽于西南。阴气起于西南,尽于东北。阴阳之始,皆调适相似,日长其类,以侵(渐)相远,或热焦沙,或寒凝冰。"这种说法,与五行相配,则如下图。这是说,阳气从东北兴起,向南运行。行到东方与木结合,形成春天,行到南方与火结合,形成夏天。行到西南,阳气的作用就尽了。阴气接着从西南兴起,向北运行。行到西方与金结合形成秋天,行到北方与水结合,形成冬天。行到东北,阴气的作用尽了。阳气接着又从东北兴起。这样反复交替运行,便形成了一年四季的变化。这种说法表明,阴阳二气的运行,对四时的形成,起同等的作用;四时的变化,不仅受阳气的支配,也同样受阴气的支配。这就排斥了阳尊阴卑,阳居实位而阴居虚位的说法。《天文训》说:"夏日至,则阴乘阳,是以万物就而死;冬日至,则阳乘阴,是以万物仰而生。昼者阳之分,夜者阴之分。是以阳气胜则日修而夜短,阴气胜则日短而夜修。"这是用阴阳二气互相消长说明四时和昼夜的不同以及万物兴衰的过程。《天文训》又解释说,阳气跟火是一类的,具有热

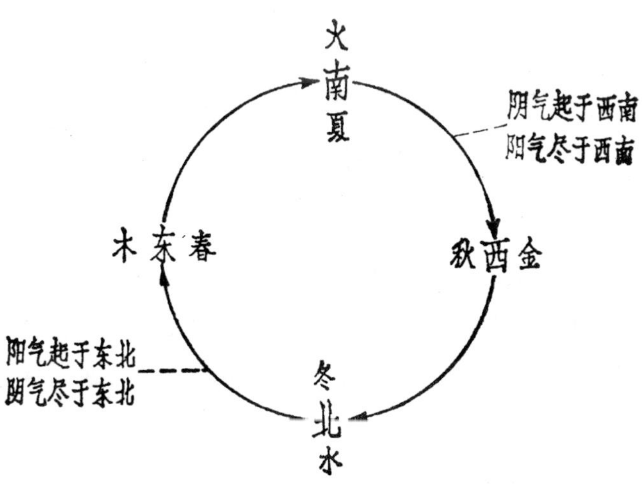

的性质,主发散,所以阳气盛的时候,天气暖热,万物生长。阴气是跟水一类的,具有冷的性质,主吸收,所以阴气盛的时候,天气寒冷,万物衰亡。在阴阳二气运行的过程中,阳气经东方木至南方火;阴气经西方金至北方水,这就是所谓"日长其类"。《淮南子》用阴阳二气的物理性能说明四时的变化和万物盛衰的原因。这就和董仲舒的"阳气仁而阴气戾"的目的论的思想相对立起来。《淮南子》关于四时形成的解释,成为后来一般的说法。

从以上所讲的,可见《淮南子》关于气的理论是唯物主义的。在董仲舒的体系中,"天"是最高范畴;在《淮南子》的体系中,"道"是最高范畴。它所谓"道"是一种混沌未分的气;万物都从"道"分化出来,这是唯物主义自然观。从《天文训》所提供的材料看,《淮南子》关于气和宇宙形成的理论,是和当时的科学知识,特别是天文学的知识,有密切的联系,从某种意义说,是对先秦以来的天文科学的发展作了一次哲学的总结。《天文训》也是研究我国古代科学史的一篇重要文献。当然,它对自然现象的形成和天体运行的说明,还没有摆脱古代"术数"的影响,还夹杂某种神秘主义的成分。这也是和当时科学发展的一般水平相适应的。

第四节 《淮南子》关于天人关系的反目的论的理论

天人关系问题,是汉代哲学战线中的一个尖锐的问题。董仲舒在这个问题上,把自然拟人化,认为天是有意志的,由此建立他的唯心主义的、目的论的宇宙观。《淮南子》在这个问题上,跟董仲舒的目的论是对立的。

《原道训》论述道和万物的关系说:"夫太上之道,生万物而不有,成化像而弗宰；跂行喙息，蠉飞蝡动，待而后生，莫之知德，待之后死，莫之能怨；得以利者不能誉，用而败者不能非；收聚畜积而不加富，布施禀授而不益贫。”这是对老聃所说的道“生而不有，为而不恃，长而不宰”的思想进一步的发挥。道生长万物，但不主宰万物；万物对道也没有什么恩怨的情感。这就是说，道是没有意识和目的的。因此，《泰族训》又说：“天致其高，地致其厚，月照其夜，日照其昼，列星朗，阴阳化，非有为焉，正其道而物自然（原作“阴阳化，列星朗，非其道而物自然”，依王念孙校改）。故阴阳四时，非生万物也；雨露时降，非养草木也；神明接，阴阳和，而万物生矣。故高山深林，非为虎豹也；大木茂枝，非为飞鸟也；流源千里，渊深百仞，非为蛟龙也。致其高崇，成其广大，山居木栖，巢枝穴藏，水潜陆行，各得其所宁焉。”这是说，在自然界中，事物的生长变化，都是自然如此的，并不体现某种预定的目的，像恩格斯讥笑目的论时所说的，“猫被创造出来是为了吃老鼠，老鼠被创造出来是为了给猫吃”（《自然辩证法》，人民出版社 1955 年版，18 页）。阴阳二气的运动，没有生长万物的意志，阴阳二气运行的结果，万物自然就产生了。高山深林，并不是为了虎豹藏身而设，而是由于它适合于野兽生活条件，所以虎豹便栖居在山林之中了。《淮南子》在这里提出了事物自然适应，“各得其所宁”的理论，以说明自然界中事物相互依赖的关系，由此驳斥了目的论。

《淮南子》还指出，自然现象的变化，对人类来说，同样是没有目的的。它说：“天有明，不忧民之晦也；百姓穿户凿牖，自取照焉。地有财，不忧民之贫也；百姓伐木芟草，自取富焉。……天地无予也，故无夺也。日月无德也，故无怨也。”（《诠言训》）这是说，日月的光明和地上的物资，并不是天地因爱人而赐给人类的。人类自己努力于生产，从事于劳动，向天地取得自己所需要的东西。天地对人类没有恩德；人类对天地也无需感谢。这就更加有力地否定了自然有意志的说法，表现了无神论的倾向。《淮南子》进一步打击了汉代的官方哲学的神秘主义目的论。《淮南子》中的这些论点,后来又得到王充的进一步的发展,成为反对神秘主义目的论的重要武器。

先秦道家特别是庄周一派,以天道自然的理论,否定了当时宗教所讲的意志的天;但另一方面,他们认为人在自然面前不能也不应有所作为,又抹杀了人的主观能动性,由此陷入了机械的宿命论。《淮南子》在这个问题上,改造了先秦道家的理论,对“无为”作了新的解释。

《原道训》说:“所谓无为者,不先物为也;所谓无不为者,因物之所为。所谓无治者,不易自然也;所谓无不治者,因物之相然也。”这是说,“无为”不是无所作为,而是遵循事物的客观条件和规律。《原道训》在上文说:“是故禹之决渎也,因水以为师;神农之播谷也,因苗以为教。夫萍树根于水,木树根于土,鸟排虚而飞,兽蹠实而走,蛟龙水居,虎豹山处,天地之性也。两木相摩而燃,金火相守而流,圆者常转,窾(空)者主浮,自然之势也。……陆处宜牛马,舟行宜多水,匈奴出秽裘,干越生葛絺;各生所急,以备燥湿;各因所处,以御寒暑;并得其宜,物便其所。由此观之,万物固以自然,圣人又何事焉?”这是说,万物的存在和运动都有它自己的规律和自然的趋势,人是不能违背的。不违背自然的趋势,就叫“无为”。《主术训》说:“禹决江疏河,以为天下兴利,而不能使水西流;稷辟土垦草,以为百姓力农,然不能使禾冬生;岂人事不至哉?其势不可也。夫推不可为之势,而不修道理之数,虽神圣人不能以成其功,而况当世之主乎!夫载重而马羸,虽造父不能以致远;车轻马良,虽中工可使追逮;是故圣人举事也,岂能拂道理之数,诡自然之性,以曲为直,以屈为伸哉?”这是说,自然的规律不是人所能创造和改变的;违背了客观规律,任何有才能的人办事也不会成功。这是把客观规律摆在第一位的唯物主义观点,对道家的因循自然的思想作了积极的解释。

正是依据这种积极的理解,《淮南子》进一步批判了在自然面前消极无所作为的思想。它认为,所谓“无为”,并不是“寂然无声,漠然不动,引之不来,推之不往”(《修务训》)。这样的“无为”是荒谬的;“无为”并不是抹杀人的主观努力,叫人“四肢不动,思虑不用”,而是说,叫人去掉主观的成分,服从客观的规律,按照客观的规律办事。它说:“夫地势,水东流,人必事焉,然后水潦得谷行。禾稼春生,人必加功焉,故五谷得遂长。听其自流,待其自生,则鲧禹之功不立而后稷之智不用。若吾所谓无为者,私志不得入公道,嗜欲不得枉正术,循理而举事,因资而立功(原脱功字,依王念孙校补),推(原作权,依王念孙校改)自然之势,而曲故不得容者。事成而身弗伐,功立而名弗有,非谓其感而不应,迫而不动者。若夫以火熯井,以淮灌山,此用己而背自然,故谓之有为。若夫水之用舟,沙之用鸠,泥之用輴,山之用蔂,夏渎而冬陂,因高为山,因下为池,此非吾所谓为之。”(《修务训》)这就是说,如果遵循客观规律去办事(“循理而举事”),凭借客观的条件求得成功(“因资而立功”),推动事物照自然的趋势前进(“推自然之势”),不掺入主观的歪曲(“曲故不得容”),不以主观的偏见代替客观的道理(“私志不得入公道”),这样就是无为。如果违反事物的自然趋势,不遵循客观的规律,专凭主观意见任意行动(“用己而背自然”),这就是有为;这样的“有为”,必定要失败。这里不仅批判了主观主义,同时也批判了因循自然的宿命论的观点。这种对无为和有为的解释,是黄老,不是老庄。

《淮南子》这里所讨论的问题,是人和自然的关系问题的一个方面,也是主观和客观的关系问题的一个方面。对这个问题,先秦的唯物主义哲学家荀况和韩非,已开始作了正面的回答。但是,用更丰富的事例以论述这一唯物主义的思想,这要归功于《淮南子》。从它所提出的论证看,它对生产活动、科学知识都十分重视。正因为如此,所以《淮南子》在这个问题上能得到比较正确的结论。在《淮南子》这部著作中,并没有完全摆脱道家的消极无为思想的影响,对人的主观能动性还没有给予足够的重视,但是它对“无为”所作的新的了解,明确地标志着汉代黄老之学的特点。

《淮南子》关于天人关系的看法,还表现在它所讲的“天人感应”的理论中。在这个问题上,《淮南子》继承了阴阳五行家的机械感应论,最后陷入了神秘主义。

《泰族训》说:“圣人者,怀天心,抱地气,罄然能动化天下者也。故精诚感于内,形气动于天,则景星见,黄龙下,……逆天暴物则日月薄蚀,五星失行。……天之与人有以相通也。故国危亡而天文变,世惑乱而虹蜺见,万物有以相连,精祲有以相荡也。”“万物有以相连”是一个正确的命题;由此而推出“天之与人有以相通”,这在字面上看也是正确的,但其含义是“天人感应”,这就是错误的了。但《淮南子》与董仲舒还是不同的。

这里所谓“天心”,就是稷下黄老学派以下所说的宇宙间的精气。人的精神是“天之有”;形骸是“地之有”;这就是所谓“怀天心,抱地气”。“圣人”的精气充足,故能感动宇宙间的精气。

照《淮南子》所说,不仅居于统治地位的“圣王”能如此,被统治的下层的人也能如此。《览冥训》说:“昔者师旷奏白雪之音,而神物为之下降,风雨暴至。平公癃病,晋国赤地。庶女叫天,雷电下击。景公台陨,支体伤折,海水大出。夫瞽师庶女,位贱尚葈,权轻飞羽,然而专精厉意,委务积神,上通九天,激厉至精。由此观之,上天之诛也,虽在圹虚幽间,辽远隐匿,重袭石室,界障险阻,其无所逃之亦明矣。”由此可见,《淮南子》所说的“天人感应”,是以稷下黄老学派的精气说为根据的。它认为无论如何贫贱的人,只要“专精厉意,委务积神”,就可以“上通九天,激厉至精”。因为人身中所有的精气,跟自然界中的精气,是同一种的东西。所谓“上天之诛”是“激厉至精”的结果,与承认有意志之天是有所不同的。

下文说:“昔者雍门子以哭见于孟尝君。已而陈辞通意,抚心发声。孟尝君为之增欷歍唈、流涕狼戾不可止。精神形于内,而外谕哀于人心。此不传之道。”这是说，不仅天人之间可以感应，人与人之间也可互相感应，其原因也是由于人都有同样的精气。下文接着说：“夫物类之相应，玄妙深微，知不能论，辩不能解。故东风至而酒湛溢，蚕珥丝而商弦绝，或感之也。画随灰而月运阙，鲸鱼死而彗星出，或动之也。故圣人在位，怀道而不言，泽及万民。君臣乖心，则背谲见于天，神气相应，征矣。故山云草莽，水云鱼鳞，旱云烟火，涔云波水，各象其形类，所以感之。夫阳燧取火于日，方诸取露于月。天地之间，巧历不能举其数。手征忽恍，不能览其光。然以掌握之中，引类于太极之上，而水火可立致者，阴阳同气相动也。”这是《淮南子》对于“天人感应”的总的解释，这种解释完全以同类东西的机械的感动为根据。

《淮南子》的机械的感应论，是和它所讲的天道自然的理论相一致的。它认为万物都由阴阳二气所构成，都具有阴阳的性质。同类性质的事物自然相感应，并不是受某种意志和目的的支配。《泰族训》说：“故天之且风，草木未动，而鸟已翔矣；其且雨也，阴曀未集，而鱼已噞矣。以阴阳之气相动也。故寒暑燥湿，以类相从；声响疾徐，以音相应也。”这是说，天将起风是阳气发散的表现；鸟类属阳，所以相应而起飞。天将下雨，是阴气凝聚的表现；鱼类属阴，所以相应而喘息。它们之间的感应，是由本身所固有的物理性能机械地引起的。《览冥训》说：“若夫以火能焦木也，因使销金，则道行矣。若以慈（磁）石之能连铁也，而求其引瓦，则难矣。物固不可以轻重论也。夫燧之取火于日，慈石之引铁，蟹之败漆，葵之乡（向）日，虽有明智，弗能然也。……唯通于太和，而持自然之应者，为能有之。”这是说，同类事物相感应，是一种自然的法则，是人的主观智力所不能达到的。

关于机械的感应，《地形训》还说：“土地各以其类生。是故山气多男，泽气多女，障气多喑，风气多聋。……皆象其气，皆应其类。故南方有不死之草，北方有不释之冰。……磁石上飞，云母来水，土龙致雨，燕鴈代飞，蛤蟹珠龟，与月盛衰。是故坚土人刚，弱土人肥，垆土人大，沙土人细,息土人美,耗土人丑。食水者善游能寒,食土者无心而慧,食木者多力而㹏,食草者善走而愚,食叶者有丝而蛾,食肉者勇敢而悍,食气者神明而寿,食谷者知慧而夭,不食者不死而神。”这里所讲的“感应”大部分出于虚构。可是这种说法认为,人和生物的体质、性格是依赖于它们所处的自然环境的,一个生物和它所处的自然环境有一种机械的感应关系,这就是所谓“皆象其气,皆应其类”。这种说法,意味着人和生物的存在并不体现某种目的,由此否定了目的论。

这样的机械感应论意识到自然现象之间以及人和自然环境之间存在着一定的联系,因而含有合理的因素。但是,囿于这种机械感应论,终究不可能正确地把握客观世界的内在联系,以认识人和自然的关系。因此,《淮南子》在解释世界的过程中不可避免地夹杂不少主观的虚构,特别是在说明社会现象和自然现象的关系时导致错误,乃至陷入唯心主义和神秘主义。这种情况在《天文训》中可以比较清楚地看到。

上面讲过,《天文训》开始以阴阳二气的运行、作用,说明世界的形成,自然的变化。这里,比较多地表现出朴素唯物主义的倾向。在这个前提下,它进一步说明自然现象的相互联系,得出具有一定合理性的结论:“物类相动,本标相应。”可是,再向前跨一步,就显出了这种观念的局限性。它接着说:“虎啸而谷风至;龙举而景云属;麒麟斗而日月食;鲸鱼死而彗星出;蚕珥丝而商弦绝;贲星坠而勃海决。”这些“联系”,就是它求助于主观幻想的表现。依照这样的推论,最后至于对社会现象的解释,终于陷入了根本的错误:“人主之情上通于天,故诛暴则多飘风;枉法则多虫螟;杀不辜则国赤地;令不收则多淫雨。”由此,甚至不得不在某种程度上肯定所谓天的意志,肯定“四时者,天之吏也;日月者,天之使也;星辰者,天之期也;虹蜺彗星者,天之忌也”。

这里,我们看到,在“天人感应”问题上,《淮南子》最后没有克服唯心主义和神秘主义。不过它的基本思想还是一种机械感应论。这种思想和天道自然的思想结合起来,反对了目的论的观点。上章讲过,董仲舒也曾引用机械感应的说法，但是直接地、明确地给以目的论的解释，用以论证其神秘主义的“天人感应”。在这一点上，《淮南子》和董仲舒的体系还是很不相同的。

第五节　《淮南子》中的形、神二元论

《精神训》说：“古未有天地之时，惟像无形，窈窈冥冥，芒芠漠闵，澒濛鸿洞，莫知其门。有二神混生，经天营地，孔乎莫知其所终极，滔乎莫知其所止息。于是乃别为阴阳，离为八极。刚柔相成，万物乃形。烦气为虫，精气为人。是故精神，天之有也；而骨骸者，地之有也。精神入其门，而骨骸反其根，我尚何存？”这是说，万物都是由阴阳的配合（“刚柔相成”）而生出的。人之生也是如此。照这里所说，人之为人，包括两部分：一部分是精神，一部分是形体（“骨骸”）。形体是从重浊的阴气来的，所以说是“地之有”；精神是从轻清的阳气来的，所以说是“天之有”。照这里所说，万物都是“刚柔相成”而生，但人的精神特别是一种细微的气，就是“精气”。所以说“烦气为虫，精气为人”。精气在人的形体中，是可随时出入的。“夫孔窍者，精神之户牖也。……故曰，其出弥远者，其知弥少，以言夫精神之不可使外淫也。”（《精神训》）这是说，人的耳目等是身体内部通于外界的孔道；精气可以从其中出入。体内的精气外出的越多，人的聪明就越降低。这对《老子》的解释，完全是用韩非子的说法。（参看第二册第二十三章）这种说法是以稷下黄老学派的理论为基础的。

《俶真训》说：“是故神越者其言华；德荡者其行伪。至精亡于中，而言行观于外，此不免以身役物矣。夫言华（原作趋舍，依刘家立校改）行伪者，为精求于外也。精有湫尽而行无穷极，则滑心浊神而惑乱其本矣。”这里所谓神、德、精都是指人所有的精气。这也是说，精气应

该停留于人的身体之内,不应该流荡于外。

《原道训》说:“夫形者生之舍也,气者生之充也,神者生之制也。一失位则三者伤矣。”照此说,则于形、神之外,还有所谓气。形、神、气三者都保其应有的状况,人的生命就可有正常的发展。如果有一失位,其二者也都要受损伤。但下文还是归结于形、神。下文说:“故以神为主者,形从而利。以形为主者,神从而害。……则精神以日耗而弥远,久淫而不返,形闭中距,则神无由入矣。”这也是说,精气不可远离形而久流荡于外。

《淮南子》中关于形、神的理论,也是稷下黄老学派的理论,认为精神是由“气之精者”构成的,但比稷下黄老学派也有一定的进步。照稷下黄老学派的说法,精气处于人的身体中,完全像人住在房子中一样。只要房子清洁,人就愿意住;只要人心中虚静,精气就愿意来。它也说过,人的饥饱可以影响心的情况(见《管子·内业》),但是它所注重的还是人的心理状态。《淮南子》比较注重精气对于身体的依赖。上引《原道训》说,形的“失位”也可以使神、气受伤。《精神训》又说:“是故血气者,人之华也;而五藏者,人之精也。夫血气能专于五藏而不外越,则胸腹充而嗜欲省矣。胸腹充而嗜欲省,则耳目清而听视达矣。耳目清、听视达谓之明。五藏能属于心而无乖,则教志胜(悖乱之志被胜)而行不僻矣。教志胜而行不僻,则精神盛而气不散矣。精神盛而气不散则理。理则均,均则通,通则神,神则以视无不见也,以听无不闻也,以为无不成也。”又说:“夫孔窍者精神之户牖也,而血气(原作气志,依王念孙校改)者五藏之使候也。耳目淫于声色之乐,则五藏摇动而不定矣。五藏摇动而不定,则血气滔荡而不休矣。血气滔荡而不休,则精神驰骋于外而不守矣。精神驰骋于外而不守,则祸福之至虽如丘山,无由识之矣。使耳目精明玄达而无诱慕,气志虚静恬愉而省嗜欲,五藏定宁充盈而不泄,精神内守形骸而不外越,则望于往世之前而视于来事之后,犹未足为也。岂直祸福之间哉?”这里所说的血气,就是《原道训》

所说的气。“夫血气能专于五藏而不外越，则胸腹充而嗜欲省矣。”这就是《原道训》所说的，“气者，生之充也”。血气是五藏所直接控制的（“五藏之使候”），所以也可以归于“形”的一方面。

就上面所引的，可见《淮南子》认为精气能否守于体内，还要看人的血气和五藏的情况而定。照这里所说，五藏的情况最为重要。五藏的情况，决定血气的情况；血气的情况，决定精气的情况。《淮南子》虽然仍认为精气可以离开身体而存在，但是，它看到形神的互相影响，主张形神交相养，并且逐渐倾向于精神对身体的依赖。这在形、神问题上是一个进步。

但是，《淮南子》对形、神的看法，也有很大的缺点。它并没有摆脱形、神二元论的立场。《俶真训》又说：“是故形伤于寒暑燥湿之虐者，形苑而神壮。神伤乎喜怒思虑之患者，神尽而形有余。故罢马之死也，剥之若槁。狡狗之死也，割之有濡。是故伤死者其鬼娆，时既者其神漠，是皆不得形、神俱没也。”这是说，形、神是两种东西，可以形受伤而神犹壮，也可以神尽而形有余，因此不可能“形神俱没”。

《淮南子》并且认为，精神比形体重要（“神贵于形”），强调精神对形体的控制作用。由此又有“神制则形从，形胜则神穷”（《诠言训》）的说法。由于强调养神，过分夸大了精神对形体的影响，《淮南子》终于又承认了精神不死。《精神训》说：“故形有摩（灭）而神未尝化者，以不化应化，千变万拎，而未始有极。化者复归于无形也；不化者与天地俱生也。夫木之死也，青青去之也。夫使木生者，岂木也？犹充形者之非形也。故生生者未尝死也，其所生则死矣。化物者未尝化也，其所化则化矣。”这是说，形体可以死亡，但精神可以不死。从这段话中可以看出，尽管《淮南子》意识到精神对形体的依赖关系，表现了唯物主义的倾向，但是，由于没有从根本上克服形、神二元论，在很大的程度上保留了精气说的弱点，终于陷入了承认精神不死的唯心主义。正因如此，它的精气说又成了宣扬天人感应的支柱。

总的说,《淮南子》基本上主张人的生是精气与形体的结合;人死则精气归于天,形体归于地。上章讲过,《礼记》的作者们对于人的生死也是持这种看法。但他们要“明命鬼神,以为黔首则”。《淮南子》虽然最后承认了精神不死,但它并没有用以宣扬有鬼论。

汉朝的黄老之学对于人的生死的看法大都如上面所说的。汉武帝时,有一个人叫杨王孙,“学黄老之术,家业千金,厚自奉养生,亡所不致”(《汉书·杨王孙传》)。他将死的时候,遗命裸体入葬(“羸葬”)。他说:“且夫死者,终生之化,而物之归者也。归者得至,化者得变,是物各反(返)其真也。反真冥冥,亡形亡声,乃合道情。……且吾闻之,精神者,天之有也;形骸者,地之有也。精神离形,各归其真,故谓之鬼,鬼之为言归也。其尸块然独处,岂有知哉?”又说:“故圣王生易尚,死易葬也。不加工于无用,不损财于亡谓。今费财厚葬,留归隔至,死者不知,生者不得,是谓重惑。”(同上)杨王孙认为,人的生命是由肉体和精神相结合而成的,死亡是生命的终结。人死以后,形、神分离,各回到自然界中。死后无知,厚葬只是浪费财富。杨王孙仍没有摆脱形、神二元论的观点,把精神仍看成是由精气组成的,认为死后精神回到无形的精气中去;这正是稷下黄老学派的理论。但他明确地肯定死后无知,并没有灵魂那样的鬼继续存在,这是一种无神论的理论。

第六节 《淮南子》中反映论的认识论和辩证法思想

《淮南子》有《人间训》。《要略》说:“《人间训》者,所以观祸福之变,察利害之反,钻脉得失之迹,标举终始之坛(嬗)也。分别百事之微,敷陈存亡之机,使人知祸之为福,亡之为得,成之为败,利之为害也。”这是说,这一篇的内容,主要的是论证祸福、利害、得失、成败等,相反而经常在一起，并且互相转化。这里表现出《淮南子》中的辩证法思想。这一篇也谈到，人怎样正确地认识这些变化。这也反映《淮南子》中认识论的观点。

《人间训》说："清净恬愉，人之性也；仪表规矩，事之制也。知人之性，其自养不勃；知事之制，其举错不惑。""清净恬愉，人之性也"；这是道家的一般说法，但在此与"仪表规矩，事之制也"对举，这就有说明主观与客观的不同的意义。"仪表规矩"是人依事物的客观规律所制定的行为的标准，是客观规律的反映。这些都是以客观世界为依据的。

《原道训》中有一段话更清楚地表现出这种思想。它说："人生而静，天之性也；感而后动，性之容也（容本作害，依俞樾校改）；物至而神应，知之动也；知与物接而好憎生焉"。它认为，人的思想是由客观世界引起的；人对于外界事物的变化，不能主观臆测，只有顺从它们的本性而加以掌握。"是故天下之事不可为也，因其自然而推之。万物之变不可究也，秉其要趣而归之（原作秉其要趣之归，依王念孙校改）"。"不可为"就是说不可凭主观的偏见，任意妄为。它认为，人的心应该像镜子和平静的水面，事先没有一个主观的框框，这就能正确地反映事物的形状。"夫镜水之与形接也，不设智故，而方圆曲直弗能逃也。"（《原道训》）

《淮南子》认为，人的主观世界，应该是"清净恬愉"。《人间训》说："发一端，散无竟，总一筦，周八极（原作周八极，总一筦，依俞樾校改），谓之心。见本而知末，观指而睹归，执一而应万，握要而治详，谓之术。"这是说，人的性虽只是"清净恬愉"，但人的心的能力，可以抓着事物的要点（"一端"）或规律（"一筦"），由"一端"而知"无竟"，由"一筦"而遍"八极"。由于心有这种能力，所以它有一种方法（"术"），看见事物的根本就可以知道它的末梢，看见事物的方向就知道它的归结，拿着一个规律就可以应付千万的变化，掌握一个要点就可以统治所有的细节。《人间训》下文接着说："居知所为，行知所之，事知所秉，动知所由，谓之道。”这是说，人有了这样的“术”，他在行动的时候，遇见事情就知道怎样办；这种知识就是道。

《人间训》说：“夫祸之来也，人自生之；福之来也，人自成之。祸与福同门，利与害为邻，非神圣人莫之能分。凡人之举事，莫不先以其知规虑揣度，而后敢以定谋其或利或害，此愚智之所以异也。”这是说：人的行动所以常遇困难，这是因为祸、福、利、害这些东西虽相反而经常在一起，不容易分别。人必须于行动以前，先根据他的知识，对于有关的事物详细考虑，然后才能决定其利害。智者如此，愚人不能；这是愚智之所由分。

《人间训》在下文，从历史的经验中，作出了一些总结。它说：“故物或损之而益，或益之而损。”它说：楚国的孙叔敖于将死的时候，嘱咐他的儿子要一个坏的地方，作为封地。这个地方很坏，别人不要，所以能长远维持这个封地。这是“或损之而益”的例证。晋厉公战胜诸侯，“威服四方”，但因胜而骄，后来终于失败。这是“或益之而损”的例证。这条规律本来是《老子》说过的（见《老子》第42章）。但《人间训》指出由“损”到“益”，由“益”到“损”的转化的条件。它说：“夫孙叔敖之请有寝之丘，沙石之地，所以累世不夺也。晋厉公之合诸侯于嘉陵，气充志骄（此四字原在上文，依刘家立校移此），所以身死于匠骊氏也。”“沙石之地”和“气充而骄”就是这个事例中的转化的条件。《人间训》又总结说：“众人皆知利利而病病也，唯圣人知病之为利，知利之为病也。”

《人间训》又继续作了一些总结。它说：“事或欲利之，适足以害之；或欲害之，乃反以利之。”“有功者，人臣之所务也；有罪者，人臣之所避也。或有功而见疑，或有罪而益信。”“事或夺之而反与之，或与之而反取之。”“故物或远之而近，或近之而远。或说听计当而见疏，或言不用计不行而益亲。”“或无功而先举，或有功而后赏。”“或有罪而可赏，或有功而可罪。”“或誉人而适足以败之；或毁人而乃反之以成之。”

“或贪生而得死；或轻死而得生；或徐行而反疾。”“事或为之适足以败之；或备之适足以致之。”“或争利而反强之，或听从而反止之。”“或明礼义，推道理而不行；或解搆妄言而反当。”这都是“物或损之而益，或益之而损”在各方面的表现。

这些总结，都说明事物的发展和变化是一个对立面互相转化的过程。《人间训》说：“夫祸福之转而相生，其变难见也。”“转而相生”即对立面的互相转化。这是不容易了解的，所以说“其变难见”。因此“智者离路而得道；愚者守道而失路”。就是说，有智慧的人离开了一般人所走的路，反而合乎大道。愚昧的人死守着大道，反而失去正确的道路。

“祸福之转而相生”是在一定的具体情况下实现的。这种情况，《人间训》称为“时”。它说：“夫徐偃王为义而灭，燕子哙行仁而亡，哀公好儒而削，代君为墨而残。灭亡削残，暴乱之所致也，而四君独以仁义儒墨而亡者，遭时之务异也。非仁义儒墨不行，非其世而用之，则为之擒矣。”“狂谲不受禄而诛，段干木辞相而显。所行同也，而利害异者，时使然也。”这是说，同样的行为，在不同的情况下，在不同的具体条件的制约下，可以有不同的后果。

在一定的情况和条件下，有利的事转变为不利的事，福转变为祸。在开始转变的时候，这还只是一个萌芽，比较容易防止。明智的人正是要在这个时候，将其消灭。《人间训》说：“圣人敬小慎微，动不失时。”“是故圣人者常从事于无形之外，而不留思尽虑于成事之内，故祸患弗能伤也。”这也就是《老子》所说的，“图难于其易，为大于其细”（第六十三章）的原则的发挥。

《人间训》说：“夫事之所以难知者，以其窜端匿迹，立私于公，倚邪于正，而以胜惑人之心者也。若使人之所怀于内者与所见于外者若合符节，则天下无亡国破家矣。”就是说，事情的开端总是不容易觉察的。事情好像是有意地把自己的开端隐蔽起来（“窜端匿迹”）。事情和它的对立面纠缠在一起，也不容易分别。私与公，邪与正，是对立的，可是它们又是互相依存的。因此人的主观的想法(“所怀于内者”)和客观的情况(“所见于外者”)不相符合,所以就会碰壁。

《人间训》又指出,事物的现象和它的实际情况经常是不一致的。它说:“夫物无不可奈何,有人无奈何。……物类之相摩近而异门户者,众而难识也。故或类之而非,或不类之而是,或若然而不然者,或若不然而然者(原作不若然而然者,依王引之校改)。”这就是说,对于外物,总有办法加以控制(“物无不可奈何”),可是人的知识有困难的时候(“有人无奈何”)。这是因为分不清事物的现象和其实际情况的差别,而往往为其现象所欺骗。《人间训》说:“物类相似,若然而不可从外论者,众而难识矣,不可不察也。”

《淮南子》中的辩证法思想是《老子》的辩证法思想的进一步的发展。可以看出,它对事物对立面的转化,采取了比较积极的态度。它的辩证法思想也是和它的认识论理论结合在一起的。在它的理论中,它肯定主观与客观的分别及其间不符合的情况。它又指出,其所以有这样的情况,是由于事物的开端微小难以认识,也由于事物的现象与其实际情况常有差别。因此,它比较重视客观条件,这是《淮南子》中的认识论的反映论。

第七节 《淮南子》的人性论

《淮南子》在有些地方认为人的本性是纯朴的天真。它强调生活环境对于人性的影响。它说:“原人之性芜秽而不得清明者,物或堁(尘土)之也。羌、氐、僰、翟,婴儿生皆同声,及其长也,虽重象狄騠(重译),不能通其言,教俗殊也。……夫素之质白,染之以涅则黑;缣之性黄,染之以丹则赤。人之性无邪,久湛于俗则易,易而忘本,合于若性。”(《齐俗训》)“合于若性”,是说外边的势力可以与人性同化成为性的一部分。照这个说法,人性如一张白纸,染上什么颜色,就成为什么颜色。这是告子的说法,也是墨翟的说法。这不同于孟轲的说法,也不同于荀况的说法。孟轲说人性善,是说人生来有道德的品质。《淮南子》说人性纯朴天真,是说人性如同一面镜子,没有尘垢,既没有仁义的属性,也没有好利争夺的本性,实际上是说,人性是无善无恶的。孟轲认为人的品质是先天的,恶是后天环境的产物。荀况则认为人的善的品质是后天教养的结果,恶是生来具有的。《淮南子》扬弃了这两种说法,接近了善恶都是后天环境影响的结论。这个结论,在《淮南子》中虽然没有明确地表达出来,但它的思想确乎是向这个方向发展的。

《淮南子》中的《修务训》集中地论证了人的品质和才能是后天环境磨炼的产物。它批判先秦道家认为人性不可改易、也不应该改易的机械的宿命论的观点。它说:"世俗废衰,而非学者多:'人性各有所修短,若鱼之跃,若鹊之駮,此自然者,不可损益。'吾以为不然"。它举马为例说:"故其形之为马,马不可化。其可驾御,教之所为也。马,聋虫也,而可以通气志,犹待教而成,又况人乎?"(《修务训》)这是说,马的形状是不可改易的,但马的性格是可以驯服的。人性可以因教而改变,更是如此。

《淮南子》提出论证说:"夫纯钧(依王念孙校)鱼肠之始下型,击则不能断,刺则不能入。及加之砥砺,摩其锋剽,则水断龙舟,陆钊犀甲。明镜之始下型,朦然未见形容,及其粉以玄锡,摩以白旃,鬓眉微豪,可得而察。夫学亦人之砥锡也,而谓学无益者,所以论之过。"(同上)这是说,剑和镜,刚从范型出来的时候,也是不利不明的,经过磨炼加工,才成为利剑和明镜。人不经过学习和锻炼,不可能成为品质高尚和有才能的人。《淮南子》认为,人的才智都各有优点和缺点,虽圣贤也不能例外。"知者之所短,不若愚者之所修,贤者之不足,不若众人之有余。何以知其然?夫宋画吴冶,刻刑镂法,乱修曲出,其为微妙,尧舜之圣不能及。”(同上)这是因为,有些人在某一方面经过学习锻炼,有些人在这一方面没有经过学习锻炼。《淮南子》指出,有没有后天的学习是人类和其他动物的区别所在。其他动物只是依靠本能而生存;人类通过学习和锻炼以提高自己的才能,所以才能战胜其他动物。它说:“其(其他动物)爪牙虽利,筋骨虽强,不免制于人者,知不能相通,才力不能相一也。各有其自然之势,无禀受于外,故力竭功沮。”(同上)依据以上的论证,它得出结论说:“今使人生于辟陋之国,长于穷櫚漏室之下,长无兄弟,少无父母,目未尝见礼节,耳未尝闻先古,独守专室而不出门户,使其性虽不愚,然其知者必寡矣”。(同上)

从上面所引的材料看,《淮南子》的人性论含有较多的唯物主义的因素。它倾向于把人的品质和才能看成是后天环境养成的,是后天锻炼和教化的结果。它把后天的学习提到首要的地位,重视感官经验和生活中的实践。这也是《淮南子》关于人和自然的关系的理论在人性论方面的表现。这样的人性论,和董仲舒的说法比较起来也有不同的地方。董仲舒虽然也强调后天的教化,但他仍然肯定了人有先天的“善质”,至于教化,则又完全归于“圣王”的身上;“圣人之性”却是不待教化,天生“过善”的。《淮南子》把后天的教养归之于一个人在生活环境中的磨炼和对前人经验的继承,并且认为统治者同样需要学习。它说:“自人君公卿,至于庶人,不自强而功成者,天下未之有也。《诗》云:‘日就月将,学有缉熙于光明’,此之谓也。”(同上)

第八节　《淮南子》中主张“变”的社会、政治思想

在本册中,我们讲到董仲舒的哲学思想的一个基本内容是“奉天而法古”。“奉天法古”也是董仲舒所提出的一个统治者进行统治的最

高原则。《淮南子》是不讲“奉天法古”的。它认为作为一个统治者的最高原则,不是“奉天”,而是“法道”。《淮南子》把《原道训》列为全书的首篇。“法道”在政治上的意义就是统治者应该无为。无为是《淮南子》的社会政治思想的核心。《主术训》说:“无为者,道之宗。”《淮南子》继承了汉初的黄老之学的无为而治的思想,但给予新的解释,使其具有不同的社会意义。

《诠言训》说:“洞同天地,浑沌为朴,未造而成物,谓之太一。同出于一,所为各异。有鸟,有鱼,有兽,谓之分物。方以类别,物以群分,性命不同,皆形于有。隔而不通,分而为万物,莫能反宗。故动而谓之生,死而谓之穷。皆为物矣,非不物而物物者也。物物者亡乎万物之中。稽古太初,人生于无,形于有,有形而制于物。能反其所生,若未有形,谓之真人。真人者,未始分于太一者也。”意思就是说,“物物者”就是“太一”,也就是“浑沌为朴”的气。人也是“有形”之一,也是万物之一。由此方面说,他也是受制于物的。但是他若了解他是分于“太一”,了解他的精神是“天之所有”,他的形体是“地之所有”,了解死则精神复归于天,形体复归于地。这就是“能反其所生”,实际上虽“分于太一”而意识上“未始分于太一”;这样的人就是所谓“真人”。反就是返,回归的意思。

《淮南子》认为“真人”是真正能作统治者的人。《诠言训》说:“为治之本,务在于安民。安民之本,在于足用。足用之本,在于勿夺时。勿夺时之本,在于省事。省事之本,在于节欲。节欲之本,在于反性。反性之本,在于去载。去载则虚,虚则平。平者,道之素也;虚者,道之舍也。能有天下者,必不失其国。能有其国者,必不丧其家。能治其家者,必不遗其身。能修其身者,必不忘其心。能原其心者,必不亏其性。能全其性者,必不惑于道。”这是《淮南子》所提出的一个政治纲领,这个纲领,同《大学》所提出的纲领,在形式上很相似,但有不同的内容。其内容的要点是,要“安民”,必“省事”;要“省事”,统治者必先“节欲”。统治者的“节欲”、“省事”,体现为政治上的“无为”。

《主术训》说:“君人之道,处静以修身,俭约以率下;静则下不忧也,俭则民不怨也;下忧则政乱,民怨则德薄。”这里所说的“静”和“俭”是说,统治者要“节欲”、“省事”,爱惜民力,节省财富。它说:“尧之有天下也,非贪万民之富,而安人主之位也。以为百姓力征,强凌弱,众暴寡,于是尧乃身服节俭之行,而明相爱之仁,以和辑之。……衰世则不然。一日而有天下之富,处人主之势,则竭百姓之力,以奉耳目之欲。……人主急兹无用之功,百姓黎民颇领于天下。是故使天下不安其性。”《淮南子》又指出,“衰世之俗,以其知巧诈伪,饰众无用,贵远方之货,珍难得之财,不积于养生之具。”(《齐俗训》)这样就加深了社会的贫富对立。“故其为编户齐民无以异,然贫富之相去也,犹人君与仆虏,不足以喻(原作论,依王念孙校改)之。”(同上)汉武帝时候,有个“学黄老之言”的汲黯,当面批评武帝,说他是:“内多欲而外施仁义,奈何欲效唐虞之治乎?”(《史记·汲郑列传》)《淮南子》“省事”、“节欲”的理论,实际上是对汉武帝的批评,也就是当时的地方政权对于中央政权的批评。这种批评是地方政权对于中央政权斗争的一个组成部分。

《齐俗训》接着又说,“夫雕琢刻镂,伤农事者也;锦绣纂组,害女工者也。农事废,女工伤,则饥之本,而寒之原也。夫饥寒并至,能不犯法干诛者,古今之未闻也。……故物丰则欲省,求淡则争止”。这是说,农民的生活不能维持,他就反抗。《淮南子》说:“故有仁君明王,其取下有节,自养有度,则得承受于天地,而不离饥寒之患矣。若贪主暴君挠于其下,侵渔其民,以适无穷之欲,则百姓无以被天和而履地德矣。食者民之本也,民者国之本也,国者君之本也。”(《主术训》)这是当时的地方政权对于中央政权的揭发和批判。“贪主暴君”实际上指的是武帝。

依据上述的“无为”的了解,《淮南子》批判了先秦老庄和汉初黄老的无为政治。先秦老庄所讲的无为,是以“不治”作为“治”天下的最高原则,实际上是对政治的否定。汉初曹参等所行的无为,是不干涉人民的活动,采取一种放任政策。两种无为的性质和意义不相同,但都认为,统治者不要有任何作为。《淮南子》说:“或曰:‘无为者,寂然无声,漠然不动,引之不来,推之不往,如此者乃得道之像。’吾以为不然。”“且夫圣人者,不耻身之贱,而愧道之不行;不忧命之短,而忧百姓之穷。是故禹之为水,以身解于阳盱之河;汤苦旱,以身祷于桑山之林。圣人忧民,如此其明也,而称以无为,岂不悖哉。”(《修务训》)《淮南子》认为“圣人”所以参加政治,其目的是“欲事起天下之利而除万民之害”(同上),所以不能无所作为。

《淮南子》所了解的统治者的无为,除上面已说过者外,其另一个重要的内容是,集合众人的智慧,发挥众人的力量,以大有所作为。《淮南子》说,“君人者不下庙堂之上而知四海之外者,因物以识物,因人以知人也。故积力之所举,则无不胜也;众智之所为,则无不成也。埳井之无鼋鼍,隘也;园中之无修木,小也。夫举重鼎者,少力而不能胜也。及至其移徙之,不待其多力者。故千人之群无绝梁,万人之聚无废功。”(《主术训》)统治者自己无为,就可以发挥众人的力量。当然,他所说的众人,还只是地主阶级内部的人,并不是劳动人民群众。

《淮南子》所了解的“无为”,其另一意义是继承法家“主逸臣劳”的思想。它说:“人主之术,处无为之事,而行不言之教,清静而不动,一度而不摇。因循而任下,责成而不劳。”(同上)

总之,《淮南子》的无为观念,是主张人主“虚心而弱志”,以使群臣并至,各尽其能;凭借这种“积力”、“众智”,实现“无不胜”、“无不成”的统治。照它说,这样的统治正是遵循“道理之教”,顺从“自然之性”的结果。(见《主术训》)

《淮南子》所讲的“无为”也是为刘安所利用,作为削弱君主中央集权专制主义的理论依据,在一定程度上揭露了由于汉帝国的繁荣而带来的社会危机。它所说的“衰世”,实际上是对武帝“盛世”的一种讽刺。

董仲舒还提出“法古”,作为汉王朝的统治理论。《淮南子》对于“法古”的思想,有明确的批判。它说:“苟利于民,不必法古;苟周于事,不必循旧。”“故圣人法与时变,礼与俗化。衣服器械,各便其用;法度制令,各因其宜。故变古未可非,而循俗未足多也。”(《氾论训》)这正是战国时期法家驳斥当时反对变法的人的言论,《淮南子》引以反对汉代官方的复古主义。它认为,所谓礼义,不过是古代统治的陈迹,如同祭神所用的“刍狗土龙”一样,用过以后,就成了“壤土草蓟”,没有什么值得尊贵的(见《齐俗训》)。《淮南子》又说:“是故世异则事变,时移则俗易。故圣人论世而立法,随时而举事。……是故不法其已成之法,而法其所以为法。所以为法者,与化推移者也。”(同上)这就是说,只有一个原则可以为法;这个原则就是“与化推移”。司马谈论道德家说:“有法无法,因时为业;有度无度,因物与合。故曰,圣人不朽,时变是守。”(《史记·太史公自序》)《淮南子》这里说的“与化推移”正是这种思想。

董仲舒“法古”,以《春秋》为他的基本经典,也经常引《诗经》的话,作为他立论的根据。《淮南子》批判说:“王道缺而《诗》作。周室废,礼义坏,而《春秋》作。《诗》、《春秋》学之美者也,皆衰世之造也。儒者循之以教导于世,岂若三代之盛哉?以《诗》、《春秋》为古之道而贵之,又有未作《诗》、《春秋》之时。”(《氾论训》)这里所说的儒者,就是指董仲舒这一派的人。这里特别指出《诗》、《春秋》都是“衰世之造”。就是说,即使“法古”,《诗》、《春秋》也未必足法,即使《诗》、《春秋》可以代表“古之道”,那么,在还没有《诗》、《春秋》的时候,道又在什么地方呢?这是从根本上动摇了董仲舒“法古”的理论。

当时的中央政府正在罢黜百家,定儒家为一尊。董仲舒更把这个主张正式地提出来,并且给这些措施以理论的根据。这是中央集权专制主义在思想战线的一种表现。《淮南子》站在官方反对派的立场,对于这些措施提出反对。它说："故百家之言，指奏相反，其合道一也（"一"下原有"体"字，依王念孙校删）。譬若丝竹金石之会乐同也，其曲家异而不失于体。"（《齐俗训》）就是说，丝、竹、金、石各种的乐器不同，发出来声音也不一样。但是，必须会合各种不同的声音，才能成为音乐。依据这种理论，《淮南子》批判定一家为一尊的思想。它说："百家异说，各有所出。若夫墨、杨、申、商之于治道，犹盖之一橑，而轮之一辐（两"一"字上有两"无"字，依王念孙校删），有之可以备数，无之未有害于用也。己自以为独擅之，不通之于天地之情也。"（《俶真训》）这里提到杨、墨和法家，没有提儒家。下文说："周室衰而王道废，儒墨乃始列道而议，分徒而讼，于是博学以拟（原作疑，依王引之校改）圣，华诬以胁众，弦歌鼓舞，缘饰诗书，以买名誉于天下。……是故百姓曼衍于淫荒之陂，而失其大宗之本。"（同上）这是把儒墨看成一类，加以攻击。这是说，各家的学说不同，但各有所本，就某一家说，"有之可以备数，无之未有害于用"，譬如撑伞的骨（橑），轮的辐，有一根可以算一根的数；少一两根却也没有关系，但是若有一家自以为可以垄断真理（"独擅之"），这是不合于客观情况的（"不通于天地之情"）。所以不可定一家为一尊。这里特别对于儒墨提出攻击，以见更不可定儒家为一尊。

《淮南子》又说："天下是非无所定，世各是其所是，而非其所非。所谓是与非各异，皆自是而非人。由此观之，事有合于己者，而未始有是也；有忤于心者，而未始有非也。故求是者，非求道理也，求合于己者也；去非者，非批邪施也，去忤于心者也。忤于我未必不合于人也，合于我未必不非于俗也。至是之是无非，至非之非无是；此真是非也。若夫是于此而非于彼，非于此而是于彼者，此之谓一是一非也。此一是非隅曲也，夫一是非宇宙也。今吾欲择是而居之，择非而去之，不知世之所谓是非者，孰是孰非（孰字上原有不知二字，依王念孙校删）。"（《齐俗训》）这是说，真正的是，必无非；真正的非，必无是。这是绝对的是非。可是现在所有的，只是相对的是非。儒家的学说也不过是相对是非中的一家。汉朝中央政府要定儒家的思想为是非的标准,认为儒家所说的就一定是是,别家所说的就一定是非。实际上,他们所说的是,不过是合于己者;他们所说的非,不过是不合于己者。但是,忤于我,未必不合于人;合于我,未必不非于俗。这是对于当时汉朝中央政府统一思想政策的针锋相对的指责。

《淮南子》中的《要略》是全书的总序。在这一篇里,刘安叙述了先秦的各家,认为它们都是在各自所处的历史条件下,为了解决各自的时代所存在的问题,而提出各自的理论。至于刘安自己所著的书,他说:"若刘氏之书,观天地之象,通古今之事,权事而立制,度形而施宜,原道德之心,合三王之风,以储与扈冶,玄眇之中,精摇靡览,弃其畛挈,斟其淑静,以统天下,理万物,应变化,通殊类。非循一迹之路,守一隅之指,拘系牵连于物,而不与世推移也。故置之寻常而不塞,布之天下而不窕。"这一段话是针对春秋公羊家为汉制法而言的。意思是说,他的这部书也是在当时的历史条件下为了解决当时的问题而写的("权事而立制,度形而施宜"),也是对于传统文化取其精华,去其糟粕("弃其畛挈,斟其淑静")。所以能够解决当时各方面的问题("统天下,理万物,应变化,通殊类"),并不是死守哪一家的教条("非循一迹之路,守一隅之指"),也不是局限于以前的某些具体问题,而不随着历史的发展而发展("拘系牵连于物,而不与世推移")。所以,可以施行于一个小的地方,也可以施行于天下("置之寻常而不塞,布之天下而不窕")。总而言之,他也是为汉制法。

第三十章

《盐铁论》与“义利之辨”

第一节　地主阶级打击商人的斗争

汉武帝为中国封建社会做了三件大事。第一件是抗击匈奴的南下；第二件是制定一套适合于封建社会的上层建筑；第三件是打击商人。武帝成功地抗拒了匈奴的南下，这就保卫了中原已经建设的封建社会，使之免于被当时比较落后的社会破坏。关于这件事的经过，这里就不谈了，因为这是属于通史范围。关于第二件事，上面第二十七章至二十八章中已经讲过。关于第三件事主要是属于经济政策的，本章的内容是谈汉朝的经济政策及其社会作用和哲学意义。

在封建社会中，地主阶级的主要对立面是农民阶级；地主阶级和农民之间的矛盾是主要的矛盾；这两个阶级之间的斗争是主要的斗争。但是这两个阶级又是互相依存的。这两个阶级是一个矛盾统一体的两个对立面。农民阶级是地主阶级的对立面，但不是封建社会的掘墓人。这是因为农民阶级不是一个新的生产力的代表，它不代表一种新的生产关系，因此也不能改变旧的生产关系。旧的经济基础没有改变，社会性质也不会改变。在中国封建社会中，好几次农民大起义，都成功地推翻了当时的皇帝。但其结果只是一个改朝换代的变革，并不能改变中国社会的性质，由封建社会进入另一种社会。《水浒传》里边的最激进的人物李逵,也只能希望打到东京,推倒“赵官家”,由“宋公明哥哥”当皇帝。当然这是小说,但是小说也是历史的反映。就历史说,黄巢、朱元璋、李自成不就是这样么?这并不是由于当时农民的阶级觉悟不高,政治水平太低,这是因为历史的发展就是如此。

封建社会的掘墓人是商人。在封建社会中它也许不能称为阶级,但它是资产阶级的前身,它是潜在的资本家。资产阶级取代了地主阶级而成为社会的统治阶级,社会的性质就改变了,它就不是封建社会而是资本主义社会了。汉朝的地主阶级,对于社会发展的规律当然不会有所认识;但是,也许由于阶级本能吧,它对于农民和商人的态度是不同的,它对于农民采取仿佛矛盾的态度,对于商人采取打击的态度。

就汉朝的历史说,地主阶级打击商人的政策分为三个步骤。第一个步骤是“贵粟”;第二个步骤是“均输”;第三个步骤是“算缗”。这并不是说当时的地主阶级有一个预定的计划或策略,有步骤地分段进行。这只是说,当时打击商人的政策有这样的经过。历史中重大事情的发展都有它自己的逻辑。

汉朝一开始就继承了秦朝打击商人的政策。“天下已平,高祖乃令贾人不得衣丝乘车,重税租以困辱之。孝惠、高后时,为天下初定,复弛商贾之律。然市井之子孙亦不得仕宦为吏。”(《史记·平准书》)汉高祖与商人作斗争的办法,主要是从政治上打击商人。汉惠帝和吕后的时候,因为黄老之学盛行,黄老之学的“无为”主张在经济上放任,所以政治上打击商贾的办法也松弛了。虽然那种法令仍然存在,对于商人还有相当的压力,商人的势力还是很大。晁错向景帝说:“民者在上所以牧之。趋利如水走下,四方亡择也。”他指出,在当时商人所得的利最大,他说:“今法律贱商人,商人已富贵矣。尊农夫,农夫已贫贱矣。故俗之所贵,主之所贱也;吏之所卑,法之所尊也。上下相反,好恶乖迕,而欲国富法立,不可得也。方今之务,莫若使民务农而已矣。欲民务农,在于贵粟。贵粟之道,在于使民以粟为赏罚。”(《汉书·食货

志》)

晁错指出,在当时的情况下,在商人与农民的竞争中,商人处在有利的地位,农民的地位非常不利。晁错就这个问题作了一个对比,他说:一个五口之家的农民,有两个劳动力,能够种的地,至多不过一百亩。一百亩的收入,至多不过一百石粮食。他们的一切开支,都靠这一点粮食。一年之间,没有一天可以休息,非常勤苦。此外还有水旱之灾,官府的横征暴敛,当急于用钱的时候,只得把所有的东西半价出卖,或者是借高利贷,以致倾家荡产,卖儿卖女。可是商人呢?男的不种地,女的不织布,可是吃好的,穿好的,所以商人是“无农夫之苦,有阡陌之得”,况且他们可以利用他们的财富结交官府,压迫农民。晁错得出结论说:“此商人所以兼并农人,农人所以流亡者也。”(同上)

晁错所说的,商人对于农民的压迫,实际上就是对于地主阶级的威胁。他所说的要有很多的人务农,就是说地主阶级要有很多的佃户,如果很多的人都弃农经商,它的佃户就减少了。怎样对付商人的威胁呢?晁错认为,地主阶级所掌握的财富是粮食,要提高地主阶级的财富,最好是提高粮食的使用价值。所谓“贵粟”就是提高粮食的使用价值。怎样提高呢?晁错的具体办法是,地主阶级的国家准许人们用粮食买爵赎罪。爵是一种区别人们的政治地位的等级。有粮食的人可以向国家交纳一定数量的粮食,买一定的政治待遇。犯了罪的人可以用一定数量的粮食赎罪免刑。这样,地主阶级的国家,就可以不费一点资本而把粮食的价值提高了。晁错认为,这样可以使农民对于商人处于有利的地位,而其实是使地主阶级对于商人处于有利的地位。因为在封建社会中,掌握粮食最多的是地主阶级。农民固然也有粮食,但是他们的粮食连吃还不够,哪里还有剩余去买爵赎罪呢?

晁错的办法实行了。对于打击商人,究竟发生了多大的作用,这就不很清楚。到武帝的时候,桑弘羊建议用“平准”的办法打击商人。据说,这种办法是管仲在齐国曾经实行的。

《汉书·食货志下》说:“至管仲相桓公,通轻重之权,曰:岁有凶穰,故谷有贵贱;令有缓急,故物有轻重。人君不理,则畜贾游于市,乘民之不给,百倍其本矣。故万乘之国必有万金之贾,千乘之国必有千金之贾者,利有所并也。”就是说,市上的货物,特别是粮食,价钱随时不同。商人就利用这种不同,投机倒把,囤积居奇,把粮食掌握在他们手里。用这种办法获得百倍于本钱的暴利。这里称商人为“畜(蓄)贾”,因为他们是靠囤积得到暴利的。这里所说的“民”不一定就是农民,凡是有粮食的人都要受商人的这种剥削。

管仲建议“人君”可以用与商人相同的办法把粮食掌握起来。“民有余则轻之(价低),故人君敛之以轻。民不足则重之(价高),故人君散之以重。”这样“人君”就把“轻重之权”掌握在自已手中。这种办法叫做“平准”。在粮食贱的时候,“人君”就用贱价收买粮食;在粮食贵的时候,人君就用贵价把粮食卖出。“使万室之邑必有万钟之臧,臧繦千万;千室之邑必有千钟之臧,臧繦百万。……故大贾畜家不得豪夺吾民矣。桓公遂用区区之齐合诸侯,显伯名。”地主阶级的国家从开始就同商人展开了争夺粮食的斗争。这种政策就是这种斗争的体现。齐国用这种办法,掌握了经济上的主动权(“通轻重之权”),为齐桓公的霸业,创造了经济上的条件。

桑弘羊建议用“平准均输”的办法,使大司农诸官(国家的财政机关)“尽笼天下之货物,贵则卖之,贱则买之。如此,则富商大贾无所牟大利,则反本,而万物不得腾跃”(《汉书·食货志下》)。这是用管仲“平准”的办法,而其范围更广,不仅对于粮食“通轻重之权”,而且“尽笼天下之物”。这种办法,可能也有调剂物价的用处,但得到大利的是地主阶级国家。汉武帝用了桑弘羊的这种办法,彻底到什么程度,不得而知,但是武帝往山西、山东巡行一次仅赏赐就用帛百余万匹,钱金以钜万计,皆取自大农(中央财政部)。(见《汉书·食货志下》)

汉武帝又把盐、铁、酒都定为国家的专营，用以扩大财政收入并以此与商人作斗争，这更是直接用经济上的办法，打击商人。

桑弘羊的“平准”和《管子》中所说的“平准”，在理论上和实践上基本上都是相同的。所不同的是，《管子》中所说的“平准”其范围仅及于粮食，桑弘羊所说的“平准”其范围包括所有的货物。他的计划是，把全国的货物都掌握在地主阶级国家的手中，由国家统一调配，使商人不能在货物的流通中牟取暴利。这个计划的要点是用国家资本对付商人的私人资本，用国家的经济力量对付私人的经济力量。

桑弘羊的办法和管仲的办法，何其相似乃尔。可能是管仲在齐国真实行过这种办法，桑弘羊把它搬过来。这是传统的说法。也可能是《管子》中讲“轻、重”的那几篇，本来就是桑弘羊一派的人所作的，托于管仲，在这里就不必深考了。

武帝又实行了盐、铁、酒由国家专卖的制度，由国家垄断这些生活日用品。这亦是用国家资本对付私人资本的办法的一部分。这就使地主阶级的国家同时成为一个经营五金百货的大公司。政府的财政部长（“大司农”）同时成为这个大公司的总经理。政治和商业合二而一了。经营商业也不是容易的，也需要一些懂行的人。武帝用桑弘羊为大司农。他本来是洛阳一个商人的儿子，对于经商可算是门里出身。又兼用了一个大盐商孔仅和一个大铁商东郭咸阳为大农丞（财政部副部长），专管盐铁专卖的事。原来经营盐铁的大小商人都成了盐铁专卖的大小官吏。

就打击商人这一方面说，武帝没有成功，反而可以说是失败了。他本来的意思是用国家的资本打击商人的私人资本，其结果是商人打进了国家的政权机构。汉高祖的法律，本来是禁止商人做官，可是武帝的办法反而使商人做到大官。商人可能在经济上有点损失，但是在政治上可能得到更多的补偿。

武帝用经济的办法打击商人没有成功，又加上政治的办法，这就是

"算缗"。"算"就是抽税,"缗"就是商人的本钱,"算缗"就是抽资本税。凡是在城市中放债、买卖、屯积货物的商人都必须自报本钱,由国家抽税。"率缗钱二千而算一。""一算"是一百二十个钱,就是说每二千钱的本钱抽一百二十个钱。商人的车每辆二算,船一只一算。大概因为商人的车船也是一种运输的工具。这些资本都由商人自报。如不自报或自报不确实的,别人可以揭发,称为"告缗"。被告的人其资本全部没收,分一半给告缗的人,"于是商贾中家以上,大抵破"。

这些办法的显著效果是国家财政收入的增加。武帝是一个能办事的人,也是一个能花钱的人。因为平准法,全国各地都有国家的资本、国家的货物,武帝到处都可以随便使用。因为算缗法,国家"得民财物以亿计,奴婢以千万数,田大县数百顷,小县百余顷,宅亦如之"(以上见《汉书·食货志下》)。这些打击商人的办法,本来是由于地主阶级和商人之间的矛盾,后来转化为政府和民间的矛盾,地主阶级不当权派和当权派之间的矛盾。这个矛盾,就是盐铁会议的主题。

第二节 《盐铁论》的主要内容

汉武帝在经济上与商人作斗争的措施受到一部分地主阶级的反对和批评。特别是盐铁官卖,直接关系到广大群众的利益,所受的批评和反对也更厉害。在汉昭帝始元六年(前 81 年)举行了一个关于盐铁官营的政策的会议。参加这个会议的有政府的桑弘羊等人,有当时郡国所举的"贤良文学"。宣帝时候的桓宽,根据这两方面的辩论,写成《盐铁论》这一部书。桓宽是站在"贤良文学"这一边的,可能对于这方面的论辩,有所增饰发挥,他并不是要作一个会议的记录。他见过参加会议的人,听说过辩论的经过,他的记载可能基本上是合乎当时会议的情况的(见《盐铁论·杂论》)。

《盐铁论》说:“惟始元六年,有诏书,使丞相御史与所举贤良文学,语问民间所疾苦。”(《盐铁论·本议》,以下只注篇名)这几句话说明了当时参加会议的两方面的人所处的地位。丞相、御史(书中统称为“大夫”)是代表政府的,是在朝的当权派;“文学贤良”是在野的反对派。《盐铁论》结尾说:“余睹盐铁之义,观乎公卿、文学贤良之论,意指殊路,各有所出。或上仁义,或务权利。”(《杂论》)这几句话说明了当权派和反对派的主要辩论之点。这个辩论虽说是围绕着盐铁官营这个问题进行的,但其根本的分歧是当权的公卿“务权利”,反对派“上仁义”。

当权派(“大夫”)对于盐铁官营的政策提出的说明,总起来说有三层意思。第一层是就国家财政这方面说的。他们说:当时匈奴侵犯中国,中国不能不抵抗,连年用兵,引起财政上的困难。所以要“兴盐铁,设酒榷,置均输,蕃货长财,以佐助边费”,所以“罢之不便也”(《本议》)。

第二层意思是从经济方面说。他们说:“古之立国家者,开本末之途,通有无之用。……故工不出则农用乖;商不出则宝货绝。农用乏则谷不殖;宝货绝则财用匮。故盐铁均输,所以通委财而调缓急,罢之不便也。”(《本议》)意思就是说,农、工、商各有作用,不可偏废。这一层意思,其实不是辩论的要点,因为“文学”并不主张废商,只是反对官营商业。

第三层意思是从打击商人,抑制豪强这方面说。他们说:“夫权利之处,必在深山穷泽之中,非豪民不能通其利。异时,盐铁未笼,布衣有朐邴,皆盐铁初议也。君有吴王(此两句各本有异文),专山泽之饶,薄赋其民,赈赡穷小,以成私威。私威积,而逆节之心作。……今放民于权利,罢盐铁以资暴强,遂其贪心。众邪群聚,私门成党,则强御日以不制而并兼之徒奸形成也。”(《禁耕》)

朐邴是朐那个地方的一个大富豪,邴是他的姓。据说:“朐山居鲁之东。鲁人有邴氏者,以铁冶致富,积至巨万,贳贷行贾,遍诸郡国。其父兄子孙相约:俯必有拾,仰必有取,不稍纵也。""俯必有拾,仰必有取",即一弯腰总要拾一点东西,一抬头总要取一点东西,就是说,一举一动都要得点利益。这是邴家的家训,也就是一个商人的心理,他们一举一动都不忘记唯利是图。

吴王濞是汉朝初年分封的一个侯王。他煮海水为盐,开铜矿铸钱,赚了大钱,据说他不向老百姓收税,就能维持他的国家的开支。他有了这种经济基础,所以才闹独立,反对汉朝中央政权。

"大夫"这一段话里的意思就是以朐邴和吴王濞为例以说明盐铁专卖的重要。朐邴是一个开矿炼铁的商人。掌握了铁就能成为一个实行兼并的大奸商。吴王濞掌握了盐铁,就能够破坏汉朝的统一,向中央夺权。参加会议的当权派说,政府行专卖,就是要掌握这些重要的生产资料和生活资料,从经济上保护统一。

"大夫"又引扇水都尉彭祖的话,说:"今意总一盐钱,非独为利入也,将以建本抑末,离朋党,禁淫侈,绝兼并之路也。"(《复古》)这几句话,总括了上边所说的三层意思。他认为盐铁官卖也有打击商人的一面,所以也是"建本抑末"。

文学说:"扇水都尉所言,当时之利权,一切(切字疑有误)之术也,不可以久行而传世。……陛下宣圣德,昭明光,令郡国贤良文学之士,乘传诣公车;议五帝三王之道,六艺之风,册陈安危利害之分,指意粲然。今公卿辩议未有所定,此所谓守小节而遗大体,抱小利而忘大利者也。"(《复古》)意思就是说,扇水都尉所说的那些话,也有一定的道理。不过只是考虑到一时的利益。并不是统治老百姓普遍的,永久可用的办法。现在皇帝召集这个会议,主要的是要讨论统治老百姓的最根本办法,从根本上讨论"安危利害之分"。会议的目的是很明确的。可是执政的公卿们对于这个根本问题没有什么决定,这就是只看见目前的小利,而忘记了地主阶级的根本利益。

什么是地主阶级的根本利益呢?

“文学”说：“窃闻治人之道，防淫佚之原，广教道之端，抑末利而开仁义。毋示以利，然后教化可兴，风俗可移也。今郡国有盐铁、酒榷、均输，与民争利。散敦厚之朴，成贪鄙之化。是以百姓就本者寡，趋末者众。夫文繁则质衰；末盛则本亏。末修则民淫；本修则民悫。民悫则财用足；民侈则饥寒生。顾罢盐铁酒榷均输，所以进本退末，广利农业，便也。”《本议》这就是说：要统治老百姓，统治者不可以表示出来自己好利，“毋示之以利”，更不可“与民争利”。“示利”和“争利”的结果，在经济上就成为重末抑本，使老百姓趋商离农。由此而产生的政治上的结果就是老百姓都不老实，难于统治。盐铁专卖均输，不但是“示民以利”，而且与民“争利”。

“大夫”倒是说出了地主阶级所以要打击商人的一个主要原因，那就是怕他们“造反”。那些盐铁商人在荒山偏僻的地方，聚集了成千上万的人，冶铁煮盐。这些人都听一个人的指挥。这就是“大夫”所说的“朋党”和“私威”的含义。成千上万的人结成一个组织，共同工作，这就是“大夫”所说的“朋党”；这个组织归一个人指挥，这就是“大夫”所说的“私威”。

“大夫”更具体地描绘这种情况，说：“铁器兵刃，天下之大用也，非众庶所宜事也。往者豪强大家得管山海之利，采铁石鼓铸，煮盐。一家聚众或至千余人，大抵尽收放流人民也。远去乡里，弃坟墓，依倚大家，聚深山穷泽之中，成奸伪之业，遂朋党之权。其轻为非亦大矣。”（《复古》）

“朋党”和“私威”简明扼要地说明了资本家的势力之所在。资本家以所掌握的财富为资本，雇佣了成千上万的人，把他们组织起来，大规模地为他们生产更多的财富。他们掌握了社会的经济，支配社会的经济。他们用这种势力对抗地主阶级的统治，终于取而代之。这种人就是资产阶级。资产阶级取代了地主阶级，成了社会的统治者，社会就由封建社会转化为资本主义社会了。商人还不是工业资本家，是工业资本家的前身。他们的“朋党”和“私威”是封建社会的潜在危险,他们是封建社会潜在的掘墓人。这种深远的后果,当然是“大夫”所不可能看到的。他们所看到的是眼前的后果,那就是对于当时统治者的“造反”。其具体的例子,就是朐邴、吴王濞。

“文学”没有对于这个问题提出针锋相对的辩论。他们所注意的是武帝的“平准”政策所引起的社会现象。上面说过,汉初打击商人,禁止商人做官。武帝打击商人,反而使商人打进了国家政权机构。这就鼓励了商人,使商人的世界观流行于社会。商人的世界观的要点就是“言利”。其具体表现,即上面所说的朐邴家族的家教,“唯利是图”。“文学”认为这种世界观流行于社会成为风俗,这才是社会的真正的危险。

“大夫”们所举的例就是平准。桑弘羊等指出平准的好处,他们说:“开委府于京师以笼货物,贱即买,贵则卖。是以县官不失实,商贾无所牟利,故曰平准。”这是说,“平准”是打击商人的。“文学”驳斥他们说:“县官猥发,阖门擅市,则万物并收。万物并收,则物腾跃。腾跃,则商贾牟利自市。牟利自市,则吏容奸豪,而富商积货储物以待其急。轻贾奸吏,收贱以取贵,未见准之平也。”(《本议》)这是说,“平准”不但不能打击商人,而且帮助了商人。原来在商人掌握国家财权的情况下,商人与官吏成为一体。在政府的平准机构要收买某种货物的时候,他们就先“收贱以取贵”了。汉武帝说:“吾所为,贾人辄知,益居其物,是类有以吾谋告之者。”(《汉书·张汤传》)所说正是这种情况。

在商人掌握经济大权以后,商人思想也传开了。“大夫”们夸张都市的富饶,由此得出结论说:“富国何必用本,足民何必井田。”(《力耕》)又说:“富在术数(计算),不在劳身;利在势居(居于政治上的重要地位),不在力耕。”(《通有》)又说:“分土若一,贤者能守之;分财若一,智者能筹之。夫白圭之废著,子贡之三致千金,岂必赖之民哉?运之六寸,转之息耗,取之贵贱之间耳。”(《贫富》)这就是说,致富不靠劳动,只靠运用资金、算筹(“六寸”)在货物的多寡(“息耗”)与物价的贵贱之间,赢取暴利。

商人本来是在交易中赚钱,并不为社会增加财富,但他们认为他们自己发财就是社会增加财富。而盐铁生产,是另外一回事,不过他们都混为一谈。

“文学”批判这种思想说:“耕不强者,无以充虚。织不强者,无以掩形。虽有凑会之要(即上所说“势居”),陶室之数(即上所说“术数”),无所施其巧。自古及今不施而得报,不劳而有功者,未之有也。”(《力耕》)这就是说,财富总是从农业生产出来的,如果没有农业,商人也“无所施其巧”。没有“不劳而有功”的事情。“文学”虽是站在地主阶级的立场,但是对于商人思想的这种批判,是正确的。

盐铁官营没有打击了商人,但给劳动人民很大的痛苦。照《汉书·食货志》所记载的,由国家准备生产工具,招募老百姓,自备费用(“自给费”),为国家生产盐铁。在《盐铁论》中,“文学”反映说:“故盐冶之处,大傲(杨树达当作较)皆依山川,近铁炭。其势咸远而作剧。郡中卒践更者,多不勘(杨树达云:与堪同)责取庸代。县邑或以户口赋铁,而贱平其准。良家以道次发僦,运盐铁烦费,邑或以户,百姓病苦之。”(《禁耕》)照汉朝的制度,劳动人民在二十三岁至五十五岁之间,每年要为国家服役一个月。服役的人一个月换一次,称为卒更,应该服役的人可以雇人代替,每月付钱两千,这就叫践更,在盐铁的官营制度下,所用的劳力实际上是征发劳动人民轮番为官家无偿服役,费用自给。这就是说,地主阶级征发劳动人民无偿地去为它生产盐铁。这就大大地增加了对于劳动人民的剥削。

“文学”也是站在地主阶级的立场同商人作斗争的,也是主张打击商人的。当时他们认为,对于商人可以用“礼”制裁,就是说,用一种制度制裁他们。汉高祖所行的那一种“困辱”商人的办法,“文学”是赞成的。这就是说,他们赞成用政治的方法和商人作斗争,但反对用经济的办法。他们认为用经济的办法,像盐铁官营、平准、均输那种办法,那就是统治者把自己降低到商人的地位,不成体统。更重要的是“示民以利”,其结果会使劳动人民以及社会各阶层都只讲究怎样可以得到自己的利。这样封建社会秩序就不能维持了。如果封建社会的秩序遭到破坏,封建的生产关系也就不能维持了。地主阶级在处于守势的时候,所要首先注意的,就是保护封建生产关系,保护自己的既得利益。这是“文学”的根本思想。

盐铁会议的双方,在批评对方的时候,都说对方的政策的“不便”。可注意的是他们用便不便的这种字眼,因为他们双方所拥护的政策都是为地主阶级的利益着想。他们在这个根本问题上并没有什么不同,不过是从维护地主阶级根本利益出发,什么样政策比较方便,这就是他们所说的便不便这些字眼的实际内容。

“文学”和“大夫”的辩论也是一种思想斗争。但是,这个斗争并不是两个阶级的斗争,而是地主阶级内部在怎样统治老百姓这个问题上的斗争,在怎样打击商人这个问题上的斗争。地主阶级都是要打击商人的。但是怎样打击,用什么方法打击,在这个问题上可以有不同的见解。《盐铁论》所记录的,实质上就是关于这个问题的斗争和辩论。

第三节 “义利之辨”

在这个辩论中,“文学”含蓄地用了一个中国哲学中的传统理论作为武器,以反对“大夫”。“文学”指出,商人的特点是“为利”,统治者“示民以利”、“与民争利”的政策也是“为利”。与“利”相对立的范畴是“义”。划清这个对立的界限,就叫“义利之辨”。“文学”含蓄地指出,“大夫”的根本错误,就是不知道什么是“义利之辨”。

“义利之辨”的问题，从孔丘就开始了。可以说，就是由他提出来的。一直到宋明道学，它仍然是一个引人注意、引起争论的问题。表面上好像是，讨论者的双方，都在重复他们的前人所已经提出的论点，陈陈相因。其实，这个讨论也是发展的。历代的讨论，并非都是陈词滥调，而是各有重点的。这些不同重点的提出，就是这个问题的发展的过程，也就是中国哲学史在这一方面发展的过程。

孔丘在提出这个问题时说：“君子喻于义；小人喻于利。”（《论语·里仁》）孔丘的话，是奴隶主阶级鄙视劳动、鄙视生产、鄙视劳动人民的思想的表现。这里所说君子、小人是有阶级内容的。所谓君子就是奴隶主阶级，特别是奴隶主贵族；所谓小人就是奴隶和其他劳动人民。孔丘的一个学生樊迟说他想要学种地、种菜，孔丘骂他是“小人”，说君子所做的事是统治老百姓的，为什么不学君子所要做的事，而偏要做老百姓（小人）所要做的事呢（见《论语·子路》）？孔丘认为，体力劳动、生产上的事，如种庄稼、种菜之类，都是小人之事；君子要做这种事情就是有失身份，丢了架子，这是最没有出息的事。孔丘的话的意思就是说，只有“君子”才可以懂得什么是“义”；“小人”只能懂得穿衣吃饭，柴米油盐的事，这些都是“利”。孔丘的这两句话的重点是阶级上的分别。

孟轲也强调统治者与被统治者的分别，但讲到义利之辨时，他就不用这个分别了。他说：“鸡鸣而起孳孳为善者，舜之徒也。鸡鸣而起孳孳为利者，跖之徒也。欲知舜与跖之分，无他，利与善之间也。”（《孟子·尽心上》）舜和跖是孟轲常说的道德上的两个极端的代表。舜是好人的代表，跖是坏人的代表。为善者不一定就是舜，但他是“舜之徒”，为利者不一定就是跖，但他是“跖之徒”，就是说可以发展成为舜或跖。孟子的这两段话，重点是道德上的分别。

《孟子》的第一章开头就讲“义利之辨”。孟轲向梁惠王说：“王曰：‘何以利吾国？’大夫曰：‘何以利吾家？’士庶人曰：‘何以利吾身’，上下交征利而国危矣。万乘之国，弑其君者必千乘之家。千乘之国，弑其君者,必百乘之家。万取千焉,千取百焉,不为不多矣。苟为后义而先利,不夺不餍。未有仁而遗其亲者也,未有义而后其君者也,王亦曰仁义而已矣,何必曰利?”(《孟子·梁惠王上》)万乘之国,千乘之国,说的是当时的诸侯国的国君,千乘之家、百乘之家,说的是国君之下的大臣贵族。万乘之国中有千乘之家,这个千乘之家就是“万取千焉”,千乘之国中有百乘之家,这个百乘之家就是“千取百焉”,他们所取的也不能算不多,但是,好利的人总嫌他所取的少,总要取得更多。所以把“利”放在第一位,千乘之家必然要篡夺万乘之国,百乘之家必然要篡夺千乘之国。至于一般的平民也都想着什么事对于他自身有利,这就叫“上下交征利”。在这种情况下,必然“天下大乱”。因为,如果人人都把“利”放在第一位(“先利”),那就“不夺不餍”,非把别人所有的夺过来,他不会满足。

孟轲向梁惠王说,统治者只有把义放在第一位(先义),这才是符合他的根本利益的。孟轲的这一段话的重点是两种政治(王和霸)的分别。这种进一步的讨论,孟轲在这里没有作。

董仲舒说:“正其谊(义)不谋其利,明其道不计其功。”(《汉书·董仲舒传》)董仲舒的这两句话的重点,也是两种政治的分别。

在盐铁会议中,“文学”反对“利”。“文学”辩论的重点是打击商人,反对统治者用经济的办法打击商人。他们说:“传曰:‘诸侯好利,则大夫鄙;大夫鄙,则士贪;士贪,则庶人盗。’是开利孔为罪梯也。”(《本议》)这一段话好像只是把孟轲的那一段话作了一个概括。所谓“大夫鄙”就是说国君下的大臣贵族也好利。所谓“士贪”,就是说小官也好利。所谓“庶人盗”,就是说庶人也好利,其结果必是“造反”。“文学”认为,盐铁专卖就是为好利开放绿灯,实际上是为老百姓犯罪搭了一个梯子。“文学”说:“排困市井,防塞利门,而民犹为非也,况上之为利乎?”(《本议》)这里所说的“排困市井,防塞利门”就是打击商人。因为商人专讲利,打击商人也是“先义而后利”的一种方式。

在“文学”与“大夫”的辩论中,“义利之辨”带上了一些群众性的色彩,成为一种社会上广泛讨论的问题了。这在中国还是第一次,以后还有第二次。

第四节 盐铁会议与《大学》

《大学》有一段说:“生财有大道,生之者众,食之者寡,为之者疾,用之者舒,则财恒足矣。……未有府库财非其财者也。”孟献子曰:“畜马乘,不察于鸡豚。伐冰之家,不畜牛羊。百乘之家,不畜聚敛之臣。与其有聚敛之臣,宁有盗臣。……此谓国不以利为利,以义为利也。”这一段话如果不与当时的实际政治联系起来,好像只是一种夸夸其谈的泛论。如果同《盐铁论》对照起来,就可以看出来,这一段的思想正是盐铁会议中“文学”们所讲的思想。也许作《大学》的人就是参加盐铁会议的许多“文学”之一。这里所说的聚敛之臣,是确有所指的,那就是桑弘羊和他那一个集团。

汉武帝用桑弘羊所推行的那一套政策,其最显著的效果,就是政府的财政收入大大增加,所以桑弘羊的形象就是一个“聚敛之臣”。

《大学》的作者和参加盐铁会议的“文学”们,都指出要增加财富,就要提高生产,生产提高了,财富自然就增加了。这是一个自明的真理,所以称为“大道”。商人不能生产财富,而只是在社会财富的流通之中,玩些手段,谋取利润,社会财富还只是那么些。社会中这一部分人得的多了,那一部分人就得的少了,所谓平准也无非是在社会财富的流通中,谋取利润。平准即使成功,也无非是使政府多得到一点财政收入。社会的财富就是那么些,政府得的多了,民间就得的少了,这就叫“与民争利”。而办这种事的人就是“聚敛之臣”。

“未有府库财非其财者也”,就是说一个皇帝统治着全国,在全国之中无论哪一个府库里的财,都是他的财。何必把全国的财都聚在“大司农”的手里,由他自己支配才算是他的财呢?这是专对于“聚敛之臣”而说的。

汉武帝办了许多大事,也乱花了许多钱。他把文景两代所积蓄的财富都用尽了,又把那些聚敛之臣所搞来的财政收入都花光了,以致在他的晚年出现了“民穷财尽”之势,所以《大学》的作者感慨地说:“长国家而务财用者,必自小人矣。”由此得出结论说:“此谓国家不以利为利,而以义为利也。”《大学》的作者,由当时的实际政治中得出了义利之辨的结论。

《大学》对于“聚敛之臣”特别痛恨。在桑弘羊以前就汉朝而论还没有一个像他这样突出的“聚敛之臣”。所以我推测《大学》所说的“聚敛之臣”指的就是桑弘羊。又推测《大学》的作者可能是汉昭帝时候的人。这就把《大学》的时代拉后了一些年。这不过是一种推测,也没有别的证据,以备一说可也。

第三十一章

纬书中的世界图式

在中国封建社会中,对于儒家经典的注释和发挥,称为"经学"。汉朝定孔丘为一尊之后,地主阶级的思想,都以对儒家经典的注释和发挥的形式表现出来。春秋公羊学就是以对于《春秋》的注释和发挥表现出来的。

第一节　谶纬的社会根源

儒家的经典共有六种:《易》、《诗》、《书》、《礼》、《乐》和《春秋》,称为六经。西汉中叶以后,又出现所谓"纬"。"纬"是对"经"而言。"经"这个字的最初意义指布的直线;"纬"这个字的最初意义指布的横线。据讲纬书的人的说法,孔丘先作了六经,又恐怕后人不能完全了解,所以又作了一些补充的著作,对经而言,名之为纬。有《易经》就有《易纬》,有《礼经》就有《礼纬》,有《诗经》就有《诗纬》,有《书经》就有《尚书纬》,有《春秋经》就有《春秋纬》,有《孝经》就有《孝经纬》。每一种《纬》又包括许多篇,各有些奇怪的名字。这些《纬》据说都是孔丘所作,其实也是对于经的一种注释和发挥。

又有所谓"谶",其大部分都是些隐语,据说是预告将来的事情。这是比较早一些时候就有的。譬如在秦始皇的时候,有一个谶语说:

“亡秦者胡也。”秦始皇认为胡是匈奴,于是就派很多的军队,驻在北方的边境,防备匈奴。可是后来秦朝亡在二世皇帝手里,他的名字叫胡亥。据讲谶的人说,“亡秦者胡也”的“胡”是指胡亥。在王莽时期,有一个谶语说:“刘秀当为天子。”刘歆企图应这个谶,就改名为刘秀。据讲谶的人说后来成了皇帝的是另外一个刘秀,即东汉光武皇帝。这些谶语,当然都是有人故意制造散布的。

纬书的主要倾向就是要把六经神秘化,把儒家思想宗教化,把孔丘说成是个超人的教主。其中也有一些据说是预言,例如有一篇《春秋纬》,名《汉含孳》,说孔丘作《春秋》是“为汉制法”;孔丘预先知道后来有个汉朝,替汉朝制定了一套政治上的和道德上的原则。这就是谶了。因为纬书中也有些谶语,所以后来往往把谶、纬混为一谈,通称为谶纬,其实二者基本上是不同的。

西汉到了元帝以后,社会危机进一步加深了,阶级斗争日益尖锐化。农民起义不断高涨。当时的统治集团也感觉恐慌起来。成帝时的谷永向成帝说:“陛下承八世之功业,当阳数之标季,涉三七之节纪,遭无妄之卦运,直百六之灾阸。三难异科,杂焉同会。”(《汉书·谷永传》)当时有个甘忠可“诈造《天官历》,《包元太平经》十二卷,以言汉家逢天地之大终,当更受命于天”。哀帝的时候,甘忠可的学生夏贺良也请哀帝“更受命”。哀帝听了他的话,改建平二年为太初大将元年,自号为“陈圣刘太平皇帝”。当然这种自欺欺人的把戏,不会有什么效果。过了一个多月,又取消了。(见《汉书·李寻传》)可是这个把戏为王莽所利用。王莽宣称,他于“未央宫之前殿”“得铜符帛图,文曰:天告帝符,献者封侯,承天命,用神令”。他又说:甘忠可、夏贺良的谶书,叫哀帝改元为太初大将元年,“大将元年者大将居摄改元之文也”(《汉书·王莽传》)。这是天命叫他改元作真皇帝。这些荒唐无稽之谈,基本是谶,但也以纬为根据。谷永所谓“三难”的确切意义,现不可知,但可以肯定,他的根据是《易纬》。《汉书·律历志》

说:“易九阸曰:初入元,百六,阳九。”孟康注说:“易传也,谓阳九之阸,百六之会者也。”此所谓易传可能是《易纬》。王莽所说的“天告帝符”,就是谶语。

西汉末年是汉代社会危机大爆发的时期,是社会动荡不安、阶级斗争尖锐复杂和农民革命进入高潮的时期。在这种情况下,封建统治阶级和它的代言人,为了麻痹农民革命运动,挽救王朝的崩溃,宣扬“受命”和“再受命”等迷信。统治阶级内部,为了争夺政权,也用符命等迷信,作为争夺的根据。在统治阶级中,也有一部分知识分子,在农民不断起义的打击下,不满意汉王朝的腐败的统治,要求进行改革。他们也利用这种迷信的方式,警告当权派,使其对农民起义采取预防的措施。谶纬迷信成为阶级斗争的工具,这是谶纬迷信流行的社会根源。谶纬迷信的广泛流行,标志着汉代地主阶级的削弱和官方的统治思想的没落。

谶完全是宗教迷信。纬书中包括了一些有科学意义的理论,也有一些有哲学意义的理论。本章所要讲的是这些有哲学意义的理论(以下所引纬书,用黄奭《黄氏逸书考》本)。

第二节　《易纬》的宇宙形成论

本书第二册讲到阴阳五行家和易传所提出的两种世界图式。这两种图式各有自己的体系:阴阳家不讲八卦,易传不讲五行。汉初的科学(如《内经》所代表的)以及哲学,都是以阴阳家的世界图式为根据的。《淮南子》的自然观根据这个图式,董仲舒兼用这两种图式。《易纬》也是以易传的“象”、“数”说明这些图式,用易传的术语和范畴,说明“气”的发展和运行。这就把易传的世界图式和阴阳家的世界图式结合起来。这也就是把易传和当时关于气的理论以及阴阳五行学说结合起来,由此成为以后中国封建思想的一般的世界图式。

汉朝人的周易注和纬书中的《易纬》,都是宣传"象"、"数"的。这些易注和纬书都没有完整地保存下来。现有比较完整的《易纬》是《乾凿度》。

《乾凿度》说:"昔者圣人因阴阳,定消息,立乾坤,以统天地也。夫有形生于无形,乾坤安从生?故曰:有太易,有太初,有太始,有太素也。太易者,未见气也;太初者,气之始也;太始者,形之始也;太素者,质之始也。气形质具而未离,故曰浑沦。浑沦者,言万物相混成而未相离,视之不见,听之不闻,循之不得,故曰易也。"这是《乾凿度》的宇宙发生论,跟《淮南子》所提出的相类似。它也是以气为万物的根本。

在上面所引的那一段的上文说:"孔子曰,易始于太极。太极分而为二,故生天地。天地有春秋冬夏之节,故生四时。四时各有阴阳刚柔之分,故生八卦。八卦成列,天地之道立,雷风水火山泽之象定矣。……皆易之所包也。至矣哉易之德也。"可见上面所引的那一段,就是解释《易传·系辞》的。

易纬《乾坤凿度》说:"太易始著太极成。太极成,乾坤行。(郑玄注:太易,无也;太极,有也。太易从无入有。圣人知太易有理未形,故曰太易。)老神氏(郑玄注:天英氏)曰性无生(郑玄注:天地未分之时无生,)生复体。(郑玄注:生与性天道精还复归本体,亦是从无入有。)天性情地曲巧未尽大道,各不知其自性,乾坤既行,太极大成。(郑玄注:太极者,物象与天同极。天产圣人,躯射万源,立乾坤二体,设用张弛。)"

纬书中有许多话是不可解的。如上面所引《乾坤凿度》的一段之中就有许多话不可解。不可解,不必强为之解。就其可解的说,《乾凿度》中所说的宇宙发生的各阶段,还是很清楚的。"太易"的阶段,还没有气,郑玄注说:"有理未形,故曰太易。""太初"的阶段是"气"之始。

郑玄在这里注说:"元气之所本始。太易既自寂然无物矣,焉能生此太初哉?则太初者,亦忽然而自生。""太始"是"形之始"。"太初"是"质之始"。照郑玄的解释,形专指天象,质专指地质。照这个解释,"太始"和"太初"也就不分先后了。因为"太初"既然一分为二,那个二是有则俱有,不能分先后了。《乾凿度》说:"乾坤相并俱生。"气、形、质都有了,但还没有完全分离,这就叫浑沦。郑玄注说:"虽含此三始而犹未有分判。老子曰有物浑成,先天地生。"张惠言说:"此易所谓太极也。"张惠言的话是对的。因为《乾坤凿度》的本文说:"太易始著太极成。太极成,乾坤行。……乾坤既行,太极大成。"可见它所说的太极包括"乾坤行"。这是"太易始著"。太易也有乾坤,但是还没有"著"。这就叫"有理无形"。"理"字不是郑玄随便加的,因为《雒书灵准听》说:"太极具理气之原"。

郑玄注说:"太易,无也。太极,有也。太易从无入有。"后来周惇颐的《太极图说》开头就说"由无极至太极",就是"从无入有"的意思。朱熹把"由无极至太极"改为"无极而太极",又说太极"无形而有理。"他把无极作为太极的形容词而不把它作为太易那个阶段,但是从无入有那个意思还没有多大改变。大概纬书的这种宇宙发生论是经过道教而传至周惇颐的。

在上面所引的一段话和郑玄注中,可见后来道学所有的范畴及术语,有一些是在汉朝就有的。"理、气"这一对范畴,纬书中已经明确地提出。"本体"和"自性"都是后来玄学和道学所用的术语。"立乾坤二体,设用张弛",似乎有体、用对立的意思。虽然不敢说在汉朝也有体、用这对范畴,也许可以说也有这点意思。

当然这些范畴和术语,其内容在汉朝是比较贫乏的,在玄学和道学中就丰富多了。这是当然的,因为从纬书到道学,中间经过了许多斗争和演变。这些斗争和演变,充实了这些范畴和术语的内容。这就是发展。

《乾凿度》接着说:“易无形埒。易变而为一。一变而为七。七变而为九。九者,气变之究也,乃复变而为一(同书另有一段与此文同,郑玄注:乃复变为一,一变误耳,当为二。二变而为六。六变而为八。则与上七、九意相协),一者形变之始。清轻者上为天;浊重者下为地。物有始,有壮,有究,故三画而成乾。乾坤相并俱生,物有阴阳,因而重之,故六画而成卦。……三画已下为地,四画已上为天,物感以动类相应也。阳气从下生(郑玄注:以下爻为始也),动于地之下,则应于天之下;动于地之中,则应于天之中;动于地之上则应于天之上。初以四,二以五,三以上,此之谓应。”这是说明易的卦的形成以及卦爻的作用。凡物都有开始(“始”)、壮盛(“壮”)、终结(“究”)三个阶段。这三个阶段相当于阳的发展的一、七、九三个阶段,也相当于阴的发展的二、八、六三个阶段。这就是所谓“乾坤相并俱生”。“物有阴阳”,所以要把三画重起来,“六画而成卦”。卦有六爻,从最下一爻算起,为初爻。初爻至三爻象地;初爻为“地之下”,二爻为“地之中”,三爻为“地之上”。四爻至上爻象天,四爻为“天之下”,五爻为“天之中”,上爻为“天之上”。天地间的事物,同类互相感动。初爻与四爻,二爻与五爻,三爻与上爻,都是同类的,可以互相感动。这就是所谓“相应”。

《乾凿度》接着说:“阳动而进,阴动而退。故阳以七,阴以八,为象。易一阴一阳,合而为十五,之谓道。阳变七之九,阴变八之六,亦合于十五,则彖变之数若之一也。”《周易·系辞》说:“天一,地二;天三,地四;天五,地六;天七,地八;天九,地十。”《乾凿度》说:“阳三阴四,位之正也。”阳由一而至九,一为阳之初生,三为阳之正位(郑玄注:圆者径一而周三)。七为阳之彖(郑玄注:彖者爻之不变动者)。九为阳之变。二为阴之初生,四为阴之正位(郑玄注:方者径一而匝四)。八为阴之彖。六为阴之变。因为“阳动而进,阴动而退”,所以阳变则由七到九,阴变则由八到六。周易以变为占,所以阳爻称九,阴爻称六。八、七相加是十五;九、六相加也是十五。这就是所谓“彖变之数若之一也”。

《乾凿度》接着说:“五音、六律、七变(同书另有一段与此文同,作七宿),由此作焉。故大衍之数五十,所以成变化而行鬼神也。日十干者,五音也,辰十二者,六律也。星二十八者,七宿也(郑玄注:四方各七,四七,二十八,周天也)。凡五十,所以大阂物而出之者也。”这是说:五音配甲、乙、丙、丁等十干,为十。六律和六吕配子、丑、寅、卯等十二辰,为十二。十加十二加二十八,等于五十。这是易传所说“大衍之数”。万物都是从这个数生出来的。

这是汉朝的“象数之学”的宇宙发生论。关于卦象与客观事物的关系,《乾凿度》的说法是不自相一致的。它说:“故阴阳有盛衰,人道有得失。圣人因其象,随其变,为之设卦。方盛则托吉;将衰则寄凶。”上几段所引的《乾凿度》开始说,“圣人因阴阳,定消息,立乾坤,以统天地也。”专就这一句说,好像是以阴阳的消息为主,由此而立乾坤二卦,下面所说的各段,也好像是说,易卦的“象”和“数”,是客观事物的反映。这和上面所讲的易纬关于“气”的理论联系起来,好像易纬的宇宙形成论是唯物主义的。但是《乾凿度》在这一段归结说:“乾坤者,阴阳之根本,万物之祖宗也。”这就倒过来认为易卦的象和数是事物的根本。这就是完全的唯心主义。

第三节　《洛　书》

《乾凿度》又说:“阳动而进,变七之九,象其气之息也。阴动而退,变八之六,象其气之消也。故太一取其数以行九宫,四正四维,皆合于十五。”所谓“太一”应该就是易。《乾凿度》说:“易变而为一。”所以易可以称为“太一”。“太一取其数以行九宫”,就是一年四季之中,阴阳之气的盛长(“息”)和衰微(“消”)的过程。

照《礼记·月令》所说,孟春,天子居青阳左个;仲春,居青阳太庙;季春,居青阳右个;孟夏,居明堂左个;仲夏,居明堂太庙;季夏,居明堂

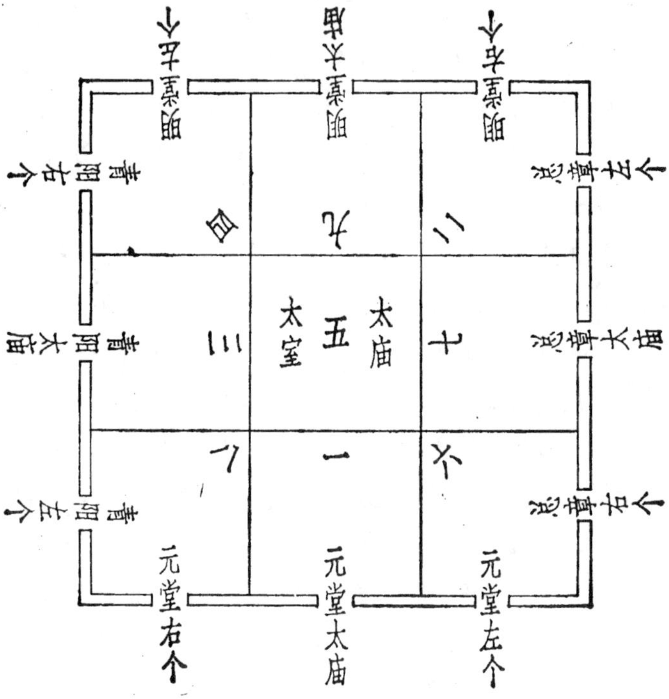

右个;中央土,居太庙太室;孟秋,居总章左个;仲秋,居总章太庙;季秋,居总章右个;孟冬,居玄堂左个;仲冬,居玄堂太庙;季冬,居玄堂右个。《大戴礼记·明堂》篇说:“明堂者,古有之也,凡九室。……二九四、七五三、六一八。”

所谓“九室”即《月令》所说“青阳左个”、“青阳太庙”等。“天子”是政治的首领也是宗教的首领。“明堂”是他发号施令的地方,“明堂”的建筑有神秘的意义。它有“九室”相当于天的“九宫”。二、九、四等

是世界图式中“九宫”的“数”，也是明堂的九室的“数”。其排列如上页之图。

二、九、四等“数”从何而来？这要看下图。

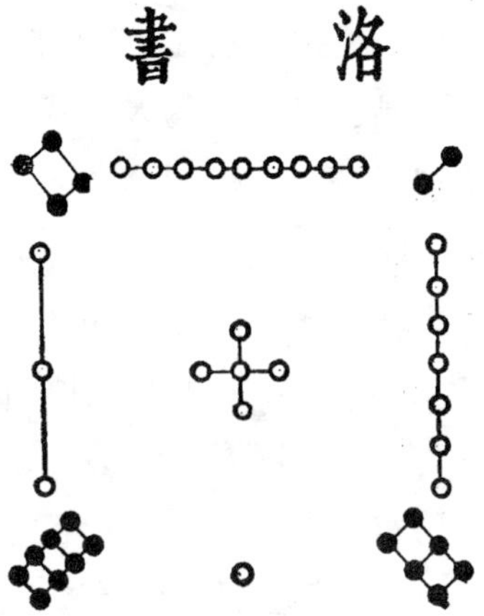

这些数，纵看，横看，都是三排。每排的三个数相加都是十五。从四角看，二加五加八是十五；四加五加六也是十五。后人用黑白点（白点代表阳，黑点代表阴）点画出来，就是所谓“戴九履一，左三右七，二四为肩，六八为足”。在四边的为“四正”；在四角的为“四维”。这些数目，加起来都是十五。

这就是所谓“四正，四维，皆合于十五”。这个图象即宋朝的刘牧所谓河图，蔡元定和朱熹所谓洛书。纬书中关于河图洛书的各有好几篇。现存的佚文中，没有这个图。但《乾凿度》有“四正四维皆合于十五”之文，可见其原来是有这个图的。

此等图象，正是希腊毕达哥拉斯学派“以小石排为种种形状以表示数”“以数入象”之类（详下）。讲象数的人看来，这些图揭露了宇宙的秘密，有极大的神秘意义。

第四节 “太 一”

所谓“太一”在纬书中又称“太乙”。春秋纬《说题辞》说:“群阳精也,合为太乙,分为殊名。故立字一大为天。”就是说:天这个字是“一”字加个“大”字。又说:“元,精气以为天,浑沌无形体。”照这个说法,“太乙”是一种混沌未分的气。照另一种解释,“太乙”并不只是一种物质的实体,也是作为主宰的人格神。上所引“太一取其数以行九宫”下,郑玄注说:“太乙者,北辰之神名也,居其所曰太乙,常行于八卦日辰之间,曰天一,或曰太一”。照郑玄的说法,太乙和太一是“北辰之神”的两个名称,就其不动(“居其所”)而言,名为太乙,就其运动(“常行”)而言,名为天一或太一。郑玄又引《星经》说:“天一、太一,主气之神”。照这个说法,“太一”是主北极星的神。春秋纬《合诚图》说:“天皇大帝,北辰星也,含元秉阳,舒精吐光,居紫宫中,制御四方,冠有五采。”又《文耀钩》说:“中宫大帝其北极星下一明者,为太一之先,含元气以斗布常”、“含元出气,流精生物”。照这些说法,作为万物始基的元气,是从“天皇大帝”(北极神)吐出来的。这就完全是宗教的上帝创世说。纬书不是一个人的作品,也不是一个时期的作品。其中有种种不同的意见,不能一致。其中有宗教迷信,有哲学思想,也有一些占星术,是一个大杂烩。

第五节 八卦方位

《乾凿度》更详细地说:“孔子曰:易始于太极,太极分而为二,故生天地。天地有春秋冬夏之节,故生四时。四时各有阴阳刚柔之分,故生八卦。八卦成列，天地之道立，雷、风、水、火、山、泽之象定矣。其布散用事也，震生物于东方，位在二月。巽散之于东南，位在四月。离长之于南方，位在五月。坤养之于西南方，位在六月。兑收之于西方，位在八月。乾剥之于西北方，位在十月。坎藏之于北方，位在十一月。艮终始之于东北方，位在十二月。八卦之气终，则四正、四维之分明，生长收藏之道备，阴阳之体定，神明之德通，而万物各以其类成矣。皆易之所包也。至矣哉，易之德也。孔子曰：岁三百六十日而天气周。八卦用事，各四十五日，方备岁焉。……孔子曰：乾坤，阴阳之主也。阳始于亥，形于丑。乾位于西北，阳祖微据始也。阴始于巳，形于未，据正立位，故坤位在西南，阴之正也。（郑玄注：阴气始于巳，生于午，形于未。阴道卑顺，不敢据始以敌，故立于正形之位）君道倡始，臣道终正。是以乾位在亥，坤位在未；所以明阴阳之职，定君臣之位也。”以图说明如下。

这是一个空间和时间相配合的世界图式。在这个图式中,坎、震、离、兑四卦配入四方,艮、巽、坤、乾四卦配入四隅。这就是所谓"四正、四维"。乾、坤是"阴阳之主",不在"四正",而在"四维";据《乾凿度》说,这是因为"阳始于亥","阴始于巳"。"阴始于巳",但位不在东南,据《乾凿度》说,这是阳尊阴卑,所以阳可以"祖微据始",居于它开始的方位,阴则只敢居于它形成的方位。据这个图式,每年的寒暑变化,都是由于八卦所表示的阴阳消长。每卦都起作用;这就叫"用事"。每年三百六十天,每卦"用事"四十五天。这同董仲舒和《淮南子》所说的阴阳之气在时间、空间中的运行的规律,基本上是一致的。但他们是以阴阳五行家的世界图式表达出来;易纬是用易传的世界图式表达出来。

阴阳五行家以五行配五德,即所谓五常。易纬也用八卦配五常。《乾凿度》说:"孔子曰:八卦之序成立,则五气变形。故人生而应八卦之体;得五气,以为五常,仁、义、礼、智、信是也。夫万物始出于震;震,东方之卦也。阳气始生,受形之道也,故东方为仁。成于离;离,南方之卦也,阳得正于上,阴得正于下,尊卑之象定,礼之序也,故南方为礼。入于兑;兑,西方之卦也。阴用事而万物得其宜,义之理也,故西方为义。渐于坎;坎,北方之卦也。阴气形盛,阴阳气含闭,信之类也,故北方为信。夫四方之义,皆统于中央,故乾、坤、艮、巽,位在四维。中央所以绳四方行也,智之决也,故中央为智。故道兴于仁,立于礼,理于义,定于信,成于智。五者,道德之分,天人之际也。圣人所以通天意,理人伦,而明至道也。"这是企图在自然界中为封建道德作出一种超社会的根据。所以在世界图式中,也都给它们一个地位。其附会牵强显而易见。照这些说法,阴阳之气也有道德的属性;八卦所处的方位,体现道德的目的。这种自然与社会的关系即所谓"天人之际"。这也是汉朝官方哲学的唯心主义和神秘主义的一种表现形式。

第六节 “卦 气”

这个世界图式不仅是一个空间的图式，也是一个时间的图式。照上面的说法，六十四卦在一年阴阳之气的消长中都起“用事”的作用，这就是所谓“卦气”。易纬《稽览图》有更详细的方法，将六十四卦皆配入四时。《稽览图》说：“小过、蒙、益、渐、泰寅。需、随、晋、解、大壮卯。豫、讼、蛊、革、夬辰。旅、师、比、小畜、乾巳。大有、家人，井、咸、姤午。鼎、丰、涣、离、遯未。恒、节、同人、损、否申。巽、萃、大畜、贲、观酉。归妹、无妄、明夷、困、剥戌。艮、既济、噬嗑、大过、坤亥。未济、蹇、颐、中孚、复子。屯、谦、睽、升、临丑。坎六震八离七兑九。以上四卦者，四正卦，为四象。每岁十二月，每月五月（按五月月字当作卦）。卦六日七分。每期三百六十六日，每四分（按六日当作五日，四分当作四分日之一）”。易纬《是类谋》说：“冬至日在坎；春分日在震；夏至日在离；秋分日在兑。四正之卦，卦有六爻，爻主一气。余六十卦，卦主六日七分，八十分日之七。岁十二月，计三百六十五日四分日之一。六十而一周。”

这是以居四方的四卦，震（居东方）离（居南方）兑（居西方）坎（居北方）为四正卦，主四时，每卦六爻，每爻主每年二十四气中之一气。《稽览图》认为，坎初六主冬至；震初九主春分；离初九主夏至；兑初九主秋分；余爻分主其余二十气（详后卦气图）。六十四卦，除此四卦，尚余六十卦，每卦主六日七分，即一日之八十分之七。一年三百六十五日又四分日之一。若每卦主六日，则六十卦主三百六十日，尚余五日又四分之一日。若将每日分为八十分，则五日又四分之一日共有四百二十分。以六十除四百二十，则每卦得七分。所以每卦主六日七分。这六十卦分配于十二月，每月得五卦。此每月之五卦，《稽览图》更将其分为天子，诸侯，公卿，大夫。例如小过为正月（即寅月）之诸侯，蒙为正月之大夫,益为正月之卿,渐为正月之公,泰为正月之天子。十二月中之天子卦,即复(自十一月数起)、临、泰、大壮、夬、乾、姤、遯、否、观、剥、坤。这十二卦为十二月主卦,所以称天子卦,又称辟卦,辟就是君。其所以以这十二卦为十二月之主卦,这是因为六十四卦中,上五爻皆阴,独下一爻为阳者,为复卦䷗。上四爻皆阴,下二爻为阳者是临卦䷒。上三爻皆阴,下三爻皆为阳者是泰卦䷊。上二爻皆阴,下四爻为阳者,为大壮卦䷡。上一爻为阴,下五爻为阳者,为夬卦䷪。六爻皆阳者,为乾卦䷀。上五爻皆阳,下一爻为阴者,为姤卦䷫。上四爻皆阳,下二爻为阴者,为遯卦䷠。上三爻皆阳,下三爻皆阴者,为否卦䷋。上二爻为阳,下四爻为阴者,为观卦䷓。上一爻为阳,下五爻为阴者,为剥卦䷖。六爻全阴者,为坤卦䷁。以这十二卦分配于十二月,以复卦当十一月,以乾卦当四月,以姤卦当五月,以坤卦当十月,可以表示十二个月中阴阳盛衰之象。所以以这十二卦为辟卦,表示一年中阴阳消息之象。至于其余诸侯、公卿、大夫之分配,则未有如此明显的理由。这就是"卦气"。

孟喜、京房是当时讲卦气说的重要人物。《汉书·京房传》说:"其说长于灾变,分六十卦,更直日用事。以风雨寒温为候,各有占验。"

《汉书·儒林传》说:"孟喜字长卿,东海兰陵人也。……得易家候阴阳灾变书。……京房受易梁人焦延寿。延寿云:尝从孟喜问易。会喜死,房以为延寿易即孟氏学。……至成帝时,刘向校书,考易说,以诸易家说,皆祖田何,杨叔,丁将军,大谊略同,惟京氏为异党。焦延寿独得隐士之说,托之孟氏,不与相同。"

孟喜、焦延寿、京房,皆以所谓"阴阳灾变"讲易。详细内容,或有不同,但其大指,皆以卦气、天人感应的学说解释《周易》。关于卦气之各种理论,果系易纬取自孟喜、京房,或孟喜、京房取易纬,或易纬即孟喜、京房一派讲易学者所作,不易断定。总之这是在西汉晚期流行的一种象、数之学。

据唐朝的大历法家一行所说，孟喜也以坎、震、离、兑分主四方四时，其二十四爻，分主二十四气。又言："封以地六，候以天五。"（《旧唐书》卷二十八）这是说孟喜于二十四气中，又分七十二候。七十二候系根据《月令》。例如《月令》说："孟春之月……东风解冻，蛰虫始振，鱼上冰，獭祭鱼，鸿雁来。"郑玄注说："皆记时候也"。每月皆有其"时候"（孔颖达疏：凡二十四气，每三分之，七十二气，气间五日有余，故一年有七十二候也），两候相间，"五日有余"，即所谓"候以天五"。五为天之中数（介乎一、三与七、九之间），所以称"天五"。每卦主六日余，即所谓"卦以地六"。六为地之中数（介乎二、四与八、十之间），所以称"地六"。五乘六得三十，即一月之日数，也就是"消息一变"的日数。九、七为阳之数，六、八为阴之数（见上）。此四数相加，也是三十，也是一月的日数，也就是"消息一变"的日数。

王充说："易京氏布六十四卦于一岁中，六日七分，一卦用事。卦有阴阳，气有升降。阳升则温，阴升则寒。由此言之，寒温随卦而至，不应政治也。案易无妄之应，水旱之至，自有期节。百灾万变，殆同一曲。变复之家，疑且失实。……京氏占寒温以阴阳升降。变复之家以刑赏喜怒，两家乖迹。"（《论衡·寒温篇》）其实照《汉书·京房传》所说的，京房在政治上也讲"天人感应"，认为灾异是政治失常所招致的。不过，他的《易传》，是不讲"天人感应"的。王充或系根据《京氏易传》而对京房加以肯定。有一点是明确的，就是，王充认为"卦气"之说，有正确的部分，因为它是以阴阳升降说明一年四季的寒温的变异。

二十四节气的划分是中国过去历法中的科学成分，是我国劳动人民从长期农业生产实践中得来的知识，现在仍继续为农业生产服务。七十二候是在二十四节气中出现的一些自然现象，作为气候变化的标志，这也是有用的。但照孟喜、京房和易纬的说法，好像这些变化，基本上是受易卦的影响和统治，这种对二十四节气的划分所作的解释倒向了唯心主义。

易纬更由此发挥"天人感应"的神秘学说,认为七十二候的出现,如有失常,这就表示社会中已有或将有不正常的事情。易纬《通卦验》说:"反舌者,反舌鸟也,能反复其舌,随百鸟之音。……仲夏之月,反舌无声。反舌有舌,佞人在侧。""荔挺不出,则其国多火灾。"这样就把所谓灾异跟七十二候联系起来;这就是把所谓"天人之道"的神秘主义学说,规范化,固定化。这是董仲舒所提倡的官方哲学的进一步的发展。

易纬以外的其他纬书,都强调自己的经的神秘意义。尚书纬《璇玑钤》说:"尚书篇题号;尚者,上也;上天垂文象,布节度。书者如也,如天行也。""书务以天言之。因而谓之书,加尚以尊之。"这是说,《书经》模仿天的运行并且代天立言。

诗纬《含神雾》说:"诗者,天地之心,君祖之德,百福之宗,万物之户也。集微揆著,上统元皇,下序四始,罗列五际。"春秋纬《说题辞》说:"诗者,天文之精,星辰之度,人心之操也。"这是说,《诗经》中的诗,主要的是"天地之心"的表现,是万物所由以出入的门户。

所谓"四始"、"五际"的意义,诗纬《氾历枢》说:"《大明》在亥,水始也;《四牡》在寅,木始也;《嘉鱼》在巳,火始也;《鸿雁》在申,金始也。"又说:"午亥之际为革命,卯酉之际为改正,辰在天门,出入候听。(据《后汉书·郎颉传》记载,后汉郎颉说:"诗《氾历枢》曰:'卯酉为革政,午亥为革命,神在天门,出入候听'。言神在戌亥,司候帝王兴衰得失,厥善则昌,厥恶则亡。"卯,《天保》也;酉,《祈父》也;午,《采芑》也;亥,《大明》也。然则亥为革命,一际也。亥(依《郎颉传》当作戌亥)又为天门,出入候听,二际也。卯为阴阳交际,三际也。午为阳谢阴兴,四际也。酉为阴盛阳微,五际"。《大明》、《四牡》、《嘉鱼》、《鸿雁》、《天保》、《祈父》、《采芑》,都是《诗经》中的篇名。易纬把《诗经》的各篇分配入上面所说的世界图式之内。所谓"五际"也是就世界图式说的。要跟上面的几个图联系起来看,不难明白。

礼纬《稽命征》说："礼之动摇也，与天地同气，四时合信，阴阳为符，日月为明，上下和洽，则物兽如其性命。"春秋纬《说题辞》说："礼者，所以设容，明天地之体也。"又说："礼者，体也。人情有哀乐，五行有兴灭；故立乡饮酒之礼，始终之哀，婚姻之宜，朝聘之表，尊卑有序，上下有体。王者行礼，得天中和。礼得则天下咸得厥宜，阴阳滋液，万物调，四时和。动静常用，不可须臾惰也。"这些"天人之道"的说法，《礼记》中也有，不过礼纬于这一方面特别注重。

乐纬《动声仪》说："圣王知盛极则衰，暑极则寒，乐极则哀。是以日中则昃，月盈则蚀，天地盈虚，与时消息。制礼作乐者，所以改世俗，致祥风，和雨露，为万物获福于皇天者。"乐纬《协图征》说："圣人作乐，不以乐娱，以观得失之数。故不取备于一人，必须八能之士（即通八音之人），或调阴阳，或调五行，或调盛衰，或调律历，或调五音。与天地神明合德者，则七始八气各得其宜也。""七始"不知何义，有人谓指"四方、天、地、人"。"八气"据说指八音所代表之气。八音是金、丝、竹、匏、土、革、木、石，八种材料制的乐器所发的声音。乐纬《动声仪》认为八种材料制的乐器所发的音，分别代表立秋、秋分、立冬、冬至、立春、春分、立夏、夏至等节气之"气"。这就把乐跟上面所讲的世界图式结合起来。

纬书认为，这都是孔丘的工作。公羊家讲《春秋》已经有孔丘受天命为王等"非常可怪之论"。春秋纬中更有孔丘"为汉制法"之说。此外还有关于孔丘的更怪诞荒谬的说法。春秋纬《演孔图》说，孔丘是"黑帝"的儿子，胸前有文："制作定，世符运。"孔丘身高十尺，腰大九围，"坐如蹲龙，立如牵牛。就之如昴，望之如斗"。圣人不是平空生出来的，"必有所制，以显天心。丘为木铎，制天下法"。在所谓西狩获麟之后，在鲁国的端门上，有天所下的血书。书上说："趋作法，孔圣没。周姬亡，彗柬出。秦政起，胡破术。书纪散，孔不绝"。这血书又"飞为赤鸟，化为白书，署曰演孔图。中有作图制法之状"。

孔丘是先秦儒家的创始人。孟轲、荀况对于孔丘都极推崇,但也不过说,孔丘是一个知识广博、道德完全的人,是儒家的大师、创始人。

照董仲舒讲起来,孔丘受"天命"而为王。继承周朝为王的,并不是秦始皇而是孔丘。他虽然实际上没有王位,但是一个没王位的王,即所谓"素王"。他所作的《春秋》,就代表"一王之法"。在这种幻想的、被虚构的历史中,孔丘就不是"师"而是"王"了。

在纬书中,孔丘的地位又有不同。照上面所引春秋纬所说的,孔丘不仅是王而且是神了。在纬书中,儒家成为儒教,成为一种真正的宗教,孔丘成为这个宗教的神圣的教主。

第七节　纬书的世界图式与希腊毕达哥拉斯学派的比较

纬书的世界图式是用所谓象、数组成的,上面所说的《洛书》其白黑点即是象,二四九等是数。

在西方,希腊哲学中有毕达哥拉斯学派,其特点也是以象数构成一种世界图式。亚里士多德说:这些哲学家(毕达哥拉斯学派的哲学家)显然以数目为第一原理,为生存的物之质因,且为其改变与永久形状之形式。数目之原质即奇偶:奇为有限,偶为无限。他们以为"一"自此二者出(因"一"亦奇亦偶)。从一生出一切数目;全宇宙都是数目。此派之别的哲学家说有十原理;他们列之为平行的两行:

有限	无限
奇	偶
一	多
右	左
男性	女性

静	动
直	曲
光明	黑暗
好	恶
正方	长方

（亚里士多德《形而上学》986^{b}）

这就是所谓“十项反对”。在这“两行”中，“有限”等一行，就周易中的“象”说，基本是阳爻“—”所代表的，就周易中的“数”说，基本上是奇数所代表的。“无限”等一行，基本上是阴爻“--”和偶数所代表的。亚里士多德说，毕达哥拉斯学派以为“一”从奇偶出，因“一”亦奇亦偶。这其实也就是说，奇偶都是从“一”分出来的。德欧真尼引亚里士多德所述毕达哥拉斯学派的哲学，正是说：“一为一切物之始。自一生不定的二。二属于一，一为二之原因。”（德欧真尼《著名哲学家传记》卷8）。《易传·系辞》也说：“易有太极，是生两仪。”太极也称“太一”。这个“一”之所以称为“太”，因为其并非与二相对之一，乃是生奇、偶之一。

希腊哲学家多以“无限”为材料，“有限”为形式；材料受形式，乃成一物。形式是“一”，材料受形式即成为“多”了。中国的易学也以为阳施阴受。所以可以说，阳相当于“有限”，阴相当于“无限”。在此十项反对中，正方列入“有限”一行；长方列入“无限”一行；中国易学中则以为天圆地方。在表面上看，这是一个不同之点。其实不然。毕氏学派认为相续奇数之和可以排为一正方形。相续偶数之和可以排为一长方形。所以他们以奇数为正方数，以偶数为长方数（见柏乃《希腊早期哲学家》102—103页）。这也是中国易学所能承认的。在“两行”中，动、静和左、右的排列，与中国易学所说阴阳的性质，正相反对。

毕氏学派常举出各种物，如人及马之数，并以小石排为各种形式以表示之；这就是所谓“以数入象”（同上100页）。上面所说，以奇数为

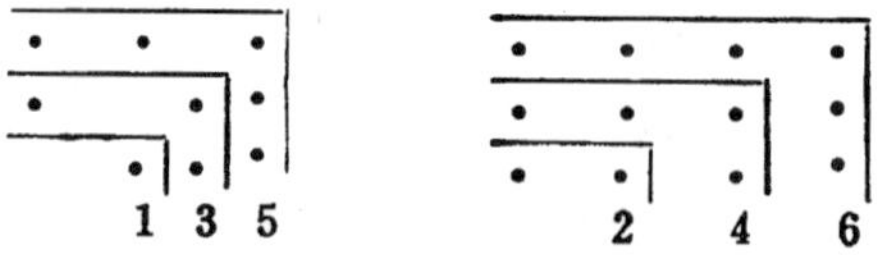

正方数,偶数为长方数,即“以数入象”的例。中国易学讲“象”、“数”,也是如此。毕氏学派以为天是一个和声,在天文与音乐中,最可见数之功用。中国自汉以后讲律吕与历法者,皆以周易中的“数”为根据。这是中国易学与毕氏学派大端相同之点。中国与古希腊是否很早就有交通,文化是否很早已交流,这还是待研究的问题。但各民族文化可以并行发展。文化发展至某程度,自然会有相类似的思想出现。这也是历史发展的规律所决定的。

毕氏学派“以数目为第一原理,为生存的物之质因,且为其改变与永久形状之形式”;就是说,数目是先于具体的事物而存在,从数目生出具体的事物。这是一种唯心主义和神秘主义的说法。中国的象、数之学也有与此类似的主张;这是汉代的唯心主义和神秘主义的另一种表现形式。

但是其中也有科学的思想。正是像列宁对于毕达哥拉斯学派所作的评语所说的:“科学思维的萌芽同宗教、神话之类的幻想的一种联系。而今天呢!同样,还是有那种联系,只是科学和神话间的比例却不同了。”(《哲学笔记》,《列宁全集》第38卷,275页)

第三十二章

古文经学的兴起及其哲学家——刘歆、扬雄、桓谭

第一节　什么是古文经学

谶完全是一种宗教迷信；纬基本上是一种对“经”的解释和发挥。谶、纬本来是两件事，但《纬书》中常常杂有谶，所以后来的人把谶和纬混同起来统称为“谶纬”。这种混杂在公羊春秋中本来就已经有的。春秋公羊本来是对于《春秋》的一种注解和发挥，但其中亦有谶。它说，孔丘“受天命为新王，为汉制法”，这就是一个最大的谶。就这一方面说，《纬书》和春秋公羊有相同之处，是春秋公羊学向宗教迷信进一步的发展。

古文经学的兴起，反对以谶解“经”，主张清除经学中的宗教迷信，既有反对宗教迷信的意义，也有反抗官方统治思想的意义。这在当时是一种新的思想运动。作为当时官方哲学的中心是公羊春秋。所以古文经学的重点也在于反对公羊春秋。

古文经学和今文经学的斗争，在某些方面，也就是当时哲学战线上唯物主义与唯心主义斗争的一种表现。儒家一尊的局势稳定下来。唯物主义和唯心主义的斗争，在一定程度上，需要用“经学”的形式表现出来。这就是今文经学和古文经学的斗争。据说，孔丘教育人有六种

功课,汉朝人称为“六艺”。六艺中除乐外,都有“经”,是儒家的基本经典。汉武帝设置专讲《易》、《诗》、《书》、《礼》、《春秋》的“博士”,教授弟子。这是当时政府的“学官”。“博士”所讲授的经典,都是用当时通行的隶书写的,称为今文。

后来,据说又发现了一些用篆书写的经典,称为古文。这样,在汉代就有了两派的经学——今文和古文。在表面上看起来,古文经学和今文经学的不同,不过是他们所根据的经典有文学上的不同,实际上不仅只如此。这两派经学的不同,主要的是由于他们对于“经典”的解释不同,所代表的思想路线不同。

董仲舒是汉初今文经学派的一个主要人物。他所依据的主要经典是《春秋》。《春秋》有三个“传”:《公羊传》、《榖梁传》和《左传》。这三个“传”代表当时及后来讲《春秋》的三派:公羊春秋、榖梁春秋和左氏春秋。其中公羊春秋、榖梁春秋是今文经学;左氏春秋是古文经学。董仲舒是公羊春秋的一个大师。他依据《春秋》发挥了他的“奉天法古”和“天人感应”的神秘主义的和唯心主义的思想。这是今文经学的特点。当时官学里的博士都是属于今文一派的。他们都在各自的经典中发挥“天人感应”的神秘主义的和唯心主义的思想。上章所讲的纬书,就是今文经学的发展,是今文经学向神秘主义和宗教迷信的更进一步的堕落。

古文经学在官学中没有地位,用当时的话说,就是“不立于学官”。它是官方经学的反对派。今文经学是当时政府的官方经学,代表地主阶级当权派的利益。古文经学是民间的经学,代表地主阶级不当权派的利益。

从哲学史的角度看,这两个学派的斗争,具有无神论和有神论、唯物主义和唯心主义斗争的意义。

今文经学派的倾向是把儒家宗教化,古文经学派的倾向是反对用“天人感应”等神秘主义思想解释儒家经典。古文经学家们在不同的方面，在不同的程度上，企图把儒家学说从当时的神秘主义思潮中分别开来。本章所讲的刘歆、扬雄和桓谭都是当时的古文经学家。其中扬雄和桓谭是两汉之际反对官方神秘主义哲学的重要的无神论者和倾向唯物主义的哲学家。

第二节　石渠会议

在汉宣帝的时候，在统治阶级集团中，也开始反对公羊春秋，所反对的中心在于"新王受命"的说法。公羊春秋为中国的封建社会制定了一套上层建筑，巩固了中国封建社会的经济基础，为中国封建社会的长期存在准备了条件。它相信中国的封建社会可以长期存在。董仲舒说："天不变，道亦不变。"这句话就是公羊春秋学的信念的表现，但公羊春秋学并不认为封建统治阶级的统治集团或家族可以长期不变。公羊春秋学认为封建统治集团或家族是必然要变的。公羊春秋认为这一种变是合乎规律的，而且它已经发现了这个规律。这就是它所宣扬的"三统"说。照它的说法，每一个朝代，在开始的时候，都是"受天命为新王"。过了一定时期，"天"就要"另"命一个新王，开始一个新朝代。在汉朝开始的时候，这种说法当然是当时的统治集团所欢迎的，因为它对他们的新政权是一个理论的基础。到了汉朝中叶以后，随着阶级矛盾的激化，社会危机严重，统治集团就开始恐慌了，它害怕有别人受天命作新王。上章讲过，汉哀帝竟玩了一套"再受命"的把戏，可见他恐慌到什么程度了。他的"再受命"没有成功，而王莽却以"新受命"为理由，篡夺了帝位，建立一个新的朝代，自称为"新"。由此可见，公羊春秋的"新王受命"之说，在当时政治上的影响是何等之大。

汉宣帝是一个英明的皇帝。他大概意识到这种影响可能发生的后果。在晚年他就采取措施,削弱春秋公羊学的影响。他在甘露三年"诏诸儒讲五经同异。太子太傅萧望之等平奏其议。上亲称制临决焉。乃立梁丘易,大小夏侯尚书,穀梁春秋博士"(《汉书·宣帝纪》)。这是一次很重要的会议,宣帝亲自参加,并以皇帝的名义作出结论("上亲称制临决焉")。会议的结果,是在太学中设立穀梁春秋博士,这就叫"立于学官"以与公羊春秋相对抗。

这次会议是在石渠阁举行的,可以称为石渠会议。《汉书·儒林传》有较详细的记载。《儒林传》说,汉宣帝听说他的祖父卫太子喜欢穀梁春秋,他自己亦学习穀梁春秋并且培养了一些学习穀梁春秋的人。作了十几年的准备,这才召集会议,"平公羊穀梁同异"。公羊、穀梁两边各有五个主要发言人。结果是穀梁一派得到胜利,穀梁的五个主要代表中,有两个成了博士。"由是穀梁之学大盛"。

这次会议的中心是公羊、穀梁两派的斗争。所以《儒林传》就直接地说,会的任务是"平公羊穀梁同异",《汉书·艺文志》著录有会议中的发言稿,称为"议奏",下注"石渠论"。可惜这些"议奏"都没有传下来,也没有像桓宽所做的《盐铁论》那一类的记载,所以"石渠论"的详细内容就无可考了。就现有的《公羊传》和《穀梁传》这两个"传"说,其同异还是很显然的。其同在于两"传"都认为《春秋》中有孔丘的"微言大义",而它们都记载了那些"微言大义"。其异在于穀梁中没有孔丘"受天命为新王"之说。例如《春秋》在哀公十四年记载"西狩获麟"。《公羊传》认为这是孔丘受天命为新王的信号("受命之符")。《穀梁传》没有这个说法。《左传》更是平平淡淡地一笔带过。石渠会议用《穀梁传》代《公羊传》就是要否定"受天命为新王"之说,以免为王莽一类的野心家所利用。

在石渠会议中,没有《左传》的代表,可能是因为在那个时候《左传》还没有出来。刘歆的父亲刘向是以《穀梁传》的代表出席会议的,这可能是《左传》晚出的一个旁证。

第三节　刘向、刘歆关于《洪范》五行的理论

刘向(前79—8年)和他的儿子刘歆(死于公元10年)都是西汉末年的大学者。在许多学术工作中,刘歆完成了刘向的事业。

汉朝有几个有名的父子。司马谈和司马迁,刘向和刘歆,班彪和班固,都是父子相传,在学术上作出贡献。班固继承他父亲班彪的事业,完成了《汉书》。这部书记载西汉一个朝代的历史学术和典章制度。其中有三个志,都是照抄刘向和刘歆的著作。

刘向生在一个有学术传统的家族。他的先祖刘交是汉高祖刘邦的小弟。"好书,多才艺。少时,尝与鲁穆生、白生、申公俱受《诗》于浮邱伯。伯者,孙卿门人也。及秦焚书各别去。"就是说,他们四个学生,都没有毕业就散了。到高祖的时候,浮邱伯到长安,刘交派他的儿子郢客和申公到长安,向浮邱伯继续学习,直至毕业。申公为《诗》作《传》,号为《鲁诗》。刘交也为《诗》作《传》,号《元王诗》。刘交的后人刘辟疆,"亦好读《诗》,能属文……清静少欲,常以书自娱,不肯仕"。他的儿子刘德,"少修黄老术……常持老子知足之计"(以上引文见《汉书·楚元王传》)。刘德就是刘向的父亲。这个家族,虽然也是汉朝的宗室,但有一个学术传统,可以上接荀况及黄老。班固作《汉书》,把刘向、刘歆的传附于刘交的传后,统称之曰《楚元王传》,大概还不仅是因为他们的血统相传。

《汉书·刘向传》说:"向见《尚书·洪范》,箕子为武王陈五行阴阳、休咎之应。向乃集合上古以来,历春秋六国至秦汉符瑞、灾异之记,推迹行事,连传祸福,著其占验,比类相从,各有条目。凡十一篇,号曰《洪范五行传论》,奏之。天子心知向忠精,故为凤兄弟起此论也,然终不能夺王氏权。"刘向作《洪范五行传论》(《汉书·艺文志》著录作《洪

范五行传记》)。刘向作这部书的目的,是警诫成帝,叫他不要过于信任王凤;这是有为而发的。《汉书》的《五行志》,就是以刘向的《洪范五行传论》为其基本内容。

在《汉书·五行志》中,有“经”,有“传”,有“说”,又有“刘向以为”,“刘歆以为”等。“经”是《洪范》原文。“传”是汉初经学家伏胜所作的《洪范五行传》。“说”是当时“博士”的解释。“刘向以为”等是刘向等的推论比附。刘向的《洪范五行传论》主要的就是这些推论比附。

刘向的书,把可能有的政治上的错误分成许多类,把可能有的灾异也分成许多类,然后把这两类本来不相干的东西联系起来,认为如果出现了某类灾异,就是由于政治上有了某类的错误。这就是所谓“比类相从,各有条目”。刘向又把从春秋以来出现的灾异和当时政治上的错误联系起来,作为对照,以证明这些说法的正确。这就是所谓“连传祸福,著其占验”。刘向的《五行传论》可以说是一种灾异大全,是汉朝“天人感应”的思想的百科全书。

《汉书·五行志》说,刘歆的《五行传》,跟刘向的《五行传》很有不同。照《五行志》所记载的,那些不同,都是细节不同,不是原则性的不同。在这一方面,刘歆也还是宣传“天人感应”。

这是向、歆父子的第一期的著作。对于刘歆说,这是他早期的著作。

第四节　刘歆的“元气”说

向、歆父子的第二期著作,是关于音乐和历法的,其基本内容保留在《汉书·律历志》。

在汉平帝的时候,举行过一个音律专家的会议,刘歆是这个会议的主持人。他综合当时音律家的意见,作了一部书。这部书可能就是应劭的《风俗通义》所引刘歆的《钟律书》。《钟律书》已不存在了，但是《汉书·律历志》保存了这部书的基本内容。

《汉书·律历志上》说："至孝成世，刘向总六历，列是非，作《五纪论》。向子歆，究其微眇，作三统历及谱，以说《春秋》，推法密要。故述焉。"这里所说的三统历是指历法；《三统历谱》，是指用三统历说明《春秋》中的事情。"故述焉"是说，班固在以下是抄刘歆的三统历和《三统历谱》。

刘歆的这些说法，大部分都是以前已有的。他所特别提出的是"太极元气"的说法。他说："太极元气，函三为一。极，中也；元，始也。行于十二辰。始动于子，参之于丑，得三。又参之于寅，得九。又参之于卯，得二十七。又参之于辰，得八十一。又参之于巳，得二百四十三。又参之于午，得七百二十九。又参之于未，得二千一百八十七。又参之于申，得六千五百六十一。又参之于酉，得万九千六百八十三。又参之于戌，得五万九千四十九。又参之于亥，得十七万七千一百四十七。此阴阳合德，气锺于子，化生万物者也。"（《汉书·律历志上》）照刘歆的说法，宇宙的根本，是太极元气。旧注说，"三"是指天、地、人；在元气尚未分化的时候，天、地、人混合为一，所以说"函三为一"。元气"行于十二辰"，就是说，它是照上面所讲的世界图式运行的。他始动于子月（十一月）；在这个阶段，它的数是一。到丑月（十二月），它的数就成为三。到寅月（正月），它的数就成为九。这样，每到一个辰，它的数就加三倍。到了亥月，他的数就是十七万七千一百四十七。

刘歆接着说："故（元气）孳萌于子，纽牙于丑，引达于寅，冒茆于卯，振美于辰，已盛于巳，咢布于午，昧薆于未，申坚于申，留孰于酉，毕入于戌，该阂于亥。……故阴阳之施化，万物之终始，既类旅于律吕，又经历于日辰，而变化之情可见矣。……指顾取象，然后阴阳万物，靡不条鬯该成。故以成之数，忖该之积，如法为一寸，则黄钟之长也。"所谓"成之数"，就是酉之数，就是一万九千六百八十三；所谓"该之数"，就是亥之数,就是十七万七千一百四十七。“以成之数,忖该之积”,就是用一万九千六百八十三除十七万七千一百四十七,得九。所谓“得一寸”就是说,得了一个得数;得数是九。九就是黄钟的律管的长度。这是用一种绕大圈子的办法,证明黄钟的长度应该是九。

在刘歆的这些思想中,有几点可以注意。第一,他认为“太极元气”是世界的根本,这是唯物主义的思想。第二,他从“函三为一”算出许多数目;在十二辰中,每一辰都有一个数目;好像数目也有神秘的意义。第三,他认为宇宙的变化和事物的发展,都与音乐有关。这对于音乐、数学和历法,都没有什么积极的意义,他是要以此说明这些方面都与元气有关,论证他的系统的完整性。

刘歆说:“太极元气,函三为一。”照这个说法,太极就是元气,也就是一。一之上没有太一,更没有太乙。这就不同于纬书的说法(参看上章第四节)。这有唯物主义的意义。但是刘歆又说:“太极运三辰五星于上,而元气转三统五行于下。其于人,皇极统三德五事。故三辰之合于三统也。”(《汉书·律历志上》)照这个说法,太极又不同于元气,太极和元气,不是一回事,是两回事。也许刘歆在这里是讲天地人三统,如果把世界的发展也分配于十二辰,气发展到子,那就是“轻清者上浮为天”,这就是天统。气发展到丑,这就是“重浊者下沉为地”,这就是地统。气发展到寅,天地之间出现了人,这就是人统。太极诚然不是元气,不过气发展到不同的阶段,有不同的名称,这是一种可能的解释。在刘歆的思想中,太极和元气究竟是什么样的关系还是不明确的。

第五节　刘歆与《左传》

刘歆究竟不是一个大哲学家。他对于汉朝的学术及哲学的贡献,在于反对公羊春秋及其所引起的谶纬等宗教迷信的影响,具体的表现是他提倡古文经学。在汉哀帝的时候,刘歆建议把左氏春秋及毛诗、逸礼、古文尚书皆列于学官。当时太学中的博士们都反对这个建议。刘歆给他们写了一封信,批判他们。在信中,刘歆说当时博士所传习的经典都是不完全的,因为经过秦朝,经典都被烧了,到了汉朝初年,才找着还没有死的经师,凭他们的记忆,把经典传下来,这些口耳相传的经典,是不完全的、有错误的,所以这些经都不是全经。刘歆说:"及鲁恭王坏孔子宅欲以为宫,而得古文于坏壁之中。逸礼有三十九,书十六篇,天汉之后,孔安国献之。遭巫蛊仓卒之难,未及施行。及春秋左氏丘明所修,皆古文旧书,多者二十余通,藏于秘府,伏而未发。孝成皇帝闵学残文缺。稍离其真,乃陈发秘臧,校理旧文,得此三事。以考学官所传,经或脱简,传或间编。传问民间,则有鲁国桓公,赵国贯公,胶东庸生之遗学与此同。抑而未施,此乃有识者之所惜闵,士君子之所嗟痛也。"(《汉书·刘歆传》)这就是刘歆所说的古文经典的三个来源。第一个来源是鲁恭王的发现;第二个来源是宫廷藏书的公开;第三个来源是民间经师的传习。从第一第二来源得到的经典,当然都是原来的全文,这当然比口耳相传的经典可靠得多了。刘歆以其特殊的地位,用这些话支持古文经典的地位,当然是很有力量的。他批判当时的博士们:"信口说而背传记,是末师而非往古。……以《尚书》为备,谓左氏为不传《春秋》,岂不哀哉。"(同上)刘歆的这封信触怒了当时的执政大臣和那些博士们。他怕受到迫害,自请离开中央,到外地做地方官。由此可见,这场斗争在当时是很激烈的。

刘歆建议"立于学官"的古文经典虽有四种,但重点是在左氏春秋。因为今文经学的中心是公羊春秋,所以他要用《左传》对付《公羊传》。

在清朝末年,春秋公羊学复兴的时候,康有为攻击《左传》,说它是刘歆所伪作。照他的说法,刘歆把左丘明所作的《国语》割裂开,分附于《春秋》经的各条之下,成为《左氏传》,其实原来并没有这个传。康有为用这个说法,加强《公羊传》的地位,在当时是有政治作用的。但《左传》的出现确有可疑之处。司马迁说:“左丘失明,厥有《国语》。”(《史记·太史公自序》)可见左丘明所作的书是《国语》而不是《左传》。刘歆自己在《移让太常博士书》中明确地说,《左传》是汉成帝的时候才出现的。班固也说:“及歆校秘书,见古文春秋左氏传,歆大好之。……及歆治左氏,引传文以解经,转相发明,由是章句义理备焉。”(《汉书·刘歆传》)这大概是根据刘歆自己的说法。照这个说法,刘歆的贡献是“引传文以解经”。如果《左传》本来是《春秋》的传,它本来就是解经的,没有引不引的问题。所谓“引传文以解经”,就是引《国语》解经。割裂《国语》的工作,刘向已经开始作了。《汉书·艺文志》著录:《国语》21篇,注:“左丘明著。”《新国语》54篇,注:“刘向分国语。”刘歆大概受了他父亲的启发,继续“分国语”,进一步把所分的《国语》同《春秋》配合起来,这就成为《春秋左传》。

关于《左传》真伪的问题,是经学史中的一个大问题,辩论的双方各有困难之处。如果没有发现新的材料,这个问题恐怕就成为悬案了。无论如何,有几点是可以确定的。在《春秋》的三传中,《公羊》和《穀梁》是今文,《左传》是古文。在刘歆的时候,《公羊传》和《穀梁传》是“立于学官”的官学,其中杂有谶纬,《左传》中没有谶纬。刘歆提倡《左传》具有反谶纬的意义。

第六节 刘向、刘歆的《七略》

《汉书·艺文志》的内容是刘向、刘歆所作的《七略》。

在《六艺略》的《春秋》类中,刘歆写了一个总论,说明《左传》和《公羊传》、《穀梁传》的不同,他说:“周室既微,载籍残缺,仲尼思存前圣之业,乃称曰:‘夏礼吾能言之,杞不足征也;殷礼吾能言之,宋不足征也。文献不足故也,足则吾能征之矣。'以鲁周公之国,礼文备物,史官有法,故与左丘明观其史记,据行事,仍人道,因兴以立功,就败以成罚,假日月以定历数,藉朝聘以正礼乐。有所褒讳贬损,不可书见,口授弟子,弟子退而异言。丘明恐弟子各安其意,以失其真,故论本事而作传,明夫子不以空言说经也。《春秋》所贬损大人当世君臣,有威权势力,其事实皆形于传,是以隐其书而不宣,所以免时难也。及末世口说流行,故有《公羊》、《穀梁》、《邹》、《夹》之《传》。四家之中,《公羊》、《穀梁》立于学官,邹氏无师,夹氏未有书。"

照这里所说的,孔丘的志愿是研究夏、商、周三代的制度文化(礼)。他要讲夏礼,可是作为夏朝的后代的杞国不足为凭。他要讲殷礼,可是作为殷朝之后的宋国不足为凭。因为关于这方面的资料在这二国中都已经残缺了。鲁国是周公的后代,关于周礼的资料还没有残缺,可以作为研究周礼的凭借。所以他就和左丘明一起研究鲁国的史记《春秋》。他们的方法是根据历史的细节,说明事情的成功和失败,以为经验教训。他们都注意《春秋》所记载的日月,为的是研究历法。他们记载了当时诸侯之间的朝聘,为的是研究礼乐。照这个说法,《左传》是孔丘和左丘明共同研究的成果,由左丘明执笔记录下来。至于《公羊传》和《穀梁传》所记载的不过是"口说",那是不足为凭的。

照这个说法,孔丘是一个热心于研究古代制度文化的学者。他把这一方面的有关资料收集起来,加以整理阐述。秦始皇割断历史,认为一切都要由他这个始皇帝从头做起,自然不会重视这种工作,自然不会尊重孔丘及其所领导的儒者们,自然会把他们看成一种障碍而加以迫害。汉朝把秦始皇所割断的历史又重新接上头,于是又定"孔子之道"为一尊。孔丘获得了在学术文化方面的崇高地位。他的地位虽然崇高,但他毕竟还是一个人,不是一个受天命的王,更不是一个神。

孔丘究竟是一个学者还是一个受天命的王,这是古文经学和今文经学的一个根本分歧之点。孔丘究竟是一个人还是一个神,这是古文经学和谶纬的一个根本分歧之点。

在这两点上,刘歆在《七略》中,都明确地站在古文经学的立场,不用今文经学和谶纬的说法。汉朝的皇帝叫向、歆父子把先秦和当时的学术资料加以整理和编辑。这种工作当时称为校书。校书的成果是编了一部总目录,称为《七略》。名义上虽是一个目录,实际上是一部从先秦至当时的学术史。班固把《七略》抄下来作为《汉书·艺文志》。

《七略》是向、歆父子的第三期著作。它是在刘向死后由刘歆完成的,所以它的最后的面貌是刘歆所决定的。

刘歆和古文经学家所做的工作,是把孔丘从王还原为一个历史家、哲学家和教育家,从神还原为人。从表面上看起来,这不过是一个对于孔丘评价的问题。可是这种评价不是一般的评价。它的涵义是广泛的,影响是深远的。

因为这一还原,在《七略》中,孔丘所创始的儒家,就仅只是先秦十个学派中的一个,没有什么特殊地位。

这十个学派,《七略》认为都出于周朝的一个"王官"。这个说法,胡适称之为"诸子出于王官论",认为是不合于历史的事实。我过去也认为这种说法虽然不完全合乎历史事实,但也是"事出有因"。现在看起来,这个说法是不是合乎历史事实,固然是一个可以研究的问题。但是这个说法的本身就具有重大的历史意义。这个说法,明确地指出,先秦各个学派,包括孔丘的儒家在内,都是人的创造,是历史的产物,与"天"无关。这是用社会的原因解释社会的现象,这和孔丘"奉天命为王,为汉制法"的宗教学说是对立的。

春秋公羊学以孔丘"为汉制法"的名义,为中国封建社会制定了一套上层建筑。随着历史的发展,其本身也成为这一套上层建筑的一部分了。它的"天人感应"的学说以及孔丘"奉天命为王"的说法,都使它含有宗教的成分。谶纬特别扩大了这种成分。这就使孔丘几几乎成为教主,儒家几几乎成为儒教,以儒家思想为中心的中国封建文化,几几乎成为一种宗教文化。这种趋势在王莽的时期很显著。古文经学的运动对于今文经学的这种宗教成分,以及谶纬的宗教趋势,具有清除的作用。这就使中国的封建社会不同于欧洲的封建社会。中国的中古时期不同于西方的中古时期。刘歆是这个运动的一个主要推动者。

第七节　扬雄《太玄》中的唯物主义和辩证法思想

在西汉末年两派经学的斗争中,刘歆是起了积极作用的一个大学者,但是在自然观方面,他没有跳出神秘主义和宗教迷信的圈子。当时在自然观方面明确地打击神秘主义和宗教迷信的哲学家是扬雄(前53—18年)。他是西汉末年有名的文学家和哲学家,和刘歆是很密切的朋友。他的主要哲学著作是《太玄》和《法言》。这两部著作,都有唯物主义和无神论的倾向。

《太玄》在形式上是模仿《周易》的一部占筮的书。易传以《周易》中的卦爻为基础,提出了一个世界图式,企图用一些"象",包括所有的"道",以说明世界变化的法则。到了汉代,这种企图和阴阳五行家的学说结合起来,发展为"象数之学",提出了一套更加复杂的世界图式,说明世界的变化,如我们在上章所讲的那样。扬雄的《太玄》,可以说是汉代"象数之学"的一个改造。他批判地吸取了汉人讲《易》的许多说法,加入当时关于天文、历法的知识,创造了一个世界图式,从而和官方的正统哲学对立起来。

《太玄》中的"玄",相当《周易》中的"易"。照易传的解释,"易"是按二分法发展的。"易有太极,是生两仪;两仪生四象;四象生八卦。"(《周易·系辞》)《太玄》中的"玄"是按三分法发展的。"一玄都覆三方,方同九州,枝载庶部,分正群家。"(《太玄图》)"玄有一道,一以三起,一以三生。以三起者,方、州、部、家也。以三生者,参分阳气,以为三重,极为九营。是为同本离生,天地之经也。旁通上下,万物并也。九营周流,始终贞也。始于十一月,终于十月,罗重九行,行四十日。”(同上)这是说,一玄分而为三,名之为方,有一方,二方,三方,共为三方,这就是所谓“一玄都覆三方”。一方为天玄,二方为地玄,三方为人玄。所谓“夫玄者,天道也,地道也,人道也。兼三道而天名之。”(同上)三方又各分为三,名之为州,每方有一州、二州、三州,共为九州,这就是“方同九州”。每州又各分为三,名之为部,每州有一部、二部、三部,共为二十七部,这就是“枝载庶部”。每部又各分为三,名之为家,每部有一家、二家、三家,共为八十一家,这就是“分正群家”。以上这样的三分过程,就是“以三起”。

某方内的某州,某州内的某部,某部内的某家,《太玄》名为“首”,相当于《周易》的卦。《太玄》模仿《周易》的爻象,第一方,第一州,第一部,第一家,都用“—”表示;第二方,第二州,第二部,第二家都用“--”表示;第三方,第三州,第三部,第三家,都用“---”表示。每一首都由表示方、州、部、家的符号组成。例如,第一方,第一州,第一部的第一家,是所谓“中首”(☰);第一方,第一州,第一部的第二家,是所谓“周首”(☱)。这样的配合,共得八十一首。每首有“首辞”,相当于《周易》的卦辞。每首有九“赞”,相当于《周易》的爻辞。这样的配合,共有七百二十九“赞”。这里所用的数目,都是三和三的倍数,九、八十一等。这就是所谓“参分阳气,以为三重,极为九营”;这就是所谓“以三生”。扬雄认为,此一玄,三方,九州,二十七部,八十一家及其所构成的八十一“首”,及其中之七百二十九“赞”,就构成一个世界图式。他认为,这个图式是事物发展和运动的纲领,所以他说:“是为同本离末,天地之经也。”“同本离末”是说事物都是一个本源分化出来。分化以后的事物虽有不同,但又是互相联系。这就是所谓“旁通上下,万物并也”。扬雄认为,这个纲领也说明一年四时的变化。这就是所谓“九营周流,始终贞也”。

扬雄用易纬及孟喜、京房等的“卦气说”，以《太玄》的八十一首分配于一年四时中。他把一年四时的变化，分为九个阶段。每一个阶段，称为一“天”。共有九“天”。一为“中天”，二为“羡天”，三为“从天”，四为“更天”，五为“睟天”，六为“廓天”，七为“减天”，八为“沈天”，九为“成天”。(《太玄数》)每一阶段，分配九个“首”。每一阶段中的第一“首”名，即为这一阶段的“天”的代表。“中”为“首”名，其所代表的“天”为“中天”；羡为“首”名，其所代表的“天”为“羡天”。每“天”包括四十日，所谓“始于十一月，终于十月，罗重九行，行四十日”。这样，每一首主四天多，八十一首，主三百六十日。

扬雄解释说：“诚有内者存乎‘中’，宣而出者存乎‘羡’，云行雨施存乎‘从’，变节易度存乎‘更’，珍光淳全存乎‘睟’，虚中弘外存乎‘廓’，削退消部存乎‘减’，降坠幽藏存乎‘沈’，考终性命存乎‘成’。是故一至九者，阴阳消息之计邪？反而陈之，子则阳生于十一月，阴终十月可见也；午则阴生于五月，阳终于四月可见也。生阳莫如子，生阴莫如午。西北则子美尽矣，东南则午美极矣。”(《太玄图》)

照扬雄的这个说法，在一年的循环中，阳生于子(中首，十一月，冬至，正北方)，极盛于巳(四月，东南)。但其极盛的时候，也就是其开始衰微的时候，所以称为“终”，实际是至亥(十月，西北)才完全不发生作用。在阳气开始衰微时，它的对立物，阴气，就开始发生作用。阴生于午(应首，五月，夏至，正南方)，极盛于亥(十月，西北)。在阴气极盛的时候，也就是其开始衰微的时候，所以称为“终”，实际是至巳(四月，东南)才完全不发生作用。在阴气开始衰微的时候，它的对立物，阳气，就开始发生作用，阳又“生于子”。西北是阴气最盛的方位；东南是阳气最盛的方位。所谓“阴酋西北，阳尚东南”。(《太玄图》)

照这个说法，从天玄第一首(中首)到人玄最后一首，即第八十一首(养首)，是一个阴阳二气消长的循环过程。一年中间，万物的兴衰，主要由于阴阳二气的消长。第一首(中首)表示阳气将要发生作用,“阳气潜萌于黄宫,信无不在其中”。这就是说,阳气潜存于地中,万物将要生长。到第十三首(增首),“阳气蓄息,物则增益,日宣而殖”,就是说,万物都因而成长。到第三十六首(强首),“阳气纯刚乾乾,万物莫不强梁”,就是说,一年中万物在这个时期最强大。到第四十一首(应首),阳气衰退,阴气又开始发动了,“阳气极于上,阴信萌乎下”。到第四十九首(逃首),万物将要消亡,“阴气章强,阳气潜退,万物将亡”。到第七十八首(将首),阴气的使命完成,阳气又要回复了。“阴气济物乎上,阳信将复始乎下”。扬雄的这个说法,也是认为阴阳二气平等地发生作用,与董仲舒的说法不同。这个说法基本上是《淮南子》的说法,但在阴阳消长运行的时间和方位的问题上,稍有差异。

扬雄说:“鸿本五行,九位重施,上下相因,丑(类)在其中。”(《太玄莹》)这是说,太玄的八十一首的次序不仅表示阴阳的消长,也表示五行的生剋。照这个说法,世界的变化,不仅是阴阳二气消长的表现,也是按照五行的机械的性能进行。显然,这样的世界图式,是和官方的宗教神秘主义的目的论的体系相对立的。这个图式表明,世界不是按着“天”的意志而发展,而是取决于阴阳、五行等物质力量的对比。这个图式和当时的天文历算的知识有密切的联系。扬雄说:“阴质北斗,日月畛营,阴阳沈交,四时潜处,五行伏行。六合既混,七宿轸转,驯幽推历,六甲内驯。九九实有,律吕孔幽,历数匿纪,图象玄形,赞载成功。”(《太玄图》)他认为,这八十一首的太玄图式,是当时的历法和音乐理论的一个总结。

扬雄在他的世界图式中,也沿用阴阳五行家的说法,为五行及其生数和成数,规定了时间和方位。他说:“三、八为木,为东方、为春。……四、九为金,为西方,为秋。……二、七为火,为南方,为夏。……一、六为水,为北方、为冬。……五、五为土,为中央,为四维。”(《太玄数》)因此,在每“天”的九首中,第一首、第六首为水,第二首、第七首为火，其余以次配合。在每“首”的九赞中，第一赞、第六赞为水，第二赞、第七赞为火，其余以次配合。扬雄把这些数目的排列，编为一个歌诀。歌诀说：“一与六共宗，二与七并明，三与八成友，四与九同道，五与五相守。”（《太玄图》）这个排列，后人以图表之如下：

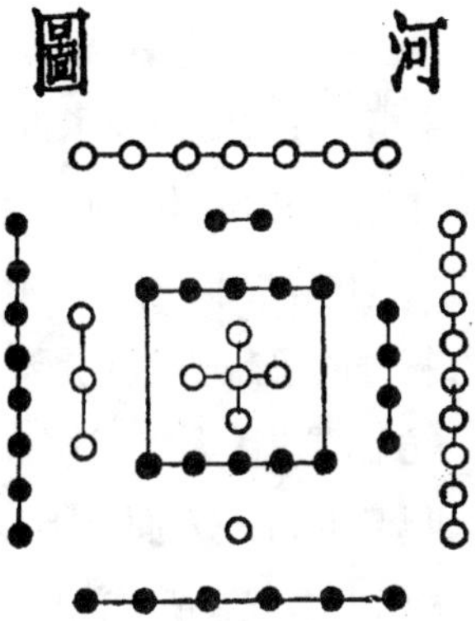

这就是后来宋朝的刘牧所谓《洛书》，朱熹所谓《河图》。不过《河图》于中央又加了五个白圈，这就完成了易传所谓“天地之数”。照《河图》的排列，每一方面都表示五行的“生数”和“成数”。下面的两排，即所谓“天一生水，地六成之”。上面的两排，即所谓“地二生火，天七成之”。左边的两排，即所谓“天三生木，地八成之”。右边的两排，即所谓“地四生水，天九成之”。中央的三排，即所谓“天五生土，地十成之”。通共加起来，就成为《系辞》所谓“凡天地之数五十有（又）五，所以成变化而行鬼神也”。照易传的说法，这些数目及其排列有极大的神秘的意义。扬雄也不否认这一点。

扬雄说：“五行迭王（旺），四时不俱壮。……南北定位，东西通气。万物错离乎其中。”（《太玄告》）这是说，在以五行为支柱的时间和空间的世界图式中，万物错综地生于其中。扬雄接着说：“玄一德而作五生，一刑而作五剋。五生不相殄。五剋不相逆。不相殄乃能相继也，不相逆乃能相治也。相继则父子之道也,相治则君臣之宝也。”(同上)这是说,五行相生是“玄”的“德”的表现;五行相剋是“玄”的“刑”的表现。他认为,五行相生,所以能相继,这是父子之道;五行相剋,所以能相治,这是君臣之道。这些说法没有完全摆脱董仲舒的影响。

扬雄把《太玄》的八十一首,分配于四时变化之中;这是本于孟喜、京房及易纬的“卦气”之说。但孟喜、京房及易纬认为四时的变化,由于六十四卦发生作用(“用事”);这就倒向了唯心主义。扬雄认为,八十一首的排列和分配,只是摹拟和说明四时的变化。在四时变化中发生主要作用的是阴阳、五行,不是八十一首;八十一首只是阴阳、五行运行过程中的标志。因此,扬雄的思想基本上是唯物主义的。

扬雄所讲的“玄”,一方面是指《太玄》这部书所说的哲学体系,也就是上面我们讲的那个世界图式;一方面是指他认为是天地万物的根本。他所认识的这个根本相当于道家所说的“道”,“玄”这个名词也是从《老子》第一章来的。

扬雄所说的“玄”是精神性的实体,还是物质性的实体,他没有明确的说明。但是,就他的整个体系看起来,他所说的“玄”,相当于当时流行的思想所说的元气。扬雄说:他的《太玄》“深者入黄泉,高者出苍天,大者含元气,细者入无间”(《解嘲》,见《汉书·扬雄传》)。这是就他的《太玄》思想体系说。他认为这个体系包括“元气”。又说:“其上也县天,下也沦渊,纤也入藏,广也包軫。”(《太玄攡》)扬雄认为宇宙间最根本的东西,就是元气。扬雄又说:“驯乎玄,浑行无穷正象天,阴阳坒参。”(《玄首总序》)他又说:“玄者,幽攡万类而不见其形者也。资陶虚无而生乎,规擱神明而定摹,通同古今以开类,攡措阴阳而发气。一判一合,天地备矣。天日回行,刚柔接矣。还复其所,终始定矣。一生一死,性命莹矣。”(《太玄攡》)照这些话看起来,扬雄所说的玄,就是元气。照扬雄的说法,玄本身“不见其形”,似乎是“虚无”,但是从其中分化出阴阳,所谓“攡措阴阳而发气”。阴阳一判一合,就成为天地。他还认为"玄"是"浑行无穷"的。它的"浑行"主要的就是"一判一合"。万物都是气之聚。气聚,就"玄"说,就是判,就是一物之始。气散,就"玄"说,就是合,就是一物之终,也就是"还复其所"。这是一种循环的运动。扬雄认为,天体的运行和四时的变化,也是一种循环的运动,所以说"正象天"。

扬雄又说:"莹天功,明万物之谓阳也;幽无形,深不可测之谓阴也。阳知阳而不知阴,阴知阴而不知阳。知阴知阳,知止知行,知晦知明者,其唯玄乎。"(《太玄摛》)这是说,玄非阴也非阳,而是阴阳两个对立面的统一体,就气说,即是阴阳二气混沌未分的统一体。不过,这一点,他并没有明确地表达出来。他认为阳气起主导的作用,所以说:"以一阳乘一统,万物资形。"(《玄首总序》)

扬雄又说:"玄者,神之魁也。天以不见为玄,地以不形为玄,人以心腹为玄。天奥西北,郁化精也;地奥黄泉,隐魄荣也;人奥思虑,含至精也。"(《太玄告》)照这一段话看起来,扬雄所说的"玄",又特别是"精气"。他也是继承先秦稷下黄老学派和《淮南子》的说法,认为人所有的精气,是从天来的,人所有的形气,是从地来的;从天得来的精气,成为人的魂,从地得来的形气,成为人的魄。人所以能够思虑,因为人的形体中包含有精。扬雄又说:"故夫抽天下之蔓蔓,散天下之混混者,非精其孰能之?"(《太玄莹》)照扬雄的这些论断看起来,他的关于"玄"的思想也是稷下黄老学派和《淮南子》中的唯物主义哲学思想的继续。

从以上这些材料看,扬雄所讲的作为世界始基的"玄",是一种物质性的实体,实际上是汉代流行的元气说的一种。扬雄《檄灵赋》说:"自今推古至于元气始化。"又说:"太易之始,太初之先,冯冯沉沉,奋抟无端。"(《太平御览》卷1引)可见扬雄认为,"元气始化"是世界的开始。

和当时的元气说比起来,扬雄所讲的"玄",有自己的特点。扬雄不像《淮南子》系统所说的那样,在元气以前,还有一个虚空的世界,而认为“玄”是最根本的。他说:“嘘则流体,唫则凝形。是故阖天谓之宇,辟宇谓之宙。”(《太玄摛》)“嘘则流体”是说,阳气主发散,成为天体而转动;“唫则凝形”是说,阴气主收敛,成为大地而定形。“阖天”,是说容纳盖复天地,这就叫做宇;“辟宇”,是说天地有了开端,这就叫做宙。照他这样解释,宇宙和天地是联系在一起的,有了天地,也就有了宇宙,而天地又是从玄(元气)中分化出来的。这就肯定了气的永恒性,和《淮南子》的“虚霩生宇宙,宇宙生元气”的说法不同。和纬书的系统比较起来,扬雄所说的“玄”,并没有意志,也没有喜怒哀乐等情感。他所说的气或元气并不是人格神,也不是“天皇大帝”吐出来的东西。还可以看出,扬雄认为,玄产生天地万物,但又存在于天地万物之中,不离开天地万物。从以上几点看,他的哲学体系基本上是唯物主义的,虽然他对“玄”的描述夹杂一些神秘的辞句。

扬雄的认识论也有反映论的因素。他很强调摹拟。他说:“上索下索,遵天之度。往述来述,遵天之术。无或改造,遵天之丑(类)。棿拟之天元。”“上拟诸天,下拟诸地,中拟诸人。天地作函,日月固明,五行该丑(类),五岳宗山,四渎长川,五经括矩。天违,地违,人违,而天下之大事悖矣。”(《太玄棿》)这是说,客观世界有天地、日月、五行、山川等存在;天地有其自己的规律(“度”、“术”);日月有其固有的光明。《太玄》摹拟这些客观的情况,不敢改变(“无或改造”)。如果一个哲学的著作或一个政治的措施,与“天违、地违、人违”,那就非碰壁不可(“天下之大事悖矣”)。

扬雄认为著作的对象就是自然。他说:“夫作者贵其有循而体自然也。其所循也大,则其体也壮;其所循也小,则其体也瘠。其所循也直,则其体也浑;其所循也曲,则其体也散。故不擢所有,不强所无。譬诸身,增则赘而割则亏。故质榦在乎自然,藻华在乎人事人事(司马光校,人事二字衍)也,其可损益欤?”(《太玄莹》)这就是说,真正的著作必须对客观世界有所遵循,对于事物本来的样子(“自然”)有所体会。对于客观事物不能有所增加,也不能有所减少。扬雄的这种见解,在一定程度上,认识到哲学思想或文学创作的方法,主要在反映客观现实。这是一种唯物主义的态度。但是照他这样简单的说法,所反映的可能仅只是客观事物的表面现象。真正的哲学更需要深入现象,反映事物的本质。真正的哲学不但要摹拟客观世界,也不但要说明客观世界,更重要的是要改造客观世界。这是扬雄所不能,也不可能见到的。

扬雄说:“观大易之损益兮,览老氏之倚伏,省忧喜之共门兮,察吉凶之同域。”(《太玄赋》,见《古文苑》)这是扬雄对于古代辩证法思想的了解。他和《易传》、《老子》一样,特别对于对立面互相转化的规律,有一定程度的认识。上面讲过,他认为,一年四时的变化是由于阴阳的盛衰。他说:“阳不极则阴不萌,阴不极则阳不牙;极寒生热,极热生寒;信(伸)道致诎,诎道致信(伸)。”(《太玄摛》)如上面所讲的,他把一年四时的变化,分为九个阶段,一至九是“阴阳消息之计”。

扬雄认为,这是自然界的规律,也是人事的规律。他认为人的每一个行事也可以分为九个阶段。他说:“故思心乎一,反复乎二,成意乎三,条畅乎四,著明乎五,极大乎六,败损乎七,剥落乎八,殄绝乎九。生神莫先乎一,中和莫盛乎五,倨剧莫困乎九。夫一也者,思之微者也;四也者,福之资者也;七也者,祸之阶者也;三也者,思之崇者也;六也者,福之隆者也;九也者,祸之穷者也。二、五、八,三者之中也,福则往而祸则承也。”(《太玄图》)这是说,人有所作为,在第一段为起念,在第二段为考虑,在第三段为有一定的意志,至第四段则“条畅”而发于行事,至第五段则“著明”而得相当的成功;这是所谓“福”,至第六段则“极大”而得“福之隆”;但事至此已发展至于极端,所以第七段即“败损”而为“祸之阶”。若再进至第八第九段,则“剥落”、“殄灭”而为“祸之穷”。

扬雄又申言说:“自一至三者,贫贱而心劳;四至六者,富贵而尊高。七至九者,离咎而犯菑。五以下作息,五以上作消。数多者见贵而实索,数少者见贱而实饶。息与消糺,贵与贱交。福至而祸逝,祸至而福逃。幽潜道卑,亢极道高。”(《太玄图》)这就是说,在事物发展的九段中,第五段是一个分水岭。五以前是生长(“作息”),五以后开始转化向消灭(“作消”)。从五至九是“数多”,表面上看起来好像占有利的地位,但其实是个空架子。这是事物在走下坡路阶段的情况。从一至五是数少,表面上看起来好像占不利的地位,但其实是很充实。这是事物在上升阶段的情况。“息”和“消”,“贵”和“贱”,是经常纠缠在一起的。扬雄对于对立面的“互相倚存,互相渗透”的规律,有一定程度的认识。但是《老子》说:“祸兮福之所倚,福兮祸之所伏。”(第五十八章)这就是《太玄赋》所说的“老氏之倚伏”。扬雄在这一点上没有超过《老子》的范围。“福至而祸逝”,是说祸转化为福;到福至的时候,原来的祸就没有了“祸至福逃”是说福转化为祸;到祸至的时候,原来的福就没有了。“幽潜”和“亢极”,“高”与“卑”的互相转化也是如此。扬雄的这种认识是抽象的,也没有讲到祸福的转化需有一定的条件。本来“老氏之倚伏”也是抽象的。

扬雄哲学中的辩证观点,更多地来于《易传》。从他继承《易传》这方面看,有些地方超过了《老子》。关于事物的发展和变化,扬雄说:“其动也日造其所无而好其所新,其静也日减其所有而损其所成。”(《太玄摛》)这里讲到运动和静止的关系。他认为,事物的运动可以每天创作出过去未曾有过的新的东西,而静止却使事物每天丧失自己原有的东西而走向衰亡。这个观点是《易传》的“日新之谓盛德”,“生生之谓易”的思想的一个发展。《老子》讲运动和变化,最后归结到静止,所谓“归根曰静”。扬雄所注意的是事物的不断更新,这就大大超过了《老子》。扬雄还认为事物在变化的过程中有继承(因),也有变革(革)。他说:“夫道有因,有循,有革,有化。因而循之,与道神之;革而化之,与时宜之。故因而能革,天道乃得;革而能因,天道乃驯。夫物不因不生,不革不成。故知因而不知革,物失其则;知革而不知因,物失其均。革之匪时，物失其基；因之匪理，物丧其纪。”（《太玄莹》）“因”和“革”是对立的，在事物变化的过程中，都是不可缺少的。就一年四季的变化说，春天是承继冬天而来，不是凭空出现的；这是“因”。但春天和冬天毕竟是两个不同的气节，春天又是对冬天的否定；这就是“革”。有“革”而无“因”，事物不能发生；有“因”而无“革”，事物没有发展。这就是所谓“不因不生，不革不成”。扬雄认为，“因”和“革”，都要合乎自己的规律。“革”要合乎“时”，“因”要合乎“理”，这样，事物就可以顺利发展。在这里，扬雄没有提到“时”和“理”的具体内容，所以，这还是一种抽象的说法。但是，他看到“因”和“革”的辩证关系，认为，这是事物发展的一个规律。这是对《易传》的“革之时大矣哉”的思想的一个发展。

上面说过，扬雄认为一个作者所要模拟的对象，应该是客观存在。但是他自己却没有做到这一点。他的《太玄》所模拟的是《周易》，但有一个重要的不同。《周易》讲到“易”的发展，用的是二分法；《太玄》讲“玄”的发展，用的是三分法，方、州、部、家，都是用三分法生出来的。刘歆说：“太极元气涵三为一。”这也是三分法。刘歆用三分法，把这个主题发展成为三统历。扬雄好像是用《周易》的形式把这个主题发展成为一个系统。这个主题究竟是来自刘歆或来自扬雄，可以作进一步的研究。但是他们二人都在讲这个主题，这却是很明显的。

刘歆所说的三统包括天统、地统、人统。扬雄所说的玄，也分为三玄：天玄、地玄、人玄。所谓“涵三为一”那个“三”，似乎就是指天、地、人。上面说过，古文经学的胜利，使中国的封建社会不同于欧洲的封建社会，中国历史的中古时期不同于西方历史的中古时期。一个重要的不同，就是欧洲的封建社会，是由天（“上帝”）统治的。中国的封建社会则不那么尊重天，西方历史的中古时期是宗教的时期，中国历史的中古时期，则不是如此。刘歆说：“人者，继天顺地，序气成物，……以终天地之功，……《书》曰：‘天功人其代之。’”（《汉书·律历志》）这就是说，人的作用是创造自然界本来没有的东西，以完成天所不能完成的工作。

第八节 扬雄的《法言》

扬雄模仿《周易》而作《太玄》。他还作了一部模仿《论语》的书，名《法言》。在这部书里他也体现了古文经学的精神。

扬雄认为孔丘是最大的圣人；孔丘的经典，是最主要的经典。他说："舍舟航而济乎渎者，末矣。舍五经而济乎道者，末矣。"又说："山崄之蹊，不可胜由矣；向墙之户，不可胜入矣。曰：恶由入？曰：孔氏。孔氏者，户也。"（《法言·吾子》）但是扬雄不谈孔丘"受天命"为王，更不谈孔丘是什么"帝"之子。照扬雄所描写的，孔丘也只是一个人。孔丘的知识也是从学习得来的。扬雄说："孔子，习周公者也。"（同上）又说："仲尼潜心于文王，达之。"（《法言·问神》）扬雄认为孔子在文化方面，继承了文王、周公的传统。这正是古文经学家的说法。这与今文经学家孔丘"受天命为王"的说法和纬书孔丘是"黑帝之子"的说法，是对立的。

对于老聃，扬雄说："老子之言道德，吾有取焉耳。及槌提仁义，绝灭礼学，吾无取焉耳。"（《法言·问道》）至于先秦别的诸家，他说："庄杨荡而不法，墨晏俭而废礼，申韩险而无化，邹衍迂而不信。"（《法言·五百》）扬雄对于先秦各家思想，从他的观点，作了批判的继承。在自然观方面，他主张天道无为而自然，在一定程度上，继承道家的老聃；但在社会思想方面，抛弃了道家的消极无为的思想，基本上继承儒家的孔丘。

扬雄反对当时的宗教迷信。他说："神怪茫茫，若存若亡，圣人曼云。"（《法言·重黎》）又说："或曰：甚矣传书之不果也。曰：不果则不果矣，又（原作人，依汪荣宝校改）以巫鼓。”（《法言·君子》）传书不果，就是传书不实，不但不实，又加上巫鼓。这是扬雄对于当时的神秘主义思想和宗教迷信的明确的批判。

关于天命，扬雄说：“屈人者克，自屈者负。天何故哉？”（《法言·重黎》）这是说，统治阶级争夺政权的成败，与天命无干。他说：“或问黄帝终始，曰：托也。……夫欲仇（司马光云：即售字）伪者必假其真”。（同上）司马迁说：“余读牒记，黄帝以来，皆有年数，稽其历谱牒，终始五德之传。”（《史记·三代世表》）所谓“黄帝终始”即“五德转移”的神秘的历史循环论。扬雄指出，这是假托伪造出来以骗人的。关于神仙方术的迷信，他批判说：“有生必有死，有始必有终，自然之道也。”（《法言·君子》）这是说，有生命的东西一定要死亡，这是自然的规律；这就驳斥了追求长生不死的迷信。

扬雄强调后天学习的重要。他说：“学者，所以修性也。视、听、言、貌、思，性所有也。学则正，否则邪。”（《法言·学行》）他又特别重视验证，他说：“君子之言，幽必有验乎明，远必有验乎近，大必有验乎小，微必有验乎著。无验而言之谓妄。君子妄乎？不妄。”（《法言·问神》）这些思想都是有唯物主义精神的。

扬雄依据“因”和“革”同样重要的理论，也讨论了对于古代文化的继承问题。他说：“或问，道有因无因乎？曰：可则因，否则革。”又说：“或问新敝，曰：新则袭之，敝则益损之。”（《法言·问道》）这是说，对于古代的东西，应该有继承（“因”），也应该有变革（“革”）。

抽象地讲是如此，实际上他还是要继承儒家所谓“周礼”。他说：“或问，其有继周者，虽百世可知也。秦已继周矣，不待夏礼而治者，其不验乎？曰：圣人之言，天也。天妄乎？继周者未欲太平也。如欲太平也，舍之而用他道，亦无由至矣。”（《法言·五百》）这些话，看起来很简略也很平常，但是在当时具有很大的斗争的意义。这里讲历史的因革，是从历史本身讲的，讲继承，也是在社会范围内讲的。扬雄不把历史的发展和所谓“三统”、“五德”联系起来,也不把社会的“太平”和所谓“天意”、“天志”联系起来。他也认为,秦朝的灭亡是由于不用儒家,但是他不承认继周而王的不是秦而是孔丘。这就是古文经学的说法,和今文经学的说法是对立的。

第九节 桓谭对形、神关系的唯物主义见解及其反对神秘主义的斗争

跟刘歆、扬雄同时的唯物主义思想家,还有桓谭。范晔说他“能文章,尤好古学。数从刘歆、扬雄辩析疑异”(《后汉书·桓谭传》)。所说“古学”即古文经学。他著有《新论》二十九篇。现全书不存,仅有辑本(以下引文,据严可均《全两汉文》辑本)。

王莽制造了一些谶语作为夺取汉朝政权的一种工具。后汉光武帝也制造了一些谶语作为他自己推翻王莽恢复汉朝政权的一种工具,成功以后,还继续用谶作为统治的工具。桓谭反对说:“观先王之所记述,咸以仁义正道为本,非有奇怪虚诞之事。……今诸巧慧技数之人,增益图书,矫称谶记,以欺惑贪邪,诖误人主。”(《后汉书·桓谭传》)他又在光武帝面前“极言谶之非经”。光武帝大怒,说他“非圣无法”,几乎将他斩首。

他和扬雄一样,对两汉之际的神秘主义思潮作了批判。他反对将孔丘和儒家典籍神秘化,他说:“谶出河图、洛书,但有兆朕而不可知。后人妄复加增依托,称是孔丘,误之甚也。”(《新论·启寤》)他也驳斥了汉代流行的目的论,认为自然界中某些动植物彼此伤害,并不是体现什么上天的意志。他说:“譬若巴豆毒鱼,巩石贼鼠,桂害獭,杏核杀猪,天非故为作也。”(《新论·祛蔽》)“天非故为作”,就是说,这并不是出于天的有意识、有目的的安排。

桓谭的比较突出的贡献，是他对于精神和肉体的关系的见解。当时的统治阶级中，有许多人都有关于神仙和长生的迷信。桓谭认为长生不死是不可能的。他说："精神居形体，犹火之然烛矣。如善扶持，随火而侧之，可毋灭而竟烛。烛无，火亦不能独行于虚空，又不能复然其灺，灺犹人之耆老，齿堕发白，肌肉枯腊，而精神弗为之能（当作"弗能为之"）润泽，内外周遍，则气索而死，如火烛之俱尽矣。"（《新论·形神》）他说"精神居形体"这是继承先秦稷下黄老学派的精气说，认为形体好像一所房子，精气住在里面，成为人的精神。但是他用了一种新的比喻，说明精神与肉体的关系。从这种比喻看来，他对于这个问题的见解，比稷下黄老学派和《淮南子》又前进了一步。稷下黄老学派认为精气和形气，是两种东西，可以合，也可以离。《淮南子》也没有完全超过这种二元论的见解。桓谭的火烛之喻，说明精神是依附肉体的。他明确地说，如果没有烛，"火亦不能独行于虚空"，也不能把烛的余烬再燃烧起来（"又不能复燃其灺"）。到后来"火烛俱尽"，就是说，肉体不存在，精神也不存在。精神对于肉体的这种依附关系，是桓谭最先明确地提出来的。但是桓谭的这个唯物主义的见解还是不够彻底，没有完全摆脱精气说的残余影响。到后来又为佛教所利用。

桓谭还讨论生死问题。他说："又草木五谷，以阴阳气生于土，及其长大成实，实复入土，而后能生。犹人与禽兽昆虫，皆以雄雌交接相生。生之有长，长之有老，老之有死，若四时之代谢矣。而欲变易其性，求为异道，惑者之不解也。"（《新论·形神》）这是说，生、长、老、死，是一个新陈代谢的过程，企求长生不死，是和生命的规律相违背的。

桓谭虽反对谶，但对于"天人感应"还有一定的信仰。他一方面认为"灾异变怪，天下所常有，无世而不然"；一方面又认为，有了灾异，也应该"内自省视，畏天威"，才能使"祸转为福"（《群书治要》引）。他还是没有完全跳出当时的神秘主义、宗教迷信的圈子。

第十节　王充对刘、扬、桓的评价

刘歆、扬雄、桓谭,三个人都是很密切的朋友。他们也都是当时的科学家,对于天文、历法都有自己的贡献。

三人之中,刘歆在关于历史的问题上,扬雄在关于自然的问题上,桓谭在关于形、神关系的问题上,都有一定进步的或唯物主义的见解,给当时神秘主义和宗教迷信以很大的打击。

王充对于刘、扬、桓三人,都有很高的评价。他说:"近世刘子政父子(刘向、刘歆),扬子云(扬雄),桓君山(桓谭),其犹文武周公并出一时也。""扬子云作《太玄》,造于助(当作眇)思,极窅冥之深,非庶几之才,不能成也。……《新论》论世间事,辩照然否,虚妄之言,伪饰之辞,莫不证定。"(《论衡·超奇》)

王莽是当时最大的谶语符命制造者。他用谶语符命制造谣言,作为政治武器,一步一步地篡夺了汉朝的政权。在他篡位以后,刘歆做了新朝的"国师"。扬雄也写了一篇"剧秦美新"的文章献给王莽,歌颂他的"受命"。他们的这些行动跟他们的古文经学的学术立场是相反的。这是一个问题,但是王充还是把他们和桓谭并列,予以很高的评价,并不因他们在行动上的错误而否定他们在学术上的成就和地位。凭借王充的权威,本书对于这个问题也就不深论了。

第三十三章

王充——两汉时代最大的无神论者和唯物主义哲学家

第一节　今文经学的反攻和白虎观会议

两汉之际是谶纬最盛行的时期。当时有一个谶记名为《河图赤伏符》。这条谶记说:"刘秀发兵捕不道,四夷云集龙斗野,四七之际火为主。"据说刘歆企图应这个谶记,改名为刘秀。他是不是因为这个谶记而改名,这就无可考证,也不必考证。不过当时确有一个真的刘秀,他就是后汉的光武帝。他以汉朝宗室的身份,凭借当时农民大起义的威力,推翻了王莽,恢复了汉朝。他应了这个谶语,其实这个谶语就是那些拥护他的人所造出来的。

王莽建立"新"朝,以图谶为其夺取政权的一个工具。刘秀也利用图谶夺取政权。他得了政权以后,于公元 25 年"宣布谶记于天下"(《后汉书·光武帝纪》)。以是年为建武元年,正式肯定了图谶在官方统治思想中的地位。

上章说过,汉宣帝所召开的石渠阁会议是公羊春秋被贬的开始。

过了一百多年,建初四年(79 年),汉章帝又在白虎观召集了一个会议,"讲议五经同异"。这次会议的规模比石渠会议大得多。参加的人不仅有"诸儒",还有"诸生",还有很多的官僚。汉章帝还亲自参加。

会议连续开了几个月,遗留下的文件,有《白虎议奏》和《白虎通义》。《白虎议奏》大概像《石渠议奏》,专论一经。《白虎通义》是通论五经的,如石渠会议的《五经杂议》。《白虎通义》亦名《白虎通德论》,是班固整理编辑的(据孙诒让《白虎通义考》,《述林》卷四)。《白虎议奏》现不存在,存在的只有《白虎通义》。

白虎观会议和石渠会议,虽都是关于经学的会议而意义不同。石渠会议中的主要斗争是公羊和穀梁两家的斗争。这是今文经学内部的斗争。白虎观会议的目的,在于重整今文经学,以反对古文经学。这有唯物主义和唯心主义斗争的意义。

白虎观会议把今文经学,特别是董仲舒的神秘主义、唯心主义的哲学体系,重新加以肯定。《白虎通义》就形式看,是一部今文经学的辞典或百科全书;就内容说,是《春秋繁露》和《纬书》的复制品,不过是在有些小节上,加了一些更加穿凿附会的荒谬的说明。白虎观会议企图使以董仲舒的神秘主义和唯心主义为主的官方哲学重振旗鼓。这是对西汉末以来农民起义的一个反动,是唯心主义哲学思想向唯物主义哲学思想的一个反击。

正在官方经学和唯心主义阵营努力加强其地位的时候,唯物主义哲学阵营里出了一个大哲学家——王充。他的哲学体系完整,斗争性极强。在两汉思想斗争的战线上,他是唯物主义阵营的主将,他的哲学体系是董仲舒的哲学体系的对立面。

第二节　王充的家世和著作

王充的主要著作就是《论衡》。照汉朝著作家的习惯,《论衡》的最后的一篇,就是作者的自传,题目叫《自纪》。在这一篇里,王充叙述他的家世,列举他的许多著作的名目,并且说明他所以写这些著作的原因和意图。

照《自纪》篇所说，王充（27—104 年），字仲任，会稽上虞人（今浙江上虞）。他的老家本来在魏郡元城（今河北大名）。他的先祖从军有功，封在会稽阳亭做一个小封建主，可是只有一年，就失去封爵。因此就在当地落户，“以农桑为业”。他的祖父做过小商贩，迁往钱塘，后来又迁往上虞。

王充经过很大的努力，成为知识分子。封建社会的知识分子都是以做官为最终目的。王充只做过本地方的下级官吏，后来下级官吏也不能做了，就回家从事研究和著作。到老年，他还是“贫无一亩庇身，贱无斗石之秩”。

他的家世和他本身的社会地位，在当时都是受鄙视的。《自纪》篇说：“充细族孤门。或啁之曰：‘宗祖无淑懿之基，文墨无篇籍之遗，虽著鸿丽之论，无所禀阶，终不为高。夫气无渐而卒至曰变，物无类而妄生曰异，不常有而忽见曰妖，诡于众而突出曰怪。吾子何祖？其先不载。况未尝履墨涂，出儒门。吐论数千万言，宜为妖变，安得宝斯文而多贤？’”这一段话，充分反映了当时豪族强宗的阶级偏见。照这个说法，“细族孤门”应该永远是“细族孤门”，如果其中出了特殊的人物，那就如同妖怪一样，应该打击、反对。

王充的家世有任侠的传统，与豪族强宗斗争。他的曾祖父“勇任气，卒咸不揆于人。岁凶，横道伤杀，怨仇众多”。他的父亲和伯父“在钱塘勇势凌人，未复与豪家丁伯等结怨”。他家屡次迁移就是因为和当地豪族强宗斗争而受迫害的缘故。王充继承了他家的传统，继续与豪族强宗作斗争。不过他所凭借的不是勇气，而是哲学思想。他所用的武器不是刀而是笔。他用他的笔写出他的批判和反抗豪族强宗当权派的哲学思想，反映“细族寒门”即不当权派地主阶级的意识。

按照《自纪》篇的叙述，王充的著作很多。他的早期著作有《讥俗节义》12 篇，对于当时风俗的某些情况作了批判。又作《政务之书》，讨论当时政治上的一些问题。在这两部著作之后,他就作出他的主要的哲学著作《论衡》。到晚年,他又作《养性之书》16篇,讲一些保养身体的理论方法。

王充的四部著作,现在存在的只有《论衡》。现存的《论衡》照目录是85篇,其中有一篇缺了。可能于85篇之外,还有丧失的。

王充叙述他的著作的目的和研究情况说:"淫读古文,甘闻异言。世书俗说,多所不安。幽处独居,考论实虚。"(《自纪》)他的这种精神,集中表现在《论衡》这部著作里。王充说:"诗三百,一言以蔽之曰:思无邪。《论衡》篇以十数,亦一言也,曰:疾虚妄。"(《论衡·佚文》,以下只注篇名)。又说:"又伤伪书俗文多不实诚,故为《论衡》之书。"(《自纪》)又说:"故作实论,其文盛,其辩争,浮华虚伪之语,莫不澄定。"(同上)王充所说的"实",即实际或事实。他以"实"为根据,对于当时的宗教迷信、神秘主义和唯心主义等虚伪的言论,提出尖锐的批判。他的斗志是旺盛的,辩论是激烈的,这就是他所说的,"其文盛,其辩争"。

王充又说:"《论衡》细说微论,解释世俗之疑,辩照是非之理,使后进晓见然否之分。"(《对作》)他对于当时的虚伪言论,非常愤怒。他说:"是反为非,虚转为实,安能不言?"又说:"世间书传……浮妄虚伪,没夺正是。心溃涌,笔手扰,安能不论?论则考之以心,效之以事,浮虚之事,辄立证验。"(同上)王充的精神是唯物主义的和批判的;他的书的名字就表示这种精神。"衡者,论之平也。"(《自纪》)"故论衡者,所以铨轻重之言,立真伪之平。"(《对作》)"衡"字本义是天平;"论衡"就是评定当时言论的价值的天平。它的目的是:"冀悟迷惑之心,使知虚实之分。"(同上)

王充本着"疾虚妄"的精神,不仅批判今文经学,而且对于"经"的本身也表示怀疑。他说:"儒者说五经多失其实。"(《正说》)又说:"经之传不可从,五经皆多失实之说。"(同上)王充指出,当时的人以五经为是非的标准。"使言非五经,虽是不见听。"王充指出,如果五经真是出于孔门,一直是完整无缺,情犹可说。可是,五经经过秦朝的禁、烧,都是残缺不全的,各家的编排注释,“不知何者为是”。至于诸子之书,并没有受过这种灾难“秦虽无道,不燔诸子”,“文篇具在”。“由此言之,书亦为本,经亦为末。末失事实,本得道质。”“知屋漏者在宇下;知政失者在草野;知经误者在诸子。”(《书解》)董仲舒主张“罢黜百家”。刘歆认为,诸子都是六艺的支流。这是说,儒家的“经”是本,诸子之书是末。这已经是对于董仲舒的主张持不同意见了。王充更进一步说,从某种意义说,“经”也可以是末,诸子之书也可以是本。末讲的不合事实,本讲的合乎真理。他比喻说,只有在屋顶下的人才能感觉到屋漏,只有在草野的人,才能知道政治的过失,只有依靠诸子之书,才能纠正“经”的错误。他不但敢于把儒家的“经”从宝座上拉下来,使与诸子之书并列,而且还要以诸子之书纠正“经”的错误。他把这种主张同“知屋漏者在宇下,知政失者在草野”并列,这说明岁时“细族寒门”是受“士族豪门”压抑的。这些地主阶级不当权派,居于“士族豪门”的“宇下”,对于当权派来说,也是“草野之人”。这种受压抑之感,在思想战线上表现为“知经误者在诸子”的主张。

第三节　王充的天文学

关于“天”的问题,是汉代哲学中的一个主要问题。官方哲学家董仲舒等,正是围绕“天”,宣传“天人感应”的神秘主义和唯心主义的哲学思想。为了解决这个问题,王充当时在《论衡》中宣传了大量的天文学知识。

王充认为,所谓“天”应该就是天文学中所讲的天,宗教所讲的有人格、有意志的“天”是不存在的;唯心主义哲学所讲的有目的的、有意识的、有道德属性的“天”也是不存在的。他根据当时天文学的成就说明他所了解的天的性质。

当时天文学中,关于“天体”的学说,主要有三家。第一家叫“盖天”,第二家叫“宣夜”,第三家叫“浑天”。照盖天家的说法,“天似盖笠,地法复槃。天地各中高,外下。北极之下,为天地之中;其地最高而滂沱四隤”(《隋书·天文志》)。

照宣夜家的说法,“天了无质,仰而瞻之,高远无极,眼瞀精绝,故苍苍然也。譬之旁望远道之黄山而皆青,俯察千仞之深谷而窈黑。夫青非真色,而黑非有体也。日月众星,自然浮生虚空之中,其行其止,皆须气焉。是以七曜或逝,或住,或顺,或逆,伏见无常,进退不同,由乎无所根系,故各异也”(同上)。

照浑天家的说法,“天地之体,状如鸟卵。天包地外,犹壳又裹黄,周旋无端,其形浑浑然,故曰浑天”(同上)。

在这三种说法中,盖天说和浑天说比较接近。因为这两家都认为,天有固定的形体。宣夜说则认为天只是无穷的气,并没有固定的形体。王充肯定天有固定的形体。他说:“如实论之,天体,非气也。人生于天,何嫌天无气?(此句疑有误)犹有体在上,与人相远。秘传或言天之离天下六万余里。数家计之,三百六十五度一周天。下有周度,高有里数,如天审气,气如云烟,安得里度?又以二十八宿效之,二十八宿为日月舍,犹地有邮亭为长吏廨矣。邮亭著地,亦如星舍著天也。案附书者,天有形体,所据不虚。犹(由)此考之,则无恍惚明矣。”(《谈天》)这是说,如果天只是气,就不能说,天离地六万余里,也不能将其分为若干度数。二十八宿是计算日月运行的标志,好像是日月行程中的宿舍。这证明星是附着在天上,不是像宣夜家所说的,“无所根系”。

王充反对浑天的说法,《隋书·天文志》说:“汉王仲任据盖天之说以驳浑仪云:旧说,天转从地下过。今掘地一丈,辄有水。天何得从水中行乎?甚不然也。日随天而转,非入地。夫人目所望不过十里,天地合矣。实非合也,远使然耳。今视日入,非入也,亦远耳。当日入西方之时，其下之人亦将谓之为中也。四方之人各以其近者为出，远者为入矣。”浑天家认为，天有固定的形体，包在地外。从地上看，好像是一个穹庐。太阳从地下出来，上升至天中，又落入地下。王充针对这些说法，提出如上的反驳。这些辩论，就是《谈天》篇和《说日》篇所提出的。

王充认为，天是一个物质的实体，“如玉、石之类”（《谈天》），盖在地上，离地六万里。天上的星，如二十八宿之类，系着在天上，随天运转。太阳和月亮，一方面有自己的运转，一方面随着天运转。好像蚂蚁在一个旋转的磨上爬行，但也随着磨旋转。太阳在天上一昼夜运行一度，计二千里；月亮一昼夜运行十三度，计二万六千里；天一昼夜运行三百六十五度，计七十三万里。天运行的方向跟日、月运行的方向不同。天是左行，即由东向西转。日、月是右行，即由西向东转。但因天转得快，所以也带着日、月由东向西。天运转得很快，但是看着好像是静止，这是天离地太远的缘故。王充说：“天行已疾，去人高远，视之若迟。盖望远物者动若不动，行若不行。何以验之，乘船江海之中，顺风西驱，近岸则行疾，远岸则行迟。船行一实也，或疾或迟，远近之视使之然也。”（《说日》）

王充的盖天说，跟原来的盖天说还有所不同。原来的盖天说认为，“天地各中高，外下”，就是说，天和地都是中间高，外边低；北极是天的最高之处，北极之下也是地的最高之处。王充否认这个说法。他认为，地基本上是平面的，天也基本上是平面的。“天平正，与地无异。”“平正，四方中央，高下皆同。”人看天“若复盆之状”，这是因为人离其四边的天远的缘故。他说：“今望天之四边若下者，远也，非徒下，若合矣。”（《说日》）

周髀家原来的盖天说认为，“天圆如张盖”，就是说，像一把张开的伞；这个盖是“倚盖”，就是说，像一把斜靠着的伞。王充说：“或曰，天高南方，下北方，日出高，故见；入下，故不见。天之居若倚盖矣。故极在人之北，是其效也。极其天下之中，今在人北，其若倚盖明矣。日

(疑当作同,以下王充答)明既以倚盖喻,当若盖之形也。极星在上之北,若盖之葆矣。其下之南,有若盖之茎者,正何所乎?夫取盖倚于地不能运,立而树之然后能转。今天运转,其北际不(不字疑衍)着地者,触碍何以能行?由此言之,天不若倚盖之状,日之出入,不随天高下,明矣。"(《说日》)这里所引的"或曰"就是周髀家的话。(《隋书·天文志》)周髀家认为,北极是天之中,好像一把伞的顶("葆")。照日、月的运行看起来,南方高,北方低,好像一把张开的伞靠在地上,伞的顶挨着地,所以就低了。王充反对说:既然以伞靠在地上,受地的触碍,就不能运转。只有把伞"立而树之,然后能转"。天既是运转的,可见它"不若倚盖之状"。

王充并且认为,从天的表面以上都是天;从地的表面以下都是地;无所谓天之上,地之下。他说:"天之与地皆体也。地无下,则天无上矣。"(《道虚》)这些都是王充对于旧盖天说的修正和补充。

第四节 王充关于"气"的思想

王充同意当时唯物主义哲学关于"气"的有些说法。他说:"人,物也,万物之中有知慧者也;其受命于天,禀气于元,与物无异。"(《辨祟》)又说:"夫妇人之乳子也,子含元气而出;元气,天地之精微也。"(《四讳》)又说:"上世之天,下世之天也;天不变易,气不改更。上世之民,下世之民也,俱禀元气;元气纯和,古今不异,则禀以为形体者,何故不同?"(《齐世》)又说:"人之生,其犹冰也(原作水,依宋本改),水凝而为冰,气积而为人;冰极一冬而释,人竟百岁而死。"(《道虚》)这些话明确地肯定,人是由气构成的。王充认为,不只人是如此,万物也都如此。从根本上讲,人和其他物,作为物质的存在,都是相同的。人也是万物之一。"人,物也;物,亦物也。"(《论死》)"俱禀元气,或独为人,或为禽兽。”(《幸偶》)这也就是说,万物都是禀受元气而生成的,“天地合气,万物自生”。“夫天覆于上,地偃于下,下气蒸上,上气降下,万物自生其中间矣。”(《自然》)由此,我们也可以看出,水凝为冰这个比喻对于万物都可以适用。照这个说法,万物的生成,都是由于气的凝聚。《庄子·知北游》说:“通天下一气耳,聚则为生,散则为死。”庄周说这几句话的意思,是用以论证生和死之间没有绝对的区别;生和死的对立是相对的。王充的冰水之喻,是用以说明万物所以生长和消灭的原因及其物质的根源,并且肯定万物虽有生灭,但气都是永远存在的。后来的唯物主义者,关于这个问题,都沿用王充的这个说法。这是王充唯物主义哲学的一个基本论点,值得注意的是,王充特别指出气是没有愿望和意志的。他说:“气也,恬澹无欲,无为无事者也。”(《自然》)这就把关于气的学说从董仲舒等人的神秘主义的歪曲中解脱出来。

这里牵涉到天地和元气的关系的问题。王充认为天和地也是两个物质的实体。这两个实体,是不是也是由元气所成的?这两个实体是不是也像水中的冰,有凝聚和消释?这也就是说,天地有没有终始?

王充说:“说易者曰:元气未分,浑沌为一。儒书又言,溟涬濛澒,气未分之类也。及其分离,清者为天,浊者为地。如说易之家,儒书之言,天地始分,形体尚小,相去近也。近则或枕于不周之山,共工得折之,女娲得补之也。含气之类,无有不长,天地,含气之自然也,从始立以来,年岁甚多,则天地相去,广狭远近,不可复计。儒书之言,殆有所见。”(《谈天》)这里所说“说易之家”指《易纬》,王充所说“儒书”,指当时一般的书籍,不必是指儒家的著作,在这里当是指《淮南子》。这里所提的,是《易纬》和《淮南子》中关于天地形成的说法。王充认为,照这个说法,天地都是从元气分化出来的,都是“含气之自然”。凡“含气之类”都有生长和发展;在天地刚分的时候,可能相距很近,到后来就距离远了。王充认为,这个说法“殆有所见”,就是说,他也可以承认这个说法。但是王充又说:“天地不生故不死,阴阳不生故不死。……唯无终始者乃长生不死。”(《道虚》)照这两句话看起来,王充似乎又肯定,天地是无终始的。这就和上面所说,他所引的“说易之家”和“儒书”中他认为是“殆有所见”的那些话,不相一致了。

对于这些问题,在王充的体系中,没有明确的解决。王充说:“天禀元气,人受元精。”(《超奇》)照这个说法,元气在天之先;天禀受元气。但他又说:“元气,天地之精微也。”(《四讳》)这又是认为天地比气更根本。

王充也常说,人、物禀气于天,又说:“天者普施气万物之中。”(《自然》)就万物说,万物禀气于天;就天说,天施气于万物。一施一受,这是一件事情的两个方面。王充又认为天之所以运动不息,就是因为经常“施气”的缘故。他说:“天之行也,施气自然也。施气则物自生,非故施气以生物也。不动,气不施;气不施,物不生,与人行异。日月五星之行,皆施气焉。”(《说日》)又说:“天之动行施气也,体动气乃出,物乃生矣。……天动不欲以生物而物自生,此则自然也。施气不欲为物而物自为,此则无为也。谓天自然无为者何?气也,恬澹无欲,无为无事者也。”(《自然》)这是说,天在运动中把气施放出来,万物就由此而生。天若不运行,气就不能施放出来,万物也不能生。王充认为天是“含气之自然”。气含于其中。这些话说明了万物和气的关系,但还没有明确地说明天地和气哪个是更根本的问题。天地和元气究竟是个什么样的关系,在王充的体系中还是不明确的。

在王充的哲学思想体系中,还有一种混乱。天,作为一个科学概念,即天文学中所讲的天,这是一回事。作为一个哲学概念,即哲学中所讲的天,这是另一回事。这二者必须区别清楚。王充的天文学中所讲的天是一个科学的概念。但他所说“受命于天”(见上文引),这个“天”就不是一个科学概念而是一个哲学概念了。他在《自纪》篇中说:“孔子称命,孟子言天,吉凶安危,不在于人。昔人见之,故归之于命,委之于时。”“归之于命”这个“命”,包括王充所主张的命定论思想。这也是哲学的概念。王充的天文学认为，天是像玉、石那样的形体。人怎么能"受命"于这种形体呢？这两种概念王充都称为"天"，所以引起了一些混乱。

这种混乱，在汉人的思想中，是明显的，在董仲舒的哲学思想中，更是明显。董仲舒讲"天"，也是把一个作为科学概念的"天"和作为一个哲学概念的"天"混淆起来。他硬是把天文学中所讲的天人格化。由此把他所讲的作为哲学概念的天也人格化。王充则认为天文学中的"天"是物质之天，由此引申，作为哲学概念的"天"也是物质之天。物质之天不可能有目的、意识和道德属性，这是显而易见的。王充依据当时的科学知识，从这个命题推出它的逻辑的结论。这就把董仲舒的神秘主义和唯心主义的荒谬性，完全暴露出来。他对于董仲舒的批判，可以说是"以子之矛，攻子之盾"。

第五节　王充关于天、人关系的理论

董仲舒等的官方哲学认为天是有意识、有目的的。整个的宇宙都是照着一个目的，按着一个计划，发展进行的。照董仲舒的说法，人是天的副本。天有意识地生出人类，使之在人类社会中实现天的理想。因此，整个的宇宙，不过是专为人类而设的活动场所。

王充以他的唯物主义自然观为根据，驳斥了官方哲学的这种神秘主义的说法。王充指出，天的运行并不是有什么目的，只是自然如此。他说："何以知天之自然也？以天无口目也。案有为者，口目之类也。口欲食而目欲视，有嗜欲于内，发之于外，口目求之，得以为利欲之为也。今无口目之欲，于物无所求索，夫何为乎？何以知天无口目也？以地知之。地以土为体，土本无口目。天地夫妇也；地体无口目，亦知天无口目也。使天体乎？宜与地同；使天气乎？气若云烟。云烟之属，安得口目?”(《自然》)王充说天地没有口目,这是一种形象的说法。王充用天文学所讲的物质之天,说明作为一个哲学概念的天地没有要求,没有欲望,就是说,没有目的,没有意识。这是一种混乱,但这对驳董仲舒倒是合适的。

王充在这一段的下文说:“天动不欲以生物而物自生;此则自然也。施气不欲为物而物自为;此则无为也。”(同上)“自然”是说自然界是无目的的;“无为”是说自然界不是像人那样有所作为。无目的,无意识,正是“自然”和“无为”的特点;有意识、有目的的行为就是“有为”。王充说:“天道无为,人道有为”。(《说日》)有为和无为是人事和天道的根本区别。

王充指出,天地的运行是没有目的的;天地生万物和人也是没有目的的。他说:“儒者论曰:天地故生人,此言妄也。夫天地合气,人偶自生也;犹夫妇合气,子则自生也。夫妇合气,非当时欲得生子,情欲动而合,合而生子矣。且夫妇不故生子,以知天地不故生人也。然则人生于天地也,犹鱼之于渊,虮虱之于人也。因气而生,种类相产。万物生天地之间,皆一实也。”(《物势》)又说:“夫天不能故生人,则其生万物亦不能故也。天地合气,物偶自生矣。”(同上)照董仲舒的说法,天有目的地生出了人,作为他自己的副本,这就叫天地“故”生人。生了人以后,天又生出万物为人服务,这就叫天地“故”生万物。“故”是故意的意思。王充驳斥了这个说法。他说:“天地合气,万物自生,犹夫妇合气,子自生矣。万物之生,含血之类,知饥知寒。见五谷可食,取而食之;见丝麻可衣,取而衣之。或说以为天生五谷以食人,生丝麻以衣人;此谓天为人作农夫桑女之徒也。不合自然,故其义疑,未可从也。”(《自然》)

王充认为,一切生物,在自然界中,都是互相吞噬的。他说:“凡天地之间,阴阳所生,蛟蛲之类,蜫蠕之属,含气而生,开口而食。食有甘不,同心等欲,强大食细弱,知慧反顿(钝)愚。”(《商虫》)董仲舒等的官方哲学认为,整个的宇宙都是一团和气。王充指出的这个事实,驳斥了董仲舒的神秘主义的说法。

王充的唯物主义自然观所要打击的主要对象,是以董仲舒为首的官方哲学的目的论。所以他特别强调“自然”和“无为”。这本是老聃哲学中的两个主要原则。王充继承了老聃的这些原则。他认为他的自然观“虽违儒家之说,合黄老之意也”(《自然》)。但是王充的继承是批判地继承。他对于老聃的思想,有所补充,也有所改正。他说:“道家论自然,不知引物事以验其言行,故自然之说,未见信也。”(同上)老聃和稷下黄老学派的著作都是很简短的,仅只是把结论提出来,缺乏论证。王充指出这是道家的一个缺点。他搜集大量的事实,作出详细的辨证,证明自然是无目的的。他所破的“九虚”(详下)以及其他破除迷信的篇目,都有一个中心的论点,就是“天道自然”。

老聃认为,天道自然,所以无为。因为自然无为,人也应该因循自然而无为。人类社会应该停留在原始的状况之中。这显然是错误的。王充改正了这个错误。他说:“然虽自然,亦须有为辅助。耒耜耕耘,因春播种者,人为之也。及谷入地,日夜长大,人不能为也。或为之者,败之道也。”(《自然》)王充在这里作出“辅助自然”和“为自然”的区别。自然的运行是“天道”,是“无为”。人的活动是“人道”,是“有为”。“人道”只能辅助自然,不能代替自然。王充说:“物自生,子自成。天地父母,何与知哉?及其生也,人道有教训之义;天道无为,听恣其性。”(同上)这里他指出天道和人道的不同。这也就是荀况所说的“明天人之分”。

王充借“天道无为”的原则,发挥他在政治上的见解和主张。他说:“问曰:人生于天地;天地无为,人禀天性者,亦当无为,而有为,何也?曰:至德纯渥之人,禀天气多,故能则天自然无为。禀气薄少,不遵道德,不似天地,故曰不肖。不肖者不似也,不似天地,不类圣贤,故有为也。天地为炉,造化为工,禀气不一,安能皆贤?贤之纯者,黄、老是也。黄者,黄帝也;老者,老子也。黄、老之操,身中恬澹,其治无为。正身共己而阴阳自和,无心于为而物自化,无意于生而物自成。"(同上)王充没有针对这个问难发挥"天道无为,人道有为"的原则,反而认为,圣贤也是"无为"。这种"无为",主要是就政治上说的。王充的这种政治上的主张,是西汉初黄老政治思想的继续。他赞美曹参和汲黯,称颂"以不治治之"。他说:"夫不治之治,无为之道也。"(同上)

第六节　王充对于"天人感应"的批判

董仲舒等的官方哲学的神秘主义和唯心主义的一个特点是"天人感应"。董仲舒用各种不同的理论以支持"天人感应"的说法。王充在《论衡》中针对这些说法,提出反驳。《自然》篇最后说:"夫寒温,谴告,变动,招致,四疑皆已论矣。谴告于天道尤诡,故重论之。论之所以难别也,说合于人事,不入于道意。从道不随事,虽违儒家之说,合黄、老之义也。"所谓四疑,就是对于四种关于"天人感应"的说法的怀疑。针对这四种说法,《论衡》各有一篇提出反驳。

《寒温》篇说:"说寒温者曰:人君喜则温,怒则寒。何则?喜怒发于胸中,然后行出于外,外成赏罚。赏罚喜怒之效,故寒温渥盛,凋物伤人。夫寒温之代至也,在数日之间,人君必先有(原作未必有,依刘盼遂校改)喜怒之气发胸中,然后渥盛于外。见外寒温,则知胸中之气也。"照这个说法,统治者的喜怒之气,可以直接引起外界气候的变化。统治者喜就能使气候变热;统治者怒就能使气候变冷。王充驳斥说:"当人君喜怒之时,胸中之气未必更寒温也。胸中之气,何以异于境内之气?胸中之气,不为喜怒变,境内寒温,何所生起?"(《寒温》)这就是说,如果统治者的喜怒之气可以引起外界的气候的变化,他的喜怒之气应该首先引起他的体内的体温的变化。就是说,在他喜的时候,他应该发高烧,在他怒的时候,他应该打寒战。可是事实并不如此。胸中的气和外界的气并没有什么两样,既然事实上统治者的喜怒还不能引起他的胸中之气的变化,怎么反倒能够引起外界气候的变化?王充举出许多明显的事实,对这种错误说法进行反驳。比如"六国之时,秦汉之际","夫有相杀之气,当时天下未必常寒也";"太平之世,唐虞之时","弦歌鼓舞,比屋而有,当时天下未必常温也"。又比如,"父子相怒,夫妻相督",也不能使一室之中的寒温有所变化。通过这些具体的事例,王充得出结论说:"由此言之,变非喜怒所生,明矣。""寒温,天地节气,非人所为,明矣。"(同上)又说:"然而寒温之至,遭与赏罚同时,变复之家因缘名之矣。春温、夏暑、秋凉、冬寒,人君无事,四时自然。夫四时非政所为,而谓寒温独应政治"?(同上)就是说,可能有些赏罚与天气的寒温偶然碰在一起,"变复之家"就加以附会,硬说寒温是赏罚所致,实则其间毫无联系。既然四时的变化与政治无关,为什么说,寒温单独与政治相应?这是说不通的。

王充说:"论灾异,谓古之人君为政失道,天用灾异谴告之也。灾异非一,复以寒温为之效。人君用刑非时则寒;施赏违节则温。天神谴告人君,犹人君责怒臣下也。"(《谴告》)这是董仲舒等的官方哲学的"天人感应"的最主要的说法。王充驳斥说:"夫天道自然也,无为。如谴告人,是有为,非自然也。黄老之家,论说天道,得其实矣。"(同上)谴告说主要的根据是认为天是有意识的;天有意识而又爱护统治者。所以统治者如果说一句好话,或做一件好事,天就喜欢而作出一定的表示,以为鼓励;这就是祥瑞。反之,天就愤怒而作出一定的表示;这就是灾异。王充指出,如果这样,天道就是"有为,非自然也"。照上边所讲的,王充已经证明天道自然无为,所以谴告的说法,显然是荒谬的。

王充说:"且凡言谴告者,以人道验之也。人道,君谴告臣。上天谴告君也,谓灾异为谴告。夫人道,臣亦有谏君;以灾异为谴告,而王者亦当时有谏上天之义,其效何在?"(《自然》)这就是说,主张谴告说的人,是以社会中的事情为根据想象自然界,把社会中的某些道理强加于自然界,把自然界拟人化;这是非常错误的。

王充认为,在太古的时候,人心纯朴,“如有灾异,不名曰谴告。何则?时人愚蠢,不知相绳责也。末世衰微,上下相非;灾异时至,则造谴告之言矣。夫今之天,古之天也,非古之天厚而今之天薄也,谴告之言生于今者,人以心准况之也。诰誓不及五帝,要盟不及三王,交质子不及五伯。德弥薄者信弥衰,心险而行诐,则犯约而负教。教约不行,则相谴告。谴告不改,举兵相灭。由此言之,谴告之言,衰乱之语也”。(同上)这就是说,“谴告”之说是一种历史的产物,是某一历史时期的人的心理情况的反映。某一历史时期的人以自己的“心”为标准,衡量自然界(“人以心准况之”);这就有“谴告”之说。这是一种“衰乱之语”,不是任何历史时期都有的。

董仲舒等认为,天对统治者的错误加以谴告,这是天对于统治者的爱护。这也是君权神授说的一个方面。王充驳斥了所谓谴告,也就驳斥了君权神授说。

王充承认,在儒家的经典中,有类似谴告说的说法。他解释说:“六经之文,圣人之语,动言天者,欲化无道,惧愚者,之(此)言非独吾心,亦天意也。及其言天,犹以人心,非谓上天苍苍之体也。”(《谴告》)这就是说,“圣人”有时候也讲天意,其目的在于教化无道的人及愚人。圣人所讲的天意,其实就是人心。王充接着说:“上天之心,在圣人之胸;及其谴告,在圣人之口。不信圣人之言,反然灾异之气,求索上天之意,何其远哉?世无圣人,安所得圣人之言?贤人庶几之才,亦圣人之次也。”(同上)王充的意思是说,他虽不是圣人,但也是贤人,贤人是圣人之次,人应该信他的话。

王充指出,灾异是有的,但没有谴告的意义。有灾异而人畏惧,这也是当然的,但不必是因为谴告。他说:“夫天之不故生五谷丝麻以衣食人,由(犹)其有灾变不欲以谴告人也。物自生而人衣食之,气自变而人畏惧之。以若说论之，厌于人心矣。”（《自然》）“厌于人心”，就是合乎人心。

王充说：“论灾异者，已疑于天用灾异谴告人矣，更说曰：灾异之至，殆人君以政动天，天动气以应之，譬之以物击鼓，以椎扣钟，鼓犹天，椎犹政，钟鼓声犹天之应也。人主为天下，则天气随人而至矣。”（《变动》）这就是说，人事和自然界的现象可以机械地相感应。王充驳斥说：“此又疑也，夫天能动物，物焉能动天，何则？人物系于天，天为人物主也。”（同上）王充认为，自然界的力量非常大，其变化可以影响人事。但人的力量，比较起来，小得太多。人的一举一动，对于自然界的影响也小得微不足道。主张灾变说的人说：“人在天地之间，犹鱼在水中矣。其能以行动天地，犹鱼鼓而振水也。”（《变虚》）王充驳斥说：即使这个比喻是真的，鱼在水里面振动一下，旁边的水受到振动的，不过几尺之远。人比鱼大一点，即使他振动一下，旁边的气受到振动的，也不过百步之远，怎么能够影响到天？

王充说：“故人在天地之间，犹蚤虱之在衣裳之内，蝼蚁之在穴隙之中。蚤虱蝼蚁为逆顺横从，能令衣裳穴隙之间气变动乎？蚤虱蝼蚁不能，而独谓人能，不达物气之理也。”（《变动》）又说：“夫人不能动地，而亦不能动天。夫寒温，天气也；天至高大，人至卑小。篙不能鸣钟，而萤火不爨鼎者。何也？钟长而篙短，鼎大而萤小也。以七尺之细形，感皇天之大气，其无分铢之验，必也。”（同上）这都是王充对于灾变说的批判。

《论衡》的《招致》篇，已经遗失了。但是，在《寒温》篇中，他也提到所谓“招致”的说法。他说：“或曰，以类相招致也。喜者和温，和温赏赐。阳道施予，阳气温，故温气应之。怒者愠恚，愠恚诛杀。阴道肃杀。阴气寒，故寒气应之。虎啸而谷风至，龙兴而景云起。同气共类，动相招致。故曰以形逐影，以龙致雨；雨应龙而来，影应形而去。天地之性，自然之道也。”这就是说，同类的东西可以互相招致。《吕氏春秋·应同》篇就有这个说法。王充认为,在一定的条件下,招致是可能的。他说:"夫比寒温于风云,齐喜怒于龙虎,同气共类,动相招致,可矣。"(《寒温》)但如果说政治上的措施,可以招致气候的寒热,这就不然了。气候的变化,是各地皆然。譬如说,齐国和鲁国,边境相接,两国的气候寒热,有同样的变化。如果齐国行赏,鲁国行罚,这并不能使齐国的气候变热,鲁国的气候变寒。(同上)他又举个比喻说,"往年万户失火,烟焱参天;河决千里,四望无垠。火与温气同,水与寒气类,失火河决之时,不寒不温。然则寒温之至,殆非政治所致。"(同上)这就是说,同类相招致的说法,虽有一定的道理,但是气候的变化和政治的措施,绝不能互相感应。

在"天人感应"的这四种说法之中,谴告说完全是出于宗教迷信。所以王充说它"于天道尤诡"。除了专篇批判以外,王充在《自然》篇又特别提出批判("故重论之")。

关于"天人感应"还有一种说法,认为"凡人能精诚感动天,专心一意,委务积神,精通于天,天为变动"。王充驳斥说:"夫以筋撞钟,以筭击鼓,不能鸣者,所用撞击之者小也。今人之形不过七尺,以七尺形中精神,欲有所为,虽积锐意,犹筋撞钟,筭击鼓也,安能动天?精非不诚,所用动者小也。"(《感虚》)这是《淮南子》对于"天人感应"的说法(见《淮南子》章中)。王充继承稷下黄老学派关于"精气"的学说(详下),承认人身体中的精气与天地间的精气是相通的。但他认为,人身体中的精气,量小力弱,不能动天。

《论衡》里面,还有《遭虎》、《商虫》、《感类》等篇,在这些篇中,王充从各方面的具体事例彻底批判了董仲舒等的"天人感应"的神秘主义思想,集中地指出,所谓"天人感应",在理论上是讲不通的,在事实上是不可能的。

王充对于当时自然界有些非常现象作出了唯物主义的说明。当时相传有一种非常现象,从天降下粮食("天雨谷")。有人认为这是一种凶险的预兆。王充认为,“天雨谷”是可能有的,但并不是什么预兆。他说:“建武三十一年中,陈留雨谷;谷下蔽地。案视谷形,若茨而黑,有似于稗实也。此或时夷狄之地,生出此谷。夷狄不粒食,此谷生于草野之中,成熟垂委于地。遭疾风暴起,吹扬与之俱飞,风衰谷集,堕于中国,中国见之,谓之雨谷。”(《感虚》)假使真有“雨谷”的事情,王充的这种解释,也是正确的。

王充又说:“盛夏之时,雷电迅疾,击折树木,坏败室屋,时犯杀人。世俗以为击折树木,坏败室屋者,天取龙。其犯杀人也,谓之阴过。饮食人以不洁净,天怒,击而杀之。隆隆之声,天怒之音,若人之呴吁矣。世无愚智,莫谓不然。推人道以论之,虚妄之言也。”(《雷虚》)对于这种迷信,王充说:如果真是有龙,龙也不过是鱼鳖之属,牛马之类,不能算什么神。他又解释雷的原因说:“实说,雷者,太阳之激气也。何以明之?正月阳动,故正月始雷;五月阳盛,故五月雷迅;秋冬阳衰,故秋冬雷潜。盛夏之时,太阳用事,阴气乘之。阴阳分争,则相校轸。校轸则激射。激射为毒,中人辄死,中木木折,中屋屋坏。人在木下屋间,偶中而死矣。”(同上)他又说:“雷者,火也。以人中雷而死,即询其身,中头则须发烧燋,中身则皮肤灼燌,临其尸上,闻火气,一验也。道术之家以雷烧石,色赤,投于井中,石燋井寒,激声大鸣,若雷之状,二验也。人伤于寒,寒气入腹,腹中素温,温寒分争,激气雷鸣,三验也。当雷之时,电光时见,大若火之耀,四验也。当雷之击时,或燔人室屋及地草木,五验也。夫论雷之为火有五验,言雷为天怒无一效。然则雷为天怒,虚妄之言。”(同上)王充还不知道雷和电的关系,他对于雷的这种解释,当然是不确切的。但是他企图用经验中的事实说明雷的性质,用自然界中的事情说明自然界的现象;这种精神是唯物主义的。

王充说:“论衡九虚,三增,所以使俗务实诚也。”(《对作》)“九虚”,是九种虚妄的世俗传说和迷信,如上所批判的“雷虚”、“龙虚”等。“三增”是三种夸张。“三增”之中,第一种是“语增”。在《语增》篇里,王充指出,社会中有许多传说,过分夸张,以致违反事实。第二种是"儒增"。在《儒增》篇里,王充指出,在一般著作中也有许多过分夸张不合事实的言论。第三种是"艺增",这个艺就是六艺,即六经。在《艺增》篇里,王充指出,即使儒家经典之中,也有许多过分夸张的地方。至于所以有"增"的原因,王充说:"俗人好奇。不奇,言不用也。故誉人不增其美,则闻者不快其意。毁人不益其恶,则听者不惬于心。闻一增以为十,见百益以为千。"所以经常"失本","离实"。"失本","离实",正是王充所反对的。

在《论衡》里面,还有《四讳》、《讥时》、《讥日》、《卜筮》、《辨祟》、《难岁》、《诘术》、《解除》。在这些篇里,王充彻底批判了当时的各种迷信。

在《论衡》的八十四篇中,有二十多篇直接针对当时的官方哲学和社会上的一般迷信,展开激烈的斗争。在中国哲学史里,以这样大量的篇幅,对于神秘主义思想和宗教迷信,集中批判,除《论衡》以外,还是很少见的。

以上所讲的是王充关于天、人关系的理论的主要论点。以董仲舒为首的汉代官方哲学的一个主要特点,就是宣扬把自然拟人化的哲学思想和唯心主义的目的论。要驳倒这种"天人同类"的谬论,唯物主义者必须坚持一个基本原则,即把客观世界和主观区别开来,把自然现象和社会现象区别开来。这也就是荀况所说的"明天人之分"。王充在反对汉代的神秘主义的斗争中,在自然观方面,坚持了这个唯物主义的原则,并且有意识地运用了这个原则。这个原则是荀况提出来的。但对这个原则加以详细地论证和发挥,这要归功于王充。王充引证了大量的自然现象和人类社会现象,以说明自然界没有意识,没有目的,以论证自然是第一性的,是独立于人的主观而存在的这个唯物主义的命题,并且初步地揭露了把自然拟人化的哲学思想的认识论的根源。在这个问题上,王充没有虚构什么体系,而是从事实出发,用事实揭露天人感应论的虚妄。这是一种科学的精神，也是王充的唯物主义哲学的一个特点。也正因为如此，他的无神论就更富有战斗性，更富有说服力。他对各种迷信的驳斥，并不是简单地加以否定，而是作了在当时说是比较深入的分析。这种批判的精神是值得我们学习和继承的。

第七节　王充关于形、神关系的理论

王充的唯物主义观点，也表现在他的关于形、神关系的思想里面。他在这一方面，批判地继承了稷下黄老学派的唯物主义思想，并作了补充和提高。上面已经提到，王充认为，万物的出生和消灭，是由于元气的聚散，气聚就出生，气散就消灭。人也是如此，人之生是由于气之聚，人的死是由于气之散。他也认为，人的精神是精气所构成的。他说："夫人所以生者，阴阳气也。阴气生为骨肉，阳气生为精神。人之生也，阴阳气具，故骨肉坚，精气盛。精气为知，骨肉为强。故精神言谈，形体固守。骨肉精神，合错相持。故能常见而不灭亡也。"(《订鬼》)王充认为精气也就是阳气。人的身体是阴气所构成的；人的精神是阳气所构成的。形体和精神互相保持而不分离，这样人就生存，不然人就死亡。这些都是稷下黄老学派和《淮南子》所已经有的见解。

但是王充对于这个见解作了一个很重要的发展。稷下黄老学派认为精气在人的身体中，好像一个人住在房子里。他和房子没有有机的联系，可以随便出入。王充认为精气依托于形体，有一种有机联系。他说："人之所以生者，精气也，死而精气灭。能为精气者血脉也，人死血脉竭。竭而精气灭，灭而形体朽，朽而成灰土，何用为鬼？"(《论死》)他又说："人之所以聪明智慧者，以含五常之气也。五常之气所以在人者，以五藏在形中也。五藏不伤，则人智慧。五藏有病，则人荒忽，荒忽则愚痴矣。人死五藏腐朽，腐朽则五常无所托矣。所用藏智者已败矣,所用为智者已去矣。形须气而成,气须形而知。天下无独燃之火,世间安得有无体独知之精?"(同上)这就是说,精气必须依附形体,才可以有能知的作用。具体地说,必须依附五脏和血脉,五脏是"为智者",也是"藏智者"。"精气"不能没有身体而独自有智。王充持这种见解,这就摒弃了稷下黄老学派认为精气有独立意识的思想。这是对于稷下黄老学派的精气说的一种扬弃,也是对于精气说的一个重要发展。

稷下黄老学派和《淮南子》认为身体和精神都是物质,这两种物质好像是平行的。这是一种形神二元论。王充初步肯定了人的精神依赖人的身体。他不知道,也不可能知道,人的精神和思维是大脑活动所发生的作用。但是他肯定人的精神和思维都依赖于血脉和五脏。这就逐渐克服了形神二元论,走向了唯物主义的形神一元论。虽然他还没有彻底摆脱形神二元论的影响,但已接近了关于思维来源的科学理论的边缘。这是他对于稷下黄老学派在这方面的思想所作的一个很重要的发展。王充的这个发展和汉代的医学关于形神问题的看法有密切的联系。他的关于形神的理论是他的无鬼论的理论基础。

王充肯定,人死犹如火灭,无所谓鬼。他说:"人,物也。物,亦物也。物死不为鬼,人死何独为鬼?"(同上)人死也不可能还有什么知觉。他说:"夫人死不能为鬼,则亦无所知矣。何以验之?以未生之时无所知也。人未生,在元气之中;既死,复归元气。元气荒忽,人气在其中。人未生无所知,其死归无知之本,何能有知乎?"(同上)他说:"鬼神,荒忽不见之名也。人死精神升天,骸骨归土,故谓之鬼。鬼者,归也;神者,荒忽无形者也。或说:鬼神,阴阳之名也。阴气逆物而归,故谓之鬼;阳气导物而生,故谓之神。神者,伸也,申复无已,终而复始。人用神气生,其死复归神气。阴阳称鬼神,人死亦称鬼神。气之生人,犹水之为冰也。水凝为冰,气凝为人;冰释为水,人死复神;其名为神也,犹冰释更名水也。人见名异,则谓有知,能为形而害人,无据以论之也。”(同上)照这个说法,鬼、神就是阴、阳二气屈伸的别名。一个人生的时候,有得于阳气以为他的精神,有得于阴气以为他的形体。在他死的时候,他所得的阳气和阴气又与一般的阳气和阴气,合而为一,犹如冰消释复还为水。所以一个人死后,不可能还有跟他生前相似的形象,作为他的鬼。

关于生、死问题,王充还有更明确的论断。他说:“有血脉之类,无有不生,生无不死,以其生故知其死也。……死者生之效;生者,死之验也。夫有始者必有终,有终者必有始。唯无终始者乃长生不死。”(《道虚》)王充在这里指出,死亡是生命必然有的对立面。生命和死亡互为效验,就是说,有其一就可知必有其二。这是生命和死亡的辩证关系。每一事物都包含它自己的否定;生命所包含的自己的否定,就是死亡。

恩格斯说:“生命的否定实质上包含在生命的自身之中。”“生命总是和它的必然结果即死亡(死亡总是以胚胎形式包含在生命中)相联系起来而被思考的。生命的辩证观无非就是这样。”“因此,在这里只须借助于辩证法就可以说明生和死的性质,就足以破除自古以来的迷信。生就意味着死。”(《自然辩证法》,人民出版社 1955 年版,250 页)王充有一种自发的生命的辩证观。这是自发的,还不是科学的,但他正是用这种辩证观,驳斥当时关于“长生不死”的迷信。他说:“诸学仙术为不死之方,其必不成,犹不能使冰终不释也。”(《道虚》)

关于精气与形体的关系,王充又作一个比喻说:“人之精神藏于形体之内,犹粟米在囊橐之中也。死而形体朽,精气散,犹囊橐穿败,粟米弃出也。粟米弃出,囊橐无复有形,精气散亡,何能复有体,而人得见之乎?”(《论死》)照这个比喻看起来,人死以后,他的精气离开他的身体,还是继续独立存在。王充又说:“夫生人之精,在于身中;死则在于身外。死之与生何以殊?身中身外何以异?取水实于大盎中,盎破水流地,地水能异于盎中之水乎?地水不异于盎中之水,身外之精何故殊于身中之精?”(同上)王充的这种说法,好像是跟“无体之精”的见解有矛盾。但在王充看来并不矛盾。他本来认为,有弥漫于空间的精气,人从其中取得一部分,成为人的灵魂。但人所取得的这一部分的精气,必须依附于身体,才能发生作用,如果没有身体,这一部分的精气仍然复归于弥漫于空间的总体之中。它虽然存在,但是不能有知觉了。这是王充的精气说的主要论点。所以虽然有无体之精,但是没有“无体独知之精”。

王充认为,人的所谓灵魂,就是精气。他说:“夫魂者,精气也。精气之行,与云烟等。”(《纪妖》)人死后,精气散归于原来弥漫于空间的总体,已经没有个人的个性,所以也就没有“他”的灵魂继续存在。这是王充的无鬼论的一个主要论点。

有些人自称见过鬼,这又是什么原因呢?对于这个问题,王充有几种解释。

王充说:“凡天地之间有鬼,非人死精神为之也;皆人思念存想之所致也。致之何由?由于疾病。人病则忧惧,忧惧则鬼出。”(《订鬼》)王充引古代相传的故事说,伯乐学相马,专思念马,以致所看的东西都是马。庖丁学解牛,专思念牛,三年之后,所见的尽是死牛。他说:“二者用精至矣,思念存想,自见异物也。”(同上)可是他们所见的异物,并不是真的马、牛,病人见鬼也有类似的情况。王充描写这种情况说:“初疾畏惊,见鬼之来;病困恐死,见鬼之怒;身自疾痛,见鬼之击;皆存想虚致,未必有其实也。”(同上)对于这种情况,王充根据他的精气说作出解释。他说:“夫精念存想,或泄于目,或泄于口,或泄于耳。泄于目,目见其形;泄于耳,耳闻其声;泄于口,口言其事。昼日则鬼见,暮卧则梦闻。独卧空室之中,若有所畏惧,则梦见夫人据案其身哭矣。觉见,卧闻,俱用精神;畏惧,存想,同一实也。”(同上)这就是说,人在对于某一种东西思念存想的时候,这些存想可以从眼里表现出来,也可以从耳朵或嘴里表现出来。如果从眼里表现出来,他就看见他所想念的那种东西的形状;如果从耳朵里表现出来,他就听见他所想念的那种东西的声音;如果从嘴里表现出来,他就谈他所想的事情。如果在白天,他就看见鬼的形状;如果在夜间,他就在梦里听见鬼的声音。

王充说:“人之见鬼,目光与卧乱也。人之昼也,气倦精尽,夜则欲卧,卧而目光反,反而精神见人物之象矣。人病亦气倦精尽,目虽不卧,光已乱于卧也,故亦见人物象。……何以验之?以狂者见鬼也。狂痴独语,不与善人(正常人)相得者,病困精乱也。夫病且死之时,亦与狂等。卧、病及狂,三者皆精衰倦,目光反照,故皆独见人物之象焉。”(同上)照这个说法,人在精气衰倦的时候,目光反观,看见自己的内部的精神,以为是外界的人物之象。做梦或在病中的人,或疯狂的人,所看见的虚妄的人物之象,其实都是他自己身体内部的精神,由于目光反照,错误地认为是外界的人物。

以上这两种说法,其实就是说,自以为见鬼的人,并不是真见鬼,只是由于他的精神错乱,引起幻觉。

王充说:“鬼者,人所见得病之气也,气不和者中人;中人为鬼,其气象人形而见。”(同上)照这个说法,有一种邪气,即所谓“气不和者”,这种气,如果中伤了人,它就现为人的形象。病人所看见的鬼,可能是这一类的。

王充说:“鬼者物也,与人无异。天地之间有鬼之物,常在四边之外,时往来中国,与人杂则(厕),凶恶之类也。故人病且死者乃见之。”(同上)照这个说法,鬼也是一种客观存在的自然物,属于凶恶之类的一种东西。王充认为这种东西,“皆生存实有,非虚无象类之也”(同上)。就是说,这种东西都是客观存在,并非虚幻。

王充说:“人且吉凶,妖祥先见;人之且死,见百怪;鬼在百怪之中。”(同上)王充认为,有一种妖气,“或妖气像人之形,或人含气为妖。像人之形,诸所见鬼是也;人含气为妖,巫之类是也”(同上)。照这个说法,自称见鬼的人所见的鬼,其实就是像人之形的妖气。

王充还有跟这后边三种说法相类似的其他说法。这些说法都是认为,在自然界中确切有一种怪物,可以称为鬼。这些说法是荒唐的,几乎近于宗教迷信。但是王充认为,这些东西都是自然现象,都是物质性的东西,并不是什么非物质性的精灵。这些怪物也不是人死以后的鬼变成的。在"鬼者,甲乙之神也"一段下,王充说:"此非论者所以为实也。天道难知,鬼神暗昧。故具载列,令世察之也。"(同上)"论者"就是王充自谓。就是说,他也并不是认为这些说法都是真的,只是列举以备参考。所以王充虽提出了这些荒唐的说法,但是还没有离开唯物主义立场,基本上还是坚持了无鬼论。

王充还认为,这些妖气其实就是阳气。他说:"凡世间所谓妖祥,所谓鬼神者,皆太阳之气为之也。太阳之气,天气也。天能生人之体,故能像人之容。"又说:"太阳之气盛而无阴,故徒能为象,不能为形。无骨肉,有精气,故一见恍惚,辄复灭亡也。"(同上)上面已经说过,王充认为,人的精神是从"天气"得来的,人的形体是从"地气"得来的。他本来是认为精气与形气相结合,才能成为人。可是他在这个地方又说,专是精气,虽不能成形,也可以有人之象。这是跟他的本来的说法相矛盾的。这是由于稷下黄老学派的精气说,本来就有很大的弱点。王充虽然作了相当大的改正,但这个弱点是不能完全克服的,所以在有些地方,王充不能不向有鬼论作一些让步。

王充的无鬼论,并不是完全否定人能见鬼神,只是肯定,这种所谓鬼并不是死人之鬼。他说:"人见鬼神之形,故非死人之精也。"(《论死》)他认为,无鬼论的实际意义在于使人薄葬。当时厚葬的风气很盛。他说:按照当时的迷信,"谓死如生,闵死独葬,魂孤无副,丘墓闭藏,谷物乏匮,故作偶人以侍尸、柩多藏食物以歆精魂。积浸流至,或破家尽业,以充死棺;杀人以殉葬,以快生意"(《薄葬》)。王充认为,墨家提倡薄葬,这是对的;但是墨家又相信有鬼,这是自相矛盾的。他说:

"墨家之意，自违其术。"又说："如以鬼非死人，则其信杜伯非也。如以鬼是死人，则其薄葬非也。术用乖错，首尾相违，故以为非。非与是不明，皆不可行。"(同上)因此，王充认为，应该从根本上解决这个问题。他说："今著《论死》及《死伪》之篇，明死无知不能为鬼，冀观览者将一晓解，约葬更为节俭，斯盖《论衡》有益之验也。"(《对作》)王充在这一方面的见解是对于墨家的修正。他继承了墨家的薄葬的主张，批判了它的有鬼的迷信。他这样做，并不是为理论而理论，他是对于当时有害的风俗"有的放矢"。

关于厚葬薄葬的问题，在汉朝一直是很大的争论。在第二十章中，我们讲到杨王孙。他也是说，人的精神是从天来的；形体是从地来的。人死以后，从天来的，仍归于天；从地来的，仍归于地。这就是"精神离形，各归其真"。这是用稷下黄老学派的传统，作为薄葬的理论根据。王充也是这样作的。

王充虽然主张无鬼和薄葬，但是，他还是重视祭祀。他说："凡祭祀之义有二，一曰报功，二曰修先。报功以勉力，修先以崇恩；力勉恩崇，功立化通，圣王之务也。"(《祭意》)他引《礼记·祭法》篇所列举的有功于民的人说："凡此功烈，施布于民，民赖其力，故祭报之。宗庙先祖，己之亲也；生时有养亲之道，死亡义不可背，故修祭祀，示如生存。推人事鬼，缘生事死。人有赏功供养之道，故有报恩祀祖之义。"(同上)王充认为孔丘也是主张人死无知，但是孔丘并没有明确地这样说，因为他恐怕"臣子背弃君父"(《薄葬》)。王充认为，明确地说出人死无知，只有好处，没有坏处。他说："明其无知，未必有倍死之害；不明无知，成事已有贼生之费。"(同上)

所谓"贼生之费"，就是厚葬的靡费。王充实际上继承了荀况关于生死祭葬的学说，但改正了他关于厚葬的理论。王充认为墨翟主张有鬼而又主张薄葬，这是自相矛盾的。他继承了墨翟关于薄葬的主张，但改正了他的有鬼论。

第八节 王充的反映论的认识论和方法论

王充肯定,客观实在是认识的对象和是非的标准;这就是他所说的"实"。在第一节中,我们讲过,王充自述他的著作的目的是"考论实虚"(《自纪》)。世俗有许多没有"实"作根据的言论。这种言论就是"虚",也就是"妄"。王充说,他作《论衡》的目的,就是"疾虚妄"。所以《论衡》称为"实论"。《论衡》中各篇常叙述当时各种虚妄言论,然后以"如实论之"或"实者",提出他的批判。他认为,他的批判都是以客观的事实为根据的。合乎事实的为是;违反事实的为非。这是王充的认识论的基本的唯物主义精神。

《论衡》中有《实知》和《知实》两篇。从这篇名可以看出王充重视认识和客观实在的关系。认识必以客观实在为对象,这就是所谓"知实"。真正的认识必与客观实在相符合("知实"),这就是所谓"实知"。

王充的唯物主义认识论也是在跟当时谶纬迷信所宣扬的神秘主义思想斗争中建立起来的。在《实知》和《知实》两篇中,王充着重指出,圣人并不是神怪,并不能"前知";孔丘是圣人,不是神怪。他说:"儒者论圣人,以为前知千岁,后知万世,有独见之明,独听之聪,事来则名,不学自知,不问自晓,故称圣;〔圣〕则神矣;若蓍、龟之知吉凶,蓍草称神,龟称灵矣。贤者才下不能及,智劣不能料,故谓之贤。夫名异则实殊,质同则称钧。以圣名论之,知圣人卓绝,与贤殊也。"(《实知》)这里所谓"儒者"就是董仲舒以及后来的谶纬家。他们认为圣就是神,有超自然的能力,能知生前、死后之事。圣人是超人;贤人是人。圣与贤有质的不同。

王充引当时儒者的话说:"孔子将死遗谶书曰:'不知何一男子,自谓秦始皇，上我之堂，踞我上床，颠倒我衣裳，至沙丘而亡。’……又曰：‘董仲舒乱我书。’”（同上）这是说，孔丘预先知道后来有个秦始皇做“焚书坑儒”之事；还预先知道有个董仲舒整理（“乱”）他的经典。这就是说，孔丘预先知道后来儒家的废典。王充指出，这些都是虚言，不可信。在我们现在看起来，这些谶记的虚妄是一望而知的。但是，在王充的时候，谶纬思想正占统治的地位。王充在他的著作中，正式指出谶纬的虚妄，这是有极大的斗争意义的。

王充指出，圣人也不是巫。他说：“世间圣神，以为巫与？鬼神用巫之口告人，如以圣为若巫乎？则夫为巫者亦妖也，与妖同气，则与圣异类矣。巫与圣异，则圣不能神矣；不能神则贤之党也；同党，则所知者无以异也。及其有异，以入道也，圣人疾，贤者迟；贤者才多，圣人智多；所知同业，多少异量；所道一途，步驺相过。”（同上）在上节我们讲过，王充认为，有所谓“妖气”表现在人身上，这个人就成为巫；所以“巫与妖同气”。圣人并不是超人，跟人是一类的；巫跟妖是一类的。圣人跟贤人是一类的，都是人。他们所知道的东西也都是一类的（“其所知者无以异也”）。圣人和贤人的分别，在于对真理的理解（“入道”），圣人进步快，贤人进步慢。圣人和贤人所知道的都是一类的东西，但所知有多有少（“所知同业，多少异量”）；他们所走的是一条路，但有快慢的不同（“所道一途，步驺相过”）。王充说：“圣贤知不逾，故用思相出入；遭事无神怪，故名号相贸易。故夫贤圣者，道德智能之号；神者，眇茫恍惚无形之实。实异，质不得同；实钧，效不得殊。圣神号不等，故谓圣者不神，神者不圣。”（《知实》）这是说，圣、贤在本质上是相同的，所以他们的名号可以互相称谓；但圣、神在本质上不同，所以他们的名号，绝不相等，不能互相称谓。圣人和贤人，都不能前知，也都不是生而知之。他们的知识，都是从耳目见闻的经验得来的，跟普通人没有本质的差别。圣人和贤人，在道德智能方面，跟普通人有差别，他们自己之间也有多少快慢的差别。这些差别是量的差别，不是质的差别。

这些辩论,在现在看起来,也是多余的。但是,在当时,官方哲学正是以孔丘为神。王充的这些辩论,也是对于当时的统治思想公开批判,有极大的斗争意义。

王充又指出,圣贤虽没有前知,但是可以有预见。他说:"文记谲常人言耳,非天地之书,则皆缘前因古,有所据状。如无闻见则无所状。凡圣人见祸福也,亦揆端推类,原始见终,从闾巷论朝堂,由昭昭察冥冥。"(《实知》)这是说,如果不是从天上降下来的书,而是人所有的知识,这些知识必定有所根据,这些根据或者是过去的经验,或者是现在的经验。把这些经验作为一个开端,以这个端为基础,作出类推,这就叫"揆端推类,原始见终"。总起来说,这个方法就是"放象事类以见祸,推原往验以处来事"(同上)。

王充说:"先知之见,方来之事,无达视洞听之聪明,皆案兆察迹,推原事类","明福处祸,远图未然,无神怪之知,皆由兆类"。(同上)这就是说,对于将来的某些事情有预见,这是可能的,其所以可能,并不是由于有人有神怪之质,而是由于根据现有的迹象,类推将来。这样的预见,并不是谶纬所说的前知。

王充认为,有些事情是专靠类推就可以知道的,有些事情是不能专靠类推知道的。他说:"故夫可知之事者,思虑所能见也;不可知之事,不学不问,不能知也。不学自知,不问自晓,古今行事未之有也。夫可知之事,惟精思之,虽大无难。不可知之事,厉心学问,虽小无易。故智能之士,不学不成,不问不知。"(《实知》)这里所说的"可知之事",就是可以类推的事情。类推当然也要根据一定的"迹象",有了这些"迹象"之后,王充认为,就可凭以作类推了。但是,有很多的事情不能从类推知道。这种事情,必须要学要问,才可以知道。王充举例说:"孔子曰:'其或继周者,虽百世可知也。'又曰:'后生可畏,焉知来者之不如今也?'论损益,言可知,称后生,言焉知,后生难处,损益易明也。此尚为远,非所听察也。使一人立于墙东,令之出声,使圣人听之墙西,能知其黑白、短长、乡里、姓名所自从出乎？沟有流堑，泽有枯骨，发首陋亡，肌肉腐绝，使圣人(原作使人，依孙诒让校改)询之，能知其农、商、老、少，若所犯而坐死乎？非圣人无知，其知无以知也。知无以知，非问不能知也。”(同上)王充认为，继续周朝的朝代对于“周礼”或损或益，是可以类推而知的事情。至于一个青年将来成龙变虎，那就不是可以类推而知的。至于如所举的墙东墙西的例，更是非问不能知。王充大概有这样的意思：关于规律的一般的知识，有些是可以靠思维得知的，但是，属于特殊的个别的事情，是非问不知，非学不能的。他的这种分别，也是正确的。

王充肯定了类推，但他认为类推必须要依靠过去和现在的经验，以感觉经验提供的材料为基础，也就是他所说的“如无闻见，则无可状”，“推原往验，以处来事”。这是唯物主义的观点，也正因为如此，才和神秘的“前知”说根本对立起来，从而揭露了神秘的先验主义的虚妄。

王充认为，尚未知的事情，可以根据已知的事情类推而知。类推是王充的方法论的主要之点。在《论衡》中，他在许多地方用类推的方法进行辩论。例如关于雷、电的问题(见本章第六节)，王充就是用这个方法，破除世俗的迷信。在关于雷、电问题的辩论中，王充说，要“推人道论之”，就是说，要用人事中类似的情况，以证明这种迷信的虚妄。他又根据雷与火相似的情况，推出“雷之为火”的结论。这种方法就是类推。

上面讲过，王充也否认“生知”。照当时的传说，有个神童，名叫项讬，七岁教孔丘。又据说，王莽时有个人，名叫尹方，二十一岁“无所师友，性智开敏，明达六艺”。王充说，这都不能作为“生而知之”的证据。他说：“儿始生产，耳目始开，虽有圣性，安能有知？项讬七岁，其三四岁时而受纳人言矣。尹方年二十一，其十四五岁时多闻矣。”(《实知》)就是说，他们已经有所学习；并不是在刚生下来，耳目始开的时候，就有知识。王充又指出：“世俗褒称过实，毁败逾恶”，说项讬七岁，可能是十岁,说尹方二十一岁,可能是三十岁。总而言之,“天地之间,含血之类,无性(生)知者”(同上)。王充的这个正确论断就驳斥了唯心主义“先天观念”或“先验知识”的谬论。

王充的认识论,对于感觉和思维的关系问题,有比较全面的、正确的论断。他说:“实者,圣人不能知性,须任耳目以定情实。”(同上)“情实”就是客观存在的实际情况,必须从耳目才能得到对于它的初步认识。这就是说:必须承认感觉是认识的来源。但是专凭感觉是不够的。王充说:“夫论不留精澄意,苟以外效立事是非,信闻见于外,不诠订于内,是用耳目论,不以心意议也。夫以耳目论,则以虚象为言,虚象效,则以事实为非。是故是非者,不徒耳目,必开心意。墨议不以心而原物,苟信闻见,则虽效验章明,犹为失实。”(《薄葬》)这是王充关于认识的言论中的很精彩的一段。感觉基本上是反映客观实在的,可是在有些情况下,感觉的反映可能是不正确的,歪曲的,而且可能只是一种幻觉。所以如果专“以耳目论”,就可能“以虚象为言”。所以必须对从耳目得来的闻见,用“心意”加以“诠订”,就是说,用理性加以审核考察。这样就可以把正确地反映客观实在的感觉接受下来,把“虚象”排斥出去。这就是说,对于从感觉得来的材料,要去伪存真,去粗留精。必须有这一番工夫,才可以不致为“虚象”所欺骗。

墨翟的“三表”中的第二表是“原察百姓耳目之实”。他引证了许多人据说是见鬼的传说,作为他的有鬼论的根据。这就是“不以心而原物,苟信闻见”,虽然举了许多事例,似乎是“效验章明”,但是不合乎客观实在。这是王充用认识论上的正确的理论,从根本上批判了墨家的有鬼论。

王充的认识论认为,合乎客观事实与否,是认识正确与否的标准。他说:“凡论事者,违实不引效验,则虽甘义繁说,众不见信。”(《知实》)“违实”就是与事实相违反。真理是与客观事实相符合的。不与客观事实相符合的命题就是虚妄。王充说:他作《论衡》的目的是“冀悟迷惑之心,使知虚实之分”(《对作》)。这种精神确是贯穿于《论衡》全书的。

怎样知道一个命题是否合于客观实在呢?这就要“引效验”。他说:“事莫明于有效,论莫定于有证。”(《薄葬》)“效”、“证”都必须以事实为根据,王充说墨家“薄葬而又右鬼;右鬼引效以杜伯为验”(《薄葬》)。墨翟引杜伯的故事证明有鬼,王充认为这也是墨翟所用的“效验”,不过他所用的效验根本不是事实,所以他的结论也就落空了。

墨家的“三表”中的第三表认为,要判断一个言论是否正确,必须“发为刑政,观其中国家百姓人民之利”。墨翟所说的“发为刑政”不就是我们所说的实践,不过墨翟初步认识到实际的效果是一个检验真理的标准。王充所说“事莫明于有效”,可能有这个意义,但是他没有明确地提出。王充说:“入山见木,长短无所不知;入野见草,大小无所不识。然而不能伐木以作室屋,采草以和方药,此知草木所不能用也。夫通人览见广博,不能掇以论说,此为匿生书主人(句疑有误),孔子所谓‘诵诗三百,授之以政不达’者也。与彼草木不能伐采,一实也……凡贵通者,贵其能用之也。”(《超奇》)这里所谓“用”是指能把学习得来的一般知识应用到具体的事例,即所谓“掇以论说”。王充说:桓谭“又作《新论》,论世间事,辩照然否。虚妄之言,伪饰之辞,莫不证定”(同上)。这就是“论说”应有的内容。王充把实际的应用,作为能否掌握知识的标准,这跟以实际效果为检验真理的标准,是相通的。

王充说:“齐都世刺绣,恒女无不能;襄邑俗织锦,钝妇无不巧。日见之,日为之,手狎也。使材士未尝见,巧女未尝为,异事诡手,暂为卒睹,显露易为者,犹愦愦焉。”(《程材》)由这段话看起来,王充在一定程度上也看到了知识的获得是与实践有联系的,但是他没有把这个认识提高为一个理论的原则。他的唯物主义的认识论还是直观的。

除此之外,王充的认识论还有一个问题。上边讲过,王充认为有可以用类推而知的事情,他称为可知之事;有不能用类推而知的事情,他称为不可知之事。他说:“可知之事,思之辄决;不可知之事,待问乃解。”在这里,他所说的不可知,只是尚未知。可是他也认为,确有事物是不可知的。战国时候,有个人名叫儿说(在《实知》篇中原作见说,见乃儿之误),据说善解结。可是也有一些结他也不能解。他说:并不是他不能解,这些结本来不能解。王充引用这个故事,说明有些事情本来是不可知的。他说:“事有不可知,圣人不能知。”又说:“故夫难知之事,学问所能及也;不可知之事,问之学之,不能晓也。”(《实知》)他认为有不可知之事,虽问之,学之,也不能晓。照他说,这些事就不是尚未知,而是永远不可知的了。

由这里,还不能就得出结论说,王充终于陷入了不可知论。王充所说的不可知,是说“事有不可知”,不是说,一切事物都不可知,也不是说,事物的真相和世界的根源不可认识。王充相信人的认识能力是可以认识事物的真相的。他并不怀疑人的认识能力,他说的是,“非圣人不能知,事有不可知”(同上)。他所说的“不可知之事”,究竟指什么呢?王充认为,认识事物,需要两个条件,一个条件是凭借耳目见闻和过去的经验,一个条件是依靠思维的推论。如果有些事情,实据不足,无从推论,人就无法知道了。例如上面所引沟有死人的例,水里漂来一具骷髅,王充认为无法推论死者的年龄、职业;这是因为没有认识的条件,并不是因为圣人没有智慧。在有些情况下,通过调查,还可以知道。如果通过调查还弄不清楚真相,只有承认这是不可知了。对于这样的事情,王充认为不必强不知以为知,这就是他所说的:“及其知之,用不知也。”(同上)这正如儿说虽善解结,但若是遇到根本就无法解的结,他只有承认不能解。这就是所谓“及其解之,用不能也”(同上)。《淮南子·说山训》说:“儿说之为宋王解闭结也。”许慎注说:“结不可解者而能解之,解之以不解。”王充说:“及其解之,用不能也”,也是这个意思。王充的这个论点,正是孔丘所说的“知之为知之,不知为不知,是知也”。这是一种实事求是的态度,也就是王充所说的“实知”。这个论点也是针对谶纬迷信所宣扬的"前知"说而发,用以反对那种毫无根据的主观虚构的判断。这是王充讲"不可知之事"的主要意图。不过,王充对这个问题的论述,也表现了自己的弱点。他没有把尚未知之事和不可知之事明确地区分开来。他所说的"不可知之事",实际上仍是尚未知之事。王充似乎认为这样的事情永远不可知,这就不正确了。王充的这个弱点,是和他的认识论的直观性联系在一起的。他没有看到认识和实践的依赖关系。他所强调的只是耳目见闻和过去经验,没有把变革现实的实践提到首要的地位。因此,对于目前和过去的经验尚无法证实的事情,王充便认为是不可知了。这是马克思主义以前的唯物主义所不能克服的局限性。

王充的认识论还有一个缺点。他所重视的类推,也是建立在类永远不变的前提上的。他说:"上世之天,下世之天也;天不变易,气不更改。上世之民,下世之民也;俱禀元气;元气纯和,古今不异。……帝王治世,百代同道,人民嫁娶,同时共礼。"(《齐世》)这是说自然界和人类都是永恒不变的;治世之道也是永恒不变的。他又说:"文质之复,三教之重,正朔相缘,损益相因,圣贤所共知也。古之水火,今之水火也。今之声色,后世之声色也。鸟兽草木,人民好恶,以今而见古,以此而知来。千岁之前,万世之后,无以异也。追观上古,探察来世,文质之类,水火之辈,贤圣共之。"(《实知》)所谓文质、三教、正朔等,都是董仲舒的历史观中的范畴。董仲舒认为,历史的变化,"一文,一质",是循环的;"教"有三种:忠,敬,文,也是循环的;正朔有三种:建子(以农历十一月为正月),建丑(以十二月为正月),建寅(以正月为正月),也是循环的。王充实际上是承认了这些说法。他也认为自然界是不变的,社会的变化是循环的。可见,他的世界观和思想方法并没有摆脱形而上学的影响。把自然物的性质看成是永恒不变的,这是旧唯物主义不可克服的局限性。王充把类推建立在这样的基础上,不可能对事物的发展作出真正科学的预见。还可以看出,王充所说的类推,主要是依据过去的经验,而不是依据当前的实践。他没有解决认识对实践的依赖关系,因而也就不能彻底驳倒唯心主义。这也是旧唯物论无法克服的局限性。

王充的类推主要是依据过去的经验。照他所说的看起来,这些经验还是对于事物的片面的、现象的、外部联系的知识,仍属于认识的感性阶段。他所说的"不徒耳目,必开心意",也只是用思维对感觉的错误作一些修正;还不是明确地认识到,思维的作用是认识事物的本质和规律,还不是用思维使认识到达于理性的阶段。因此,他虽然对墨翟的经验论的认识论作了一些修正,但他的认识论基本上还是经验论的。

毛泽东同志说:"理性认识依赖于感性认识,感性认识有待于发展到理性认识,这就是辩证唯物论的认识论。"(《实践论》)哲学史中的旧唯物主义都不能达到辩证唯物论的认识论的高度,所以不可避免地或因过分重视理性而成为唯理论,或因过分重视经验而成为经验论。中国哲学史中的唯物主义哲学家,也正是如此。在本书第二册中,我们指出,荀况的认识论更多地带有唯理论的倾向。在此章中,我们看出,王充的认识论基本上是经验论。这两个大唯物主义哲学家的认识论正可以说明旧唯物主义的历史局限性。

第九节 王充关于性、命的理论

性和命是中国古代哲学中所经常讨论的问题。性是关于人的贤愚、善恶的;命是关于人的贵贱、成败的。这些都是与社会现象有关的问题。这一类的问题是和人的社会性、阶级性分不开的。可是古代的唯物主义者,由于对于社会本质的认识不够,不了解这些问题的本质,都把这些问题看成为与自然直接有关的问题。他们企图用自然的原因说明社会的现象。其结果不但不能解决问题,反而引起很大的混乱。

古代唯物主义哲学家也经常由此陷入唯心主义。

王充关于性、命的理论，也有这种情况。在自然观方面，他认为元气是构成万物的原始物质。在这一方面，他成功地贯彻了他的唯物主义观点。在关于性、命的问题方面，他也企图用元气来说明人性善恶的问题。他说："小人君子，禀性异类乎？譬诸五谷皆为用，实不异而效殊者，禀气有厚泊(薄)，故性有善恶也。残则受仁(原作授不仁，依吴承仕校改)之气泊，而怒则禀勇(疑脱气字)渥也。仁泊则戾而少慈(原作愈，依元本改)；勇渥则猛而无义。而又和气不足，喜怒失时，计虑轻愚，妄行之人，罪故为恶。人受五常，含五脏，皆具于身。禀之泊少，故其操行不及善人。犹酒(原脱酒字，依吴承仕校加)或厚或泊也；非厚与泊殊其酿也，麴蘖多少使之然也。是故酒之泊厚，同一麴蘖，人之善恶，共一元气。气有少多，故性有贤愚。"(《率性》)这是说，人在初生时，禀受的元气，有厚有薄，有多有少。因有此不同，所以人的性也有贤有愚，有善有恶。

王充企图用自然的原因，说明与社会现象有关的问题。他想在人性问题上，贯彻他关于气的理论。可是他的这个企图，不但不能解决问题，反而使他关于气的唯物主义思想，加上了一些唯心主义渣滓。气的厚薄能够决定性的善恶，那就是认为气也有善恶的性质。况且他又明白地说有"仁之气"、"勇之气"及"和气"。这样说就可以使人怀疑，元气不纯粹是物质性的了。

王充批判地叙述在他以前关于人性的各派学说。他举了先秦以孟轲为代表的性善说，以荀况为代表的性恶说。他认为，这两种学说，都"未为得实"，但是也都"亦有所缘"，就是说，也有一定的事实为根据。他举了告子的性无善恶说，认为也"未得实"，但也是"有缘"。他认为，告子所说的是"中人之性"，"徒谓中人，不指极善极恶也"。他举了周人世硕的性有善有恶说，此说认为"人性有善有恶，举人之善性养而致之则善长；恶性(原作性恶，依孙人和校改)，引而致之则恶长"。这就是所谓“有性善,有性不善”,就是说,有人性善,有人性恶。

王充也举了汉朝董仲舒和刘向关于人性的说法,他们都认为,人有性有情。董仲舒认为性善情恶;刘向认为性内情外,“性生而然者也,在于身而不发;情接于物而然者也,形出(原作出形,依孙人和校改)于外。形外则谓之阳;不发则谓之阴。”王充批评董仲舒说:“夫人情性同生于阴阳。其生于阴阳有渥有泊。玉生于石,有纯有驳。情性生(原脱生字,依刘盼遂校加)于阴阳,安能纯善?”(《本性》)就是说,因为各人所受的阴阳之气有厚薄不同,所以其情性也都有善恶不同,不能认为性都是善,情都是恶。王充批评刘向说:“不论性之善恶,徒议外内、阴阳,理难以知。”(同上)就是说,刘向对于情、性所作的区别,并没有解决性的善恶问题。

在评述各派以后,王充总结说:“自孟子以下,至刘子政(刘向),鸿儒博生闻见多矣;然而论性竟无定是。唯世硕(硕下原有儒宗,依孙诒让校删),公孙尼子之徒,颇得其正。……实者,人性有善有恶,犹人才有高有下也;高不可下,下不可高,谓性无善恶,是谓人才无高下也。……九州田土之性,善恶不均,故有黄赤黑之别,上中下之差;水潦不同,故有清浊之流,东西南北之趋。人禀天地之性,怀五常之气,或仁或义,性术乖也;动作趋翔,或重或轻,性识诡也。面色或白或黑,身形或长或短,至老极死,不可变易,天性然也。余固以孟轲言人性善者,中人以上者也;孙卿言人性恶者,中人以下者也;扬雄言人性善恶混者,中人也。若反经合道,则可以为教,尽性之理,则未也。”(同上)

古代的哲学家都离开人的社会性和阶级性而谈抽象的人性。王充也是如此。他认为人性是由自然界的力量直接决定的,跟土壤、川流是一类的东西。他用类推法,从土壤有黄、赤、黑之别,水有清、浊之流等前提,推出人性有善有恶的结论。这种出发点是错误的,这种推论的方法也是错误的。

但是王充又认为人性是可以因教育和环境而改变的。他说:“论人之性,定有善有恶。其善者固自善矣,其恶者故可教告率勉,使之为善。凡人君父审观臣子之性,善则养育劝率,无令近恶;近(疑衍)恶则辅保禁防,令渐于善。善渐于恶,恶化于善,成为性行。"(《率性》)这是说,教育可以改变人的本性。王充又说:"蓬生麻间,不扶自直,白纱入缁,不练自黑。彼蓬之性不直,纱之质不黑,麻扶缁染,使之直黑。夫人之性犹蓬纱也,在所渐染而善恶变矣。"(同上)这就是说,人是可以随着环境改变的。

这个说法实际上是否认人是一成不变的,主张人是可以随着所受的教育或所处的环境而改变的。王充认识到,人是教育和环境的产物,这是唯物主义思想。王充在这一点上表现了他的唯物主义观点。但是,正如马克思所说的,"教育者必须先受教育"。教育和环境是怎么来的呢?王充只讲到人是教育和环境的产物,可是他没有讲教育和环境是由社会关系和社会制度决定的。

王充认为,人在有生之初,他的性和命都同时被决定了。他说:"命,谓初所禀得而生者也。人生受命则受性矣。性命俱禀,同时而得,非先禀性后乃生命也。"(《初禀》)关于性与命的区别,王充说:"夫性与命异,或性善而命凶,或性恶而命吉。操行善恶者,性也;祸福吉凶者,命也。或行善而得祸,是性善而命凶;或行恶而得福,是性恶而命吉也。性自有善恶,命自有吉凶。使吉命之人,虽不行善,未必无福;凶命之人,虽勉操行,未必无祸。"(《命义》)这是说,性和命完全是两回事,虽都是受之于天,但其间没有联系。

王充又说:"传(传下有曰字,依刘盼遂校删)说,命有三,一曰正命,二曰随命,三曰遭命。"(同上)这是当时儒家关于命的一般的说法。《白虎通义》说:"命者何谓也?人之寿也,天命已使生者也。命有三科以记验:有寿命以保度,有遭命以遇暴,有随命以应行。"(《白虎通义·三命》)照这个说法,一个人的生命的长短,以及他所能享受的多少,都有"天"所预先决定的一定限度,绝对不能超过;这就是所谓"有寿命以保度”。这个说法认为,善有善报,恶有恶报;一个人所受的祸福,是他的行为的善恶的报应;这就是所谓“有随命以应行”。一个人在一生中,由于客观环境的变化,他可能遭受意外的祸害;这就是所谓“有遭命以遇暴”。

王充否认有所谓随命。《论衡》中有《福虚》、《祸虚》两篇,专驳斥随命的迷信。王充说:“世论行善者福至,为恶者祸来。福祸之应,皆天也。人为之,天应之。阳恩,人君赏其行;阴惠,天地报其德。无贵贱贤愚,莫谓不然。”(《福虚》)又说:“世谓受福祐者既以为行善所致,又谓被祸害者为恶所得。以为有沈恶伏过,天地罚之,鬼神报之,天地所罚,小大犹发;鬼神所报,远近犹至。”(《祸虚》)这都是所谓随命的迷信。这些迷信认为,有上帝、鬼神的存在;他们能赏善罚恶。王充举了许多善人得恶报,恶人得善报的事例,论证“福虚”和“祸虚”,证明没有所谓随命。这是王充破除迷信的一个方面。

王充承认有正命和遭命。他说:“凡人禀命有二品,一曰所当触值之命,二曰强弱寿夭之命。所当触值,谓兵烧压溺也;强弱寿夭,谓禀气渥薄也。”(《气寿》)这里所说的“所当触值之命”就是所谓“遭命”;所谓“强弱寿夭之命”就是所谓“正命”的一部分。王充说:“有死生寿夭之命,亦有贵贱贫富之命。”(《命禄》)“死生寿夭之命”,亦称“寿命”;“贵贱贫富之命”,亦称“禄命”,这两部分合起来,就是所谓“正命”。

宗教认为,正命和遭命也都是上帝所决定的。王充否定了这种迷信。他认为,正命是人所禀受之气所决定的;遭命是出于偶然的遭遇。王充虽承认有所谓正命和遭命,但与宗教迷信还有原则的不同。

《论语》说:“死生有命,富贵在天。”王充认为这两句话很有道理。死生是人的寿命,这是由一个人所禀受的元气所决定的。人和物都是禀元气而生;在有生的时候,所禀的气有厚有薄。“人之禀气,或充实而坚强,或虚劣而软弱。充实坚强其年寿,虚劣软弱失弃其身。”(《气寿》)一个人“禀气”的情况是在他出生以前就决定的,所以说“有命”。

这是企图对于寿命长短作唯物主义的解释。中国原来的医学也用这个理论说明人的身体的强弱和寿命的长短。所谓“先天气足”就是这个说法。

王充认为,人的富贵属于所谓“禄命”;这是由人所禀受的“星象”所决定的,所以说“在天”。他说:“至于富贵,所禀犹性;所禀之气,得众星之精。众星在天,天有其象,得富贵像则富贵,得贫贱像则贫贱。……天有百官,有众星;天施气而众星布精;天所施气,众星之气在其中矣。人禀气而生,含气而长,得贵则贵,得贱则贱。贵或秩有高下,富或资有多少,皆星位尊卑小大之所授也。”(《命义》)这个说法也是当时迷信的一种。王充承认了这个说法。

王充还认为人之命可于其骨相见之。《论衡》专有一篇《骨相》,企图为这种世俗迷信寻找证据。在这一点上,王充落在荀况之后。关于骨相的迷信,正是荀况《非相》篇所批判的。

王充说:“凡人受命,在父母施气之时已得吉凶矣。”(《命义》)不仅一个人的正命,在“父母施气之时”已经决定,就是“在父母施气之时”,也有他的遭命。王充说:“遭命者,初禀气时遭凶恶也,谓妊娠之时遭得恶也。”“遭者,遭得恶物象之故也;故妊妇食兔,子生缺唇。”(同上)这就是说:一个人,不仅在有生以后,因客观环境的变化,可能有不幸的遭遇,就是在母胎的时候,也可能有不幸的遭遇,决定他的命运。

总之,在一个人出生以前,他的一生的各个方面,都已预先决定了。他说:“自王公逮庶人,圣贤及下愚,凡有首目之类,含血之属,莫不有命。命当贫贱,虽富贵之,犹涉祸患矣;命当富贵,虽贫贱之,犹逢福善矣。故命贵,从贱地自达;命贱,从富位自危。故夫富贵若有神助,贫贱若有鬼祸。……故夫临事知愚,操行清浊,性与才也;仕宦贵贱,治产贫富,命与时也。命则不可勉,时则不可力。”(《命禄》)照上面所说,王充认为,性还可以由学改变,但命是不可改变的。

王充又认为,不独个人有“贵贱祸福之命”,国亦有“盛衰治乱之命”。他说:“宋、卫、陈、郑,同日并灾,四国之民,必有禄盛未当衰之人。然而俱灾,国祸陵之也。故国命胜人命,寿命胜禄命。”(《命义》)他认为社会的治乱皆由于“国命”,与统治者的才德没有关系。他说:“人皆知富饶居安乐者命禄厚,而不知国安治化行者历数吉也。故世治非贤圣之功,衰乱非无道所致。国当衰乱,贤圣不能盛,时当治,恶人不能乱。世之治乱在时不在政,国之安危在数不在教。贤不贤之君,明不明之政,无能损益。”(《治期》)

王充在这里,提出“数”的概念,他大概认为有一种必然规律支配着自然和社会的变化。这些变化中的不以人力为转移的过程,他称为“数”。

王充的关于命的理论的企图,是用以说明,在剥削阶级统治的社会中,为什么人的才能和道德品质总是跟他的社会地位不一致。无才能的恶人,偏取得富贵的地位;有才能的善人,反而常处贫贱。他驳斥了“天道福善祸淫”的“随命”之说,但是对于这种社会现象怎样说明呢?他不知道。他企图把他在自然观方面的唯物主义观点应用到对这种社会现象的说明中,于是就用元气、星象、骨相等说法作为这种社会现象的说明。在表面上看起来,这并没有离开唯物主义的立场,因为元气、星象、骨相都是物质的东西。可是这是直接用自然界的现象说明社会现象。这样就必然导致一种机械的宿命论,因而滑到唯心主义和迷信的边缘,甚至简直堕入唯心主义和迷信的泥坑。

当时地主阶级中的细族寒门,对于受豪族强宗的压迫和歧视,有无可奈何之感。王充的关于命的理论,在其阶级根源上,是细族寒门的这种意识在哲学中的反映。

王充的关于命的理论也有积极方面的意义。这种理论认为,当时的统治阶级之所以富贵,并不是由于他们有特殊的才能,而只是由于他们的命好,骨相生得不错,实际上没有什么了不起。他说:“怀银纡紫,未必稷契之才;积金累玉,未必陶朱之智。……故富贵在命,不在智愚;

贫贱在禄，不在顽慧。”（《命禄》）根据这种理论，王充驳斥了当时所谓统治者受天命而为王的君权神授说。他说：“自然无为，天之道也。”如果天对于统治者“有命使之义”，那就是天道有为，那是不可能的。王充认为，所谓“受命”，应该是就“人禀自然之气”说的。他说：“人生性命当富贵者，初禀自然之气，养育长大，富贵之命效矣。……文王在母身之中已受命也。王者一受命，内以为性，外以为体。体者面辅骨相，生而禀之。”（《初禀》）照这些说法，富贵的人并没有什么值得尊敬之处。这是寒门细族对于豪族强宗的一种鄙视。这些说法在消极方面，也会使老百姓承认，受压迫和剥削是由于自己的命不好，骨相生得不对，因此，就安于贫贱，放弃斗争了。

照上面所引的王充的说法，人的富贵贫贱等一生的事情，都是为一种必然性所预先决定的。可是在许多篇中，他又说，人的一生的事情，都是出于偶然。这就是“正命”与“遭命”二说之间的矛盾。这也是“必然”与偶然的矛盾。《论衡》中有《逢遇》、《幸偶》、《偶会》等篇，在这些篇里，工充强调“遇”和“偶”。他解释“遇”的意义说：“春种谷生，秋刈谷收，求物得物，作事事成，不名为遇。不求自至，不作自成，是名为遇。犹拾遗于途，摭弃于野，若天授地生，鬼助神辅。”（《逢遇》）“遇”和“偶”的意义，都是偶然。

王充论证说：“凡人操行，有贤有愚；及遭祸福，有幸有不幸。举事有是有非，及触赏罚，有偶有不偶。并时遭兵，隐者不中；同日被霜，蔽者不伤。中伤未必恶，隐蔽未必善；隐蔽幸，中伤不幸。俱欲纳忠，或赏或罚；并欲有益，或信或疑。赏而信者未必真，罚而疑者未必伪。赏信者偶，罚疑者不偶也。”（《幸偶》）偶然碰着与自己有利的事称为幸；偶然碰着与自己有害的事称为不幸。幸或不幸都是出于偶然。

王充认为一切自然物都是由气构成的，自然物的性质的不同，是由于它们所禀受的气的性质和成分的不同，而且是不可改变的。他也认为自然物的变化有它的规律，如有生必有死等。就这个意义上说，他是承认自然现象有它的必然性。但王充在自然观中也承认有偶然性。他说:"火星与昴星出入;昴星低时火星出,昴星见时火星伏。非火之性厌服昴也;时偶不并,度转乖也。"(《偶会》)这是说,星辰的遇合,出于偶然。他又说:"世谓秋气击杀谷草,谷草不任凋伤而死。此言失实。夫物以春生夏长,秋而熟老,适自谢死,阴气适盛,与之会遇。何以验之?物有秋不死者,生性未极也。"(同上)这是说,正在枯谢的植物与阴气偶然相遇,但其枯死是由于生性已极,并非由于阴气的凋伤。王充把这种理论称之为"偶适自然,非或使之也"(《初禀》)。这是用偶然来解释某些自然现象的变化。他的目的在于用以反对天人感应和祸福报应等迷信。但也可以看出,他认为某些自然现象的变化没有必然的规律,否认了某些现象间的内在的必然联系。

王充关于这些问题的讨论,接触到了哲学上的一个根本问题,就是必然性与偶然性的问题。这个问题,在王充的社会思想中,特别突出。在王充的社会思想中,他基本上是主张宿命论,认为社会中的一切现象都是出于"必然"。但在有些篇中,如上面所说的,他又好像认为社会中的现象,至少有一些是出于偶然。这个矛盾表示王充对于偶然与必然的关系这个问题没有得到解决,这本来是机械论所不能解决的。

王充认为人的生死祸福以及富贵贫贱,都是由他所禀受的元气、所应的星象以及所有的骨相所决定的,国命是由"数"决定的。但是王充并不能指出,元气、星象、骨相等,怎样具体地决定人的富贵贫贱,"数"怎样具体地决定"国命"。他所主张的在这方面的必然,实际上只是一个空名词。这正是像恩格斯所说的:"这样,偶然性在这里并没有从必然性得到说明,而倒是把必然性降低为纯粹偶然性的产物。"(《自然辩证法》,人民出版社 1955 年版,182 页)王充的偶然论和他的宿命论实质上是一种思想的两种表现形式。他是按着宿命论的观点了解必然性,其结果不能不倒向偶然论。

董仲舒在自然观方面提出了最明显的目的论的观点;王充在对于

官方哲学的斗争中提出了机械论的观点。在中国哲学史中,他的机械论的思想,是最明显、最彻底的。他主张“天地合气,物偶自生矣”。他明确否认“天地故生人”的目的论的说法。他明确地否定了官方哲学的目的论,但是,关于这方面的哲学问题,王充并没有给予最后的解决。

关于宇宙有没有目的这个问题,恩格斯说:“机械论(十八世纪的唯物论也是如此)摆脱不了抽象的必然性,因而也摆脱不了偶然性。物质从自身中发展出了能思维的人脑,这对机械论来说,是纯粹偶然的事件,虽然在这件事情发生之处就是必然地一步一步地决定了的。而事实上,物质是由于自己的本性而发展出能思维的实体,因而这是在具备了适当条件(并非在任何地方和任何时候都必然是一样的)的一切场合下都必然要发生的。”(同上书,171—172 页)

恩格斯又说:“旧的目的论已经完蛋了,但是现在树立了一种坚强的信念,物质依据这样一些规律:物质在其永恒的循环中运动,这些规律在一定阶段上——或者在这里,或者在那里——必然地在有机物中产生出思维着的精神。”(同上书,160 页)

恩格斯的这些话是针对近代的机械论说的,但对于王充也可以适用。自然并不是“故生人”,但在物质的发展中,必然有像人这样的能思维的动物生出来。这样的动物生出来,并不是出于偶然。有些人说,一个猴子,盲目地用打字机打字,只要它无限期地打下去,它总会打出一首诗。这是完全出于偶然的巧合。自然界必然生人并不是这样。但也不是像上面所说的宿命论的说法,一切事情的发生都是不可改变的因果连锁,机械地连续下去,没有内在的联系。像人这样的能思维的动物,是物质由于自己的本性而发展出来的;这是必然。但是在物质发展的过程中,究竟在什么具体的场合下有思维的动物发生出来,这是出于偶然的。恩格斯说:“偶然性本来也是具有必然性。”(同上书,19 页)

在哲学史发展过程中,机械论是目的论的否定。辩证唯物主义,在这一方面的理论是否定之否定。王充否定了董仲舒的目的论,成为中国哲学史发展的一个重要环节;这就完成了他的历史任务。至于再进一步的否定之否定,这本来是只有辩证唯物主义才能完成的。我们不能期望一个哲学家能作出超过他的历史条件的贡献。

从王充的哲学中可以看出,机械论并不能彻底驳倒目的论和唯心论。王充终于承认了“天数”,承认了“星气”、“骨相”等说法,也正如恩格斯所说的,他“还是不能从神学的自然观中解脱出来”。这是马克思主义以前的唯物主义无法克服的历史局限性。

第十节 王充的历史观

在王充的历史观中,他也还是用自然的原因直接说明社会现象。他说:“夫世之所以为乱者,不以贼盗众多,兵革并起,民弃礼义,负畔其上乎?若此者,由谷食乏绝,不能忍饥寒。夫饥寒并至,而能无为非者寡;然则温饱并至,而能不为善者希。传曰:仓廪实,民知礼节;衣食足,民知荣辱。让生于有余,争起于不足。谷足食多,礼义之心生;礼丰义重,平安之基立矣。故饥岁之春,不食亲戚;穰岁之秋,召及四邻。不食亲戚,恶行也;召及四邻,善义也。为善恶之行,不在人质性,在于岁之饥穰。由此言之,礼义之行,在谷足也;案谷成败自有年岁。年岁水旱,五谷不成,非政所致,时数然也。”(《治期》)这就是说,社会的治乱是由于粮食足或不足,粮食足:人人都有饭吃,社会秩序自然安定;粮食不足,大多数人都没有饭吃,社会秩序自然不能维持。王充的理论,在这一点上,是可以说明封建社会中一部分的事实。王充又认为粮食足不足是由农业收成的好坏决定的。古代完全靠天吃饭,收成的好坏,是由天时决定的。如果风调雨顺,收成自然就好;如果有水旱之灾,收成自然就坏。照这些环节一层一层地推上去,就得到一个结论,社会的治乱和历史的变化都是自然现象所决定的。其实,在封建社会中,农业收成的好坏,也有其社会原因。这一个重要的事实,王充就忽略了。这也是由于他企图用自然现象直接说明社会现象的缘故。

王充企图为社会的治乱和历史的变化找出一个不随人的意志为转移的规律;这种企图是唯物主义的精神的表现。他所找出的规律,如上面所说的,也有一部分的真理。但是,他企图用自然的原因直接说明社会问题,使他得到另外一个结论:社会的治乱与政治的好坏,完全没有关系。他本来认为有所谓“国命”。一国的治乱,是“国命”所决定的。他说:一般的人看见,在太平的时候有好的统治者,因此就认为太平是好的统治者的功劳;在一个朝代衰乱的时候有不好的统治者,因此就认为衰乱是他的罪恶。他认为这是完全错误的。他说:“若此,明于善恶之外形,不见祸福之内实也。”(同上)就是说,一般人的见解,只看见事物的现象,没有看见事物的本质。王充的这些看法,也是企图用以反对天人感应的迷信和神权政治的历史观,企图认识事物的本质,这是唯物主义的精神。但是他所认为是历史变化的规律并不是本质的。社会治乱不是专用自然的原因可以说明的。主要的原因,还是在于社会制度和政治。社会的问题主要的还是要用社会的原因解释。王充不了解这一点,终于陷入了历史宿命论。

王充的历史观也有其积极的一面。王充认为历史是进步的,他竭力反对今不如古的思想。王充认为,一般人都有贵古贱今、是古非今的偏向。他说:“述事者好高古而下今,贵所闻而贱所见。辨士则谈其久者,文人则著其远者。近有奇而辨不称,今有异而笔不记。”(《齐世》)所以在表面上看起来,给人一种今不如古的印象。“尊古卑今”,“贱所见,贵所闻”(同上),这是王充所反对的。

王充认为汉代不但不是不如古,而且还是远远超过古代。特别使他引以自豪的就是,当时中国的封建文化远及于周围落后的地方,使落后的民族,在文化上都有所提高。他说:“古之戎狄,今为中国。古之躲人,今被朝服。古之露首,今冠章甫。古之跣跗,今履商舄。以盘石为沃田,以杰暴为良民,夷坎坷为平均,化不宾为齐民,非太平而何?”(《宣汉》)他的结论是:“汉国在百代之上。”(《恢国》)

王充认为,汉朝既然这样伟大,所以需要歌颂。他的《论衡》就负起这个责任。他说:“无《论衡》之论,不知优劣之实。”(《须颂》)又说:“《春秋》为汉制法,《论衡》为汉平说。”(同上)

照上面所引的,王充认为汉朝的伟大之处,主要有两点。一是民族融合,一是生产提高,这都是历史的事实。汉朝制定了封建社会的上层建筑,巩固了新建立起来的封建经济基础,由于它的“兼容并包”的民族政策,融合了不同的民族,成为一个统一的汉族。这都是前所未有的,这是汉朝的贡献。但是有些认为今不如古的人,还是认为汉朝不及“三代”。所以要“为汉平说”。这个评说认为历史是进步的,是尊重事实的。这是王充的“求实”的唯物主义精神的表现。但是在这个评说中,王充应用了一些他所批判的符瑞之说以为论证。

王充说:“《论衡》实事疾妄。《齐世》、《宣汉》、《恢国》、《验符》、《盛褒》、《须颂》之言,无诽谤之辞。造作如此,可以免于罪矣。”(《对作》)有一种说法认为,王充所以歌颂汉朝,为的是要避免当权派的迫害,故意以这些言论为掩护。照这个说法,王充的歌颂完全不是由衷之言。这也不是如此。

王充本来认为,所谓灾异、符瑞是不足信的。他说:“祸变不足以明恶,符瑞不足以表善。”(《治期》)但是为了歌颂汉代,他也讲起符瑞来了。他说:“俗儒好长古而短今,言瑞则渥前而薄后。是应实而定之,汉不为少。汉有实事,儒者不称;古有虚美,诚心然之。信久远之伪,忽近今之实。”(《须颂》)这就是说,如果讲符瑞的话,汉朝也并不是没有,而且比以前的朝代还多。王充并不信符瑞,不过借符瑞以破当时的一般人的“尊古卑今”的思想。从战斗的策略看,这是“以子之矛,攻子之盾”。但是这种策略,总不免有肯定虚妄的嫌疑。总的看起来,作为一个伟大的唯物主义者,王充在历史观方面是软弱无力的。他不能正确地说明历史变化的原因,因此也没有能够把无神论的观点贯彻到底。这也是旧唯物主义所难以避免的一个弱点。

第十一节　王充在中国哲学史上的地位

董仲舒以神秘主义、唯心主义的观点为基础,建立了汉朝地主阶级当权派的官方哲学。今文经学和谶纬,把这种哲学推演到更加荒谬可笑的程度。《淮南子》的作者们、刘歆、扬雄和桓谭,都站在地主阶级各阶层的范围内,在一定程度上,对官方哲学展开斗争。这些唯物主义思潮,到了王充,就汇聚成为一个波澜壮阔的巨流。他用丰富的事实、细致的辩论,从各方面打击了当时官方哲学的神秘主义、唯心主义思想和宗教迷信。

在经学方面,王充站在古文经学的立场,跟官方的今文经学相对立。他认为,前人的著作都是为了解决当时实际问题,是当时思想斗争的一种表现。他说:"孔子作《春秋》,周民弊也。……是故周道不弊则民不文薄,民不文薄,《春秋》不作。杨墨之学不乱传义,则孟轲之传不造。韩国不小弱,法度不坏废,则韩非之书不为。高祖不辨得天下,马上之计未转,则陆贾之语不奏。众事不失实,凡论不坏乱,则桓谭之论不起。故夫贤圣之兴文也,起事不空为,因因不妄作;作有益于化,化有补于正。"(《对作》)这就是说,孔丘作《春秋》和陆贾作《新语》,桓谭作《新论》是一类的事情。他们都是针对当时的实际情况,有的放矢,并不是"空为",也不是"妄作"。这就否定了今文经学家的孔丘奉天命作《春秋》等荒唐的说法。

因此,王充认为《春秋》中也没有什么"非常可怪之论"。《春秋》记事,有时漏载了日子,公羊家认为这是孔丘的"笔削",有很深的意义。王充不以为然。他说:"夫公羊、穀梁之传,日月不具,辄为意使。失平常之事,有怪异之说,径直之文,有曲折之义;非孔子之心。”(《正说》)董仲舒的哲学体系,大部分是以公羊家对于《春秋》的解释为根据的。王充对于《春秋》的这样的看法,就从根本上推翻了董仲舒在经学上的根据。

王充认为先秦各家的思想,都有其一定的价值。他说:“知屋漏者在宇下;知政失者在草野;知经误者在诸子。”(《书解》)他又说:“夫一经之说,犹日明也,助以传书,犹窗牖也。百家之言,令人晓明,非徒窗牖之开,日光之照也。是故日光照室内,道术明胸中。开户内光,坐高堂之上;眇升楼台,窥四邻之廷;人之所愿也。闭户幽坐,向冥冥之内;穿圹穴卧,造黄泉之际;人之所恶也。夫闭心塞意,不高瞻览者,死人之徒也哉。”(《别通》)他认为,不研究先秦诸子的学说,就是“闭心塞意”,使人成为“死人之徒”。这是对于董仲舒罢黜百家的主张,以及汉武帝以来定孔丘为一尊的政策的明显的抗议。

“《春秋》为汉制法,《论衡》为汉平说。”这里所说的《春秋》就是董仲舒的公羊春秋。“为汉制法”,这个“法”就是一整套封建社会的上层建筑,包括中国封建社会的社会制度、政治原则、道德范畴。在这一方面,王充并不反对,也没有提出批判,他所反对批判的是这一套中的哲学思想和宗教迷信。

王充的“平说”就是分析这一套上层建筑,对于其中不可取之处加以批判。他所认为是不可取之处,正是公羊春秋所认为是重要的部分,于是就展开斗争。在这个斗争中,王充和董仲舒、《论衡》和公羊春秋是主要的对立面,是两个阵营。

这两个阵营的斗争,是围绕着“天人感应”这个问题进行的。这是两汉哲学的中心问题。董仲舒的体系的各方面的辩论,归根到底,都是企图证明“天人感应”是真实的。王充的体系的各方面的辩论,归根到底,都证明所谓“天人感应”是虚妄的。

王充的唯物主义哲学和秦汉以来的科学发展也有着密切的联系。

他关于天的物质性和形、神问题的论证，显然是受了当时天文学和医学知识的影响。《论衡》中有些篇可以作为研究汉代天文学史的重要资料。他的唯物主义哲学是和汉代科学发展水平相适应的。

董仲舒的哲学体系是和当时的宗教迷信相适应的。这两派哲学体系的斗争，有科学和宗教斗争的意义。

两汉以后，"天人感应"就不再是哲学辩论的中心问题了。唯物主义和唯心主义的斗争提出了新的问题，也采取了新的思维方式。

第三十四章

东汉末无神论和进步的社会思想

第一节　张衡反对谶纬的理论

王充以后，唯物主义的气的理论特别流行。在东汉末年，张衡和王符继扬雄、王充之后，提出以“气”为基本的自然观。

张衡（139年卒）是东汉时期的一个大科学家、大文学家。

范晔说：“初，光武善谶，及显宗、肃宗，因祖述焉。自中兴之后，儒者争学图纬，兼复附以妖言。衡以图纬虚妄，非圣人之法。乃上疏曰：‘……谶书始出，盖知之者寡。……成、哀之后，乃始闻之。……殆必虚伪之徒，以要世取资。……则知图谶成于哀平之际也。……此皆欺世罔俗，以昧势位，……譬犹画工，恶图犬马而好作鬼魅，诚以实事难形，而虚伪不穷也。宜收藏图谶，一禁绝之，则朱紫无所眩，典籍无瑕玷矣。’”（《后汉书·张衡传》）张衡的这些话是说到图谶的本质了。他指出图谶是那些弄虚作假的人所制造的，为的是欺骗有势位的人，迎合他们的需要，捞取政治资本。不过这只是一个方面。另外一个方面，有势位的人制造图谶，以欺骗老百姓。这一方面，张衡在上光武帝的奏疏中是不便说的。他只好笼统地说了八个字：“欺世罔俗”，“要世取资”。

张衡公开地反对图谶，但对于“天人感应”之说，他没有公开地批判，而是利用这种说法以批评时政。汉顺帝阳嘉二年（134年），洛阳一带有地震。顺帝恐慌了,下诏叫群臣批评当时政治上的错误。张衡对策说:"臣闻,政善则休祥降,政恶则咎征见。苟非圣人,或有失误。昔成王疑周公而大风拔树木,开金縢而反风至。天人之应,速于影响。故周诗曰:'无曰高高在上,日监在兹。'闻者京都地震。雷电赫怒。夫动静无常,变改正道,则有奔雷土裂之异。"张衡接着举了几条他所认为是政治上的错误,得出结论说:"中间以来,妖星见于上,震烈著于下。天诫详矣,可为寒心。明者消祸于未萌。今既见矣,修政恐惧,则转祸为福矣。"(袁宏《后汉纪》卷18)张衡的这段话简直是天人感应说的一个概论。表面上看起来,张衡似乎是拥护这个说法的。

其实,张衡在说这段话的时候,当然知道,他所说的并不是地震的真正原因。他对于地震特别有研究,他制造了一种报告地震的仪器,叫候风地动仪。这台仪器设在洛阳,四方的地震这个仪器都能表示出来。据说,有一次这台仪器表示西方有地震,但是洛阳一带并没有感觉出来。人们怀疑地动仪不准确。过了几天,消息传来,甘肃一带果然地震(见《后汉书·张衡传》)。由此可见,张衡对于地震的性质及其原因是有科学知识的,这是由实践证明,经得起考验的。但是当时的皇帝既然因地震而要反省,叫下边提意见,这是一个难得的机会。张衡犯不着对他解释说,地震是一种自然现象,有其自然的原因,与政治毫无关系,不必恐慌,也不必反省。他乐得顺水推舟,趁此机会把他的意见提出来。他所提的那几条,大概是他心中早已有了的,只是不敢说或不便说。当时连年有地震,还有日食,张衡几次上疏,用"天人感应"说批评时政。对于他的这些议论,都可以用上面所说的理由解释之。

第二节　张衡的天文学和宇宙形成论

张衡主张浑天说。他还创制了一台仪器叫浑天仪,这台仪器就是天体的模型。他还写了三篇关于天文学的文章:《浑天仪》、《灵宪》、《筭罔论》。范晔评论说:“言甚详明。”(《后汉书·张衡传》)李贤注说:“《灵宪》序曰:‘昔在先王,将步天路,用定灵轨。灵绪本元,先准之于浑体,是为正仪。故《灵宪》作兴。’衡集无《筭罔论》,盖网络天地而筭之,因名焉。”(同上)刘昭说:“张衡天文之妙,冠绝一代。所著《灵宪浑仪》,略著辰耀之本。”(《后汉书·天文志》注补)照刘昭所说,似乎《灵宪》的全名是《灵宪浑仪》,照李贤的说法,似乎《灵宪》是浑天仪的总说明。《筭罔论》是对浑天仪在算学方面的说明。张衡作了浑天仪,又作了两种说明,所以是“言甚详明”。

《灵宪》是浑天仪的总说明,要说明天体的构成和运行的规律,因此就提出了一个宇宙形成论。它说:“太素之前,幽清玄静,寂寞冥默,不可为象。厥中惟虚,厥外惟无。如是者永久焉,斯谓溟涬,盖乃道之根也。道根既建,自无生有,太素始萌;萌而未兆,并气同色,浑沌不分。故《道志》之言云:‘有物浑成,先天地生。’其气体固未可得而形,其迟速固未可得而纪也。如是者又永久焉,斯谓庬鸿,盖乃道之干也。道干既育,有物成体。于是元气剖判,刚柔始分,清浊异位。天成于外,地定于内。天体于阳,故圆以动;地体于阴,故平以静。动以行施,静以合化。堙郁构精,时育庶类,斯谓太元,盖乃道之实也。在天成象,在地成形。天有九位,地有九域;天有三辰,地有三形。有象可效,有形可度。情性万殊,旁通感薄,自然相生,莫之能纪。于是人之精者作圣,实始纪纲而经纬之。”(《后汉书·天文志》注补引)

这就是说,宇宙的形成有三个阶段。第一个阶段叫“溟涬”。在这一个阶段中,什么也没有。但是可以“如是者永久焉”;这就是说,还是有时间的。可以有“厥中”、“厥外”之分;这就是说,还是有空间的,这种状态经过很长久的时间。这是“无”的阶段,是道的根本。道的根本建立了,就从“无”生出“有”来。“太素”才开始萌芽;萌芽还没有形成的时候,气联结在一起,颜色完全相同,浑浑沌沌地分不清楚。那种气体固然没法形容,运行的快慢也没法记载。这种状态又经过很长久的时间,叫做"庬鸿"。这是道的主干,是宇宙形成的第二个阶段。到了第三个阶段,"元气"有了分化,刚和柔的性质不同,清的浊的地位各异。天在外面建成了,地在里面定下了。天以阳为体,所以圆而动;地以阴为体,所以平而静。动主施行,静配变化。双方的精集聚配合,生育出万物。这就叫做"太元",是道的果实。这时在天上就形成了各种的形象,在地上就形成了各种的形体。……有形象就可以摹拟,有形体就可以测量。万物有各种各样不同的性情,有的互相助成,有的互相影响,有的互相矛盾。这些都自然而然地发生,复杂到没法可以叙述。人之中最精灵的,制作出些规矩,把它们范围起来。这就可见人在宇宙发展中的重要。

《灵宪》又说,八极的周围,径二亿三万二千三百里,南北减少一千里,东西加宽一千里。从地到天,有八极的一半高,地的深也等于八极的一半。张衡认为这些都是可以用算学算出来的,过了这个界限,还没有人知道。他说:"过此而往者,未之或知也。未之或知者,宇宙之谓也。宇之表无极,宙之端无穷。"(《灵宪》)

张衡用了一些易纬《乾凿度》中的名词,从表面上看,他的说法也和《乾凿度》有相似之处。但是,张衡是个科学家。他的宇宙形成论是以他的天文学知识为根据的。照天文学浑天家的说法,天和地好像一个鸡卵;天好比卵的外壳,地好比卵黄。地是一个物体,天也是一个物体,所以他说,天在外面建立了,地在里面定下来,天在外面旋转,地居中不动。张衡根据这个思想,造了浑天仪。

张衡的这个理论是以实际的观察和测量为基础的。当时的科学和技术的水平都不很高,所以从其中作出的理论上的结论也还是不正确的,这是历史条件的限制。但是,张衡的基本精神是科学的精神。以前仅只说:"轻清者上浮为天,重浊者下沉为地。"这是一种凭直观得来的说法,跟这个说法比较起来,张衡对于天地形成的说法,就明确多了。

张衡所举的一些数据,代表中国天文学在当时所能达到的程度。张衡承认,在这种程度下,人的知识有一定的范围,这个范围以外的情况,还没有人知道("过此而往者,未之或知也")。他不说不可知,而只说尚未知,这也是科学的精神。

在这里,他又提出了宇宙的概念。他说:在这个范围之外,还没有人能够知道的,就是宇宙("未之或知者,宇宙之谓也")。他所说的"宇"就是空间,空间是无边无际的,所以说"宇之表无极";说"宇之表"其实就是无表。他所说的"宙"就是时间,时间是无始无终的,所以说"宙之端无穷";说"宙之端"其实就是无端。在这里,他肯定了时间和空间的无限性。他所说的宇宙,就是无限的空间和无限的时间交织在一起的一个无限的物质世界。

宇和宙这两个概念,本来在《庄子》书中就已经提出。《淮南子·天文训》也说:"道始于虚霩。虚霩生宇宙,宇宙生元气,元气有涯垠。"这里所谓宇宙是宇宙形成过程中的一个阶段,其意义并不很明确。《庄子·庚桑楚》说:"有实而无乎处者,宇也;有长而无本剽者,宙也。"这是就空间和时间说的,不过这两句话的确切意义,还不很清楚。张衡所说的宇和宙的意义就明确了。后来,郭象《庄子注》说:"宇者有四方上下,而四方上下未有穷处。宙者有古今之长,而古今之长无极。"陆德明说:"《三苍》云,四方上下为宇,宇虽有实而无定处可求也。往古来今曰宙;……宙虽有增长,亦不知其始末所至者也。"(《经典释文》卷28)(郭象所说的"古今之长",是长短之长,陆德明读为增长之长,误。)这可能是就张衡所说的又加以发展。这样,时间和空间这两个哲学中的重要范畴,也就越来越明确了。

在前一章中,我们提到,王充提出了唯物主义的元气说,和纬书中的神秘的元气观念对立起来。但天地和元气的关系,在他的体系中是不很明确的,张衡继王充之后明确地认为,天地是由元气分化出来的。这里又牵涉到元气有始或无始的问题。王充虽然没有明确地讨论这个问题，但是，照他所说的关于气的话看起来，他还是认为气是无始的。易纬《乾凿度》说："太初者，气之始也。"郑玄注说："太易既自寂然无物矣，焉能生此太初哉？则太初者，亦忽然而自生。"这是认为气是有始的，不过没有另外一个生气的东西，它是"忽然而自生"。张衡所说的"道"似乎就是气。他所说的"道之根"、"道之干"和"道之实"，实际上就是气的发展的三个阶段。在第一阶段中，气是无形的；在第二阶段中，气有形但尚未分化；在第三阶段中，气分化为具体的天地万物。如果他所谓道可以作这样的了解，张衡也认为气是无始的。

张衡的天文学，也还没有从占星术中摆脱出来。他说："日月运行，历示吉凶。五纬经次，用告祸福，则天心于是见矣。"(《灵宪》)在古代，天文学和占星术本来是分不开的。这是时代的限制。

张衡极推崇扬雄的《太玄》，认为是"汉家得天下二百年之书。"又说："后二百岁，殆将终乎？所以作者之数，必显一世，常然之符也。汉四百岁，应其兴矣。"(《后汉书·张衡传》)这里所说的"数"，也就是王充所说的"命"。照这个说法，不仅人有命，国有命，书也有命，这是命定论的又一种应用。

在《髑髅赋》中，张衡假托庄周的话，说出他自己对于生死问题的见解。他说："死为休息，生为役劳。冬水之凝，何如春冰之消。"又说，他死了以后，"与阴阳同其流，与元气合其朴。以造化为父母，以天地为床褥。以雷电为鼓扇，以日月为灯烛。以云汉为川池，以星宿为珠玉。合体自然，无情无欲。澄之不清，浑之不浊。不行而至，不疾而速。"(《古文苑》卷50)这是说，人生是元气的聚合，如水之凝结为冰；人死是元气的消散，如冰之消释为水。人死以后，复归于元气，与自然成为一体。张衡的这种生死观，和他的唯物主义的自然观是一致的。

第三节　王符的唯物主义的自然观和进步的社会思想

跟张衡同时而稍后的有王符,安定临泾人。范晔说:“安定俗鄙庶孽,而符无外家,为乡人所贱。”(《后汉书·王符传》)这是说,王符的母亲是妾、婢之类,出身微贱,所以王符没有外祖父家。因此“为乡人所贱”。在当时门阀士族的统治下,一个人的社会地位,不仅靠他父亲的门第,也靠他母亲的门第。王符认为,自己是一个隐藏在下位的人,一个“潜夫”,所以他把自己的著作名为《潜夫论》。

王符在《潜夫论》中,也提出一个宇宙形成论。他说:“上古之世,太素之时,元气窈冥,未有形兆。万精合并,混而为一,莫制莫御。若斯久之,翻然自化。清浊分别,变成阴阳。阴阳有体,实生两仪。天地壹郁,万物化淳。和气生人,以统理之。是故天本诸阳,地本诸阴,人本中和。三才异务,相待而成。各循其道,和气乃臻,玑衡乃平。天道曰施,地道曰化,人道曰为。为者,盖所谓感通阴阳而致珍异也。人行之动天地,譬犹车上御驷马,蓬中擢舟船矣。虽为所覆载,然亦在我何所之耳(原作可,依汪继培校改)。……从此观之,天呈其兆,人序其勋。书故曰:‘天功人其代之。’”(《潜夫论·本训》,以下只注篇名)

王符所说的关于元气的理论,跟张衡所说的基本上相同。但是有特出的几点:

第一,他说:“太素之时,元气窈冥。”他不讲“太素之前”。这就是,不认为在有气之前,还有一个没有任何东西的时期。这也就是,不认为气是有始的。“窈冥”而“未有形兆”,是形容元气的原始的浑沌。这是本来如此的。不过,这一点王符并没有讲清楚。他似乎认为在气之上还有“道”,比气更为根本。他说:“是故道德之用,莫大于气。道者气

(原无气字,依汪继培校补)之根也;气者道之使也,必有其根,其气乃生;必有其始,变化乃成。是故道之为物也,至神以妙,其为功也,至强以大。"(《本训》)这里所说的"道",王符没有加以解释。下文说:"必先原元而本本,兴道致和,以醇粹之气,生敦厖之民,明德义之表,作信厚之心,然后化可美而功可成也。"(同上)他所说的"道",也可能指"醇粹之气"或阴阳二气浑沌未分的元气。

第二,王符特别提出元气是"莫制莫御","翻然自化"。这就是说,没有什么主宰管制着它。后来元气分化,有阴阳二气,二气的形体就是天地,从天地生出万物。这都是出于"自化",不是由于外面的动力。这就更明确地说明他的关于气的理论是唯物主义的思想。

第三,王符特别重视人在宇宙中的地位。他认为在元气剖判的时候,分为阴阳二气;阴阳交合,特别生出另一种气,叫和气。人是和气所构成的。在还没有人的时候,万物是没有主宰的。在有了人以后,人就"统理"万物。天、地、人,称为"三才",各有它们在宇宙之中的任务和作用。它们必须互相补充,互相配合,才能完成它们的任务和作用("三才异务,相待而成")。

"天"的任务和作用就是"施"("天道曰施")。例如日月发出光明,雨露产生润泽;这都是属于"施"一类的作用。日月的光明和雨露的润泽,到了地上,就能使动植物生长。在王符看起来,这些都是地的作用。地接受天的"施"而引起"化"("地道曰化")。他认为人的任务和作用就是"为"("人道曰为"),就是说,依靠天地的"施"、"化",而有所作为。王符的这个思想有重视人的主观能动性的意义。他认为人在天地之间,就好像人坐在车上或船上一样,车或船虽然把人载起来,但是,车或船往哪里走,这是由人的意志决定的("然亦在我何所之耳")。王符说:"天呈其兆,人序其勋。书故曰:'天功人其代之?'"(同上)这就是说,人的任务和作用是完成天所不能完成的事情。

王符说:"为者,盖所谓感通阴阳而致珍异也。"他还是承认有所谓

“天人感应”。这样,王符所说的“为”就跟我们所说的“为”不同。我们所说的“为”是用知识和技术改造和控制自然;王符所说的“为”主要是靠“感通”,以道德的行为感动自然。他说:“阴阳者以天为本。天心顺则阴阳和;天心逆则阴阳乖。天以民为心。民安乐则天心顺;民愁苦则天心逆。”(《本政》)王符自叙其作《本训》的目的,说:“人天情通,气感相和。善恶相征,异端变化。圣人运之,若御舟车。作民精神,莫能(汪继培云,疑当作不)含嘉。故叙《本训》。”(《叙录》)照这段话看起来,王符所说的“人道曰为”虽有重视主观能动性的意义,但还没有脱离“天人感应”的神秘的圈子。

王符认为,与天、地、人“三才”相应的,有阳气、阴气、和气。河上公的《老子注》正是这样说的。《老子》说:“道生一,一生二,二生三,三生万物。”(第四十二章)河上公注说:一是“道始所生者。一生阴与阳,阴阳生和气,三气分为天、地、人。天地共生万物,天施地化,人长养之”。这里所说的,跟王符所说的完全相同。

东汉到了后期,政治越来越腐败;贫富的差别越来越大;地主阶级和农民的矛盾越来越尖锐和激化。一次大的农民革命风暴即将到来。这种情况在当时比较进步的思想家中间,有很多的反映。他们对于当时政治和社会的混乱情况,提出了尖锐的批判。王符说:“且夫利物,莫不(非)天之财也。天之制此财也,犹国君之有府库也,赋赏夺与,各有众寡,民岂得强取多哉?故人有无德而富贵,是凶民之窃官位,盗府库者也。终必觉,觉必诛矣。盗人必诛,况乃盗天乎?得无受祸焉?……是故无功庸于民而求盈者,未尝不力(力当作危)颠也。”(《遏利》)这就是说,没有德和功而富贵的人等于盗窃。

王符虽称为“潜夫”,但还是地主阶级的不当权派。他所说的是对于当时地主阶级当权派、豪门士族的攻击。他所谓“德”还是地主阶级的“德”;他所谓有功用于民,未必真是对于劳动人民有功。他没有认识到,所有的地主阶级其实都是盗窃。但是,他对于当时社会、政治的批判是相当尖锐的。

王符继王充之后,对豪族强宗的势力进行尖锐的斗争。他批判当时的社会风气说:“凡今之人,言方行圆,口正行邪。行与言谬,口与心违。论古则知称夷、齐、原、颜;言今则必官爵职位。虚谈则知以德义为贤,贡荐则必阀阅为前。”(《交际》)这里所说的“阀阅”,即指门阀士族。王符反对“以族举德,以位命贤”。(《论荣》)他说:“人之善恶,不必世族;性之贤鄙,不必世俗。”(同上)又说:“贤愚在心,不在贵贱;信欺在性,不在亲疏。……苟得其人,不患贫贱;苟得其材,不嫌名迹。”(《本政》)他认为,使没有才德的人有钱有势,这是违背自然的法则的。他说:“世主欲无功之人而强富之,则是与天斗也;使无德况(贶)之人,与皇天斗,而欲久立,自古以来,未之尝有也。”(《思贤》)王符指出,当时虽有一种贡举制度,有“茂才”、“孝廉”、“贤良方正”、“惇朴”、“有道”、“明经”、“宽博”、“武猛”、“治剧”等名号,使有这些品质的人,可以被荐举而参加政治,但实际上被荐举的,恰好正是跟这些名号相反的人。他说:“群僚举士者,或以顽鲁应茂才,以桀逆应至孝,以贪饕应廉吏,以狡猾应方正,以谀谄应直言,以轻薄应敦厚,以空虚应有道,以嚚暗应明经,以残酷应宽博,以怯弱应武猛,以愚顽应治剧。名实不相副,求贡不相称。富者乘其材力,贵者阻(依也)其势要。以钱多为贤,以刚强为上。凡在位所以多非其人,而官听所以数乱荒也。”(《考绩》)这就是说,虽有这些名号,但实际得到荐举的还只是豪族强宗有钱有势的人。这就是上面所说的,“贡举则必阀阅为前”。他要求实行考绩制度,使“有号者必称于典,名理者必效于实,则官无废职,位无非人”(同上)。王符的这些言论,是站在寒门庶族和地主阶级不当权派的立场、以反对豪族强宗的统治。他的目的是为本阶层的利益,也是为要挽救东汉末地主阶级统治的危机,但他的言论,在客观上有进步的意义。

王符又举出当时商人剥削农民,城市剥夺乡村的情况。他说:“王者以四海为一家,以兆民为通计。一夫不耕,天下必受其饥者;一妇不织,天下必受其寒者。今举世舍农桑,趋商贾,牛马车舆,填塞道路。游手为巧,充盈都邑。治本者少,浮食者众。商邑翼翼,四方是极。今察洛阳,浮末者什于农夫,虚伪游手者什于浮末。是则一夫耕,百人食之,一妇桑,百人衣之。以一奉百,孰能供之?天下百郡千县,市邑万数,类皆如此。本末何足相供,则民安得不饥寒?饥寒并至,则安能不为非?为非则奸宄。奸宄繁多,则吏安能无严酷?严酷数加,则下安能无愁怨?愁怨者多,则咎征并臻。下民无聊,而上天降灾,则国危矣。”(《浮侈》)

这就是说,当时城市中充满了游手好闲、投机取巧的人。农民的负担越来越重。他以当时的首都洛阳为例,推算出当时农民的负担达到“以一奉百”的程度。他不敢说,劳动人民“愁怨者多”就一定要大起义,推翻压迫和剥削他们的统治者。他只说:“下民无聊”就要引起“上天降灾”。这又回到了“天人感应”的老套。但他的这一段话,实际上是说,农民的反抗,是由于经济原因。他对于当时贫富对立情况的揭露相当彻底,也明确指出这种情况所必然引起的后果。

王符进一步讨论社会治乱的原因说:“国之所以为国者。以有民也。民之所以为民也,以有谷也。谷之所以丰殖者,以有(汪继培云:有字疑衍)人功也。功之所以能建者,以日力也。”(《爱日》)这是说,老百姓是国家的根本,粮食又是老百姓的根本,粮食的增产,又需依靠农民的劳动(“人功”)。“日力”是指农民每天的劳动日。王符指出,农民每天劳动日的长短,跟国家的强弱和社会的治乱有密切的关系。他说:“治国之日舒以长,故其民闲暇而力有余;乱国之日促以短,故其民困务而力不足。”(同上)他认为农民劳动日的长短,完全是由统治者的政治好坏造成的。他说:“所谓治国之日舒以长者,非谒羲和而令安行也,又非能增分度而益漏刻也,乃君明察而百官治,下循正而得其所,则民安静而力有余,故视日长也。所谓乱国之日促以短者,非谒羲和而令疾驱也。又非能减分度而损漏刻也,乃君不明,则百官乱而奸宄兴,法令嚣而役赋繁,则细民困于吏政,仕者穷于典礼,冤民就狱乃得直,烈士交私乃见保,奸臣肆心于上,乱化流行于下,君子载质而车驰,细民怀财而趋走,故视日短也。”(同上)他得出结论说:“是故礼义生于富足,盗窃起于贫穷。富足生于宽暇,贫穷起于无日。圣人深知,力者,乃民之本也而国之基。故务省役而为民爱日。”(同上)王符指出,当时已经是“百官挠民”的黑暗时代;生产荒废,人民困穷;农民起义是势所不免了。王符不可能看到农民的贫困是由于封建的剥削制度,但在汉末农民大起义的前夕,他揭露了封建社会的黑暗,抨击了当权派。虽然他在主观上并不赞成农民革命,但能指出农民暴动是势所必至,这在当时有很大的进步意义。

王符关于社会治乱的分析,和王充比较起来,前进了一步。在上章,我们指出,王充说:“世之治乱,在时不在政;国之安危,在数不在教。”他认为社会的治乱与统治者的好坏没有必然联系。他也认为,“礼义之行在谷足”,但他把收成的好坏归之于“天数”,归之于一种必然的命运,从而倒向了历史宿命论。王符指出,粮食不足,不是由于什么“天数”,而是由于统治者无限制的徭役,剥夺了农民的劳动日,使生产陷于停顿。在这一点上大大超过了王充的水平。王符的这个认识,显然是和汉末农民起义运动的不断高涨联系在一起的。

《潜夫论》中有《卜列》、《巫列》、《相列》、《梦列》等篇,对当时流行的鬼神、卜筮、宅有吉凶等迷信,进行批判。他指出,那些宣扬鬼神迷信的巫祝,是“欺诬细民,荧惑百姓”(《浮侈》)。他对王充的关于骨相的宿命论也作了若干修正。他也承认,“人身体形貌皆有象类,骨法角肉各有分部,以著性命之期,显贵贱之表。一人之身而五行八卦之气具焉”。但是他说:“故凡相者,能期其所极,不能使之必至。十种之地,膏壤虽肥,弗耕不获;千里之马,骨法虽具,弗策不致。夫觚而弗琢,不成于器;士而弗仕,不成于位。若此者,天地所不能贵贱,鬼神所不能贫富也。"(《相列》)他在这一方面也还有机械的宿命论的观点,但和王充比较起来,他承认人的主观努力的作用。

第四节 仲长统的无神论和进步的历史观

仲长统(180—220年)姓仲长,名统,是汉魏之际的一个思想家。范晔说:他"每论说古今及时俗行事,恒发愤叹息,因著论,名曰《昌言》,凡三十四篇,十余万言"(《后汉书·仲长统传》)。《隋书·经籍志》杂家著录《仲长子昌言》12卷,是《昌言》亦名《仲长子》。全书今佚,仅有《后汉书》本传所引3篇及其他书所保存的佚文。

仲长统也是一个无神论者。他的无神论思想是和他的社会政治思想联系在一起的。在政治方面,仲长统认为,一个时代的治乱完全是由于"人事",与"天道"无关。他说:"昔高祖诛秦项而陟天子之位,光武讨篡臣而复已亡之汉,皆受命之圣主也,萧、曹、丙、魏、平、勃、霍光等,夷诸吕,尊大宗,废昌邑而立孝宣,经纬国家,兴安社稷,一代之名臣也。二主数子之所以震威四海,布德生民,建功立业,流名百世者,唯人事之尽耳,无天道之学也。然则王天下,作大臣者,不待于知天道矣。所贵乎用天之道者,则指星辰以授民事,顺四时而兴功业,其大略吉凶之祥,又何取焉! 故知天道而无人略者,是巫医卜祝之伍,下愚不齿之民也;信天道而背人事者,是昏乱迷惑之主,覆国亡家之臣也。"(《群书治要》卷四十五引)

古代所谓"天道",包括两个方面,一方面是科学的天文学的内容,一方面是宗教迷信的虚构。仲长统认识到其间的分别。他所说的"指星辰以授民事,顺四时而兴功业",是就古代所谓"天道"中的科学部分说的。他所说的"大略吉凶之祥",是就古代所谓"天道"中的迷信部分说的。他所反对的就是所谓"天道"中的宗教迷信。如董仲舒等所讲的"天人感应"以及"灾异"、"祥瑞"之类,都属于仲长统所反对的"天道"。他指出这种"天道"完全是出于迷信。相信它的人是"巫、医、卜、祝之流,下愚不齿之民"。相信它的统治者,是"昏乱迷惑之主,覆国亡家之臣"。这是对这种宗教迷信的最严厉的批判。

仲长统在这里,说到"受命之主",其实他是不承认有所谓受命的。他说:"豪杰之当天命者,未始有天下之分者也;无天下之分,故战争者竞起焉。于斯之时,并伪假天威,矫据方国,拥甲兵与我角才智,程勇力与我竞雌雄;不知去就,疑误天下,盖不可数也。角知者皆穷,角力者皆负,形不堪复伉,势不足复校,乃始羁首系颈,就我之衔绁耳。"(《理乱》,引自《后汉书·仲长统传》)

这是说,一个朝代开创者,本来是无权有天下的("无天下之分")。他们虽自称为"当天命",其实都是靠武力、才智取得政权的。同时跟他们竞争的人都是"伪假天威","矫据方国",同他"角才智,程勇力"。直到"角智者皆穷,角力者皆负",才都向他投降,奉他为最高的统治者。仲长统没有明确地说,这些"当天命"者也是"伪假天威",但是他明确说,别的争夺者之所以降服,只是由于争夺失败,并不是由于"天命"。

仲长统继续说:"及继体之时,民心定矣,普天之下,赖我而得生育,由我而得富贵,安居乐业,长养子孙,天下晏然,皆归心于我矣。豪杰之心既绝,士民之志已定,贵有常家,尊在一人。当此之时,虽下愚之才居之,犹能使恩同天地,威侔鬼神;暴风疾霆,不足以方其怒;阳春时雨,不足以喻其泽;周孔数千,无所复角其圣;贲育百万,无所复奋其勇矣。"(同上)

这是说,这些创业者既已依靠暴力取得了政权,他们就又依靠国家机器使"贵有常家,尊在一人"。他们的"继体之君",即使是"下愚之才",也能依靠作威作福的权力,继续进行统治。仲长统继续说:"彼后嗣之愚主,见天下莫敢与之违,自谓若天地之不可亡也;乃奔其私嗜,骋其邪欲,君臣宣淫,上下同恶……使饿狼守庖厨,饥虎牧牢豚。遂至熬天下之脂膏,斫生人之骨髓。怨毒无聊,祸乱并起。中国扰攘,四夷侵叛。土崩瓦解,一朝而去。昔之为我哺乳之子孙者,今尽是我饮血之寇仇也。……存亡以之迭代,政(治)乱从此周复,天道常然之大数也。”(同上)

这是说,到了一个朝代的末期,统治者对于老百姓的压迫和剥削越来越厉害,而老百姓的忍受,也有一定的限度。农民大起义,使一个朝代的统治“土崩瓦解,一朝而去”。一个新的统治者,又以武力、才智,战胜了他的竞争者,取得政权,建立一个新的朝代。这个新的朝代,又不可避免地与前一朝代有同样的命运。这就是所谓“政(治)乱周复”。仲长统认为,这是“天道常然之大数”,就是说,这是一种经常起作用的规律。

仲长统用一种形象的语言,生动地说出古代政治现象的一种情况及其变化规律。他指出,一个朝代的统治,既不是由于“天命”,也不是由于道德的动机,而只是靠其开创者的武力、才智。他以暴力取得政权,又以国家机器维持他的地位。但在阶级矛盾尖锐化的情况下,他的朝代终不免于覆灭。这是每一个朝代都必定有的三部曲。

仲长统的这种看法,从根本上否定了政权神授的理论。他从汉朝政权的衰亡和社会危机加深的事实中,揭穿了宗教神秘主义天道观的虚妄,把社会的治乱归之于社会的原因,归之于“人道”,把“天命”看成是封建统治者夺取政权的一种欺人的口号,因此也否定了主宰之天。就这一点说,他的无神论超过了王充的水平。王充认为,国家的治乱是由于“国命”,统治者之所以能有其地位是由于他的命好,骨相生得不错,这就为有神论开了一个后门。

仲长统关于封建王朝兴替的理论,是和汉代官方哲学的历史观根本对立的。他的历史观打击了封建正统派把政权起源归之于王者为民除害的虚伪的说教。他揭露了封建专制主义所造成的不可避免的政治危机和社会危机，指出封建统治者对劳动人民的残酷剥削和榨取是一个王朝灭亡的根本原因。这些观点，在当时具有很大的进步意义，是汉末农民大起义在思想上的反映。但也可以看出，他把整个历史的发展，仍旧看成是“一治一乱”的循环过程，而且认为“乱世长而化世短”，对历史发展的前途表现了悲观的情绪。他把朝代兴废归之于“天道常然之大数”，这就又带有历史宿命论的色彩。

从战国到秦汉，社会政治制度有很多重大的变革。仲长统认为，其中有些是好的，应该继续；有些是不好的，应该恢复旧的办法。他说：“作有利于时，制有便于物者，可为也；事有乖于数，法有玩于时者，可改也。故行于古有其迹，用于今无其功者，不可不变，变而不如前，易而多所败者，亦不可不复也。”(《损益》，引自《后汉书·仲长统传》)

根据他所提出的这个原则，仲长统谈到三个问题。第一是分封诸侯的问题。秦朝统一以后，本来已从根本上废除了诸侯割据，代之以官僚、郡县制。汉朝初年，又在一定程度上恢复了分封诸侯，引起了多年的混乱。仲长统说：“汉之初兴，分王之弟，委之以士民之命，假之以生杀之权，于是骄逸自恣，志意无厌，鱼肉百姓以盈其欲，报蒸骨血以快其情，上有篡叛不轨之奸，下有暴乱残贼之害，虽藉亲属之恩，盖源流形势使之然也。……是故收其奕世之权，校其纵横之势，善者早登，否者早去，故下土无壅滞之士，国朝无专贵之人，此变之善，可遂行者也。”(同上)就是说，废除诸侯割据，实行中央集权，这是好的，应该继续下来。

第二个问题是关于土地分配的问题。仲长统说：“井田之变，豪人货殖。馆舍布于州郡，田亩连于方国。身无半通青纶之命，而窃三辰龙章之服。不为编户一伍之长，而有千室名邑之役。荣乐过于封君，势力侔于守令。财赂自营，犯法不坐。刺客死士，为之投命。致使弱力少智之子,被穿帷败,寄死不敛,冤枉穷困,不敢自理。虽亦由网禁疏阔,盖分田无限使之然也。今欲张太平之纪纲,立至化之基址,齐民财之丰寡,正风俗之奢俭,非井田实莫由也。此变有所败而宜复者也。”(同上)这是说,从战国以来,土地可以公开买卖,以致社会上贫富两极分化。仲长统主张实行分田,恢复井田制度。

第三个问题是关于刑罚的问题。仲长统说:“肉刑之废,轻重无品,下死则得髡钳,下髡钳则得鞭笞,死者不可复生,而髡者无伤于人。髡笞不足以惩中罪,安得不至于死哉!……不制中刑以称其罪,则法令安得不参差,杀生安得不过谬乎!……今令五刑有品,轻重有数;科条有序,名实有正。非杀人逆乱,鸟兽之行甚重者,皆勿杀。嗣周氏之秘典,续吕侯之祥刑。此又宜复之善者也。”(同上)古代有所谓肉刑,如割鼻刖足之类。汉文帝废除肉刑。仲长统认为,有重罪,有中罪,也应该相应地有重刑,有中刑。肉刑是治中罪的中刑,应该恢复。

从仲长统以后一直到清朝初年的颜元,在中国长期的封建社会中,地主阶级的思想家们,谈到社会改革问题的时候,总是提出像仲长统这样的三个问题,即所谓“封建”(指分封诸侯)、井田和肉刑。其所以总离不开这三个问题,是有原因的。第一个是“封建”与郡县的问题,这是关于地主阶级统治方式的问题。地主阶级经常考虑,如何作一些内部调整,以便更有效地进行统治。第二个是关于土地的问题。在封建社会里,土地是基本的生产资料,农民与地主之间的矛盾和斗争,都是以土地问题为中心的。地主阶级、特别是其知识分子,为了缓和阶级矛盾,也经常考虑如何对于土地的占有和使用,作一些调整,以防止土地兼并的激化和农民革命的再起。但是在这一方面,他们只能有些幻想;这些幻想,在封建制度下,是永远不能实行的,地主阶级本来也不准备实行。第三个是关于如何镇压劳动人民的问题,这是地主阶级最注意的。但是,哪里有剥削和压迫,哪里就有反抗剥削和压迫的斗争,这是历史发展的规律。

第五节　何休关于“太平”的思想

在东汉末年,比较关心当时社会危机的思想家,都注意到封建社会的根本矛盾及其激化的具体情况。他们也都看到,矛盾激化的结果是农民的起义和统治王朝的灭亡。在这种情况下,何休提出了他的《春秋》“三世说”。

何休(129—182 年)是东汉后期的一个今文学经师。他的主要著作是《公羊传解诂》即《公羊传》的注解。

《公羊传》有一段话说:“什一者,天下之中正也,什一行而颂声作矣。”(宣公十五年)就是说,统治者对于农民征税,应该以生产的十分之一为最合理的税率。如果实行什一之税,农民就歌颂他们了。何休解释说:“颂声者,太平歌颂之声,帝王之高致也。《春秋》经传数万,指意无穷状。相须而举,相待而成。至此独言颂声作者,民以食为本也。夫饥寒并至,虽尧舜躬化,不能使野无寇盗。贫富兼并,虽皋陶制法不能使强不凌弱。是故圣人制井田之法而口分之。”意思是说,春秋的“经”和“传”讲的道理很多,为什么专在这个地方讲到“颂声作”呢?因为《春秋》认识到“民食”的重要。其实这是何休的认识。他认识到,人必定要吃饭,才能生活,所以民以食为本。下边的几句话,是何休看到当时阶级矛盾的激化而提出的问题。当时阶级矛盾激化的表现,是农民对于剥削和压迫的反抗,用何休的话说,就是“野有寇盗”。他认为,有寇盗的原因是农民吃不饱、穿不暖。农民饥寒的原因,他认为是贫富两极分化。所以他认为,应该行“井田之法”,按人口分田。

何休对“井田之法”作了一个详细的叙述,描绘了一幅农民在井田制下生活“美好”的图画。当然,这只是一种幻想,可注意的是,他提出了“太平”这个概念,认为井田制是实现“太平”的唯一途径。他还根据这个概念,虚构了一个“春秋三世”说。

“春秋三世”说是公羊家的“三科”之一,是董仲舒首先提出来的。其“三世”是“所见世”、“所闻世”、“所传闻世”。公羊家认为,孔丘在《春秋》中以同类的事实,因“世”的不同而有不同的“书法”。何休对此作了进一步的发挥。他认为所谓“三世”是公羊家所幻想的孔丘的春秋王朝发展的三个阶段,“春秋”先从治理他的本国做起,以他的本国为“内”,以别的属于“中国”的诸侯国为“外”(“内其国而外诸夏”)。“所闻世”称为“升平世”;在这个阶段,“春秋”的治理普及于“中国”范围以内的各诸侯国。在这个阶段,孔丘以“中国”的各诸侯国为“内”,以其他文化比较落后的民族为“外”(“内诸夏而外夷狄”)。“所见世”称为“太平世”;在这个阶段,全世界都统一了(“天下远近大小若一”)。在这个阶段,就如《礼运》中所说的,“天下为一家,中国为一人”,没有国家和种族的界限。在这个阶段,维持社会的只有道德(“崇仁义”),用不着暴力,也就没有暴力了(《公羊传解诂》,隐公元年“公子益师卒”条下)。

何休认为,《春秋》里面,在不同的“世”中,同类的事,有不同的“书法”。这些“书法”就是表示上面所说的思想。他认为春秋王朝的发展,从“据乱世”,经过“升平世”,最终到“太平世”。这当然是一种主观主义的幻想。可注意的是,何休于此时提出“太平世”这个概念,这可能是从当时农民起义的思想中接受过来的,可能是农民起义思想的曲折的反映。

“太平”是中国农民起义的一个理想。在东汉末,农民起义所依托的宗教组织称为“太平道”,包括有农民思想的宗教经典称为《太平经》。后来太平天国农民大起义也用“太平”二字形容他们的“天国”。

在农民大起义——黄巾军的打击下,今文经学家也说话了。他好像是对黄巾军说,你们所向往的太平,“受天命为王”的孔丘,在“为汉制法”而作《春秋》的时候，已经制定“太平”的了。两汉这一段的思想斗争，从春秋公羊学开始，也以春秋公羊学结束。在这一斗争中，董仲舒和王充是两个对立面的主将。本章所讲的几个人物，张衡、王符、仲长统的思想是王充这个对立面的补充；何休的思想是董仲舒这个对立面的补充，同时也是它的回光返照。

第三十五章

东汉末农民大起义和《太平经》

第一节　以黄巾军为代表的农民起义

在东汉后期,农民与地主之间的阶级矛盾,到了特别尖锐激化的程度。有些知识分子虽然提出了一些改良主义的办法,但总是不能实现的。他们的理想终究只是幻想。激化了的阶级矛盾引起了农民的直接行动。在东汉后期,农民有很多次起义,后来汇集为黄巾军的大起义。这个大起义,虽然没有成功,但从基本上动摇了汉朝的统治,使之瓦解。

在封建社会里,农民的生产是个体生产。他们的生活是散漫的。在地主阶级的剥削和压迫之下,他们被剥夺了学文化的权利。农民起义,往往依靠一种宗教,把自己组织起来。借用一些宗教的观念,表达自己的要求和愿望。

在两汉期间,官方的统治哲学是谶纬化了的儒家思想。经过谶纬化,原来的儒家思想已成为一种宗教,孔丘为其教主。经过古文经学的斗争,谶纬的势力被削弱了。孔丘也从神还原为人。在当时的下层社会中,又兴起了一种宗教,以老聃为教主,称为黄老道。这就是另立了一种宗教。这个新的宗教在当时流行很广。不仅在民间流行,在皇帝的宫中,也立有“黄老、浮屠之祠”(《后汉书·襄楷传》),这就是原始的道教。汉末的农民大起义,就以原始道教为组织形式和思想武器。

三国时人鱼豢所作的《典略》说："熹平(汉灵帝年号)中，妖贼大起，三辅有骆曜。光和(汉灵帝年号)中，东方有张角，汉中有张脩。骆曜教民缅匿法，角为太平道，脩为五斗米道。太平道者，师持九节杖，为符祝，教病人叩头思过，因以符水饮之。得病或日浅而自愈者，则云此人信道；其或不愈，则为不信道。脩法略與角同，加施静室，使病者处其中思过。又使人为奸令祭酒。祭酒主以老子五千文，使都习，号为奸令。为鬼吏，主为病者请祷。请祷之法，书病人姓名，说服罪之意。作三通，其一上之天，著山上；其一埋之地；其一沉之水。谓之三官手书。使病者家出米五斗，以为常。故号五斗米师也。实无益于治病，但为淫妄，然小人昏愚，竞共事之。后角被诛，脩亦亡。及鲁在汉中，因其民信行脩业，遂增饰之。教使作义舍，以米肉置其中，以止行人。又教使自隐，有小过者，当治道百步，则罪除。又依月令，春夏禁杀。又禁酒。流移寄在其地者，不敢不奉。"(裴松之《三国志·魏志》注引)

照这里所说的，当时农民起义的三路大军，都是以宗教观念为号召的，用宗教的形式，把起义的农民组织起来。所以都被诬蔑为"妖贼"。关于骆曜和他的缅匿法没有可依据的史料。关于张角，《后汉书》说："初，钜鹿张角自称'大贤良师'，奉事黄老道，畜养弟子，跪拜首过，符水咒说以疗病，病者颇愈，百姓信向之。角因遣弟子八人使于四方，以善道教化天下，转相诳惑。十余年间，众徒数十万，连结郡国，自青、徐、幽、冀、荆、扬、兖、豫八州之人，莫不毕应。遂置三十六万。方犹将军号也。大方万余人，小方六七千，各立渠帅。讹言'苍天已死，黄天当立，岁在甲子，天下大吉。'"(《后汉书·皇甫嵩传》)

张角所组织、率领的起义军，不是只反贪官，不反皇帝。他有一个全国性的起义计划，要一举推翻汉朝的统治，宣称"苍天已死，黄天当立"。他自以为是代表"黄天"，所以起义军都戴黄巾，称为黄巾军。

张角利用皇帝宫中也立黄老祠的情况，派一个"大方"到京城联系宫中有权势的太监，约期于中平元年(184 年)三月初五日，里应外合，同时起义。因为有叛徒告密,张角被迫提前起义,原定的计划被打乱了,但是张角还能于二月使他的“三十六方”同日起义。这种严密的、坚强的组织,都是以宗教的形式构成的。

关于汉中的一路起义军,《三国志》说:在汉顺帝的时候,有个张陵,“客蜀,学道鹄鸣山中,造作道书,以惑百姓。从受道者出五斗米,故世号‘米贼’。陵死,子衡行其道,衡死,(张)鲁复行之。……鲁遂据汉中,以鬼道教民,自号‘师君’。其来学道者,初皆名‘鬼卒’。受本道已信,号‘祭酒’。各领部众,多者为‘治头大祭酒’。皆教以诚信,不欺诈。有病自首其过。大都与黄巾相似。诸祭酒皆作义舍,如今之亭传。又置义米肉,县于‘义舍’。行路者量腹取足,若过多,鬼道辄病之。犯法者,三原,然后乃行刑。不置长吏,皆以祭酒为治。民夷便乐之。”(《三国志·张鲁传》)

照后来道教的说法,张陵(亦称张道陵)是道教的创始人,称为“天师”。他死以后,传其“道”于他的儿子张衡。张鲁是张衡的儿子。裴松之说,《典略》所说的张脩,应该就是张衡(《三国志·张鲁传》注引)。关于这个问题,有不同的意见,本书不必深考。无论如何,张鲁在他的根据地汉中,是有些以原始道教为依据的措施。

他所设立的“义舍”就是一种免费的旅馆,不但住宿免费,其中还有免费的米、肉。走路的人可以随便进去吃,吃饱为止。“义舍”和“义米肉”都称为“义”。这其中包括有道德上的评价。这种评价反映了农民起义的一种原始共产主义思想。张鲁自称“君师”,他是宗教的领袖,也是政治上的领袖。对于犯法的人要赦三次,然后治罪。他所行的是“政教合一”的政治。他还要求人们都学习《老子》。这表示,在张鲁所领导的政权之下,儒家的《五经》被废弃了。在当时封建思想统治着全中国的情况下,汉中这一地区,好像一个沙漠中的绿洲。张鲁所领导的这个政权,统治汉中这个地区,差不多三十年。在建安二十年(215年),汉中这个地区为曹操所占领,汉末的农民大起义也以失败而告终。

农民大起义虽然失败了，但他们的思想还保存在一部书里，这部书就是《太平经》。它是后来道教的一部经典，随着道教的流传而被保存下来。

第二节　《太平经》其书

在汉顺帝的时候，襄楷给皇帝献了一部“神书”，李贤注说：“‘神书’，即今道家《太平经》也。其经以甲、乙、丙、丁、戊、己、庚、辛、壬、癸为部，每部一十七卷也。”（《后汉书·襄楷传》）《襄楷传》又说：“初，顺帝时，琅邪宫崇诣阙，上其师干吉于曲阳泉水上所得神书百七十卷，皆缥白素朱介青首朱目，号《太平清领书》。其言以阴阳五行为家，而多巫觋杂语。有司奏，崇所上妖妄不经，乃收藏之。后张角颇有其书焉。”

《仙苑编珠》说：“帛和授以素书二卷，于吉受之，乃《太平经》也。”（转引自王明《太平经合校》前言，中华书局1960年版，2页）《江表传》说：“时有道士琅邪于吉，先寓居东方，往来吴会。立精舍，烧香读道书，制作符水以治病。吴会人多事之。”孙策说：“此子妖妄能惑众心”，就把于吉杀了（《三国志·孙策传》注引）。《后汉书·襄楷传》注也引了《江表传》的这一段，但是于吉作干吉。可见于吉可能就是干吉。这些问题，本书不必详考。大概的情况是，在东汉末年，原始道教已经很流行，有许多讲它的教义的著作。原始道教在北方，张角是领袖，他“颇有其书”，便以这种宗教为形式，组织了黄巾军。在四川，张陵是领袖，后来他的孙子张鲁也以这种形式组织了一个政权，占领了汉中一带。在南方，于吉（或干吉）是领袖，他烧香读“道书”。这个“道书”就是《太平清领书》一类的著作。孙策怕他影响大，夺取政权，就把他杀了。所以《太平经》并不是某一个人写的，它是一部原始道教教义的总集。张角所传播的道教,当时称为"太平道",张鲁所传播的道教,后来称为"天师道"。照现在所有的《太平经》的内容看起来,讲"太平"的地方很多。在书中的很多章中,都是以"天师"的名义讲的。可见,《太平经》这部书,是包括"太平道"和"天师道"的。

作为一个总集,《太平经》这部书,是原始道教中很多人的著作逐渐积累而成的。这是一部大书,原有 170 卷,现在道藏中仅有 57 卷。道藏里边,还有一部《太平经钞》10 卷,是《太平经》的一个节本。

第三节 《太平经》中的"太平"思想

《太平经》也沿用当时流行的元气说以说明一些自然现象。它说:"元气恍惚自然。共凝成一,名为天也(当作'共凝成天,名为一也')。分而生阴而成地,名为二也。因为上天下地,阴阳相合施生人,名为三也……三统共生,长养凡物名为财。"(缺题,《太平经合校》,305 页)《太平经》认为天、地、人是并立的"三统"。三统合作,就可以产生"财"。这里所说的"财",包括自然界的万物,也包括社会生产中所产生的财富。它还认为,天、地、人是并立的。张角的黄巾军起义的时候,"角称天公将军,角弟宝称地公将军,宝弟良称人公将军"(《后汉书·皇甫嵩传》)。这些称号是有根据的。

《太平经》又说:"元气有三名,太阳、太阴、中和。形体有三名,天、地、人。天有三名,日、月、星,北极为中也。地有三名,为山、川、平土。人有三名,父、母、子。治有三名,君、臣、民,欲太平也。此三者常当腹心,不失铢分,使同一忧,合成一家,立致太平,延年不疑矣。"(《和三气与帝王法》,《太平经合校》,19 页)《老子》本来说过:"万物负阴而抱阳,冲气以为和。"(第四十二章)《太平经》这里所说的"太阳、太阴、中和",就是《老子》所说的"阳"、"阴"、"冲气"(即和气)。《太平经》认为:天、地、人就是阳气、阴气及和气的具体的表现在这三者之中,又各有三种具体的表现。天的具体的表现就是日、月、星;地的具体的表现就是山、川、平原;人的具体的表现,就是父、母、子。于此之外,《太平经》又加上政治一项,认为在政治中,也有三种人,有的是君,有的是臣,有的是民。这实际上就是把人分成统治者和被统治者。君是统治者,臣是帮助君进行统治者,民是被统治者。它说:这三种人都是希望太平的。怎么样能得到太平呢?《太平经》认为,这三种人应该互相认为对方是自己的腹心,一点都不差,好像一家人一样,忧则同忧,乐则同乐。这样,马上就可以致太平,每一个人也都可以延年益寿。它认为,这是一点也用不着怀疑的。

《太平经》说:"此三乃夫妇父子之象也,宜当相通辞语,并力共忧,则三气合并为太和也,太和即出太平之气。"(同上)又说:"太阴、太阳、中和三气共为理,更相感动,人为枢机,故当深知之。……故纯行阳,则地不肯尽成;纯行阴,则天不肯尽生。当合三统,阴阳相得,乃和在中也。古者圣人治致太平,皆求天地中和之心,一气不通,百事乖错。"(《名为神诀书》,《太平经合校》,18 页)《太平经》的这些看法就自然说,是一种预定协和论,就是说,宇宙本来是一个协和的整体。这种协和称为太和。就社会方面说,社会也应该是一个协和的整体。这就是阶级调和论。

《太平经》又对太平作了一个详细的说明。它说:"太者,大也,言其积大如天,无有大于天者。平言,言治太平均,凡事悉治,无复不平,比若地居下势平。比若人种刈,种善得善,种恶得恶。耕用力,分别报之厚。天气悦下,地气悦上,二气相通,而为中和之气,相受共养万物,无复有害,故曰太平。天、地、中和同心,共生万物。男女同心而生子,父、母、子三人同心,共成一家。君、臣、民三人共成一国。"(《三合相通诀》,《太平经合校》,149 页)这就是说:"太"是大的意思,其大如天。"平"是平均的意思,其平如地。比如种庄稼,种得好就收得多,种得不好就收得少。收获的多少,与用力的多少成比例。无论对于谁都是如此,这就叫平均。在自然界中,天气、地气和和气,天、地、人三统,同心协力,就生出来万物。在一家中,父、母、子三种人同心协力,成为一家。在一国之中,君、臣、民三种人,同心协力,共成为一国。《太平经》认为,把人作为一个自然界的产物看,天、地、人这三统,本来就是同心协力的。把人作为一个社会的产物看,他在一家之中,分别居父、母、子的地位。居这三种地位的人,也应照自然界那样,同心协力,把一家治好。在一国之中,人也分别居君、臣、民的地位,这三种人也要同心协力,把一国治好。如果能达到这种情况,就叫太平。《太平经》是把宇宙和合论和阶级调和论紧密联系在一起的。

《太平经》对于"平均",特别是经济上的平均,有更详细的说明。《太平经》有一篇题为"六罪十治诀",通篇都是"真人"问,"天师"答。"天师"说:"凡人乃有大罪六,不可除也,或身即坐,或流后生。"(《太平经合校》,241 页)就是说,每一个人,都有六项不可赦的大罪,或者他本身就要受到惩罚,或者是他的后代要受惩罚,在这一点上《太平经》和其他某些宗教的教义是相同的。认为,凡人都是有罪的,宗教的作用,就是指出一条路,叫人可以免罪得救。

照《太平经》所说的,第一条罪是:"然人积道无极,不肯教人开蒙"。这是"断天生道,与天为怨。"第二条是:"人积德无极,不肯力教人守德,养性为谨。"这是"断地养德,与地为怨。"这里所谓"道",就是黄老道的"道"。《太平经》认为,得到这个道的人,应该努力宣扬这个道,叫别人都得到"觉悟"。如果不然,那就是"与天为怨"。因为天是生万物的,它愿意把"道"广泛地传播。这里所谓"德",就是一个人遵照黄老道而有的品质,一个人有了这样的品质,就应该努力叫别人都有这样的品质。如果不然,那就是"断地养德"。因为地是养万物的。不宣扬黄老道的道,就不合乎地的那种"德",所以是"与地为怨"。第三条是:"或积财亿万,不肯救穷周急,使人饥寒而死,罪不除也。或身即坐，或流后生。所以然者，乃此中和之财物也，天地所以行仁也。以相推通周足，令人不穷。今反聚而断绝之，使不得遍也，与天、地、和气为仇，或身即坐，或流后生”。（同上）意思是说，天下的财物，是“中和气”所生的，应该使其流通，叫众人都能享受。如果有人把它聚集起来，不让它流通，使众人不能普遍地享受，这就是与和气为仇。这三项罪，都是就人同社会的关系说的，是就人与人之间的关系说的。

《太平经》的这些话，并不是就张鲁在汉中的措施说的，但是那些措施，正是同这里所说的罪相针对的。他叫人都学《老子》五千言，这是同第一项“罪”相针对的。他叫人行“鬼道”、当“鬼卒”，这是同第二项“罪”相针对的。他设置“义舍”、“义米肉”，这是同第三项罪相针对的。由此可见，在《太平经》中，确有为当时农民起义军作理论根据的思想。

还有三项罪，同上边所说的三项罪类似，但这是就个人说的。第一项是不肯学“道”，这是“与天为怨”。第二项是不肯为“德”，这是“与地为咎”。第三项是“天生人，幸使其人人自有筋力，可以自衣食者，而不肯力为之，反致饥寒，负其先人之体。而轻休其力，不为力可得衣食，反常自言愁苦饥寒。但常仰多财家，须而后生，罪不除也，或身即坐，或流后生。所以然者，天地乃生凡财物可以养人者，各当随力聚之，取足而不穷，反休力而不作之自轻，或所求索不和，皆为强取人物，与中和为仇，其罪当死明矣”。（同上书，242—243 页）

这里所说的力，特别指筋力，就是体力。这一段话，可以了解为，凡人都应该劳动，不劳动就不应该得食。但是细看全文，这一段好像是特别对于体力劳动者，即劳动人民说的。就是说：劳动人民都应该好好地劳动，尽自己的体力之所能，创造财富，作为对于天地的公共仓库的贡献。这样，公共的仓库才能取之而不穷。这就是说，劳动人民，如果不尽自己的体力好好劳动而得不到衣食，不知道这是由于自己的错误，反而说自己愁苦饥寒，让有财的人家帮助，或向别人取索，这就是“强取人物,与中和为仇”。这也是“其罪不除”。其实,绝大多数被剥削的劳动人民,愁苦饥寒,并不是由于他们不努力生产,而是由于封建社会制度造成的。《太平经》的这一段话的客观作用,是使劳动人民安于被剥削的状态,不但不能反抗,而且也不应该表示不满。

《太平经》对于剥削别人的富人,也作了谴责。它说:“物者,中和之有,使可推行,浮而往来。”(同上书,246页)又说:“或有遇得善富地,并得天地中和之财,积之乃亿亿万种,珍物金银亿万。反封藏逃匿于幽室,令皆腐涂。见人穷困往求,骂詈不予;既予不即许,必求取增倍也。而或但一增,或四五乃止。赐予富人,绝去贫子,令使其饥寒而死,不以道理,反就笑之。与天为怨,与地为咎,与人为大仇,万神憎之。所以然者,此财物乃天地中和所有,以共养人也。此家但遇得其聚处,比若仓中之鼠,常独足食。此大仓之粟,本非独鼠有也;少内之钱财,本非独以给一人也,其有不足者,悉当从其取也。愚人无知,以为终古独当有之,不知乃万户之委输(万户原作万尸,依王明校改),皆当得衣食于是也。……今愚人甚不仁,罪若此,宁当死不耶?”(同上书,246—248页)这就是说,天地间的财物好像一个大仓库,凡是有需要的人都可以从这个公共仓库里取他所需要的东西。但是愚人无知,认为应该属于他们所有,这就好像仓中的老鼠,因为地位的关系,经常能够吃饱,于是,它就认为整个仓库就是属于它自己的。富人霸占着公共的仓库,不给予别人。如有给予必“求取增倍”,就是说,勒索加倍的利息。这种人实在与偷粮吃的老鼠无异。这些人犯了上边所说的第三项不可赦的罪,这样的罪,自然要受到应有的惩罚。在这一段话里,《太平经》表现出一种原始社会主义的思想。

《太平经》又讲到“十治”,就是说,有十种政治,“一为元气治,二为自然治,三为道治,四为德治,五为仁治,六为义治,七为礼治,八为文治,九为法治,十为武治,十而终也。”(同上书,254页)《老子》说:“故失道而后德,失德而后仁,失仁而失义,后义而后礼。”(第三十八章)

《太平经》所谓十治,实际上就是对《老子》的这一段话,加头加尾,于道治之上,加了元气治和自然治。但是这二种治的具体内容,照《太平经》下文所说,也是很空洞的。所谓"文治"和"礼治"的区别,也是不清楚的。但"法治"和"武治"还有具体的内容。所谓"法治"就是依靠法律和刑罚的政治。所谓"武治",就是依靠暴力的政治。《太平经》所说的实质,是从《老子》推演出来的。

第四节　《太平经》的"天地周期"论

《太平经》还认为,天地是有始有终的。"昔之天地与今之天地,有始有终,同无异矣。初善后恶,中间兴衰,一成一败。阳九百六,六九乃周,周则大坏。天地混齑,人物糜溃。唯积善者免之,长为种民。种民智识,尚有差降,未同浃一,犹须师君。君圣师明,教化不死,积炼成圣,故号种民。种民,圣贤长生之类也。"(《太平经合校》,1—2 页)意思就是说:天地也是有始有终的。现在的天地叫今天地。在此以前,还有天地,叫昔天地。无论是今天地或昔天地,都是初期善后期恶。在这初期和后期的中间,还有些小的兴衰成败。阳九百六,是纬书中所讲的一种推算的方法。到了六九,就是天地的一个周期。到了这个周期,就要"大坏",天地又回到混沌的状态,重新开创新的天地。

这个说法,同基督教所说的"世界末日"是一类的。宋朝道学家邵雍推演这种说法,作为一种哲学思想,建立了他的"世界图谱",朱熹也沿用之。

在一个天地"大坏"的时候,其中的人物也都不能存在,只有积累善行的人,才能够免除这样大的灾难。这种人称为"种民"。"种民"的智识,也是不一律的。有的高一点,有的低一点。还需要师君来教化他们,使他们长生不死。"种民"和能够长生的圣贤是一类的。《太平经》

在这里提出“师君”的称号。张鲁曾在汉中也自称为“师君”。他自以为是师而兼君。用这种称号,推行政教合一的政治。他的这种称号是有来历的,有根据的。

在上边所引的《太平经》这段话之后,接着说,“今天地”的最大的圣人,姓李。这个姓李的,在67岁的时候,“受书为后圣帝君,与前天得道为帝君者,同无异也。受记在今,故号后圣。前圣后圣,其道一焉。”(同上书,2页)《太平经》认为:这位“后圣”的“书”,也是有所受的。从哪里受来的?《太平经》说:“天师”自以为他的话是“天语”。(同上书,82页)“天师”是“代天立言”。他的书当然也是受之于天。在“前天地”中,也有得道为“帝君”的。这个帝君是前圣。这位姓李的帝君,是“今天地”的后圣。无论是前圣后圣,他们的道是一样的。《太平经》接着说,这位姓李的圣人。“七十之岁,定无极之言,适隐显之宜。……垂谟立典,施之种民,不能行者,非种民也。”(同上书,3页)就是说,这位后圣,要归隐,把书流传下来使“种民”学习。这一段话,显然是以《史记·老子韩非列传》为基础,加上一些宗教的“灵光”。这个姓李的圣人,就是老聃,这部书就是《老子》五千言。张鲁在汉中教人读《老子》五千言,为的是叫他们成为“种民”。

这种“灵光”把老聃从一个哲学思想家转化成为一个宗教的教主。《老子》所讲的“太平之道”是这个天地的大周期的“太平之道”,不是这个大周期中的某一个小周期的“太平之道”。《太平经》认为,这个天地,从开始到终结是一个大周期。它称之为“大九六”。在这个周期里的某一个阶段,也是一个治乱兴衰的周期,这是“小九六”,也称为“小甲申”。这个甲申是它从唐尧以后的年谱里算出来的。它说,这些小甲申中,也有些圣贤之君,能够在一定时期内,在一定程度上得到“太平”,他们自己也可以延年长寿,“精学可得神仙”,但是不能深学太平之经,不能久行“太平之事”。他们所得到的“太平”,只能算是“小太平”。这个“李君”所讲的“太平”,是“大太平”。李君是“大太平君”。

他举“善者为种民,学者为仙官”。跟着他的人,如果学得好,“自得不死,永为种民,升为仙真之官,遂登后圣之位矣。”(同上书,5页)

这是一派鬼话。这些鬼话所讲的,大概就是张鲁在汉中所宣扬的“鬼道”吧。在《太平经》里,这个“鬼”字,并不是一个坏名词,“鬼”是对人而言,是仅次于神的一种称呼,所以张鲁在汉中称他们所宣扬的道为“鬼道”,初入教的人称为“鬼卒”。“鬼”字是赞美之词。

第五节　农民起义的优点和缺点、进步性和局限性

照上边所讲的看起来,《太平经》确实是原始道教的一部主要经典。东汉末年的农民起义,确实是以原始道教的组织为其组织形式,以原始道教的教义为其思想内容和理论基础,至少一部分是如此。《太平经》中的宗教迷信是很多的,以前的历史家说《太平清领书》,“其言以阴阳五行为家,而多巫觋杂语”(《后汉书·襄楷传》)。这是有根据的。从《太平经》中,我们可以看出农民起义的思想的优点和缺点、进步性和局限性。

照上面所讲的,《太平经》提出了对于“太平”的要求。太平的主要思想就是均平。这是《太平经》的主要思想,也是农民起义的主要要求。不仅东汉末年农民起义是如此,以后的农民起义,也都是如此。《太平经》以“太平”二字作为它的书名。近代的农民起义自称“太平天国”,以太平二字作为其天国的主要特点。相隔一两千年的农民起义是有其一致之处的。

在《太平经》里,《六罪十治诀》这一篇描绘出一个理想社会的轮廓。这种理想社会,实际上是在封建社会的基础上,各个阶级有钱出钱,有力出力,君、臣、民,父、母、子,同心协作。有钱的人,不要把社会

的财富据为私有,要与有力的人共同努力,建立一个社会的公共仓库,使人人都能享受其中的一部分。这就是《太平经》所理想的“太平”。这是一种阶级调和论。

在表面看来,农民起义怎么会用这种阶级调和论作为它的指导思想?从社会发展史的规律看起来,这也是不难理解的。

农民就是农民,并不是无产阶级。消灭阶级,消灭任何形式的剥削,这是无产阶级才能有的思想,也只有无产阶级才能担负这种任务。农民不可能有这种思想。在封建社会中,农民并不代表一种新的生产关系,它只能在原有的生产关系中寻找出路。它不能废除封建社会,也不能有废除封建社会的思想。它只能在封建社会的基础上,寻找一种分配比较平均的社会秩序。

农民起义虽然反当时的皇帝,但是它既然不能从根本上改变封建制度,它就不能反对皇帝这种制度。它所反对的是不好的皇帝,但是它还需要好皇帝。张角的黄巾军谶语:“苍天已死,黄天当立。”“苍天”是指汉朝的皇帝,“黄天”就是张角所领导的黄巾军,这表明,张角还是要做皇帝的。既然还要做皇帝,那就还需要有“君、臣、民”的区别。但是他要做一个好皇帝。好皇帝的措施,大概就是像张鲁在汉中所做的那样。

张角的起义没有成功。张鲁在汉中做了将近三十年的“君师”,后来为曹操所灭。但原始道教没有随着农民起义军的失败而消灭。张鲁的祖父的天师道日益发展,成为与儒、佛鼎立的三大思想体系和社会势力。

在先秦,稷下的黄老学派是代表唯物主义路线的,但它的精气说认为“精”可以离开形体而独立存在,这就为神仙家准备了理论基础。到了汉朝,淮南王刘安的《淮南王考》分内外两部分。《淮南内》即《淮南子》。《淮南外》所讲的,当是神仙家的话。其所以分为内外,盖知二者之不可混同也。王充阐述“黄老之言”,批判迷信,东汉兴起黄老道是神仙家的发展。

黄老道发起于当时的下层社会，襄楷、宫崇等得到"太平清领书"都献上皇帝，可见当时上层社会中虽有信奉黄老道者，然尚未有其经典也。从这一方面说，《太平经》同当时别的书根本不同。别的书，无论是经是纬，是古文或是今文，都是地主阶级的书。《太平经》则真正是农民的书，其中的语言也是真正农民的语言。当时的农民起义以黄老道为组织形式，这并不是偶然的。

在两汉有两次农民大起义。一次是赤眉，一次是黄巾。赤眉推翻了王莽的新朝；黄巾基本上动摇了刘家统治，使之一蹶不振。这两次起义都在历史上起了"改朝换帝"的作用，但不能改变中国的封建制度。这不是它们的任务，历史不向当事人提出它们所不能解决的任务。

第四册

自　　序

我的《中国哲学史》两卷本在三十年代发表以后，我总觉得其中的玄学和佛学部分比较弱，篇幅不够长，材料不够多，分析不够深。在四十年代，卜德先生翻译下卷的时候，我曾经对其中的玄学部分作了一些补充，所以这一部分的英译本和通行的中文本不相符合。这一点卜德先生在英译本中已经作了说明。

在《新编》的这一册中，我改写了玄学和佛学部分。经过改写的章节与两卷本的有关内容比较起来，材料没有加多，篇幅没有加长，但是分析加深了。其所以能够如此，因为我抓住了玄学和佛学的主题，顺着它们的主题，说明它们发展的线索。

玄学的主题，是有、无的关系。我以《老子》第一章帛书本的读法为根据，认为有、无是"异名同谓"，分析下去，说明玄学发展的三个阶段，这就"要言不繁"，一切问题都迎刃而解了。

在佛学部分，关于佛教和佛学的材料，真是浩如烟海。如果抓不住其中的主题，那就要沉没于海中，不能自拔。我发现，佛学和佛教各派别的斗争，从哲学上看，就是主观唯心主义和客观唯心主义的斗争，这就是它们的主题。以此为线索，说明了中国佛学发展的三个阶段。这样的说明既合乎中外哲学史中唯心主义发展的一般规律，也合乎隋唐佛学各派别在当时发展的具体情况。因此，也就"要言不繁"，一切问题都迎刃而解了。在两卷本的《中国哲学史》中就已经有这个意思，不过隐而未发，现在把它明确地提出来。

自从开始写《新编》以来,我逐渐摸索出来了一个写哲学史的方法:要抓时代思潮,要抓思潮的主题,要说明这个主题是一个什么样的哲学问题。能做到这几点,一部哲学史就可以一目了然了。《新编》的这一册就是有意识地照着这个方法做的。我认为它是成功的。

在第四十五章讲僧肇的《肇论》的时候,我讲了"般若"和"涅槃"的确切意义。这是佛教和佛学的两个基本概念。在一般的资料中,这两个概念都笼罩着神秘的气氛或宗教的灵光。我扫除了这种气氛,戳穿了这种灵光,用现代常用的语言说明了它们指的是什么。这可能是一个发现,也可能是一个错误。希望佛学的专家们予以印证。

以上所说,似乎是"自夸其谈",是否真正如此,那就看读者的意见了。

在这一册的写作过程中,有朱伯崑同志、李中华同志、陈来同志、张跃同志帮助看稿子,收集资料,查对资料,对于这部书他们都付出了辛勤的劳动,花费了宝贵的时间。

借此出版机会,谨向他们表示谢意。

冯友兰

绪　　论

第一节　门阀士族的形成与发展

从东汉以来,地主阶级内部逐渐形成了一个特殊的阶层。在封建社会中,地主阶级是当时的专政阶级,但并不是所有的地主都能直接掌握国家机器。因此就有当权派与不当权派之分。其直接掌握国家机器的是当权派;不直接掌握国家机器的是不当权派。在当权派中,除了皇室以外,都不是世袭的。秦始皇灭了六国,同时把六国的世袭贵族都消灭了。照秦始皇的原则,除了皇帝可以一世、二世、三世,世代传下去以外,其余政权结构中的人都是皇帝可以随时任免的官僚,都是他的臣。无论多么大的官僚,就其为臣这一方面来说,同老百姓是一样的。这个原则在西汉就没有完全实行。地主阶级当权派总有些特权,但这些特权还不是世袭的。到了东汉,当权派的有些特权,就已于无形之中实际上成了世袭的了。在这种情况下,这些当权派就不仅是当权派,而是一种新兴的贵族了。这是地主阶级内部新形成的贵族,也是地主阶级内部的一个新的阶层。按其阶级性质说,应该称为地主阶级贵族。魏晋时期称为门阀士族或门阀世族。跟它相对待的,魏晋时期称为庶族。应该特别指出的是,无论是士族或庶族,都是地主阶级内部的区别,劳动人民并不包括在内。荀况说:“持手而食者,不得立宗庙。”(《荀子·礼论》)从地主阶级的立场看,劳动人民连祭祀自己祖宗的权利都没有,更说不上什么族。因此,不能把当时所谓庶族同劳动人民混为一谈。

门阀士族在政治上的特权是很明显的,他们实际上世世代代掌握国家机器。更重要的是他们在社会上的特权。士族的社会地位是优越的,它同庶族之间有一条不可逾越的鸿沟。

王充自己说:"充细族孤门。或啁之曰:'宗祖无淑懿之基,文墨无篇籍之遗,虽著鸿丽之论,无所禀阶,终不为高。夫气无渐而卒至曰变,物无类而妄生曰异,不常有而忽见曰妖,诡于众而突出曰怪。吾子何祖?其先不载,况未尝履墨途,出儒门,吐论数千万言,宜为妖变。安得宝斯文而多贤?'"(《论衡·自纪》)这是专从王充的门第来否定《论衡》的价值。意思是说,照王充的门第,他不会写出有价值的东西来,如果他写出的东西真有价值,那就更奇怪了,那只证明他不是正常的人,而是"妖怪"。这种批判的办法,说明当时的门第偏见已经很普遍。这种偏见认为,不仅士族的政治、社会上的特权是世袭的,就是聪明才智也是世袭的。王充针对这个偏见,反驳说:"士贵故孤兴,物贵故独产。文孰常在,有以放贤。是则澧泉有故源,而嘉禾有旧根也。"(《论衡·自纪》)"文孰"两字无义,据考证"文孰"应作"文族"(参看刘盼遂《论衡集解》)。文族指有文化的家族,意思就是说,不一定士族的人才能著书立说。王充的回答,不仅是为他自己的《论衡》辩护,实际上是对于士族的批判。

《世说新语》有一条说,周浚作安东将军的时候,有一次出去打猎,遇见暴雨,在一个姓李的人家避雨。那一家很富足,可是男人都出去了,只有一个姑娘叫络秀在家。这个姑娘看见贵人来了,就带着一个丫环,预备了几十个人的丰盛的饭菜。周浚偷看,只见一个年轻的姑娘,"状貌非常"。周浚很赏识这位姑娘的才干,就向李家求婚,要这位姑娘为妾。姑娘的父兄不同意,络秀就自己说话了。她说:"门户殄瘁,何惜一女?若连姻贵族,将来或大益。"她的父兄同意了。后来姑娘生了两个儿子,都成了名人。她对两个儿子说:"我所以屈节为汝家作妾,门户计耳。汝若不与吾家作亲亲者,吾亦不惜余年。”所谓亲亲,就是说,周李两家应该成为对等的亲家,她的两个儿子都答应了。“由此李氏在世,得方幅齿遇。”(《贤媛》)就是说,李家在社会上就公然和周家处于对等的地位。

这个故事,有人说是不符合历史的事实,但总是当时的一种传说吧。传说不能证明所说的那些事一定有,但可以反映一定的社会情况,在其中可能有所说的那类事。照《世说新语》所记载的传说看起来,周李两家的社会地位有根本的不同。周家的地位高,是士族;李家的地位低,是庶族。这就是李络秀所说的门户问题。李家也是很“富足”的。李络秀能于仓促之间,办出来几十个人的饭食,可见李家也是一个不小的地主。但李络秀还是说李家“门户殄瘁”,可见这个问题不是专在贫富上决定的。李络秀为了要改变李家的社会地位,就不惜到周家作妾。一直等到她所生的两个儿子都成了名人之后,她才向他们提出要求,并以死相要挟。儿子们照办了,李家的社会地位也就公然与周家对等了。

第二节　门阀士族为什么叫士族

这种新兴的地主阶级贵族,为什么称为门阀,道理是显然的,因为它是靠门第(即李络秀所说的门户)以维持它的社会地位。称它为世族,道理也是显然的,因为它的社会地位是世袭的。称它为士族,道理就不很显然,可是,它的社会意义,就在这个“士”字上。

当权派和不当权派之间的矛盾,中国地主阶级有一种自我调整的办法。当权派常吸收不当权派的人参加各级政权机构,这是当权派对于不当权派的一种照顾。这在中国封建社会中称为“选举”。选举主要有两个渠道,一个叫“征辟”;一个是考试。汉朝用的办法是征辟。考试的办法有时也用,像汉武帝策问贤良,那就是考试。这是一种特殊情况,主要渠道是征辟。中央政府的大官和地方政府的长官都有权任用他们自己衙门的官吏。他们都可以选择自己认为有才干的人做自己本衙门的官吏。中央政府也可以设立各种称号,叫各地方推荐合乎这些称号的人才,以备一般的任用。皇帝也可以特别下诏,征辟他所认为有才干的人。这是当时民间的人进入政权机构的主要渠道。这些有征辟之权的人,在征辟的时候,所用的标准是什么呢?在原则上说,主要的是"乡评"。就是说要看被征辟者的家乡对他的议论,也就是他在家乡的声名。一个人的声名越大,他被征辟的机会越多,他被征辟去所担任的职务就越高。

这是一个很不容易掌握的标准,在这个标准的掩饰之下,有征辟之权的人,实际上可以凭着他们自己的主观判断,征辟同他有一定关系的人。这些人不一定是有才能的人。

当权派定规了一些名号,叫下边推举合乎这些名号的人。可是,下面所推举的,往往可能正是同这些名号相反的人。王符嘲笑说:"或以顽鲁应茂才,以桀逆应至孝,以贪饕应廉吏,以狡猾应方正,以谀谄应直言,以轻薄应敦厚,以空虚应有道,以嚚闇应明经,以残酷应宽博,以怯弱应武猛,以愚顽应治剧。名实不相副,求贡不相称,富者乘其材(财)力,贵者阻其势要,以钱多为贤,以刚强为上。"(《潜夫论·考绩》)这里所说的"茂才"、"至孝"、"廉吏"等都是政府所立的称号,政府对下边所推举的合乎这些称号的人才给以重任,而下边所推举的恰好都是与这些称号相反的人,这就叫"名实不相副,求贡不相称"。其所以如此,因为推举者都是那些有钱有势的子弟。

晋朝的葛洪说:在汉末的时候"时人语曰:举秀才,不知书。察孝行,父别居。寒清素白浊如泥。高第良将怯为鸡"。(《抱朴子·审举》)"秀才"本来应该是能够掌握笔杆子的人,可是当时举出来的"秀才",还不认识字。被举为"孝行"的人,把他的父亲赶出家门,另外居住。号称为"寒清素白"的人,实际上同泥一样浊。住在大房子里边,号称为“良将”的人，实际上比鸡还胆小。葛洪说：这就叫“名不准实，贾不本物”（《抱朴子·名实》），就是说，名一定要同实相符合，就好像买卖东西一样，一分价钱一分货。

魏文帝曹丕为了纠正这种情况，开设了一种专门评定人才的独立机构，称为九品中正。负责这一机构的官吏把他所认为是人才的人分为九等，以备各级政府的任用。这些中正官，以什么为标准来区分那些等级呢？还是那个难以掌握的标准，即使这些中正官真正中正，也还是要以被评定者的声名的大小为标准，至于那些不十分中正的中正官，那就还是以被评定者的家庭地位的高下以及被评定者与他的关系为标准。所以，实行“九品中正制”的结果，还是“上品无寒门，下品无士族”。

“上品”的人，“官官相护”，世世传下去，这就成为“门阀”。为什么称为“士族”呢？

在中国奴隶社会中“士”是最低级的贵族，在战国时代“士”是一个特殊的阶层，在政治上和文化上有很大的活动能力。在中国的封建社会里“士”是四民之首，由于在政治上和文化上有较大的活动能力，“士”在乡里之中比较容易有声名，也善于为自己制造声名。在政府的征辟中，他最容易露尖子，他在征辟制度下有优越的条件。在开始的时候，也许是客观情况起主要的作用，到后来又加上主观的成分，被征辟的人又成为有征辟之权的人，他们在行使他们权力的时候，不免要照顾他们的宗教和同类。这样世代相传下去，这一类人就成为贵族了。他们就成为门阀。这种门阀是以“士”为主体的，所以称为士族。因为他们是以“士”为主体的，所以他们不仅是政治上的贵族，而且是文化上的贵族，精神贵族。

上面所说的东汉末年的那些情况，可以说明当时的士的活动能力之大。

当时有点名气的人，一般称为“名士”。“名士”们又互相吹捧，建立一些称号。范晔说：“海内希风之流，遂共相标榜，指天下名士，为之称号。上曰‘三君’,次曰‘八俊’,次曰‘八顾’,次曰‘八及’,次曰‘八厨’。犹古之‘八元’、‘八凯’也。……君者,言一世之所宗也。……俊者,言人之英也。……顾者,言能以德行引人者也。……及者,言其能导人追宗者也。……厨者,言能以财救人者也。”(《后汉书·党锢列传》)这些名士得到老百姓的拥护,因为他们敢于批评当时的政治。因为敢于批评,他们逐渐成为当时政府的反对派。他们本来是征辟的对象,后来逐渐成为被打击的对象。政府说他们是党人,把他们禁锢起来。所谓禁锢就是使他们永远不能成为征辟的对象,而且在社会上不能出头露面,终身成为“黑人”。这就是东汉历史中所说的“党锢之祸”。这是在征辟制度之下进行的政治斗争。

不过这种敢于斗争的人毕竟是少数。大多数有被征辟资格的人,仍然循规蹈矩地接受征辟。随着东汉政治上的腐败,征辟制度越来越不像样子,如上边所引王符和葛洪所说的那种情况。

从魏晋以后,中国的封建社会一般地说是地主阶级专政,分析起来是军阀和士族联合统治,在三国时期,曹操、刘备和孙权都是军阀,他们都联合他们所占领的地区之内的士族进行统治。在隋唐统一全中国之前,换了几个朝代,那些朝代的皇帝也都是军阀,他们都联合当时的士族进行统治。

隋唐开始用考试的渠道替代征辟,这是军阀打击门阀士族的一个重要步骤。宋、元、明、清都用这个办法,考试制度越来越严密,也越来越机械。在这种制度下,士虽仍不失为“四民之首”,但不能成为门阀,也不是贵族了。

第三节 东汉末伦理教条的没落

到了东汉末年,西汉建立起来的道德准则和伦理规范逐渐成为教条,称为名教,或礼法。在精神文明领域内,一种规范如果成为教条,它就没有生命力了,成为一种死的条条框框,容易被冲破,而且实际上是一定要被冲破的。在东汉末年,出现了一些冲破名教和礼法的言论。

曹操出身于宦官家庭。在当时,皇帝的大权往往落在宦官手里,宦官的权有时很大。但是宦官家庭的社会地位很低,为士族所不齿。曹操在开始争夺政权的时候,他的最大政敌是袁绍。袁绍的家庭是当时的一个大门阀士族,四世三公,门生故吏遍于天下。曹操灭了袁绍,又杀了当时几个大名士,以立他的威权。被杀的人中,有大名士孔融。

曹操要杀孔融,叫一个名叫路粹的人揭发孔融的罪状。路粹报告说,孔融说:父亲对于儿子有什么亲?按父亲本来的意思,不过是发泄自己的性欲。儿子对于母亲有什么关系?比如一个东西寄在一个瓶子里,当那个东西出来以后,就跟瓶子分开了。("父之于子当有何亲?论其本意,实为情欲发耳。子之于母亦复奚为?譬如寄物瓶中,出则离矣。"见《后汉书·孔融传》)曹操在宣布孔融罪状中引用路粹所说的一段话。不过他说这些话是祢衡宣传孔融的话,大概因为祢衡比路粹有名,此外又加了一段。曹操说:孔融说,在荒年时候,一个人的父亲如果不是好人,他宁可把粮食养活别人。("若遭饥而父不肖,宁嘱活余人",见《三国志·魏书·崔琰传》注引《魏氏春秋》)曹操根据这些据说是孔融的话,判定说:孔融"违天反道,败伦乱理"。于是把孔融一家全都杀了。

当时还有一个传说的故事,说是有一个叫管秋阳的人,同他的弟弟还有一个伙伴一起逃乱。在路上遇见大雪,所带粮食已经吃完。管秋阳同他的弟弟商议说:如果不把这个伙伴吃了,三人都要死。管秋阳就同他的弟弟把这个伙伴杀吃了。孔融评论说:管秋阳爱护他的父母所给他的身体,把他的同伴杀吃了也没有什么不妥的。("管秋阳爱先人遗体,食伴无嫌也"。)另一个很有名的人荀彧同孔融辩论说,管秋阳贪图他自己的生命,而害了别人的生命,这不是犯罪吗?("秋阳贪生杀生,岂不罪邪?")孔融回答说:这个伙伴并不是管秋阳的朋友,他所杀的不过是一个会说话的禽兽。一个狗咬死一个猫,一个猫咬死一个鹦鹉,这又有什么可以奇怪的?("此伴非会友也……向所杀者犹鸟兽而能言耳。今有犬齧一狸,狸齧一鹦鹉,何足怪也"?见杨泉《物理论》,马总《意林》卷五引。一说:这是傅玄《傅子》中的话。)

本书提到这些故事,并不是肯定它们,更不是宣传它们,只是用以说明在东汉末年社会上的思想是很混乱的,门阀士族的放纵以及玄学家们的反名教,都是当时社会风气的一种表现。有些历史家以为,玄学家冲破名教的束缚,自我解放了。有些历史家认为士族比较接近平民。其实士族是一种贵族,他们自以为生来就和一般人不同。

照《世说新语·伤逝》的记载:"王戎丧儿万子,山简往省之,王悲不自胜。简曰:'孩抱中物,何至于此?'王曰:'圣人忘情,最下不及情;情之所钟,正在我辈。'简服其言,更为之恸。"王戎把人分为三等,第一等是"圣人",第二等是"我辈",就是士族,第三等是最下,就是劳动人民。他们认为第一等人超过了情感,第三等人不配有情感,只有他们这些贵族才有情感。

《世说新语·任诞》又说:"阮籍嫂尝还家,籍见与别。或讥之。籍曰:'礼岂为我辈设也?'"这个"我辈"也是士族自指。士族并不是从根本上、原则上反对礼教的条条框框。但认为那些条条框框不是为他们设的,他们可以不受其约束。士族的言论行动,表面上看,似乎有解放的精神,但他们所要解放的只是他们自己。

从这两条的记录看起来,士族不但有社会上、政治上的特权,而且他们自以为是天生的高人一等的人。这就像在西方的封建社会中,贵族们自以为他们的血是蓝的不是红的。这种高人一等的人,自然应该有政治上、社会上的特权,而且这些特权应该世世代代传下去。这种人就是地主阶级贵族,当时称为门阀士族。

《世说新语》中在某一人初见的条下,刘孝标的注往往引某氏谱以说明此人的家世。每一家士族都有它的家谱,在东晋时候有所谓“百家谱”,在这百家之内的才算是真正的士族。每一家的祖先的名字都成为这一家的家讳,这一家的子孙固然要避家讳,这一家人的下属也要避他的长官的家讳,朋友们相互之间也要尽力避对方的家讳。又有所谓郡望,譬如说,“琅玡王氏”,琅玡就是这家王氏的郡望。郡望表示这一家原来称王称霸的地方。东晋时期大家士族都迁到江南,这就叫“衣冠南渡”。南渡的士族离开了他们原来称王称霸的地方,但是还要保持着他们的郡望,以表示他们的门第,显示他们的贵族身份。这些传统都是士族用以保护他们地位的办法。

魏晋时期所流行的玄学,就是士族的意识在思想战线上的反映。士族是玄学的阶级根源和社会基础。

第四节　南北朝的分裂和隋唐的统一

从后汉中期,随着中国和“西域”的交通的发展,传来了印度的佛教。佛教初到中国是靠着医药技术和宗教迷信进行推广和宣传的。其迷信的主要部分是说佛有无边的法力,可以保佑信佛教的人免除灾难,逢凶化吉,转危为安。初期信佛教的人,都是受这种宣传的影响而信奉佛教的。至于佛教的理论基础——佛学,还没有传来。佛学是靠玄学的接引进入中国的知识界。在晋朝时期玄学和佛学混为一谈,名士和名僧合为一起。《世说新语》记录了名士,也记录了名僧。其实从哲学的观点看,佛学的根本思想和玄学的根本思想是不同的,而且是互相违反的。

随着东汉王朝的没落,统一全中国的中央政权崩坏了,汉朝的“兼容并包”的民族政策也不行了。经过三国的割据,晋朝暂时恢复了统一,可是又恢复了分封制。民族矛盾也激化了。当时,少数民族统治了北方,晋朝的皇室被赶到江南,门阀士族也跟着"南渡"。全中国分裂了,形成了"南北朝"的对立。隋唐恢复了政治上的统一。唐朝还恢复了民族的统一。这个重新统一的民族称为"唐人"。一直到现在,在海外中国人聚居的地方还称为"唐人街"。

一个新的统一的国家,新的统一的民族,需要有一个新的统一的哲学,把精神文明的各方面统一起来,贯穿起来。这种广泛的哲学体系,在唐朝还没有出现。韩愈提出了一个"道统"论,企图请古代的幽灵来负担这个任务。可是他所说的道统没有新的内容,可以说是旧瓶装旧酒。旧瓶装新酒或新瓶装旧酒都要有一点新的东西,才有可能解决新时代的问题。旧瓶装旧酒就没有这个可能了。旧时代的幽灵,担负不了新时代的任务。

韩愈的企图和努力,虽然没有解决问题,但也是当时社会需要的反映。其所以没有成功,固然是由于一个广泛的哲学体系、一个时代思潮的出现,需要长时期的酝酿,也是由于唐朝的统一并不十分彻底,唐朝中期以后又出现了藩镇的割据,其后果是五代的分裂。宋朝在统一以后,一个新体系、新的思潮出现的条件具备了,随着出现的就是道学。道学给韩愈所讲的道统以新的内容。道学也讲韩愈所讲的道统,但道学讲起来,就不是旧瓶装旧酒,而是旧瓶装新酒了。道学为什么还要旧瓶呢?因为当时中国的社会还是封建社会。

第三十六章

玄学的先河——刘劭的《人物志》和钟会的《四本论》

第一节　汉魏之际的名实问题

在绪论中,本书讲了东汉末年王符和葛洪所嘲笑的那种名实混乱的情况。针对这种情况,当时论政治的人都主张"综核名实"。王符认为"综核名实"是太平之基。"有号则必称于典,名理者必效于实,则官无废职,位无非人。"(《潜夫论·考绩》)"典"的意思是"主管","号"是指政府中的职位。一个"号"必须和它主管的事相称,一个"名"必须在实际上有相应的效果,这就是"综核名实"。

徐幹说:"名者所以名实也,实立而名从之,非名立而实从之。故长形立而名之曰长、短形立而名之曰短,非长短之名先立,而长短之形从之也,仲尼之所以贵者,名实之名也。"(《中论·考伪》)就是说,名是从实起的,有了那样的实,跟着就有那样的名,并不是先有那样的名,才跟着有那样的实。有了长的东西,才给他一个长的名。有了短的东西,才给他一个短的名。并不是先有长短的名,然后才有长短的东西,他说:孔丘所讲的正名,以名为贵,就是因为名就是实的名。贵名就是所以贵实。

刘廙《政论·正名》说:"名不正则其事错矣。……王者必正名以督其实,……行不美则名不得称,称必实所以然。效其所以成。故实无不称于名,名无不当于实也。”(《全三国文》卷34)这也是孔丘的正名思想的发挥。意思就是说,孔丘所说的正名,是要确定名的意义,用以督察有这个名的实。一个人的行为如果不好,就不可称那个名。如果称那个名,就必须实际上合乎那个名的意义,照那个名的意义作出来那个名所要求的成绩。实和名必须相应;名和实必须相当。

名实问题是中国哲学史中的一个重要问题。在这个问题上,也有唯心主义和唯物主义的斗争。名和实,本来是对立的统一。在这个统一体的两个对立面中,有哪一个是主要、哪一个是次要的问题。以“名”为主要对立面的,是唯心主义的说法,承认“实”是主要的对立面的,是唯物主义的说法。孔丘的正名论,原来是以“名”为主要对立面。徐幹和刘廙都说到孔丘的正名论,但是他们都认为“实”是主要的对立面,徐幹讲的,特别清楚。在这一点上他们是唯物主义者。

在汉末魏初时代所讨论的名实问题,有两方面的实际意义。

一方面是,汉朝立了很多的人才的称号。这些称号是“名”,这种推选出来的人是“实”。如果这些人的行为真是合乎这种称号,这就是名实相符;如果不然,这就是名实不符。

另外一方面,在政府中,有许多职位,每一个职位也是一个“名”,担任这个职位的人就是“实”。担任这种职位的人,如果真能办理这个职位所要办的事情,这就是名实相符。如果不然,就是名实不相符。

魏武帝曹操,夺了汉朝的政权,建立了魏国。针对着当时的情况,规定了些“综核名实”的措施。曹操的儿子魏文帝曹丕,实行了“九品中正之法”,选举人才。照这个“法”,在各地方设中正官,负责把他认为有才能的优秀人物评定为九品。中央有吏部尚书,根据地方中正官的推荐,分别等级,给予官职。这是针对上面所说的“综核名实”的第一个方面所做的措施。曹丕在主观上是企图用这个独立的机构,以独立的判断推选出人才。实际上,一个地方的中正官,在评定人才的时候，还是以他们的家世为标准，实行的结果，还是“上品无寒门，下品无士族”。所谓“寒门”、“士族”，就是统治阶级的上层和下层。下层还是升不上去，至于劳动人民，那就更不必说了。关于“综核名实”的第二个方面，曹丕也采取了措施，考察政府机构中各级官僚的成绩。他叫刘劭制定了“都官考课法”七十二条，还有《说略》一篇，大概就是说明那七十二条的。这些都是汉末农民大起义后的新的统治者为了应付农民起义而制定的调整内部机构的措施。

第二节　刘劭的《人物志》

刘劭（劭或作邵，今依《三国志·魏书》本传）是当时的一个法律家和著作家。除了上面提到《都官考课》七十二条及《说略》一篇外，魏明帝叫他制定《新律》十八篇。他还著有《律略论》，大概是关于《新律》的理论说明。此外还著有《乐论》、《法论》、《人物志》（《三国志·魏书》卷二一《刘劭传》）。

据我的推测，《刘劭传》所说的《法论》，可能就是《律略论》。这个著作，附于《新律》，就叫《律略论》。《人物志》如果不是《新官考课》所附的《说略》的扩大，也是同《都官考课》有关系的著作。《都官考课》的根本问题是怎样考察各级官吏的成绩。《人物志》的根本问题是怎样识别人物，什么人物适合于做什么官，能发生什么作用。这两方面的问题是互相配合的。

刘劭说：“凡有血气者，莫不含元一以为质，禀阴阳以立性，体五行而著形。苟有形质，犹可即而求之。”（《人物志·九征》，以下只注篇名）

从淮南王刘安到张衡，都讲一种宇宙发生论，认为，在还没有天地以前，就有原始的气。这就是刘劭所说的“元一”。这种原始的气，分化为两个部分,一部分是清轻的,上浮为天。一部分是重浊的,下沉为地。清轻的气就是阳气,重浊的气就是阴气。从阴阳二气中,又生出五种元素:水、火、木、金、土,称为五行。刘劭根据这种宇宙发生论把“人物”分为三类:有英、有雄、有英雄兼备者。

刘劭说:“故明白之士达动之机,而暗于玄虑。玄虑之人,识静之原,而困于速捷。犹火、日外照不能内见,金、水内暎不能外光。二者之义,盖阴阳之别也。”(《九征》)这就是说,生来就有两种不同的人物。一种人物得到阳气多一点,阳气是动的,所以这种人物懂得动的道理,遇见事情,能够迅速地行动,但是不能作详细深入思考。这就是“明白之士”。还有一种人物得到的阴气多一点,阴气是静的,所以这种人物懂得静的道理,对事情能够详细深入地思考,但是不能采取迅速果断的行动。这就是“玄虑之人”,这两种人的区别,就是阴阳之别。

刘劭说,在自然界也有这两种情况。火和太阳的光能照见在他们外面的东西,而不能照见他们自己的内部。金和水不能照见他们外面的东西,而却能把他们外面的东西反映到他们内部来。(古代的镜子是用铜做的,所以说金能内映。)刘劭说:这也是阴阳之别,火和太阳都属于阳,金和水都属于阴。

刘劭说:“若量其材质,稽诸五物,五物之征,亦各著于厥体矣。其在体也,木骨、金筋、火气、土肌、水血,五物之象也。”(《九征》)这就是说,人的形体是五行(五物)的体现。五行各有一定的特征,在人的身体各部分中,体现出来。骨是木的体现,筋是金的体现,气是火的体现,肌是土的体现,血是水的体现。在生理方面说,人当然都有筋、骨、肌肉、血气这些部分。说这些部分是五行的体现,也不算大错。但是刘劭说的还不是这些生理方面的东西。他主要是说:人所禀受的五行,是人的道德品质和性格、才能的基础。照他所说的,木在人的道德品质方面的表现是仁,火在人的道德品质方面的表现是礼,土在人的道德品质方面的表现是信,金在人的道德品质方面的表现是义,水在人的生理方面的表现是智。仁、义、礼、智、信这五种道德，在封建社会中称为“五常”。刘劭说：“五质恒性，故谓之五常矣。”(《九征》)就是说，五行各有不可改变的性，所以他们所表现的五种道德品质，也就是不可改变的了。“常”就是不可改变的意思。刘劭的这种说法，也是企图证明封建道德是不可改变的。

刘劭在论五常和五行的关系以后，总结说：“虽体变无穷，犹依乎五质。故其刚柔、明畅、贞固之征，著乎形容，见乎声色，发乎情味，各如其象。”(《九征》)就是说，人的品质和性格、才能有很多的变化，但是都不能离开五行的本质。刘劭认为，人所禀受五行的成分不同，这不仅表现在他们的道德品质和性格、才能上，甚至他们的容貌、声音、颜色和情味都有不同。刘劭说：“然皆偏至之材，以胜体为质者也。”(《九征》)就是说，这种人的品质才能都有所偏，即所谓偏至之材。偏至的根据，就是“胜体”或“胜质”，就是说，在他的身体里边占优势的那种“质”。

这种说法在当时相当流行。当时吴国的姚信所作的《士纬》说：“孔文举(孔融)金性太多，木性不足，背阴向阳，雄倬孤立”。(《意林》卷四引)《太平御览》三百六十引任子曰：“木气人勇，金气人刚，火气人强而躁，土气人智而宽，水气人急而贼。”(《意林》引此文注云：任子名奕)刘劭、姚信和任奕都认为，五行中的什么行在一个人的身体中是“胜质”，这个人就有什么品质和性格。刘劭他们都承认这个原则。在怎样配合的细节上，他们不尽相同。本来这些说法都是主观随意拉扯的。不过他们都认为，人的品质性格是人所禀受的五行所决定的，我们所要注意的就是这一点。

刘劭说：人所禀受的五行，表现于他的容貌、态度，也表现于他说话的声音，脸上的颜色。关于说话的声音，据说“有和平之声，有清畅之声，有回衍之声”(《九征》)等。关于颜色，据说，“诚仁必有温柔之色，诚勇必有矜奋之色，诚智必有明达之色”(《九征》)等。这都是很难捉摸的，至于所谓神味，那就更难捉摸了。刘劭说：“故曰物生有形，形有神精。能知精神,则穷理尽性。”(《九征》)情味也是关乎精神之一类的。意思是说,就是必须讲到这里,这才算是把道理讲透了,把“性”认识透了,也就是,把识别人物的标准完全搞清楚了。

刘劭在这里所讲的,也不是他个人的思想。从汉末一直到魏晋“名士”们都讲究评论和赏鉴人物。在评论和赏鉴的时候,他们所着重的就是人的精神或神味,《世说新语》这部书记载了汉末魏晋时期“名士”们互相评论和赏鉴人的话。他们作了许多比喻,以说明一个人的精神和风度。比如说,“世目李元礼谡谡如劲松下风”(《世说新语·赏誉上》)。李元礼是汉朝末年的大“名士”。“世目”就是说,当时的人都认为他是那样。《世说新语》又说:“裴令公目夏侯太初,……如入宗庙,琅琅但见礼乐器。见钟士季如观武库,但睹矛戟。见傅兰硕汪廧靡所不有。见山巨源如登山临下,幽然深远。”(《世说新语·赏誉上》)裴令公是裴秀,钟士季是钟会,傅兰硕是傅嘏,山巨源是山涛,都是当时的大“名士”。这一段说的是裴秀对于这几个人的评语。他们都是用形象的语言,比喻之辞,说明一个人的精神和风度。当时的官僚文人常常这样地互相吹捧,以自高声价。刘劭《人物志》的特点,是给这些思想找一种理论的根据。

刘劭认为人的品质才能都是天赋的,都是人所禀受的阴阳五行的成分所决定的。既然如此,所以一个人如果生来就是一种“偏至之材”,那就要一直偏至下去,没有办法可以改变。他说:“夫学所以成材也,恕所以推情也,偏材之性不可移转矣。虽教之以学,材成而随之以失。虽训之以恕,推情各从其心。信者逆信,诈者逆诈。故学不入道,恕不周物,此偏材之益失也。”(《体别》)就是说,照一般道理讲,教育人,可以叫他学,学可以使他的才得到发展。可以叫他恕,这样他可以推己及人。借人之长补己之短。但是对于“偏材”,这些办法就不行,他的“偏至”是无法移转的。他越学,他的“偏至之性”就越发展,他的缺点也随着这“偏至之性”的发展而越暴露出来。虽然叫他推己及人,但是他所推的,还是他的"偏至之性"所有的东西。他所喜欢的是同他一样"偏至"的人。如果他是容易相信别人的,他就认为别人也很容易相信他,如果他偏于欺诈,他就认为别人也很容易欺诈他。他无论怎样学,可是总是不能深入地懂得道理。他无论怎样恕,也总不能认识事物的全面。

刘劭认为,偏至之材总是有长处有短处的。长处叫"益",短处叫"失"。他的益、失,是联系在一起的。他有那一种益,就跟着有那一种失。比如说,"宽恕之人不能速捷,论仁义则弘详而长雅,趋时务则迟缓而不及"(《流业》)。宽恕是这种人的优点,是他的益,迟缓是他的缺点,是他的失。可是他的失和他的益是联系在一起的。他所以有这种失,正是由于他有这种益。他的这种益越发展,他的失也就跟着越发展。

刘劭认为社会上有各种不同的事业,他称为"流业",每种流业都有它的特点。这些特点,同"偏至之材"的特点可以互相配合,什么"材"可以成为什么"家"。刘劭说,共有十二个家,"有清节家,有法家,有术家,有国体,有器能,有臧否,有伎俩,有智意,有文章,有儒学,有口辩,有雄杰"。清节家的特点是"德行高妙,容止可法"。法家的特点是"建法立制、强国富人"。术家的特点是"思通道化,策谋奇妙"(《流业》),兼有这种三才的人,能够统率天下,就是"国体家"。兼有这种三才而规模比较小的人不能统率天下,只能统率一个地方区域。这种人就是"器能"家。虽兼有三才,但是其中有所偏至,这些人因他们的偏至不同而分为臧否家、伎俩家、智意家。这三种人都在一定程度上备有三才。以下的三家,是不兼具三才,而在不同的方面有一定的才能,这就是儒学,口辩,雄杰。

照刘劭说,这十二种才能,都是各级统治者,人臣的才能。至于最高统治者,人主的才能,那就完全是另外一回事。刘劭认为,能够当人主的人,是同一般人完全不同的人,他就是所谓"圣人"。

刘劭说:“凡人之质量,中和最贵矣。中和之质,必平淡无味,故能调成五材,变化应节。……阴阳清和,则中睿外明,圣人淳耀,能兼二美。”(《九征》)所谓“二美”,就是上面所说的那两种人物,一种禀受阳气多,称为“明白之士”;一种禀受阴气多,称为“玄虑之人”。刘劭认为,“圣人”所禀受的阴阳之气,恰到好处。这就是“阴阳清和”,也就是所谓“中和”。中和的表现,就是“平淡无味”。“中和”也就是“中庸”。

刘劭又说:“是故中庸之质,异于此类。五常既备,包以澹味。五质内充,五精外章,是以目彩五晖之光也。”(《九征》)所谓“此类”,就是得到五行或多或少的那些“偏至之材”。“中庸之质”就是“圣人”的品质。在他的“质”中,五行的成分都达到恰好之处,五种道德完全具备。他的内部的完备的“五行之质”,自然地表现在外边,这在他的容貌、态度、说话声音,都表现出来,特别表现在他的眼中。就“偏至之材”说,他的眼只能表现一种精神。刘劭说:“故仁目之精,悫然以端,勇胆之精,晔然以强。”(《九征》)“圣人”既然是“五常具备”,所以他的眼也具有五种的光彩。

刘劭认为,看人要看他的精神,也就是要看他的神味。所谓“包以澹味”,这个“味”就是神味的味。“圣人”的各个方面都是平衡的发展,不是哪一方面特别突出,所以看起来似乎是“平淡”,可是这种“平淡”,并不是平庸,也不是庸碌。这是“五质内充”的表现,这就是“包以澹味”的那个包字的含义。

刘劭说:“主德者,聪明平淡,总达众材而不以事自任者也。是故主道立则十二材各得其任也。”(《流业》)意思是说,人主的品质的特点,就是“平淡”,表面上平平无奇,不表现什么才能,如果说他有才能,他的才能就在于他能任用有才能的人,叫他们办他们所能办的事情,而他自己任何事情都不办。

刘劭说:“若道不平淡,与一材同用好,则一材处权,而众材失任矣。”(《流业》)意思是说,如果“君”表现一种才能,他对于有这一种才能的人就要有所偏好。如果那样,有这种才能的人就处于优先的地位,而有别的才能的人,就不能得到适当的任用了。

刘劭认为,这种情况正说明为“君”的人是有更高才能的人。他在《人物志》中,特别写了《英雄》篇。刘劭说:“是故聪明秀出谓之英,胆力过人谓之雄,此其大体之别名也。”(《英雄》)他认为英和雄是有分别的,但是一个成大业立大功的人,还须兼而有之。刘劭说:“夫聪明者英之分也,不得雄之胆,则说不行。胆力者雄之分也,不得英之智,则事不立。”(同上)就是说:聪明是属于英的一方面的,如果不得雄的一方面的胆力,那就只能说不能行。胆力是属雄的一方面的,如果没有英的方面的智力,事情也不能成功。

刘劭说:大人物中没有只是雄而不英者,也没有只是英而不雄者,都是英和雄两方面都有,只是其成分不同。刘劭说:“各以二分,取彼一分。……体分不同,以多为目,故英雄异名,然皆偏至之材。人臣之任也。故英可以为相,雄可以为将,若一人之身兼有英雄,则能长世,高祖项羽是也。”(同上)就是说,有的人物英的成分多,有的人物雄的成分多,有的人物英占二份,雄占一份,有的人物雄占二份,英占一份,以其多的成分为主,所以还是有英和雄之别。这两种人还是“偏至之材”,还是只能当“人臣”。英可以当宰相,雄可以当大将。如果一人真是兼有英雄的两方面,那就可作为一世的首长,刘邦和项羽就是这样的人。但是项羽在英的方面还是少一点,所以有智谋的人,都离开他了。所以项羽虽然气力盖世,还是被刘邦打败了。刘邦的英的成分比项羽多一点,所以他能征服群雄,收罗群英,能够得有天下。刘劭说:“故一人之身,兼有英雄,乃能役英与雄。能役英与雄,故能成大业也。”(同上)

英和雄怎样能成为英和雄?刘劭在《九征》篇中已经作了他自己的回答。他所谓英,就是他所说的得阴气多的“玄虑之人”;他所谓雄,就是他所说的得阳气多的“明白之士”。这两种人各有优点和缺点,只有“圣人”才能兼有这两种人的优点而无其缺点。他一个人必须兼英和雄,英和雄的人才能为他使用。英和雄的人都归于他,所以他才能够创大事业。

由此可见,刘劭在讲君道的时候,所谓“平淡”,并不是庸碌无能,而是像所谓“绚烂之极,归于平淡”的那种平淡。为君的人,也是英和雄,而且兼有英和雄,所以他就能驾驭使用英和雄的人。而其所以兼有英和雄,是由于他所禀受的阴阳之气,恰到好处,成为“中和”,如《九征》篇所说的。

刘劭说:“然则俊杰者,众人之尤也。圣人者,众尤之尤也。其尤弥出者,其道弥远。……出尤之人,能知圣人之教,不能究之入室之奥也。由是论之,人物之理,妙不可得而穷已。”(《七缪》)就是说:俊杰是众人中特殊的人物,圣人是特殊人物中的特殊人物,他越特殊,他的道理就越深远。突出的人物,能够一般地理解圣人的道理,但是不能理解其更深的奥妙,至于圣人之所以能有这些奥妙,那就更不容易理解了。这样看起来,关于人物的道理,实在是神秘得很,没有办法可以完全理解。

第三节 钟会的《四本论》

刘劭在《人物志》中所讨论的问题,后来发展成为当时所谓“才性”的问题。关于这个问题,有各种的说法。钟会对于当时各种的说法,作了分析研究,写了一个著作,叫《四本论》。

钟会是魏晋时期的政界和学术界中的一个有名人物。《魏志》说:“会论才性同异,传于世。四本者,言才性同,才性异,才性合,才性离也。尚书傅嘏论同,中书令李丰论异,侍郎钟会论合,屯骑校尉王广论离。文多不载。”(《世说新语·文学篇》刘注引《魏志》)这就是说,当时讨论才性问题的辩论，分为四家。第一家主张才和性是一回事（“才性同”），第二家主张才和性不是一回事（“才性异”），第三家主张才和性虽然不是一回事，但是二者之间有密切的关系（“才性合”），第四家主张才和性不是一回事，两者之间也没有什么关系（“才性离”）。《四本论》现在遗失了。《魏志》所说的关于才性的著作也都遗失了。上面所说的这四家的分歧之点，只是就字面上作的一种推测。

还有一个问题就是，所谓才、性，究竟是指的什么？从一些现存的残缺材料看起来，所谓才、性，有两方面的意义。一方面，所谓性，是指人的道德品质；所谓才，是指人的才能。在这一方面说，所谓才、性问题，就是“德”和“才”的关系的问题。另外一方面，所谓才，是指人的才能；所谓性，是指人的才能所根据的天赋的本质。在这个方面，所谓才、性问题就是一个认识论的问题：人的才能主要是由一种天赋本质所决定的，还是主要从学习得来；是先天所有的，还是后天获得的。现在看起来，这两方面所讨论的问题，是两个问题，其间没有必然的联系。但是，以前的人习惯于“人性善”的说法，一说到性，就牵涉到道德品质的问题，于是就把这两方面的问题混为一谈了。由于史料不足，我这里说的也只是一种推测。

《三国志·魏书》说：刘劭作考课法，傅嘏批评他，说：“昔先王之择才，必本行于州闾，讲道于庠序。行具而谓之贤，道修则谓之能。”（《三国志·魏书》卷二一《傅嘏传》）意思就是说，以前的统治者选拔人才，要看一个人的道德品质，看他所居住的地方的人对他的行为的意见，要看他在学校里面道德修养的成绩。他的行为好，这就叫贤，他的道德修养很好，这就叫能。这就是说，道德和才能是分不开的，其实是一回事。《魏书》说，傅嘏主张“才性同”，大概就是这个意思。

当时还有一个卢毓，也主张才性同。《三国志·魏书》说：“毓于人及选举，先举性行而后言才。黄门李丰尝以问毓。毓曰：‘才所以为善也，故大才成大善，小才成小善。今称之有才，而不能为善，是才不中器也’。丰等服其言。”(《三国志·魏书》卷二二《卢毓传》)卢毓关于才性问题的见解,大概同傅嘏是一类的。李丰是主张“才性异”的,所以他对于卢毓的主张有怀疑。所谓“问毓”,就是向卢毓提出问题,表示不同的意见。卢毓回答说:才本来是用以行善事的,大才就能成大的善事,小才也可以成小的善事。如果说一个人有才,可是不能行善事,那就是才不中用,也就是无才。这一段话,虽然简单,却说出了“才性同”的主张的主要内容。《卢毓传》说:“丰等服其言。”似乎主张“才性异”的人,在这个辩论中被说服了。是否如此,这就无可考了。

无论如何,当时主张“才性异”的人是很多的,头一个就是曹操。他发了几次“求贤令”,主张“治平尚德行,有事赏功能”。“今天下尚未定,此特求贤之急时也,……唯才是‘举’”。他要用那些“负污辱之名,见笑之行,或不仁不孝而有治国用兵之术”的人。(见《三国志·魏书·武帝纪》及注)徐幹《中论·智行》篇也主张,才能(智)比道德品质(行)更重要。他说:“圣人之可及(当作不可及),非徒空行也,智也。”“是故圣人贵才智之特能立功立事益于世矣。”就是说,必须有才智然后可以立功,有益于世,不然,所谓“行”就是空的。这些都是主张“才性异”的论点。

当时还有一个人叫袁准,他说:“凡万物生于天地之间,有美有恶。物何故美?清气之所生也,物何故恶?浊气之所施也。夫金石丝竹,中天地之气,黼黻玄黄,应五方之色。……曲直者,木之性也。曲者中钩,直者中绳,轮桷之材也。贤不肖者,人之性也。贤者为师,不肖者为资,师资之材也。然则性言其质,才名其用,明矣。”(《才性论》,《艺文类聚》卷二一引)

袁准在这里所说的和刘劭在《人物志·九征》篇所说的,意思大致相同。他们都是以人所得的天地之气的性质,说明人的性的不同。《书经·洪范》说:“木曰曲直”。就是说,木的本性就是有曲有直,能曲能直。袁准根据这句话就说,曲直是木之性。曲的木可以做车轮,直的木可以做椽子,这就是木之才能。人的性生来有贤有不肖,贤的人可以做大事("贤者为师"),不肖的人可以做小事("不肖者为资")。做大事或做小事,为师或为资,这是人的才。他说,性指天赋的本质,有什么样的本质,就能发挥什么样的作用。"性言其质,才名其用",袁准的这两句话,明确地说明了他所理解的才和性的分别。照他所说的,才性包括了天赋与后得的问题,也包括了才、德的问题。这一派的主张,似乎是"才性合"。照这个说法,性和才的关系,是本质和作用的关系。本质和作用是不同的,但是其间有密切的关系,这就是"才性合"。如果"才性合"是这样的意义,刘劭也是主张"才性合"的。

嵇康的《明胆论》说:"有吕子者,精义味道,研核是非,以为人有胆可无明,有明便有胆矣。嵇先生以为明胆殊用,不能相生。"(《嵇康集》卷六)这里所讨论的明和胆的关系的问题,就是刘劭《人物志》所讨论的英和雄的关系的问题。刘劭说:"是故聪明秀出谓之英,胆力过人谓之雄。"这里所说的吕子是吕安,是嵇康的一个好朋友。他认为,明可以生胆,只要有了明,自然就有胆。照这种说法,胆是从明生出来的,而不是一种从天赋本性生出来的。也就是说,这种才并不需要一种特殊天赋本质,以为其根据。这种说法,大概就是主张"才性离"的说法。嵇康认为,明和胆有不同的作用,应该各自从不同的天赋本质生出来,不能从明生出胆,也不能从胆生出明。嵇康说:"明胆异气,不能相生"。就是说,明和胆是两种不同的"气"生出来的,所以不能相生。嵇康的这种说法和刘劭、袁准的说法都是一致的。大概这就是"才性合"的说法。关于嵇康的《明胆论》,下面第三十九章还要讲。

从这些史料看起来,大概可以说:钟会所说的四本,可以分为两组。"才性同"、"才性异",是就才、德的关系这个问题说的,上面所引的卢毓和李丰的辩论,可以说明这一点。"才性合"、"才性离",是就人的才能是天赋还是后得这个问题说的,刘劭、袁准、吕安、嵇康所讨论的,主要是这一方面的问题。

第四节　从名实到名理

刘劭和钟会的著作,就其内容说,没有很大的哲学价值,就其思想方法说,表示一种思想上的过渡,从汉末“综核名实”到魏晋“辩名析理”的过渡。“综核名实”和“辩名析理”,其相同在一个“名”字上,其不同在于“实”和“理”上。

刘劭的《人物志》是一种分类学,人物分类学。钟会的《四本论》也是一种分类学,社会思想分类学。刘劭把人物分为三大类:英、雄、英而且雄。钟会把当时论才、性的思想,分为四类:才性同、才性异、才性合、才性离。

凡是分类学都要用三个概念。一个是类,就是它所要分的类;一个是名,就是它所要分的类的名字;一个是实,就是属于它所要分的类的具体的个体。从事分类学的人,不一定有这样明确的认识,但这是分类学的前提,离开了这个前提就没有分类学。从事分类学的人所分的类可能有错误,那是另一个问题。

分类学的工作,就是把某一类的名字,加在他所认为是属于这一类的个体的头上,就是扣帽子。帽子要扣得恰当,不能把张三的帽子给李四戴上。因为要恰当,必须要明确某一类之所以为某一类者,这就是这一类名字的定义。还要研究属于这一类的个体是否有合乎那个定义的性质。这就是某一类事物的规定性。用逻辑的话说,名就是一类的名,它的定义就是它的内涵,属于这一类的具体的个体就是它的外延。它的外延必须合乎它的内涵,所谓“综核名实”,就是要使一个名的外延合乎它的内涵。“实”就是一个类的名的外延。

司马迁说,“申子之学本于黄老而主刑名”,韩非“喜刑名法术之学,而其归本于黄老”(《史记·老子韩非列传》)。刑名就是形名,形就是具体的个体,形名的问题就是名实的问题。刑名法术之学是先秦学术界的一个名词,它把刑名法术联系在一起,这是有道理的。法是用某种形式把社会上政治上的某些事物明确地规定出来,也就是把某些事物的名的内涵,明确地规定出来。在战国时期,郑国的刑书,晋国的刑鼎,都是这一类的形式。术是用这些规定的形式约束属于这一类的人,这就叫“循名责实”。刑名法术本来出于一源。这并不是说有一个原始的祖师爷,后来分成许多派别。而是说刑名法术,归根到底是一个问题,即名实问题。刘向和刘歆整理先秦学术,把刑名归为名家,法术归为法家,这一源就不显了。

司马迁说:申不害和韩非都归本于黄老,这一点后人都认为是归本于黄老的清静无为,这固然不错;但还不止如此。

《老子》的第一章所讲的就是名实问题。它开头就说:“道,可道非常道。名,可名非常名。”结尾说:“二者异名同谓”(帛书本)。它所说的二者就是有、无。照它看起来,这是两个最大的名。这两个名虽然不同,但它们的意义是一样的。《老子》的这一句话,说明它对于名和名实的关系,有深刻的认识和理解。所谓名实关系,就是一般和特殊的关系。这是玄学所讨论的一个主要内容,本书下章有详细的说明。

刘劭是一个法律学家,他所作的《都官考课》是把政治上的官职的职权和所负的责任明确地规定出来,用于督责担任这些官职的人。这就是“循名责实”。《人物志》是把人物依其天赋的本质分为许多类,指出某一类的人宜于做某一类的事,这就是人物分类学。钟会的《四本论》也是一种分类学。

《三国志·魏书》的《钟会传》说:“会尝论易无互体,才性同异。及会死后,于会家得书二十篇,名曰《道论》,而实刑名家也,其文似会。”钟会也是讲《周易》的。他主张“易无互体”,可见他也是反对汉易的,同王弼一样。在他家里发现的那二十篇稿子,名曰《道论》而实刑名家。这就是“刑名法术之学”而“归本于黄老”这句话的一个例子。

总起来说,所谓“综核名实”,就是要求这个名所指的实合乎这个名的定义。用逻辑的话说,一个名的外延必须合乎这个名的内涵。这也就是所谓“循名责实”。

如果只对名的内涵进行分析,不管它的外延,那就是后来玄学家所说的“辩名析理”。刘劭和钟会的分类学,还不是“辩名析理”,但可以导致“辩名析理”。从这一方面说,刘劭和钟会虽然不是玄学家,但可以说是玄学家的前驱。他们的分类学虽然不是玄学,但可以说是玄学的先河。

第三十七章

通　论　玄　学

玄学这个名词，有现代的用法和历史上的用法。在20世纪20年代，中国学术界有一次大辩论，称为科学与玄学的"论战"，简称"科玄论战"。当时有一派人认为科学不能解决人生问题，自称为"玄学家"。拥护科学的人，称他们为"玄学鬼"，自称为"科学家"。其实，这些"玄学家"并不真正懂得中国哲学史中的玄学；这些"科学家"也不懂得科学的真正性质，他们基本上都是马赫主义者和不可知论者。无论如何，这次论战借用了一个古代的名词。这次借用使人认为玄学就是神秘主义和唯心主义，玄学这个名词就是神秘主义和唯心主义的别名。这是玄学这个名词的现代用法。

中国哲学史中的所谓玄学，是指一种时代思潮，其中也有唯物主义和唯心主义的斗争，这是中国哲学史发展的一个阶段，一个环节。哲学史发展中的任何阶段、任何环节都不是唯心主义所能单独占有的。这是玄学这个名词的历史上的用法。

本书在这里讲到这一点，并不是要判断哪个用法对，哪个用法错，因为名词是人所创造以供人使用的，就其本质说无所谓对错。本书就是要人们认识这两种用法的区别，使人们注意到本书第四册所讲到的，是指作为魏晋时代思潮的玄学，并不是上边所说的"科玄论战"中的所谓"玄学"。

第一节 玄学的主题

玄学中有三个主要的派别,实际上是两个主要派别,就是“贵无论”和“崇有论”。从字面上就可以看出来,它们的辩论的主题是关于“有”和“无”的问题。有和无究竟是什么意思,如果不弄清楚,它们的辩论就好似玩弄名词。其实它们所讨论的是共相与殊相、一般和特殊的关系的问题。这是一个古今中外哲学家所共同讨论的问题,是一个真正的哲学问题。

我们走出房门,看见一棵树,我们说:“这是一棵树。”这一句普通的话,代表着人类认识发展过程的一个阶段。人们的感性认识所能认识的只是一个“这”。人们感觉到的“这”多了,他们就发现这许多“这”有一些共同之点,他们就知道这些有共同之点的“这”,是一类的。他们就给这一类的东西一个名字叫“树”,这个“树”并不是许多“这”中的一个,而是树的共相。这样人们的认识就从感性认识上升到理论认识。这是一个飞跃。

感性认识的对象是这棵树,那棵树,这是树的殊相。各个殊相千差万别,有的高,有的低,有的大,有的小,有的黄,有的绿,这些就是殊相的特点。理性认识的对象,是树的共相。理性认识不管那千差万别,只管树那一类的东西的共同点,这就是树的规定性。理性认识把殊相的千差万别都不要了,只要树的规定性,这就是抽象。有些人很害怕抽象,其实如果没有抽象,连“这是一棵树”都不能说了。人们只能指着这棵树、那棵树说:“这,这,这。”具体的树的性质当然比抽象的树的性质多得多,具体当然比抽象丰富,因为具体包括有千差万别,但是人类的认识,不能停留在那样的具体上。

形式逻辑把人类认识的这个过程用简单的话说出来,用形式逻辑的话说，每一个东西都属于某一类，一类的东西都有一个名。每一个名都有两个方面。一方面是这一类东西的规定性，这就是这个名的内涵。另一方面是这个名所指的那一类具体的个体，这就是这个名的外延。内涵越多，外延就越小；外延越大，内涵就越少。比如树和植物这两个名，植物这个名的外延比树的外延大，因为它还包括草，但是它的内涵就少了，因为其中没有草的规定性。反过来说，树的内涵比植物多，但是它的外延就小了，因为它不包括草。

类有大有小，相对于植物说，树是小的，因为它被包括在植物之中。相对于树说，植物是大类，因为它包括树。大类之上还有大类。例如生物，它又包括了植物，照这样推上去，有一个最大的类，把一切的东西都包括在内。

这个"一切"，中国哲学叫"天地"或"万物"或"天地万物"。不过这些名都是集体名词。如果用一个类名，那就是"有"。为了区别于这一类名的"有"，中国哲学称天地万物为"群有"或"众有"。"有"是一个最大的类名，它的内涵就很难说了。因为天地万物除了它们都"存在"以外，就没有别的共同性质了。所以这个最高类，就只能称为"有"，这个最高类的规定性，就是"没有规定性"。所以"有"这个名的内涵也就是没有规定性。实际上没有，也不可能有没有任何规定性的东西。这就是说实际上没有、也不可能有不是任何东西的东西，这样也就是无了。直截了当地说，抽象的有就是无。

从逻辑上说，一个名的外延越大，它的内涵就越少，在理论上说"有"这个名的外延最大，可以说是"至大无外"，它的内涵就越少，少至等于零，既然它的内涵等于零，它的外延也就等于零，这也就是无，《老子》和玄学贵无派把"道"相当于"无"，所以强调"道"是"无名"。《老子》（帛书本）第一章最末一句："二者同出，异名同谓，玄之又玄，众妙之门。"两者就是有、无。有无是"异名同谓"，这真是有点玄之又玄。玄学的玄字，是由此而来。其实照上边所说的，这并没有什么玄，这是人们生活中的事情所应有的含义,不过人们没有加以分析。这就叫“百姓日用而不知”。

这是一个概括的说明。了解这个说明就可以知道道家和玄学家们并不是随便玩弄有、无这两个名词。不过,他们可能没有想得这么清楚,至少是没有说得这么清楚,他们只是用了“辩名析理”的方法,照这个方法,没有规定性就是无名。比如《老子》第一章开宗明义就说:“道,可道非常道。名,可名非常名。”指的就是这个情况。每一个名言,都代表一种规定性,所谓常道常名,没有规定性,所以就不可说不可名。就这一方面说,有就是无了。所以,第一章的末尾就说有、无是“异名同谓”。这些都是从逻辑和本体论方面讲的。如果从宇宙发生论方面讲,那就是《老子》所说的“天下万物生于有,有生于无”(第四十章)。照这个讲法,那就不能说有、无是“异名同谓”了。本体论是对于事物作逻辑的分析,它不讲发生的问题。《老子》没有把宇宙发生论的讲法和本体论的讲法区别清楚,往往混而不分,引起混乱。玄学也有这个缺点。

道家和玄学的贵无论都说“无”就是“道”,它们都强调道是无名。所谓无名就是没有规定性。这是本体论的讲法。如果说道能生天地万物,那就是宇宙发生论的讲法了。上面所说的那一套,就是本体论的讲法。玄学家们也没有讲得这样清楚,他们是围绕着这个问题进行辩论的。我们自己必须先弄清这个问题,才可以看出他们辩论的实质。

第二节　玄学的方法

玄学的方法是“辩名析理”,简称“名理”。名就是名词,理就是一个名词的内涵。一个名称代表一个概念,一个概念的对象就是一类事物的规定性,那个规定性就是理。上节所讲的那一套,用的就是“辩名析理”的方法。

“辩名析理”这四个字是郭象提出来的。郭象《庄子注》说：“昔吾未览《庄子》，尝闻论者争夫尺棰连环之意，而皆云庄生之言，遂以庄生为辩者之流。按此篇较评诸子，至于此章，则曰其道舛驳，其言不中，乃知道听涂说之伤实也。吾意亦谓无经国体致（别本作制），真所谓无用之谈也。然膏粱之子，均之戏豫，或倦于典言，而能辩名析理，以宣其气，以系其思。流于后世，使性不邪淫，不犹贤于博奕者乎！故存而不论，以贻好事也。”（《庄子·天下篇》注）

郭象的这一大段话，是郭象写在《天下篇》评论名家那一段之后的。名家的方法也是辩名析理。郭象在这一段话中，是不是批判辩名析理？实际上，是对于辩名析理的如实的评定。他首先指出，像名家的那些辩论，“无经国体致，真所谓无用之谈也”。就是说，那些辩论不能解决实际问题，所以是没有什么用处，同时又说能够辩名析理可以使性不邪淫，比打牌赌博总要好一点吧。这就是说，辩名析理不能解决实际上的问题，但是可以改善人的精神境界。现在有人说，哲学是一种理智的游戏，那也是把它与打牌赌博相比。我说哲学不能增加人对于实际事物的知识，但能提高人对于实际的理解，随着这种理解的提高，人的精神境界也提高了。郭象倒是先我而言之了。

“辩名析理”这个名称，是郭象提出来的，但是这个方法，不是郭象创始的。当时的士族中有一种辩论的风气，郭象是从这种风气中概括出来一个方法论，称之为“辩名析理”。简称为“名理”。关于这种风气，《世说新语》有许多生动的记载。下面引几条以为说明。

“客问乐令‘旨不至’者，乐亦不复剖析文句，直以麈尾柄确几曰：‘至不？’客曰：‘至！’乐因又举麈尾曰：‘若至者，那得去？’于是客乃悟服。乐辞约而旨达，皆此类。”（《世说新语·文学》）

乐广对于客所提出的问题，虽然没有做言语上的说明，但他的表示却是一篇很好的“辩名析理”的辩论。“辩名析理”是就一个名词分析它所表示的理,它所表示的理就是它的内涵。现在写逻辑的人常讲概念有内涵和外延,这是错误的。概念是指一类事物的规定性说的。照我看,只能说一个名词有内涵、有外延。名词的内涵即是概念,所以不能说概念还有什么内涵,也不能说概念有外延。名词的内涵是不变的,可变的是名词的外延,是这个名词所指的那一类的东西,这一点在我们的日常的言语中往往没有分别清楚。比如说,困难可以转化为容易,容易可以转化为困难。这是说一件容易的事,如果办不好,它就成为困难的事;一件困难的事,如果办得好,它就成为容易的事。这都是就容易、困难这两个名词的外延说的。如果就这两个名词的内涵说,容易就是容易,困难就是困难,永远不能互相转化。就"至"这个名词说,按它的内涵说,"至"就是至,不能转化为去,"去"就是去,不能转化为至。但就"至"的外延说,一个具体的至的东西又可以转化为去,乐广说的"至不"的至,是指共相的至,而他说"若至者哪得去"的至,是指具体的至,他的麈尾又至又去,这个具体的至,其内容实际是不至,乐广用他的麈尾表示这个道理。乐广这一系列的表示,是辩"至"之名,析"至"之理。所以他这一系列的表示是一篇典型的"辩名析理"的文章。

先秦的名家就是用"辩名析理"的方法进行辩论。他们以辩论见长,所以当时称为辩者。玄学家们喜欢辩论,所以也喜欢名家。《世说新语·文学》说:"谢安年少时,请阮光禄道《白马论》。为论以示谢,于时谢不即解阮语,重相咨尽。阮乃叹曰:'非但能言人不可得,正索解人亦不可得!'"可见,当时在士族中名家是一个热门,可是真正懂得名家的人也不多。上边所引郭象《庄子·天下》注也说,当时有许多人研究辩者,可是他们竟然把辩者和庄子混为一谈,可见他们不但不懂辩者,也不真懂庄子。

无论如何,魏晋的名士们,见面总是要辩论,辩论的方法总是"辩名析理"。他们所用的理是抽象的概念,不是事,不是实际的问题。所以他们的辩论称为"清淡"或"玄谈"。《世说新语·文学》有一条说:

“何晏为吏部尚书,有位望,时谈客盈坐,王弼未弱冠往见之。晏闻弼名,因条向者胜理语弼曰:‘此理仆以为极,可得复难不?’弼便作难,一坐人便以为屈,于是弼自为客主数番,皆一坐所不及。”

又一条说,“卫玠始度江,见王大将军。因夜坐,大将军命谢幼舆。玠见谢,甚说之,都不复顾王,遂达旦微言。王永夕不得豫。”(《世说新语·文学》)

又一条说,“裴散骑娶王太尉女。婚后三日,诸婿大会,当时名士,王、裴子弟悉集。郭子玄在座,挑与裴谈。子玄才甚丰赡,始数交未快。郭陈张甚盛,裴徐理前语,理致甚微,四座咨嗟称快。王亦以为奇,谓诸人曰:君辈勿为尔,将受困寡人女婿!”(同上)刘孝标注引邓粲《晋纪》说:“(裴)遐以辩论为业,善叙名理,辞气清畅,泠然若琴瑟,闻其言者,知与不知,无不叹服。”(同上)

从《世说新语》的这几条可以看出来,当时流行于士族之间的一种风气,称为“玄风”。那些名士们一见面、一碰头就辩论起来,所辩论的内容,就是分析概念,当时称为“析理”。何晏和王弼不过是初次见面,但是何晏一开始就提出了几条析理的见解,王弼也不客气,把那些见解都驳倒了。随后又直接立论,直接反驳(“自为客主”),反驳了许多次。卫玠在王敦那里,王敦把他介绍给谢鲲,卫谢两个人一见面就开始辩论,一直谈论到天明,王敦始终插不上嘴。在这些辩论之中,双方都处于平等的地位。何晏政治地位和学术地位在当时都是很高的,王弼不过是一个小青年,可是两个人辩论起来都毫不客气,各抒已见。王敦是大将军,对于卫玠的辩论插不上嘴,也毫不介意。裴遐和王衍那种情况就更突出了,王衍大会宾客,宴请他的新女婿。照一般情况,宴会完了应该是举行一些娱乐,可是在王衍的宴会后,接着就是一个辩论会。郭象先发言,裴遐与之讨论。会结束后,参加的客人都很满意,王衍更是高兴。

名士们一见面就谈,就辩论。他们所谈的内容就是“理”。《世说新语·文学》说:王导南渡后,只讲“声无哀乐,养生,言尽意三理”。他们讲究“剖析”。《世说新语》说:乐广给卫玠“剖析”关于梦的理。这就叫析理。《世说新语·文学》又说,王导有一天召集一些“名士”聚会,他同殷浩说:“身今日当与君共谈析理”。“既共清言,遂达三更”。王导说:“正始之音,正当尔耳。”对于理的分析和辩论,就叫“清言”或“清谈”,这种风气开始于正始,即何晏和王弼的时代。这就是所谓“正始之音”。

上面讲过,乐广为客讲“旨不至”,这也就是剖析“至”之理。不过他的剖析不是用言语,而是用一种姿态。

上边讲了许多名词,现在清理一下。一类事物的规定性,对于那一类事物的“名”说,它是那个名的内涵。对于人的认识说,它是一个概念。对于客观事件说,它是一个理。把一个理用言语说出来,这就是一个“义”。《世说新语》中常说到义,比如,对于《庄子》的“逍遥游”,有支遁义,有向郭义。这些名词所说的都是一回事,不过是在不同的场合下有不同的称呼。

在当时的情况下,郭象把名士们的辩论内容和方法总结为四个字“辩名析理”。

在表面上看起来,郭象很轻视辩名析理。他认为,名家的那些辩论“无经国体致,真所谓无用之谈也”。他又认为,辩名析理是一种与赌博下棋差不多的游戏。其实,郭象在这里所说的,倒确是玄学的本质。他所说的“膏粱之子”就是士族,他们本来没有什么实际的事情可做,辩名析理可以使他们的气力有所发泄(“以宣其气”),思想有所寄托(“以系其思”),可以使他们“性不邪淫”。这虽然也是一种“戏豫”,但和赌博下棋比较起来总还是好一点吧。

魏晋名士们的辩名析理的言论,如果都写下来,那都是很丰富的哲学史材料。可是除了少数人外,他们都不写,因为他们认为这些谈话是一种乐事或游戏,写文章是一种苦事。《世说新语·文学》“向秀注庄子”条下，刘孝标注引《向秀别传》说，向秀将注庄子，先把计划告诉嵇康和吕安，嵇、吕都说：“此书讵复须注？徒弃人作乐事耳！”这就是说，谈谈庄子是一种快乐，注庄子就得抛弃这种快乐。后来金圣叹很了解这个意思，他说“微言求乐，著书心苦”（《水浒传》序，原题施耐庵作）。魏晋的名士们，本来是把辩名析理作为一种“戏豫”，是作乐，要叫他们写文章，他们就不干了。

“性不邪淫”这四个字的内容，可以多也可以少，所说的那种精神境界可以高也可以低。郭象的《庄子序》说：“故其长波之所荡，高风之所扇，畅乎物宜，适乎民愿。弘其鄙，解其悬，洒落之功未加，而矜夸所以散。故观其书，超然自以为已当，经昆仑，涉太虚，而游惚恍之庭矣。虽复贪婪之人，进躁之士，暂而揽其余芳，味其溢流，仿佛其音影，犹足旷然有忘形自得之怀，况探其远情而玩永年者乎！遂绵邈清遐，去离尘埃，而返冥极者也。”他在这里所说的“贪婪”“进躁”就是“邪淫”；他所说的“弘其鄙，解其悬”，就是“性不邪淫”。说到“无用”，郭象认为《庄子》也是无用的。他在《庄子序》中说：“夫应而非会，则虽当无用。言非物事，则虽高不行。”意思就是说，如果一个言论不是针对着一个实际问题说的，不是为解决一个实际问题而说的，它虽然不错，也没有什么用处；如果是离开了实际事物讲的，虽然很高明，也不能成为现实。照这样说起，《庄子》也是无用之谈了。不过它对于提高人的精神境界却是很有用。照他在下文所说，所谓“玄冥之境”、“惚恍之庭”，就是他和玄学家们所说的最高精神境界。

郭象在《庄子序》中所说的“混芒”“玄冥之境”、“惚恍之庭”，就是郭象所谓的“冥极”。达到“玄冥之境”，游“惚恍之庭”，“返冥极”，贵无派玄学家称为“体无”。这是一种精神境界，可以称为浑沌。浑沌就是无分别，可是像体无这种浑沌，是经过分别而后得到的。贵无派的玄学家们说了许多关于“无”的话，这就是分别。体无这种浑沌是经过分别而后得到的，可以称为后得的浑沌，没有经过分别而自然有的浑沌，可以称为原始的浑沌。此二者虽然统称为浑沌,但有本质的不同。原始的浑沌和辩名析理是对立的,后来的浑沌是辩名析理的结果。

关于精神方面的东西,都有原始与后得的区别,中国的诗人乐草木之无知,羡儿童之天真。其实,草木并不知道它们是无知,更不知道无知之可乐,儿童也不知道他们是天真。草木的无知和儿童的天真是原始的,诗人所羡慕的这个无知和天真是后得的。"初生牛犊不畏虎",它不怕老虎,是不知老虎可怕。它不怕是由于它的无知,并不是由于它的勇敢。只有在它知道老虎的可怕,而又偏偏不怕的时候,才是勇敢。原始和后得的分别,就在于有自觉和没自觉。郭象在《庄子序》中说:"故观其书,超然自以为已当,经昆仑,涉太虚,而游惚怳之庭矣。""超然自以为"这五个字很重要,并不是别人以为而是自以为,这就是自觉。原始的浑沌是不自觉的,后得的浑沌是自觉的,这就是二者的主要区别。

《庄子·应帝王》末段所说的"浑沌死",是原始的浑沌死了,郭象应该就这个机会说明原始浑沌和后得浑沌的分别,可是他只轻描淡写地引用了老子的一句话:"为者败之。"这说明他没有在理论上弄清楚原始的浑沌和后得浑沌的区别。

《世说新语》说:"傅嘏善言虚胜,荀粲谈尚玄远。每至共语,有争而不相喻。裴冀州(裴徽)释二家之义,通彼我之怀,常使两情皆得,彼此俱畅。"《世说新语·文学》刘孝标注引《荀粲别传》的意思大概相同,但是说,傅嘏"善名理而粲尚玄远"。"虚胜"这个词在别处很少见。照字面看,虚胜和玄远也不是相对立的,有什么区别,也不清楚。我认为当照《荀粲别传》所载的,"傅嘏善名理,荀粲尚玄远"。

裴徽怎样把两个人的思想都讲通了呢?原来名理和玄远本来就是玄学的两个方面,名理是一种学问,玄远是一种境界,名理是方法,玄远是目的,这两者本来是相通的,所以经过裴徽的解释,他们两人就都觉得满意了。

《荀粲别传》说：这两个人，“宗致虽同，仓卒时或格而不相得意”（《世说新语·文学》刘孝标注引）。这几句话就是说，他们两个的意思，归根到底，是相同的，但是在谈论之间，各有偏重，所以就不能互相了解。经过裴徽的解释，他们就互相了解了。

《世说新语》常说某人“善名理”，某人“尚玄远”，因此有人说名理和玄远是玄学中的两派，这种说法是不对的。上边所引《世说新语》的那一条，可以说明这一点。

第三节　玄学中的派别和发展阶段

玄学中是有派别的，玄学家们对于有无的了解有所不同，因此就分为三派，都是围绕有无问题立论的。一派是王弼、何晏的“贵无论”，一派是裴頠的“崇有论”，一派是郭象的“无无论”。现在需要说明的是，从哲学的观点看，这些不同应该怎样理解。

上边讲过，“群有”、“有”、“无”是玄学中的三个主要概念。从人类的认识过程说，认识是从“群有”抽象出来“有”，或者说是概括出来。又从“有”分析出来“无”，这是人类认识发展的一个过程。这个过程的详细经过上边已经讲了。从认识论方面说，“无”是这个过程最后得到的一个概念。它是从“辩名析理”得来的。到了这个概念，“辩名析理”的方法就用尽了。“辩名析理”的方法就是本体论的方法。从本体论的方法看，这个认识发展的过程是很容易了解的，也没有什么不合理之处。

可是有些人，把这个过程了解为宇宙形成的过程，把用本体论方法所得的最后的概念，了解为宇宙形成的最初的实体，把认识的过程弄颠倒了。这种颠倒，在《老了》中就已经有了。它说：“天下万物生于有，有生于无。”（第四十章）王弼也说：“凡有皆始于无。”（《老子注》）从认识的过程说,本来是天地万物──→有──→无;把它颠倒了,就成为无──→有──→天地万物。经过这样一颠倒,这个无就成为一种实体,称之为"道"。《老子》本来说道是"象帝之先",经过这么一颠倒,就不仅"象帝之先",而且就是"帝之先"了,成为造物主了。对于"无"持这种理解的玄学家,就是贵无派。

反对贵无派的崇有派,反对这种理解,把贵无派的这种颠倒又颠倒过来,这就是裴頠崇有论的主要之点。

不承认"道"或"无"是一种实体,天地万物都是自然生出,不需要有一个造物者,这就是郭象所说的:"造物者无主,而物各自造。"(《庄子·齐物论》"恶识所以然,恶识所以不然"注)这就是无无派的主要论点。无无派和崇有派在反对"无"是一种实体这一点上,是一致的,他们所说的"有",都是"群有"。所以从哲学意义上说,无无派就是崇有派。因此"贵无"和"崇有"的不同,也就是唯物主义与唯心主义的根本不同之点。

刘孝标说,袁宏的《名士传》把魏晋时期的名士分为"正始名士"、"竹林名士"、"中朝名士"(《世说新语·文学》注),这实际上就是把玄学的发展分为三个阶段。按这些名士的思想内容说,"正始"和"竹林"应该是一个阶段,即贵无论阶段。"竹林名士"的主要代表人物阮籍和嵇康主张"越名教而任自然",实际上是对正始玄风的一种补充。正始玄风的代表人物何晏、王弼是在自然观方面讲贵无;阮籍、嵇康是在社会思想方面讲贵无。这种贵无表现在对于名教的批判,所以他们是互相补充的。竹林七贤的时代也是紧接着正始的,其中有些人也都是正始时代的人,所以袁宏所说的这两个阶段实际上是一个阶段。袁宏把竹林七贤从正始玄风中划分出来,这种做法不能反映玄学发展的实际情况。

袁宏所说的"中朝",是指西晋中期,在这个时期出现了裴頠的崇有论和郭象的无无论。裴頠的崇有论,否定了贵无论的自然观,认为

“无不能生有”;也否定了贵无论的社会政治理论,认为名教不可越。郭象的无无论否定了贵无论的自然观,但不否认贵无论所讲的玄远精神境界,认为自然与名教不是对立的,而是统一的,认为任自然不必越名教。他也讲所谓“玄冥之境”、“惚怳之庭”,并且认为有了这种精神境界的人,才最宜于做社会的统治者,这即是他所说的“内圣外王之道”。他的三个主要论点是“造物无物”、“物之自造”、“内圣外王”。他把这三个论点都在《庄子序》中明确扼要地讲了出来。

照这样看起来,魏晋玄学的发展,主要有三个阶段:第一阶段是贵无论,第二阶段是裴頠的崇有论,第三阶段是郭象的无无论。就玄学说,贵无论是肯定,裴頠的崇有论是否定,郭象的无无论是否定之否定。郭象的《庄子注》是魏晋玄学发展的高峰。

郭象以后,出现了《列子》和张湛的《列子注》。《列子》是一部拼凑的书,《列子注》也没有提出什么新的论点,这不能算是玄学发展的一个阶段,只能算是一个尾声。

玄学发展的这三个阶段中,王弼、何晏的贵无论是肯定,裴頠的崇有论是否定,郭象的无无论是否定之否定,它否定了裴頠对于“玄远”和“越名教”的否定。

第四节　玄学与抽象思维

本册的绪论讲了玄学的阶级根源。上边所讲的是玄学的认识论的根源。关于有、无的问题,在人类认识发展的过程中,是这样发展起来的。玄学家们不会讲得这样清楚,我也不是说他们就讲得这样清楚。但我们研究哲学史的人必须讲清楚,说清楚,才可以懂得玄学家们的思路的来龙去脉,才可以懂得他们所讨论的是个什么问题,才可以看出来他们的思想在哪一点上是正确的,在哪一点上是错误的,才可以区分玄学中的唯物主义和唯心主义。魏晋之际的一些社会情况,也给玄学起了启发和促进的作用。

上边讲过,"辩名析理"是玄学的方法。一种思想的方法和它的内容是分不开的,它的方法同时也是它的思想内容的一部分。玄学注重"辩名",因为关于"名"的问题是从汉末以来人们所关心的问题。这不是一个脱离实际的学术问题,它实际上是一个社会问题。

从东汉末年以来,就有所谓"名教"的问题,这个问题的主要内容,就是董仲舒所讲的"三纲":君为臣纲、父为子纲、夫为妻纲。其所以称为名教,因为"三纲"只管名不管实。例如:君为臣纲,这里所谓君,有名义上的君,有实际上的君。君为臣纲,要求为臣的人要无限忠于他的名义上的君,不管某一个实际为君的人怎样不合为君之道。实际上不合为君之道的君,就是所谓"无道昏君"。无道昏君不合为君之道,实际上已经不是君了。可是照"名教"的说法,这不是一个为人臣的人所应该讨论的问题,不管他的名义上的君是有道或是无道,是昏或是明,作为他的臣的人,都应该绝对服从,无限尽忠。这种"教"只管名不管实,所以称为"名教"。这里最突出的是一个名、实的问题,在封建社会中人们还不能提出从根本上废除名教的要求,但是关于名、实的问题,还觉得可以提出讨论。

还有从汉朝以来实行的征辟制度所引起的名、实不符的情况,也使人们注意所谓名、实问题,人们普遍的要求综核名、实,成为一种社会风气。玄学的"辩名析理"就是这种风气在哲学上的反映。这种风气开始于"辩名","析理"是"辩名"的进一步深入。

汉魏之际的"综核名实"的风气,对于玄学起了启发和促进的作用。但玄学把那个风气的方向改变了。这个风气本来是要用"综核名实"的方法纠正当时社会的实际情况,玄学却用"辩名析理"的方法,脱离实际,成为"清谈"。这是玄学的阶级根源所决定的。

如郭象所说的,"辩名析理"是魏晋时期士族的一种精神游戏,这是不错的。但他认为这种游戏的用处只是使人“性不邪淫”，这是不全面的。这种游戏的最大的用处，是训练和提高人的抽象思维的能力。

汉朝的人是伟大的，但是他们的抽象思维的能力是比较低的，汉朝哲学家们的根本观念都还是具体思维的。例如，董仲舒所说的“天”好像是一个活灵活现的玉皇大帝，坐在凌霄宝殿上发号施令，赏善罚恶。王充批判董仲舒所说的“天”的时候，也是用具体思维的话。刘歆、扬雄所说的气，是一种有形有象的东西，是可以感觉的，只要人们有足够灵敏的感觉和工具。王充、张衡所说的气也是如此。至于董仲舒所说的气，那就更是如此了。这些观念都是图画式的，都是属于具体思维的。

玄学的辨名析理完全是抽象思维，从这一方面说，魏晋玄学是对两汉哲学的一种革命。研究中国哲学史的人，从两汉到魏晋，觉得耳目一新，这是因为玄学的精神面貌和两汉哲学比较起来，完全是新的。人们对于魏晋玄学也觉得不易了解，不知道它说的是什么，这是因为习惯于具体思维的缘故，在中国哲学史中，魏晋玄学是中华民族抽象思维的空前的发展。

恩格斯说：“理论的思维仅仅是一种天赋的能力。这种能力必须加以发展和锻炼，而为了这种锻炼，除了学习以往的哲学，直到现在还没有别的手段。”（恩格斯《自然辩证法》，23 页）

恩格斯所说的理论思维同我所说的抽象思维，意义不完全相同。其相同之处是它们不同于“经验的方法”。但我也认为抽象思维是一种天赋的能力，这种能力的发展和锻炼除了学习以往的哲学，直到现在还没有别的手段。在中国哲学史中，玄学是这种能力的发展的一个高峰。学习中国哲学史的这一段，对于发展抽象思维的能力，是很有帮助的。

第三十八章

王弼、何晏的贵无论——玄学的建立及其发展的第一阶段

第一节　王弼、何晏的生平与著作

王弼、何晏是魏晋时期新经学和新哲学的主要创始人。在曹爽和司马懿争夺政权的时候，何晏是曹爽这一边的一个当权派。魏正始十年(249 年)曹爽失败，何晏为司马懿所杀。在政治上王弼是同何晏在一起的。因为他的政治上的位置不很高，后来被免职，在同年也病死了，仅活了二十四岁。他们都是所谓"正始(魏齐王芳年号，240 年—249 年)玄风"的主要人物。

何晏的著作有《论语集解》。《世说新语·文学》篇有两条关于何晏注《老子》的故事。一条说，何晏注《老子》已完成，见王弼的《老子注》，自以为不及，乃以所注改为"道德二论"。另一条说何晏本来也要作《老子注》，还没有完成。一次，听王弼谈他自己的《老子注》的大意。何晏觉得王弼的见解比他自己高明，所以就放弃了自己原来的计划，只作了一篇《道德论》。我认为何晏的关于《老子》的著作，应是"道德二论"即《道论》和《德论》。《世说新语》所说的《道德论》当即《道论》、《德论》的统称。《列子·天瑞》篇张湛注所引的《道论》，就是《世说新语》所说的《道论》。《列子·仲尼》篇所引的《无名论》，可能就是《世

说新语》所说的《德论》。

王弼的著作有《周易注》、《周易略例》、《周易大演论》(已佚)、《老子注》、《老子指略》、《论语释疑》(已佚)。《老子注》和《周易注》是随文注解的。《老子指略》和《周易略例》是王弼所认为的《老子》和《周易》的主要思想的通论。《魏氏春秋》说:“初,夏侯玄、何晏等名盛于时,司马景王亦预焉。晏尝曰:‘唯深也,故能通天下之志,夏侯太初是也。唯几也,故能成天下之务,司马子元是也。唯神也,不疾而速,不行而至。吾闻其语,未见其人。’盖欲以神况诸己也。”(《三国志·魏书》卷九《曹爽传》注引)夏侯太初是夏侯玄,司马子元是司马师,也就是司马景王,司马懿的儿子。司马懿死后,司马师做了他的继承人,从而是魏朝的实际统治者。他在政治上是何晏、王弼的敌人,但也参加了何晏和王弼的“玄谈”。何劭《王弼传》说:“弼之卒也,晋景王闻之,嗟叹者累日。”(《三国志·魏书》卷二八《钟会传》注引)何晏的这几句评论,是根据《周易·系辞》的几句话。《系辞》说:“夫易,圣人之所以极深而研几也。唯深也,故能通天下之志。唯几也,故能成天下之务。唯神也,故不疾而速,不行而至。”何晏认为系辞的这三句话,可以用来形容三种人物。他所说的“唯深也”那一种人物,就是刘劭《人物志》所说的“玄虑之人”。他所说的“唯几也”那种人物,就是刘劭《人物志》所说的“明白之士”。他所说的“唯神也”那种人物,就是刘劭《人物志》所说的“能兼二美”的圣人。再用刘劭的话说,何晏认为夏侯玄是英而不雄,司马师是雄而不英,而他自己是又英又雄的最大人物。何晏这些话也可以说明,何晏对于《周易》也是很有研究的。《管辂别传》说何晏与管辂谈《周易》中的九个问题(“九事”,见《三国志·魏书》卷二九《管辂传》注引),《魏氏春秋》说“晏少有异才,善谈《易》、《老》”(《世说新语·文学》刘孝标注引),这是有根据的。

由此可见,何晏和王弼所研究的经典,都是《论语》、《周易》和《老子》。他们研究这些经典,都是借以发挥他们自己的哲学思想,建立他们自己的哲学体系,同时也就是给这些经典以新的内容。

他们的工作也好像是互相配合的。何晏已经有了《论语集解》,王弼对于《论语》的解释就不是"注"而是"释疑",就是说,有可疑的问题,才再作进一步的解释。何晏认为王弼对于《老子》的见解比他高明,他就放弃了自己的"注"。他对于《周易》很有研究,但是他没有作《周易注》。这可能也是因为王弼已经作了《周易注》,所以他就不必再作了。这是我的猜想。

何晏《论语集解》是一部官书,是当时的四个"大臣"和何晏一起作的。可见当时的统治者是有意识地要改造汉朝的经学,以适应农民大起义后的新形势。

何晏的《论语集解》和王弼的《周易注》是魏晋时期的"新经学"的主要著作。唐朝把这两部著作定为《论语》和《周易》的官方标准注解。在形式上,"新经学"是废除了汉朝"经学"的文字上的烦琐考证,在内容上,是废除谶纬的荒唐迷信,把孔丘的经典《老子》化。在这两个方面,王弼的《周易注》可以算是"新经学"的典型作品。"新经学"的哲学内容,就是玄学。

第二节 何晏的《道论》

"玄"这个字,出于《老子》:"玄之又玄,众妙之门。"(第一章)从战国时代起老子与黄帝并称,即所谓"黄老之言"。在汉朝初年"黄老之言"很盛行。在东汉,王充也用"黄老之言"批判董仲舒。东汉末年农民大起义也是以"黄老道"为组织形式和思想斗争的工具。当时的农民政权,如张鲁在汉中号召群众读《老子》,宣传《老子》为其文化纲领的一部分。《老子》的影响越来越大。王弼、何晏都注《老子》,讲《老子》,把《老子》作为与《周易》、《论语》并重的经典。

《三国志》说："何晏好老庄言。"（《三国志·魏书》卷九《曹爽传》）《晋书·王衍传》说："何晏、王弼等祖述老庄，立论以为，'天地万物皆以无为（依下句，第二个为字当是衍文）为本。无也者，开物成务，无往不成者也。阴阳恃以化生，万物恃以成形，贤者恃以成德，不肖恃以免身。故无之为用，无爵而贵矣。'"

照这里所说的，何晏、王弼也祖述老庄，这是不确切的。他们二人并不讲《庄子》，嵇康、阮籍才开始讲《庄子》。向秀、郭象更扩大了《庄子》的影响。从此以后人们才把《庄子》和《老子》并称为"老庄"。在此以前，人们只说"黄老"，不说"老庄"。从"黄老"到"老庄"，这是当时思想界的一个不小的变化。

《三国志》和《晋书》把何晏、王弼同"老庄"拉在一起，这是不确切的。但《晋书·王衍传》所说的何晏、王弼那几句话，却是很确切扼要。最后那一句明确地提出"贵无"，尤可见这几句话是"贵无"论的要点。王弼、何晏可能有一些文章，题目就是《贵无论》。在上边的引文下，《王衍传》紧接着说："衍甚重之，惟裴頠以为非，著论以讥之。"裴頠所著的论，题目是《崇有论》。这个题目是针对着《贵无论》说的。

何晏的《道论》说："有之为有，恃无以生。事而为事，由无以成。夫道之而无语，名之而无名，视之而无形，听之而无声，则道之全焉。故能昭音响而出气物，色形神而章光影。玄以之黑，素以之白，矩以之方，规以之圆，圆方得形，而此无形，白黑得名，而此无名也。"（《列子·天瑞》篇，张湛注引）

何晏的这段话的头十六个字就是对"无也者，开物成务，无往不存者也"那句话的注解。"有之为有，恃无以生"就是"开物"。"事而为事，由无以成"就是"成务"。下边的话虽然相当长，但意思却很简单。意思就是说"无"什么都不是，正因为它什么都不是，所以它才能什么都是。

这个道理，王弼说的更清楚。王弼说："夫物之所以生，功之所以成,必生乎无形,由乎无名。无形无名者,万物之宗也。不温不凉,不宫不商,听之不可得而闻,视之不可得而彰,体之不可得而知,味之不可得而尝。……故能为品物之宗主,苞通天地,靡使不经也。若温也则不能凉矣,宫也则不能商矣。形必有所分,声必有所属。故象而形者,非大象也。音而声者,非大音也。然则四象不形,则大象无以畅。五音不声,则大音无以至。四象形而物无所主焉,则大象畅矣;五音声而心无所适焉,则大音至矣。"(《老子指略》)

王弼又进一步说明,他所谓道必须是无形无名的。他说:"夫不能辩名,则不可与言理;不能定名,则不可与论实也。凡名生于形,未有形生于名者也。故有此名必有此形,有此形必有其分。仁不得谓之圣,智不得谓之仁,则各有其实矣。"(同上)这个实就是个体。王弼所说的"万物",包括一切的"实"。王弼认为有万物就必须有一个"万物之宗"。这个万物之宗,既然是万物之宗,它就不能是万物中之一物。如果它仅是万物中之一物,它就不能是万物之宗。"万物之宗"的定义就把它从万物中排斥出去了。它必须是无形,因为"形必有所分",就是说,形意味着一种范围,有某种形的东西,这种形就把它限制在这种形的范围之内。有了某种一定的形,它就不能有别的形了,这就是对它的限制。有了某一种的形,它就有一定的名,名是因形而起的。所谓"万物之宗",既然是无形,它当然也是无名。

王弼说:"名必有所分,称必有所由,有分则有不兼,有由则有不尽,不兼则大殊其真,不尽则不可以名,此可演而明也。"(同上)意思就是说,形是一种限制,名是由形而起,所以名也是一种限制。受了限制,它是这就不能是那,这就是"不兼"。给事物一个名称,必定有所根据。这个根据,只能说到一个方面,不能包括一切方面,必有不尽之处。所以说:"有分则有不兼,有由则有不尽"。王弼说:"此可演而明也。"就是说这个道理,是可用一种演绎推论的方法来说明的,他的演绎推论就是上面所讲的。王弼所用的,就是"辩名析理"的名理方法。

《老子》说："大音希声，大象无形。"（第四十一章）可是这个无形、无象，就是"大象"。譬如一个声音，如果它是这种声音，它就不能是那种声音，所以"大音"必须是"希声"，就是说没有声音。正因为如此，所以它才有可能是这种声音，也可以是那种声音。

王弼又认为，如果"万物之宗"仅仅是无形无名，还不足以表示其为"万物之宗"。"万物之宗"之所以为"万物之宗"，正是因为有万物。如果根本上没有万物，万物之宗就不成其为"万物之宗"了。反过来当然也可以说，正是有万物的存在，所以推演出来"万物之宗"，如果根本没有万物，那也无从推演出来"万物之宗"。所以"万物之宗"必须表现为万物。王弼认为，"万物之宗"的"大象"必须通过有形、有象的东西，才能显现出来。大音的声音，必须通过某种声音，才能表现出来。但是"大象"虽然必须通过某种象才能表现出来，但它自己不把它自己限于某种象，所以它还是"大象"。"大音"虽然必须通过某种声音才能把它自己表现出来。但是它却不把它自己限制于某种声音，所以它还是"大音"。一个人所接触的，实际上总是有形的东西。但是他若是能够在接触有形的东西的时候，不专注意于某种形，他就是在有形的东西中看见无形的"大象"了。好比一个听音乐的人，虽然他所听的总是某种声音，但是他若能够不专于某种声音，那就是超过某种声音的限制而听见"大音"了。

王弼所讲的"大象"、"大音"，显然就是象的一般和音的一般。"大象"和特殊形的关系，"大音"和特殊声的关系，显然就是一般和个别的关系，共相和殊相的关系。"大象"可以成为众形之宗，"大音"可以成为众声之宗。道是万物之宗，可以称为"大有"。可是，"大有"和"大象"、"大音"有所不同，因为"大象"、"大音"有规定性，而"大有"不可能有规定性。套用《老子》的话说，就是"大有"无有。从众有（万物）到"大有"，从"大有"到无有，这个认识过程在本书第三十七章中已经讲了。贵无派的玄学家虽然没有讲得那样清楚，但能够知道"大有"就是无,这就很不容易了。他们的错误,在于把这个认识过程弄颠倒了,把认识上的一个最后的观点当成宇宙发生的最高实体,这是由于他们没有划清本体论与宇宙形成论的界限。这在本书第三十七章中也讲过了。《老子》在这一点上也没有分别清楚。所以它一方面说,有无“异名同谓”(第一章,据帛书本);一方面又说“天下万物生于有,有生于无”。(第四十章)

第三节 王弼、何晏关于“无名”的辩论

在这里,有一个很微妙的问题。既然说道是无名,这个无名岂不就是它的名吗?说它是无名,就是把它变成有名了。为了解答这个问题,何晏作了一篇《无名论》,说:“谓无名为道,无誉为大,则夫无名者可以言有名矣,无誉者可以言有誉矣。然与夫可誉可名者,岂同用哉?”(《列子·仲尼》篇,张湛注引)意思就是说,在表面上看,说到无名无誉就是说它是有名有誉。但是,这个无名无誉和原来的无名无誉作用不同。怎么样不同,何晏回答说:“此比于无所有,故皆有所有矣。而于有所有之中,当与无所有相从,而与夫有所有者不同。”(同上)何晏在这里创造了两个新名词“有所有”和“无所有”。“有所有”指个体事物所有的那些性质;“无所有”指个别事物所没有的那些性质,何晏用这两个名词表明个别和一般的区别。说“道”是无名,似乎是说“道”也是有所有,但是,这个有所有和个体事物的有所有不是一类的东西。这个有所有和无所有是一类的。照何晏说,凡是同类的东西,无论相隔得多么远,还是互相呼应的。不同的东西无论相隔得多么近,还是互相排斥的。他举例说,阴中有阳,阳中有阴,阴阳各自寻找它们的同类。譬如,夏天是阳,但是夏天的一早一晚还是和冬天的阴相呼应;冬天是阴,但冬天的正午还是和夏天的阳相呼应。他说:“夫道者,惟无所有者也。

自天地以来，皆有所有矣，然犹谓之道者，以其能复用无所有也。故虽处有名之域，而没（当作不没）其无名之象，由以在阳之远体，而忘（当作不忘）其自有阴之远类也。”（同上）意思就是说，从有天地以来，所有的万物都是“有所有”，但还说万物和道有关系，就是因为“无所有”还在发挥作用。他说：“夫惟无名，故可得遍以天下之名名之。然岂其名也哉？唯此足喻而终莫悟，是观泰山崇崛，而谓元气不浩芒者也。”（同上）意思就是说，道本来是无名，因为它无名，所以可用遍天下之名名之。虽然可以用遍天下之名名之，但那些名都不是它的名。

何晏的这个意思，王弼也有。《老子》第一章“玄之又玄”，王弼注说：“玄者，冥也，默然无有也。始，母之所出也，不可得而名，故不可言同名曰玄。而言同谓之玄者，取于不可得而谓之然也。不可得而谓之然，则不可以定乎一玄而已。若定乎一玄，则是名，失之远矣。故曰玄之又玄也。”（这段注的原文，抄写颠倒错误，几不可读。兹参考陶鸿庆校改写。）

王弼的意思是说，《老子》不说同名曰玄，而说同谓之玄，这是有讲究的。他把“此两者”解释为“始”和“母”，“始”和“母”，“有”和“无”，意思是一样的。玄的意思是“默然无有”。既然“默然无有”，所以不可得而名。既然不可得而名，那就是无名。可是说它是无名，那它就是有名了。为了避免这个矛盾，所以《老子》不说“同名曰玄”而说“同谓之玄”。这是表示不得已谓之。照王弼的说法，有两层的玄，一玄，二玄。原来的“默然无有”是一玄，这是本来的无名。说它是无名而又知道无名不是它的名，这是二玄。一玄加二玄就是“玄之又玄”。如果认为无名就是本来无名的名，那就是“定乎一玄，失之远矣”。

用何晏的名词说，一玄是“无所有”，二玄是经过“有所有”而又知道它是“无所有”。王弼和何晏都没有见过帛书本《老子》。如果他们见过帛书本，他们就知道《老子》本来就是说“异名同谓”。对于这四个字的了解可以深，也可以浅。浅的了解就是一玄，深的了解就是二玄。

帛书本也说“玄之又玄”。如果照王弼的解释,那就非做深的了解不可了。

照上边所讲的,王弼、何晏也认为,“有”不能离开“无”,“无”也不能离开“有”。王弼在讲“大音”、“大象”的时候也承认“大音”固然不是宫商角徵羽中的任何一种声,但如果没有任何一种声,“大音”也就没有了。“大象”固然不是长短方圆中的任何一种形,但如果没有任何一种形,“大象”也就没有了。何晏也说阴中有阳,阳中有阴。如果玄学顺着这个方向发展下去,那就可以得到“一般寓于特殊之中”的结论。这是关于一般和特殊关系问题的正确解决。

可是玄学没有顺着这个方向发展。在玄学中本体论的方法和宇宙形成论的方法混乱了,玄学家们也讲“有生于无”的问题,纠缠在一个“生”字上。张湛所编辑的《列子》和他的《列子注》就是一个明显的例子。

本体论和宇宙形成论所用的方法不同,所要解决的问题也不同。本体论的方法是对于宇宙事物做逻辑的分析,看他们是怎样构成的。宇宙形成论的方法是对于宇宙事物做具体的观察,看它们是怎样发生的,本体论不讲宇宙事物是怎样发生的,宇宙形成论把主要问题纠缠在一个“生”字上,这就纠缠不清了。

第四节 王弼关于一般和特殊的关系的几种说法

因为纠缠不清,王弼对于一般和特殊的关系有几种不同的说法。

王弼有的时候说,这是一种母、子关系。他说:“凡有皆始于无,故未形无名之时,则为万物之始。及其有形有名之时,则长之,亭之,毒之,为其母也。”(《老子》第一章注)就是说,在还没有万物的时候,万物开始于道。万物已经有了以后，道还经常保护、养育它们，如同一个母亲，在她的子女生出后，她还是经常关心她的子女。

王弼又用本、末的关系说明道和万物、无和有的关系。他说："母，本也；子，末也。"（《老子》第五十二章注）这两种说法是不一致的。母和子的关系，与本和末的关系，还不一样。母和子虽然息息相关，但在子生出以后，母、子毕竟是两个身体。一棵树的根是本，它的枝叶是末。根和枝叶虽然是有所不同，但毕竟是一棵树的两个部分。

王弼还用"体"和"用"的关系，说明道和万物、无和有的关系。他说："夫大之极也，其唯道乎？自此已往，岂足尊哉？故虽德盛业大，富（而）有万物，犹各得其德。……（德）虽贵，以无为用，不能舍无以为体也。……以无为用，德（得）其母，故能已不劳焉而物无不理。下此已往，则失用之母。"（《老子》第三十八章注）"体"、"用"是中国哲学史中的一对范畴。王弼可以说是首先讲到这对范畴的。照以后中国哲学史中所讲的，"体"是事物的本质，"用"是这个本质所发生的作用。比如说，一个电灯泡，有它一定的结构，这就是它的"体"。它有这种结构，它就能发光，这就是它的用。王弼在这里说"不能舍无以为体"，那就是说，道是体，万物是道的体所发生的作用。这就是说，无是体，有是用。照王弼的唯心主义的体系看，他本来应该是这样说的。照字面上看，他说："以无为用。"又说："言无者，有之所以为利，皆赖无以为用也。"（《老子》第十一章注）"有"和"无"究竟哪个是体，哪个是用，有点分别不清。但是他说："以无为用，得其母"，"失用之母"。他认为"无"是"用"之母。这样说，就是认为"无"是体，"有"是用。

严格地说，体和用的关系，同母和子、本和末的关系又有不同。母和子还是两个身体。一棵树的根和它的枝叶，毕竟还是两部分。"体"和"用"不是一个东西的两部分，而是一个东西的两个方面。有什么样的体，就必然要发生什么样的作用；有什么样的作用，就说明必然有什么样的体。

王弼、何晏这里所讨论的,牵涉到哲学中的一个中心问题,物质和精神,究竟哪个是第一性的,哪个是第二性的。中国哲学史中的"体"和"用"这一对范畴,就是用以说明第一性和第二性的问题。说哪个是体,哪个是用,就是说,哪个是第一性的,哪个是第二性的。辩证唯物主义所阐明的物质与精神的关系,用中国哲学史中的话讲,就是,物质是体,精神是用。本和末也是中国哲学史的一对范畴,是说明"派生"的关系,说哪一个东西是本,哪一个东西是末,就是说,后者是从前者派生出来的。王弼所说的母和子的比喻,也是说明"派生"的关系。

第五节　王弼关于"一"和"多"的理论

关于一般和特殊的问题,王弼在《周易略例》中讲得比较清楚。王弼认为,《周易》的六十四卦,每一卦都代表一类事物,每一类事物都有这一类事物的规定性。《周易》的每一卦都有一个彖辞。王弼说:"夫彖者,何也?统论一卦之体,明其所由之主者也。""一卦之体"就是那一卦所代表的那一类事物。"其所由之主"就是那一类事物的规定性。例如,方的东西是一类,这一类东西的规定性就是"方"。这个"方"并不是方的东西中的某一个方的东西,而是所有方的东西所由来的"主"。这个"方"是个抽象的方,是方的一般,那些具体的方都是这个"方"的具体的例子,用《周易》的话说都是它的"象"。

王弼接着说:"夫众不能治众,治众者,至寡者也。夫动不能制动,制天下之动者,贞夫一者也。故众之所以得咸存者,主必致一也。动之所以得咸运者,原必无二也。"(《周易略例·明象》)就是说一般是一,特殊是多,一般是不变动的,特殊是变动的,一能统多,静能制动。在西方哲学史中,这个一和多、变和不变、动或静的问题,是从古希腊以来就讨论的问题。在中国哲学史中,王弼把它明确起来。

王弼下面接着说："物无妄然，必由其理，统之有宗，会之有元，故繁而不乱，众而不惑。"就是说，某一类东西之所以为某一类的东西，并不是出于偶然，也不是由于人们的随意安排，而是由于客观的理，这个理就是一般。如方的一般，就是方之所以为方之理。这个理就是几何学所讲的方的定义，这个定义就是方的一类东西的标准。人们根据这个标准制造出方的东西，也根据这个标准批评已有的方的东西，说这个方的东西很方，那个方的东西不很方，或者很不方。这就叫"统之有宗，会之有元"。有了这个标准，所以能在众多的方的东西之中"繁而不乱，众而不惑"。

王弼总括说："故自统而寻之，物虽众，则知可以执一御也。由本以观之，义虽博，则知可以一名举也。故处璇玑以观大运，则天地之动未足怪也。据会要以观方来，则六合辐辏未足多也。故举卦之名，义有主矣。观其彖辞，则思过半矣。"就是说，如果懂得了一般就可以了解特殊，控制特殊。好比天文虽然复杂，但是有了天文学的仪器，也是可以观测的。社会上的现象，虽然混乱，但是如果抓住几个关键，也是可以控制的。《周易》中每一卦的彖辞，讲的就是这种关键性的东西，对于人可以有望远镜和显微镜的作用。《周易》的彖辞未必有这么大的作用，但是王弼在这里所说的关于一般和特殊的理论是相当简明扼要的，特别是"物无妄然，必有其理"，把一般说成是理，这在中国哲学史中是很有影响的。

《周易》六十四卦的首两卦是乾坤。王弼认为，乾所代表的是天这一类的东西，其规定性是"健"。坤所代表的是地这一类的东西，其规定性是"顺"。《周易》乾坤二卦的彖辞中，没有这样明确地说，王弼的注明确地这样说了。他认为，"健"、"顺"这两个一般是乾坤两卦所代表的东西的所由之主。天是健的，但是健的不一定是天，也可以是马或别的东西。地是顺的，但是顺的不一定是地，也可以是牛或别的东西。王弼说："是故触类可为其象，合义可为其征。义苟在健，何必马乎？

类苟在顺,何必牛乎?爻苟合顺,何必坤乃为牛?义苟应健,何必乾乃为马?”(《周易略例·明象》)这样一讲就把《周易》讲活了。王弼把《周易》恢复到宇宙代数学的地位,代数学讲的是一些公式,公式中没有任何数目字,而任何数目字都可代入其中。自从《周易·系辞》出来以后,汉朝的人大概都不懂得《周易》是宇宙代数学。他们都是用《周易》的公式讲某一种自然或社会现象。例如“卦气”就是利用《周易》的公式讲气象学。这样一讲就把《周易》讲成气象学,把《周易》讲死了。王弼紧接着批判说:“而或者定马于乾,案文责卦,有马无乾,则伪说滋漫,难可纪矣。互体不足,遂及卦变;变又不足,推致五行。一决其原,巧愈弥甚。从复或值,而义无所取。盖存象忘意之由也。”(《周易略例·明象》)王弼把汉朝的死《周易》又讲活了,这是王弼在易学中的一次大革命。

在《周易略例》中,王弼用了许多名词,看起来很复杂,其实所讲的只是一个问题,一般和特殊的问题。一般,就其在客观世界中的地位说叫“理”,就其在卦里的关系说叫“义”,就其在人的认识中的地位说叫“意”(概念),就其对于名的关系说,是一个名的内涵。就一个类的名字说,一般,是它的内涵,特殊,是它的外延。它的内涵也就是理。所以说玄学讲“辩名析理”。

特别值得指出的是,王弼认为一般是特殊的“所由之主”。他不说一般是特殊所由以生之主。这说明他没有纠缠在生字上。用上边所举的比喻说,方的一般是特殊的方的东西的标准,是方之所以为方者,这就是说方的一般是特殊的方的东西的“所由之主”。如果说方的一般是特殊的方的东西所由以生之主,那就是另外一回事了。由此可见,王弼说,道是万物“所由之宗”。这个“宗”也是“主”的意思,不是祖宗之宗。

《周易·系辞》:“大衍之数五十,其用四十有九。”王弼解释说:“演天地之数,所赖者五十也。其用四十有九,则其一不用也。不用而用以之通,非数而数以之成,斯易之太极也。四十有九,数之极也。夫无不可以无明,必因于有,故常于有物之极,而必明其所由之宗也。"(韩康伯注引)

《系辞》说"大衍",王弼说:"演天地之数。"可见王弼认为"衍""演"两个字的意思是相同的。王弼的《周易大演论》应该就是发挥《系辞》这一段的,可惜已佚了。韩康伯在《系辞》注中把王弼那一卷书的意思简明扼要地总括为上边所引的那一段话,称为王弼大衍义。这个义很重要,因为它概括了王弼对于一般和特殊的关系的理论。《系辞》的这一段,本来是讲筮法的,王弼借用它讲"数"。他把五十作为所有的数的代表。在这许多数之中,有一个数不用,"不用而用以之通,非数而数以之成,斯易之太极也"。这个一"非数",就是说它不是和其余四十九个具体的数并列的,所以不用。虽然如此,其余四十九个具体的数都要靠它才能成为数,这就是数之所以为数者,数之理,这就是数的"极"。在这里"极"是标准的意思,数之理就是数的标准。

"四十有九,数之极也",在这里"极"是极限的意思。统共五十个数,去其一,四十九就是极限。"夫无不可以无明,必因于有,故常于有物之极,而必明其所由之宗也。"那个"非数"的"一"实际上是没有的,所以也就是无。它要成为有,必须依靠具体的数目。可是这个数之理就是数"所由之宗"。所以在讲到数的极限的时候,必须把它讲出来。

王弼实际上是认为不仅作为道的那个无是无,凡是可为一类东西的所由之宗,都是无。譬如"大音"、"大象"都是无。总而言之凡是抽象的都是无,具体的才是有。抽象的必须依靠具体的,一般的必须依靠特殊的,才能显现出来。这就是他所说的"无不可以无明,必因于有"。就是说无不能离开有。

但是,他又说:"将欲全有,必反于无也。"(《老子》第四十章注)意思就是说,如果要对于"有"有全面的了解,那就要回到无去。例如:如果要对方的东西有全面的了解,那就要充分了解方之所以为方的方之理。

在一般和特殊的关系上,王弼认为一般是特殊的"所由之宗"或"所由之主",可见他并不认为母子关系的那种比喻是恰当的。他用这种关系比喻是他的思想中宇宙形成论的影响。但他毕竟认为一般是特殊的"所由之宗",可见他认为一般是第一性的,特殊是第二性的。这就是贵无论之所以为贵无论,也就是贵无论之所以为唯心主义。

第六节 王弼关于常、变、动、静的理论

王弼说:"夫爻者,何也?言乎变者也。变者,何也?情伪之所为也。夫情伪之动,非数之所求也。故合、散、屈、伸,……巧历不能定其算数,圣明不能为之典要。法制所不能齐,度量所不能均也。"(《周易略例·明爻通变》)

《周易》六十四卦,每一卦有六画,一画叫一爻。照王弼讲,每一卦的爻,表示这一卦所代表的那一类事物的变化。为什么要变化?王弼说:是由于事物的"情伪",什么叫情伪?这个名词,相当重要,需要考证一下。《周易·咸卦》的彖辞说:"咸,感也。……观其所感而天地万物之情可见矣。"王弼注说:"天地万物之情,见于所感也。凡感之为道,不能感非类者也。"《恒卦》的彖辞说:"观其所恒,而天地万物之情可见矣。"王弼注说:"天地万物之情,见于所恒也。"《大壮卦》的彖辞说:"正大而天地之情可见矣。"照王弼这些话看,情就是事物的真实情况和表现,伪是情的反面,就是不是事物的真实的情况和表现。"情伪"两个字连起来用,就好像"长短"、"大小"那样。说一个东西的"长短",就是说它的长度,说一个东西的大小,就是说它的体积。说事物的情伪,就是说事物的情况和表现,就是王弼所说的"合、散、屈、伸"。王弼认为,事物的变化就是事物的表现有不同的情况。

王弼认为,事物的变化是很复杂的,没有死的框框。任何算学家也不能预算出将来的任何事变,任何聪明的人也不能定出一成不变的规范。但是大致说起来,万物之情,可以从两个方面来看。一个方面是"观其所恒",另一方面是"观其所感"。《恒卦》的卦辞说:"恒,亨,无咎,利贞,利有攸往。"王弼注说:"各得所恒,修其常道,终则有始,往而无违,故利有攸往也"。照王弼的了解,恒就是常道,就是一类事物的理。一类事物照它的理去做,这就叫"修其常道",也就是"得其所恒"。王弼认为,事物的变化是循环的,一个循环完了,底下就跟着另一个循环。这就是"终则有始"。无论怎样循环,一类的事物都应该"修其常道",不能违背它的理。这就是"往而无违"。如果一个人能这样,他无论做什么事都是成功的。这就是"利有攸往"。王弼又说:"得其常道,故终则复始,往无穷极。"(《恒卦·彖辞》注)就是说,事物的变化就是这样循环下去,以至于无穷。

天地万物之情"见于所感"。这个感字的意义,相当宽泛,包括事物间的互相联系,互相刺激。在这些过程中,主动的方面叫做"感",被动的方面叫做"应"。两方面联系起来,整个的过程,叫做"感应"。《咸卦》卦辞说:"咸,亨,利,贞,取女吉。"《彖辞》说:"咸,感也。柔上刚下,二气感应以相与,止而说(悦),男下女,是以亨,利贞,取女吉也。"王弼注说:"凡感之为道,不能感非类者也。故引取女以明同类之义也。同类而不相感应,以其各亢所处也。故女虽应男之物,必下之而后取女乃吉也。"一个事物刺激另外一个事物叫感。《彖辞》和王弼注,都是就咸卦的卦象说的。就卦象说,䷞艮下兑上。他们认为,就这个卦象说,艮是少男,是阳刚,兑是少女,是阴柔。这个卦象所表示的,是柔上刚下。他们认为咸卦所代表的事物,就自然界说,就是阴阳二气的感应,以化成万物。就社会说,就是男女结合,生男育女。在男女结合的时候,男去感女,女来应男,女是"应男之物"。在古代的婚礼中,男要亲自去迎接女,叫做亲迎。这就是"男下女"。王弼说,一类的东西,只能感同类的东西,不能感不同类的东西。男、女有不同,但都是人类。男人和女人,都是人。但是如果男或女都把自己的地位看得很高,那也不能互相感应。所以在举行婚礼的时候,男必须把自己的地位降低,亲自去迎接女,亲自去感她。可是等到娶来以后,男使用夫权,男的地位就绝对地高,女的地位就绝对地低了。

概括地说,王弼认为《周易》的一个根本的原则,就是每一卦的各爻之间互相感应,也就是说,事物之间的一个根本原理,就是事物之间的互相感应。当时有些人也是这样说的。《世说新语·文学》说,殷浩问当时一个有名的和尚慧远:"易以何为体?"回答说:"易以感为体"。殷说:"铜山西崩,灵钟东应,便是易耶?"慧远笑而不答。慧远不答,因为殷浩所说的,恰好就是"同声相应"的例子。

王弼明确地说,不同类的事物不能互相感应。可是在有些情况下不同类的事物又似乎是可以互相感应。他说:"形躁好静,质柔爱刚。体与情反,质与愿违。……近不必比,远不必乖。同声相应,高下不必均也。同气相求,体质不必齐也。召云者龙,命吕者律。故二女相违,而刚柔合体,隆墀永叹,远壑必盈。投戈散地,则六亲不能相保。同舟而济,则吴、越何患乎异心。"(《周易略例·明爻通变》)

王弼在这里所说的,就是列举了一些复杂的情况,好像是不同类的东西,也可以互相感应,而同类的东西,反而不能互相感应。譬如说:阴阳异类(《周易略例·明象》邢䞇注引王弼)。阳主动,阴主静,阴阳又是"相求之物",这就是形躁好静,质柔爱刚。从表面上看起来,好像是它们的体质和它们的愿望是相违反的。相近的东西,不一定就能联合起来,隔离很远的东西,不一定就不能联合。两个女的在一起,就要互相嫉妒,而一女一男在一起,倒是可以结合起来。在高山上发出声音,而远处的深沟里倒有回响。在兵荒马乱的时候,一家的亲属也要分散。在一个船上的人,虽然素不相识,也要同心协力去维护那个船的安全。

王弼认为,这些都是些现象。在这些现象中,虽然很多问题好像不好解释，但是如果在道理上弄通了，这些问题还是可以解决的。他说："同声相应，高下不必均也。同气相求，体质不必齐也。……苟识其情，不忧乖远。苟明其趣，不烦强武。能说（悦）诸心，能研诸虑，睽而知其类，异而知其通，其唯明爻者乎。"（《周易略例·明爻通变》）意思就是说，虽然有这复杂的情况，但基本的道理还是一个，那就是《乾卦·文言》中所说的，"同声相应，同气相求，……则各从其类也"。"物以类聚，人以群分"，一类的东西，就各个的个体说，那是千差万别的，但是它们既然归为一类，它们必然有一个共同之点。只要抓住这共同之点就可以看出来，它们虽然有千差万别，可是在这一点上他们是相同的。这就是"睽而知其类，异而知其通"。这是很不容易做到的，必须有考虑研究的工夫，就是说"能说诸心，能研诸虑"方可以做到。能做到这一点，表面上很复杂的问题，就可以解决了。这就是"苟识其情，不忧乖远。苟明其趣，不烦强武"。王弼认为，一个卦中各爻的作用，就是表示事物的这些复杂情况。所以必须"明爻"才能够认识这些复杂的情况。从这些复杂的情况中，找出事物的类，认识事物的变化，虽然复杂，但是有一个道理可以把它们贯通起来。

王弼在《周易略例》中，另有一篇题目是《明卦适变通爻》。在这一篇中，王弼继续讲卦和爻的作用。他说："夫卦者，时也。爻者，适时之变者也。……一时之制，可反而用也。一时之吉，可反而凶也。故卦以反对而爻亦皆变。是故用无常道，事无轨度。动静屈伸，唯变所适。"就是说，一个卦代表一类事物，也代表一种形势。卦的一个爻，就表示适合这种形势而应该采取的行动。形势是经常变动的，适合一个时候的形势的行动，在另一个时候的形势下，就可以起相反的作用。一种形势下的吉，在另一种形势下，就可变为凶。相反的卦表示相反的形势，所以在相反对的卦中，它们的爻也就跟着变了。

在上边所引的王弼的话中，他提出了两个重要范畴，一个是"类"，一个是"时"。一般和特殊这一对范畴，都是从"类"这个范畴来的。一般是一个类的一般,特殊是一个类的特殊。王弼认为六十四卦的每一卦,都代表典型情况,这个典型就是那一类的一般。这个类可以是空间中的一现,也可以是时间中的一段。王弼说:“夫卦者,时也。爻者,适时之变者也。”六十四卦彖辞往往说某一卦之“时义大矣哉”,就是说某一卦的意义,在于它代表的那一段时间。《周易》认为,宇宙就是一个大流行,一个变化的过程,过程中的每一段都有它的意义,这就叫“时义”。

王弼对于《周易》的变的原则有所认识,但对于宇宙的变的原则认识不清。

《老子》说:“万物并作,吾以观复。”(第十六章)《周易》也有复卦。王弼认为,“复”是事物变化的一个根本原则。王弼《老子》第十六章注说:“以虚静观其反复。凡有起于虚,动起于静。故万物虽并动作,卒复归于虚静。”《周易·复卦》,王弼注说:“复者,反本之谓也。天地以本为心者也。凡动息则静,静非对动者也。语息则默,默非对语者也。然则天地虽大,富有万物,雷动风行,运化万变,寂然至无,是其本矣。……冬至,阴之复也,夏至,阳之复也。故为复则至于寂然大静。……动复则静,行复则止,事复则无事也。”就是说,一个运动如果恢复了它还没有动时候的原状,那就是静了,一个行为,如果恢复了还没有这个行为的时候的原状,这个行为就停止了。一件事,如果恢复了还没有这件事的时候的原状,就是无事。

就一个特殊的、个体的运动说,这是可以说的。一个特殊的、个体的运动,是有开始、有终结的。比如说,放一个人造卫星上天,在没有放的时候,没有这个卫星的运动。它开始上天以后,过了若干年,它还是要坠落到地球上,结束了它的运动。专就这个人造卫星说,它运动的时候,总比它不运动的时间短。就算它运动几百年,但是比较它不运动时候的亿亿万万年短得多。就王弼所举的例说,无论一个人怎样健谈,他说话总有个开始,有个终结。他说话的时候,总没有他不说话的时候多。因此王弼认为，动和静，语和默，不能相提并论。动不过是静中的一个插曲，语不过是默中的一个插曲，都是暂时的现象。这就是说，默是绝对的，语是相对的；静是绝对的，动是相对的。

王弼由此作出推论说，天地虽然运化万变，但其根本是“寂然至无”。这就是说，包括一切动的总的动，如果恢复了还没有这个总的动的时候的原状，那就是“寂然大静”。王弼的这个推论，是错的，因为他说的那些话对于某一特殊的、个体的、有始有终的运动，是可以说的，但对于包括一切动的总的动，那就不可说了，因为这个动是无始无终的。

王弼在这里，谈到了哲学的一个根本的问题，运动和静止的问题。辩证法认为，动是绝对的，无条件的，经常的；静是相对的，有条件的，暂时的。王弼的见解，正是相反。他认为，静是绝对的，无条件的，经常的；动是相对的，有条件的，暂时的。王弼用简明的辞句，确切地表达出了这种形而上学思想。

王弼的形而上学思想，还表现在他认为运动总是循环的。比如说，就一年的变化说，冬至是阴气“复”的时候，“复”就是“反本”，就是停止活动。冬至以后，阴气就逐渐停止活动，阳气逐渐活动起来。夏至是阳气“复”的时候，阳气“反本”，就是停止活动。夏至以后，阳气就逐渐停止活动，阴气就逐渐活动起来了。如此循环下去，这就叫“反复”。王弼说：“以虚静观其反复。”（《老子》第十六章注）“反复”就是循环。

辩证法并不简单地否认事物运动有循环往复的情况，但认为，事物运动的每一循环的内容，都比较地进行到了高一级的程度。社会方面的变化，特别是如此。这一点是王弼所不知道，也是不可能知道的。

第七节　王弼关于社会人生方面的理论

王弼认为，关于社会人生方面的问题，也是一般与特殊关系的问题。每一个人都是一个特殊的个体,这个个体是人类这个类中的特殊,也是天地万物这个大类中的一个特殊。这样的两个类,都有它们的"所由之宗"。天地万物的"所由之宗",就是"万物之宗",就是"道"。人类也有它的"所由之宗",称为"德"。也可以说,"德"是天地万物这一大类中所有的每一个体之所得于道者。这可能是道家所说的道德两个概念的根本内容。所谓社会人生中的问题,从其根本上说,也是人这个特殊怎样处理他和他的一般的关系问题。

《老子》第三十八章所讲的,相传是老子的"德经"之首,王弼在这一章有一段很长的注,这是王弼在这一方面的比较有系统的长篇文章。《老子》第三十八章说:"上德不德,是以有德(得);下德不失德,是以无德(得)。上德无为而无以(当作不)为;下德为之而有以(当作不)为。上仁为之而无以为,上义为之而有以为。上礼为之而莫之应,则攘臂而扔之。"

王弼注说:"德者,得也。常得而无丧,利而无害,故以德为名焉。何以得德?由乎道也。何以尽德?以无为用。以无为用则莫不载也。故物,无焉,则无物不经,有焉,则不足以免其生。是以天地虽广,以无为心;圣王虽大,以虚为主。……故灭其私而无其身,则四海莫不瞻,远近莫不至。殊其己而有其心,则一体不能自全,肌骨不能相容。是以上德之人,唯道是用,不德其德,无执无用,故能有德而无不(不字疑衍)为。不求而得,不为而成,故虽有德而无德名也。"这是说,一个人是天地万物这个大类中的一个特殊,这是不可改变的事实。虽然有这个事实,但人不可以把这个特殊作为他自己的私有,应该如实地承认,他这个特殊不过是天地万物中的一物,这就叫"以无为用"。所有的特殊都能够以无为用,那就各能得其所得,这就是他所说的"以无为用则莫不载也"。主要的是"灭其私而无其身",这并不是说,要消灭自己这个特殊,而是说人要有一种精神境界,在其中人不把自己特殊看待,而只是把自己看做是万物中之一物。如果不能这样子,把自己个人特殊看成自己的私有，私字当头，那就是“殊其己而有其心，则一体不能自全，肌骨不能相容”。如果把这个说法推至其逻辑的结论，那就要说，真正的无私，必须无分别，无分别就是浑沌，浑沌就是“体无”，这是“以无为用”的极限。

王弼接着说：“凡不能无为而为之者，皆下德也，仁义礼节是也。”下德和上德的主要分别，在于上德“无为”，下德“为之”。一个特殊从自己的立场努力要做某种事情，这就是“为之”，“为之”就是不能“以无为用”的表现。上仁、上义都是为之，其区别在于“有以为”和“无以为”。上仁讲爱，“爱之无所偏私，故上仁为之而无以为也”。上义“忿枉佑直，助彼攻此，物事而有以心为矣（疑有误，或当作“有心以为”），故上义为之而有以为也。”上仁和上义的分别，在于有没有偏私，这就是“无以为”和“有以为”的分别。

王弼在《老子指略》中说：“然则，四象不形，则大象无以畅，五音不声，则大音无以至。四象形而物无所主焉，则大象畅矣；五音声而心无所适焉，则大音至矣。”这所说的也是一般和特殊的关系的问题。如果完全没有特殊，一般也就没有了。有了特殊，而特殊又不以自己为主有所偏爱，一般在这个特殊中就显现出来了。上边所讲的“有以为”和“无以为”的分别也就在这里。王弼说：“无以为者，无所偏为也。”

“上仁”和“上义”的分别，在于“有以为”和“无以为”。至于礼那就是另外一回事了。王弼说：“夫礼也所始，首于忠信不笃，通简不阳，责备于表，机微争制。夫仁义发于内，为之犹伪，况务外饰而可久乎。故夫礼者，忠信之薄而乱之首也。”这是说，礼的特点是，它是一种外表，是从外边加上来的，不像仁义是从内部发出来的。王弼认为，礼是一种清规戒律，条条框框，是一种伪。伪是人为，也是虚伪。人越是注意于遵守这些人为的条条框框，他就越是虚伪。所以礼是“忠信之薄而乱之首”。忠信还是从人的内心发出的感情，礼是一种外表的装饰。礼的发生，表示人的忠信之薄，它又助长虚伪，所以是“乱之首”。

王弼说:“何以尽德,以无为用。”从字面上看起来,好像是一句空话,无既然是无,还有什么用不用可说呢?照上边所分析的,他在这些地方所谓的“无”,其内容就是无私和无伪。所谓“无伪”,就是一个特殊照它所得于一般的那种样子而活动。所以“以无为用”还是确有其内容的。

这些“无私”和“无伪”的内容,宋明道学倒是确切地说出来了。宋明道学,严格分别所谓“义利之辨”,认为这是一切道德的根本。道学家们说,义利之辨就是公私之别,不论什么行为,只要是为“公”的,就是“义”;只要是为“私”的,就是“利”。为义的是君子,为利的是小人。《孟子》和《中庸》都以“诚”为最高的范畴,甚至认为“不诚无物”,宋明道学家更发挥了这个意思。玄学家们用的思想方法是“名理”,不习惯于那种方法的人觉得他们所讲的很玄虚,实际上他们所讲的也是很实际的。

王弼也不是从根本上反对礼,他所反对的只是汉末所流行的虚伪的名教教条。他认为不仅礼必须“以无为用”,就是仁义也必须“以无为用”。他说:“故仁德之厚,非用仁之所能也;行义之正,非用义之所成也。礼敬之清,非用礼之所济也。载之以道,统之以母,故显之而无所尚,彰之而无所竞。用夫无名,故名以笃焉;用夫无形,故形以成焉。守母以存其子,崇本以举其末,则形名俱有而邪不生,大美配天而华不作。故母不可远,本不可失。仁义,母之所生,非可以为母,形器,匠之所成,非可以为匠也。舍其母而用其子,弃其本而适其末,名则有所分,形则有所止,虽极其大,必有不周,虽盛其美,必有患忧,功在为之,岂足处也。”(《老子》第三十八章注)这一大段话,都是讲“以无为用”。如果不能“以无为用”,不但礼是坏事,仁义也不可行。如果能“以无为用”,不但仁义是好事,礼也不是坏事了。

在《老子指略》中也有类似的话。在那里,王弼说:“后其身而身先,身先非先之所能也;外其身而身存,身存非存身之所为也。功不可取,美不可用。故必取其为功之母而已矣。篇云:‘既知其子’,而必‘复守其母’。寻斯理也,何往而不畅哉!”

王弼的这种思想,可以说是不废特殊而先一般,用王弼所了解的“玄之又玄”(《老了》第 章注)废特殊而先一般是一玄,不废特殊而先一般是二玄。合起来就是“玄之又玄”。

第八节 王弼、何晏关于“圣人”有情、无情的辩论

据何劭的《王弼传》说:“何晏以为圣人无喜、怒、哀、乐,其论甚精,钟会等述之。弼与不同。”(《三国志·魏书》卷二八《钟会传》注引)何晏的论是怎么说的呢,难以详细知道。不过可以从他的《论语集解》中找一点线索。孔丘说:“回也其庶乎,屡空。”(《论语·先进》)何晏的《集解》说:“一曰:屡犹每也,空犹虚中也。”回就是孔丘所最喜欢的学生颜回。“虚中”就是说中心是空虚的。颜回“屡空”,就是说,他还不能经常地空,只能屡次地空。后来的玄学家,就这一点上发挥。顾欢说:“夫无欲于无欲者,圣人之常也。有欲于无欲者,贤人之分也。二欲同无,故全空以目圣;一有一无,故每虚以称贤。贤人自有观之,则无欲于有欲,自无观之,则有欲于无欲。虚而未尽,非屡如何?”(皇侃《论语义疏》卷六引)顾欢认为,空就是无欲,心中没有任何欲望。贤人要求心中没有任何欲望,但是这个要求就是一种欲望,所以他心中还有欲望。圣人连这种欲望都没有,所以心中真是没有任何欲望。顾欢认为,圣人和贤人的区别就在这里。所以圣人“常空”,而贤人则是“屡空”。

太史叔明说:“按其遗仁义,忘礼乐,隳支体,黜聪明,坐忘大通,此忘有之义也。忘有顿尽,非空如何?若以圣人验之。圣人忘忘,大贤不能忘忘。不能忘忘,心复为未尽。一未、一空,故屡名生也焉。”(同上)

太史叔明认为,空就是忘有。贤人也能忘有,但是他还在想着忘有。他还没有忘掉那个忘字。所以他心里还不是真正的空。圣人不但忘有,而且把那个忘字也忘掉了。他心里才是真正的空。而贤人则只是“屡空”。这里所谓贤人是指颜回,圣人是指孔丘。

汉朝的谶纬经学家,把孔丘吹捧为“神”,是跟人完全不同的。所以“孔子之道”,就是一种宗教,孔丘就是一个教主。玄学家们提出了不同的说法,认为孔丘也是人。但是,孔丘这个人是“圣人”,超乎一般人之上,跟一般人迥然不同的。其不同在于圣人无情,无喜、怒、哀、乐等感情。

圣人有情或无情,是魏晋时期的名士们所经常讨论的一个问题。《世说新语·伤逝》说:王戎的小儿子死了他很悲痛,说:“圣人忘情,最下不及情,情之所钟,正在我辈。”又说:顾和领他孙子和他的外孙子到一个庙里,看释迦牟尼临死时的像。在这个像中,释迦牟尼的弟子,有的哭,有的不哭。顾和问,为什么有的哭,有的不哭。他的外孙子说:“被亲故泣,不被亲故不泣。”他的孙子回答说:“不然,当由忘情故不泣,不能忘情故泣。”(《世说新语·言语》)顾欢说“空”是“无欲”,这个“无欲”当然也包括无情。太史叔明说“空”是“忘有”,这个忘有,当然也包括忘情。王戎说“圣人忘情,最下不及情”,他所说的“忘情”,就是无喜怒哀乐。

照当时一般“名士”们的说法,无情比有情高。一般的玄学家们也是这样说。他们认为圣人“与无同体”,所以一切欲望感情,也都“无”了。这就是“虚中”,也就是“空”。

何晏以为“圣人无喜怒哀乐”,他也认为,贤人还是有喜怒哀乐的。《论语》上说,颜渊“不迁怒,不贰过”。何晏注说:“凡人任情,喜怒违理,颜回任道,怒不过分。迁者移也,怒其当理,不移易也。”(《论语集解·雍也》注)照何晏的解释,颜回同一般人不同之处,并不在于他在任何时候都没有怒,而是在于,他能“怒当其理”,“怒不过分”,就是说,

“理”应该怒的时候，他才怒，怒应该恰如其分，“当理”就是恰如其分，怒得过分就是不“当理”了。

何晏也是认为贤人与圣人不同，他的说法大概跟顾欢、太史叔明是一类的，是支持当时一般“名士”的说法。照这个说法，圣人的心，就同一块砖瓦、石头一样，这样说，可以吗？当时就有人提出这个问题。

《世说新语·文学》有一条说：僧意问王脩，“圣人有情不？”王答说“无”。僧意又问：“圣人如柱耶？”王答：“如筹算，虽无情，运之者有情”。僧意又问：“谁运圣人耶？”王脩不能答。王脩认为圣人无情，大概是用何晏的那种说法。僧意跟着问：圣人就像根柱子吗？王说：像算学上用的筹码，筹码无情，但是运用筹码的人有情。但是，如果圣人只是像筹码，谁运用这个筹码呢？王脩没有回答这个问题，这是不容易回答的。王弼大概是企图回答这一类的问题，他企图把“有情”和“无情”统一起来。

何劭的《王弼传》说，王弼“以为圣人茂于人者，神明也。同于人者，五情也。神明茂，故能体冲和以通无；五情同，故不能无哀乐以应物。然则圣人之情，应物而无累于物者也。今以其无累，便谓不复应物，失之多矣”。王弼又说：“夫明足以寻极幽微，而不能去自然之性。颜子之量，孔父之所欲在，然遇之不能无乐，丧之不能无哀。又常狭斯人，以为未能以情从理者也。而今乃知自然之不可革。”（《三国志·魏书》卷二八《钟会传》注引）

王弼的意思是说圣人所以出于常人之上的是他的智慧，但是在情感方面，他还是本来与一般人相同的。在情感方面，在与外物接触的时候，圣人也还是有所反映的。虽然有所反映，但是不受情感的干扰。就是说，他的精神境界，还是平静的，还是跟“无”相同的。这就叫应物而无累于物。王弼说，因为圣人也有情感，就认为他仍然是为情感所累，精神境界不得平静，这是不对的。因为圣人精神境界总是平静，就认为他与外物接触的时候，在情感上也完全没有反映，这也是不对的。

王弼说“以情从理”。比如说,人有生有死,这是自然的程序。生的时候用不着欢喜,死的时候也用不着悲哀,认为是理所当然。可以设想,如果懂得这个“理”,人对于死就没有悲哀了,这就是“以情从理”。

王弼说:他自己原来也是认为圣人无喜怒哀乐。他说,孔丘遇到颜渊,他也喜欢,在颜渊死的时候,他也悲哀。王弼说,他原来认为孔丘的见解太狭隘了,为什么不能“以情从理”呢?以后他才认识到,人对于事物的理解,尽可极细微深刻,但是,喜怒哀乐是人的“自然之性”,圣人也是人,他也有“自然之性”,这是不能改变的。在这里,王弼讲了他在这个问题上的思想变化。

关于圣人有情和无情,是当时玄学家们普遍讨论的一个问题。其所以能够成为一个普遍讨论的问题,因为这个问题也是一般和特殊关系问题的一个反映。一个人也是一个特殊,圣人也是一个特殊。既然是一个特殊,它就有一定的生理上和心理上的构造,在这一点上,圣人和一般的人是相同的。这就是王弼所说的“圣人同于人者,五情也。……五情同,故不能无哀乐以应物”。但是他又说:“圣人茂于人者,神明也。……神明茂,故能体冲和以通无。”这就是说,圣人虽和一般的人同是特殊,但他却能“通无”,这就是他所讲的“守母知了”的道理。“通无”,就是他所说的“以无为用”。所谓“无”的实际内容,就是“无私”和“无伪”。他说,圣人的喜怒当理不过分,人们只有在完全无私的精神状态中,他的喜怒才能当理不过分。如果有私,他的喜怒就要不当理而过分,那就不是对于外物的自然反映,而是“伪”了。

王弼所讲的这个道理,宋明道学家也见到了。程颢写给张载的《定性书》,讲的就是这个道理。书中说:“君子之学莫若廓然而大公,物来而顺应。”又说:“圣人之喜,以物之当喜;圣人之怒,以物之当怒。是以圣人之喜怒,不系于己,而系于物也。”照他所说的,定性的大前提,是“廓然而大公”,就能“物来而顺应”。所谓“顺应”,就是遇见当喜的事就喜,当怒的事就怒。所谓“当”就是“当理”,当理就不过分。

这并不是说，程颢抄王弼，这是说有那么一个客观的道理，玄学和道学都看到一些。这也不足为奇，因为客观的道理在一定的范围内就是那么些，在一定范围内，对于某些问题认真思考的人，都能看到一些。道学家们都是批判玄学的，但他们之间的共同之处也还是不少。其共同处是他们都讲到了人的最高的精神境界，即天地境界。贵无论的缺点是它把这种精神境界和社会伦常日用对立起来了，用我在《新原道》的话说，玄学是极高明而不道中庸。宋明道学是教人在社会的伦常日用中达到天地境界，这就纠正了贵无论的缺点，把中国哲学的发展又提高了一步。

在当时对贵无论的缺点的批判，见于裴頠的《崇有论》等，详见第四十章。

第三十九章

嵇康、阮籍及其他“竹林名士”

第一节　从黄老到老庄

在本书第二册中，我们讲过，老聃的思想的发展，有两条路线。一条是向唯物主义发展的路线，韩非的《解老》、《喻老》，就是这条路线的代表著作。一条是向唯心主义发展的路线，《庄子》这一部书，就是这一条路线的代表著作。汉朝人讲《老子》，大多是沿着唯物主义这条路线。汉朝人所谓“黄老之学”，就是把《老子》作为唯物主义讲的。汉末的黄老道也是披着《老子》的外衣发展起来的，成为黄巾农民大起义的精神武器。

魏晋时期的玄学家们接过了学习《老子》五千言这个口号，但是他们讲《老子》是沿着唯心主义路线讲的。照着这条路线讲《老子》，必然要再进一步讲《庄子》，因为《庄子》是战国时期这条路线的顶峰。汉朝人很少把老子和庄子并称，他们只说“黄老”不说“老庄”。到了魏晋时期，玄学家们就把老子和庄子并称，他们只说“老庄”，不说“黄老”了。

嵇康说：“老子、庄周，吾之师也。”又说：“又读庄老，重增其放。”（《与山巨源绝交书》，《嵇康集》卷二）这是明确地把老子和庄子并称。阮籍作《达庄论》、《通老论》、《通易论》，这就是把《周易》、《老子》和《庄子》这三部书作为玄学的基本经典。王弼、何晏本来已经把《周易》

和《老子》作为玄学的经典，阮籍又加了一部《庄子》，这三部书被以后的玄学家们称为“三玄”。

嵇康说：“又读庄老，重增其放。”“放”是对于当时传统的“名教”、“礼法”的清规戒律、条条框框说的，用现在的话说，就是要从这些条条框框中解放出来。这是魏晋玄学的一个方面。突出表现这个方面的是魏晋之际的“竹林名士”。《世说新语·任诞》说：“陈留阮籍，谯国嵇康，河内山涛，三人年皆相比，康年少亚之。预此契者：沛国刘伶，陈留阮咸，河内向秀，琅邪王戎。七人常集于竹林之下，肆意酣畅，故世谓‘竹林七贤’。”刘孝标的注引《晋阳秋》说：“于时风誉扇于海内，至于今咏之。”

《世说新语·任诞》叙述了一些这些人的“放”的故事。有一条说，司马昭请客，座中有阮籍。他那时候正居母丧，还是照常饮酒吃肉，司隶何曾亦在坐，曰：“明公方以孝治天下，而阮籍以重丧，显于公坐，饮酒食肉，宜流之海外，以正风教。”文王曰：“嗣宗毁顿如此，君不能共忧之，何谓？且有疾而饮酒食肉，固丧礼也！”籍饮啖不辍，神色自若。刘孝标的注引干宝《晋纪》说：“何曾尝谓阮籍曰：‘卿恣情任性，败俗之人也’。”何曾是一个“礼法之士”。他在宴会中公开批判阮籍，并且是当着司马昭说的，等于一种弹劾。阮籍“饮啖不辍，神色自若”，他早已从这些条条框框中“放”出来了，所谓“恣情任性”就是“放”的内容。

《世说新语·任诞》又一条说：“刘伶恒纵酒放达，或脱衣裸形在屋中，人见讥之。伶曰：‘我以天地为栋宇，屋室为裈衣，诸君何为入我裈中？’”

这些都是“竹林名士”“放”的例子，他们的生活是有与众不同之处。王弼、何晏的生活中，并没有这些与众不同之处，他们仅只是随着知识分子的惯例参加当时的政治活动和政治集团的斗争。他们所参加的政治集团失败了，他们也跟着失败了，这说明他们虽讲《老子》，但并没有享受《老子》的思想。这种享受，中国哲学称为“受用”。竹林名士的“放”,表示他们不但讲老庄,而且受用了老庄。他们的“放”可以补“正始名士”王弼、何晏的不足,两下配合起来,他们的哲学思想已化为他们的精神境界,就成为玄学发展的第一阶段。

第二节 嵇康论精神境界的第一层次——“越名教而任自然”

嵇康(223年—262年)字叔夜,谯国铚人(今皖北),是曹魏时期的一个有名的文学家和思想家,做官到中散大夫,所以后世称为嵇中散。当时,在政治上,司马氏和曹氏正在争夺政权。司马懿发动政变,杀了曹爽,初步地夺了政权。王弼、何晏是属于曹爽这一集团的,何晏为司马懿所杀。嵇康是曹氏的亲戚,也为当时执掌政权的司马懿的儿子晋王司马昭所杀。他的著作,后人编为一个集子,叫《嵇康集》,也称为《嵇中散集》。《嵇康集》有许多本子,异文很多。下面引嵇康的著作,不专靠哪一个本子,只看哪一个本子的异文“于义为长”,不另作说明。(如果要知道这些本子的异同,可以看鲁迅先生的《嵇康集》的校本。)嵇康的《释私论》是他的一篇重要的讲精神境界的著作(《嵇康集》卷六)。现在我们把他这一篇分析一下。

《释私论》说:“夫称君子者,心无措乎是非,而行不违乎道者也。何以言之?夫气静神虚者,心不存乎矜尚;体亮心达者,情不系于所欲。矜尚不存乎心,故能越名教而任自然;情不系于所欲,故能审贵贱而通物情。物情顺通,故大道无违;越名任心,故是非无措也。是故言君子,则以无措为主,以通物为美。言小人,则以匿情为非,以违道为阙。何者?匿情矜吝,小人之至恶;虚心无措,君子之笃行也。”

这是从两方面讲“君子”。这两个方面实际上就是两个层次。第一个层次是“越名教而任自然”,第二个层次是“审贵贱而通物情”。第一个层次，是就个人与社会的关系说的，作为社会的一员，一个人在社会中应该“越名教而任自然”。这就是说一个人应该顺着他的自然本性生活下去，不管社会上的清规戒律、条条框框。要这样做，就要不理会社会上的批评和赞扬，这就叫“心无措乎是非”。第二个层次是就人和宇宙的关系说的，是就人和物的关系说的。在这个关系中，人应该“审贵贱而通物情”，能够物情顺通，就与大道无违。达到物情顺通的条件是“情不系于所欲”。

嵇康认为，主要的问题是公私之分。他说：“故论公私者，虽云志道存善，心无凶邪，无所怀而不匿者，不可谓无私。虽欲之伐善，情之违道，无所抱而不显者，不可谓不公。今执必公之理，以绳不公之情，使夫虽为善者，不离于有私；虽欲之伐善，不陷于不公，重其名而贵其心，则是非之情，不得不显矣。是非必显，有善者无匿情之不是，有非者不加不公之大非。无不是则善莫不得；无大非则莫过其非，乃所以救其非也。非徒尽善，亦所以厉不善也。”

这就是说，公私的表现在于“显情”或“匿情”。一个人虽然行的是善事，但是他行善的思想感情都不公开，都被隐蔽起来，这就叫“匿情”，这些人还是有私。有些人虽然有“矜尚”、“违道”等缺点，但是，如果他的思想感情都是公开的，都不被隐蔽，这就叫“显情”，这些人还是有公。嵇康认为，这样讲，对于有善者和有非者都有好处。有善者懂得这个道理，就可以不匿情而成为有公。有非者懂得了这个道理，就知道自己虽然有错误，但是还不是不公。这样有善者就可以更进一步地为善，有非者也可以受到挽救和勉励。

嵇康举汉朝的第五伦为例。第五伦说：他自己不能无私。他的侄子有病，他一夜去看十次，可是看了以后，还是睡得很好。他自己的儿子有病，他没有这样去看，可是夜里睡不着觉。因此他自己承认有私。嵇康说，第五伦是有非，但不是有私。因为他能够显情，把自己的思想感情完全公开出来，这就是公而不是私。嵇康说：“今第五伦有非而能显,不可谓不公也。所显是非,不可谓有措也。”就是说,第五伦有错误,但他能把它公开出来,这就是公。他公开说出来他的错误,而不怕别人的耻笑,这就是“心无措乎是非”。

嵇康说:“夫公私者,成败之途而吉凶之门也。……栖心古烈,拟足公途。值心而言,则言无不是。触情而行,则事无不吉。于是乎同(鲁迅云疑当作情)之所措者,乃非所措也。欲之所私者,乃非所私也。言不计乎得失而遇善,行不准乎是非而遇吉,岂(疑当作其)公成私败之数乎?”(《释私论》)在这一段话里,有八个重要的字,就是“值心而言”、“触情而行”。就是说,想怎么说就怎么说,想怎么行就怎么行,这就是“任自然”。任自然必定是是的,因为这是“显情”,显情是公。想怎么样说而不说,想怎么样行而不行,那就是不任自然,不任自然是“匿情”,一定是非的。明白了这个道理,就知道,一般人所注意的是非,并不是应该注意的,一般人认为是私的,并不是私的。能够实行这八个字,就可以“寄胸怀于八荒,垂坦荡以永日,斯非贤人君子高行之美异者乎”(同上)。这是“越名教而任自然”的人的精神境界。

社会中的事是复杂的,善恶是非和成败吉凶在有些情况下是一致的,但在有些情况下就不一致了。嵇康把这两方面的事情,认为是完全一致,那就不然了。“值心而言则言无不是”,这是一定的;“触情而行则事无不吉”,这就不一定了。“触情而行”那个行必定是是的,但是,吉不吉,成不成,那就不敢说了。“言不计乎得失而遇善”,这是一定的。“行不准乎是非而遇吉”,这就不一定了。有没有一个办法把这些矛盾统一起来呢?有的。用嵇康的前提推下去,那就是完全“任自然”,不计成败得失。嵇康把善恶、是非和吉凶、得失等同起来,这还是不能不计成败得失。这也是他的思想中的一个内在矛盾。

嵇康有一个朋友,山涛,是当时的一个大官。他推荐嵇康以自代。嵇康听说这个消息,大为不满,就给山涛写了一封信,和他断交。现在传下来的有《与山巨源绝交书》(《嵇康集》卷二)。在这封信里,他阐述了“任自然”的思想。他自己叙述他的生性习惯说:“加少孤露,母兄见骄,不涉经学。性复疏懒,筋驽肉缓,头面常一月十五日不洗,不大闷痒,不能沐也。每常小便,而忍不起,令胞中略转乃起耳。又纵逸来久,情意傲散,简与礼相背,懒与慢相成,而为侪类见宽,不攻其过。又读庄老,重增其放。故使荣进之心日颓,任实之情转笃。此犹禽鹿,少见驯育,则服从教制。长而见羁,则狂顾顿缨,赴蹈汤火。虽饰以金镳,飨以嘉肴,愈思长林而志在丰草也。”下边他又具体地说:“有必不堪者七,甚不可者二。”在这封信里,他毫无顾忌地说出了他想说的话,说出了他的自然之性和生活习惯,断然拒绝了山涛的推荐,这就是“越名教而任自然”,“心无措乎是非”,也就是“显情”。

当时有一个人叫张邈,字辽叔,作了一篇文章叫《自然好学论》,说是人自然而然地喜欢学习孔丘的经典。嵇康批评张辽叔的论点,作了一篇《难自然好学论》(《嵇康集》卷七)。论中说:“六经以抑引为主,人性以从欲为欢。抑引则违其愿,从欲则得自然。然则自然之得,不由抑引之六经;全性之本,不须犯情之礼律。故仁义务于理伪,非养真之要术;廉让生于争夺,非自然之所出也。”就是说,六经对于人的欲望,有引导,也有抑制。可是就人的欲望本身来说,它不愿受引导,更不愿受抑制。人所喜欢的,就是从心所欲。能够从心所欲,就是得于自然,用不着违反人的情欲的礼律。

嵇康的这段话,是关于名教和自然对立的概括的论述。《世说新语》中有两段记载,可以具体的说明“人性以从欲为欢”的意义。据说,钟会去拜望嵇康,恰好嵇康正在他的院子里的柳树下同向秀一块打铁。原来嵇康有打铁的嗜好,往往以打铁作为消遣,钟会到了,他毫不理睬。钟会只得就走,这时嵇康倒说话了,他问钟会说:“何所闻而来?何所见而去?”钟会回答说:“闻所闻而来,见所见而去。”(《世说新语·简傲》)钟会是当时的一个贵公子,又是一个大名士,对于他的来访,嵇康竟然不加理睬,这是很不合世俗的礼法的。嵇康不一定是因为瞧不起钟会,所以这样怠慢。他可能是因为打铁的兴致正浓,欲罢不能。他不能因为礼节上的应酬,而打断他的兴致。这就是“以从欲为欢”。

又据说,当时有一个名士,在夜间忽然想起一个朋友,想找他谈谈。那时正在下雪。他不管这一切,叫了一只船,连夜冒雪往他朋友家里去,一直走到天明,才到他朋友家的门口,可是他又不进去了,坐原船回到自己家里。别人都觉得很奇怪。他说:“乘兴而行,兴尽而返。”(《世说新语·任诞》)原来他只是凭着一时的高兴,可是那一时的高兴,就是那一时的“欲”。他这样做就是“以从欲为欢”。他这样做,不管别人的讥笑,这就是“心无措乎是非”。

第三节　嵇康论精神境界的第二层次——“心不违乎道”

在第一个层次中,人解决了在社会中的人生问题,其主要的办法是“心无措乎是非”,“越名教而任自然”。但是,人生中的问题并不都是社会中的问题。人是社会的一个成员,也是宇宙的一个成员,他不能离开社会,更不能离开宇宙。人生中的问题,有些是因个人同社会的关系而有的,更多的是因个人同宇宙的关系而有的。前者是要解决,后者更是要解决。解决后者的主要办法,照嵇康所说的,是“情不系于所欲”,“审贵贱而通物情”。关于这两句话的意义,嵇康在《释私论》中没有讲,但在别的文章中讲了。

嵇康作了一篇《养生论》(《嵇康集》卷三),向秀提出了不同的意见,作了一篇《难养生论》(《嵇康集》卷四)。嵇康提出反驳,作了一篇《答难养生论》。在这场辩论中,提到对于富贵的态度的问题。嵇康说:“故世之难得者,非财也,非荣也,患意之不足耳。意足者,虽耦耕甽亩,被褐啜菽,莫不自得。不足者,虽养以天下,委以万物,犹未惬然。

则足者不须外,不足者无外之不须也。无不须,故无往而不乏。无所须,故无适而不足。不以荣华肆志,不以隐约趋俗,混乎与万物并行,不可宠辱,此真有富贵也。故遗贵,欲贵者贱及之,忘富,欲富者贫得之,理之然也。今居荣华而忧,虽与荣华偕老,亦所以终身长愁耳。故老子曰:‘乐莫大于无忧,富莫大于知足’,此之谓也。”(《答难养生论》)

这里所说的外,就是所欲,欲是内,所欲是外。“情不系于所欲”,就是“不须外”。“混乎与万物并行,不可宠辱,此真有富贵也”,就是《释私论》所说的“审贵贱而通物情”。知道什么是真有富贵,这就是“审贵贱”。“混乎与万物并行”,就是“通物情”。照《世说新语》所记载,竹林名士中的阮咸有一次宴请他的族人,用大盆盛酒,大家围绕着盆子喝。他家里的猪也来喝,他们就和猪一块喝,这就有“混乎与万物并行”的意思。这个意思,就是把自己放在万物之间,作为万物中之一物。

嵇康批评世俗中的人说:“上以周孔为关键,毕志一诚;下以嗜欲为鞭策,欲罢不能。驰骤于世教之内,争巧于荣辱之间。”(《答难养生论》)他认为这些人都是“情系于所欲”,受“外”的束缚,跟着“外”跑。嵇康说:“苟得意有地,俗之所乐,皆粪土耳。何足恋哉?”(同上)他认为世俗的人所以恋于世俗之乐,因为他们在内没有得意之地。他说:“此皆无主于内,借外物以乐之。外物虽丰,哀亦备矣。有主于中,以内乐外,虽无钟鼓,乐已具矣。故得志者,非轩冕也;有至乐者,非充屈也。(“充屈”疑当作“充悦”,本篇上文云:“若以充悦为贤,则未闻鼎食有百年之宾也”。指可以充腹悦口的好吃的东西。)得失无以累之耳。且父母有疾,在困而瘳,则忧喜并用矣。由此言之,不若无喜可知也。然则(鲁迅云:“则下当有‘无’字”)乐岂非至乐邪?故顺天和以自然,以道德(老庄所说的道德,非一般所谓道德)为师友,玩阴阳之变化,乐长生之永久,任自然以托身,并天地而不朽者,孰享之哉。”(同上)嵇康所举的例子意思是说,一个人的父母得病而痊愈了,这固然是一喜,但宁可不要这种喜,因为父母不得病那就更好。嵇康用这个例子说明无乐就是至乐。

这大概就是嵇康所说的"行不违乎道"的意义。这是一种精神境界。这里所说的"长生"、"永久"、"不朽",都是有这种精神境界的人所有的自觉,并不是说有这种精神境界的人像神仙那样,可以长生不死。嵇康认为长生不死的神仙是有的,但是认为神仙"似特受异气,禀之自然,非积学所能致也"(《养生论》,《嵇康集》卷二)。如果养生得法,也可以益寿延年,活到千余岁或数百岁,这是积学所能致的。嵇康认为人的精神和肉体是互相依赖互相影响的,所以养生最好的办法是从精神和肉体两方面同时下手。他说:"是以君子知形恃神以立,神须形以存,悟生理之易失,知一过之害生。故修性以保神,安心以全身,爱憎不栖于情,忧喜不留于意,泊然无感而体气和平。又呼吸吐纳,服食养身,使形神相亲,表里俱济也。"(同上)嵇康在这里讲的是形神交养,但养神的话比较多,他大概认为养生究竟是以养神为主,养神为必要条件。但他又认为,养神虽是必要条件,但不是充足条件,还要加上养形的条件。他所说的呼吸吐纳服食,就是养形的条件。服食是吃药,像灵芝之类。

嵇康又认为,养神重在理解觉悟,怕的是强制压迫。他说:"善养生者则不然矣。清虚静泰,少私寡欲,知名位之伤德,故忽而不营,非欲而强禁也;识厚味之害性,故弃而弗顾,非贪而后抑也。外物以累心不存,神气以醇白独著。旷然无忧患,寂然无思虑。又守之以一,养之以和,和理日济,同乎大顺。然后蒸以灵芝,润以醴泉,晞以朝阳,绥以五弦,无为自得,体妙心玄。忘欢而后乐足,遗生而后身存。若此以往,庶可与羡门比寿,王乔争年,何为其无有哉!"(同上)这里那几个"知"字,就是理解觉悟。其要点是"情不系于所欲","以内乐外",不"以外乐内"。

《老子》和《庄子》书中,本来有神仙家的言论,讲究修炼,以求长生不死。但《老子》书中也说：“吾所以有大患者，为吾有身。及吾无身，吾有何患！”（《老子》第十三章）又说：“夫惟无以生为者，是贤于贵生。”（《老子》第七十五章）这一类的话都否定了神仙家修炼以求长生不死的言论。嵇康的《释私论》也引了《老子》的这两段话，称为“大道之言”，但是，他还有神仙家的思想。他的《养生论》以养生为题目，认为人的身体如果修炼得法，即使不能像传说中的神仙那样长生不死，总也可以活到千岁或几百岁。这种神仙家的思想，在葛洪的《抱朴子》书中得到发挥，后来成为道教的主要内容。

《老子》和《庄子》本来是一种总集，是号称为道家的人的论文集，其中的篇章，本来不是一时一人所作，思想分歧不足为怪。嵇康的文章中思想不一致，那就是思想的内部矛盾了。他固然也说：“遗生而后身存”，但是又要吐故纳新，还要吃药，这就不是“遗生”了。

嵇康有一首琴歌：“凌扶摇兮憩瀛洲，要列子兮为好仇。餐沆瀣兮带朝霞，眇翩翩兮薄天游。齐万物兮超自得，委性命兮任去留。”（《琴赋》，《嵇康集》卷二）既然是“任去留”，那就用不着“吐故纳新”，吃药，以求长生了。

嵇康论精神境界的要点，就是超越。琴歌说：“齐万物兮超自得。”万物本来是不齐的，不齐就任其不齐，这就是所谓“以不齐齐之”。如果一个人能够这样地齐万物，这就超了。能超就能自得，就能在社会中“越名教而任自然”，在宇宙间“超万物而自得”，这就是最高的精神境界。要达到这种精神境界，就要超越一个个体所受的限制，用嵇康的话说，那就是“释私”。

嵇康的这一套理论和《庄子》是相合的。《庄子》的《逍遥游》说：“且举世而誉之而不加劝，举世而非之而不加沮，定乎内外之分，辩乎荣辱之境，斯已矣。彼其于世未数数然也。虽然，犹有未树也。夫列子御风而行，泠然善也，旬有五日而后反。彼于致福者，未数数然也。此虽免乎行，犹有所待者也。若夫乘天地之正，而御六气之辩，以游无穷者,彼且恶乎待哉！故曰,至人无已,神人无功,圣人无名。”

“举世而誉之而不加劝,举世而非之而不加沮”,这就是“心无措乎是非”。能够这样,就可以在社会中得到逍遥。但人生中的问题不完全是从社会关系中来的,仅只在社会关系中得到逍遥,那还不够,所以说,“犹有未树也”。“列子御风”那几句是说除了社会关系之外,还有一些问题需要解决,但是别的办法还是不行,因为他还要“有所待”。这几句话讲的就是“情不系于所欲”。“所欲”就是“所待”。如果情系于所欲,那就不能无所待。

“若夫乘天地之正”那一段说的是完全的超越,最大的逍遥。这就是琴歌所说的“委性命兮任去留”,也就是《释私论》所说的“寄胸怀于八荒,垂坦荡以永日”。

怎样可以达到这种境界呢?《逍遥游》说:“至人无已,神人无功,圣人无名。”主要的是“无已”,“无已”就是“释私”。

嵇康虽受《庄子》的启发,但他所说的这些,并不是注《庄子》,更不是抄《庄子》。是有那么一种客观道理,《庄子》和嵇康对之都有所见,所以他们所说的可以互相启发,互相印证。嵇康的思想中有一些内部矛盾,但也是确有所见。

第四节 嵇康论音乐

嵇康论人生精神境界,一般人或觉有点玄虚,但他在别的著作中也表现了汉末魏初“综核名实”的精神,批判了当时流行的一些宗教迷信。他是一个音乐家,不仅善于弹琴,而且有一套音乐理论。他的音乐理论是中国美学史中的一篇重要文章。在以前讲音乐的著作中,如荀况的《乐论》和《礼记》中的《乐记》,大部分的讨论是关于音乐的起源和音乐的社会效果,至于究竟什么是音乐,却没有明确的说明。嵇康的

《声无哀乐论》的要点，是明确地说明音乐的规定性，音乐的理，即究竟什么是音乐。就这个意义说，它是中国美学史上讲音乐的第一篇文章。他所用的方法是玄学中“辩名析理”的方法。他的这篇文章也是玄学中的一篇典型的“辩名析理”的文章。

《声无哀乐论》说：“夫天地合德，万物资生。寒暑代往，五行以成。故章为五色，发为五音。音声之作，其犹臭味在于天地之间，其善与不善，虽遭遇浊乱，其体自若而不变也。岂以爱憎易操，哀乐改度哉？”就是说，五音、五色、五行以及天地万物，都是客观的存在。五音有好听的，有不好听的，就好比各种气味，有好闻的，有不好闻的，就是说，有善有不善。无论善与不善，它本来就是那个样子，无论社会上的秩序是太平的还是混乱的，都不能叫它改变。人的主观上的爱好或憎恶，悲哀和欢乐，都不能改变它的规律。

嵇康认为，有些人所以听音乐而感到悲哀，这是因为他心里本来就有悲哀。《声无哀乐论》说：“夫哀心藏于苦心之内，遇和声而后发；和声无象，而哀心有主。夫以有主之哀心，因乎无象之和声，其所觉悟，唯哀而已。岂复知吹万不同，而使其自己哉！”就是说，音乐本来没有哀乐的性质，正因其如此，所以心里有哀的人为音乐所感动，就觉得更加悲哀。心里有快乐的人为音乐所感动，就觉得更加快乐。“吹万不同，而使其自己”是引用庄子《齐物论》中一句话，意思是说，音乐有它自己的规律。

《声无哀乐论》又说：“今以甲贤而心爱，以乙愚而情憎，则爱憎宜属我，而贤愚宜属彼也。可以我爱而谓之爱人，我憎而谓之憎人，所喜则谓之喜味，所怒则谓之怒味哉？由此言之，则外、内殊用，彼、我异名。声音自当以善恶为主，则无关于哀乐。哀乐自当以情感而后发，而无系于声音。名实俱去，则尽然可见矣。”意思是说，一个人是个贤人，我心里爱好他，另外一个人是个愚人，我心里憎恶他。贤愚的性质是属于那两个人的，是在外的。爱好和憎恶的感情，是属于我的，是在内的。音乐的好坏是属于音乐的,是在外的。悲哀是我的感情,是属于我的,是在内的。嵇康在这里所说的,彼、我,内、外的区别就是客观和主观的区别。嵇康认为,这个区别是很重要的。应该把主观和客观严格地区别开来,不可把主观的东西强加于客观,也不可把客观的东西说成是主观,说声有哀乐,就是把主观的东西强加于客观。嵇康说:这就是"滥于名实",就是说,名和实不合。如果名和实不合,那就是"名实俱去"。他的《声无哀乐论》就是要说明音乐本来没有哀乐,所以也不应该强加以哀乐之名。

《声无哀乐论》又引反对的人的话说:"贤不宜言爱,愚不宜言憎,然则有贤然后爱生,有愚然后憎起,但不当共其名耳。哀乐之作,亦有由而然。此为声使我哀,音使我乐也。苟哀乐由声,更为有实,何得名实俱去耶?"就是说,如果爱好一个人是因为他贤,憎恶一个人是因为他愚,可见我的爱憎是有原由的。不过不应该说,我所爱好的人是爱人,我所憎恶的人是憎人。音乐也是这样,音乐能叫人哀乐,可见哀乐是有原由的,不过不应该说音乐也有哀乐。爱人和憎人,悲哀和喜乐,这种"名"是不应该有的,但"实"是有的,怎样能说"名实俱去"呢?这个反对者又举了许多历史上的记载,证明声有哀乐。嵇康回答说:"夫推类辨物,当先求之自然之理。理已足,然后借古义以明之耳。今未得之于心,而多恃前言以为谈证。自此以往,恐巧历不能纪。……夫五色有好丑,五声有善恶,此物之自然也。至于爱与不爱,人情之变,统物之理,唯止于此。然皆无豫于内,待物而成耳。至夫哀乐自以事会,先遘于心,但因和声以自显发。"

在这一段里,嵇康首先提出了一个方法论上的问题。他认为,凡是研究一类事物,首先要搞清楚这一类事物的本来的规律("自然之理"),这一点搞清楚以后,然后再引证古人所讲的道理,以为说明。如果自己心里还没有把自然之理搞清楚,只靠古人的言论以为自己所说的根据,古人的议论很多,是引不胜引的。嵇康在这一点上的见解,在认识论上说，是唯物主义的反映论。

嵇康接着说，五色有好看的有不好看的，五声有好听的有不好听的，这是客观事物的自然性质。至于我爱好和不爱好，这是人的主观的变化。主要的问题就在这里。事物的“理”跟人的主观情感没有什么关系，它所依赖的只是客观的事物，不是人的主观的情感。人的主观的哀乐也有它们的原因，也是一些事情所构成的，先已经存在于人的心里面，受了音乐的感动，它就发泄出来。这就是“声音无常”的意思。这跟人的贤愚引起我的爱憎那种情况，是不同的。

嵇康说，音乐是能感动人，但不能因此就以为音乐有哀乐。他说：“然和声之感人心，亦犹酒醴之发人情也。酒以甘苦为主，而醉者以喜怒为用。其见欢戚为声发，而谓声有哀乐，犹不可见喜怒为酒使，而谓酒有喜怒之理也。”就是说，音乐的主要性质就是和，比如酒的性质是甘苦。有人听了音乐觉得悲哀，有人听了觉得喜欢，就好比有人喝醉了就发怒，有人喝醉了就狂欢。就这一方面说，音声是无常的，但不能因此就说声有哀乐。就比如，酒能使人大怒和狂欢，但不能因此就说酒的本性就有喜怒之理。

嵇康的《琴赋》（《嵇康集》卷二）的意思，和《声无哀乐论》的意思是相同的。《琴赋》的序说，向来赞称乐器的文章，都认为音乐以悲哀为主。这是“未尽其理也。推其所由，似元不解音声，览其旨趣，亦未达礼乐之情也”。就是说，向来讲音乐的人都认为声有哀乐，这些作者们的错误的根源，是既不懂声音之理，也不懂“礼乐之情”。嵇康在这里提出了两个问题。一个是关于音乐本身的规律的问题，一个是“乐”和“礼”的关系的问题。《声无哀乐论》讲的主要内容就是要解决第一个问题。《琴赋》说：“非夫至精者，不能与之析理也。”嵇康自以为他自己就是“至精者”。

《琴赋》接着说：“若论其体势，详其风声，器和故响逸，张急故声清，间辽故音庳，弦长故徽鸣。性洁静以端理，含至德之和平，诚可以感荡心志而发泄幽情矣。是故怀戚者闻之,则莫不憯懔惨凄,愀怆伤心,含哀懊咿,不能自禁。其康乐者闻之,则敂愉欢释,抃舞踊溢,留连烂漫,嗢噱终日。若和平者听之,则怡养悦愉,淑穆玄真,恬虚乐古,弃事遗身。是以伯夷以之廉,颜回以之仁,比干以之忠,尾生以之信,惠施以之辩给,万石以之讷慎。其余触类而长,所致非一,同归殊途,或文或质,总中和以统物,咸日用而不失。其感人动物盖亦弘矣。”

在这一大段中,第一小段讲,琴所发出来的音乐能够感动人的心志,激发人的感情。什么感情呢?那就看听的人的心中原来有什么感情,有的听者心中原来有哀的感情,他就更觉悲哀,有的听者原来心中有欢乐的感情,他听了就更加欢乐。还有一些听者原来就心平气和,他听了就更加心平气和。嵇康还说,听者中如果有什么特长,听了音乐,他的特长就更能发挥出来。总的意思就是说,一个乐章就是那么一个乐章。但是在不同的听众中,可以引起不同的反应,发生不同的作用,这就是“声之无常”。这就可见,声是客观的,哀乐是主观的。主观和客观必须严格地区别开来。

《声无哀乐论》说:“曲用每殊,而情之处变,犹滋味异美,而口辄识之也。五味万殊,而大同于美,曲变虽众,亦大同于和。美有甘,和有乐。然随曲之情尽乎和域,应美之口绝于甘境,安得哀乐于其间哉”。这是说音乐之所以为音乐,就在于和。和是音乐的规定性,是音乐之理。音乐之所以能够感动人的心志,激发人的感情,所靠的也就是一个和。在嵇康以前,讲音乐的人也都把乐与和联系起来,这个联系几乎是大家所公认的。但以前的联系是把和作为乐的作用,一种社会作用。照嵇康的说法,和不仅是乐的作用,而且是乐的本质。乐之所以能发生和的作用,正是因为它有这种本质。就这点上说,嵇康是发前人之所未发。《声无哀乐论》的主要意思就是说明这一点。

嵇康也承认,音乐之中有各种不同的曲调,大致可以分为猛、静两类,这是曲调的不同,也是乐器的不同。他说,譬如:琵琶、筝、笛声音高亢,节奏急促。琴、瑟声音低,节奏慢。这些猛、静的不同,也引起人的不同的反应,称为躁、静。可是躁、静并不是哀乐。乐曲虽有猛、静的不同,但“猛、静各有一和”,也都要“大同于和”。乐是一个大类名,和是这一大类的规定性,是这个名的内涵。猛、静是这一大类中的小类,虽有不同,但不能离开大类的规定性,不能不“大同于和”。

在《声无哀乐论》中,嵇康也批判了以前和当时人的关于音乐的一些迷信。《声无哀乐论》中引了反对者的话说:“师旷吹律,知南风不竞,楚多死声。”有一个相传的故事,楚国要出兵伐郑,意在与晋国争霸,晋国的人听到这个消息,很受震动。晋国的乐官师旷是当时一个大音乐家,说,不怕。他吹律管知道“南风不竞,楚多死声”,楚国伐郑,是不能成功的。嵇康批判说,师旷吹律管,他所能接触的是晋国的空气,晋国的风。楚国离晋国有几千里之远,他怎么能接触到楚国的空气,楚国的风呢?即使他能接触到晋国以外的空气,他怎么能知道他所接触的是楚国的空气,楚国的风呢?嵇康的关于音乐的理论,指出了音乐的本质,也批判了历来关于音乐的迷信。

《声无哀乐论》也批判了以前和当时关于音乐的所谓雅、郑的分别。所谓雅,指的是当时社会上层的传统的古乐;所谓郑,指的是社会下层的新兴的音乐。社会上层的人认为“郑声”没有音乐的价值,不能登大雅之堂。嵇康在《声无哀乐论》中提出不同的意见。他说:“若夫郑声是音声之至妙。”为什么是至妙,他没有说,在《声无哀乐论》另一段里,他说:“姣弄之音挹众声之美,会五音之和。其体赡而用博,故心役于众理。五音会,故欢放而欲惬。”这几句话所讲的可能就是郑声,嵇康大概是沿用当时的话,称为“姣弄之音”。他给这种音的评价是“体赡而用博”。“体赡”是说它的内容丰富,“用博”是说它的作用众多,所以人们听了都觉得轻松愉快。嵇康认为,从艺术标准看,郑声比雅乐高得多了。

孔丘说:“郑声淫。”又说:“放郑声。”这些话是当时辟郑声的根据,嵇康也不反对。他说:"若夫郑声,是音声之至妙。妙音感人,犹美色惑志,耽槃荒酒,易以丧业。自非至人,孰能御之?"这就是说,从艺术标准说,郑声比雅声还要高。正是因为它太好听了,感染力太大了,除非"至人",谁也抵抗不了。统治者怕人受到感染,所以要禁止它。就是说,从政治标准说,郑声是不好的,所以要不得。统治者要"乐不极音",不要把音乐搞得太好听了,以免人不务"正业"。

上面讲到,嵇康在《琴赋》序中,提出两个问题,一个是音声之理,一个是礼乐之情。《声无哀乐论》大部分讲的是音声之理,讲到郑声的时候,就转到礼乐之情。

嵇康说:"夫音声和比,人情所不能已者也。是以古人知情之不可放,故抑其所遁。知欲之不可绝,故因其所自,为可奉之礼,制可导之乐。口不尽味,乐不极音。揆终始之宜,度贤愚之中,为之检则。使远近同风,用而不竭,亦所以结忠信,著不迁也。"(《声无哀乐论》)就是说,因为声音可以感人,所以可以把乐和礼配合起来,以改变人心,改变风俗。嵇康说,这就是孔子所说的"移风易俗莫善于乐"。嵇康认为,在这个问题上,有两方面要注意,一方面是"抑",另一方面是"导"。"抑"是限制人的欲望感情,使它们不能向错误方向发展。"导"是引导人的欲望感情,使它们向正确的方向发展。礼的作用主要的是抑,乐的作用主要的是导。礼、乐配合起来,就成为社会上的行为标准。无论什么地方,都照这样的标准行动,这个社会就可以永远存在下去了。这个社会当然是封建社会。所谓正确和错误,也就是封建统治阶级的正确和错误。

嵇康本来说:"六经以抑、引为主,人性以从欲为欢。"(《难自然好学论》)他本来是反对抑、引的,可是,在讲到音乐的政治标准的时候,他也赞成抑、引了。他本来是反对"名教"和"礼法"的,可是在讲到音乐的社会作用时,又讲礼和乐的配合了。这也是他的思想中的一个内部矛盾。《声无哀乐论》的主题本来是讲音声之理,作为一篇美学论文,这就够了。讲“礼乐之情”是画蛇添足。

第五节　嵇康对于当时社会迷信的态度

在《嵇康集》中有四篇文章,辩论宅有无吉凶。所谓宅,包括所谓阴宅和阳宅。阴宅是死人埋葬的地方,就是坟墓。阳宅是活人居住的地方,就是住宅。古代有所谓“风水”、“堪舆”的迷信。照这种迷信,如果一家人的阴宅或阳宅是好风水,这家人家就要兴旺;否则就要衰落。这就是认为宅有吉凶。《嵇康集》中有四篇是辩论这个问题的。这四篇既然都在《嵇康集》中,当然都是嵇康所作的。但是,这四篇的内容,是互相批评。这四篇合起来是一场辩论。辩论有双方,嵇康是属于哪一方呢?这是一个有争论的问题。

其实,这是没有可以争辩的。鲁迅校本所用的底本是明吴宽木,这个木子的目录已经明确地标明:“第八卷:阮德如《宅无吉凶摄生论》(附),《难宅无吉凶摄生论》。第九卷:阮德如《释难宅无吉凶摄生论》(附),《答释难宅无吉凶摄生论》。”这个目录不但明确地标明四篇文章的作者,也标明四篇文章出现的次序。阮德如先作了一篇《宅无吉凶摄生论》(以下简称《论》)。嵇康有不同的意见,写出《难宅无吉凶摄生论》(以下简称《难》)。阮德如提出解释作《释难宅无吉凶摄生论》。嵇康提出回答,写《答释难宅无吉凶摄生论》。这个目录所标明的次序,就是这场辩论的发展过程。

严可均《全三国文》及姚振宗把《宅无吉凶摄生论》归于张辽叔,未知所据。《隋书·经籍志》道家类注云:“梁有摄生论二卷,晋河内太守阮侃撰。”戴明扬据以断定《宅无吉凶摄生论》的作者就是阮侃(《嵇康集校注》)。可能是阮侃,不过这还不能作为定论。因为《隋书》所说的《摄生论》有二卷,似乎是比较长的一部书,不是一篇简短的论文。阮德如的《论》主要的是讨论宅有无吉凶,至于摄生,他和嵇康的见解是一致的,不在讨论之列。嵇康为司马昭所害,那个时候还没有晋朝。阮侃当过晋朝的河内太守,可见他的年辈比嵇康晚得不少,在那四篇论文中讨论都是平辈熟人的口气,这都是可疑之处。关于这个问题,还有待于继续研究,暂可不论。

《太平御览》卷一百八十引嵇康《宅无吉凶论》曰:"设为三公之宅而命愚民居之,必不为三公可知也。夫寿夭之不可求甚于贵贱。然则择百年之宫而望殇子之寿,孤逆魁忌以速彭祖之夭,必不几矣。然则果无宅也,是性命自然不可求矣。"卷九百一十八又引嵇康《宅无吉凶论》曰:"夫同栖之鸡,一栏之羊,宾至而有死者,岂异之哉?"这两段引文都见于那四篇文章之中,所以《太平御览》笼统地称之为嵇康《宅无吉凶论》。《宅无吉凶论》是一个笼统之词,并不是专指《宅无吉凶摄生论》那篇文章,因为那篇文章的题目,并不是《宅无吉凶论》。所以《太平御览》同上边所说的那个目录,并无矛盾。人们还可以根据那个目录以说明那四篇文章的作者和那个辩论的过程。

阮德如的《论》的主题,就是那篇《论》的题目所表示的,讨论的问题是人的寿夭和宅的吉凶的关系,人的寿命是不是专靠摄生(养生)可以决定的,他所住的宅子和他的祖先的坟墓的吉凶是不是也是一种决定的因素。

《论》说:"夫善求寿强者,必先知夭疾之所自来,然后其至可防也。祸起于此,为防于彼,则祸无自瘳矣。世有安宅、葬埋、阴阳、度数、刑德之忌,是何所生乎?不见性命,不知祸福也。不见故妄求,不知故干幸。是以善执生者,见性命之所宜,知祸福之所来,故求之实而防之信。"

《论》这一段话的意思是说,要想求寿强,就要先知道夭疾的原因,然后可以预防。所谓安宅、葬埋等忌,就是风水、堪舆各种迷信。有些人想用这些迷信预防夭疾,这就是"祸起于此,为防于彼",那是怎样也预防不了的。迷信起于无知。因为无知,所以就胡搞,以求侥幸。人如果是有了知识，他就能知道祸福的真正的原因。这样，他就在实际中去求福，而不在主观幻想中去求，他防祸就能确实有效。如果不这样，那就是如《论》所说的：“亡之于实而求之于虚，故性命不遂也。”

《论》举养蚕为例说，曾经有人，不知道养蚕的规律，禁忌很多，可是蚕还是养不好。后来有人教他养蚕的道理，他就打破了一切禁忌，养蚕得利十倍。《论》说：“先不知所以然，故忌祟之情繁，后知所以然，故求之之术正。故忌祟生于不知，使知性命犹如蚕，则忌祟无所立矣。”就是说，如果一个人对于养生的所以然的道理，也像那个养蚕的人一样，那一切的禁忌自然就站不住脚了。

《论》又说：“有贼方至，不疾逃独安，须臾遂为所虏。然则避祸趋福，无过缘理。避贼之理，莫如速逃，则斯善矣。养生之道，莫如先和，则为尽矣。夫避贼宜速章章然，故中人不难睹。避祸之理冥冥然，故明者不易见。其于理动，不可妄求一也”。就是说，求福避祸，最好的办法就是“缘理”。躲避贼的理，就是快逃。养生的理，就是求和。这个和是身体和精神的协和，也是身体各部分的协和。理有规律的意思，遵照规律就是缘理。遵照规律行动，就是理动。不遵照规律行动，就是妄求。《论》所说的规律，有些并不是规律，有贼来了快跑，这就不是一般的规律。不过他所主张的“理”和“理动”，还是有唯物主义的意义，还是可取的。他讲迷信生于无知，这也是唯物主义的思想。

但是《论》的唯物主义思想，并不彻底。《论》并不是用上边所说的那个大前提，以批判各种迷信，而是用这一种迷信以批判那一种迷信。但是，他对于风水、堪舆、人的寿夭和吉凶的关系，态度都是明确的。它说：“夫一栖之鸡，一栏之羊，宾至而有死者，岂居异哉？故命有制也，知命者则不滞于俗矣。”这是明确地否定了宅有吉凶的迷信，但是，它的根据是宿命论，这就从一种迷信倒向另一种迷信。

《论》的最后总结说：“凡以忌祟治家者，求富而其极皆贫。故有‘知星宿衣不覆’之谚。古言无虚，不可不察也。”《论》的这个结论和它在开始时所提的前提,还是一致的。

嵇康有不同的意见,提出《难宅无吉凶摄生论》,《难》说:“论曰:‘专气致柔,少私寡欲,直行情性之所宜,而合养生之正度。求之,于怀抱之内而得之矣’。又曰:‘善养生者,和为尽矣’。诚哉斯言,匪谓不然,但谓全生不尽此耳。”嵇康赞成《论》所说的那些养生的道理,因为这些道理本来就是他在《养生论》中所讲的。他和《论》的不同在于,他认为养生的道理,还不完全就是这些。用逻辑学的话说,他认为这些道理所讲的是养生的必要条件,不一定是充足条件。

《难》又说:“不谓吉宅能独成福,但谓君子既有贤才,又卜其居,顺履积德,乃享元吉。犹夫良农既怀善艺,又择沃土,复加耘耔,乃有盈仓之报耳。”这是说,他并不完全否定宅有吉凶,不过并不认为专靠宅的吉凶以决定人的祸福。这是认为,宅的吉凶也可能是决定人的祸福的条件之一。

《难》的结论说:“天地广远,品物多方,智之所知,未若所不知者众也。今执夫避贼消谷之术,谓养生已备,至理已尽。驰心极观,齐此而还,意所不及,皆谓无之。欲据所见,以定古人之所难言,得无似蟪蛄之议冰耶?……吾怯于专断,进不敢定祸福于卜相,退不敢谓家无吉凶也。”意思是说,宇宙是广大的,事物的种类是众多的。人所知道的,比它所不知道的,少得多。《论》认为养生的道理和方法,已经讲尽了。但是它所想不到的,都认为是没有。专凭它自已的偏见,讲古人所难讲的事。这好像夏天的蟪蛄,它的生命仅只是一个夏天,而它偏要讲冬天的冰雪,这不是胡扯吗?《难》认为《论》的说法是“专断”。《难》的这一段,是针对《论》所提出的大前提说的。意思就是说,这个大前提是对的,但是,人们所知的比他所不知的要少得多,怎么能把他们所不知的都一概断定是没有呢?嵇康对于风水、卜筮、命相,甚至于鬼神都持“宁可信其有,不可信其无”的态度。他认为这些都是“不知”的那个领域的一种迹象,人们应该跟着这些迹象进行探索,以求扩大知识的范围。《答释难宅无吉凶摄生论》最后说：“然苟知果有未达之理，何不因见求隐，寻端究绪，由子午而得丑未？夫寻端之理，犹猎师以得禽也，纵使寻迹时有无获，然得禽曷尝不由之哉？今吉凶不先定，则谓不可求，何异兽不期则不敢举足，坐守无根也？由此而言，探赜索隐，何谓为妄？”（此段有数处用戴明扬校）就是说，对于所不知应该进行探索。探索的方法是“因见求隐，寻端究绪”。譬如一个打猎的人在山林中看见禽兽活动所留下的痕迹，就跟踪去找禽兽，有的时候找不到，但是要找禽兽，就要靠这些痕迹。如果说这个迹象不一定可靠，那就是说，打猎的人可以坐着不动，不必到山林中去找。嵇康所说的探索的方法是对的，但是，用到迷信上，就不对了。打猎的人在山林中所遇到的迹象是客观存在的，迷信是主观的幻想，与客观实际并没有关系，它们并不是客观实际的一种“端”，从它们也得不到什么“绪”。

在宅无吉凶摄生辩论中，嵇康的态度不如他在《养生论》中态度那样明确，对于迷信有调和让步的意思。这也是他的思想中的内部矛盾的表现。嵇康本来是一个矛盾的人，如果把他的《幽愤诗》、《家诫》和《与山巨源绝交书》比较起来，他的思想和行动中的矛盾就更大、更显著了。也许在他看来，这些并不算是矛盾，他本来主张“值心而言，触情而行”，有矛盾就把它公开出来，这就是公。（《见释私论》）嵇康是这样说的，也许就是这样做的吧。

嵇康在《释私论》中所说的“越名教而任自然”，是从个人方面说的。他的《太师箴》是用这种观点从社会方面批判当时的政治。他说：“浩浩太素，阳曜阴凝。二仪陶化，人伦肇兴。厥初冥昧，不虑不营”。这是从宇宙的开始说到社会的开始。他对于宇宙形成的说法，基本上是和王符相同的。“茫茫在昔，罔或不宁。赫胥既往，绍以皇羲，默静无文，大朴未亏，万物熙熙，不夭不离。”这是说原始社会的情况，他认为在原始社会中，人和其他万物都过着朴素而安静的生活。“下逮德衰，大道沉沦。智惠日用，渐私其亲。”这是说原始社会的分裂，如《礼运》所说的:“今大道既隐,天下为家,各亲其亲,各子其子。”“惧物乖离,攘臂立仁,利巧愈竞,繁礼屡陈,刑教争施,夭性丧真。”这是说原始社会分裂以后的情况,在其中就有刑罚礼教等人压迫人的制度。“季世陵迟,继体承资。凭尊恃势,不友不师。宰割天下,以奉其私。”这是说,后来的皇帝简直以天下为私产。“故君位益侈,臣路生心。竭智谋国,不吝灰沉。赏罚虽存,莫劝莫禁。”这是说,既然有人以“天下”为自己的私产,就也有人图谋他的私产。“若乃骄盈肆志,阻兵擅权,矜威纵虐,祸崇丘山。刑本惩暴,今以胁贤。昔为天下,今为一身。下疾其上,君猜其臣。丧乱弘多,国乃陨颠。”(《太师箴》)这就是说,统治阶级内部,互相争夺,引起战争,给人民带来的灾害,比山还大。人民对于统治者的仇恨越来越大,统治者对于人民防备也越来越严。结果是社会越来越乱。

嵇康说:他“每非汤武而薄周孔”(《与山巨源绝交书》)。《太师箴》的这一段,正是他的这一句话的具体内容。汤武都是“宰割天下,以奉其私”。而周孔正是为“私天下”的社会制度作出理论的根据。

当然,原始社会的情况决不是像嵇康所说的那样完美,但是其中没有人剥削人的制度,没有阶级对立,没有阶级斗争,从这一点说,它是比较安静的。嵇康虽没有谈到,也不可能谈到阶级,但是他尖锐地揭露了在剥削阶级统治的社会中,统治者和被统治者之间的,以及统治阶级内部的斗争的残酷事实,而其同情是在被统治的人民这一边的。

嵇康被司马昭杀了,这可能是由于司马氏和曹氏政治斗争的原因(嵇康的妻是曹魏宗室之女)。但是,从阶级斗争的观点看,如上面所述的嵇康的思想,是为统治者所不能允许的。嵇康自己说,他“每非汤武而薄周孔”,为“世教所不容”,这是他自己也感觉到的。嵇康的罪状是钟会提出的,钟会说:“康上不臣天子,下不事王侯。轻时傲世,不为物用。无益于今,有败于俗。昔太公诛华士,孔子戮少正卯,以其负才乱群惑众也。今不诛康,无以清洁王道。”(《世说新语·雅量》篇注引

《文士传》）钟会所说的是阶级思想斗争的问题，这是嵇康的死的主要原因。所以他将被杀的时候，有太学生三千人上书营救。这一种群众性的举动不能说仅只是由于他个人的影响，这是一种自发的阶级斗争。

嵇康在《太师箴》中对于当时政治的批判是相当尖锐的，但是《太师箴》的结尾，还是希望当时的统治者吸取教训，不要蹈前人的覆辙。他不是从制度上批判当时的国家。他不要求改变当时的国家制度，也没有那种思想。

第六节　阮籍的《大人先生传》

阮籍（210 年—263 年），字叔夜，陈留尉氏人，也是魏晋时期的一个“大名士”。据说当时步兵营的厨房里，有很多好酒，厨房还有一个厨师，善于造酒。阮籍好喝酒，就请求为步兵校尉。后世称他为阮步兵。后人把他的著作编辑为一个集子，一名《阮步兵集》。

阮籍的主要著作是《大人先生传》。在这篇《传》的最后几段中，阮籍发表了他的哲学思想。《大人先生传》说：当大人先生发表了前两段议论之后，有一个隐士听见了很喜欢，认为大人先生同他是志同道合。这个隐士说：“善哉！吾得之见而舒愤也。上古质朴淳厚之道已废，而末枝遗叶并兴。豺虎贪虐，群物无辜，以害为利，殒性亡躯。吾不忍见也，故去而处兹。人不可与为俦，不若与木石为邻。……吾将抗志显高，遂终于斯。禽生而兽死，埋形而遗骨，不复反余之生乎。夫志均者相求，好合者齐颜，与夫子同之。”这个隐士看见当时社会制度的不合理，很愤慨，采取消极反抗的态度，实行逃避的办法。他隐居深山，自以为实在是脱离了社会。他引大人先生为同调，可是大人先生拒绝了这样的同调。

大人先生说：“故至人无宅，天地为客。至人无主，天地为所。至人无事,天地为故。无是非之别,无善恶之异。故天下被其泽而万物所以炽也。若夫恶彼而好我,自是而非人,忿激以争求,贵志而贱身。……薄安利以忘生,要求名以丧体。诚与彼其无诡,何枯槁而逌死。子之所好,何足言哉!”“至人”就是大人先生所自命的那种人,也就是阮籍所自命的那种人。阮籍认为,“至人”是超出善恶是非之上的,他不知道善恶的分别。他也是超出自己与别人分别之上的,他不以自己为好,不以别人为恶;不以自己为是,不以别人为非。而那个隐士,却正是与此相反,“恶彼而好我,自是而非人”。这也是“忿激争求”,同他所反对的人还是一样。大人先生说,他不能作那样的隐士。他实际上是说,那样的隐士还超脱得不够。

《大人先生传》说:大人先生又碰见一个打柴的人。他问打柴的人说,你将要打柴一辈子吗?打柴人说:“圣人以道德为心,不以富贵为志。以无为用,不以人物为事。尊显不加重,贫贱不自轻。失不自以为辱,得不自以为荣。……无穷之死,犹一朝之生。身之多少,又何足营?”这个打柴的人自以为超于富贵贫贱的分别之上,而且还能够超于生和死的分别之上。人生的时候,是很短的,这就是一朝之生。人除了生的时候,都是死的时候,所以死的时候是无穷的,这就是无穷之死。假如人没有生,也就没有死。照这个意义说,死也是生的一种情况。所以说,“无穷之死,犹一朝之生”。打柴的人说,懂得这个道理,就知道关于生的事情,多一点或少一点有什么关系呢?我是终身打柴,或不是终身打柴,也就不必问了。

大人先生听了说:“虽不及大,庶免小矣。”就是说,这个打柴的人的理解,还是不十分彻底,还是没讲到最根本的问题,但是也差不多了。最根本的问题是什么呢?大人先生说:“时不若岁,岁不若天,天不若道,道不若神。神者自然之根也。彼勾勾者自以为贵夫世矣,而恶知夫世之贱乎兹哉?故与世争贵,贵不足尊;与世争富,富不足先。必超世而绝群,遗俗而独往,登乎太始之前,览乎忽漠之初,虑周流于无外,志浩荡而自舒。”就是说，是非、善恶、富贵、贫贱，都是社会中的分别，超出这个分别，就是超乎社会之上。所谓“至人”不但超出社会之上，而且还要超乎自然界之上。这就是所谓“登乎太始之前，览乎忽漠之初”，太始，就是初有自然界的时候，太始之前就是还没有自然界的时候。那就是“道”，那就是“神”，那就是一个唯心主义者所理想的精神世界。有这种精神世界的人就是阮籍所说的“至人”，阮籍理想的大人先生就是这样，《大人先生传》所要宣扬的就是这种思想。这是阮籍的最后的思想。

阮籍的《大人先生传》共有五段，一段阐述一种思想。第一段批判和讥笑当时的礼法的条条框框以及那些奉行礼法的“士君子”。第二段批判当时的政治。第三段托为隐士的话表达隐士思想。第四段托为樵夫的话表达齐死生的思想。第五段阐述他所认为是最高的精神境界。这五种思想都是玄学家们所常有的，或者一个人专有一种思想，或者一个人兼有几种。嵇康的思想常有内部矛盾，就是因为他的思想中包括有几种思想。阮籍所说的这几种思想的发生，约略有一个逻辑的次序，表明玄学的发展由外及内，由浅入深，也约略有一个历史的次序。这两个次序的发展，也约略是统一的。

反对礼法的条条框框，讥笑死守这些条条框框的“士君子”，这是玄学家们共同的态度，也是最早表现出来的态度。士族是新兴的地主阶级贵族，他们不同于原有的地主阶级当权派。玄学家们对于礼法的批判和对于“士君子”的讥笑，就是士族的意识中的那个不同的反映。嵇康所说的“越名教而任自然”，“非汤武而薄周孔”，就是这种思想的反映。对于当时国家制度的批判，这是士族所受的汉末农民大起义的影响，这个影响也反映到玄学中来。上节引嵇康的《太师箴》中的一段，就是这种反映的表现。在玄学家思想中有些思想类似第三段所说的隐者的思想。嵇康在监狱中所作的《幽愤诗》就表示这种思想。诗中说：“昔惭柳下，今愧孙登，内负宿心，外恧良朋。仰慕严郑，乐道闲居,与世无营,神气晏如……惩难思复,心焉内疚。庶勖将来,无馨无臭。采薇山阿,散发岩岫。永啸长吟,颐性养寿。"但是玄学家不是隐士,《太师箴》还是要向统治者进忠告,这是玄学家与隐士主要的不同。

以上三段,都是就人同社会的关系讲的,下边两段是从精神境界讲的。从精神境界的观点看,"大人先生"批判了隐者的思想,认为这种思想是"恶彼而好我,自是而非人",还是有"是非之别,善恶之异",还是有所分别,有所追求。第四段所说的薪者能够认识到"无穷之死,犹一朝之生,身之多少,又何足营"。在他的精神境界中不但没有是非的分别,也没有死生的分别,这就又高一层了。所以"大人先生"肯定地说:"虽不及大,庶免小矣。"第五段就讲什么是大。不过在这一段中阮籍不用说理的方法,而用了屈原的《远游》的形式。"大人先生"到处游览,"登乎太始之前,览乎忽漠之初,虑周流于无外,志浩荡而自舒……廓无外以为宅,周宇宙以为庐"。这就是说大人先生的精神境界,与无外的宇宙同样广阔,与无穷的时间同样长久。阮籍认为这才是最高的精神境界。

这个"大人先生"确有其人。阮籍《大人先生传》说:"大人先生尝居苏门之山",苏门山在今河南辉县,可见他不是无何有之乡的人。他就是孙登。《嵇康集》中记载说:"登,字公和,不知何许人。无家属,于汲县北山土窟中得之。夏则编草为裳,冬则被发自覆。好读易鼓琴,见者皆亲乐之。每所止家,辄给其衣服食饮,得无辞让。"(《三国志·魏书》卷二一注引)《魏氏春秋》说:"(阮)籍少时尝游苏门山,苏门山有隐者,莫知姓名,有竹实数斛,臼杵而已。籍从之,与谈太古无为之道,及论五帝三王之义。……籍乃假苏门先生之论以寄所怀。"(同上注引)

由此可见阮籍所说的"大人先生"和孙登是有关系的,不过《大人先生传》是阮籍写的,"以寄所怀"。"所怀"既然是阮籍的,那些"论"也自然是阮籍的了。阮籍所假借的就是孙登其人而已。阮籍没有提孙登的名，而只泛称“大人先生”。这篇“传”并不是叙述孙登的言论的传记，而是阮籍自叙“所怀”的一篇文章。

从哲学的观点看，可注意的是阮籍在这篇文章中并没有提到当时玄学家们所经常讨论的“无”，而讲到“无外”，讲到“宇宙”，他所说的宇宙不一定就是现代哲学中所说的宇宙，但加上“无外”，就可见他对于现代哲学中所说的宇宙有所认识了。这一点在他的《达庄论》中有更清楚的表现。

第七节　阮籍的《达庄论》

《达庄论》说：“天地生于自然，万物生于天地。自然者无外，故天地名焉。天地者有内，故万物生焉。当其无外，谁谓异乎。当其有内，谁谓殊乎。”从表面上看，阮籍似乎是讲了一个宇宙生成的程序，自然生天地，天地生万物。其实他说：“自然者无外，故天地名焉”，可见天地就是自然的别名。又说：“天地者有内，故万物生焉”，可见万物就是天地的内容。阮籍认为，无论从无外或从有内说，一切的事物，都包括在天地之内，所以也就可以说是“一体”。万物一体是《达庄论》的主题。

《达庄论》引《庄子》的话说：“自其异者视之，则肝胆楚越也；自其同者视之，则万物一体也。”这是战国时期的名家的“合、同、异”的说法。名家有一个命题，说：“万物毕同毕异。”就是说，万物都有相异的地方，就这一方面说，万物都是相异的。但是它们也都有相同的地方，就这一方面说，他们都是相同的。《庄子》用这种辩论，证明万物一体。这种论证可以说是名理的论证。阮籍不满足于这种论证，更进一步提出证明万物在实质上是“一体”。

《达庄论》又说：“人生天地之中，体自然之形。身者，阴阳之积（一本作精)气也。性者,五行之正性也。情者,游魂之变欲也。神者,天地之所以驭者也。"这是企图证明,人在实质上,是同天地万物为一体的。阮籍认为,人生于天地之中,作为自然的一个体现者,他的身体就是阴阳之气积合起来的,人的本性就是五行的本性,人的感情就是灵魂的变动的欲望,人的精神就是天地的主宰。这是《大人先生传》所说的"道不如神"那个命题的更进一步的发挥。这是认为神是宇宙最高的主宰,同时也就是人的精神。

《达庄论》说:"别而言之,则须眉异名,合而说之,则体之一毛也。彼六经之言,分处之教也。庄周之云,致意之辞也。大而临之,则至极无外;小而理之,则物有其制。夫守什五之数,审左右之名,一曲之说也。循自然,性天地者,寥廓之谈也。凡耳目之官,("官"字以意加)名分之施处,官不易司,举奉其身,非以绝手足、裂肢体也。"这是说,任何东西,都可以从不同的方面看,都可以把它作为一个个体来看,或者是把它作为组成一个总体的各个部分分别来看。比如说,人的眉毛和胡子,分别来看,眉毛和胡子各有各的名称,似乎是各不相干。但是总起来看,它们都是人的一个身体上的毛。任何事物都有它的全体和部分,有些话是对于部分讲的,有些话是对于全体讲的。自然和社会,都可以从它们的部分方面看,也可以从它们的全体方面看。孔丘的六经是就自然和社会的部分讲的,这就是所谓"分处之教"。《庄子》是就自然和社会的全体讲的,这就是所谓"致意之辞"。这个意就是玄学家们所说的"言不尽意"那个意。那个意本来是不能说的,只可以"致"。就是说,只可以提示,教人自己去体会。《庄子》所讲的就是"大而临之则至极无外",孔丘所讲的就是"小而理之则物有其制",孔丘的六经所讲的,就是那些"制"。把耳目之官分别开来,每一个官都有它的专职,但是它们都是为人的身体全体服务的。分别耳目之官,并不是把人的身体分裂开来。孔丘的六经讲各种的"名分",各种的措施,也不是要把社会全体分裂开来。阮籍的意思就是说,孔、老、庄所讲的道理,并不是互相违反而是互相补充的。这就是说,孔丘的名教和老、庄的自然,也不是互相违背的,而是互相补充的。阮籍说:“道者,法自然而为化,侯王能守之,万物将自化。《易》谓之太极,《春秋》谓之元,《老子》谓之道。”(《通老论》,《太平御览》卷一引)《周易》和《春秋》是孔丘的经典。阮籍认为,《周易》所讲的“太极”,《春秋》所讲的“元”和《老子》所讲的“道”,是一个东西。这就是说,孔丘和老聃的哲学思想,在根本上是一致的,所不同的只是一些枝叶问题,而在这些枝叶问题上,又是互相补充的。

阮籍的孔、老异同论暂不必管它。所可注意的是,阮籍不讲“无”,而讲“无外”,讲“天地”,这就从根本上同王弼、何晏的贵无论分开了。他在《达庄论》中所说的“天地生于自然,万物生于天地”那几句话,词意不合,这几句话的真正的意思就是向秀和郭象所说的:“天地者万物之总名也。天地以万物为体,而万物必以自然为正。”(《庄子·逍遥游》“乘天地之正”注)天地是个总名,包括一切事物,所以它是“无外”。任何事物都不能在它之外,因为它的定义,就是包括一切事物,这不是一个事实问题,而是一个逻辑问题。现在哲学中所说的宇宙,就是这个总名。宇宙的内容就是万物。

王弼、何晏的贵无论是从“类”的观点观察事物。事物有很多的类,大类包括小类。最大的类包括一切事物的“有”。任何一个类都有它的规定性。“有”这个最大的类,就只能是存在。事实上没有仅只是存在的存在,所以“有”就是“无”。这就是《老子》帛书本所说的“异名同谓”。阮籍和后来的崇有论是从具体的观点观察事物。万物分成许多集体,大集体包括小集体。最大的集体就是阮籍所说的“无外”,向秀、郭象所说的“天地”,现代哲学所说的“宇宙”。这不是一个类名,这是一个集体名。向秀、郭象说,“天地者,万物之总名也”。这就是说,他们所谓天地,并不是指物质的天和地,而是一个总名,总名就是集体名,这个集体名所包括的就是一切事物。中国哲学称为“天地万物”,

玄学称为“群有”和“万有”。

用形式逻辑的话说,“有”这个名有它的内涵和外延。王弼、何晏的贵无论,着重有的内涵,所以崇无。阮籍和以后的崇有论,着重有的外延,所以崇有。崇有就是以天地万物为主。既然以天地万物为主,那就用不着无了。

这个道理,阮籍还不是认识得很清楚。他的《达庄论》所说的那几句话,词意不敷。这并不是因为他不会作文章,而是他对于这个道理的认识还不很清楚,他也没有认识到他的思想从根本上不同意王、何。裴頠认识得比较清楚,就知道这个看法根本不同于王弼、何晏的贵无论。他公开地打出了崇有论的旗号。向秀、郭象认识得更清楚了。郭象明确地主张“无无”。

第八节 “达”与“作达”

上边所讲的那两种观察事物的方法,魏晋时期称为“名理”,因为这些方法都是用逻辑的方法观察事物的,多数的玄学家都是企图用这种方法达到一种精神境界,当时称为“玄远”。这种精神境界的内容就是后得的无分别的混沌。达到这种混沌,当时称为“达”。有了这种境界的达人,当然能够“越名教而任自然”,这是真正的名士。也有一些人没有真正地达,但也要“越名教而任自然”,这就是矫揉造作,不是任自然了,这种人称为“作达”。

《世说新语·任诞》说:“阮浑长成,风气韵度似父,亦欲作达。步兵曰:‘仲容已预之,卿不得复尔。’”步兵就是阮籍,阮浑是阮籍的儿子,仲容的名是阮咸,是阮籍的侄子。当时有七个有名的言行随便、放荡不羁的人物,称为“竹林七贤”。嵇康、阮籍、阮咸都在其中。阮浑也想学他的父亲“放荡不羁”,这就叫“作达”。阮籍教训他说,“仲容已经是这样了，你不能再是这样。”阮籍自己“放荡不羁”，但不叫他儿子学他。刘孝标的注引《竹林七贤论》说：“籍之抑浑，盖以浑未识己之所以为达也。”所以，为达是一种精神境界，有了那种精神境界，自然就有达的言论行为，这是自然而然的。没有那种精神境界而要矫揉造作，这就是作达。达是不能作的。因为达的一个主要内容，就是顺自然，作达正是反自然。

“竹林七贤”都是好喝酒的酒徒。其中有个刘伶在喝酒上特别突出。他作一篇《酒德颂》说：“有大人先生，以天地为一朝，万期为须臾，日月为扃牖，八荒为庭衢。行无辙迹，居无室庐，幕天席地，纵意所如。止则操卮执觚，动则挈榼提壶，惟酒是务，焉知其余。”（《晋书》卷四九《刘伶传》）

这一段所说的就是所谓“达”的具体内容。其要点就是“纵意所如”。可是没有刘伶境界的人光学刘伶喝酒，这就是“作达”。

刘伶所说的大人先生，与阮籍的《大人先生传》所说的大人先生是一类的人物。刘伶认为，喝酒可以达到那一种“混沌境界”。《酒德颂》描写人喝醉的时候的精神情况说：“无思无虑，其乐陶陶。兀然而醉，恍尔而醒。静听不闻雷霆之声，熟视不睹泰山之形。不觉寒暑之切肌，利欲之感情。俯观万物，扰扰然若江海之载浮萍。二豪侍侧焉，如蜾蠃之与螟蛉。”就是说，喝酒喝醉了，什么差别也没有了。那就是《达庄论》所说的“万物一体”那种精神境界了。

刘伶体会到酒醉时的情况同“浑沌”有点相似，这说明他所说的浑沌已经不是原始的，而是后得的。原始的浑沌是不自觉的，自觉的浑沌就是后得的浑沌。刘伶可能已经得到“所以达”了。没有得到刘伶的“所以达”而只学他的喝酒，那就是“作达”。

第四十章

裴頠的崇有论和欧阳建的言尽意论
——玄学发展的第二阶段

第一节　裴頠和他的《崇有论》

裴頠字逸民，是晋朝的"名士"，也是一个政治上的重要人物。在当时各政治派别争夺政权的斗争中，为赵王司马伦所杀。他的著作有《崇有论》和《辩才论》。《辩才论》大概是讨论当时所谓才性问题的，还没有写成，他就被害了。现在流传下来的只有《崇有论》，《晋书》把它完全载入裴頠的传中。

《晋诸公赞》说："頠疾世俗尚虚无之理，故著崇有二论以折之。才博喻广，学者不能究。"(《世说新语·文学》注引)照这个说法，《崇有论》共有两篇。《惠帝起居注》说："頠著二论以规虚诞之弊，文词精富，为世名论。"(《世说新语·文学》注引)这也是说《崇有论》有两篇，可是照《三国志·魏书》卷二三《裴潜传》注所引的《惠帝起居注》说："著《崇有》、《贵无》二论，以矫虚诞之弊，文辞精富，为世名论。"这个说法显然是讲不通的。裴頠正是反对"贵无"的，他怎么会写《贵无论》呢？《贵无论》怎么能"矫虚诞之弊"呢？《晋书》本传说：裴頠"著崇有之论"(《晋书》卷三五)。这个说法，必定也有所本。《晋诸公赞》和《惠帝起居注》所说的《崇有》二论，"二"字可能是"之"字之误。裴松之在

《裴潜传》注所引的《惠帝起居注》那一段，显然就是刘孝标在《世说新语·文学》注中所引的那一段。“贵无”二字大概是后人妄加上的。无论如何，现在传下来的裴頠的著作，就只有《崇有论》一篇，而这一篇就包括了他的全部哲学思想。

裴頠的《崇有论》是反对王弼、何晏的，是他们的“贵无论”的对立面，但它还是玄学。他和贵无论的斗争，是玄学内部的斗争。他们的斗争也是唯物主义和唯心主义的斗争，但这个斗争是在玄学内部进行的。其所以还是玄学，因为裴頠《崇有论》所用的方法是“辩名析理”，这是玄学的方法。他所讨论的问题是有、无问题，这是玄学的主要问题。

《世说新语·文学》注中记载裴頠和王衍、乐广辩论的事。可见当时的人认为，裴頠《崇有论》所用的方法是“辩名析理”。故把他的主张称为裴理，把王衍的主张称为王理。裴頠的《崇有论》也是唯物主义，但和下面要讲的杨泉的《物理论》不同。裴頠可以和王衍、乐广辩论，杨泉不能，因为他们之间没有共同的语言。

玄学的中心问题是有、无问题，在玄学的发展中，这两个名词的意义，也是跟着发展的，在“正始名士”中，所讨论的有、无，主要是其哲学的意义。到了“竹林名士”所讨论的有、无，就又加上社会的意义了。嵇康所说的“越名教而任自然”就是有、无的社会意义。在当时的这种意义下，越名教的人就是主张无，拥护名教的人就是主张有，这个有无是对于名教而言。裴頠说，当时的情况是，“上及造化，下被万事，莫不贵无”（《崇有论》）。他所批判的无的意义是极其广泛的，因此他所崇的有的意义也是极其广泛的。《崇有论》是裴頠的一篇哲学论文，也是他的一篇政治宣言。

裴頠也出身于士族家庭，他的家庭有研究科学的传统，他的父亲裴秀作《禹贡地域图》十八篇，并且提出制地图的“六法”。他的地图，不仅分别道路的远近，并且标出地势的高低，在当时是一个有很大科学价值的地理学著作。裴頠的知识很广泛，特别对于医学有研究。《崇有论》中充满了唯物主义精神,并非出于偶然。

第二节　裴颜全部哲学思想的自述

《崇有论》说:“夫总混群本,宗极之道也。方以族异,庶类之品也。形象著分,有生之体也。化感错综,理迹之原也。夫品而为族,则所禀者偏。偏无自足,故凭乎外资。是以生而可寻,所谓理也。理之所体,所谓有也。有之所须,所谓资也。资有攸合,所谓宜也。择乎厥宜,所谓情也。识智既授,虽出处异业,默语殊涂,所以宝生存宜,其情一也。众理并而无害,故贵贱形焉。失得由乎所接,故吉凶兆焉。是以贤人君子,知欲不可绝而交物有会,观乎往复,稽中定务。惟夫用天之道,分地之利,躬其力任,劳而后飨。居以仁顺,守以恭俭,率以忠信,行以敬让,志无盈求,事无过用,乃可济乎。故大建厥极,绥理群生,训物垂范,于是乎在。斯则圣人为政之由也。”

这是《崇有论》的第一段。在这一段里,裴颜简明扼要地讲了他的全部哲学思想。所用的方法是“辩名析理”。他提出许多“名”,并说明了它们的意义,这就是“辩名析理”。

首先要辩的就是“宗极之道”。这是玄学中的一个重要的名。贵无论认为“无”是宗极之道。裴颜认为“总混群本”是宗极之道,这就从根本上和贵无论划清界限,对立起来了。一个“总”字,一个“混”字,都很有意义。“混”就是说,把一切不同的事物混合起来,“总”就是总而言之。这两个字就表明“群本”是一个集体名词。它所表示的概念,相当于阮籍所说的“无外”,现代哲学所说的宇宙。向秀、郭象说:“天地者,万物之总名也。”裴颜所说的“宗极之道”就是那个总名,它的内容就是“群本”,就是“群有”。“群有”是“有”,但这个“有”是具体的有,不是抽象的有。抽象的有就是“无”。

抽象的有是从“类”的观点出来的。专从类的观点观察事物,可以导致抽象的有,抽象的有可以导致于“无”。但类也是客观存在的,所以《崇有论》接着就说:“方以族异,庶类之品也。”“有”的最明显的表现是个体的事物。《崇有论》接着说:“形象著分,有生之体也。”这就是向秀和郭象所说的,“天地以万物为体”。唯物主义思想最后必以具体的事物为根据。每一个个体的事物,都是“有”的一部分。就是说,“有”不是别的,就是个体事物及其形象。

每一个事物都不只属于一个类。每一个事物,哪怕是很小的东西,都有很多性质。它有某一种性质就属于某一类。事物之间都有一定的接触、联系和互相影响,交织成为各种复杂错综的关系,这就是《崇有论》所说的“化感错综,理迹之原也”。每一个个体的事物虽然属于许多类,但总有一些类是主要的,它虽然有许多性质,但是与宇宙的全体比较起来,它总有所偏。既然有所偏,它总要依赖别的东西才能存在。它所依赖的东西就是它的“外资”。

《崇有论》接着说:“是以生而可寻,所谓理也。理之所体,所谓有也。”每一个事物都必须依赖别的事物,每一种事物都必须依赖别种事物,它们之间都有一定的关系,在这些关系中可以找出一定的规律。事物的性质及其间关系的规律,这就是理。理不能凭空存在,必须在具体事物中存在。这就是“理之所体,所谓有也”。裴頠明确地说,理不能单独存在,只能存在于事物之中。理必须体现于形象著明的事物,才可以成为“有”,这样看,具体事物是理之“迹”,上文说“化感错综,理迹之原也”,这个“原”字,就是说,理和迹都必须还原到形象著明的具体事物上。

《崇有论》接着说,每一个事物都是“有”。每一个“有”所需要的东西,这就叫“资”。资如果合乎它的需要,这就叫“宜”。每一个事物都要选择它的“宜”,这就叫“情”。人是有知识的,他有了知识,就能更好地选择他的“宜”。他的行为可能有种种不同,但是其目的只有一个,就是选择合乎他所需要的东西,以保持他的生存。在这一点上,一切人的"情"都是相同的,"所以宝生存宜,其情一也"。怎样"宝生存宜"呢?《崇有论》说:"唯夫用天之道,分地之利,躬其力任,劳而后飨。""唯夫"两个字很重要,就是说,只有一个办法,那就是,遵循自然界的规律,利用自然界的资源,加上人自己的劳动,然后才能享受劳动的果实。这是人类生活的物质基础,也是社会的经济基础。裴頠用简练明确的十六个字,把这个道理说出来。这是玄学"辩名析理"的方法的特点。

《崇有论》接着所说的"居以仁顺"等等,是指人生的规范,社会的原则,他把这些规范原则归结为:"志无盈求,事无过用,乃可济乎!"就是说要求不可太高,用度不可太过。这是封建社会的道德标准,裴頠也只能提出这样的道德标准。

第三节　裴頠所提出的贵无论的社会根源

裴頠认为,贵无论也有其社会根源。一般人的欲望,总是要求过高,用度总是太过,不知道"过"对于人的生存是有害的。这是"以厚生而失生"。《崇有论》说:"人之既生,以保生为全,全之所阶,以顺感为务。若味近以亏业,则沉溺之衅兴,怀末以忘本,则天理之真灭。故动之所交,存亡之会也。(中有"夫有"等十六字移下)是以申纵播之累,而著贵无之文。将以绝所非之盈谬,存大善之中节。收流遁于既过,反澄正于胸怀。宜其以无为辞,而旨在全有,故其辞曰:'以为文不足'。若斯则是所寄之涂,一方之言也。若谓至理信以无为宗(《晋书斠注》作寇,大谬),则偏而害当矣。"就是说,老聃贵无,是有其社会的原因,他虽然以无为辞,而目的还是在于"全有",不过有些片面而已。

裴頠认为,在有一点上,老聃肯定是错误的。《崇有论》说:"观老子之书,虽博有所经,而云:'有生于无',以虚为主,偏立一家之辞,岂有以而然哉。”本书第三十九章已指出，主张“有生于无”是贵无论的弱点，裴頠抓住这个弱点，作为批判贵无论的一个重点，认为这是没有根据的，“岂有以而然哉”就是无以而然，就是没有根据。

第四节　裴頠所说的贵无论的社会影响

玄学家们所主张的随心所欲的生活，裴頠在根本上并不反对。《崇有论》说：“人之既生，以保生为全。全之所阶，以随感为务。”“随感”就是随心所欲，他的主张是“志无盈求，事无过用”。他又承认老聃的“静一之义，有以令人释然自夷”。有些人“察夫偏质有弊，而睹简损之善，遂阐贵无之议，而建贱有之论”。裴頠也认为是可以理解的，但是他认为，这些议论又搞得太过火了，以致在社会上发生了极不好的影响。《崇有论》说：“盈欲可损而未可绝有也，过用可节而未可谓无贵也。”就是说，应该节欲，但不可以无欲；应该节用，但节用并不是贵无。

裴頠又进一步从哲学上指出贵无论所以过火的原因。《崇有论》说：“盖有讲言之具者，深列有形之故，盛称空无之美。形器之故有征，空无之义难检。辩巧之文可悦，似象之言足惑。”“深列有形之故”，这个“深”字，恐怕是“不”字之误。裴頠下面说的就是批判贵无论不列有形之故。裴頠的意思是说，贵无论不研究事物发生、发展的原因和规律，而仅是用一些漂亮的辞句，赞美空无。因为事物发生、发展的原因和规律，是不容易讲的。如果讲，就必须有实际中的证据，也必在实际中经受考验。可是“空无”是可以随便讲的，因为讲空无不需要实际上的证据，也不要在实际中经受考验，瞎说一气，就可以了。贵无论仅只是用一些漂亮的辞句，来讨大家的喜欢，讲一些似是而非的道理，叫大家迷惑。在这一段话里，裴頠表示了他的认识论上的唯物主义思想。

《崇有论》又指出,当时的门阀士族,在“贵无论”的掩护下腐朽放荡的情况,他说:“是以立言藉于虚无,谓之玄妙;处官不亲所司,谓之雅远;奉身散其廉操,谓之旷达。故砥砺之风,弥以陵迟。放者因斯,或悖吉凶之礼,而忽容止之表;渎弃长幼之序,混漫贵贱之级,其甚者至于裸裎,言笑忘宜,以不惜为弘,士行又亏矣。”“不惜”二字不可解,“惜”字恐怕是“措”字之误。应该是“不措”。“不措”就是“无措”。“无措”是嵇康的《释私论》的主要意思。《释私论》说:“是故言君子则以无措为主。”又说:“忽然任心,而心与善遇;傥然无措,而事与是俱也。”上面第三十九章讲过,《释私论》是当时“名士”们的言行的理论根据,所以裴頠特别提出不措,加以批评。裴頠所说的“以不措为弘”,就是针对嵇康的“无措”说的。裴頠说,这是其“甚者”。嵇康所说的“无措”,就是任心而行,不考虑世俗的是非。照裴頠看,这样的任心,“其甚者至于裸裎,言笑忘宜”。这个“宜”是就封建社会的“名教”、“礼法”说的。既然任心而行,那就忘记了封建社会的条条框框。

裴頠所说的“处官不亲所司,谓之雅远”,《世说新语》记载了不少的例子,《简傲》篇说,桓冲做了车骑将军,叫王徵之做他的骑兵参军。有一天,桓冲问王徵之:你在什么衙门任职?王徵之回答说:也不知是什么衙门,只见常有人牵马出出进进,似乎是个管马的。桓冲又问:公家有多少马?王徵之引了一句《论语》说:“不问马。”桓冲又问:近来马有死的吗?王徵之又引了一句《论语》回答说:“未知生,焉知死?”这几句回答驴唇不对马嘴,是一个大笑话,可是当时传为美谈。阮籍好喝酒,经常醉,他因为想要喝步兵校尉衙门中的美酒,而要求作步兵校尉,他不能带好步兵可想而知。

由于这种情况,《崇有论》说:“虚无之言,日益广衍,众家扇起,各列其说。上及造化,下被万事,莫不贵无,所存佥同。情以众固,乃号凡有之理,皆义之卑者,薄而鄙焉。”这是裴頠所大不以为然的,所以他树起“崇有”的大旗，以纠正这种错误。

第五节　裴颜总论有无

《崇有论》最后从哲学上提出了关于有、无问题的通论，这是它对于贵无论的总批评。贵无论“上及造化，下被万事”，它也从“造化”谈起。它说：“夫至无者无以能生，故始生者自生也。”这对于贵无论说，是“以子之矛，攻子之盾”。“至无”就是什么都没有，等于零。既然等于零，说它能生事物，就等于说，事物是自然生出来的。“无能生有”就是一句废话。《崇有论》接着说：“自生而必体有，则有遗而生亏矣。生以有为已分，则虚无是有之所谓遗者也。”就是说，事物的生存是有的体现，如果有有所遗阙，事物的生存就要有亏缺不全。每一个事物的存在，都是有的一部分。每一个事物都有一部分的有作为它自己的范围。所谓虚无，就是有的遗阙。

《崇有论》的本来的原文有“夫有非有于无非无于无非无于有非有”十六个字，那十六个字很重要，可是向来都不得其解。其所以难解，有两个原因。一是原来抄写的人把这十六个字抄在错误的地方，跟上下文都不接头，意思联系不上，而且把上下文的语气也打断了。二是原来抄写的人把这十六个字的先后次序搞得颠倒错乱，以致不成句读。这两个错误，大概很早的抄本就有了。所以现在通行的本子都沿袭下来。

这十六个字讲的是有、无这两个范畴的正确意义，有、无这两个字的正确用法。所以应该在《崇有论》的最后一段中，紧跟在“则虚无是有之所谓遗者也”之后。用“夫有”两个字把十六个字的意思提出来。后面用一个“故”字表示下面的话是这十六个字的发挥。全文语气连贯，意思通顺。

十六个字的次序句读应该是:“夫有,非有于无,非有。于无,非无于有,非无。”意思是说,有是对无而言(“有于无”),无是对有而言(“无于有”),而且都是就具体事物说的。如果有不是对无而言,“有”就没有意义(“非有于无,非有”)。如果无不是对有而言,无也没有意义(“非无于有,非无”)。譬如有一个读者,到图书馆找一本书,把书名告诉馆员以后,问馆员:“有、没有?”馆员回答有或没有。馆员说有,是对于没有说的,说没有是对于有说的。有或没有都是就一本书说的,如果不是这样,有或没有,都没有意义。

有、无都是就具体的事物说的。这是和《崇有论》开始时说的“宗极之道”相呼应的。这十六个字表达出《崇有论》的主要思想。

《崇有论》以一个“故”字于下文举些例子以为说明,所举的都是具体的事物。

《崇有论》接着说:“故养既化之有,非无用之所能全也。理既有之众,非无为之所能循也。心非事也,而制事必由于心,然不可以制事以非事,谓心为无也。匠非器也,而制器必须于匠,然不可以制器以非器,谓匠非有也。是以欲收重泉之鳞,非偃息之所能获也。陨高墉之禽,非静拱之所能捷也。审投弦饵之用,非无知之所能览也。由此而观,济有者皆有也,虚无奚益于已有之群生哉?”无,是有的遗缺。自生就是自己化成有。要想维持已经化成的有,“无用”是不能有什么功效的。要想治理已经有的老百姓,靠“无为”是不行的。心不是事,可是办事要用心。这可以说是用非事来办事,心是非事,但不能说心是无。匠人并不是器具,可是制造器具必须用匠。这可以说是用非器制造器具,但不能说匠人是没有。要想获得水里边的鱼,这不是坐在那里休息所能成功的。要想打落高墙上的鸟,安静不动,是不能成功的。要想钓鱼就得用饵;要想打鸟,就得用弓。怎样用饵、用弓,必须有知识,无知是不行的。

玄学家们宣扬“无用”、“无为”、“无知”,认为这是“无”的表现和应用。裴頠针对这三个方面作了批判,并且作出最后结论说:“群生”都是已有的有。对于“有”有用的,终究还是“有”。对于“有”,“无”是完全没有用的。

总的说起来,“崇有”和“贵无”是当时哲学中的一个主要的斗争。“崇有”和“贵无”这四个字,概括了这个斗争的主要内容。裴頠的《崇有论》的思想,基本上是唯物主义的。裴頠是代表唯物主义这条路线,同“贵无论”的唯心主义路线作针锋相对的斗争。

裴頠的《崇有论》出来以后,在当时有很大的影响。《晋诸公赞》说:当时的一个贵无论者乐广同裴頠讨论《崇有论》。“頠辞喻丰博。广自以体虚无,笑而不复言。”(《世说新语·文学》注引)就是说,乐广没有话说了,谈不下去了,借口自己是“体虚无”,停止讨论。《世说新语·文学》又说:“裴成公(頠)作《崇有论》,时人攻难之,莫能折。唯夷甫来,如小屈。时人即以王理难裴,理还复申。”就是说,裴頠的《崇有论》受到当时的贵无论者的围攻。但是,实际上,只有贵无论者的领袖王衍,才似乎可以同他对垒。在他们面对面的辩论中,裴頠似乎稍微退却。不过,“理还复申”是指裴理还是指王理占了上风,《世说新语·文学》说得不清楚,可以两解,但无论如何,两人都是用辩名析理的方法讲论玄学。《世说新语》还说,当时有人找王衍谈论哲学问题,王衍同他说,我今天身体不大舒服,裴逸民(頠)也在这里很近,你可以去问他。这一条的注引《晋诸公赞》说:“裴頠谈理与王夷甫不相推下。”从这些记载,可以看出来,“崇有”和“贵无”两条路线的斗争的激烈。当时公认裴頠是“崇有”路线的领袖,王衍是“贵无”路线的主要人物。

第六节　所谓“言意之辨”

《世说新语·文学》又说:“旧云王丞相过江左,止道声无哀乐、养生、言尽意三理而已,然宛转关生,无所不入。"王丞相就是王导。他在东晋政治上和思想界中,都是重要人物。他所谈的三理,是嵇康的《声无哀乐论》、《养生论》和欧阳建的《言尽意论》。他还能谈出来这三个论的相互关联,并且能把它应用到别的问题上。欧阳建的《言尽意论》也是当时的一篇重要哲学著作。

玄学家们有一个经常讨论的问题,称为"言意之辨"。这个"辨"的争论之点是:言语是不是可以完全表达人的意思。认为不能完全表达的,当时称为"言不尽意论"。认为能够完全表达的,当时称为"言尽意论"。从表面上看起来,这个辩论所牵涉到的,只是言语的作用的问题。实际上,这是一个重要的哲学上的辩论。它的斗争也是贵无和崇有两条路线斗争的表现。

何劭的《荀粲传》说:"粲字奉倩。粲诸兄并以儒术议论,而粲独好言道。常以为子贡称夫子之言性与天道不可得闻,然则六籍虽存,固圣人之糠粃。粲兄俣难曰:'《易》亦云,圣人立象以尽意,系辞焉以尽言,则微言胡为不可得而闻见哉?'粲答曰:'盖理之微者,非物象之所举也。今称立象以尽意,此非通于意外者也;系辞焉以尽言,此非言乎系表者也。斯则象外之意,系表之言,固蕴而不出矣'。及当时能言者不能屈也。"(《三国志·魏书》卷十《荀彧传》注转引自《晋阳秋》)

在荀氏兄弟的这个辩论中,荀俣主张"言尽意",并引《周易·系辞》为证。荀粲主张"言不尽意"。他的意思是说言语所能表达的,只是一些粗糙的东西,细微的理是不能用言语表达的。孔丘的六经所讲的,只是他的思想的粗糙部分。至于他的思想细微的部分,"性命、天道",即关于人生和宇宙的根本的原理,是不能够用言语表达的。所以他的学生子贡说是"不可得闻"。"理之微者,非物象所能举也。"荀粲认为,虽然《周易·系辞》说:"立象以尽意,系辞焉以尽言",可是还有意外的东西,不是"象"所能表示的,还有"系"以外的东西,不是言语所能表达的。照荀粲的说法,细微的理,不仅是言外的东西,而且是意外的东西。即使言能尽意,能够把意内的东西完全表达出来,可是,细微的理,宇宙人生的根本的道理,都是意外的东西,言还是不能表达。这就是说,这些细微的理,不仅是不可言说,而且是不可思议。

第七节 欧阳建的《言尽意论》

欧阳建,字坚石,是当时主张“言尽意”的一个杰出的代表,他也是当时的一个“名士”。在当时门阀士族党派争夺政权的斗争中,为赵王司马伦所杀。他有一篇哲学著作,题目就叫《言尽意论》。

《言尽意论》说:“有雷同君子问于违众先生曰:‘世之论者,以为言不尽意,由来尚矣。至乎通才达识,咸以为然。若夫蒋公之论眸子,钟傅之言才性,莫不引此为谈证。而先生以为不然,何哉’?先生曰:‘夫天不言,而四时行焉;圣人不言,而鉴识存焉。形不待名,而方圆已著;色不俟称,而黑白以彰。然则名之于物,无施者也;言之于理,无为者也。而古今务于正名,圣贤不能去言,其故何也?诚以理得于心,非言不畅;物定于彼,非名不辩。言不畅志,则无以相接;名不辩物,则鉴识不显。鉴识显而名品殊,言称接而情志畅。原其所以,本其所由,非物有自然之名,理有必定之称也。欲辩其实,则殊其名;欲宣其志,则立其称。名逐物而迁,言因理而变。此犹声发响应,形存影附,不得相与为二矣。苟其不二,则言无不尽矣。吾故以为尽矣。”(《艺文类聚》卷十九)

欧阳建的这篇著作,虽然很短,但是,明确地说明了唯物主义的认识论的基本原则反映论。在当时玄学贵无论的影响下,很多人都主张言不尽意,这些人就是欧阳建所说的“雷同君子”。欧阳建自称为“违众先生”,就是说,他的“言尽意论”是和当时一般的玄学家们的“言不尽意论”相对立的,他的文章首先提出所谓“雷同君子”的论点。《三国志·钟会传》说:“中护军蒋济著论,谓观其眸子足以知人。”这就是“蒋公之论眸子”。照这个说法,看人的眼睛就可以知道他是一个什么样的人,不必经过调查研究,这也是一种唯心主义先验论。上边讲过,钟会和傅嘏都论“才性”,钟会作《四本论》。当时论才性的人,大多是主张人的知识、才能,主要的是决定于人的天赋的本质,这也是先验论。反映论和先验论是对立的。先验论和言不尽意论,都是唯心主义思想。“违众先生”把二者联系起来,指出,这些都是当时流行的思潮。自称为“违众先生”的欧阳建,就是要反对这种思潮。“雷同君子”、“违众先生”这两个虚构的名字,就说明了当时唯物主义和唯心主义两条路线斗争的形势。

在这篇论文中,欧阳建首先明确地肯定了客观事物及其规律的客观性。在中国哲学史中,“名”与“实”的关系是一个传统的问题。在这个问题上,欧阳建坚持了唯物主义的路线。他认为在“名”、“实”这两个对立面中,“实”是主要的,第一性的,“名”是次要的,第二性的。比如说,方、圆的形状是“实”,是客观存在的。这些形状,并不依靠方、圆的“名”而存在。方、圆的“名”是区别这些形状的,是有了这些形状而后有的。就颜色说,黑色和白色是客观存在的,并不依靠黑白的称号而存在,而这些称号则是有了这些颜色而后有的。事物的客观的规律就是“理”,表达理的命题就是“言”。事物的理是客观存在的,并不依靠有讲理的命题而后存在。讲理的命题则是有了理而后有的。所以名对于客观事物,并不能有所增加。没有方圆、黑白之名,方圆、黑白是那个样子,有了方圆、黑白之名,方圆、黑白还是那个样子。命题对于规律,也不能有什么作为。没有讲理的命题,理是那个样子,有了讲理的命题,理还是那个样子。这就是欧阳建所说的“名之于物,无施者也。言之于理,无为者也”。

欧阳建在这里对于“名”和“言”作了区别。名所指的是一种一种的事物,言所讲的是关于一个一个理的判断。名的对象是事物,其内容是概念。言的对象是事物的规律,其内容是关于规律的判断。欧阳建接着问,既然是名对于事物不能有所增加,言对于规律不能有所作为,为什么还要讲"正名",还不能"去言"?欧阳建对于这个问题的回答,就说明由主观到客观的认识过程。名和言虽然不能影响客观的存在,但人对于客观存在的认识,必须依靠名和言。

人对于客观存在的认识,就是客观存在在人的意识中的反映。这种反映,欧阳建称为"鉴识"。在人的认识过程中,首先是有感性认识。感性认识的对象是一个一个的事物。分别了事物的种类,由感性认识深化到理性认识,这就有了概念。有了概念就得要有名。把概念固定下来,这就是欧阳建所说的,"物定于彼,非名不辩"。"辩"就是辨别的辨,古代辩、辨这两个字是通用的。彼指客观世界。在客观世界中,什么事物是什么事物,这是本来已经定了的。但是,在人的认识中,如果没有名,就不能把它们指点分别,确定下来。事物的规律在人的认识中的反映,就是欧阳建所说的"理得于心"。这个得于心的理,就是判断。有了判断,如果没有一个命题把它表达出来,人对于这个理的认识就不会巩固。有了命题,把认识的理表达出来,记录下来,人对于理的认识就更加巩固,更加深刻。这就是欧阳建所说的"理得于心,非言不畅"。

欧阳建在这里肯定了名和概念、判断和命题在认识中的作用。一个名代表一个概念。人通过概念,就认识到事物的内部联系,事物的规律,这个认识就是判断。把对于事物规律的认识,即判断,用语言表达出来,就是命题,就是"言"。概念和判断,名和言,都是人的思维必不可少的工具。欧阳建对于这一点作了相当充分的说明。

欧阳建在讲名和言的这些作用的时候,还指出,名和言,不但在人自己的认识和思维中,是必不可少的工具,在与别人交流认识和思维的时候,名和言也是必不可少的工具。人与人之间的交通,就是欧阳建所说的"相接",就是互相接触。欧阳建说,如果没有言把自己的意思表达出来,人与人就不能互相接触,如果没有名把事物分别开来,认识就无法进行。但是,这些都是人的主观和社会的产物,并不是客观世界本来就有的。在客观世界中,事物没有自然的名字,规律也没有一定的称号。欧阳建对于主观和客观的分别,讲得很清楚、很明确。

在这篇的结尾,欧阳建再一次说明,在主观和客观这两个对立面中,客观是主要的。他说,名是随着物而变化的,言是随着理而变化的。名和物的关系,言和理的关系,就好像声和响的关系,形和影的关系。响总是应声的,影总是随形的,响不能同声分开,影不能和形分开。名不能同物分开,言不能同理分开。"意"就是物和理在人的思想中的反映。"意"的内容,就是名和言,名和言不能同"意"分别开来,所以言就是尽意。不能说言不尽意。

欧阳建的这篇哲学论文,在当时的唯物主义反映论和唯心主义先验论两条路线斗争中,阐明了反映论,批判了先验论。在中国的哲学史中,欧阳建的《言尽意论》和裴頠的《崇有论》,同是唯物主义路线中的重要著作。

言尽意论和言不尽意论并不是完全针锋相对,因为言不尽意论并不是说所有的任何命题都是言不尽意,言尽意对于言不尽意的批判的着重之点,也不在此。两派的对立,从表面上看,是在认识论和言语问题上,其实是在哲学问题上。《世说新语》所记载的关于荀粲的那一条,可以作为说明。照荀粲所说的,孔丘只是在"性命、天道"这些问题上言不尽意,所以学生们不可得而闻。在这些问题上,并不是孔丘不愿意讲,而是在这些问题上,言本来不能尽意,由此启发,可知言尽意论所针对的重点,是王弼、何晏所说的"无名之域"。这样一看,言不尽意和贵无,言尽意和崇有的联系就清楚了。

第八节　从王弼到郭象

其实,王弼也是主张言尽意的,他说:"夫象者出意者也,言者明象者也。尽意莫若象,尽象莫若言。言生于象,故可寻言以观象。象生于意,故可寻象以观意。意以象尽,象以言著。"(《周易略例·明象》)王弼是在讲《周易》所以于意与言之间加了一个什么东西可以为一个意的象,这完全没有关系。凡是同类的东西都可以作它的象。王弼说:"触类可为其象,合义可为其征。义苟在健,何必马乎?类苟在顺,何必牛乎?爻苟合顺,何必坤乃为牛?义苟应健,何必乾乃为马?"(同上)天可以作为乾卦的象,马也可以作为乾卦的象,地可以作为坤卦的象,牛也可以作为坤卦的象。因为乾卦的义(在人的思想中就是意)是"健",天和马都有健之义(意),所以都可作乾卦的象。坤之义是顺,地和牛都有"顺"之义,所以都可作坤卦的象。健、顺这两个义(意),若用言语表示出来,那就是"健"、"顺"这两个名。健、顺这两个名是马、牛的代表,在既已得到它们所代表的东西之后,就可以把它们扔了。马、牛是健、顺之义(意)的代表,所以在既已得到它们所代表的东西之后,就可以把它们扔了。譬如:要捉鱼、鸟,必须用一种工具,既然捉着了鱼、鸟,那些工具就不要了。如果不然那就是以工具为鱼、鸟。王弼说:"是故存言者,非得象者也。存象者,非得意者也。象生于意而存象焉,则所存者乃非其象也。言生于象而存言焉,则所存者乃非其言也。然则忘象者,乃得意者也。忘言者,乃得象者也。得意在忘象,得象在忘言。故立象以尽意,而象可忘也。重画以尽情,而画可忘也。"(同上)王弼主张"得意忘言",还是在于保存那个"无名之域",也就是"浑沌"。但是他认为要想知道浑沌,必须经过名言,通过"辩名析理",因为他所要的浑沌不是原始的浑沌,而是后得的浑沌。

晋朝的大诗人陶潜作了一首诗,说:"采菊东篱下,悠然见南山。山气日夕佳,飞鸟相与还。此中有真意,欲辨已忘言。"这个"真意"就是菊花、南山、飞鸟和他自己融为一体的那一片浑沌。这一片浑沌是后得的,因为他自觉"其中有真意"。这是通过名言,名言就是上边那几句诗。但是得到这个真意以后,就要忘言,不忘言就破坏了那一片浑沌。贵无论所讲的无,也有浑沌这个意义。贵无论的宇宙形成论,是把无作为宇宙形成的一个环节。崇有论则说:“至无者,无以能生。”这就把郭象的无无论的要点一语道破了。崇有论否定了贵无论的无,同时也否定了它的“无名之域”。郭象的无无论则否定了贵无论的无,肯定了他的“无名之域”——浑沌。那就是他所说的“冥极”,“玄冥之境”。这并不仅只是一种名称的改变,因为郭象所说的“冥极”和“玄冥之境”,不是宇宙形成的一个环节,而只是人的一种精神境界。他的无无,使他同裴頠一样建立了唯物主义的体系,而他的“玄冥之境”于此并无妨碍。这是郭象的哲学所以能成为玄学发展的第三阶段,对于前二阶段居于“合”的地位。

此但略说,详在下章。

第四十一章

郭象的"无无论"
——玄学发展的第三阶段

郭象(约252—312年)字子玄,河南人,是当时的一个"大名士"。他在政治上得到东海王司马越的信任,成为一时很当权的人。《晋书·郭象传》说:"东海王越引为太傅主簿,甚见亲委,遂任职当权,熏灼内外。"他的最大的著作是《庄子注》。这部书一直流传下来,在中国封建时代成为《庄子》的标准注解,实际上这不是《庄子》这部书的注解,这是一部哲学著作,它是代表玄学发展第三阶段的最后体系。郭象还作有《论语释疑》,已佚。

第一节　向秀的《庄子注》和郭象的《庄子注》的关系

在郭象以前,向秀已以他的《庄子注》得名。向秀(约227—277年)字子期,河内怀(今河南武陟县)人。他是嵇康、吕安的好朋友,"竹林七贤"之一。他开始注《庄子》的时候,同嵇康商量。嵇康说,这本书何必要注,作注是自找麻烦。《庄子注》作成以后,向秀让嵇康看,向秀说,是不是很好(《晋书》卷四九《向秀传》)。吕安惊说:"庄周不死矣。"(《世说新语·文学》注引《向秀别传》)

郭象《庄子注》和向秀《庄子注》的关系,在《晋书》里面,就有两种不同的说法。照《晋书·向秀传》所说的,向秀作《庄子注》,郭象“述而广之”,就是说郭注是在向秀注的基础上,又加以发展。照《晋书·郭象传》所说的,向秀作《庄子注》,只有《秋水》、《至乐》两篇没有完成,他就死了。因为他的稿子没有流传,郭象就窃为己有,补作《秋水》、《至乐》两篇的注,又把《马蹄》一篇的注改换了一下。其余各篇的注,都是向秀原来作的,郭象不过是作了一些字句上的修改。照这个说法,郭象不是发展了向秀的《庄子注》,而是直接抄写了向秀的《庄子注》。

《晋书》是许多人写的。《郭象传》完全抄《世说新语·文学》篇。《向秀传》则根据另外一种材料。我认为《向秀传》所说的,近乎事实,《郭象传》所说的与事实不合。我的根据有以下几点。

(一)照《郭象传》所说,郭象所以能窃向秀《庄子注》的主要原因,是因为“秀义不传于世”。可是上文说:向秀注“妙演奇致,大畅玄风”;《向秀传》也说:向秀注“发明奇趣,振起玄风”。可见向秀生前影响很大。向秀是“竹林七贤”之一,是当时最大的作家和哲学家之一。他的著作,特别是他的主要著作,应该是很流行的。如果说,向秀的著作,在他生前很流行,在他死后,因为他的儿子小,所以就不流行了;似乎他的著作的流行,专靠他的儿子推动,这是不合情理的。

(二)《列子》张湛注,在《列子》引《庄子》的地方,有的时候他引向秀的《庄子注》,以代替他自己的注解;有的时候,他引郭象的《庄子注》,以代替他自己的注解。他所引的向秀注,跟现在的郭象注比较起来,意义大致相同。甚至字句上也有相同,这是事实。但是这里有个问题。如果郭象注和向秀注全部都是完全相同,为什么张湛有的时候引向秀注,有的时候引郭象注呢?有的时候他引郭象注,不引向秀注,这可能是因为向秀在这一篇没有注;也可能因为在这一篇向秀注不及郭象注。后者是可能的,因为照《向秀传》说,郭象注是在向秀注的基础上,“述而广之”。

（三）张湛所引的郭象注，都不在《秋水》、《至乐》、《马蹄》三篇之内，可见《郭象传》所说，郭象自己仅只注了《秋水》、《至乐》、《马蹄》三篇，这个传说是不可靠的。

（四）在陆德明的时代，向秀注和郭象注都还存在。照《经典释文》所说的，当时有向秀注二十卷，二十六篇。（据陆德明自己注说："一作二十七篇，一作二十八篇，一无杂篇。"）郭象注三十三卷，三十三篇。这两个本子卷数和篇数都不相同。

（五）刘孝标在《世说新语·文学》注说，当时解释《庄子·逍遥游》的，主要有两派。一派是支遁义，一派是向郭义。《庄子注》对"逍遥"的解释，当时称之为向郭义。这个义是向秀所创始的，所以可以称为向义；这个义是郭象所发展完成的，所以也可以称为郭义；合起来就称为向郭义。如果郭象仅只是拟写和重复向义，那就只可称为向义，而不可称为向郭义了。刘孝标的这段注可以说明，郭象的《庄子注》同向秀的《庄子注》的关系是"述而广之"的关系。

这就够了，不过还可以从《庄子注》思想内容上找出内证。

从思想内容说，向秀的思想不见得都同《庄子注》一致。他所作的《道论》和《周易注》已佚。传下来的哲学著作，只有《难养生论》一篇，附在《嵇康集》卷四中。我们可以用这篇中的思想同《庄子注》作一比较。

《庄子注》说："夫圣人虽在庙堂之上，然其心无异于山林之中，世岂识之哉！徒见其戴黄屋，佩玉玺，便谓足以缨绂其心矣。见其历山川，同民事，便谓足以憔悴其神矣，岂知至至者之不亏哉！"（《庄子·逍遥游》"藐姑射之山有神人居焉"注）

嵇康《答难养生论》说："圣人不得已而临天下，以万物为心，在宥群生，由身以道，与天下同于自得，穆然以无事为业，坦尔以天下为公，虽居君位，飨万国，恬若素士接宾客也。虽建龙旗，服华衮，忽若布衣之在身。故君臣相忘于上，蒸民家足于下，岂劝百姓之尊己，割天下以自

私,以富贵为崇高,心欲之而不已哉?”(《嵇康集》卷四)

这两段话的意思基本上是相同的。郭象可能就是抄嵇康。嵇康作《养生论》,向秀提出不同的意见,作《难养生论》说:“至于绝五谷,去滋味,寡情欲,抑富贵,则未之敢许也。……夫天地之大德曰生,圣人之大宝曰位,崇高莫大于富贵。然则富贵,天地之情也。贵则人顺已以行义于下,富则所欲得以有财聚人。此皆先王所重,关之自然不得相外也。”(《嵇康集》卷四)嵇康批判向秀这个论点,认为圣人并不是抑富贵而是不以富贵为富贵。在这一点上,《庄子注》与嵇康同而与向秀意不同。

《晋书·向秀传》说:“康既被诛,秀应本郡计入洛,文帝问曰:‘闻有箕山之志,何以在此?’秀曰:‘以为巢许狷介之士,未达尧心。岂足多慕?’帝甚悦。”(《晋书》卷四九)这个故事在当时大概流传很广。《世说新语·言语》注引《向秀别传》也有这个故事。《文选·思旧赋》注引臧荣绪《晋书》也有这个故事。《庄子注》中,也谈到尧和许由的问题。《庄子·逍遥游》有一段说,尧让天下于许由,许由不受。《庄子注》说:“夫自任者对物,而顺物者与物无对,故尧无对于天下,而许由与稷、契为匹矣。”(《庄子·逍遥游》“吾将为宾乎”注)这是说,尧的精神境界比许由高。向秀对司马昭说的那一段话,也是这个意思。

但是《庄子注》又进一步说:“庖人尸祝,各安其所司;鸟兽万物,各足于所受;帝尧、许由,各静其所遇,此乃天下之至实也。各得其实,又何所为乎哉?自得而已矣。故尧、许之行虽异,其于逍遥一也。”(《庄子·逍遥游》“不越樽俎而代之矣”注)就是说,帝尧和许由地位不同,这是由于他们的遭遇不同。他们都安于他们的遭遇,在这一点上,他们是相同的,没有高下之分。因此他们都是一样的逍遥。《庄子注》认为这是《庄子·逍遥游》的主要意思。

可是向秀说:“夫人受形于造化,与万物并存,有生之最灵者也。异于草木,草木不能避风雨,辞斤斧。殊于鸟兽,鸟兽不能远网罗,而逃寒暑,有动以接物,有智以自辅。此有生之益,有智之功也。若闭而默之,则与无智同,何贵于有智哉?有生则有情,称情则自得,若绝而外之,则与无生同,何贵于有生哉?”(向秀《难养生论》,《嵇康集》卷四)向秀在这里认为,人比草木鸟兽高,赞美有生、有智,认为有生比无生好,有智比无智高。这些都不是《庄子注》讲逍遥的意思。《庄子注》认为,这些差别都是出于自然,并没有胜负于其间,只有忘记这些差别,才能得到真正的逍遥。

这里有个问题,《世说新语·文学》注讲到向秀、郭象的逍遥义,也引了一段《庄子注》的原文。似乎向秀、郭象在这一点上又没有不同的意见。这个意见,也是司马彪的意见,李善《文选》注说:“《庄子》有《逍遥游》篇,司马彪曰:“言逍遥无为者,能游大道也。”(《文选》卷一三,潘安仁《秋兴赋》注)

照这两个例子看起来,向秀在自己所写的文章中所发表的意见,同《庄子注》的意见,是有矛盾的。别人所记录的他的意见,倒是不见得有矛盾。照一般的情况下,我们应当多相信他自己写的文章。

刘孝标《世说新语·文学》注引《向秀传》说,“或言”向秀“都无注述,唯好庄子,聊隐崔撰所注,以备遗忘”。这个“或言”显然不对,向秀是有他自己的《庄子注》。但是可以表明向秀的《庄子注》可能来源于崔撰的《庄子注》。“隐”是隐括的意思,就是说,概括崔撰注的大意。在同一注内,刘孝标又引《向秀别传》说:(向秀)“后注《周易》,大义可观,而与汉世诸儒互有彼此,未若隐庄之绝伦也。”“隐”解庄子,“隐庄”这两个“隐”字,也是概括大义的意思。向秀、郭象的《庄子注》都是着重于发挥大义,不讲究考证训诂,这都是“隐庄”。

这些不同的说法表明,当时的情况大概是这样的:

在玄学发展的过程中,《庄子》成为玄学的基本经典。玄学家们都研究《庄子》这部书,发挥庄子的思想。他们的研究和发挥,必然要互相启发,互相影响,互相促进。后起的作家总是利用前人的成果,把它包括进去,发展起来,成为自己的体系。这是常有的现象,也是必然的规律。向秀的《庄子注》是他以前的《庄子注》的发展,郭象的《庄子注》,又是向秀《庄子注》的发展。他的《庄子注》可能包括向秀的成果比较多,所以当时有“向郭义”之称。这是可以理解的。

若说抄的话,郭象不仅抄向秀,而且抄嵇康,还抄司马彪。《庄子》的《人间世》,郭象释题说:“与人群者,不得离人。然人间之变故,世世异宜。唯无心而不自用者,为能随变所适而不荷其累也。”上面所引的李善《文选》注的下文说:“又有《人间世》,司马彪曰:“言处人间之宜,居乱世之理。与人群者,不得离人。然人间之事故,与世异宜。唯无心而不自用者,为能唯变所适而何足累”。这两段的意思完全相同,字句基本上相同。这是郭象从司马彪的《庄子注》抄来的。

总的看起来,郭象的《庄子注》,有许多部分都是从当时别家的《庄子注》抄来的。他的《庄子注》用后来的说法,应该称为“庄子集注”。

但是,郭象并不是乱抄。他有他自己的见解,有他自己的哲学体系。他注《庄子》,并不是为注而注,而是借《庄子》这部书发挥他自己的哲学见解,建立他自己的哲学体系。朱熹《论语集注》和《孟子集注》,其中虽然收集了许多别人的话,但是,他这样做只是用以说明他自己的哲学见解,建立他的哲学体系。所以虽然用的是集注的体裁,但是后人还是认为,他讲的是他的一家之言。他所用的集注体裁,也说明他的哲学见解和体系是综合了他以前的程颢和程颐等人的思想,集其大成。郭象的《庄子注》也有这种情况。他的《庄子注》,广泛地吸收了当时各家《庄子注》的成果,综合各家,集其大成。他的《庄子注》在当时成为玄学发展的顶峰,后来,取代了各家的《庄子注》一直传下来。

这种情况,在别的方面也可以看出来。在东晋时期,张湛的《列子注》,陶弘景的《养生延命录》,并引向秀、郭象二家的《庄子注》。到唐朝初年,李善的《文选》注,在上面所引《秋兴赋》注中,引司马彪,还引郭象《齐物论》注一大段。

照《经典释文》所记载的，在陆德明的时代，向秀的《庄子注》和郭象的《庄子注》还都存在。陆德明的《庄子音义》，以郭象本为主，他说：“唯子玄所注，特会庄生之旨，故为世所贵。徐仙民，李弘范作音，皆依郭本，以郭为主。”(《经典释文·序录》)可见在唐朝初年，郭象注已比向秀注流行。陆德明、徐邈和李轨，给《庄子》作音义，都以郭象注为主。这个情况，并不是在向秀注已经失传以后发生的。郭象注比向秀注更为流行，这是可以理解的；因为它是在向秀注的基础上“述而广之”。郭象注可以包括向秀注；向秀注不能包括郭象注。所以唐朝以后，向秀注和其他魏晋人的注都失传了。

第二节　郭象关于“有”、“无”的理论

自从裴頠的《崇有论》出来以后，“崇有”和“贵无”的辩论针锋相对。《崇有论》说：“夫至无者，无以能生；故始生者，自生也。”自生这个观念，王充已经提出来。他说：“天地不欲生物而物自生，此则自然也，施气不欲为物而物自为，此则无为也。”(《论衡·自然篇》)这是一个唯物主义的传统，裴頠和郭象都把它接了过来。

老子、庄子和王弼、何晏所说的“无”，本来是用本体论的方法推论出来的，就是无名的简称。在推论出来以后，他们又把它用在宇宙形成论上，作为一个什么东西，作为一切物的根本。由此就说“有生于无”。这就完全没有什么根据了。裴頠就在这一点上，开始对贵无论进行批判。他说：“至无者无以能生，生生者自生耳。”就是说，“至无”就是什么都没有，就是零。零不能生任何东西，所以万物都是“自生”。郭象更明确地说：“无既无矣，则不能生有；有之未生，又不能为生。然则生生者谁哉？块然而自生耳。”(《庄子·齐物论》“夫吹万不同……”注)就是说，“无”既然是无，那就是没有，既然是没有，怎么会产生出来有

呢？有还没有产生出来,它也不能产生。那么,万物究竟是谁生的呢？只能说,它是“自生”的,“自生”就是“独化”。“独化”就用不着“无”了,这就是“无无”。

再进一步说,每一个东西是那个样子,它就是那个样子。比如说,山就是那个样子的山,水就是那个样子的水。这就叫“自尔”。郭象说:“夫物事之近,或知其故。然寻其原以至乎极,则无故而自尔也。自尔则无所稍问其故也,但当顺之。”(《庄子·天运》“天有六极五常”注)就是说,如果要问:为什么一个东西是那个样子,当然是可以讲一套道理,以说明它所以是那个样子的原故。但是,在说明这个原故之后,还可以再问这个原故的原故。如此追问下去,最后总得说,它是那个样子,就是那个样子。既然如此,倒不如压根就不必问其原故,只要承认某物就是它那个样子,这就够了。自生、自尔,合起来说,就叫自然。郭象说:“天地者,万物之总名也。天地以万物为体,而万物必以自然为正。自然者,不为而自然者也。故大鹏之能高,斥鴳之能下,椿木之能长,朝菌之能短,凡此皆自然之所能,非为之所能也。不为而自能,所以为正也。”(《庄子·逍遥游》“若夫乘天地之正……”注)又说:“自己而然,则谓之天然。天然耳,非为也,故以天言之,所以明其自然也。”(《庄子·齐物论》“夫吹万不同……”注)就是说,自然就是万物的自己而然,并不是有个什么东西叫它生,叫它是那个样子。它是自生而又自己是那个样子。这就叫自然,也叫天然。《庄子·逍遥游》所说的,大鹏能升高九万里,斥鴳只能在下边从这个树飞到那个树。椿木以八千岁为春,八千岁为秋,而朝菌则只能朝生暮死,这都是自然如此,不是有什么东西叫它如此,也不是它自己有意如此就如此。这都是自然。这就是事物生长变化的正道。

郭象的这些话,是针对宗教家的“造物主”那种思想而说的。

郭象又说:“世或谓罔两待景(影),景待形,形待造物者。请问:夫造物者有耶,无耶？无也,则胡能造物哉？有也,则不足以物众形。故明众形之自物，而后始可与言造物耳。是以涉有物之域，虽复罔两，未有不独化于玄冥者也。故造物者无主，而物各自造，物各自造而无所待焉，此天地之正也。……今罔两之因景，犹云俱生而非待也，则万物虽聚而共成乎天，而皆历然莫不独见矣。”（《庄子·齐物论》“恶识所以然……”注）

什么是“罔两”，陆德明的《经典释文》引郭象注说：“景外之微阴也”；又引向秀注说：“景之景也。”现在流行的郭象《庄子注》，正作“景外之微阴也”。这些解释无关大义。但由此可见，陆德明所看见的《庄子》向秀注和郭象注确不是完全相同的。

郭象的这段话的意思是说，照一般的说法，“罔两”的存在依赖于影，影的存在依赖于形，形的存在依靠于造物者。世俗的迷信，认为有一个造物主。（比如基督教说，有一个上帝，天地万物都是上帝造出来的。基督教的圣经里面有一篇《创世记》，就是这样说的。）请问：这个造物主是有还是无？如果是无，那就是等于零，零怎能造物呢？如果是有，那它不过是万物中之一物，它这个物，怎能造别的物？有造物主这个说法是讲不通的。实际的情况是“造物无主，而物各自造”，这就叫“独化”，这个“独”字，就说明物各自造，每一个物都是自己造自己，自己发展，自己变化，都不依赖自己以外的事物。比如形同影，影同罔两，在表面上看起来，似乎是有密切的关系，实际上它们不过是同时生出来，谁也不依赖谁。万物聚在一起，构成一个天，但各自表现自己，这就叫“独见”。他们之间有奇妙的配合，但是这个配合，只能叫做“相因”，而不是“相待”。宇宙间的事物之间的关系都是这样，他们聚合起来，成为一个总体，这个总体就叫“天”。但是在这总体之中，每个事物又各有各的表现，罔两并不受影的指使，影也不受形的命令，形也不是从无发出来的，也不是造物主制造出来的。

郭象也批判了主张有类似于“造物主”的一些别的思想。他说：“谁得先物者乎哉？吾以阴阳为先物，而阴阳者即所谓物耳。谁又先阴阳者乎？吾以自然为先之，而自然即物之自尔耳。吾以至道为先之矣，而至道者乃至无也。既以无矣，又奚为先？然则先物者谁乎哉？而犹有物，无已。明物之自然，非有使然也。”(《庄子·知北游》“有先天地生者物耶”注)就是说，有没有先于一切物而存在的东西？一种说法认为阴阳是先于一切物而存在的。可是阴阳本身也就是物，又有什么东西先于阴阳而存在，这还是一个问题。又一种说法，认为自然是先于一切物而存在的。可是，自然并不是一个东西，自然就是一切物自己而然的那种状况。又有一种说法，认为道是先于一切事物而存在。道既是无，那它就是零。它怎能先于物而存在？这些说法都讲不通，可见没有什么先于物而存在的东西。可是物还是继续不断的产生。可见物都是自己生出来的，自己就是那个样子，没有一个什么东西叫它是那个样子。

《庄子·齐物论》说，有三种声音，天籁、地籁、人籁。它说：“地籁则众窍是已，人籁则比竹是已，敢问天籁。子綦曰：‘夫吹万不同，而使其自己也，咸其自取，怒者其谁邪’？”郭象注说：“此天籁也。夫天籁者，岂复别有一物哉？即众窍比竹之属，接乎有生之类，会而共成一天耳。”意思就是说，没有别的什么声音可以称为天籁，地籁、人籁总合起来，就是天籁。可以说，天籁者，地籁、人籁之总名也。一切声音总起来说，就是天籁。每一个声音，都是它自己使它是那个样子，并没有一个什么东西，叫它是那个样子。

这些就是郭象关于“独化”的理论。这个理论的特点，就是反对外因论。外因论者认为，有一个什么东西先于自然界而存在，它创造自然界，推动自然界开始运动。这种东西，就是郭象所反对的造物主。

中国的传统宗教认为，天是先物而存在的，它是一个造物主，超乎自然界之上，是自然界的主宰。郭象认为，没有这样的天。郭象说：“故天者，万物之总名也。莫适为天，谁主役物乎？故物各自生，而无所出焉，此天道也。”(《庄子·齐物论》“夫吹万不同……”注)就是说，宇宙间一切事物,总而言之,统而言之,就叫做天,并不是在一切物之上,或一切物之外,另外有一个什么东西叫天。也没有一个什么特殊的物,可以叫做天。也没有一个什么东西是役使万物的主宰。

贵无论的宇宙形成论把“无”说成是宇宙形成的一个环节。这样一说,“无”就成为超乎万物之上创造万物的造物主了。上面所引的《齐物论》的郭象那一段注,就是针对这一种主张而说的。

郭象特别反对“有生于无”这种说法。他说:“非唯无不得化而为有也,有亦不得化而为无矣。是以有之为物,虽千变万化,而不得一为无也。不得一为无,故自古无未有之时而常存也。”(《庄子·知北游》“无古无今,无始无终”注)

这里所谓有,就是包括一切事物而言的。自然界是无始无终的,所以有是常存的。没有什么东西都没有的时候。

至于个体的事物,那是有始有终的,就个体事物说,无可以转化为有,有也可以转化为无。这一点,郭象也是这样说,下文可见。

照上面所讲的,郭象似乎是认为一切事物都是杂然无章地、偶然地碰在一起,好像是一种“乌合之众”,天就是这个“乌合之众”的总名。这又不然。上面所引郭象讲形影的一段话中说:“故彼我相因,形影俱生,虽复玄合,而非待也。”这就是说,形影的存在,不互相依赖,但其间并非没有关系。这种关系就是“彼我相因”的配合关系。郭象说:“天下莫不相与为彼我,而彼我皆欲自为,斯东西之相反也。然彼我相与为唇齿,唇齿者,未尝相为,而唇亡则齿寒。故彼之自为,济我之功宏矣,斯相反而不可以相无者也。”(《庄子·秋水》“以功观之”注)这里所讲的,就是“彼我相因”的道理。任何物,都是自己为它自己而存在,就这一方面说,事物各有各的方向,各自向着自己方向走,有的往东,有的往西。这是“独化”。但是在各各自为的时候,有不期然而然的配合。例如,唇和齿是两种物,各自生长出来,各自有各自的样子,齿不是为了唇而存在,唇也不是为了齿而存在。但是,就如成语所说的,“唇亡则齿寒”。要是没有唇了,齿就要觉得寒冷。唇不是为了齿而存在,但是对于齿确有保护的作用。就唇的观点说,齿就是彼,唇就是我。就齿的观点说,唇就是彼,齿就是我。彼的自为对于我有很大的帮助,我的自为,对于彼也有很大的帮助。所以任何事物都是独化,但是对于其他事物都起很大的作用。它们都是独化,但又不可以相无。

郭象又举例说:“手足异任,五藏殊官,未尝相与而百节同和,斯相与于无相与也。未尝相为而表里俱济,斯相为于无相为也。”(《庄子·大宗师》“孰能相与于无相与”注)就是说,手和足有不同的任务,人的五脏有不同的官能。手、足、五脏,各尽各的任务,各行各的官能。就这一方面说,它们都是无相与。但是在手足各尽各的任务的时候,它们又互相配合。五脏在各尽各的官能的时候,它们也是互相调剂,从这一方面说,它们又是相与。这就是相与于无相与。在一方面说,它们都是自为,而不是相为;就另一方面说,它们又是互相配合,互相起作用,这又是相为。它们又是相为,又是不相为,这就是相为于无相为。它们在不相与之中,就相与了;在不相为之中,就相为了。这也是“虽复玄同,而非待也”。

郭象认为,一个事物不但同它周围的事物有这样的关系,而且同宇宙间所有的事物都有这样的关系。他说:“人之生也,形虽七尺,而五常必具。故虽区区之身,乃举天地以奉之。故天地万物,凡所有者,不可一日而相无也。一物不具,则生者无由得生。一理不至,则天年无缘得终。”(《庄子·大宗师》“知人之所为者……”注)就是说,人所以是这个样子,就是因为整个宇宙是这个样子。有这样的宇宙,就有这样的人。就一个人说,他的身体虽然只有七尺之高,但其中是肝胆俱全。在宇宙中间,人的身体是十分渺小的,但是整个的宇宙都为他服务。凡是所有的东西,对于一个人说,都是一天也不能缺少的。只要缺少一点东西,他的生命就不能不受其影响。有一个理不能实现,他就不能活到他应活到的岁数。

郭象的这种夸张的说法，是要说明，人和宇宙间一切的事物，都有“相与于无相与，相为于无相为”的关系，人的身体需要整个宇宙间的东西为它服务。但是，其他的东西，并不是因为要为人服务而存在。其他每一个东西也都需要宇宙间一切的东西为它服务，其中也包括人，但是人并不是因为要为其他的东西服务而存在。

郭象在这里所谈的哲学问题是，事物生成变化的原因，是在其本身之内，或在其本身之外？主张前者的是内因论，主张后者的是外因论。辩证唯物主义认为，就一个事物的生长变化说，其本身的内部矛盾是内因，外界的影响或条件是外因。内因是主要的，外因通过内因而起作用。就整个的自然界的运动说，无所谓外因，因为不可能在整个自然界之外，还有什么别的东西。一切运动和发展，都是由于自然界的内部矛盾。其原因都不在自然界之外，而在自然界之内。这样的主张是内因论。外因论者认为，自然界的发展、运动的原因，不是在自然界之内，而是在自然界之外，西方近代哲学家笛卡尔认为，自然界的潜力是上帝在创造世界的时候安排在自然界中的。甚至近代大科学家牛顿也认为，太阳系的行星是受了上帝的第一次推动，才开始运动的。诸如此类的外因，就是郭象所说的造物主之类。他所说的“造物无主，而物各自造”，就是针对着这些造物主而说的。郭象的“独化”论的主要的辩论，是反对外因论，特别是关于造物主的迷信。郭象的“独化”论，是继续裴頠的崇有论，反对贵无论。贵无论也是一种外因论。贵无论的宇宙形成论，也是一种外因论。

关于内外的分别，郭象讲得是很清楚的。他说：“故彼我相因，形景俱生，虽复玄合，而非待也。明斯理也，将使万物各反所宗于体中，而不待乎外。外无所谢，而内无所矜。是以诱然皆生而不知所以生，同焉皆得而不知所以得也。今罔两之因景，犹云俱生而非待也，则万物虽聚而共成乎天，而皆历然莫不独见矣。”（《庄子·齐物论》“恶识所以然，恶识所以不然”注）这一段话的主要依据是：“明斯理也，将使万物各反所宗于体中,而不得乎外。”意思就是说:人和事物的发展,都是它本身内部的原因所决定的,也就应该照它内部所决定的方向去发展。照郭象讲,这不仅是一个理论问题,而且是人生中的一个实践问题。他接着说:“故罔两非景之所制,而景非形之所使,形非无之所化也。则化与不化,然与不然,从人之与由己,莫不自尔,吾安识其所以哉。故任而不助,则本末内外,畅然俱得,泯然无迹。若乃责此近因,而忘其自尔,宗物于外,丧主于内,而爱尚生矣。虽欲推而齐之,然其所尚已存乎胸中,何夷之得有哉?”(同上)郭象在这里说到“从人之与由己”“本末内外”。内是本,外是末,己是本,人是末。玄学家们在这些对立面中,有一种自然的调解,即所谓“自尔”。“任而不助”就是任其自尔,不加有意识的干预,这也就是所谓任自然。能够任其自然,那些对立面都可以统一起来,这就是所谓“畅然俱得,泯然无迹”。玄学家们以己为本,以人为末,在人生的实践中,他们当然着重“由己”,而不着重“从人”。他们反对“忘其自尔”,更反对“宗物于外,丧主于内”,认为这是由于“爱尚”。有了“爱尚”就不能平等地看待事物,就不能齐物。

嵇康主张“越名教而任自然”。从“名教”就是“从人”,“任自然”就是“由己”。郭象的独化论为嵇康的主张提供了哲学上的根据。

第三节 郭象关于“性”、“命”的理论

《庄子·人间世》有一句说:“知其不可奈何而安之若命,德之至也。”郭象注说:“知不可奈何者命也而安之,则无哀无乐。何易施之有哉?故冥然以所遇为命,而不施心于其间,泯然与至当为一,而无休戚于其中。”“不可奈何”是郭象对“命”下的定义。一个人在一生的经历中,总有些个人的力量所不能控制的事情,这就是所谓“不可奈何”,这就是他的命。郭象在这里说到“遇”,这个“遇”就是荀况所说的“节遇

之谓命”那个“遇”。一个农民按节令种庄稼,这是他能控制的,这是他力量所能做得到的,自然灾害是他个人的力量所不能控制的。如果遇到自然灾害,收成就不好,没有自然灾害,风调雨顺,收成就好。遇到或不遇到自然灾害,这个对于农民说是不可奈何的,这就是他的命。照这个意义说,命就是偶然,好像是王充所说的“幸偶”。王充说,譬如一个人从一片草地走过,有的草被践踏受到损伤,有的草没有被践踏得安全。为什么偏偏这几棵草被践踏,偏偏是那几棵草不被践踏,这没有道理可讲。只可以说,这几棵草不幸偶然地被践踏,那几棵草幸而偶然地没被践踏。被践踏和不被践踏,完全是出于偶然。就草说,只是幸与不幸。这就是荀子所说的“节遇”,这是说,有些草恰好碰到这个节骨眼上,这就是它的“命”。

不可奈何的事,还不止此。《庄子·逍遥游》“搏扶摇而上者九万里”,郭象注说:“夫翼大则难举,故搏扶摇而后能上,九万里乃足自胜耳。既有斯翼,岂得决然而起,数仞而下哉?此皆不得不然,非乐然也。”就是说,大鹏的身体既然那么大,两翼既然那么广,它必然要升到九万里的高空然后才能平飞;它之所以那样,也是不得不然,并不是它愿意那样子,这也是无可奈何的事,这也是它的命。照这个意义说,命是不得不然,是必然。不可奈何的事,有些是不期然而然,这是偶然。有些是不得不然,这是必然。

《庄子·德充符》有一条说:“仲尼曰:死生存亡、穷达贫富、贤与不肖……是事之变,命之行也。”郭象注说:“其理固当,不可逃也。故人之生也,非误生也。生之所有,非妄有也。天地虽大,万物虽多,然吾之所遇,适在于是,则虽天地神明、国家圣贤,绝力、至知而弗能违也。故凡所不遇,弗能遇也。其所遇,弗能不遇也。所不为,弗能为也。其所为,弗能不为也。故付之而自当矣。”意思就是说,天下这么大,万物这么多,我恰好就是我现在这个样子。这不能说是由于什么错误,也不能说没有什么根据。凡是一个人生出来都不是错误地生出来。他生出来以后,他就有他所遇到的情况。这都是有根据的。这都是合乎理的,因此是不可逃避的。无论什么东西,不管有多么大的能力和智慧,都是不能违背这个理的。凡是一个人所没有遇到的情况,都是他不能遇到的。他所遇到的情况,都是他不能不遇到的。凡是他所不做的事情,都是他不能做的。凡是他所做的事情,都是他不能不做的。

郭象甚至说:“夫物皆先有其命,故来事可知也。是以凡所为者,不得不为,凡所不为者,不可得为。而愚者以为之在己,不亦妄乎?”(《庄子·则阳》“夫灵公之为灵也久矣”注)

郭象的意思是说,就一个事物说,在那么广阔的天地之内,那么众多的事物之中,它偏偏就是那样的一个事物。不能单独地指定哪一个事物是使它成为那个样子的原因,只能说它是“自己而然”。“自己而然”,就是“独化”。每一个事物都是“自己而然”,这就是自然。就一个事物的总体说,不能确切地指定某一事物是它所以是那个样子的原因。但是,如果把它所以是那个样子的因素分别地看,每一个因素都有一定的理由或根据,从这一方面说,一个事物之所以是那个样子,又是“理之当然”。自然和当然是统一的。《庄子·逍遥游》讲到大鹏之大,郭象注说:“直以大物,必自生于大处,大处亦必自生此大物。理固自然,不患其失,又何厝心于其间哉?”(《庄子·逍遥游》“南冥者,天地也”注)大鹏必然要高飞到九万里,小鸟也必然只飞高几十尺。这是“理之当然”也就是自然,自然是不会错的。在表面上看,郭象似乎是主张一种宿命论或必然论,一个事物的一切活动都为一种预先安排所决定了。其实郭象的主张并非如此。照他所讲,命是不可奈何,但在不可奈何中,有一部分必然,有一部分偶然,总而言之是自然。这和他的内因论是一致的,也可以说,这是他的内因论的逻辑的结论。任何事物的存在和生长变化,它之所以是那个样子都有其内因,这是必然,也都有它所遇到的环境和条件,这是外因,是偶然。外因通过内因发生作用,就成它那个样子,这是自然。这些都不是一个事物的主观愿望所能控制的,甚至也不是它的主观意识所能觉察的。这就是郭象所说“块然自生”。“块然”二字形容这不识不知的状态。这种不识不知的生活，郭象称为“忘生之生”，他说，“理有至分，物有定极，各足称事，其济一也。若乃失乎忘生之生，而营生于至当之外，事不任力，动不称情，则虽垂天之翼不能无穷，决起之飞不能无困矣。”（《庄子·逍遥游》“且夫水之积也”注）就是说，理有一定的分寸，事物的能力有一定的界限。一个事物，只要照着理的分寸在自己的力所能及的范围之内活动，就能解决它自己的问题，这就是“至当”。在这一点上，任何事物都是一致的。这样生活下去，就是忘生之生。

郭象并不主张宿命论，也不认为未来的事情可以预知。《庄子·则阳》篇的那一段注说：“夫物皆先有其命，故来事可以知也。”这个“命”也是指理而言，一类的事物据其理是可以一般地推知这一事物的未来活动，至于具体活动的细节，是不能预先知道的。看见大鹏的身体那么大，可以推知它必然要高飞，至于它什么时候飞，那是不能预先知道的。“理”虽然不能预先知道某一具体活动的细节，但在活动以后，可以帮助理解它的这些活动。一个国家、一个民族或一个个人的活动，在事后看，都可以看出来那些活动，都有其理由或根据，就只能是那个样子。这就是郭象说的“是以凡所为者，不得不为。凡所不为者，不可得为。而愚者以为之在己，不亦忘乎”。为或不为，都不是“为之在己”。“盖不由己”或“自己而然”在字面上好像有矛盾，其实并不矛盾，因为这两句说的不是一回事。

郭象有一段话，可以认为是他的关于“命”的总论。《庄子·德充符》讲：“知不可奈何而安之若命，唯有德者能之。游于羿之彀中。中央者，中地也；然而不中者，命也。”郭象注说：“羿，古之善射者。弓矢所及为彀中。夫利害相攻，则天下皆羿也。自不遗身忘知，与物同波者，皆游于羿之彀中耳。……则中与不中，唯在命耳。而区区者各有所遇，而不知命之自尔。故免乎弓矢之害者，自以为巧，欣然多己。及至不免,则自恨其谬,而志伤神辱。斯未能达命之情者也。夫我之生也,非我之所生也,则一生之内,百年之中,其坐起、行止、动静、趣舍、情性、知能,凡所有者,凡所无者,凡所为者,凡所遇者,皆非我也,理自尔耳。而横生休戚乎其中,斯又逆自然而失者也。"

就是说,羿是古代的善射者,彀中就是他的箭所能射到的范围。一个人如果在那个范围内走来走去,他随时都有被箭射中的危险。社会中的人都有利害冲突,每一个人都把另外一些人作为箭靶子,每一个人都是在另外一些人的彀中走来走去。照郭象讲,除了少数超越利害之上的人以外,其余的人,按一方面说,都是羿,按又一方面说,又都是羿的靶子。他们都是在羿的彀中走来走去。所以他们随时都有被箭射中的危险。有些人就被射中了,有些人却没有被射中,这都是命。有些人见识不广,看见他们的遭遇有所不同,不知道命本来就是这个样子。有些没有被射中的人很高兴,自以为巧,以为自己很了不起。有些被射中的人,就恨自己的错误,伤心短气,这些都是不了解命的实际情况的人(郭象在这里所说的命是偶然)。我之所以有这个生命,并不是我自己决定的,并不是出于我的自由的意志。所以在我的一生之中,我会干这或会干那,我干这或干那,我有这或有那,我遇见这或遇见那,这些都不是我的主观愿望所能决定的,都是出于理(郭象在这里所讲的命是必然)。既然是这个样子,那我就不应该感到喜欢和悲哀。如果硬要有这种感情,那就是违反自然(郭象在这里所讲的命是自然),那就是大错。

郭象所讲的"自然",可以从"性"这一方面讲,也可以从"命"这一方面讲。在第一节中,我们已经讲了郭象所讲的自然,那是从"独化"这方面讲的,也就是从"性"这一方面讲的。从这方面讲,一切事物都是自己而然("自然"),好像是很自由自在。但是,从"命"这一方面讲,郭象所讲的自然,也是对于事物的一种决定,一种限制。这就是郭象所说的"理有至分,物有定极"。

《庄子》第一篇的题目是《逍遥游》。郭象解释这个题目说:“夫小大虽殊,而放于自得之场,则物任其性,事称其能,各当其分,逍遥一也。岂容胜负于其间哉?”

郭象所说的“性”就是一个事物所以是那样子的内因。例如,大鹏能高飞九万里,小鸟只能飞几十尺,这都是它们的性所决定的。它们只能在它们的性所决定的范围之内活动,这就是“物有定极”。它们的活动范围,虽然有大小的不同,但如果它们都能顺着它们的性活动发展,它们就都逍遥自得,就都幸福。每一个事物都有它的性的活动的范围。这个范围就是它的“自得之场”。九万里的高空是大鹏的“自得之场”。几十尺的树间是小鸟的“自得之场”。“场”有大小不同,但大鹏小鸟在各自的“场”内同样自得。郭象的这种理论就是玄学家所提倡的“任自然”、“顺性”的理论根据。

有人认为,这种理论提倡无所作为,消极安乐,使人没有雄心壮志,不能积极向上。其实不然。如果对这种理论有全面的理解,有作为的人就要施展他的作为,有雄心壮志的人就更能鼓动他的雄心壮志,积极向上的人就更能积极向上。

第四节　郭象关于动、静和生、死的理论

上面讲过王弼、何晏在关于动、静的问题上认为静是主要的,绝对的,无条件的。动是次要的,是一种变态,是相对的,有条件的。郭象与王弼、何象相反,认为事物都是在经常变化之中,他说:“夫无力之力,莫大于变化者也。故乃揭天地以趋新,负山岳以舍故。故不暂停,忽已涉新,则天地万物,无时而不移也。世皆新矣,而自以为故,舟日易矣,而视之若旧;山日更矣,而视之若前。今交一臂而失之,皆在冥中去矣。故向者之我,非复今我也。我与今俱往,岂常守故哉!而世莫之觉,横

谓今之所遇可系而在,岂不昧哉?”(《庄子·大宗师》“昧者不知也”注)

在这一段中,郭象生动地说明了一切事物都在经常变化之中,天地万物,没有一时一刻不在运动之中。某一个时候的事物,在表面上看起来,好像还是以前时候那个事物,仍是以前时候的旧事物,其实,它是完全新的东西。以前的旧事物和我一样,都在不知不觉中过去了。现在这个时候的我,也不是以前那个时候的我。现在也要成为过去,我是跟着现在同成过去。我并不能守着原来那个我。不了解这个情况的人,硬说现在我所遇见的东西,可以把它们扣留起来,不让它们走。有这种见解的人,真是愚昧极了。

郭象认为,一切事物,时时刻刻都在变化之中。人的生命也是这个样子。他说:“夫时不再来,今不一停。故人之生也,一息一得耳。向息非今息,故纳养而命续。前火非后火,故为薪而火传。火传而命续,由夫养得其极也。世岂知其尽而更生哉。”(《庄子·养生主》“不知其尽也”注)意思就是说,时间是不会倒流的,现在是一刻也不能停留的。息就是呼吸。人每一次呼吸,就得到一个新的生命。方才的呼吸,并不是现在的呼吸。现在的呼吸,是人的生命得到新的因素、新的营养,这样,人的生命就继续下来。这就同火一样,前边的火不是后边的火。因为加上新的燃料,前边的火才能传下来。续或传都是由于新的营养加上去。但是,命和火时时刻刻都在那里更生,时时刻刻都是旧的完了而新的继续下去。

这就是说,无论什么东西,时时刻刻都在死亡,也都在更生。人也是这个样子。人也是在时时死亡,时时更生。一次呼吸,就是一个死亡和更生的过程。不过人对于这一点不注意或不了解。

这是崇有论关于动、静的说法,裴頠没有说,郭象替他说了。在这个问题上,崇有论和贵无论的对立,并不是偶然的。贵无论所着重的是一般,是共相,它们是不变的,也不可能变的。所以在动、静的问题上贵无论认为动是静的变态。崇有论注重特殊,特殊是变的,也不可能不是变的。所以在动、静的问题上,崇有论认为动是常态,静不过是人们的幻觉。

王弼在《老子指略》中用音乐作为比喻以说明道是无名。他说,五音中的每一个音都有它们自己的规定性。一个声音如果是其中的某一个音,它就为那一个音的规定性所规定,只能是那个音,不能是别的音了,是宫的只能是宫,是商的只能是商。音的共相蕴涵五种音,所以它不能是五音中的某一个音。它不是五音中的某一个音,所以才能是五音中的任何一个音。《老子》说的“大音希声”,就是这个道理。由于同样的道理,所以“大象无形”,大道“无名”。

郭象见过《老子指略》,并且在《庄子注》中引用《老子指略》。《庄子·胠箧》说:“掊击圣人,纵舍盗贼,而天下始治矣。”郭象注说:“故古人有言曰:‘闲邪存诚,不在善察,息淫去华,不在严刑。’此之谓也。”这里所说的古人之言,就是《老子指略》中的话。引用别人的成语在《庄子注》中是罕见的。郭象引用《老子指略》,并尊为古人之言,可见他对于《老子指略》的重视。但郭象与王弼的思想毕竟不同。在《庄子注》中,郭象也有一段用音乐为比喻以说明道的话,但他不引《老子指略》,他说:“夫声不可胜举也,故吹管操弦,虽有繁手,遗声多矣。而执籥鸣弦者,欲彰声也。彰声而声遗,不彰声而声全。故欲成而亏之者,昭文之鼓琴也。不成而无亏者,昭文之不鼓琴也。”(《庄子·齐物论》“故昭氏之不鼓琴也”注)这一段话,在表面上看起来,好像与王弼的话相同,可是他们所讲的完全是两回事。王弼所讲的五音是音的规定性的内容,也就是音这个名的内涵的内容。郭象所讲的是各种不同的乐器所发出的不同的声音。王弼所讲的是音的内涵,郭象讲的是音的外延。一个音只能是五音中的一个音。但五音中的五个音声可能用不同的乐器同时发出来。一个音乐作品可能用很多的乐器,发出很多不同的声音,但不能把一切声音同时发出来,总有些声音被遗弃。一切声音是一个“全”。一个音乐作品,只能奏出一部分声音,对于它自己说,这是有所成,对于一切声音说是有所亏,亏是对成而言。所谓成亏是对于一个作品说的,不是对于客观存在的一切声音说的。对于客观存在的一切声音说,无所谓成与亏。用这个道理说明“道”,道就是“全”。

这个“全”中的事物是千差万别的,但是,也并非完全没有共同之处。

《庄子·齐物论》“参万岁而一成纯”,郭象注说:“纯者,不杂者也。夫举万岁而参其变,而众人谓之杂矣。故役役然劳形怵心,而去彼就此。唯大圣无执,故芚然直往,而与变化为一,一变化而常游于独者也。故虽参糅亿载,千殊万异,道行之而成,则古今一成也。物谓之而然,则万物一然也。无物不然,无时不成,斯可谓纯也。”照郭象的说法,崇有论以群有为宗极,天地万物千差万别,千变万化,好像是乱杂无章,其实不然。每一个事物都有所成,因为它都是某一种事物,这就是所谓“道行之而成”。它是某种事物,就被称为某种事物,这就是所谓“无为之而然”。从这一方面说,他们是一致的,它们并不是杂,而是纯。变化虽然多端,但我跟着变化而变化,与变化为一。这种精神境界就是贵无论所讲的浑沌。经他这一发挥,浑沌就更是后得的了。

第五节　郭象关于“无对”和“有对”的理论

郭象说:“夫自任者对物,而顺物者与物无对。故尧无对于天下,而许由与稷、契为匹矣。何以言其然邪?夫与物冥者,故群物之所不能离也。是以无心玄应唯感之从,泛乎若不系之舟,东西之非己也。故无行而不与百姓共者,亦无往而不为天下之君矣。以此为君,若天之自高,实君之德也。若独亢然立乎高山之顶,非夫人有情于自守,守一家之偏尚,何得专此?此故俗中之一物,而为尧之外臣耳。若以外臣代乎

内主,斯有为君之名,而无任君之实也。”(《庄子·逍遥游》“吾将为宾乎”注)

郭象在这里提出了“对物”和“与物无对”两个概念。“与物无对”就是绝对。《庄子》的原文讲到尧和许由的对话。郭象认为,许由是自以为是,是自任,这就是自己把自己同别的物对立起来。尧是以百姓之心为心,不把自己和百姓对立起来,也就是不把自己同别的物对立起来。这就是“与物无对”。不把自己同百姓对立起来,这就是为君之德。所以尧可以为君,许由只可以为臣。许由是俗中之一物,而尧则是超俗了。他所以超俗,就是他的观点比许由高。

《庄子》的第二篇《齐物论》郭象解题说:“夫自是而非彼,美己而恶人。物莫不皆然然,故是非虽异,而彼我均也。”“自是而非彼”,就是“对物”,就是把自己同别的物对立起来。这样对立,证明自己是物中之一物。物以自己为然,从这方面看,它们是千差万别的,可是它们都以自己为然(“物莫不皆然然”)。从这个方面看,它们又是相同了。从这方面看,就是从高一级的观点看,这个高一级的观点,就是“道”的观点。照郭象注的解释,《庄子·齐物论》的主题就是从“道”的观点看不齐的事物和言论。能够这样看,不齐的事物就齐了。这样的齐,并不是用快刀斩乱麻的办法一刀切,而是从一个较高的观点得到一种较高的理解。这种理解正是玄学家所追求的。

上面说过,郭象认识到一切事物都时时刻刻在变化之中,人的生命也是这个样子。郭象说:“人虽日变;然死生之变,变之大者也。”(《庄子·德充符》“生死亦大矣”注)生死是最难齐的。照郭象说,如果从一个较高的观点上看,死生也是不难齐的。照他说,如果有一种较高的理解,就可以知道,我的身体本来就不是我之所有。

这种解释,注重于身体本来并非我之所有。可是,离开了我的身体,我又是什么呢?什么是我呢?郭象对于这个问题,没有回答。他所着重的是另外一种解释。那种解释是,身体是我的存在的一种形式,身体死亡了,不过是我的存在变了一种形式。形式虽不同,但是都是我。郭象说:“体夫极数之妙心,故能无物而不同。无物而不同,则死生变化,无往而非我矣。故生为我时,死为我顺。时为我聚,顺为我散。聚散虽异,而我皆我之。则生故我耳,未始有得;死亦我也,未始有丧。夫死生之变,犹以为一。既睹其一,则蜕然无系。玄同彼我,以死生为寤寐,以形骸为逆旅,去生如脱屣,断足如遗土,吾未见足以缨茀其心也。”(《庄子·德充符》“物视其所一而不见其所丧”注)

意思就是说,“圣人”有一个“妙心”,与天地万物为一体,既然为一体,无论什么变化(即使死生的变化),无论变成什么,都还是我。气聚固然是我,气散也是我。聚散虽有不同,但我认为都是我。生固然是我,对于我并不是有所得。死也是我,对于我并不是有所失。像死生这样大的变化,有“妙心”的人,尚且认为都是一,没有彼我之分。这样看起来,死生的变化,就好像是睡和醒的变化。身体好像是旅馆,去了这个生,就好像脱了一只鞋。有“妙心”的人,对于这些完全是无动于衷的。

郭象认为,一般的人都不明白这个道理,都希望把这个身体保存好,像是金珠宝贝,把它藏起来,以免失掉。郭象说:“不知与化为体而思藏之使不化,则虽至深至固,各得其所宜,而无以禁其日变也。故夫藏而有之者,不能止其遁也。无藏而任化者,变不能变也。……无所藏而都任之,则与物无不冥,与化无不一。故无外无内,无死无生,体天地而合变化,索所遁而不得矣。此乃常存之大情,非一曲之小意。……人形乃是万化之一遇耳,未足独喜也。无极之中,所遇者皆若人耳,岂特人形可喜而余物无乐耶?……本非人而化为人,化为人失于故矣。失故而喜,喜所遇也。变化无穷,何所不遇,所遇而乐,乐岂有极乎?……夫圣人游于变化之涂,放于日新之流。万物万化,亦与之万化,化者无极,亦与之无极。谁得遁之哉?夫于生为亡而于死为存,则何时而非存哉?”(《庄子·大宗师》“藏小大有宜,犹有所遁”注)

郭象在这段话里，强调一个“遇”字。生是一个“遇”，死也是一个“遇”。人都怕遇见死，以为死就失掉他原来有的东西。郭象说，人遇见生，也是失掉他原来有的东西。如果能够“体天地而合变化”，与变化成为一体，那就可见生死都是无得无失。

有一个关于孔子的故事，说是楚国的王失了一张弓，随他的人要把这弓找回来。楚王说：不必找了，楚国的人失了弓，还是楚国人得了，对于楚国并不算是有所失。孔子听说以后就说，楚王的“仁义”还不彻底。应该说，天下的人失了弓，天下的人得了，这对于天下并不算是有所失。孔子的这段话，照郭象的标准看起来，仍然是不彻底。照郭象的标准，应该说，宇宙的人失了弓，宇宙的人得之，从宇宙的观点看，也不算是有所失。

孔子所说的“天下”，是指人类社会。郭象所说的天下，指的就是宇宙，是指他所说的天。天是万物的总名，人和其他一切东西都包括在天之内，都不能逃出于天之外。害怕一个东西失掉，把它藏起来，无论藏得怎样好，总有失掉的机会。要是把天下藏在天下之内，那是绝对不能失掉的，因为没有地方可以失掉。郭象说，这是一个最大的实际情况。如果一个人把他自己同天合而为一，那他在天下就等于藏天下于天下，他也就不可能失掉他自己了。

这并不是说，人可以永远保持他的身体，长生不老。只是说，人有他的身体，这只是他的存在的一种形式。他身体死了，他就变为灰尘，这是他的存在转化为另一种形式。身体这种形式，不过是千千万万的形式之一。遇见身体这种形式，他就喜欢，遇见别的形式他又为什么不喜欢呢？明白这个道理，那就可以在宇宙变化的大河之中，游来游去。这条大河时时刻刻在变，我也跟着时时刻刻在变。变来变去，总不能把我扔在宇宙之外，我也不能逃出宇宙之外。这就是郭象所说的“游于物之所不得遁而皆存”。

郭象所说的这个道理，就是庄子所说的“齐死生”。郭象说：“旧说云:庄子乐死恶生,斯说谬矣。若然,何谓齐乎?所谓齐者,生时安生,死时安死。生死之情既齐,则无为当生而忧死耳。此庄子之旨也。”(《庄子·秋水》“吾安能弃南面王之乐而复为人间之劳乎”注)就是说,懂得上面所讲的道理的人,把死生看成一样,看成是一个变化过程中的两个阶段,既不怕死,也不恶生。生的时候就好好地生,死的时候就平静地死,不觉得生为可喜,死为可悲,也不觉得生为可悲,死为可喜。

郭象认为,一般人总是站在生的观点去看死,因此就只看见生的可喜,死的可悲。他认为这是一种偏见,人应该打破这种偏见,站在超乎生死之上的观点去看生死。《庄子》说,人怕死可能是像“弱丧而不知归”。郭象说:“少而失其故居,名为‘弱丧’。夫弱丧者,遂安于所在而不知归于故乡也。焉知生之非夫弱丧,焉知死之非夫还归而恶之哉?……一生之内,情变若此。当此之日,则不知彼,况夫死生之变,恶能相知哉?……事苟变,情亦异,则死生之愿不得同矣。故生时乐生,则死时乐死矣,死生虽异,其于各得所愿一也,则何系哉?”(《庄子·齐物论》“予恶乎知恶死之非弱丧而不知归者邪”注)

就是说,人站在生的一方,又不知死的情况,当然就怕死。可是,若站在死的一方,又不知生的情况,当然也要怕生。若站在超乎生死之上的“道”的观点,就可以看出,当人死的时候,情况变化了,他的愿望也变化了,他不但不怕死,而且愿意死。这样就可以看出人或生或死,都达到自己的愿望,这样生时就乐生,死时就乐死。这就是说,生和死是相对的,都是“有对”。“道”是超乎生死之上的,是“无对”。生和死所引起的苦乐也是“有对”。生死的情况变了,苦乐也跟着变。从“道”的观点看,生死都是“各得所愿”。这个“各得所愿”也是“无对”。

在人类生活和社会现象中,有各种不同的思想斗争,这就是所谓是非。是非也是不容易齐的。郭象认为,每个人都有他自己的立场和观点,有不同的立场和观点,对事物就有不同的认识,提出不同的见解。不能说哪一种见解是必定正确,哪一种见解是必定错误。

郭象说：“夫自是而非彼，彼我之常情也……将明无是无非，莫若反复相喻。反复相喻，则彼之与我，既同于自是，又均于相非。均于相非，则天下无是；同于自是，则天下无非。何以明其然邪？是若果是，则天下不得复有非之者也。非若果非，亦不得复有是之者也。今是非无主，纷然淆乱，明此区区者，各信其偏见而同于一致耳。仰观俯察，莫不皆然。是以至人知天地一指也，万物一马也。故浩然大宁，而天地万物各当其分，同于自得而无是无非也。”（《庄子·齐物论》“天地一指也”注）

又说：“夫物之偏也，皆不见彼之所见，而独自知其所知。自知其所知，则自以为是。自以为是，则以彼非矣。故曰：彼出于是，是亦因彼，彼是相因而生者也。”（《庄子·齐物论》“彼出于是”注）

就是说，每一个人都是万物中之一物，在万物的总体中，他只是一部分。一部分就是偏，偏就不能知道万物之全。他不能见到别的部分，不能知道其他的部分所能知道的，只能见到、知道他这部分所见到、知道的。因此，都以自己所见到、知道的为是，以别人所见到、知道的为非。所以说，是非都是出于一种偏见，实际上是无是无非。要证明这个道理，最好的办法是用这个人的是非同那个人的是非反复比较，比较以后，就可以看出他们之间也有一个共同点，那就是，他们都是以自己为是，而以别人为非。由此可见，没有真正的是非。如果一个人所认为的是是真正的是，那就不应有人以为非；一个人所认为的非是真正的非，那就不应有人以为是。现在是，是非混乱，没有真正的标准。可见，所有这些是非，都是由于人相信自己的偏见。但是，各以自己为是，在这一点上大家又都一致了。“至人”知道“天地一指也，万物一马也”，就是说，他能站在天地万物的全体的观点上，因此他就知道是非都是出于偏见。从全体观点看，本来是无是无非。

照郭象说，无是无非，只是就是非的本质说的。这样说，并不是要废除实际上的是非。庄子说：“彼是莫得其偶，谓之道枢。”（《庄子·齐物论》)郭象注说:“偶,对也。彼是相对,而圣人两顺之。故无心者与物冥而未尝有对于天下也。此居其枢要而会其玄极以应夫无方也。”郭象在这里指出“有对”和“无对”的差别。这就是说,这个人的是非和那个人的是非是相对待的。“圣人”无是无非,并不是要取消这种对待,而是让他们各自讲各自的道理。公说公有理,婆说婆有理,那就让他们说吧。如果要消除这种对待,那就又和这种对待对立起来了。这就是“有对于天下”。“圣人”的观点是超乎这种对待之上的。在他的心中,彼此的差别已经消除了,这就叫“冥物”。既然冥物,他就不在这些对待之中,即所谓“未尝有对于天下”。这种观点就是所谓“道枢”,也称为“玄极”。用这种观点,就可以应付各种各样的是非。

这种观点,《庄子》称为“环中”,又称为“两行”。照郭象的解释,每个人都互相是非,好像是在那里绕着一个圈子赛跑,这是没有穷尽的。“圣人”不加入他们这个赛跑而站在圈子中的空隙中。郭象说:“天下莫不自是而莫不相非,故一是一非,两行无穷,唯涉空得中者,旷然无怀,乘之以游也。”(《庄子·齐物论》“是亦一无穷”注)就是说,两方面,都以自己为是,以对方为非,这就叫“两行”。两行就让它两行,“圣人”则超于两行对待之上,站在一个环的中间以看两行的循环辩论,而自己“旷然无怀”,这就是“无心”。

为什么要两行,郭象说:“夫天地之理,万物之情,以得我为是,失我为非,适性为治,失和为乱。然物无定极,我无常适,殊性异便,是非无主。若以我之所是,则彼不得非,此知我而不见彼者耳。故以道观者,于是非无当也,付之天均,恣之两行,则殊方异类,同焉皆得也。”(《庄子·秋水》“盖师是而无非,师治而无乱乎?是未明天地之理,万物之情者也”注)

就是说,天下的事物,包括人在内,都以合乎我为是,不合乎我为非,适宜我的本性为治,不适宜我的本性为乱。但是事物是经常变化的,我也是经常变化的。一种事物,在一个时候,一种情况下,同我合适，适宜于我的本性；在另一个时候，另一种情况下，就同我不合，与我不适宜。所以事物没有必定的规格，如同我也没有一成不变的需要，所以是非也没有必定的标准。如果认为，我所以为是的，别人都不得以为非，这就是知我而不知彼。从道的观点看，这是不对的。从道的观点看，应该把彼此两方的是非，一概交给天均，让它们并行。这样，各种事物都可以自得了。“天均”在《齐物论》作“天钧”。“均”、“钧”两个字可以互相通用。“均”是做陶器的人用的一种运转不停的物。

第六节　郭象关于“有言”和“无言”的理论

郭象说，“虽所美不同，而同有所美。各美其所美，则万物一美也；各是其所是，则天下一是也。夫因其所异而异之，则天下莫不异。而浩然大观者，官天地，府万物，知异之不足异，故因其所同而同之，则天下莫不皆同；又知同之不足有，故因其所无而无之，则是非美恶，莫不皆无矣。夫是我而非彼，美己而恶人，自中知以下，至于昆虫，莫不皆然。然此明乎我而不明乎彼者尔。若夫玄通泯合之士，因天下以明天下，天下无曰我非也，即明天下无非；无曰彼是也，即明天下之无是。无是无非，混而为一，故能乘变任化，迕物而不慴。”（《庄子·德充符》“自其同者视之，万物皆一也”注）

就是说，一切事物，如果从它们的差别那一方面看，每一个事物都与别的事物有差别。如果从它们相同那一方面看，一切事物都有相同之点。从“道”的观点看事物的人，知道万物的差别都是相对的，所以不从“异”的观点看事物，而只从“同”的观点上看。从“同”的观点，又知道“同”也不是绝对的，所以又从“无”的观点看，从“无”的观点看，又知道“同”、“异”的分别也是没有的。这样看，是非、美恶的分别都没有了。一般的事物都以自己为是，而以别人为非，从有中等知识的人以至于昆虫都是这样的,这都是知我而不知彼。从“道”的观点看是非的人,就是所谓“浩然大观”者,他对于是非的态度是“因天下以明天下”。天下的人没有说我非的,这就证明天下本来无非。也没有人说彼是的,这就说明天下本来无是。由此,他就体会到“无是无非,混而为一”。这就是“玄通泯合”,也就是达到“冥极”。“冥极”是“无对”,也就是绝对。

《庄子·齐物论》说:“天下莫大于秋毫之末,而泰山为小,莫寿于殇子,而彭祖为夭。天地与我并生,而万物与我为一”。说泰山是大,这是相对于比泰山小的东西说的。如果相对于比泰山大的东西说,泰山就小。兽类在秋天生出来的新毛,是很细微的,这种毛的末端就更细微了。说它小是相对于比它大的东西说的。如果相对于比它小的东西说,它还是大的。彭祖活了八百岁,一般人说他是长寿,这是相对于传说中的活得比他短的东西说的。如果相对于比他活得长的东西说,他还是短命的。早年就死的人,一般人说他是短命,这是相对于比他活得长的东西说的。如果相对于比他活得短的东西说,他还是长寿。这就是所谓“齐小大”,“齐寿夭”。

郭象更从事物的本性这一方面发挥庄子的这种观点。他的注说:“夫以形相对,则泰山大于秋毫也。若各据其性分,物冥其极,则形大未为有余,形小不为不足。苟各足于其性,则秋毫不独小其小,而泰山不独大其大矣。若以性足为大,则天下之足未有过于秋毫也;若性足者非大,则虽泰山亦可称小矣。故曰:天下莫大于秋毫之末而泰山为小。泰山为小,则天下无大矣。秋毫为大,则天下无小也。无小无大,无寿无夭,是以蟪蛄不羡大椿而欣然自得,斥鷃不贵天池,而荣愿以足。苟足于天然安其性命,故虽天地未足为寿而与我并生,万物未足为异而与我同得。则天地之生又何不并,万物之得,又何不一哉?”(《庄子·齐物论》“天地与我并生,而万物与我为一”注)

就是说,如果就形体方面说,泰山确比秋毫大。但是泰山、秋毫各有自己的本性,各有自己的能力所能达到的范围。每一个事物,本来是各自满足于自己的范围。对于自己的本性说,形体大的并不是有余,形体小的也不是不足。所以对于各自的本性说,泰山也不算大,秋毫也不算小。如果不就自己的本性说,泰山比小于它的东西说,固然可以说是大,但是对于比它大的东西说,它还是小。秋毫比大于它的东西说,固然算是小的,但对于比它小的东西说,它还是大的。所以应该专就事物的本性这一方面说。专就这一方面说,每个事物都满足于它自己的本性,没有小大的分别,也没有寿夭的分别。一切事物满足于它自己的自然状态,安于它的本性和自然所给它的地位。万物之间虽有很多很大的差别,但都同于自得。从这一方面看,天地虽然长寿,但可以说是“与我并生”,万物虽然与我不同,但可以说是“与我为一”。

郭象在这段话中,还说到“物冥其极”。这就是所谓“冥极”,也就是所谓“玄冥”。郭象关于齐是非、齐小大、齐寿夭的理论,最后都归到“冥极”。“冥极”就是一种浑沌的境界。

《庄子·齐物论》于“万物与我为一”之后,接着说:“既已为一矣,且得有言乎?既已谓之一矣,且得无言乎?”郭象注说:“夫名谓生于不明者也。或不能自明其一,而以此逐彼,故谓一以正之。既谓之一,即是有言矣。……夫以言言一,而一非言也,则一与言为二矣。一既一矣,言又二之。有一有二,得不谓之三乎?夫以一言言一,犹乃成三,况寻其支流,凡物殊称,虽有善数,莫之能纪也。故一之者与彼未殊,而忘一者无言而自一”。

就是说,在没有作彼此分别的时候,万物都与我为一,我也与万物为一。为了说明这个一,就得用“一”这种名称。其所以用这个名称,本来是要使不明一的人明白一的道理。可是有了一这个名称,那就不仅有一,而且有二了。这个二就是一和一那个名称。既然有二,那就可以有三,由此推下去每一类的东西,都有一个名称,那就不胜其繁了,一直到大算学家也算不尽的数目。这样,讲一的人和不明白一的人就没有分别。只有忘一的人,不用说话,而自然得到一。

郭象认为,“一”是不可言说的,也是不可思议的。“冥极”也是不可言说不可思议的。如果要把“一”或“冥极”作为言、意的对象,“一”就不是“一”,“冥极”也不是“冥极”了。郭象说:“夫言意者,有也。而所言所意者,无也。故求之于言意之表,而入乎无言无意之域,而后至焉。”(《庄子·秋水》“不期精粗焉”注)又说:“夫阶名以至无者,必得无于名表。”(《庄子·大宗师》“玄冥闻之参寥”注)

就是说,言、意是属于“有”的(意就是思议),“一”或“冥极”是属于“无”的,所以不能成为言、意的对象。无是个“无言无意之域”,所以必求之于言、意之外。这个“域”不是言、意之所能得到的,但是要得到它,也需要借助于名言。名言好像个台阶,必须用这个台阶以达到“无”。但是需要知道,这个台阶并不是“无”。

郭象在讲“独化”的时候,认为“无”就是什么都没有,就是零。可是在上面所引的这些地方,他所说的“无”,就不是零,而是同何晏、王弼所讲的“无”相似了。郭象讲“无名无意之域”,何晏不是也讲“无名之域”吗?

贵无论从“有”的内涵讲,“有”就是“无”。崇有论从“有”的外延讲,“有”就是天地万物,所以“有”不能是“无”。《庄子·齐物论》“有有也者,有无也者,有未始有无也者,有未始有夫未始有无也者。俄而有无矣,而未知有无之果孰有孰无也。”郭象注说:“有有则美恶是非具也。有无而未知无无也,则是非好恶犹未离怀。知无无矣而犹未能无知。此都忘其知也,尔乃俄然始了无耳。了无,则天地万物,彼我是非,豁然确斯也”。郭象在这里从人的精神境界这一方面讲有无。贵无论所贵的无是天地万物的“宗极”,也是人的一种精神境界。这两方面有联系,也有分别。裴頠专从“宗极”那一方面破贵无论所讲的无,至于精神境界这一方面的无,他没有明确地批判。郭象从“宗极”这一方面否定贵无论所讲的无,提出了他的无无论,但是不否定贵无论所讲的精神境界。在上面引文中,他明确提出了无无。但是,这个所谓无无,并不是否定贵无论所讲的精神境界。而是对它作了进一步的发挥。

第七节　郭象关于“无心”、“无为”、“无待”的理论

郭象认为,事物本来都是“独化于玄冥”,这就叫“自然”。“玄冥”是不可言说的,所以自然也是不可言说的。他说:“明夫自然者,非言知之所得,故当昧乎无言之地。……则夫自然之冥物,概乎可得而见也。”(《庄子·知北游》“以黄帝为知言”注)就是说,自然也是“无言之地”。在这个无言之地,一切事物本来就没有意识到自己与别的事物之间的差别。大鹏本来就没有意识到自己与小鸟之间的差别,本来就没有想到自己的大优于小鸟的小。小鸟也没有意识到自己与大鹏之间的差别,没有想到自己的小劣于大鹏的大。这种情况就是“自然之冥物”。

这一点大概就是支遁讲《逍遥游》与郭象不同的地方。《世说新语·文学》篇说,当时讲《庄子·逍遥游》有两家最有影响,一家是“向郭义”,就是郭象《庄子注》所讲的。另外一家是“支遁义”。刘孝标注引支遁的《逍遥论》说:“夫逍遥者,明至人之心也。庄子建言大道而寄指鹏鷃。鹏以营生之路旷,故失适于体外。鷃以在近而笑远,有矜伐于心内。至人乘天正而高兴,游无穷于放浪,物物而不物于物,则遥然不我得。玄感不为,不疾而速,则逍然靡不适。此所以为逍遥也。”支遁所讲的“至人”,同郭象所讲的“无待之人”是一致的。司马彪《庄子注》也说:“言逍遥无为者,能游大道也。”(《文选》卷一三,潘安仁《秋兴赋》注)他所说“逍遥无为者”,也就是“至人”或“无待之人”。

支遁和郭象的主要不同,在于对于大鹏和斥鷃的评论。支遁说:

“鹏以营生之路旷,故失适于体外。”就是说,鹏的身体太大,一活动就必须升到九万里那么高,一飞就要六个月才能停止,这就很不舒适。郭象的评论不是这样。他说:“非冥海不足以运其身,非九万里不足以负其翼,此岂好奇哉?直以大物必自生于大处,大处亦必自生此大物,理固自然,不患其失,又何厝心于其间哉?”(《庄子·逍遥游》“是鸟也,海运则将徙于南冥”注)就是说,大鹏的身体生来就是那样大,必须在大处运行,这是“理固自然”,不会错的。能这样运行,它就逍遥,它就舒适,无所谓“失适于体外”。支遁说:“鷃以在近而笑远,有矜伐于心内。”意思是说,鷃自己飞得很近,嘲笑大鹏飞得远,这是有自以为是、骄傲自满的情绪。郭象的评论不是这样。他说:“二虫,谓鹏蜩也。对大于小,所以均异趣也。夫趣之所以异,岂知异而异哉?皆不知所以然而自然耳。自然耳,不为也。此逍遥之大意。”(《庄子·逍遥游》“之二虫又何知”注)意思是说,大鹏与小鸟,身体大小有所不同,所以它们的趋向也不同。这并不是由于它们意识到这些不同而故意不同。为什么不同?它们自己也不知道。它们都是不知其所以然而然,这就是自然。它们都是顺其自然而行,于是都得到逍遥。

郭象又说:“夫翼大则难举,故抟扶摇而后能上,九万里乃足胜耳。既有斯翼,岂得决然而起,数仞而下哉?此皆不得不然,非乐然也。”(《庄子·逍遥游》“水击三千里,抟扶摇而上者九万里”注)意思是说,大鹏的翅膀非常之大,所以必须上升到九万里之高,下边的“气”才能把它举起来。小鸟的翅膀很小,所以跳一下就能起飞,上升几十尺就下来。它们都是不得不这样,并不是故意要这样。

在上面所引的头一段话里面,郭象说,大鹏和小鸟的不同,是不知其所以然而然,是出于自然。在第二段话里面,郭象说,它们是出于不得不然。不知其所以然而然,自然,不得不然,在郭象看起来,本来就是一回事。他认为,这就是事物的性和命的三个方面。上面讲过,他从这三个方面说明他所认为的事物的命,他也从这三个方面说明事物的性。

照郭象讲的，事物的命和性，本来就是一回事。从宇宙那一方面看，就叫命；从“独化”这一方面看，就叫性。

从表面上看起来，郭象和支遁的不同不过是一些小节的问题，其实，这牵涉到他们两个对于事物本性的认识的不同。照郭象的看法，事物都是自然的，或者说不得不然的。它们是这个或那个样子，都有所然，而又不知其所以然，也不问其所以然。这种情况，就是“玄冥”。

照郭象所说的，一切事物，包括人在内，本来都是“独化于玄冥”，可是人在本来就是逍遥的世界中，妄加分别，认为这个好，那个坏，这个对，那个错，因此就有“羡欲”，“跂尚”，总不满足于自己所处的地位，不安于自己的本性，妄想做自己的才能所不能做的事情，挑肥拣瘦，这山望那山高。这样，人就失去了他本来有的“玄冥”。郭象认为，人所以不能逍遥，不能幸福地生活，这就是其主要的原因。

这就好像基督教的《圣经》说：人本来都生在“乐园”之中，但因受了毒蛇的引诱，吃了“智慧之果”，这才从“乐园”的天国降入了人间的地狱，失去了原有的幸福。郭象所讲的，也就是这一类的思想。

郭象认为，庄子的道理，就是要人像他在《庄子序》中所说的“返冥极”，其方法就是“无心”“无为”，也就是嵇康所说的“无措”。

上面引过，郭象说：“理固自然，不患其失，又何厝心于其间哉？”“厝”，《释文》说：“又作措”。“又何措心于其间哉”，说的就是“无措”。无措也就是裴頠《崇有论》所批判的“不措”。

《庄子·齐物论》有一段说：他是主张无是非的，所以他同主张有是非的人所讲的不是一类的话。但是，他是以无是非为是，以有是非为非，所以他所讲的也还是有是非。这同主张有是非的人所讲的又是一类了。郭象注说：“然则将大不类，莫若无心。既遣是非，又遣其遣，遣之又遣之，以至于无遣，然后无遣无不遣，而是非自去矣。”（《庄子·齐物论》“今且有言于此”注）有是非就是有心，有是非就有“羡欲”，有“跂尚”，所以要遣去是非。可是遣去是非这个遣还是有心，还需要把这个遣也遣去。可是遣这个遣的遣,也还是有心,所以还要把这个遣也遣去。这样一直遣下去,就达到“无心”。既然无心,遣或不遣也就没有分别了。这就是“返冥极”的方法。

《庄子·逍遥游》说:“若夫乘天地之正,而御六气之辩,以游无穷者,彼且恶乎待哉?”郭象注说:“天地者,万物之总也。天地以万物为体,而万物必以自然为正。自然者,不为而自然者也。故大鹏之能高,斥鷃之能下,椿木之能长,朝菌之能短,凡此皆自然之所能,非为之所能也。不为而自能,所以为正也。故乘天地之正者,即是顺万物之性也。御六气之辩者,即是游变化之涂也。如斯以往,则何往而有穷哉?所遇斯乘,又将恶乎待哉?以乃至德之人,玄同彼我者之逍遥也。苟有待焉,则虽列子之轻妙,犹不能以无风而行,故必得其所待,然后逍遥耳,而况大鹏乎?夫唯与物冥而循大变者,为能无待而常通,岂独自通而已哉?又顺有待者,使不失其所待,所待不失,则同于大通矣。故有待无待,吾所不能齐也。至于各安其性,天机自张,受而不知,则吾所不能殊也。夫无待犹不足以殊有待,况有待者之巨细乎?”意思是说,庄子在这里所说的天地,就是万物的总体,自然是万物的正常状态,也是万物生长变化的正常规律。自然是无为的,也是无知的。比如大鹏飞得很高,斥鷃飞得很低,椿木能够长寿,朝菌只能早死,它们生来就是那个样子,并不是出于故意的作为。它们都是无为而自能,所以是正常的,这就是万物的本性。万物都各顺自己的本性,这就是“乘天地之正”。万物都经常在变化之中,各个事物的变化,汇合成为一个变化的洪流,这就是“变化之涂”。一切事物都顺着这个变化而变化,好像鱼在大河中游泳,这就是“游变化之涂”。一切事物,本来都是逍遥幸福的,但其逍遥有“有待”和“无待”之分,有待就是有条件的。比如说:一个人一定要乘飞机,如果坐不上飞机,他就失望、痛苦,这就是他的“逍遥”有待于乘飞机。如果他不一定要乘坐飞机,遇见什么交通工具他就乘什么交通工具,就交通工具这方面说,他的逍遥就不受条件的限制,也就是

“无待”了。这不过是一个比喻。在别的方面,他的逍遥可能受条件的限制,仍然是“有待”。“有待”的根源是对于事物的分别计较。分别计较都是“有为”,都是“有心”。“有为”、“有心”,所以不能“与物冥”。必须“齐死生,齐是非”,以至没有计较分别,这就“与物冥”。就是说,一切的彼我分别都没有了,与万物成为一体,与变化合为一流了。这就是“与物冥而循大变”。这样的人是“至德的人”,他的逍遥就是完全无条件的,“无所待而常通”。不仅他自己的逍遥是无待的,并且能使一切有待的人都得到他们的所待。就是说,能够为他们创造逍遥的条件,叫他们都得到逍遥。这个条件是什么呢?就是顺性。实际上,这些无待的人的这种做法,也是顺他们的性。就顺性这一点说,有待的人和无待的人都是一样,都没有什么特别之处。

郭象在这里所说的有待和无待,和他在讲“独化”的时候所说的有待和无待,意义不同。照他所讲的“独化”的理论,任何存在的东西都是无待。就逍遥说,一般分别彼此、计较优劣的人,他们的逍遥都是有待的,有条件的。只有“无心”的人,不分别彼此、计较优劣,他们的逍遥才是“无待”的。他们的精神境界,也就是“玄冥”。

这个“至德之人”当然就是中国封建社会所谓的“圣人”了。照郭象说:“圣人”不但自己“无待”,而且能使“有待者皆不失所待”,那他也就是最高统治者,即中国封建社会所谓“王”。“圣”而兼之“王”,就是中国封建哲学家所谓的“圣王”。以前的道家和法家都为最高统治者提供了一个统治老百姓的方法,其方法就是“无为”。照他们所讲的,无为与有为是对立的。郭象也讲无为,但是他认为,无为不是同有为相对立的,而是包括有为。庄子说过:“故君子不得已而临莅天下,莫若无为。”(《庄子·在宥》)郭象注说:“无为者,非拱默之谓也,直各任其自为,则性命安矣。不得已者,非迫于威刑也,直抱道怀朴,任乎必然之极,而天下自宾也。”就是说,无为并不是什么事情都不做,并不是不声不响地拱手静坐。这不是无为的意思。无为就是顺自然。每一个人都有他的本性,都有他天赋的能力。统治者所要做的事,就是让每个人发展他的本性,发挥他的天生的能力,这就叫任其自为。每个人都自为,统治者就可以无为了。郭象在这里也是说,自然和必然是一回事。比如说,大鹏高飞远走,这就出于自然,也就是出于必然。它的身体,有那么大,它就非那样飞不可。这也是出于不得已。"圣人"有这样大的才能,他就非当统治者不可。照郭象说,这也是出于不得已。

照以前的道家和法家所讲的,只有"在上者"可以"无为",在下者则必须"有为"。"无为"是"君道","有为"是"臣道"。照郭象所讲的,无论什么人,只要是任性而行,都是无为。他说:"天下何所不无为哉?故主上不为冢宰之任,则伊、吕静而司尹矣。冢宰不为百官之所执,则百官静而御事矣。百官不为万民之所务,则万民静而安其业矣。万民不易彼我之所能,则天下之彼我静而自得矣。故自天子以下至于庶人,下及昆虫,孰能有为而成哉?是故弥无为而弥尊也。"(《庄子·天道》"以此进为而抚世"注)

就是说,一切人都可以"无为",而且都是"无为"。皇帝不为宰相所做的事,宰相就可以安心领导百官。宰相不为百官的事,百官自可以安心做他们所管的事。百官不为百姓所做的事,百姓就可以安心搞他们的职业。每个人都有不同的能力,各人都本着自己的能力去做事。他们都做他们能力所及的事,而不要求做他们能力所不及的事,这就是不易其所能。这样,每个人都能得到满足。所以从皇帝以至平民老百姓,以至昆虫,都是无为才可以成功,有为是不能成功的。所以,越无为越好。郭象又说:"夫工人无为于刻木,而有为于用斧。主上无为于亲事,而有为于用臣。臣能亲事,主能用臣,斧能刻木,而工能用斧,各当其能,则天理自然,非有为也。……故各司其任,则上下咸得,而无为之理至矣。"(《庄子·天道》"故古之人贵夫无为也"注)就是说,一个木匠用斧头去刻木,就木匠与斧头的关系说,木匠是无为,斧头是有为。君用他的臣办事,就君臣的关系说,皇帝不必亲自办事,这是无为,但他还要用他的臣,这是有为。相对地说,对什么事情都有有为和无为两个方面。但是总起来说,臣的才能就是办事,主的才能就是用臣。斧头的才能就是刻木,木匠的才能就是用斧。他们的行为都是跟他们的才能相当的,都是发挥他们的才能。这些都是出于自然,合乎天理。所以总的说起来,他们都是无为,不是有为。各人办各人的事,无论是“在上”的或“在下”的,都得到满足。这就是“无为”这个理的圆满的表现。

郭象用这些辩论,把“有为”和“无为”统一起来,而归结于无为。照他的说法,无论什么人,只要他们任着他们的本性去做,都是无为。如果违反他们的本性,那就是有为。

郭象又用骑马为喻,以说明他所讲的“无为”。他说:“若乃任驽、骥之力,适迟疾之分,虽则足迹接乎八荒之表,而众马之性全矣。而惑者闻任马之性,乃谓放而不乘;闻无为之风,遂云行不如卧。何其往而不返哉? 斯失乎庄生之旨远矣。”(《庄子·马蹄》“而马之死者已过半矣”注)

就是说,马有好马和次马的分别,好马跑得快,次马跑得慢。跑得快的就让它快跑,虽然全世界它都跑到,但也是无为,它的本性只有这样才能完全发挥。不了解的人,听说要任马之性,就认为是人不要骑它,听说要提倡无为,就认为走路没有躺在床上好。这和庄子的意思差得很远。

第八节　郭象关于“圣人”的理论

郭象认为“圣人”都是天生的。他就是天才和超天才。他之所以有超乎众人之上的才能,完全是出于自然,连他自己也不知道他怎会有那样大的才能。他也是不知其然而然。龚自珍的诗说:“自有仙才自不知。”也就是郭象所说的这种意思。郭象说:“言物无贵贱,未有不由心知耳目以自通者也。故世之所谓知者,岂欲知而知哉?所谓见者,岂为见而见哉?若夫知见可以欲为而得者,则欲贤可以得贤,为圣可以得圣乎?固不可矣。而世不知知之自知,因欲为知以知之;不见见之自见,因欲为见以见之;不知生之自生,又将为生以生之。故见目而求离朱之明,见耳而责师旷之聪。故心神奔驰于内,耳目竭丧于外,处身不适,而与物不冥矣。不冥矣,而能合乎人间之变,应乎世世之节者,未之有也。"(《庄子·人间世》"是万物之化也"注)

意思是说:任何人都有心知耳目。他们有心知(认识能力),自然就有知识;他们有耳目,自然就有感觉。这些都不是靠故意欲求,用人为的办法所能得来的。如果靠故意欲求,用人为的办法,就可以有知识感觉,那么,靠故意欲求,用人为的办法就可以成为圣贤吗?那是不可以的。可是世上的人不明白这个道理,以为自己有眼睛,就要求它要像古代的大工艺家离朱那样的明。以为自己有耳朵,就要求它要像古代大音乐家师旷那样聪。这样,他就心神不安,耳目疲劳,身子怎样也不舒服,同别的人也不能融洽,归结是他的希望落空,在社会中到处碰壁。

郭象认为,在社会中各行各业都有所谓天才,生来就超人一等。在工艺方面,离朱就是个天才,他的眼能够看到别人所不能看到的东西。在音乐方面,师旷就是个天才,他的耳朵能分辨别人所不能分辨的声音。他们所以能够这样,并不是靠故意的欲求、用人为的方法。是出于无心,而不是出于有心。所以他们的才能,无论发挥到怎样高的程度,对于他们说,也都是无为,也都是任自然。

郭象所说的任自然,并不是原来老庄所说的"返朴还淳",回到原始社会。郭象说:"苟以不亏为纯,则虽百行同举,万变参备,乃至纯也。苟以不杂为素,则虽龙章凤姿,倩乎有非常之观,乃至素也。若不能保其自然之质,而杂乎外饰,则虽犬羊之鞹,庸得谓之纯素哉?"(《庄子·刻意》"故素也者,谓其无所与杂也"注)就是说:所谓纯、素的标准,就是顺自然,要看是不是对于自然有所亏损,有所夹杂。如果没有亏损，无论每天应付多少事，都还是纯。如果没有夹杂，虽然有非常好看的形状，也还是素。比如龙、凤，生来就是那样好看，这是它们的“自然之质”，它们生来就是那样，也不能不是那样。如果没有生来的“龙章凤姿”，硬要涂脂抹粉，扭扭捏捏，把自己打扮成自以为美的样子，那就更见其丑。

郭象认为“圣人”也就是像离朱、师旷那样的天才。不同的是圣人不是哪一种行业中的天才，而是要统治全社会的天才，所以他比某一种行业中的天才又高一等，是超乎一切天才之上的天才。他的天才，在他为帝为王时候最能表现出来。郭象说：“世以乱故求我，我无心也。我苟无心，亦何为不应世哉？然则体玄而极妙者，其所以会通万物之性，而陶铸天下之化，以成尧舜之名者，常以不为为之耳。孰弊弊焉劳神苦思，以事为事，然后能乎？”（《庄子·逍遥游》“孰弊弊焉以天下为事”注）

照郭象所说的，圣人之所以成为统治者，并不是他有意争夺。他既然是圣人，天下的人自然就要请求他当最高的统治者。他的行为都是出于无心。既然都是出于无心，所以也未始不可答应大家对于他的请求。他当了最高的统治者，所做的事，也就是让天下人都顺其性，而得到安居。他还是无为，不是有为。

郭象说：“夫圣人，虽在庙堂之上，然其心无异于山林之中，世岂识之哉？徒见其戴黄屋，佩玉玺，便谓足以缨绂其心矣；见其历山川，同民事，便谓足以憔悴其神矣；岂知至至者之不亏哉？”（《庄子·逍遥游》“绰约若处子”注）就是说，圣人当了王，虽然每天要办许多事，但这都是他的天赋才能的自然表现，他还是顺自然，对于他的自然之性还是无所亏损，这就是郭象所说的“内圣外王之道”。

所谓“庙堂”和“山林”，是中国封建社会地主阶级当权派和不当权派及其知识分子的两条路。当权派直接掌握国家机器，管理国家大事，这就是所谓庙堂。如果做不了当权派，不直接掌握国家机器，就在家里逍遥自在,自以为高尚,这就是所谓"山林"。向来认为这两条路是不可得兼的。阮籍说:"夫人之立节也,将舒网以笼世,岂樽樽以入罔(网),方开模以范俗,何暇毁质以通检。若良运未协,神机无准,则腾精抗志,邈世高超,荡精举于玄区之表,摅妙节于九垓之外。"(《答伏义书》)这是说,如果"庙堂"的路走不通,就走"山林"的路。司马昭自封为晋王,表面上还推辞,等着别人来"劝进",阮籍写的劝进书说:"今大魏之德光于唐、虞,明公盛勋超于桓、文。然后临沧洲而谢支伯,登箕山而揖许由,岂不盛乎?"(《为郑冲劝晋王笺》)就是说,等你当了晋王,灭了吴蜀,统一了中国,把"庙堂"的路走到登峰造极,然后,再走"山林"的路,那就更好。

实际上"庙堂"和"山林"这两条路是不能同时走的。当权派就是当权派,不是不当权派。不当权派就是不当权派,不是当权派。当时人心中的问题是,当权的人是不是可以"玄远"?裴頠的《崇有论》中说,当时在政府做官的人什么事都不做,自命为"玄远"。这样是不是可以?郭象的回答是,当权的人,可以同时有"玄远"的精神境界,但并不是什么都不做。在上面所引《逍遥游》注的那一大段中,他说:"夫圣人,虽在庙堂之上,然其心无异于山林之中",就是这个问题的回答。士族是地主阶级贵族,本来就是当权派。但是他们又自命为"玄远"。郭象的理论就是为他的这种自命作理论根据。他们是用这种理论欺骗老百姓,同时也是欺骗他们自己,陶醉他们自己。这种理论的基本内容就是顺自然。

郭象认为,所谓顺自然,所谓无为,并不是什么事都不做,也不是什么知识也不要。他说:"夫无以知为而任其自知,则虽知周万物而恬然自得也。知而非为,则无害于恬。恬而自为,则无伤于知。斯可谓交相养矣。二者交相养,则和理之分岂出它哉。"(《庄子·缮性》"谓之以知养恬"注)意思就是说,"圣人"是无所不知的。但是他并不是故意求知,而是本性的自然发展。所以,他虽然无所不知,可是他的心恬然自得,他的知不是出于故意,它的“恬”也不是出于故意。两者都不是出于故意,所以各不相妨,都是无为,不是有为。

宋朝的苏轼曾经说:“夫昔之为文者,非能为之为工,乃不能不为之为工也。”(《南行前集叙》,《东坡集》卷二四)就是说,文学家的作品,都是不得不作的。文学家之所以成为文学家,是出于不得已,是不得不然。苏轼的这种说法,倒是合乎郭象的意思。上面讲过,照郭象讲,自然和必然是一回事,不得已而然,就是自然而然,也就是不得不然,也就是顺自然。

郭象认为,天才是不能学的,不能摹仿的。一般人可以照着天才所说的话,学说一遍,但并没有什么意义。郭象说:“非以此言为不至也,但能闻而学者,非自至耳。苟不自至,则虽闻至言,适可以为经,胡可得至哉?故学者不至,至者不学也。”(《庄子·庚桑楚》“吾固告汝曰能儿子乎”注)就是说,有些话是很好,有些人听见这些话就学着说,可是他并没有达到这句话所表示的真理。他既然只是学着说,所以这些话就仅只成为一种教条。真是达到真理的人,就不需学,需要学的人就达不到真理。

郭象认为,最坏的事情是人不安于自己的本性而摹仿别人,妄图做他自己所不能做的事情。用郭象的话说,这就是“矫效”。“矫效”不但不能给人带来幸福,而且给人带来痛苦。“效”就是摹仿,“矫”就是矫揉造作。事物各有自己的本性,要摹仿别人,就得对于自己的本性矫揉造作。“矫效”的根源是羡欲。郭象在讲“逍遥”的时候说:“夫物未尝以大欲小,而必以小羡大。故举小大之殊,各有定分,非羡欲所及,则羡欲之累可以绝矣。夫悲生于累,累绝则悲去。悲去而性命不安者,未之有也。”(《庄子·逍遥游》“而彭祖乃今以久特闻”注)就是说,一个人不安于他自己的本性,妄想要做他的才能不能做的事,这就是“羡欲”。有“羡欲”就有“累”,有“累”就有“悲”。“羡欲”是苦痛的根源。

郭象又说:“不能止乎本性,而求外无已。夫外不可求而求之,譬犹以圆学方,以鱼慕鸟耳。虽希翼鸾凤,拟规日月,此愈近,彼愈远,实学弥得而性弥失,故齐物而偏尚之累去矣。”(《庄子·齐物论》“五者圆而几向方矣”注)就是说,止乎本性,不要求本性以外的事情,这是求内。希望本性以外的事情,摹仿别人,这是求外。外是不可求的。圆的东西生来就是圆的,方的东西生来就是方的,鱼生来就是鱼,鸟生来就是鸟。方的东西想把自己变成圆的东西,鱼想把自己变成鸟,这都是不可能成功的。一个人往往要摹仿别人,他摹仿的越多,他的本性就丧失越多。这都是有所“偏尚”,只有齐物才可以不受“偏尚”之累。偏尚也就是“羡欲”。

郭象说:“足能行而放之,手能执而任之。听耳之所闻,视目之所见。知止其所不知,能止其所不能。用其自用,为其自为,恣其性内,而无纤介于分外。此无为之至易也。无为而性命不全者,未之有也。性命全而非福者,理未闻也。故夫福者,即向之所谓全耳,非假物也,岂有寄鸿毛之重哉?率性而动,动不过分,天下之至易者也。举其自举,载其自载,天下之至轻者也。……举其性内,则虽负万钧而不觉其重也。外物寄之,虽重不盈锱铢,有不胜任者矣。为内,福也,故福至轻。为外,祸也,故祸至重。祸至重而莫之知避,此世之大迷也。”(《庄子·人间世》“福轻乎羽,莫之知载”注)

就是说:人的手足耳目,以及心知,都有自然的能力。这些能力,又都有其自然的限度。这些能力的强弱和限度的大小,各人不同,但都有这种能力,每个人都是一样。每个人都应该在他的能力的限度之内发挥他的作用,这就是顺自然,这就是无为。如果在他的能力限度之外,稍微再加一点,这就是有为,就是违反自然。顺自然就可以使性命得到安全。一个人照他的本性去活动,他的活动一点不超出他的本性的能力限度,这是最容易的事情,如果在这个限度之外,哪怕是超过一点点,那也是很困难的事情。比如说,一个人能举起五十斤重的东西,他举五十斤并不觉得吃力。如果在五十斤重的东西上再加上一、两斤，他就觉得吃力了。前者是无为，后者是有为。无为是容易的，有为是困难的。可是世界上的人都不要无为，而偏要有为。这是一个通病。

第九节　郭象关于“名教”与“自然”的理论

老子说：“绝圣弃智，民利百倍。”（《老子》第十九章）《庄子》的《骈拇》、《马蹄》、《胠箧》等篇也有这样的意思。郭象则不然。照上面所讲的，他是吹捧圣智的，他不反对圣智，他所反对的是学圣智。他说：“人之生也，非情之所生也。生之所知，岂情之所知哉？故有情于为离、旷而弗能也，然离、旷以无情而聪明矣。有情于为贤圣而弗能也，然贤圣以无情而贤圣矣。岂直贤圣绝远而离、旷难慕哉？虽下愚聋瞽，及鸡鸣狗吠，具有情于为之亦终不能也。”（《庄子·德充符》“道与之貌，天与之形”注）

郭象在这里所说的“有情于为之”，就是有心于为之。照他所讲的，人之生并不是故意要生的，人的智能也不是有心求来的。人有心要学圣贤，固然不能成功，即使他有心要学下愚的人，也是不行。庸人固然不能学为圣人，圣人也不能学为庸人。

郭象认为，社会的大患，在于学圣人。照郭象讲的，圣人既然要统治社会，必定要有些办法，如规章制度之类。可是这些办法只是圣人解决具体问题时所留下的一种痕迹，好比走路的人留下的足迹、脚印。迹并不是所以迹。所以迹就是那个走路的人。那个人已经走过去了，人们要学他，所学的不过就是那些脚印。郭象说：“圣人者，民得性之迹耳，非所以迹也。……夫圣迹既彰，则仁义不真，而礼乐离性，徒得形表而已矣。有圣人即有斯弊，吾若是何哉？”（《庄子·马蹄》“及至圣人”注）就是说，学“圣人”只能学其迹，那就仅只是一种“形表”，一种形式主义,所学的就是不真实的,也是违反人的本性的。

郭象又说:“夫先王典礼,所以适时用也。时过而不弃,即为民妖,所以兴矫效之端也”。(《庄子·天运》“围于陈蔡之间”注)又说:“夫礼义,当其时而用之,则西施也。时过而不弃,则丑人也。”(《庄子·天运》“彼知矉美而不知矉之所以美”注)

就是说:传统的道德礼教,都是古代的圣人用以解决当时具体问题的办法。在当时说,它合乎当时的情况,那就是好的。但是,社会是经常变化的,各个时期,有不同的情况。在新的情况下,就应该用新的办法,如果还要守着旧办法,那就是矫效。矫效只能学到表面上一些东西,那是不能解决问题的。

照郭象这些话看起来,他似乎是反对传统的名教。实际上完全不是那么一回事。他还是维护“圣人”和“圣道”的。《庄子·胠箧》篇说:“天下之善人少而不善人多,则圣人之利天下也少,而害天下也多。”郭象注说:“信哉斯言。斯言虽信而犹不可亡(无)圣者,犹(由)天下之知未能都亡,故须圣道以镇之也。群知不亡,而独亡于圣知,则天下之害,又多于有圣矣,然则有圣之害虽多,犹愈于亡圣人之无治也。虽愈于亡圣,故未若都亡之无害也。甚矣,天下莫不求利,而不能一亡其知,何其迷而失致哉!”

就是说,庄子的话很对。但是,还是不可以没有圣人。因为天下人都有知识,所以必须用圣道把他们镇住。如果天下人都有知识,而没有圣道把他们镇住,天下的害就更大,天下人在思想上就陷于混乱,那就是“无治”。有圣人固然有害,但是无治之害比有圣之害要大得多。最好的情况是没有圣人,天下人也都没有知识。但是,对于这个道理,天下的人都是不能了解的。

关于名教的问题,郭象反对的是传统名教的那些教条,并不从根本上反对名教。他说:“夫知礼意者,必游外以经内,守母以存子,称情而直往也。若乃矜乎名声,牵乎形制,则孝不任诚,慈不任实,父子兄弟,怀情相欺，岂礼之大意哉？”（《庄子·大宗师》“二人相视而笑曰：‘是恶知礼意’”注）郭象在这里所谓“外”，是指礼教的形式，所谓内，是指他所认为是人的本性。这个本性就是自然。本性是“母”，形式是“子”。礼是形式，本性是内容。郭象并不反对任何形式，他所反对的是没有内容的形式。他不反对封建的孝慈，反对的是形式主义的孝慈。他认为在虚伪的形式下，所谓孝慈，是父子互相欺骗的工具。

《世说新语·任诞》说，阮籍事母甚孝，但是，在他母亲死的时候，他并不按传统的礼节办丧事。裴楷（裴頠的父亲）去吊祭，完全照着传统的礼节办事。有人问裴楷，为什么这样。裴楷说：“籍方外之人，故不崇礼制。我辈俗中人，故以仪轨自居。”郭象说：要“游外以经内”，可见他不赞成阮籍那样，把礼的形式和内容完全对立起来。他认为，要想把内容充实起来，形式也是不可少的。要想“守母”，也不能“弃子”，而且照他所说的，“游外”正是所以“经内”，“守母”正是所以“存子”。

这样一说，郭象对于礼教，又是什么也不反对了。他承认，把圣人之迹都保存下来，这是很大的弊病。但是他认为，这是没办法的。他说：“今之以女为妇而上下悖逆者，非作始之无理，但至理之弊，遂至于此。”（《庄子·天运》“其作始有伦而今乎妇女”注）就是说，有人把自己的女儿作为妻子，像这样悖逆的事，也是“理”的流弊。他认为，有一个理就有一种流弊，这是没有办法的事情。郭象又说：“不能大齐万物而人人自别，斯人自为种也。承百代之流，而会乎当今之变，其弊至于斯者，非禹也，故曰天下耳。言圣知之迹非乱天下，而天下必有斯乱。”（《庄子·天运》“人自为种而天下耳”注）

意思是说，每个社会都有它过去的历史，也都有它现在的周围的情况。这个交叉点就构成这个社会的现状，或好或坏，或治或乱，都不是某一个人或某一件事情所能负责的。如说要负责，那就是整个社会的责任，甚至于是整个世界的责任，也是整个宇宙的责任。所以圣人之迹并不能够乱天下,天下之乱并不是由于圣人之迹,而是由于整个社会,整个世界,整个宇宙的形势。

郭象又说:“夫高下相受,不可逆之流也。小大相群,不得已之势也。旷然无情,群知之府也。承百流之会,居师人之极者,奚为哉?任时世之知,委必然之事,付之天下而已。”(《庄子·大宗师》“以知为时者,不得已于事也”注)意思是说,社会之中,有一种不可抑制的潮流,不得已的形势,必然之势。圣人的统治,就是顺从这种必然。上面讲过,在郭象的哲学体系中,必然,不得已而然,不知其然而然和自然,都是一回事。他所说这些话,用他的话说,也就是顺自然。

郭象说:有臣妾之才的人,应该安于臣妾之任,如果不然,那就是过分。过分的人是必定不能成功的。他的过分行动,不但不能给他自己带来幸福,而且给他自己带来灾难。同当时实际政治联系起来,其意思是说,门阀士族是应该作为统治阶级中的统治阶层,谁要反对,谁就应该灭亡。这是天才论、先验论和英雄史观在政治上的表现。

郭象的哲学,都是要证明,在自然界和社会中,凡是存在的都是合理的。这是他的“内圣外王之道”的主要的内容。“合理的”这三个字,在这里,并不是一个翻译过来的词,而恰恰就是郭象说的。照他说,凡是存在的,都是出于必然、自然、不得不然、不得已而然,因为“至理”就是那个样子。有些事情看起来虽然不是很好,也许是很坏,但那是“至理之弊”。有了那个至理,就必然有那个弊,谁也没有办法。所以照他说,不但合理的事情是合理的,就是不合理的事情,也是合理的。

郭象的这种说法,着重在证明封建社会的等级制度是合理的。他认为社会必须有一个最高统治者,他说:“千人聚,不以一人为主,不乱则散。故多贤不可以多君,无贤不可以无君。此天人之道,必至之宜。”(《庄子·人间世》“臣之事君,义也”注)就是说,人聚在一起,如果没有一个统治者,结果只有两个可能:一个是乱,一个是散。这两种可能都不是人所希望有的，所以必须有一个有才能的人作为他们的统治者。如果有才能的人很多，那也只能有一个统治者。如果一时没有有才能的人，那也不能没有一个统治者。这就是说，不但“圣贤”统治别人是合理的，就是愚人统治别人也是合理的。

既然有了统治者，其余的人都应当是他的“臣妾”，受他的统治。郭象说：“若皆私之，则志过其分，上下相冒，而莫为臣妾矣。臣妾之才而不安臣妾之任，则失矣。”(《庄子·齐物论》“如是则皆有为臣妾乎”注)就是说，有些人生来就只能当奴隶，被统治。如果他是那种材料，而又不安于那种地位，那就是出于他们的“私心”。

郭象认为，社会中有各种各样的事，人生来就有各种各样的能力。有哪样能力的人就做哪一种事业，这样的安排就是合乎人的本性，就是出于自然。郭象说：“故知君臣上下，手足外内，乃天理自然，岂真人之所为哉？……夫时之所贤者为君，才不应世者为臣，若天之自高，地之自卑，首自在上，足自居下，岂有递哉？虽无错于当，而必自当也。”(《庄子·齐物论》“其递相为君臣乎”注)就是说，有才能的人应该统治别人，没有才能的人，应该被人统治，就好像人的头生在上面，足生在下面，这是自然的规律。“递”就是轮流的意思。人的头和足不能互相轮流，一个时候头在上脚在下，一个时候脚在上头在下。所以统治者应该总是统治者，被统治者应该总是被统治者，不能互相轮换。

郭象的这种说法，是门阀士族的阶级意识的反映。门阀士族是封建贵族，是封建社会中的地主阶级当权派，他们当然认为他们的统治是合理的，他们要世世代代的维持下去。但是他们又自命清高，具有“玄远”的精神境界，“庙堂”、“山林”兼而有之。玄学就是为士族的这种希望，用“辩名析理”的方法作出理论的根据。郭象的《庄子注》是玄学的代表作，他是最大的玄学家，也是士族的最忠实的代言人。

第十节　郭象的《庄子序》和《庄子注序》

郭象的《庄子序》就是《庄子序》,是为《庄子》这部书作的序。它不是《庄子注》序,不是郭象为他自己所作的《庄子注》那部书所作的序。所以在序中他只讲庄子的哲学体系、历史地位和作用,并且简明扼要地论述了庄子的要点,并不讲他自己作《庄子注》的意图和经过。这是一篇《庄子》书的提要。这篇提要作得好,因为他把庄子的"要"提出来了。他所提的"要",当然是照着他对《庄子》的理解提出来的。这是当然的,任何人为任何书作提要,都是照着他的理解作的。任何人讲《庄子》,都是他所理解的《庄子》。所以,事实上郭象的《庄子序》,也就是他的《庄子注序》。但是,就文章的体裁说,《庄子序》还只是《庄子序》。

《庄子序》的第一句话说:"夫庄子者可谓知本矣,故未始藏其狂言,言虽无会而独应者也。夫应而非会,则虽当无用;言非物事,则虽高不行;与夫寂然不动,不得已而后起者,固有间矣。斯可谓知无心者也。夫心无为,则随感而应,应随其时,言唯谨尔。故与化为体,流万代而冥物,岂曾设对独遘而游谈乎方外哉?此其所以不经而为百家之冠也。"

意思就是说,庄子可以算是知道根本的了。根本就是无心,也就是无心无为。无心的人的心是寂然不动的,但并不是没有作为。他的作为是随着所受的感动而起的自然的反应,这也就是不得已而后起。所以他的言,必定同一定的具体的情况相配合,解决一定的具体的问题。他的言必定有所"会","会"就是配合的意思。可是庄子的著作,大部分是凭空发议论,自问自答,自言自语,这就是狂言。他的言并不同具体的情况相配合,所以虽然讲得不错,但是没多大用处。他的言并不解决一定的具体问题,所以,虽然很高,但是不能发生作用。所以他同真正无心的人有一定的距离。庄子懂得无心这个道理,但是还没有能把它体现出来。所以他的著作，不能成为“经”，但在诸子百家中，可以算是最好的了。

郭象在这里所讲的也就是当时所争论的名理和玄远的问题，言尽意和言不尽意的问题。照他所讲的，圣人基本上是无言的，所以无言，因为他“与化为体，流万代而冥物”。“冥物”就是与物没有差别，没有隔阂，与万物为一体了。这是名言所不能表达的，不可言说也不可思议的。至于他的言，那是不得已而应付事物、对付环境的。这就是荀粲所说的六经是圣人的糟粕，还有意外之意，那是不能说的。

郭象在这里所说的真正无心的人，就是“圣人”，就是孔丘。他所说的“经”，就是中国封建社会认为是孔子作的经典。《论语》中所记载的孔丘的话，都是在一定的具体情况下，为回答一定的具体问题而说的。郭象认为，这就是“随感而应，不得已而后起”。他认为，孔丘体现了无心，是心无为，是顺自然的。

《庄子序》说：“然庄生虽未体之，言则至矣。通天地之统，序万物之性，达死生之变，而明内圣外王之道，上知造物无物，下知有物之自造也。”就是说，庄子虽然没有体现真正的无心，专就他所讲的道理说，那就是很好的了。郭象认为庄子的哲学有四个方面：一是通天地之统，二是序万物之性，三是达死生之变，四是明内圣外王之道。“造物无物”，就是“通天地之统”那一方面的道理；顺自然，就是“序万物之性”那一方面的道理；齐生死，就是“达死生之变”那一方面的道理。这三方面的道理，都归结于第四方面，“明内圣外王之道”。

“圣”是一种精神境界，有了这种精神境界的人，就是“圣人”。《庄子序》下文所说的“独化于玄冥之境”，“涉太虚而游惚恍之庭矣”，就是这种境界的内容。《庄子序》没有细讲“外王”。郭象认为，“外王”不过是“内圣”的扩大和引申。他说：“夫唯与物冥而循大变者，为能无待而常通，岂自通而已哉？又顺有待者，使不失其所待，所待不失，则同于大通矣。”（《庄子·逍遥游》“若夫乘天地之正”注）在这一段中，前一半讲的是“内圣”,后一半讲的是“外王”。

《庄子序》最后说:“虽复贪婪之人,进躁之士,暂而揽其余芳,味其溢流,仿佛其音影,犹足旷然有忘形自得之怀,况叹其远情而玩永年者乎! 遂绵邈清遐,去离尘埃而返冥极者也。”所谓冥极,就是上边所说的“玄冥之境”,“惚恍之庭”,就是“浑沌”。“返冥极”的“返”字很重要,它说明圣人的“浑沌”,不是原始的“浑沌”,而是后得的“浑沌”。

这篇《庄子序》究竟是不是郭象作的,在学术界中成了一个辩论的问题。辩论的双方都有似乎是对方所不能驳倒的证据,相持不下。如果没有新发现的资料,这个辩论似乎要成为悬案了。从历史学的观点看,这个辩论无论谁是谁非,关系都不大。辨伪是一种审查史料的工作,其所以重要,因为它可以帮助确认史料的时代。郭象的《庄子注》的时代,是没有什么疑问的,《庄子序》这篇文章无论是不是郭象作的,并不说明《庄子注》的时代,也不增加《庄子注》的内容,所以也就毋庸审考了。不过,这篇《庄子序》从哲学和文学的观点看,都是第一流的,没有像郭象那样水平的人是作不出来的。如果它的作者不是郭象,那就是在中国历史中还有第二个郭象。第二个郭象究竟是谁呢? 为什么这样大的作家除了这一篇之外就没有留下别的痕迹呢? 这倒是一个谜。

无论如何,《庄子序》就是《庄子序》,不是《庄子注序》。郭象是不是还有一篇《庄子注序》? 有的。《庄子》有个古抄卷子本,在《天下》篇郭象注“以贻好事也”之后,还有一大段说:“夫学者尚以成性易知为德,不以能攻异端为贵也。然庄子闳才命世,诚多英文伟词,正言若反。故一曲之士,不能畅其弘旨,而妄窜奇说。”下面郭象举了当时流行的《庄子》中的几个篇目,认为诸如此类的篇都是巧杂,“其所求庄子之意哉?”因此他的《庄子注》把这些篇都删去了,只留下三十三篇。这就是现在流行的《庄子》。

陆德明的《经典释文》在《叙录》中节抄了这一段,并指明为“郭象子玄云”,日本的学者据此断定古抄卷子本的这一段是郭象的序文,这个断定是不错的。更确切地说,这是郭象的《庄子注序》。这篇《庄子注序》和前面的《庄子序》各有各的内容,各有各的作用,不可相混,也不能互相替代。当然,郭象并不是学程颐,程颐也不是学郭象。他们只是不谋而合。

如果通行的《庄子》前面的那一篇《庄子序》,不是郭象作的,而是后人从别的地方选抄过来配合上去的,这个后人也有一定的水平,他选抄得好,配合得对。

总起来说,郭象的无无论否定了贵无论的作为“宗极指导”的无,否定了“有生于无”的宇宙形成论,这就使他自己的体系同贵无论对立起来。他以天地万物的群有为“宗极指导”,这就在哲学的根本问题上同崇有论站在一边,这就决定了他的哲学体系是唯物主义的。哲学上的唯物主义和唯心主义的区别,就是在这个根本问题上决定的。他又承认了贵无论的“无名之域”作为一种精神境界。精神境界是主观的不是客观的。这并不妨碍他的体系是唯物主义的。

他的哲学体系是广泛的,玄学中的主要问题在其中都得到解决。他对于贵无论或崇有论都有所扬弃,但他的体系不是二者的调和论,也不是拼盘式的杂家。它是用“辩名析理”的方法建立起来的一个完整的体系。它是玄学发展的高峰,在这个发展的阶段中,他处于否定之否定的地位。

第四十二章

魏晋之际玄学以外的唯物主义和进步的社会思想

玄学是中国历史中的一个时代思潮。“玄学”是一个时代思潮的名称，并不是一个哲学派别的名称，凡是一个历史时期的时代思潮，都有一个特殊的哲学中心问题，一种特殊的思想方法，一种特殊的精神面貌，围绕着这个中心问题，唯物主义和唯心主义这两大派别进行斗争。玄学这个时代思潮，也是这样。它的特殊的哲学中心问题，是有无问题，它的特殊的思想方法是名理，贵无论是其中的唯心主义派别，崇有论是其中的唯物主义派别，这两大派别用名理的方法进行斗争，构成了这段时代思潮。

除此以外，还有一些直接继承王充、张衡的唯物主义思想。这些思想不在玄学的范围之内，因为它们没有参加玄学的中心问题的讨论，也没有用玄学的名理方法，所以也没有玄学的精神面貌。

第一节　曹植的唯物主义思想

在三国时期，魏国的统治者曹操和他的儿子曹丕、曹植的思想都倾向于唯物主义。在他们父子三人中曹植的写作较多，他的唯物主义思想也表现得比较明确。他没有专门的哲学著作，但可以在他的文学作品中看出来。

曹植所作的《魏德论》,从天地开始以前讲起说:“在昔太初,玄黄混并,浑沌濛鸿,兆朕未形。”(《太平御览》一引)《魏德论》没有完全地流传下来,就上边所引的话可以看出来,他所讲的就是汉朝科学家和文学家张衡所作的《灵宪》中所提出的宇宙形成论。张衡说:在宇宙发生的过程中,有一个阶段叫作“庬鸿”,在这个阶段,事物的萌芽还没有完全形成,气连结在一起,颜色也分不清楚(参看本书第三十四章第二节)。《魏德论》所说的宇宙发生的那个阶段,就是张衡所说的“庬鸿”那个阶段。“濛鸿”就是“庬鸿”。

曹植在他所作的《七启》中说:“夫太极之初,混沌未分。万物纷错,与道俱隆。盖有形必朽,有迹必穷。芒芒元气,谁知其终。”(《文选》卷三四)这里所说的“太极”、“道”,似乎都是指“元气”。“元气”无始无终,由浑沌而分化成为万物。万物是有始有终的。这是吸收了王充的理论(参看本书第三十三章第四节)。

在封建社会的统治阶级中,有许多人都有关于长生和神仙的迷信。在东汉的时候,桓谭作了一本书,书名叫《新论》,指出长生不死是不可能的。他说:精神和肉体的关系,就像火和蜡烛的关系,蜡烛烧完了,火也就灭了(参看本书第三十二章第九节)。曹植作《辩道论》驳斥神仙迷信的虚妄。他称赞桓谭为“笃论之士”,说桓谭的著作很多都是好的。曹植还指出:桓谭的论点,不十分彻底,又作了一些补充和修正。

可以说:曹植的宇宙观是以王充的《论衡》、张衡的《灵宪》为基础的。他的关于形、神关系的见解是以桓谭的《新论》为基础的。

当时曹操召集了很多的方士,都是讲长生不死的,曹植解释说:这是因为曹操怕这些人在民间宣扬迷信,所以把他们都聚集在一起,等于把他们软禁起来。

曹植说,他们弟兄常同这些人们谈论,发现所宣扬的都是骗人的谬论。曹植说:这些人如果遇见秦始皇和汉武帝,他们也就是徐市(秦始皇所信任的方士)和栾大(汉武帝所信任的方士)了。曹植说:什么时代都有暴君,这些暴君作恶都是一样的;什么时代都有奸人,他们作伪也都是一样的("桀、纣,殊世而齐恶;奸人异代而等伪。")。曹植说:真实的情况是,人的寿命长短各有不同。身体的强弱也各有不同。善于保养的人能够活到他所应该活到的自然界限。操劳过度的人,能活到他应该活到的一半。滥用他的身体,就要早死("然寿命长短、骨体强劣,各有人焉。善养者终之,劳扰者半之,虚用者夭之。")(以上引文均见《辩道论》)。

这个思想就是曹操在他的诗中所说的:"灵龟虽寿,亦有尽时,飞蛇腾雾,终为死灰。……盈缩之期,虽曰在天,颐养之福,可以永年。"(《龟虽寿》)曹丕也说:"生有七尺之形,死惟一棺之土。"(《三国志》魏文帝纪注引《魏书》)又说:"夫生之必死,成之必败,天地所不能变,圣贤所不能免。"(《文选》,郭景纯《游仙诗》注引)他也指出曹操所招致的"方士"的长生不死之说的虚妄,并举当时实行"修炼"的人所受的害处。

曹植又说:建安二十二年(217 年)有大瘟疫,每家都有死亡的人,也有全家都死的。有人认为瘟疫是鬼神作出来的。曹植不以为然。他指出,受瘟疫死的人大多数都是穷人,至于富家贵族就很少得瘟疫的。

曹植说:瘟疫的发生是由阴阳失去了正常的位置,气候的冷暖不合节气("阴阳失位,寒暑错时")(《太平御览》七四二引)。这就是说,瘟疫的流行有其自然的原因,也有其社会的原因。他所说的自然原因不完全正确,他所说的社会原因也只看到一些现象。但是就当时的医学知识的程度说,就曹植本人的阶级地位说,他能见到像他所说的那样,也就是不容易的了。

曹植又说:"五行致灾,先史咸以为应政而作。天地之气,自有变动,未必政治之所兴致也。"(《诘咎文》)"五行致灾"指水灾、火灾等自然灾害。他所谓“先史”之说，就是董仲舒等所宣扬的“天人感应”的迷信。王充的《论衡》批判了这种迷信。曹植在这里指出，自然界的变动与政治无干。把自然和社会的界限，划分开来，这也是继承王充的唯物主义思想。

第二节　杨泉的《物理论》

杨泉是三国时期吴国的人。晋朝统一后，征他做官，他不应征。他作有《物理论》和《太玄经》都遗失了。清朝的学者，从马总的《意林》和《太平御览》引文中，辑出《物理论》的佚文成为《物理论》的辑本。

杨泉的《物理论》是继承两汉扬雄、王充、张衡的唯物主义传统，讲宇宙发生论。他说：“所以立天地者，水也。成天地者，气也。水土之气，升而为天。天者君也。（“君”，疑当作“均”。《太平御览》引《物理论》另条说：“天者，旋也，均也。”）夫地有形，而天无体，譬如灰焉，烟在上，灰在下也。”又说：“皓天，元气也，皓然而已，无他物焉。”（《太平御览》天部引）杨泉认为，天是元气，除了气之外，别无他物，“成天地者气也”。仅就这些话看，好像他讲的是气一元论。实际上并不如此。他说：“所以立天地者，水也。”这句话，可以解释为天地立在水中，好像张衡的《浑天仪》所说的，“天地各乘气而立，载水而浮”。在《物理论》的另一篇说：“所以立天地者，水也。夫水，地之本也。吐元气，发日月，经星辰，皆由水而兴。”照这个说法，水是地之根本，天地元气，以及日月星辰，都是从水产生出来的。照这些话看起来，杨泉的宇宙发生论，不是气一元论，而是水一元论。

杨泉的水一元论大概是认为水是根本。水里的混浊部分，下沉了就成为土。水变为蒸气，就成为天。杨泉说：“土气合和而庶类自生。”（《太平御览》地部引）这个气就是天，土就是地。土气合和就是天地合和。庶类就是万物。在这种天地和合的情况下,万物皆自然发生,“自”字很重要,就是说这里用不着上帝,用不着造物者。

封建社会统治者的思想讲到天地的时候,总是说天尊地卑,天比地更根本,地应该服从天。封建哲学家用此来证明臣应该服从君,子应该服从父,妻应该服从夫。杨泉的自然观认为地比天更根本。他说:“地者,天之根本也。”(《太平御览》地部引)这与传统的天尊地卑的观念有很大的不同。作为一种自然观看,他的说法是很素朴的。

关于形神问题,杨泉说:“人含气而生,精尽而死。死犹澌也,灭也。譬如火焉,薪尽而火灭,则无光矣。故灭火之余,无遗焰矣;人死之后,无遗魂矣。”(《太平御览》礼仪部引)就是说:身体和精神的关系,就如燃料与火的关系。燃料烧完以后,不会有余光;身体死了以后,也不会有余魂。这也是继承桓谭的形死神灭的唯物主义的理论。

关于人和自然界的关系,杨泉宣扬人力可以胜天的理论。他说:“陆田者命悬于天,人力虽修,水旱不时,则一年之功弃矣。水田制之由人,人力苟修,则地利可尽。”(《意林》引)就是说,旱田是靠天吃饭,人努力种田,遇见旱涝,就前功尽弃。水田是由人力掌握的,不怕旱涝。只要充分发挥人力,就能够充分利用地的资源。

在发挥人力方面,杨泉极力称赞机械的作用。他作有一篇《织机赋》称赞织布机。他说:“伊百工之为技,莫机巧之最长。似人君之列位,像百官之设张。立匡郭之制度,如城隔之圆方。应万机以布错,实变态之有章。……事物之宜,法天之常。既合利用,得道之方。”(《艺文类聚》卷六五引)这篇赋的开始,用一种封建社会中称颂皇帝的话,称颂机械。对于机械,可以说是推崇备至了。末尾的几句话是说机械的制造,是应用自然的规律,以满足生活的需要。这种对机械的看法,也是唯物主义的。

对于制造机械的工匠,杨泉更为颂扬。他说:“夫蜘蛛之罗网,蜂之作巢,其巧妙矣,而况于人乎。故工匠之方圆规矩出乎心,巧成于手,非睿敏精密,孰能著勋,形成器用哉?”(《太平御览》艺术部引)就是说,工匠心灵手巧,睿敏精密,才能够造机械,立大功。

在封建社会中,地主阶级的哲学家们,对于机械的发明和制造,持轻视甚至反对的态度,说机械是“奇技淫巧”。即使他们有所称赞,也把功劳归之于“圣王”,像《周易·系辞》所说的那样。杨泉不但称颂机械,而且把发明、制造的功劳归之于工匠。极力赞扬工匠的伟大,这在封建社会中都是很难得的。

《物理论》中,有一条说:“给事中与高堂隆、秦朗争指南车。二子云:古无此车,记虚言耳。先生曰:‘争虚空言不如试之效也。’言于明帝,明帝诏使作之,车乃成。”(《意林》引)

这里所说的“给事中”和“先生”,都不知道是什么人。先生不可能是杨泉自己,因为在地理上和时间上,他都不能见到魏明帝。无论如何《物理论》有这一条,说明杨泉是赞成“争虚空言不如试之效也”,这句话可以说明杨泉的认识论的思想也是唯物主义的。

曹植和杨泉的思想,都是两汉唯物主义思想的继续。他们所讨论的问题和思想方法都是和玄学相对立的。

第三节　鲍敬言的“无君论”

汉末农民大起义对于当时思想界的影响,见于鲍敬言“无君论”。

鲍敬言的身世,我们完全不知道。他的名字也只见于葛洪的《抱朴子》外篇卷四十八《诘鲍》篇中。我曾怀疑,鲍敬言未必实有其人,只是葛洪虚构的一个人,以为其反对的对象。可是,在葛洪的《抱朴子》中,《诘鲍》篇以上是《正郭》、《弹祢》。郭是郭林宗,祢是祢衡,都是历史人物。由此推论,鲍敬言也不是一个虚构的人物,是实有其人的。

据葛洪说:鲍敬言“好老庄之书,治剧辩之言”,葛洪同他往返辩论。他的时代大概和葛洪差不多,在西晋东晋之间。他"好老庄之书",不过他所好的,不是老庄的唯心主义思想。老子和庄子,从没落奴隶主的立场,有对于新兴的地主统治阶级的批判。鲍敬言发挥了这一方面的批判,并且明确地提出了无君的主张。他的主张受到葛洪的反对。葛洪《抱朴子》里面的《诘鲍》篇,就是专为反对鲍敬言而作的。幸而有这一篇,鲍敬言的"无君论"的基本思想才得以保存下来。

鲍敬言的"无君论",首先驳斥儒家的"君权神授"说。他说:"儒者曰:'天生烝民而树之君'。岂其皇天谆谆言?亦将欲之者为辞哉。"就是说,不能有一个活灵活现的上帝命令什么人为君,这不过是企图为君的人这样说罢了。鲍敬言说:"夫天地之位,二气范物,乐阳则云飞,好阴则川处。承柔刚以卒性,随四八(四象八卦)而化生。各附所安,本无尊卑也。"这就是说,在自然界中,人和万物都是阴阳二气所生,本来没有上帝,也没有尊卑之分。

所谓尊卑之分,就是统治者与被统治者之间的对立。这个对立是怎么发生的呢?鲍敬言说:"夫强者凌弱,则弱者服之矣。智者诈愚,则愚者事之矣。服之,故君臣之道起焉;事之,故力寡之民制焉。然则隶属役御,由于争强弱而校愚智。彼苍天果无事也。""隶属役御"就是指统治与被统治的关系。鲍敬言明确地指出,这是人压迫人、人欺骗人的结果,并不是有什么天意。

鲍敬言认为,在原始社会还没有君的时候,人是很快乐的。他说:"曩古之世,无君无臣,穿井而饮,耕田而食,日出而作,日入而息,泛然不系,恢尔自得,不竞不营,无荣无辱。山无蹊径,泽无舟梁。川谷不通,则不相并兼;士众不聚,则不相攻伐。……势利不萌,祸乱不作,干戈不用,城池不设,万物玄同,相忘于道。疫疠不流,民获考终。"

可是,有了君以后,情况就不同了。鲍敬言说:"君臣既立,而变化遂滋。夫獭多则鱼扰,鹰众则鸟乱。有司设则百姓困,奉上厚则下民贫。壅崇宝货,饰玩台榭。食则方丈,衣则龙章。内聚旷女,外多鳏男。

采难得之宝，贵奇怪之物，造无益之器，恣不已之欲，非鬼非神，财力安出哉？夫谷帛积则民有饥寒之俭，百官备则坐靡供奉之费。宿卫有徒食之众，百姓养游手之人。民乏衣食，自给已剧，况加赋敛，重以苦役。下不堪命，且冻且饥，冒法斯滥，于是乎在。王者忧劳于上，台鼎颦顣于下，临深履薄，惧祸之及。恐智勇之不用，故厚爵重禄以诱之，恐奸衅之不虞，故严城深池以备之。而不知禄厚则民匮而臣骄，城严则役重而攻巧。”

在这一段里鲍敬言对于剥削阶级统治的批判，是尖锐而深刻的。他把老百姓比作鱼和鸟，把统治者比作吃鱼的獭和捉鸟的鹰。有了这么多的獭和鹰，鱼和鸟当然不能安定。有了这么多的官吏，百姓当然要困穷。统治者像獭和鹰一样，把老百姓的财富夺取过去，过着穷奢极欲、荒淫无耻的生活。鲍敬言问道：他们并不是鬼也不是神，他们的财富从哪里来的？还不是用聚敛的方法，从人民手中夺过去的。鲍敬言说：人所生产的财富，专供自己用，还是很紧张的，况且其中一大部分，又为统治者夺去了。不仅如此，统治者还征发人民无偿地为他们劳动。老百姓又冻又饿，不能生活，当然要反抗。统治者就想出许多办法，镇压老百姓的反抗。他们用高爵厚禄，诱惑他的臣下，用高城深池，防范老百姓。可是，他的“禄”从哪里来的呢？还不是用聚敛的方法，从老百姓那里夺来的。所以他的禄越厚，老百姓越穷，他的臣越骄傲。他的城池是谁修的？还不是靠役使老百姓？所以他的城池修得越好，老百姓的役越重。城池好也不能解决问题，因为攻城的方法，也越来越巧。

鲍敬言继续说：统治者对于老百姓“劳之不休，夺之无已。田芜仓虚，杼轴乏空，食不充口，衣不周身，欲令勿乱，其可得乎？所以救祸而祸弥深，峻禁而不止也”。这就是说，统治者对于老百姓越防范镇压，他就越得加重对于老百姓的剥削，老百姓就越要反抗。这样下去，统治者和被统治者之间，矛盾越来越尖锐，斗争越来越激烈。鲍敬言作出结论说：“此皆有君之所致也。”

只要有统治者和被统治者的对立,他们之间的矛盾和斗争,是永远存在的。鲍敬言说:“君臣既立,众慝日滋。而欲攘臂乎桎梏之间,愁劳于涂炭之中。人主忧栗于庙堂之上,百姓煎扰于困苦之中。闲之以礼度,整之以刑罚。是犹辟滔天之源,激不测之流,塞之以撮壤,障之以指掌也。”这就是说,统治者压迫人民的任何措施都是徒劳的。

鲍敬言又指出,有了君以后,老百姓还有更大的灾难。因为统治者总是想扩大他的统治区域,以便有更多的人受他的剥削。鲍敬言说:“民有所利,则有争心。富贵之家,所利重矣。且夫细民之争,不过小小,匹夫校力,亦何所至。无疆土之可贪,无城郭之可利,无金宝之可欲,无权柄之可竞,势不能以合徒众,威不足以驱异人。孰与王赫斯怒,陈师鞠旅,推无仇之民,攻无罪之国。僵尸则动以万计,流血则漂橹丹野。无道之君,无世不有。肆其虐乱,天下无邪(?)。忠良见害于内,黎民暴骨于外,岂徒小小争夺之患邪?”这就是说,有了剥削阶级的统治,他们必然要发动对外的侵略战争。这种战争只能给老百姓带来更大的灾害。统治者贪图别人的疆土、城郭、金宝,还想扩大他自己的权柄。他有权势把人集合起来,他用威力强迫人去送死。这样,战争就起来了,无论胜败如何,总是老百姓遭殃。

鲍敬言说:其实老百姓的希望,也是很简单的。他说:“夫身无在公之役,家无输调之费,安土乐业,顺天分地。内足衣食之用,外无势利之争。操杖攻劫,非人情也。像刑之教,民莫之犯。”这就是说,老百姓所希望的,只是没有徭役和租税,按着自然的需要分得土地,有吃有穿。这样,满足他们的最低的物质生活的要求,他们自然就不“操杖攻劫”;即使象征式的刑罚,他们也不会犯的。(本节引文均见《抱朴子·诘鲍》)

葛洪站在地主阶级统治者的立场,反对鲍敬言的无君论。他首先用一种唯心主义的说法和一些封建哲学家们的一种陈词滥调,如“天尊地卑”之类,企图证明封建社会中的等级分别是合理的。此外,他又以鲍敬言的一些弱点为借口，进行狡辩、反驳。

鲍敬言的“无君论”歌颂原始社会，主要的是歌颂其中没有阶级，没有人剥削人、人压迫人的制度。但是他不加分析，把原始社会的生产力低下的情况，也歌颂了。从生产力方面看，原始社会也确实没有像庄周和鲍敬言所说的那样合乎理想。在那个时候，生产力是很低的，人的生活几乎完全受自然的支配。这是鲍敬言的弱点。葛洪指出，在原始社会中人的生活是很困难的，这倒是实在情况，但以这种情况为根据，证明有君的必要，这是强词夺理的。

鲍敬言对于封建剥削阶级的剥削制度的批判，是很尖锐而深刻的。他提出了一种理想社会的轮廓。这是两汉的“大同”和“太平”思想的继续，是人民反抗剥削和压迫在思想战线上的反映。

鲍敬言所理想的，没有剥削和没有压迫的理想社会，本来是对于将来的憧憬。但是他把对于未来的理想和过去的原始社会等同起来。在原始社会中，固然是没有阶级的分别，没有人剥削人、人压迫人的制度，但是人的生活是极端困难的，他把过去和未来混淆起来。这样，就给反对的人一种借口，像葛洪所说的。

但是，他的理想是伟大的。这种理想表达了被剥削被压迫者反对剥削压迫的愿望。但是，就当时的社会、政治经济情况说，他的理想是不可能实现的。正如列宁所指出，这种理想，“只是一种空想，虚构和童话”，是一种幻想，“幻想是弱者的命运”。(《列宁全集》第18卷，349—350页)。

从中国哲学史的观点看，鲍敬言的“无君论”和嵇康的《太师箴》及阮籍的《大人先生传》比较起来，其中的有些思想是相类似的。但鲍敬言的言语比他们尖锐得多，理论明确得多，态度激烈得多。这并不是一个作文章的问题。这是因为，鲍敬言是站在封建统治阶级的对立面说话的，嵇康和阮籍还是站在地主阶级的立场说话的。嵇康和阮籍对于封建统治者的批判，还是地主阶级的内部斗争。所以，嵇康的《太师箴》虽然也批评了当时的统治者,但终于是向统治者提出忠告或警告,希望他们吸取历史中的教训,不要蹈历史中的覆辙。阮籍的批判比嵇康尖锐一点,但也不过是想做一个隐士,表示不屑与统治者为伍,最后并且把这些“不屑”思想也批判了。这说明他们的立场终究是士族的立场。

第四十三章

玄学的尾声及其历史的功过

第一节 《列子》和《列子注》

郭象的哲学体系是玄学的高峰。高峰之后就是尾声了。这个尾声的代表作是《列子》和张湛的《列子注》。

《汉书·艺文志》著录《列子》八篇。先秦的著作中，常有人提到列御寇这个人或他的学派。但是现在通行的《列子》这部书并不是《汉书·艺文志》所著录的那部《列子》，而是在晋朝才出现的。其出现的经过，张湛的《列子序》有详细的叙述。据这篇序说，张湛的祖父是王家的外甥。这个家族有王粲（王弼的祖父），有王粲的藏书一万多卷。永嘉之乱，士族或一般知识分子都南逃。张湛的祖父和王家的其他亲属，挑选藏书中稀有罕见的部分带着南行。过江以后张家的人在他们带去的书中发现有《列子》，张湛加以编辑并为之作注。在这篇《序》中可以看出来，在永嘉以前已经没有公开通行的《列子》了。张湛把他所掌握的一些王家的旧资料加以整理编辑。在编辑的过程中，张湛掺入了一些别的资料。《天瑞》篇抄了《易纬·乾凿度》中一大段，就是一个例子。

他又作了一篇《列子序》。这篇《序》实际上是两篇，一篇是《列子序》，一篇是《列子注序》。其中有一段泛论《列子》，这是《列子序》。

其余叙述他读《列子》的经过,这是《列子注序》。

张湛的《列子注》,在形式上是模仿郭象《庄子注》。郭象有一篇《庄子序》,在《庄子》的重要篇目下都有一个解题。张湛的《列子注》也是这样。不过他在泛论《列子》的那一段中并没有讲出列子哲学的要点,只摘引了先秦著作中一些评论列子的字句或与老庄相比较之词,每篇的解题也多浮泛,或与本篇的内容不相称。他是在做文章,并不是在讲道理。现在通行的《列子》出于张湛之手,由他自编自注,成为《列子注》,希望能和王弼的《老子注》、郭象的《庄子注》并之而三。

《列子·天瑞》篇中,有一大段完全是从《易纬·乾凿度》抄来的。纬书出现于东汉末年。这就证明,现在通行的《列子》是出于东汉以后。更重要的是,这也证明它不是一部玄学作品。因为它所用的方法不是"辩名析理",它所讲的问题不是玄学的问题。郭象所讲的"玄冥之境"、"惚恍之庭",是一种精神境界,不是宇宙形成的一个过程。王弼和何晏所讲的"无名之域"可能也是宇宙形成的一个阶段。但他们只笼统地说,因为用"辩名析理"的方法不能讲宇宙形成论,更不能讲宇宙形成的详细过程。《天瑞》篇所抄的《乾凿度》那一大段,讲了它认为是宇宙形成的四个阶段。它说:"有太易,有太初,有太始,有太素。太易者,未见气也;太初者,气之始也;太始者,形之始也;太素者,质之始也。气形质具而未相离,故曰浑沦。浑沦者,言万物相浑沦而未相离也。"浑沦相当于浑沌,但它不是一种精神境界,而完全是宇宙形成的一个阶段了。用"辩名析理"的方法怎么能得到这种知识呢?这是东汉末年的哲学问题。在当时,讨论这一类的哲学问题的代表是张衡。魏晋以来,玄学家们逐渐不讨论这一类的问题了。他们逐渐放弃了宇宙形成论而专讲本体论,因为"辩名析理"是本体论的方法,只能讲本体论。《天瑞》篇又想把它拉回来。这说明他完全不知道什么是玄学,不了解从东汉到魏晋这一段哲学的发展。

《列子》最突出的是《杨朱》篇。说它最突出,因为它公开地系统地提倡肉体快乐,这在中国哲学著作中是少见的。其中有一大段说:“晏平仲问养生于管夷吾。管夷吾曰:‘肆之而已。勿壅勿阏。’晏平仲曰:‘其目奈何?’夷吾曰:‘恣耳之所欲听,恣目之所欲视,恣鼻之所欲向,恣口之所欲言,恣体之所欲安,恣意之所欲行。夫耳之所欲闻者音声,而不得听,谓之阏聪;目之所欲见者美色,而不得视,谓之阏明;鼻之所欲向者椒兰,而不得嗅,谓之阏颤;口之所欲道者是非,而不得言,谓之阏智;体之所欲安者美厚,而不得从,谓之阏适;意之所欲为者放逸,而不得行,谓之阏性。凡此诸阏,废虐之主。去废虐之主,熙熙然以俟死,一日、一月、一年、十年,吾所谓养。拘此废虐之主,录而不舍,戚戚然以至久生,百年、千年、万年,非吾所谓养。’管夷吾曰:‘吾既告子养生矣,送死奈何?’晏平仲曰:‘送死略矣,将何以告焉?’管夷吾曰:‘吾固欲闻之。’平仲曰:‘既死,岂在我哉?焚之亦可,沉之亦可,瘗之亦可,露之亦可,衣薪而弃诸沟壑亦可,衮文绣裳而纳诸石椁亦可,唯所遇焉。’管夷吾顾谓鲍叔、黄子曰:‘生死之道,吾二人进之矣’。”

在这一段生动的设想对话中,所讨论的“道”是玄学中的主要问题——生死之道或养生。“肆之而已,勿壅勿阏”,就是顺自然。这个道也是玄学所提倡的生活方式。不过玄学家们所谓顺自然,主要是就人的精神方面说的。《杨朱》篇所说的六个“恣”,“恣口之所欲言”、“恣意之所欲行”这两项是和人的精神方面有关的,其余的思想都是就人的肉体方面说的。它所注重的是人的肉体快乐,它所讲的养生注重在讲人的肉体,这不是玄学的精神。玄学所注重的是精神方面的解放。“恣口之所欲言”,“恣意之所欲行”,是玄学所提倡的,但并不是提倡追求肉体快乐。“竹林七贤”说过的那种放纵生活,也是要在其中享受精神解放。他们都好喝酒,因为他们想在醉中得到类似浑沌的那种精神境界,像刘伶的《酒德颂》所说的那样,并不是认为喝酒是一种口福。

精神解放也就是他们的养生之道。玄学所讲的"生死之道",是一化为一,一变为一,由此而齐死生。从这个标准看,《杨朱》篇还没有真正懂得生死之道,还是把生死看成是个对立面,死是无可奈何,所以要在没有死的时候,尽量追求肉体快乐,大大地享受一阵,死了就不管了。汉朝人所作的古诗十九首中有一首说:"驱车上东门,遥望郭北墓。白杨何萧萧,松柏夹广路。下有陈死人,杳杳即长暮。潜寐黄泉下,千载永不寤。浩浩阴阳移,年命如朝露。人生忽如寄,寿无金石固。万岁更相送,贤圣莫能度。服食求神仙,多为药所误。不如饮美酒,被服纨与素。"(《文选》卷二九)《杨朱》篇对生死问题所表现的情感和这首诗所说的是一类的。用玄学的标准看,其所以有这种情感正是由于生死问题还没有解决。

必须承认,要真是照《杨朱》篇所说的那样做,也还是不容易的。玄学有重精神轻肉体的倾向,它所谓"外形骸","放浪形骸"以及所谓"达",都有轻视肉体的意思。刘伶出去游玩,叫人带着挖地的工具跟在后面,交待说:"死便埋我。"他被称为"有达观"。《杨朱》篇所提倡的尽量追求肉体快乐,也非相当"达"的人不能行,因为尽量追求肉体快乐也可能带来对于肉体不幸福的结果。曾经有一个人喜欢吃肥腻的食物以致血压很高。医生警告他说:"像你这个吃法不出五年,必有危险。"他说:我要在五年之内赶紧多吃,五年之后就吃不成了。当时也被称为有"达观"。一般人的血压稍微高一点,他们就怕这怕那,这也不敢吃那也不敢吃,有这样思想的人能够追求肉体的快乐吗?所以《杨朱》篇所讲的生活方式也非相当"达"的人不能实行。从这一方面说,也是在宣传玄学所谓"达"。他所讨论的问题也是玄学的问题。

玄学已经发展到最高峰了,张湛这一类的人还不理解,还要抬出列子这个偶像,讲一些落后的话,所以不能成为玄学更进一步的发展阶段,而只是它的一个尾声。

第二节　玄学与孔丘

一般的玄学家，虽然推崇老庄，但都认为老庄的思想和孔丘基本上相同，孔丘和老聃都是圣人，而且孔丘是最大的圣人。

《晋书》说：阮瞻“见司徒王戎。戎问曰：‘圣人贵名教，老庄明自然，其旨同异？’瞻曰：‘将无同’。”（《晋书·阮瞻传》）《世说新语·文学》也记载了这个故事，但说是王衍和阮修的对话。无论是王戎和阮瞻或王衍和阮修，这篇对话在当时是有名的，所以传闻异词。这四个人都是有名的玄学家，而且王戎和王衍是其中的领袖。所以，可以认为这是当时玄学家的一般见解。“贵名教”、“明自然”是当时辩论很激烈的问题。二者本来是对立的，可是，阮瞻说是“将无同”。

这三个字需要解释一下。《世说新语》有一条说：谢安同许多客人游海，碰见大风，客人都说要回转，谢安的游兴正发，不肯回来。后来风更大，谢安才说：“为此，将无归？”船上的人马上就把船开回来了。

《世说新语·〈识鉴〉注引》又有一条说，孟嘉是当时的一名士。庾亮镇守武昌的时候，叫他当一名“从事”。褚裒善于赏鉴人才。“过武昌，问庾曰：‘闻孟从事佳，今在此不？’庾云：‘卿自求之’。褚眄睐良久，指嘉曰：‘此君小异，得无是乎？’庾大笑曰：‘然’。”《孟嘉别传》也记载了这个故事。其中“得无是乎”作“将无是乎”。“得无是乎”，就是“将无是乎”。

这是“将无”在当时的用法，意思是：恐怕是，大概是，也许是，可能是。“将无同”意思是恐怕是同吧。孔丘和老聃怎么同呢？原来何晏和王弼在这方面已经作了不少的说明。

《论语》说：“回也其庶乎？屡空。”何晏《论语集解》云：“一曰，屡犹每也，空犹虚中也。以圣人之善道，教数子之庶机，犹不至于知道者，各内有此害也。其于庶几每能处中者,唯回怀道深远。不虚心,不能知道。子贡无数子病,然亦不知道者,虽不穷理而幸中,虽非天命而偶富,亦所以不虚心也。"(皇侃《论语义疏》卷六)《论语》原来的意思是说,颜回家里很穷,经常有青黄不接的时候,何晏把"空"解释为颜回的精神境界,这就把颜回庄学化了。

皇侃又引顾欢的话:"夫无欲于无欲者,圣人之常也;有欲于无欲者,贤人之分也。二欲同无,故全空以目圣;一有一无,故每虚以称贤。贤人自有观之,则无欲于有欲;自无观之,则有欲于无欲。虚而未尽,非屡或何?"(同上)

皇侃又引太史叔明的话:"颜子上贤,体具而微则精也。故无进退之事,就义上以立屡名。按其遗仁义,忘礼乐,堕支体,黜聪明,坐忘大通,此忘有之义也。有顿尽,非空如何?若以圣人验之,圣人忘忘,大贤不能忘忘。不能忘忘,心复为未尽。一未一空,故屡名生也焉。"(同上)这是更进一步地把颜回庄学化了。这里所讲的颜回已经不是《论语》中的颜回而是《庄子》中的颜回了。把颜回庄学化就是把孔丘庄学化。

王弼也是研究《论语》的,在《论语》中,孔子说:"吾道一以贯之。"王弼解释说:"贯犹统也。夫事有归,理有会,故得其归,事虽殷大,可以一名举;总其会,理虽博,可以至约穷也。譬犹以君御民,执一统众之道也。"(皇侃《论语义疏·里仁》章引《论语释疑》)王弼用一般和特殊关系解释孔丘所说的一贯。这是把孔丘老学化了。

王弼和何晏都认为孔丘和老庄的思想基本上是相同的,这就是"将无同"的"同"字的根据。其所以加上"将无"两个字,用一种不十分肯定的语气,那是因为在表面上看毕竟有些不同。

郭象更是发挥了那个"同"字。《论语》"颜渊死,子哭之恸"。郭象说:"人哭亦哭,人恸亦恸,盖无情者与无化也。"(同上书,卷六)这是把孔丘庄学化了。郭象把这个意思贯串在他的整个《庄子注》中。

《世说新语·文学》说："王辅嗣弱冠诣裴徽。徽问曰：'夫无者，诚万物之所资。圣人莫肯致言，而老子申之无已，何邪？'弼曰：'圣人体无，无又不可以训，故言必及有。老庄未免于有，恒训其所不足。'"这里所说的"圣人"是孔丘，照这里所说的，老聃还没有达到"圣人"的地位，比孔丘还差一点。其证据就在于老聃讲"无"，孔丘讲有。王弼认为，无是无名，既然无名，就不能讲。要了解无，只有与无同体，这就是所谓"体无"。孔丘已经"体无"，无又不能讲，所以只可以讲有。王弼说："夫无不可以无明，必因于有。"(《周易·系辞》韩康伯注引王弼)老聃还不能"体无"，这是他的不足之处。他越是不足，他就越要讲。这就说明，为什么他单讲无而不讲有。王弼用哲学的标准，认为孔丘的地位比老聃还高，孔丘是最大的圣人，老聃还在其次。照这个说法，孔丘和老聃不仅是"同"，而且在同中又有高下之分。王弼把"将无同"中的"将无"两个字去掉了，而且进一步肯定了孔丘是最大的圣人。不能说这只是王弼的早年见解，因为王弼只活到二十四岁。

郭象在《庄子序》中也是这样说的，而且说得更清楚。他认为庄周是"知无心"，孔丘是"无心"，所以《庄子》这部书不能列于经典，只能算诸子中的最高的一家。

如果说《庄子序》未必是郭象所作，不足为据，那就看《庄子注》吧。《庄子·逍遥游》中尧和许由对话那一段，《庄子》原文表示许由比尧高，注文认为尧比许由高。《庄子·大宗师》讲到"游于方之内"和"游于方之外"的区别，《庄子》原文认为后者比前者高，注文认为二者必须结合起来，仅仅"游于方外"是不可取的。注文中所说的圣人，就指孔丘。

《世说新语·言语》篇有一条说，有个小孩名叫齐庄，庾公问他"'欲何齐？'曰'齐庄周'"。又问："'何不慕仲尼而慕庄周？'对曰：'圣人生知，故难企慕'。庾公大喜小儿对。"这也是说孔丘比庄周高，齐庄周是可能的，齐孔丘是不可能的。

自从汉武帝定儒为一尊以后,儒家的思想已成为中国封建制度的理论根据,孔丘遂成为中国封建社会理论上的思想统治者。在中国封建社会中对统治思想有异议的都以老聃为思想代表,东汉末年的农民大起义更以老聃为其政治上的代表。张鲁在汉中的政权规定《老子》为一般人必读的书,《老子》的影响是很大的。在这种影响下,上层社会的人也讲老子了。不过他们所讲的老子不是黄老的老,而是老庄的老。

士族是封建贵族,它的思想的代表是玄学。玄学开始是讲老子的,但不把老聃作为孔丘的对立面,而把他作为孔丘的补充者,把孔丘老学化,为的是借此维持孔丘在封建社会的地位,这是合乎历史发展规律的。封建贵族绝不会反对封建社会的正统思想,只有在封建社会的经济基础从根本上发生动摇了,它的上层建筑才能从根本上动摇。这种情况在玄学的时代是没有的。

第三节　玄学历史功过的哲学根源

在中国历史中,晋朝是个混乱衰败的朝代。一般的说法,不把这种情况归咎于玄学。玄学是有它的功过,但哲学史的任务,不在于叙述这些功过,而在于说明这些功过的哲学根源。

玄学的主题是有无的问题,是一般和特殊的问题。从认识论说,从特殊到一般就是感性认识到理性认识,这在认识上是个飞跃。说它是个飞跃,因为这是一个从量变到质变的过程。在这个飞跃中,人从感性实践升入到理性实践,或者说,在感性实践中看到了理性实践。

如果对于这个飞跃有充分的认识,人的精神境界也跟着有了变化。认清感性实践是一种精神境界,看到了理性实践又是一种精神境界,进入了理性实践那就更是一种精神境界了。这是一个发展的过程。在这个发展的过程中，人会有不同的感受。既然是一种感受，就不可能用理论思维的言语把它表示出来，只可用形象的言语作个比喻。西方古代哲学家柏拉图在他的名著《理想国》中作了一个比喻。他说，真正了解"好之理念"的人，就好像从一个黑暗的洞穴中走出来，初次看见太阳的光辉。

玄学所讲的从有到无的理论过程就是这个过程，或者基本上就是这个过程。经过这个过程的人的所有感受，主要的有两种，一种可以说是超越感，另一种可以说是解放感。人总是一个个体，既然是一个个体，它就必然要受一个个体的范围限制。这个个体必然是在感性实践之中，更具体一点说，人既然存在，就必然有一个身体，他的身体所给他的限制就是个体范围的限制。如果他看到，或者进入理性实践，他就超越了个体范围的限制，所以他就有超越感。所谓超越感就是超越个体范围的限制。既然超越限制，就有解放感，所谓解放就是从个体范围的限制中解放出来。这个个体不是别的，就是他自己的身体，也就是他自己，概括起来说就是他的"我"。所以超越是自我超越，解放是自我解放，其关键在于无我、无私。嵇康的《释私论》接触到了这个道理。

玄学家们也用形象思维作了许多比喻，郭象的《庄子序》作了一个概括的叙述。《庄子序》说："其言宏绰，其旨玄妙。至至之道，融微旨雅。泰然遣放，放而不敖。故曰不知义之所适，猖狂妄行，而蹈其大方。含哺而熙乎澹泊，鼓腹而游乎混芒。至仁极乎无亲，孝慈终于兼忘。礼乐复乎已能，忠信发乎天光。用其光，则其朴自成。是以神器独化于玄冥之境，而源流深长也。故其长波之所荡，高风之所扇，畅乎物宜，适乎民愿。弘其鄙，解其悬，洒落之功未加，而矜夸所以散。故观其书，超然自以为已当，经昆仑，涉太虚，而游惚怳之庭矣。虽复贪婪之人，进躁之士，暂而揽其余芳，味其溢流，仿佛其音影，尤足旷然有忘形自得之怀。况探其远情，而玩永年者乎？遂绵邈清遐，去离尘埃，而返冥极者也。"

这里所说的"泰然遣放"，"猖狂妄行"，"含哺而熙乎澹泊，鼓腹而游乎混芒”,都是用形象思维的语言,表达解放感。这里所说的“超然自以为已当,经昆仑,涉太虚,而游惚恍之庭矣”,也是用形象思维的语言表达超越感。这里所说的“弘其鄙,解其悬,洒落之功未加,而矜夸所以散”,也是解放感。为个体范围局限的人,只有低级趣味,这就是“鄙”。他受种种限制和束缚,好像是被人吊在空中,这就是所谓悬。从这些情况中解放出来就获得一种新的精神状态,那就叫作“洒落”。“矜夸”是自我夸张,正是洒的反面,是“鄙”和“悬”的表现。如果能从个体范围的限制解放出来,就不求洒落而洒落自来,不除矜夸而矜夸自去。这里所说的“玄冥之境”、“惚恍之庭”,指的就是那种更高的精神境界,也就是前几章中所说的“后得的浑沌”。

上面所说的精神境界,玄学家们称为无。他们说的无,其实就是抽象的有。因为是抽象的,所以没有任何内容。所以玄学家们认为最高的精神境界就是一个没有内容的空虚的境界。他们常常用以形容这种境界的形容词是“虚”、“旷”。这种精神状态他们称为“玄心”。他们的言论称为“玄谈”,也称为“清谈”。所谓“清”就是脱离实际,既脱离自然的实际,也脱离社会的实际。为什么脱离实际? 因为抽象的有中本来什么都没有,更没有实际。

这种情况也引起了玄学内部的不满。裴頠的崇有论批判了王弼、何晏的贵无论。他所说的有是群有,是具体的有,也就是实际。他主张从实际出发。他的崇有论当时在社会上起了多大的影响不很清楚,大概“清谈”的影响还是很大的。郭象所说的有,也是具体的有。但他所说的“玄冥之境”、“惚恍之庭”、“冥极”,还是“后得的浑沌”。

当时及后世的人都说:“清谈误国。”晋朝政治上社会上的混乱,其原因是多方面的,不能完全都归咎于“清谈”,然而清谈是其原因之一,至少也是其现象之一。

玄学“辩名析理”的方法提高了中国哲学的理论思维能力,它所讲的“后得的浑沌”提高了人的精神境界,它所阐发的超越感,解放感,构成了一代人的精神面貌,所谓晋人风流。但脱离实际是它最大的缺点。怎样纠正这个缺点是后来宋明道学的任务。

第四十四章

通　论　佛　学

第一节　所谓儒、释、道三教

在中国历史中，从汉魏以来，逐渐出现了所谓儒释道三教。这里所谓教，是教育或教化之教，不是宗教之教。教育或教化之教是中国原有名词，宗教之教是从西方传来的外国名词。教育或教化之教和宗教之教，在小节上可能互相穿插，但在大体上两者的界限是很清楚的。

每一个宗教都有自己的教主，据说他不是人而是神，至少也是半人半神。据说他就是救世主，人生是一个苦海，救世主有办法把人类和一切众生拯救出来，登于彼岸，一个幻想中的极乐世界。教主、救世主、彼岸世界，都是宗教之教中不可少的，而教育之教中却是不可有的，因为此三者都包含有迷信。宗教和迷信是纠缠在一起的。从历史上看，科学总是和宗教对立的，总是在和宗教的斗争中发展起来的。

孔丘的儒家虽然在中国历史中又被称为儒教，西汉的公羊学和今文经学也把孔丘说成是一个半人半神的人，但这个说法不久就被否定了。在中国长期封建社会中，孔丘的地位主要是“师”而不是神。他的最高的称号是“大成至圣先师”，他所受的最高政治待遇是“文宣王”。他是一个人，不是一个神，也不是半人半神。在他所宣传的思想中，也没有彼岸世界。由此看起来所谓儒教，如果可以称为教，也是教育之教，不是宗教之教。

佛教是世界上几个大宗教之一。它有教主，就是释迦牟尼，他也是救世主，它有一整套的教义，有一套教会制度和组织，有一整套意识。它从东汉时期逐渐传入中国，影响越来越大。道教的成立是对佛教的反应，佛教是外来信仰，有一部分人就因为它是外来的而产生了反感。中国本来有所谓“夷夏之辨”，佛教被斥为“夷”。中国原有的神仙家、阴阳家和一般民间封建迷信便联合起来成为道教，与佛教相对立。道教是中国土生土长的宗教，和外来的佛教相对立，但又是模仿佛教的。佛教有大量的经典，道教就把中国儒家以外的许多著作都作为它的经典。它也模仿佛教组织了自己的教会，抬出了在中国社会中和孔丘齐名的老聃作为教主，也就是救世主，幻想出长生不死的神仙世界作为彼岸世界。道教这个教是宗教之教，不是教育之教。一个大的宗教都是解决人生中的某些主要问题的。要解决问题它必须有些思想原则，那就是它的教义。有些宗教的教义同时也是一种哲学。有些不是哲学，而只是一种迷信、方术或巫术。不能认为凡宗教的教义都是哲学。对于这个问题不能一刀切，要分别对待。它是哲学的，当然是哲学史的对象，它不是哲学的，就不是哲学史的对象。

佛教的教义是哲学，对于后来的中国哲学及中国文化的发展有很大的影响。为了分别起见，我们称佛教的教义为佛学。

道教虽然以老聃为教主，以《老子》和《庄子》为其主要经典，但它的教义基本上是神仙家。《老子》和《庄子》中也有神仙家的话，《老子》讲“长生久视”，其方法是“抟气致柔”。《庄子》也讲“真人之息以踵”（《庄子·大宗师》），这讲的大概是现在的所谓气功，这些大概都是神仙家的话。气功在于求长生，不过《老子》、《庄子》中的主要思想不是神仙家。所谓长生就是保存人的身体，使他不死。玄学讲的老庄都不要保存身体，玄学是老庄发展的主流。神仙家从老庄中分离出来，称为道教。道教教义的主题是求长生。为了求长生，道教讲了许多修炼的方法,这些都属技术之类。

在道教的经典中,除《老子》、《庄子》以外,也时有一些名言警句。例如葛洪说:"夫陶冶造化,莫灵于人。故达其浅者,则能役使万物。得其深者,则能长生久视。"(《抱朴子·对俗》)俞琰说:"盖人在天地间,不过天地间一物耳。以其灵于物,故特谓之人,岂能与天地并哉?若夫窃天地之机,以修金液大丹,则与天地相为始终,乃谓之真人。"(同上)又引《翠虚》篇说:"每当天地交合时,夺取阴阳造化机。"(同上)"窃天地之机","夺取阴阳造化机","役使万物",以为吾用,以达吾之目的。此其注重权力之意,亦可谓有以人胜天的精神。但道教所讲的役使万物,主要是役使鬼神,其所用的方法,是掐诀、念咒、画符、炼丹之类。这是巫术,不是科学。在古代,科学和巫术是纠缠在一起的。在道教的经典中,可以看出来中国的巫术,也可以看出来中国古代科学的水平。道教不是中国哲学史的对象,而是中国科学史的对象,当然也是中国宗教史的对象。

第二节　佛教和佛学的主题——神不灭论

每一个时代思潮都有一个真正的哲学问题作为中心,围绕着这个中心问题各方面进行辩论,由此推动哲学的发展和历史的进步。玄学的中心问题是一般和特殊的问题。玄学进入尾声以后,随着佛教影响扩大,作为时代思潮的中心问题也换了。这个新的中心问题是关于生死、形神的问题。

恩格斯说:"在远古的时代,人们还完全不知道自己身体的构造,并且受梦中景象的影响,于是就产生一种观念:他们的思维和感觉不是他们身体的活动,而是一种独特的、寓于人的身体之中而在人死亡后就离开这个身体的灵魂的活动。从这个时候起,人们就不得不思考这种灵魂对外部世界的关系。既然灵魂在死时离开肉体而继续活着,那么就没有任何理由去设想它本身还会死亡。这样就产生了灵魂不死的观念。这种观念在那个发展阶段上决不是一种安慰,而是一种不可抗拒的命运,并且往往被认为是一种真正的不幸,例如在希腊人那里就是这样。”(《马克思恩格斯选集》第四卷,220 页)

这种人的精神和人的肉体的关系问题,在中国称为形神问题,从战国以来经常为人们所讨论,是一般人都关心的问题。

这也是佛教和佛学的中心问题。佛教是宗教,佛学是作为佛教理论基础的哲学体系。佛学接触到哲学各方面的主要问题,其中心的主题是形神问题。它认为,个人精神不死,一个人的身体死亡了,但他一生中所造的“业”还继续存在着,他的精神还有来生,以至二生三生,这是佛学的主题,也是佛教的根本教义。

有些人认为佛学并不主张灵魂不死。他们说,一般人所谓灵魂,就是鬼。鬼的声音笑貌以及所穿的服装,都和他生前完全一样。佛学不承认有鬼。佛学是无鬼论。佛学仅只是说一个人在他的身体死亡以后,还有“中阴”继续存在,由这一生转入来生。

这种辩护,没有什么意义。认为有某种精神实体,在一个人的身体死亡以后还继续存在,这就是主张灵魂不灭,个人不死。至于这个实体究竟是个什么样子,或叫它什么名字,是无关宏旨的。

照佛教和佛学说,个人不死是一种不可抗拒的命运,是一种真正的不幸。正是因为人身体死亡以后还有某种精神实体继续存在,所以才有生死轮回。这是人生的一切痛苦的根源。佛教和佛学就是抗拒这种不可抗拒的命运,要把人从生死轮回的苦海中拯救出来,把他们渡到“彼岸”,在“彼岸”中可以得到一个极乐世界。但是,就根本上说,佛教和佛学还是认为个人不死、灵魂不灭是一种幸事。如果人的身体死亡以后,没有精神实体继续存在,那也就没有什么极乐世界可以说的了。

佛教和佛学把精神不灭和生死轮回、因果报应结合起来,这就明确地说明他们所说的神不灭,是个体的神。每一个体的神,都为它所做的业支配,每个个体现在的身体都是它过去所做的业的结果。一生的身体坏了,还有来生。每一个个体神都创造它自己的世界,不需要有一个公共的造物主。有人说佛学是无神论。其实照佛学说,每一个个体神就是一个造物主,有多少个体神就有多少造物主。作为一种哲学,佛教是主观唯心主义。作为一个宗教,佛教是多神教。这是佛学神不灭论的特点。

灵魂不灭这个理论,用中国哲学的传统话说,就是神不灭论。

第三节 佛学的方法

玄学的方法是“辩名析理”。佛学的方法是“止观”。观是观察,要观察一切事物都时时刻刻在生灭之中,一切事物都是众缘和合,缘会再生,缘离则灭。用我们现在的话说,任何事物的发生都有一定的原因,靠一定的条件。只有这些原因和条件都具备了,它才能存在,如果不具备,它就不能存在。这本是人的常识,佛学认为这就可以证明一切事都是虚幻不实。能注意到这一点,而且在这一点上下工夫,这就叫观。在观中,观察到那些东西的虚幻不实,就可以停止对虚幻不实东西的留恋贪爱,这就叫止。这是佛教和佛学的两个门,前者叫观门,后者叫止门。

“止观”和“辩名析理”是完全不同的。“辩名析理”是从一般和特殊的关系开始的,是围绕着那个关系的问题发展的;止观是从生死轮回的问题出发的,是围绕着这个问题发展的。玄学和佛学表面看起来有点相似,但是它们的主题则完全不同,它们的方法也完全不同。

观这个名词出于《老子》。《老子》说:“故常无,欲以观其妙;常有,欲以观其徼。”(第一章)“万物并作,吾以观复。”(第十六章)又说:“以家观家,以乡观乡,以国观国。”(第五十四章)佛学在翻译中用观字,也许有格义连类的意思。

第四节 中国佛教和佛学发展的阶段

中国佛教和佛学的发展有三个阶段。第一个阶段称为格义，第二个阶段称为教门，第三个阶段称为宗门。

一个人初学外国语的时候，必须先把一句外国语翻成一句本国话，然后才能理解。他学说外国语的时候，也必须把他要说的一句话，先用本国话想好，然后再翻成外国话。他的话是用外国话说的，可是他的思想是用本国话想的，所以必须经过这些翻译程序。

一个国家的哲学，传到别国的时候，也要经过类似的程序。佛教初到中国的时候，当时的中国人听到佛教的哲学，首先把它翻成中国哲学原有的术语，然后才觉得可以理解。宣扬佛教哲学的人也必须把佛教哲学的思想，用中国原有的哲学术语说出来，然后中国人才能理解。这种办法当时称为“连类”或“格义”。《高僧传》说，佛学大家慧远向听众讲佛学的“实相义”，费了很多的时间，听众越听越糊涂。慧远又用庄子的道理作解释，引“庄子义为连类”，听众就明白了。（《高僧传》卷六，本传）

《高僧传》又说，另一个大佛学家法雅，因为他的学生对中国原有的思想有一定的了解，而对于佛教哲学了解得很少，他就把佛教的哲学同中国原有的思想联系起来互相解释。这种办法，当时称为“格义”（《高僧传》卷四，本传）。

在当时的思想界中，一般都认为玄学和佛学基本上是一致的，所以它们的概念可以互相通用，它们的语言可以互相翻译。

随着对佛学的进一步的深入研究，佛学和玄学逐渐划清了界限。就翻译这方面说，大翻译家鸠摩罗什倾向于意译。意译就不免有“格义”、“连类”之处,他的学生道生就简直用玄学的语言作文章了。以后的翻译逐渐改用直译,重要的概念术语都直接翻音,有名寺院的大宗派,大都各奉一部佛教经典作为教义。所谓“三玄”(《周易》、《老子》、《庄子》),他们都不怎么提了,这是佛教和佛学在中国发展的第二阶段。

在中国近代史中也有类似的情况。严复是对于西方文化有比较真正的了解的人。他翻译了许多书,他的翻译方法就是“格义”。他翻译了一段原文,就写一段按语,用一些中国原有的思想加以说明,这就是“连类”。例如逻辑,他原来翻译为名学,这是和先秦的名学家相联系。后来做翻译工作的人,提出了另外几个译名。人们觉得都不合适,于是改为音译。逻辑这个名字就通行了。这标志中国人对西方哲学有了进一步的了解。

佛教和佛学在中国发展的第三阶段是宗门。这个宗就是禅宗。它不是和隋唐诸大宗派并行的,而是它们的对立面。它不是像其他宗派那样信奉一部佛经,信奉一部佛经作教条,对它做咬文嚼字的研究,而是不信奉一切佛经,打倒一切佛经。它认为一个人的心就是佛,从一个人的心中直接发出的声音,比任何经典都有权威。禅宗的和尚都不学习佛教的经典,认为那些东西都是糟粕。可是他们把禅宗祖师的话都记录下来成为语录,他们都学习这些语录,这是禅宗内部的一个矛盾。以上所说,就是佛教和佛学在中国发展的第三阶段。

第五节　一个辩论,一个问题

在南北朝时期,有一个关于神灭和神不灭的辩论。这是佛教和佛学内部的人和外部的人的辩论。佛学神不灭论所说的神是个体的神,所谓因果报应、生死轮回,都是就个人说的。所谓“山河大地都由心造”,“一切唯心所现”,这个心也是个体的心。照这个说法每一个人都有他自己的山河大地,他自己的一切,这就没有一个公共世界。这就是主观唯心主义。

从哲学发展的规律看,唯心主义内部的斗争,总不外是主观唯心主义和客观唯心主义的斗争,其主要的分歧是承认或不承认有一个公共的世界。不承认有一个公共世界的是主观唯心主义,承认有一个公共世界的是客观唯心主义。

佛教和佛学主张一切都是唯心所现,但是,这个心是个体的心或是宇宙的心,各宗派的主张则有不同。如果认为是个体的心,那就必然认为每一个个体都有它自己的世界,不可能有公共的世界,这就是主观唯心主义。如果认为是宇宙的心,那它所现的世界就是公共的世界,各个个体所公有的世界。这就是客观唯心主义。

佛教和佛学是从个体的因果报应,生死轮回讲起的。它们原来所说的心,所说的神都是个体的心。由此发展下去必然成为主观唯心主义。梁武帝的《立神明成佛义记》所定的调子,就是主观唯心主义。而在佛学的实际发展中,逐渐出现了客观唯心主义,在中国佛学中首先明确提出来的是《大乘起信论》。

佛教中各派别的斗争是佛教内部的斗争,是唯心主义内部的斗争。因为佛教中的派别都是以释迦牟尼佛为教主,为了维护教主的面子,所以各宗派之间的斗争,只是在暗中进行,没有表面化。当时从哲学的观点看,他们的斗争是很显然的。

第四十五章

佛学在中国发展的第一阶段——“格义”

第一节　僧肇及其著作

僧肇(384 年—414 年)是山西人。原来家中很穷,靠给别人抄书维持生活。在抄书之中,他看了很多的书。他早年喜欢老庄,可是他认为,总有些根本问题,老庄没有讲透。后来他看见《维摩诘所说经》的译本,非常高兴,他跟当时的大翻译家鸠摩罗什学佛,成为鸠摩罗什的大弟子之一。他的著作有《维摩经注》和《肇论》。《肇论》并不是把几篇文章合起来的论文集,而是一整篇哲学论文,在这篇论文中他先讲《宗本义》以树立他的根本论点,然后分四个题目阐述《宗本义》。五篇合起来,构成了他的哲学体系。

《宗本义》说:“本无,实相,法性,性空,缘会,一义耳。何则? 一切诸法,缘会而生,缘会而生则未生无有;缘离则灭,如其真有,有则无灭。以此而推,故知虽今现有,有而性常自空,性常自空,故谓之性空。性空故,故曰法性。法性如是,故曰实相。实相自无,非推之使无,故名本无。”

“有”、“无”是玄学的两个基本范畴或根本概念。佛学来到中国,首先和这个概念进行格义,这就同玄学连类起来。其实,佛学所谓无和玄学所谓无并不是一回事。玄学所谓无是抽象的有,因为抽象,有就变成无了。像僧肇在这里所说,一切事物都是缘会而生,缘离而灭。缘就是条件,是事物生成需要的各种条件。需要的条件都完备了,那个事物才生出来;如果条件不完备,那个东西就灭了。所以,一切事物都不是长住的,而是无常的。就这个意义说,一切事物都是虚幻不实,所以是空,这里说的无就是空,这是就具体的事物说的,所以同玄学说的无根本不是一回事。僧肇认为这个空是“诸法实相”,就是说这是一切事物的真实情况,他认为佛学所讲的就是一切事物的真实情况。

当时讲佛学的人,对于“有”、“无”各有不同的解释,称为“六家七宗”。这也都是格义连类之类。

僧肇分四个题目以说明这个《宗本义》,第一个题目是《物不迁论》。

这篇论开头说:“夫生死交谢,寒暑迭迁。有物流动,人之常情。余则谓之不然。”就是说一般人都认为,人和事物都经常在流动变化之中,但是他不以为然,他认为一切事物既不流动也不变化。何以见得?僧肇说:“夫人之所谓动者,以昔物不至今,故曰动而非静。我之所谓静者,亦以昔物不至今,故曰静而非动。”这里所谓静、动,包括变化。运动和变化本来是一回事,就空间方面说就叫运动,就时间方面说就叫变化。就时间方面说,以前的事物来不到现在,所以一般人都认为这是事物变了。僧肇也认为以前的事物来不到现在,所以事物没有变。因为以前的事物就是以前的事物,现在的事物就是现在的事物,两者本来是不同的。就空间方面说,《物不迁论》有几句名言,有一句名言说:“然则旋岚偃岳而常静,江河竞注而不流,野马飘鼓而不动,日月历天而不周。复何怪哉?”

照僧肇的这个说法,一切事物,无论在时间或空间上,都好像是一部没有放映的电影片子。在没有放映的时候,一个大动作都分成许多小动作,开始都是不动的。这就叫“物不迁”。

僧肇《宗本义》说,任何事物都是缘会则生,缘离则灭。任何事物都是灭,一个大生灭中有无数的小生灭。前一个小生灭并不来到现在,现在的小生灭和以前的小生灭有相似之处,其实是另外一回事。《物不迁论》说:"是以梵志出家,白首而归。邻人见之,曰'昔人尚存乎?'梵志曰:'吾犹昔人,非昔人也。'"就是说,过去的梵志已经过去了,现在的梵志并不是过去的梵志,不过相似而已。僧肇用这个故事说明,人和事物时时刻刻都在生灭之中,可见人和事物都不是真实的。

郭象也有类似的说法。郭象的《庄子注》说:"夫时不再来,今不一停。故人之生人,一息一得耳。向息非今息,故纳养而续。前火非后火,故为薪而火传。"(《庄子·养生主》"不知其尽也"注)"息"就是呼吸。郭象也是说,人每一次呼吸,就得到一个新的生命。每次呼吸就是一次生灭,是一个人的生命这个大生灭中的一个小生灭。郭象和僧肇也有一个大不同。郭象认为,过去既已成为过去,那就等于它不曾存在。僧肇认为,过去虽然已成为过去,但是曾经存在,曾存在不等于不存在,曾存在的事物虽然现在已经不存在,但已成为"业",成为现在存在的原因和条件。《物不迁论》说:"是以如来功流万世而常存,道通百劫而弥固,成山假就于始篑,修途托至于初步,果以功业不可朽故也。功业不可朽,故虽在昔而不化。不化故不迁,不迁故则湛然明矣。"僧肇认为过去的事物虽然已经过去,但并不等于未曾存在,这就叫不化。过去对于现在是有功劳的,这就叫功业不朽。比如修筑一座土山要由一筐筐的土堆起来,第一筐的土为以后的土准备条件。要走一个长途,得一步一步地走,第一步为以后的步准备条件。过去的事物为现在准备条件,也是一样。僧肇的这个说法为佛学所讲的业报作了一个理论的根据。

《肇论》的《物不迁论》为《宗本义》的缘会说作了说明,又为下文的"不真空义"作根据。

"不真空"的意思是不真故空,意思就是说人和事物都是一个生灭,缘会则生,缘离则灭,所以都是虚幻的,不真实的。因为不真实,所以是空。《物不迁论》讲了许多话,就是要证明这一点。“不真空”是要说明,虽然一切事物都是虚幻的,但并非没有那些虚幻,虚幻是有的,不过是不真实。《不真空论》引《放光经》说:“譬如幻化人,非无幻化人,幻化人非真人也”。幻化人是有,非真人是无。僧肇认为如果对于“有”、“无”有这样的理解,那就可以解决当时所辩论的“有”、“无”问题。《不真空论》说:“然则万法果有其所以不有,不可得而有。有其所以不无,不可得而无。何则?欲言其有,有非真生。欲言其无,事象既形。象形不即无,非真非实有,然则不真空义显于兹矣。”僧肇认为一切事物都是一有一无,不有不无,这是一切事物的真实情况,也就是“诸法实相”。

其实僧肇所解决的是佛学中的有、无问题,并不是玄学中的有、无问题。玄学中的有、无问题是就一般和特殊的问题说的,佛学中的有、无问题是就事物的存在说的,这两者并不是一回事。它们所用的名词相同,所以混为一谈,这是格义连类阶段常有的现象。

《肇论》的第三个题目是《般若无知论》。

“般若”译言智慧或圣智。据僧肇说,他在姚秦听了鸠摩罗什的演讲,大受启发,写了这篇文章。在文章的第一段,他先讲文章的要点,说:“《放光》云:‘般若无所有相,无生灭相。’《道行》云:‘般若无所知,无所见。’此辩智照之用,而曰无相无知者,何耶?果有无相之知,不知之照明矣。何者?夫有所知,则有所不知,以圣心无知,故无所不知。不知之知,乃曰一切知。故经云:‘圣心无所知无所不知。’信矣。是以圣人虚其心而实其照,终日知而未尝知也。故能默耀韬光,虚心玄鉴,闭智塞聪,而独觉冥冥者矣。然则智有穷幽之鉴而无知焉,神有应会之用而无虑焉。神无虑故能独王于世表,智无知故能玄照于事外。智虽事外,未始无事;神虽世表,终日域中。所以俯仰顺化,应接无穷,无幽不察而无照功。斯则无知之所知,圣神之所会也。然其为物也,实而不有,虚而不无,存而不可论者,其唯圣智乎。”

这是僧肇对于“般若”的简要的说明,因为其中有些字有神秘色彩,所以对于一般人说,这个说明还是没有说明什么。其中比较没有神秘色彩的两个字是“虚”和“照”。僧肇说:“虚不失照,照不失虚”。可见这是“般若”的两个方面。从这两个方面推测,可见“般若”好像一面镜子。镜子能反映一切事物,这就是照。但对于所反映的事物并不外加上什么,这就是虚。镜子就是“虚不失照,照不失虚”。“般若”当然不是镜子,是一种知识。是一种什么知识呢?大概是一种类似直观的知识。人们在直观中对于事物只有一个印象,并没有对于事物的名言区别,也没有爱恶情感。就这一点说,直观就好像一面镜子反映事物,所以也可以成为照。

在直观中,人们不用理性认识中的概念,不用抽象的概念去套具体的事物。这就叫不取相。在直观中,连这一般的概念,如有无生灭,也没有,这就是“无所有相,无生灭相”。不用概念去套具体的事物,就不能对于事物有理性的认识,就这一点说,仅靠直观就是无知。但直观可以观任何事物,从这一点说,直观又可以无所不知。这就是无知而又无不知。我的这种理解并不是把“般若”和直观等同起来,只是说般若也是一种直观或者和直观是类似的。“般若”和一般直观主要的不同在于,一般的直观是人们自然就会有的,“般若”是需要经过长期的修持才会有的。人们的认识,听其自然发展,必经感性认识上升到理性认识。佛学要求人们的认识于上升到理性认识之后,又回复到直观。如果说“般若”也是一种直观,那也是后得的直观,不是原始的直观。

“般若”的直观是对于“诸法实相”的直观。佛学认为一切实物都是虚幻不实,虚幻不实就是它们的实相。僧肇在《肇论》第一、第二两篇中,论证了这个问题。那些论证都是出于理智的分析和推论,不是直观。那也是“观门”的工夫,但只靠这种工夫只能得到一些理性的知识。必须加上“止门”的工夫,才能得到对于“诸法实相”的直观,这种直观称为“般若”。

《肇论》的第四个题目是《涅槃无名论》。“涅槃”译言圆寂。这篇论共有十九段,其十七段说:“无名曰:夫至人空洞无象,而万物无非我造。会万物以成己者,其唯圣人呼!何则?非理不圣,非圣不理,理而为圣者,圣不异理也。故天帝曰:般若当于何求?善吉曰:般若不可于色中求,亦不离色中求。又曰:见缘起为见法,见法为见佛。斯则物我不异之效也。所以至人戢玄机于未兆,藏冥运于即化。揔六合以镜心,一去来以成体。古今通,始终同,穷本极末,莫之与二,浩然大均,乃曰涅槃。经曰:不离诸法而得涅槃。又云:诸法无边,故菩提无边。以知涅槃之道,存乎妙契。妙契之致,本乎冥一。然则物不异我,我不异物,物我玄会,归乎无极。进之弗先,退之弗后,岂容终始于其间哉?天女曰:耆年解脱,亦如何久。”

僧肇讲“涅槃”也讲“般若”,他引经说:“见缘起为见法,见法为见佛。”“见缘起”就是上边所说的对于“诸法实相”的直观。这里用一个“见”以表明直观不是理性的知识。有了这种直观就是“见法”,就是得到无知的“般若”。“见法为见佛”,就是说得了无知的“般若”,就到了无名的“涅槃”。“涅槃”不是别的,就是有“般若”的人的精神境界。

人有了这种精神境界,就直观到“物不异我。我不异物。物我玄会,归乎无极”。这就叫“妙契”。有了这种精神境界的人,也可以直观到“非理不圣,非圣不理,理而为圣者,圣不异理”。理就是“般若”,圣就是“涅槃”。

有“涅槃”这种精神境界的人就是佛,就是圣人。僧肇说:“会万物以成己者,其唯圣人乎!”圣人并不是脱离万物以形成他的精神境界,而是汇合万物以形成他的精神境界。他的精神境界包括了万物。

僧肇的《肇论》虽然字数不多,但谈到了佛学所有的重要问题。思想清楚,语言明确,真可以说文约意丰而又词句华丽,很像当时名士的手笔。他所用的术语、词汇有许多同玄学相同,真是中国佛学在格义阶段中的代表作。他的有些问题的提法是沿用玄学的,所以很容易和玄学相混。其实他所谈的问题是佛学的问题,他所用的方法,例如他所谈的"般若"和"涅槃"很有点像玄学所谈的后得的浑沌,可是他最后的目的还是要回到脱离生死、超脱轮回,这是佛学的主要问题,而不是玄学的主要问题。

再总括一遍。《肇论》虽然只是几篇短文,但概括了全部佛学,也概括了全部哲学,它提出了四个题目,讨论了三个课题。头两个题目所讨论的课题是"诸法实相",就是说,一切事物的本来样子。《不真空论》从事物的本身讨论这个问题,《物不迁论》从运动方面讨论这个问题。所得的结论是佛家常说的一句话:"一切诸法,本性空寂。""空"并不是什么东西都没有,而是什么东西都是"缘生"。"缘生"所以不真,不真所以是空。"寂"并不是没有运动,而是"物不迁","昔物不至今",这样的"空寂"就是"诸法实相",就是一切事物的本来样子。第二个课题是说明怎样认识"诸法实相"。有两种认识的方法:一种是逻辑推论的方法,这是一般人所用的方法,也是《不真空论》和《物不迁论》所用的方法;另一种方法是直观、直觉的方法,《肇论》称为"照"。这两种方法是相反的,有了逻辑推论,就没有直观、直觉,有了直观、直觉就没有逻辑推论。用逻辑推论的方法而认识的"诸法实相"还不是真正的认识,必须对于"诸法实相"有了直观、直觉,这才是真正的认识,这种认识就叫"般若"。这种认识从逻辑推论的方法看就是不认识,就是"无知"。《肇论》中有一个题目是《般若无知论》,可见"无知"是"般若"的特点。

从逻辑推论的认识,转到直观、直觉的认识,是认识的一个大转变。这个转变佛教称为"无"。转变是一种质变,必须一下子完成,这就是佛学所说的"顿悟"。在质变以前,必定还有一些量变,这就是佛学所说的"渐悟"。在佛学中,有"顿"、"渐"两派争论不休。其实,"渐"是"顿"的准备,"顿"是"渐"的结果,两者是相反相成的。

“涅槃”是得到“般若”的人的精神境界。《肇论》提出了《涅槃无名论》,可见无名是“涅槃”的特点。为什么无名呢?因为“般若”是一种直观、直觉。“般若无知”,所以“涅槃无名”。

这三个课题是相连贯的。第一个课题是讲“诸法实相”,第二个课题是讲怎样正确认识“诸法实相”,第三个课题是讲正确认识“诸法实相”的人的精神境界。佛教的各派都要解答这三个课题,不过各派的说法各有不同。古今中外一切大哲学家所要解答的也就是这三个课题,不过各家的说法有所不同。

照佛学的说法,达到“涅槃”境界的人就出离生死,超脱轮回了。这一点是一个宗教的信仰,不属于哲学的范围了。

第二节　慧远的《神不灭论》及其他

慧远本姓贾,雁门楼烦人。早年跟着当时的佛教和佛学的一个大人物道安,在北方学习佛学。后来到南方庐山组织了一些信仰佛教的人成为一个佛教佛学的团体,在当时政治上和社会上很有影响。他对于佛学的主题的阐述,写有许多文章,其中有《沙门不敬王者论》(《弘明集》卷五)。此论的第五段讲“形尽神不灭”。这段的一开始先设疑难。这个疑难,其实就是玄学对于生死问题的看法。玄学和佛学都是唯心主义,但是,专就生死这个问题说,玄学和佛学的看法又有不同。玄学认为,人的生死就是气的聚散,气聚则为生,气散则为死。精神和形体精粗不同,但都是一气。气散形神都灭,都不存在。即使形和神本来是不同的东西,但是形和神的关系也如同火和燃料的关系。神托于形,也就如火托于燃料。燃料烧完了,火也就灭了,形坏了,神也就灭了。如果形神究竟是一是异这个问题一时还不能解决,也总可以说它们的存在和不存在,就是气的聚散。所谓万物的生灭也就是气的聚散。

总之所谓生死,只是就一生而论,这一生完了,一切都没有了。

慧远回答说:“神也者,圆应无生,妙尽无名,感物而动,假数而行。感物而非物,故物化而不灭;假数而非数,故数尽而不穷。”意思就是说,神是无名无相的,所谓“感”即指感召和感受的意思,神的活动感召物(一切都是心造),而且又同时受外物的感动。所谓“数”有规律的意思,神的活动也借助于某种规律。神虽然感召物,也受物的感动,但它本身并不是物,所以物虽然不存在了,它仍然存在。他假借某种规律,但它本身不是规律,所以规律虽然完了,他还是没有完。

慧远接着说:“火之传于薪,犹神之传于形;火之传异薪,犹神之传异形。前薪非后薪,则知指穷之术妙。前形非后形,则悟情数之感深。惑者见形朽于一生,便以谓神情俱丧,犹睹火穷于一木,谓终期都尽耳。此由从养生之谈,非远寻其类者也。”意思就是说,薪火这个比喻,不但不能证明形死神灭,而且正可以证明形死神不灭。薪传火就如同形传神。不同的燃料传同一的火,就如同不同的形体传同一的神。就是那一个火,不同的燃料把它传下去,如同就是那一个神,不同的形把它传下去。前边的燃料不是后边的燃料,由烧火的人把后边的燃料继续凑上去。前边的形不是后边的形,由精神的感召把后形继续下来。不了解的人,看见人的形在一生之中就坏了,因此就认为神也就跟着灭了,这就如同看见一块木头烧完了,便认为火也必定灭了。这显然是错误的,这是讲养生的人的说法。这些人所要的就是这一生的形,不知道这一类事情的根本道理。

慧远的最末一句话,是指道教的道士们说的。道教讲究修炼吃药,企图保养这个身体,使之长生。佛教不讲究长生,而讲究无生。无生就是超脱生死的永生。这种永生的前提是灵魂不死、神不灭。这是道教和佛教的根本不同。这两种说法,无论长生和无生,都是唯心主义的臆造,都是虚构。人的精神是人的身体所发生的作用。无论什么东西,有成就有坏,人的身体也是如此。身体坏了就是死,没有不坏的身体,所以长生是虚妄的，是不可能的。身体死了，不能发生作用了，精神也就没有了。所谓永生也是不可能的。

慧远又说：“火木之喻，原自圣典。”这个“圣典”指鸠摩罗什所译，龙树所作的《中论》。在这个著作中，有《燃可燃品》。“燃是火，可燃是薪。”《中论》用诡辩证明燃和可燃是“非一非异”，既不是一，也不是不一，意思是说它还是一。慧远认为，这就是说，薪尽火不灭。本来薪火之喻，是桓谭用以说明形尽神灭的（参看本书第三十二章第九节）。比喻有一定的限制，是可以两面说的。后来的佛学家反过来用以说明形尽神不灭。僧佑所编的《弘明集》把桓谭的薪火之喻也收了进去，并且注说：“君山未闻释氏之教，至薪火之譬，乃暗与之会。”（《弘明集》卷五，僧佑误署为“晋桓谭”，应作“汉桓谭”）这个混乱，一直到范缜才讲清楚。

神不灭论，是佛教和佛学的理论前提，从这个前提出发，又讲了因果报应的理论。慧远作《明报应论》宣扬这个理论，说：“大因缘之所感，变化之所生，岂不由其道哉？无明为惑网之渊，贪爱为众累之府。二理俱游，冥为神用，吉凶悔吝，唯此之动。无明掩其照，故情想凝滞于外物；贪爱流其性，故四大结而成形。形结则彼我有封，情滞则善恶有主。有封于彼我，则私其身而身不忘。有主于善恶，则恋其生而生不绝。于是甘寝大梦，昏于同迷。抱疑长夜，所存唯著。是故失得相推，祸福相袭。恶积而天殃自至，罪成则地狱斯罚。此乃必然之数，无所容疑矣。何者？会之有本，则理自冥对。兆之虽微，势极则发。是故心以善恶为形声，报以罪福为影响，本以情感而应自来，岂有幽司由御失（三字有误）其道也？然则罪福之应，唯其所感。感之而然，故谓之自然。自然者，即我之影响耳。于夫主宰，复何功哉？”（《弘明集》卷五）

意思就是说，因缘变化有个道理。“无明”是一切迷惑的根本，贪爱是一切痛苦的来源。所谓“无明”就是没有明，就是不觉。“无明”就是“神”的不觉状态。因为不觉，所以误认为外界的事物都是实有，不是虚幻。贪爱迷了本性,于是四大(地、水、火、风)就结合起来,成为一个形。就以形为我,以形以外的东西为彼,彼我就划分了。所做的事情也就有善有恶。以形为自己所有,总是不忘这个形,留恋这个生,所以这个形坏了以后,就要再有一个形;这一生完了以后,还要再有一个生。这就是“生死轮回”。好像在大梦之中,永远不能醒过来。在这个梦中,作恶就要受殃,有罪就要受罚,这是必然的规律,没有什么可以怀疑的,归根结底都是心所造成的,心的善恶譬如形和声。罪福的报应,在道理上讲,业和报是一对。哪怕是很细微的业,如果条件具备,报就要来,譬如影和响,有什么样的形,就有个什么影子,有个什么声,就有什么回响,心有什么样的感情,就有什么样的报应。这是自然的道理,并不真是有什么阴间法庭在那里审判决定。报应就是我的影响,并不是什么主宰在那里发生作用。

佛教作为一种宗教,宣扬天堂、地狱、阎罗王、阴间法庭等迷信。佛学作为一种哲学,宣扬唯心主义的因果报应论,以替代阴曹地府等迷信。其实也还是一种迷信,不过是用一种精致的说法说出来的。照它说,人的活动大概有三种,第一种是人的所作所为,这叫身业。第二种是人口里所说的以及笔下所写的,这叫口业。第三种是心里所想的,这叫意业。总而言之,人的每一个动作、每一句话、每动一个念头,便都成为业。业是因,有了一种因,就要引起一种果。这个果就是报应。

也还有些人说,佛教认为没有一个主宰主持报应,像慧远所说的“于夫主宰何功哉”,这就是否认上帝的存在,否认阴曹地府的存在,这是无神论。这也是胡说。照佛学所讲的,每一个佛就是一个神。也可以说,每一个人就是一个神,因为每一个人都创造他自己的世界。我们在上边说过,作为一个哲学说,佛学是主观唯心主义,作为一种宗教说,佛教是多神论。

慧远又作《三报论》,以为补充。慧远说:“经说:业有三报,一曰现报,二曰生报,三曰后报。现报者,善恶始于此身,即此身受。生报者,来生便受。后报者,或经二生、三生、百生、千生,然后乃受。受之无主,必由于心。心无定司,感事而应。应有迟速,故报有先后。先后虽异,咸随所遇而为对。对有强弱,故轻重不同。斯乃自然之赏罚,三报之大略也。……又三业殊体,自同有定报。定则时来必受,非祈祷之所移、智力之所免也。……世或有积善而殃集,或有凶邪而致庆。此皆现业未就而前行始应。故曰祯祥遇祸,妖孽见福,疑似之嫌,于是乎在。”(《弘明集》卷五)

意思就是说,凡是一种业,都要引起报应。报应有三种,第一种是在这个做业的人的这一生就受报,这叫现报。第二种是在这个做业的人将来的一生受报,这叫生报。第三种是在这个做业的人的将来的第二生、第三生,以至第百生、第千生受报,这叫后报。受报的主体,不是别的,就是心。心的活动没有一定,是随着它的感动而引起反应,反应有迟速的差别,所以报也有先后的不同。虽有先后的不同,但都是随着心的感动而有跟它相对的东西。这个相对的东西有强有弱,所以受的报有重有轻,这就是自然的赏罚。业有身、口、意三种,称为“三业”。“三业”有不同之处,但都要受一定的报。报既然定了,时候到了,必定要受。这不是祈求祷告所能转移的,也不是聪明才力所能避免的。在世上,有的人行了许多善事,可是也受了祸。还有些人做了许多恶,可还是得福。照这种情况看起来,似乎报应之说是可以怀疑的。其实照慧远说,这种情况是由于有些行善的人的善业,在这一生中还没有引起得福的后果,而他的前生所做的恶业却在此生中引起了后果。懂得了这个道理,就没有什么可怀疑的了。

对于这一类的问题,慧远在《三报论》中解释说:“由世典以一生为限,不明其外。其外未明,故寻理者自毕于视听之内。……如今合内外之道以求弘教之情,则知理会之必同,不惑众涂而骇其异。”“世典”指中国原有的书。

意思就是说:中国人原来认为一个人的生命限于现在的这一生,不承认于今生之外,还有所谓前生和来生,即“三生”,把因果报应限制在人所能见到或听到的范围之内,此道理就讲不通了。如果照佛教所讲的那样,知道一个人的行为所应得到的报应,不限于在一生中实现,遇有恶人享福,善人受祸,也就没有什么可以觉得奇怪的了。

中国原有的宗教迷信,也不是不说有后报。但是它所说的后报是说,一个人的善恶报应,如果本身受不到,他的子孙一定受到。这就是《太平经》所说的:“或身即坐,或流后生。”一个人的祖先或子孙的情况,也还是可考的。因此这种说法,也还不能自圆其说。佛教讲到一个人的前生和来生,这就毫无可考,任凭瞎说。

佛教和佛学所宣扬的这些迷信,显然是对剥削的统治阶级有利的,他们总是既富且贵,被剥削被统治的人民总是既贫且贱。按照这种迷信的逻辑推下去,剥削的统治阶级中的人,总是善人;被剥削被统治的人民总是恶人。

剥削的统治阶级现在所享受的“福”是他们前生的“善”所得的“报”,享受是应该的,至于来生的“福”可以拿钱买。佛教要求人“布施”,只要“布施”,就有“功德”,他们的来生的“福”也就可以保证。对于又富又贵的人,这是多么便宜的事情!

所谓善恶也是有阶级性的。佛教所讲的善恶,当然就是地主阶级的善恶。所谓行善的人就要得福,行恶的人就要得祸,就是说地主阶级认为是行善的人归根到底就要得福,地主阶级认为是行恶的人归根到底总要受祸,这就是用因果报应虚构的维护封建主义的道德标准,维护封建主义的社会秩序。

玄学的影响主要是在知识分子中间,佛教的影响则深入人民群众。佛教的因果报应是用各种各样的形式进行宣传的。它可以用宗教迷信的比较粗浅的形式迷惑人民群众,例如天堂、地狱、阎罗王等,也可以用唯心主义哲学的比较精致的形式麻醉知识分子。这样的影响可以贯穿到各个社会阶级和阶层。因此,它是统治阶级可以利用的一个麻醉人民和自我麻醉的有效工具。

第三节　道生的诸“义”

道生(374？—434年)本姓魏,巨鹿(今河北巨鹿县)人,寓居彭城。他出身于士族家庭,曾到长安跟鸠摩罗什学佛学,后来回到南京,宣扬佛学。他是当时一个有名的和尚,著作很多,但大都遗失了。他的佛学理论,重要的有“辩佛性义”、“善不受报义”、“顿悟成佛义”。这些“义”慧远也都讲过,但经过道生的发挥,佛教和佛教的多神教及佛学的主观唯心主义的实质,就更加突出,更加明显地暴露出来。

道生所根据的佛教经典是《涅槃经》。当时的一个和尚慧睿(《高僧传》卷七有传)所作的《喻疑论》中说:“此经云:泥洹不灭,佛有真我。一切众生,皆有佛性。皆有佛性,学得成佛。佛有真我,故圣镜持宗,而为众圣中王。泥洹永存,为应照之本。大化不泯,真本存焉。”(《出三藏记集》卷五)意思就是说,宇宙的变化有个真正的根本,这个“真本”也就是佛的“真我”。这个“真我”虽然在涅槃中,也是不灭的。慧远、道生的佛学都是从因果报应讲起的,所以他们讲的心都是个体的心,道生所谓“真我”也是指个体的心。这个意思明确地说明了佛学本来的主观唯心主义本质。这个“真我”就是“佛性”,也称为“法性”。一切众生,皆有佛性,就是说,一切众生都有“真我”。这个真我又都是宇宙变化的真本。这个意思明确地说明了佛教的多神论的本质。

慧睿的这一段话是讲《涅槃经》的,也概括了道生所讲的佛学的要点。

《喻疑论》中又说,当鸠摩罗什在世的时候,他曾提出问题说,“佛之真主,亦复虚妄,积功累德,谁为不惑之本？或时有言,佛若虚妄,谁为真者？若是虚妄,积功累德,谁为其主？”这两个问题就是说,佛从迷惑中觉悟过来,如果没有一个真我,是谁在那里觉悟呢?佛积功累德,如果没有一个真我,谁是功德的主体?这些问题的意思,也就是姚兴提出的问题,"若无圣人,知无者谁"?慧睿说,当时《涅槃经》还没有传到中国来,鸠摩罗什对于这些问题,也都没有明确的答复。有了《涅槃经》,这些问题都解决了。

《维摩经》说:"于我无我而不二,是无我义。"僧肇注说:"小乘以封我为累,故尊于无我。无我既尊,则于我为二。大乘是非齐旨,二者不殊,为无我义也。"道生注说:"无我本无死生中我,非不有佛性我也。"(《维摩经注》)

僧肇的意思是说,佛法分大乘小乘。小乘认为,有我是一种累,所以讲无我。这样讲,我和无我就对立起来,成为对立的二。大乘是要取消对立,认为有我固然不对,把无我和我对立起来也是不对。取消这种对立,才是真无我。道生的意思是说,佛既然超出生死,他当然没有生死中的那个我,但这并不是说他没有佛性我。道生的这个意思,就是"涅槃不灭,佛有真我"的意思。

上章讲过,僧肇的《涅槃无名论》,本来是回答姚兴所提的问题,也就是主张"涅槃不灭,佛有真我"。不过他没有像道生那样明确地说。这是因为,僧肇所讲的是佛教史家所谓"般若学",以佛教经典中的《般若经》为主。道生所讲的是佛教史家所谓"涅槃学",以《涅槃经》为主。这两派的根本主张,并没有不同,但是所用的表达方法则有差别。般若学所用的是佛学所谓"遮诠";涅槃学所用的是佛学所谓"表诠"。"遮诠"着重讲佛学的最高原则不是什么,绕弯子暗示它是什么;"表诠"则直截了当地说它是什么。上面所引的僧肇和道生的两条关于"无我"的注解,就可以说明这个不同。

慧远的《法性论》说:"至极以不变为性,得性以体极为宗。"(全文已佚,据《高僧传》卷五本传引)慧远又说:"无性之性,谓之法性。法性无性,因缘以之生。生(此生字疑衍)缘无自相,虽有而常无。常无非绝有,犹火传而不息。”(《大智论钞序》,《出三藏记集》卷一〇)意思就是说,法性不能有什么性,如果有什么性,它就成为一般事物而不称其为法性了。可是也未尝不可以说,这个无性就是它的性,所以这个法性是无性之性。这个无性之性,不是一般事物,所以不能称为有。但是,它是不灭的。就好像火一样,虽然燃料经常变化,火总是不变。“至极以不变为性”,这个“至极”,就是法性。“得性以体极为宗”,这就是说,把法性完全体现出来。这是最高原则,就是所谓“宗”。

道生的“辩佛性义”,大概也是这样的意思。他跟慧远的不同,大概在于讲“佛性我”,佛性就是法性,可是慧远没有明确提出这个“我”字,而道生明确地提出来了。

道生还明确地说,每个人都有法性。他说:“一切众生,莫不是佛,亦皆涅槃。”(《法华经疏》)佛教所说的“众生”指一切有情,即一切有感觉的东西,包括动物在内。说一切众生都是佛,就是说,他们都有佛性,佛性就是法性。道生由此推论,认为“一阐提人”也有佛性,皆得成佛。“一阐提人”就是不信因果报应,断绝“善根”,极恶的人。他说:“禀气二仪者,皆是涅槃正果。三界受生,盖唯惑果。阐提是含生之类,何得独无佛性?盖此经度未尽耳。”(日本沙门宗撰《一乘佛性慧日钞》引《名僧传》)他所说的“此”经就是六卷本《涅槃经》,其中没有“一阐提人”皆得成佛这个说法。所以当时很多佛教信徒都不以道生为然。后来大本《涅槃经》翻译过来,其中果然有这个说法。

道生还明确地说,佛性或法性是人本来就有的。当时关于这个问题有两种说法。一种认为佛性是人本来就有的,即“本有”。另一种认为佛性不是本有而是“始有”,就是说,佛性是“修行”的结果,经过“修行”才开始有。道生有一篇著作,题目是《佛性当有论》。这篇著作也遗失了。照题目看,当有这个“当”字是当来的意思。照字面看,道生似乎认为佛性不是本有,而是始有。可是,从道生整个哲学体系看,他不可能主张始有。如果佛性是始有,“一阐提人”,就不可能有佛性了。

道生的这篇文章,大概不是主张“佛性当有”,而是对于“佛性当有”这个问题进行讨论。他对于这个问题的主张应该是如他在《涅槃经义疏》中所说的那样。他说:“苟能涉求,便反迷归极,归极得本。而似始起,始则必终,常之以昧。若寻其趣,乃是我始会之,非照今有。有不在今,则是莫先为大。既云大矣,所以为常。常必灭累,复曰般泥洹也。”(《涅槃经集解》卷一引)这一段话中有几句话不甚可解,但大概的意思是清楚的。就是说,众生都是在“迷”中,如果能从“迷”中返回来,就可以“归极”,“归极”就是“得本”。这个“极”和“本”就是佛性或法性。称之为本,“归极”称“归”,就说明道生认为佛性或法性是本有的。“归”了以后,法性的作用才完全发挥出来,因此从表面看法性似乎是始起。道生认为,始起实际上是讲不通的。因为有始就有终,如果法性有始终,它就不是常了。所以法性是本有,但就我对于法性的认识和体会说,我的认识和体会是始有,比如说我今天认识了法性,这并不等于我今天才有法性。法性应该是“莫先”,就是说,没有什么东西在它之先。这就是说,它是无始的,既然无始,也就无终,所以是常。但是就“修行”这方面说,还是要经过“修行”才能“得本”。“得本”即“般涅槃”。

道生的这段话,主要是说法性是本有的,但就人的修行这方面说,法性似乎是始起。就是说,这只是一种表面的现象。这是对于法性似乎是始起这种现象的解释,也是对于法性始起这种说法的一种批判。

道生的“一切众生皆有佛性”的说法,是佛教的多神教的本质的完全暴露。

道生关于“善不受报义”的论述,现在都遗失了,不过慧远在《明报应论》中也有类似的意思,可以借为说明。

慧远在《明报应论》中说:“推夫四大之性,以明受形之本。则假于异物,托为同体,生若遗尘,起灭一化。此则慧观之所入,智忍之所游也。于是乘去来之自运,虽聚散而非我;寓群形于大梦,实处有而同无。

岂复有封于所受，有系于所恋哉？若斯理自得于心而外物未悟，则悲独善之无功，感先觉而兴怀。于是思弘道以明训，故仁恕之德存焉。若彼我同得，心无两对，游刃则泯一玄观，交兵则莫逆相遇，伤之岂唯无害于神，固亦无生可杀。此则文殊案剑，迹逆而道顺，虽复终日挥戈，措刃无地矣。若然者，方将托鼓舞以尽神，运干戚而成化，虽功被犹无赏，何罪罚之有邪？”

意思就是说，人的形是地、水、火、风四大结合而成。人的神借助于异己的东西，和它们暂时成为一体。这个形有生有灭。但是它的生灭，在有智慧的人看起来，跟神没有什么关系。就好像身外的灰尘一样，来由它来，去由它去，或聚或散，都于我没有什么影响。他寄寓于形好像是在梦中，可是他知道他是在梦中。这样的人，虽然在“有”之中，可是与“无”相同。这样的人，并不为他的形所局限，也不留恋他的形。不但他自己得到这个“理”，而且还要使别人也懂得这个“理”，宣扬这个“理”。这就是这样的人的“仁恕之德”。对于这样的人说，“彼”和“我”的分别就没有了。在他的心中，没有“彼”“我”的对立，这就是“泯一玄观”。他即使拿刀动枪，对于他的“泯一玄观”也没有什么妨碍。他的身体受了伤，对于他的神也不会有什么影响。他即使杀害别人的身体，也不是杀生，实际上也是“无生可杀”。譬如文殊菩萨拿着宝剑，表面上看起来好像是违反佛法，实际上并不违反。这样的人可以教化天下的人，虽然功被天下，也不赏，更不用说罪罚了。这个意思，大概也就是道生所讲的“善不受报”的意思。

后来的禅宗常说：“终日吃饭，却不曾咬著一粒米，终日穿衣，却不曾挂著一缕丝”，也就是这个意思。照佛学所讲的，一切都由心造，如果能够出以无心，那就不成为“业”。既然不成为“业”，所以也就不引起报应。人的这一生是前生的“业”所引起的。等到前生的“业”的势力尽了，这一生也就完结了。因为这一生没有“业”，所以也就没有来生了，虽然没有来生，但是他的“法性”仍然存在，他的法性才真是他自已。这就叫“涅槃不灭,佛有真我”。

第四节 谢灵运的《辩宗论》

道生的关于“顿悟成佛义”的论述(《广弘明集》卷一八),现在也都遗失了,它的主要意思,见于谢灵运的《辩宗论》。谢灵运是当时的一个佛学家,又是一个大诗人,《辩宗论》的这个“宗”字,就是慧远所说的“得性以体极为宗”的那个“宗”字。《辩宗论》中说:“新论道士以为寂鉴微妙,不容阶级。积学无限,何为自绝?”这里所说的新论道士就是道生。道生大概有一篇《顿悟成佛论》,就是这里所说的“新论”。“以为”以下十六个字,就是“新论”的要点。所谓“寂鉴”,就是慧远所说的“体极”,也就是“涅槃”。得到“涅槃”要靠悟。悟必须是“顿悟”,一下子完全地通了,或者就是不悟。没有一点一滴的“渐悟”,因为所谓“极”是整个的,不可能把它分开来一步一步地“悟”,这就是所谓“不容阶级”。可是悟以前,还需要“学”,学是靠积累来的。这个积累是无限的,不能讲“绝学”。学的主要内容就是教,“教”就是佛教。这是道生的“新论”的主要意思。

谢灵运对于这个“新论”极为佩服,认为是综合释迦牟尼和孔子两家的长处,而去其短处。照他说,释迦的长处是注重“积学”,其短处是主张渐悟。孔子的长处是着重顿悟,其短处是不讲积学。谢灵运认为,这是由于华人和夷人的能力有所不同。作为一个和尚,道生大概不会同意这一点,但是他对于谢灵运的《辩宗论》是赞成和支持的。

当时有些人不同意谢灵运的主张,同他辩论。其中有一个人叫王弘,把《辩宗论》送给道生看,道生给王弘一封回信,信中说:“究寻谢永嘉(谢灵运作永嘉太守)论,都无间然。……以为苟若不知,焉能有信?然则由教而信,非不知也。但资彼之知,理在我表。资彼可以至我,庸得无功于日进？未是我知，何由有分于入照？岂不以见理于外，非复全昧。知不自中，未为能照耶？”(《答王卫军书》,《广弘明集》卷一八)

意思是说，他对于谢灵运的《辩宗论》没有不同意见。他认为学佛教可以得到一种信仰，这种信仰也是一种知。学得越多，信仰越坚，知也随之增加。但是这种知是从学佛教得来，佛教是“彼”不是“我”，靠“彼”而知的“理”是在“我”之外。靠“彼”可以到“我”，所以学也有“日进”之功。但是，这个知是从外来的，不是从“我”发出来的，所以这种知对于“入照”还是没有份的，“入照”就是“涅槃”。“学”的作用能够使人见“理”，虽然所见的理是在外的，但同完全无知还是不同的。由学得到的知，不是由内发出来的，所以同涅槃的“照”也是不同的。要想得到“涅槃”的“照”，还要靠悟。悟必须是“顿悟”，不可能有“渐悟”。“顿悟”所以可能，是因为“一切众生都有佛性”。佛性是本来有的。学的作用只是一种帮助，一种启发，有了这种帮助和启发，原有的佛性，就能够发挥其应有的作用。这个作用，就是“鉴照”。

第四十六章

中国佛学发展的
第二阶段——教门

南北朝以后，佛教中分为许多宗派。每一派中都有他的祖师，各立山头，互相批评。这说明僧侣地主阶级也不是铁板一块。他们中间也分成许多宗派集团。在发展寺院经济和扩大佛教的社会影响方面，他们也各有自己的势力范围。这是佛教所以分成许多宗派的社会原因。

每一个宗派都信奉佛教的一种经典作为他的教义，这表示中国的佛教和佛学已经脱离了“格义”的阶段，进入了独立自主的阶段。

这些宗派之间也是有斗争的，他们的斗争基本上是围绕着是主观唯心主义还是客观唯心主义这个问题进行的。这就是第四十五章中所说的那“一个问题”。

第一节　三 论 宗

三论宗的祖师是吉藏（死于 623 年），姓安，本来是安息人（今新疆）。他和他的老师法朗（一作道朗）都是陈、隋两朝的有名的和尚，吉藏至唐初继续受皇帝的推崇。所谓三论，是《中论》、《百论》、《十二门论》，是这个宗派所根据的三部佛教经典，所以称为三论宗。

佛教和佛学认为有两种认识和宣扬佛教真理的方法，一种叫遮诠，一种叫表诠。遮诠着重讲佛教真理不是什么,表诠着重讲佛教真理是什么。在我们的日常生活中,我们讲述一个东西的时候,本来可以从两方面讲,一方面从正面讲,说它是什么,一方面从反面讲,说它不是什么。前者是用一些肯定命题直接说出一个东西的各方面的规定性,后者是用一些否定命题说一个东西不是什么。用佛学的名词说,前者是表诠,后者是遮诠。当然,说一个东西不是什么,也就间接地说它是什么。所以遮诠和表诠是我们在一般的言论和思考中经常交替使用的。

在佛教和佛学中,有一派人特别强调佛教的最后真理是不可言说、不可思议的。要想认识和宣扬这种不可言说、不可思议的真理,只有两种方法:一种是默,就是什么都不说,这叫默;另外一种是遮诠,用否定方式回答。但即使用遮诠,也需要"随说随扫",说一句话以后,随着就又说,我那句话说得不对,就算没说。

《维摩经》中说,维摩诘叫别人讲什么是"入不二法门",在别人讲了以后,维摩诘"默然无言"(《入不二法门品》)。僧肇的注引了鸠摩罗什所说的一个故事,说是从前有一个善于辩论的人名叫马鸣,他有一天去找另一个人进行辩论,说:"一切言论,都可以被驳倒。请你提出一些言论,我若是不能把你驳倒,我就砍掉自己的头。"那个人"默然不言",什么话都不说。马鸣自以为胜利了,可是又一想,他认识到自己失败了。因为如果什么言论都可以被驳倒,他自己的言论当然也可以被驳倒,那个人什么都没说,也就是没法把他驳倒。这个故事,同《庄子·知北游》里面所讲的那些故事是一类的,都是要说明,默是认识和宣扬所谓真理的最好的办法。

不过,要想宣扬佛教和佛学的真理,总还得说一点什么。照这派的人的说法,要说就得用遮诠和"随说随扫"。在上面所引的《维摩经》那段下面,道生注说:"文殊虽明无可说,而未明说为无说也。"无可说就是默,"说为无说"就是说了算是白说。

照佛学讲,这虽然是白说,但也是宣扬佛学最后真理的过程中的一个环节,对于初学也是不可少的。要想过河,就要搭桥;要想上墙,就要搭梯子。但是不要忘记过了河就拆桥,上了墙就撤梯子。河外还有河,墙上还有墙,这就需要再搭桥,再搭梯子。新搭的桥和梯子,照佛学说就是达到一种更高的认识的环节。正是这种更高的认识,为拆以后的桥和梯子准备了条件。但是,照佛学说,这个过程不是无止境的,而是有一个究竟或了义,达到了义就算得到最后的真理,就算成了佛了。有了这种更高认识,才可以看出来以前的那种认识是不正确的,不对头的。

吉藏有一篇著作《二谛义》,讲的就是这个道理。所谓"二谛",就是俗谛和真谛。俗谛亦称世谛,即世俗的道理。真谛亦称圣谛或第一义谛,即"圣人"所讲的道理,最高的道理。

吉藏说:"山门相承,兴皇祖述,说三种二谛。第一明,说'有'为世谛,于(当作说)'无'为真谛。第二明,说'有',说'无',二并世谛。说'非有'、'非无'不二为真谛……第三节二谛义。此二谛者,'有'、'无'二,非'有'、'无'不二,说'二'、说不'二'为世谛,说'非二'、'非不二'为真谛。"

为什么需要这三种二谛呢?吉藏说:"此三种二谛,并是渐舍义,如从地架而起,何者?凡夫之人,谓诸法实录是有,不知无所有。是故诸佛为说诸法毕竟空无所有。言诸法有者,凡夫谓有。此是俗谛,此是凡谛。贤圣真知诸法性空,此是真谛,此是圣谛。令其从俗入真,舍凡取圣。为事义故,明初第二谛义也。次第二重明'有''无'为世谛,'不二'为真谛者,明'有'、'无'是二边,'有'是一边,'无'是一边。乃至常无常,生死涅槃,并是二边。以真,俗,生死,涅槃是二边故,所以为世谛,非真,非俗,非生死,非涅槃,不二中道,为第一义谛也。次第重三,二与不二为世谛,非二非不二为第一义谛者,前明真俗,生死,涅槃,二边是偏,故为世谛;非真,非俗,非生死,非涅槃,不二中道为第一,此亦是二边。何者?二是偏,不二是中。偏是一边,中是一边。偏之与中,

还是二边。二边故名世谛;非偏,非中,乃是中道第一义谛也。"(《二谛义》卷上)

意思就是说,二谛有三种,或三节。在第一节中讲"有"是世谛,讲"无"是真谛。客观世界以及主观的心理现象本来都是真实的,佛教和佛学认为这是一般人的"迷惑"。为了要破除这种迷惑,所以讲"诸法皆空",空就是"无"。据说,这样可以叫人脱离生命轮回,得到涅槃。但是这种二谛,把"有"和"无","生死"和"涅槃"对立起来,成为二边,这也是不正确的。所以在第二节的二谛中,这种二边之见,都是世谛,非有,非无,非生死,非涅槃,这种不二中道,不是两边,这才是第一义谛。可是,这种第一义谛还是把不二和二对立起来,这还不是真正的"不二中道",还是有二边。所以在第三节第二谛义中,讲二,讲不二,都是世谛,非二,非不二,才是第一义谛。这样一层一层地剥下去,到了最后也是要归于无言。郭象所说的"以言遣言,遣之又遣,以至于无遣",也就是这个意思。

吉藏说:三种二谛"并是渐舍义",舍什么呢?照佛学讲,就是舍"迷执"。佛教认为,客观世界以及主观世界都是无常的、虚幻的,可是一般人认为是实有。针对这种迷执,就要讲"无",讲"空"。但是,如果把"空"、"无"和"有"对立起来,认为于"有"之外,还有一个"无",这也是迷执。针对这种迷执,就要讲"不二中道"。但是,如果把"不二"和"二"对立起来,这又是一种"迷执"。这种"迷执"也要破。三种二谛,都是遮诠,如果有了执著,一个遮诠的命题就会成为一个表诠的命题,那就还需要用另一个遮诠的命题去破它。

吉藏说:"故肇公云:'言其非有者,明其非是有,非谓是非有。言其非无者,明其非是无,非谓是非无。……得非有无意如肇公意者,是中道。复舍有无而著非有非无者,是愚痴论也。"(《中观论疏》第五本)肇公就是僧肇,这里所引的就是《肇论》中的话。非是有和是非有,非是无和是非无,其分别在什么地方呢?说非是有是遮诠的说法,说是非有是表诠的说法。比如我们说,人非木石,这是一个否定命题,但是说人是非木石,这就成为一个肯定的命题了。按照形式逻辑说,这不过是一个命题形式的变换。照佛学说,这表示说话的人对于非木石有没有执著。老子所讲的“无”,照玄学家讲,本来也是一个遮诠的名词。可是有很多人把它当成一个表诠的名词看,那也是对于“无”有所执著。

照这个意义讲,不但第一、二节二谛需废,要破除,就是第三节二谛也需废,也要破除。但是,如果没有执著,不但第三节二谛不需废,不需破除,就是第一节,第二节二谛也不需废,也不需要破除。

吉藏说:“有方便三不废者,即不坏假名,说诸法实相,不动等觉,建立诸法。……唯假名即实相,岂需废之?……斯即空有,有空,二不二,不二二,横竖无碍。故肇师云:‘欲言其有,有非真生,欲言其无,事像既形’。又云:‘譬如幻化人,非无幻化人,幻化人非真人也。’”(《二谛义》卷上)

吉藏又说:“兴皇大师常以因缘建于言首。今复触事当须识因缘,则触事无非寂灭,则触事无非是道。道远乎哉?故长行举缕布,被衣宛然,而无一缕可服。眠席宛然而无一蒲可卧。人触事皆与实相相应。”(《中观论疏》卷五)“兴皇大师”是吉藏的老师法朗(亦作道朗),他的意思就是说,一切事物都是许多的因缘凑合而成的。照佛教讲,这就证明一切事物都是不真实的。有了这种认识,对于一切事物都没有执著,无论接触到什么事物,都知道它是“本性空寂”,这样就认识到了一切事物的真实情况。这就是所谓“触事皆真”。这样,随你怎样说都可以,怎样做也都可以。后来禅宗常说,终日吃饭不曾咬著一粒米,终日穿衣不曾穿著一缕丝,也就是这里所说的意思。

吉藏说:“家师朗和尚,每登高座,诲彼门人,言以不住为端,心以无得为主。故深经高匠,启悟群生。合心无所著。……所以然者,以著是累根,众苦之本。以执著故,起决定分别。定分别故,则生烦恼。烦恼因缘,即便起业。业因缘故,则受生、老、病、死之苦。有所得人,未学佛法，从无始来，任运于法，而起著心。今闻佛法，更复起著，是为著上而复生著。著心坚固，苦根转深，无由解脱。欲令弘经利人及行道自行，勿起著心。"（《胜鬘经宝窟》）

朗和尚就是法朗，"不住"就是不著，就是无所执著。有了执著，就有了分别，就有所得。照三论宗讲，一个表诠的命题，就是对于事物"有所取象"。"取象"就是分别。对于"有所取象"的人，他就是"有所得"。照他们讲，著就是一切麻烦的根本，一切痛苦的来源。因为有了执著就有分别；有了分别，就有烦恼；有了烦恼的因缘，就造业；有了业，就要受报。人的生、老、病、死，这些痛苦，都是他所造的业，所受的报。照这个说法，人所以造业，都是由于有执著，如果没有执著，他可以做很多的事情，都不算造业，所以也不受报。（慧远和道生所讲的"善不受报义"就是这个意思。）有些人学习佛学的道理，自以为有了解，有所得，这也是一种执著。他本来有很多的执著，现在又对于佛家的道理有所执著，这就是著上加著。执著更甚，就是痛苦的根子更深。这样下去，就没有法子把自己解脱出来。所以学佛学和修行的人最根本的一条就是无著，不要有著心。

三论宗所根据的经典之一是《中论》。《中论》开头就说："不生亦不灭，不常亦不断，不一亦不异，不来亦不出。"这四句称为八不。吉藏的《中观论疏》又引法朗的话说："标此八不，摄一切大小内外有所得人，心之所行，口之所说，皆堕入八事中。今破此八事，即破此一切大小内外有所得人，故明八不。"意思就是说，"八不"是对于一切有所得人说的。这些有所得人对于生灭、常断、一异、来出，这些问题都作了这样或那样的肯定，这就是有所得。有所得就有所执著，所以要讲"八不"。

从哲学来看，有些人认为宇宙是有始有终的，有些人认为是无始无终的，这就是生灭、来出的问题。有些人认为宇宙是变的，有些人认为是不变的，这就是常断的问题。有些人认为宇宙是一元的，有些人认为是多元的，这就是一异的问题。《中论》认为这些说法都是"戏论"，是一种概念的游戏。所以提出“八不”以破这些戏论。三论宗认为,在这些戏论破除以后,一切事物的真实情况就自然地显露出来了。这就是说,一切事物的真实情况只能用遮诠表示,不能用表诠说明。如果用表诠说明,那就只能引起误解,增加人的执著。

三论宗以“三论”为它的主要经典,这说明它是教门中的一个宗派。但是,吉藏还是用了玄学中的一些范畴,他还是没有完全脱离“格义”的阶段,他是两个阶段中间的过渡人物。

吉藏的《二谛义》所谈的主要是方法论的问题,还没有直接参加主观唯心主义和客观唯心主义的斗争。在当时明确地提出客观唯心主义的著作是《大乘起信论》。

第二节 《大乘起信论》

《大乘起信论》原题马鸣菩萨造论,陈真谛译。可是据近人的考据,在印度并没有这部书的梵文原本,在真谛所译的经典目录中,也没有这部书的名字,因此认为这部书是中国人所伪造的。其所以伪托马鸣菩萨造论,是因为当时的中国的宗派都依傍一种佛教经典作为教义,所以作这部书的人也要依傍马鸣。无论如何,这部书在中国佛学中流行很广,影响很大,是中国哲学史的一部重要史料。

《大乘起信论》的《立义分》说:“摩诃衍者,总说有二种。云何为二?一者法,二者义。所言法者,谓众生心。是心则摄一切世间法、出世间法。依于此心,显示摩诃衍义。何以故?是心真如相,即示摩诃衍体故。是心生灭因缘相,能示摩诃衍自体相用故。所言义者,则有三种。云何为三?一者体大,谓一切法,真如平等,不增减故。二者相大。谓如来藏,具足无量性功德故。三者用大,能生一切世间、出世间善因果故。”

这一段所说的，是该书的中心思想，所以称为《立义分》。“摩诃衍”是梵文的译音，意思是“大”，在这里指的是“大乘”。大乘为什么称为大呢？《大乘起信论》说：“所言法者，谓众生心，是心则摄一切世间法、出世间法。依于此心，显示摩诃衍义。”“一切世间法、出世间法”就是一切事物，用现代哲学的话说，就是宇宙。每一个众生都有他自己所认为是自己的心，这是个体的心，一切众心的本来样子就是宇宙的心。因其是宇宙的心，所以说它能总括宇宙，能作为摩诃衍的依据。

《大乘起信论》又从三个方面说宇宙心的“大”，即所谓三种“义”。一是“体大”，因为宇宙心就是宇宙的本体。二是“相大”，因为宇宙间的各种现象都是宇宙的心的现象。三是“用大”，因为宇宙间一切事物所发生的作用，都是宇宙的心的作用。

《大乘起信论》的这一段的最后解释“乘”字，为什么叫“乘”呢？“一切诸佛，本所乘故，一切菩萨，皆乘此法到如来地故。”

《大乘起信论》的《立义分》立了一个客观唯心主义的哲学纲领，以下《解释分》进一步解释这个纲领。《解释分》说：“依一心法，有二种门。云何为二？一者心真如门，二者心生灭门。是二种门，皆各总摄一切法。此义云何？以是二门不相离故。心真如者，即是一法界大总相法门体。所谓心性，不生不灭。一切诸法，唯依妄念而有差别。若离心念，则无一切境界之相。是故一切法，从本以来，离言说相，离名字相，离心缘相，毕竟平等，无有变异，不可破坏，唯是一心，故名真如。以一切言说，假名无实，但随妄念，不可得故。言真如者，亦无有相。谓言说之极，因言遣言。此真如体，无有可遣，以一切法悉皆真故。亦无可立，以一切法皆同如故。当知一切法，不可说，不可念，故名为真如。问曰：若如是义者，诸众生等，云何随顺，而能得入？答曰：若知一切法，虽说，无有能说可说，虽念，亦无能念可念，是各随顺。若离于念，名为得入。”

“一法界大总相法门”就是宇宙。照《大乘起信论》说，它的本体是宇宙的心的真如门,作为宇宙的本体,它是不可言说的。它就是那个样子。真如的"如"字的意思就是,"就是那个样子"。

《大乘起信论》接着说:"心生灭者,依如来藏故,有生灭心。所谓不生不灭与生灭和合,非一非异,名为阿赖耶识。此识有二种义,能摄一切法,生一切法。"

如来藏就是心真如门。真如心是宇宙的本体,所以生灭心要依靠真如心。照《大乘起信论》所说,生灭心就是阿赖耶识。真如心"就是那个样子",不生不灭。所以《大乘起信论》只说它能灭一切法,不说它能生一切法,至于阿赖耶识,《大乘起信论》说它"能灭一切法,能生一切法"。

《大乘起信论》把阿赖耶识纳入心的生灭中,说明他认为阿赖耶识就是在不觉状态中的心。《大乘起信论》说:"以一切心识之相,皆是无明。无明之相,不离觉性,非可坏,非不可坏。如大海水,因风波动。水相风相,不相舍离。而水非动性,若风止灭,动相则灭,湿性不坏故。"无明就是不觉,不觉就是对觉而言,所以说无明之相不离觉性。无明就是明的一种情况,并不是和明相对立的另外一种东西。这个比喻并不十分确切,因为风是海以外的东西。

《大乘起信论》说,随着阿赖耶识又生出许多识,其中最主要的是"计我我所,种种妄执"。在这种种妄执之中,计我为最根本。一有计我,阿赖耶识就是个体的心,而不是宇宙的心了。

《大乘起信论》讲到四个根本范畴,说:"云何为四?一者净法,名为真如。二者一切染因,名为无明。三者妄心,名为业识。四者妄境界,所谓六尘。"

以这四范畴为基础,《大乘起信论》建立了它的体系。真如是宇宙的本体,也是世界中一切"净法"的根源。无明是世界中一切"染法"的根源。这个世界是一个公共的世界,是一切众生所共有的,它是一心所现,但并不是虚妄不实。虚妄不实的是"妄心"(即"妄念"),以及随之而起的"妄境界"。"妄念"或"妄境界"是虚妄不实的,修行的人应该认识其虚妄性,这就叫"观"。认识了以后,就应该制止"妄念"的发生,这就叫"止"。如果完全灭"妄念",真如的本体就显现出来了。修行到了这个地步,修行的人就成佛了。《大乘起信论》说真如就是佛的"法身"。这就是说佛和真如已经合为一体了,它和宇宙的本体合而为一了。

同梁武帝的《立神明成佛义记》比较起来,梁武帝所说的"神明"是个体的心,《大乘起信论》所说的心是宇宙的心。两家对于明和无明的说法基本上是一致的,但对于心的说法,其范围大小就大相悬殊了。用哲学的话说,两家都在讲唯心主义,但梁武帝是在讲主观唯心主义,《大乘起信论》是在讲客观唯心主义。

《大乘起信论》的作者自称他的书是《大乘起信论》。稍后一点,被称为天台宗第二代祖师的南岳大师慧思也作了一部书,题为《大乘止观法门》。这部书也是用客观唯心主义讲佛学的。南北朝比较大的佛教中心,在北方是长安,其中的大人物是鸠摩罗什及其门徒们。在南方是庐山,其中的大人物是慧远、道生及其同伴们。在这两处都没有提到"大乘"这个名称。《大乘起信论》的作者和慧思都提出"大乘"作为他们著作的名称。他们可能认为,以宇宙的心为根本的佛学是"大乘"。在中国佛学中,"大乘"这个名称开始出现的时候,可能有这样的意义。至于在印度或者此后所谓大乘、小乘,意义繁多,用法不同,那就另当别论了。

有人认为,《大乘止观法门》并不是慧思作的,是一部伪书,这个真伪问题,在这里无关重要。这里所讲的是一个时代思潮,在这个思潮中,《大乘起信论》和《大乘止观法门》是两部重要著作,不管他们是谁作的。

无论如何,《大乘起信论》或《大乘止观法门》所讲的佛学和原来的佛学是不同的,在当时的中国佛学中引起了混乱,想从根本上澄清这个问题的人是玄奘。

第三节 玄奘的《成唯识论》

玄奘俗姓陈,洛州缑氏人,生于隋末,年十三岁出家。据当时人所作的"传"说:"法师遍谒众师,食餐其说,详考其义,各擅宗途,验之圣典,亦隐显有异,莫知适从,乃誓游西方以问所惑,并取《十七地论》以释众疑,即今之《瑜伽师地论》也。"(慧立、彦悰《大唐大慈恩寺三藏法师传》卷一)玄奘是带着这个问题往印度去的。这个问题是什么,作者没有明确说。但就他所描写的看起来,这个问题显然就是上边所说的那个问题。这在佛学中是带根本性的,所以玄奘不顾一切要往印度去看个究竟。

玄奘于唐太宗贞观三年(629年)赴印度,年二十六岁,至贞观十九年(645年)归长安,唐高宗麟德元年(664年)卒。他带回了一批印度的佛学经典,并译成中文。但更重要的是,他选取了当时在印度流行的一些佛学著作,把它们编译成一部书,叫做《成唯识论》。这是他在印度长时期留学的研究成果,也是他企图用以解决当时中国佛学中争论的问题的一部著作。

《成唯识论》这个题目就表明这部书的宗旨,就是说一切东西都是"识"所变。在这个"变"中,识是"能变",作为识的对象是"境",境是"所变"。照《成唯识论》的说法,共有三种"能变"。

第一能变是阿赖耶识。这个识又名藏识,因其具有能藏所藏执藏义。又名异熟识,因其能引生异熟果故。所谓异熟者,谓变异而熟,异时而熟,异类而熟。异熟果者,其所熟之果,乃其因变异所熟,与其因异时异类也。又名种子识,因其中藏有诸法,即世间及出世间一切事物之种子。

这就是说在阿赖耶识中藏有一切事物的种子。它是能藏，也是所藏，所以成为"藏识"。不过这些种子不是当时就成熟，它们不一定在什么时候，在什么地方，随着众缘会合，才能成为果实，这些果实也成为异熟果。一切众生，每一个个体都有它自己的阿赖耶识，从它自己的阿赖耶识中生出它自己的一切事物，这是《成唯识论》的主观唯心主义的理论根据。

第二能变是末那识，即第七识。第三能变是前六识。"我"及一切诸"法"，皆此三能变所变，此三能变，不但变此"实我实法"，第二、第三能变且执之以为实有，执实我为实有，名为我执。执实法为实有，名为法执。《成唯识论》又云：第七识执第八识所起之自心相为实我实法，第六识执所变之五取蕴相，即根身等，为实我，又执识所变蕴处界相，即山河大地等，为实法，此二识实二执之所由起。《成唯识论》认为，如果没有此二执，就可以知道"我"、"法"皆"非实有"。《成唯识论》云，所谓唯识者，谓识外无物。"唯言为遮离识实物。""离识实物"，"决定皆无"。至于"不离识法"则"亦是有性"。此唯识义所以为"远离增减二边，契会中道"也。意思就是说，《成唯识论》的主要思想就是"识外无物"，所谓唯识者，就是说任何事物离开了识就不可能有。如果说它们是随着识而有的，说它们是有也是可以的。如果用前者的说法，那就是对于主观唯心主义有所增，那是错误的；如果否认后者的说法，那就是有所减，那也是错误的。那都是"二边"，都有所偏差。只有《成唯识论》的说法是"中道"，无所偏差。

所谓前六识中的前五识，即言、耳、鼻、舌、身，都是一个个人所有的感觉器官。由此可知，《成唯识论》所说的前五识都是个人的识，所说的阿赖耶识是个体的心，不是宇宙的心。

对于主观唯心主义不同意的人，可能有许多疑难。玄奘的大弟子窥基在他的《述记》中作了解释。他越解释，就越见得《成唯识论》的立场是主观唯心主义。

《成唯识论》讲三性、三无性。三性者,一遍计所执性,二依他起性,三圆成实性。《成唯识论》云:诸法皆"众缘所引,自心心所虚妄变现,犹如幻事,阳焰梦境,镜像,光影,谷响,水月,变化所成,非有实有"。"此等诸法,皆属依他起性。不知此诸法之实是众缘所引,虚妄变现,即于诸法,不'如真知'之,妄执之为实我实法。此我法二执,皆属遍计所执性。若知诸法之实是众缘所引,虚妄变现,即于诸法'如实知'之,则我法俱空。此二空所显诸法实相,识等真性,即属圆成实性。"

三无性者:一相无性,二生无性,三胜义无性。《成唯识论》云:此三性中,前一性是真无,后二性但"假说无性"。故三无性说非了义。《成唯识论》又云:心及心所,亦属依他起性。惟其如此。《成唯识论》云:心及一切诸法,皆依他起。此即心及诸法之实在状况,实在性质,即所谓诸法实性也。不知此诸法实性,而执诸法以为实有,即是遍计所执。知此诸法实性,即入圆成实。此诸法实性,即名真如。《成唯识论》又云:"真如既是诸法实性,故有为流转等实性,亦是真如。"

《成唯识论》讲"真如",《大乘起信论》也讲"真如",在表面上看似乎相合,其实这个名词在《大乘起信论》和《成唯识论》中的意义不同。《大乘起信论》所讲的"真如"是宇宙的心,《成唯识论》所讲的"真如"是个体的心。

玄奘在印度长期留学所得的结果是,重新建立了对于原来佛学的信心。他回国以后,得到了唐太宗的信任和支持,以致影响很大。他凭借这个影响宣扬他的唯识体系。

第四节 华严宗的三个"义"

华严宗的代表人物是法藏。法藏字贤首,姓康,本康居人。于唐太宗贞观十七年(643 年)生于长安。曾参加玄奘翻译佛经的工作,因与玄奘“见识不同而出译场”(赞宁《高僧传》卷五)。后自立宗派,称为华严宗。这个宗派以佛教的《华严经》为主要的经典,法藏的著作基本上都是围绕这部经而写的。

法藏因为与玄奘意见不同而退出他的翻译班子,这个不同的意见是什么呢? 前人没有说清楚。但可以推测这个不同必定是在佛学中有根本性的分歧。照法藏以后的发展看,这个不同就是客观唯心主义和主观唯心主义的不同。

华严宗佛学是宣扬客观唯心主义的,法藏用“体”、“用”这一对范畴说明宇宙的心和宇宙间一切事物的关系。宇宙的心是“体”,宇宙间一切事物是“用”。

法藏曾为当时的女皇帝武则天讲这些佛学的道理,她越听越糊涂,法藏便借当时殿前的一对金狮子为比喻,作了一篇通俗的讲说,这篇讲说,称为《金师子章》。

《金师子章》说:“金无自性,随工巧匠缘,遂有师子相起。起但是缘,故名缘起。”意思就是说用金做成的狮子,其本质是金。金不一定成为狮子,也可以成为别的东西,对于金说,狮子只是一种现象。狮子这种现象的形成需要“因”,也需要“缘”,金是其“因”,工人的技巧是其“缘”。就狮子这种现象说,它是许多“缘”汇合在一起才能有的,这就是“缘起”。

《金师子章》说:“谓师子相虚,唯是真金。师子不有,金体不无,故名色空。又复空无自相,约色以明。不碍幻有,名为色空。”意思就是说,如上面说的,所谓“真空”并不是绝无诸事物那样的“断灭空”,也不是在诸事物以外另有一个“色外空”。“真空”也不是另为一物,若果如此,“空”也成“有”了。《金师子章》认为,幻有是幻,因之言色空。所谓“空”者,即指这个。所以说:“空无自相,约色以明。”就是说,“空”是“色”中显出来的,离了色它自己也没有自己的存在。

《金师子章》说:“师子情有,名为遍计。师子似有,名曰依他。金性不变,故号圆成。”

意思就是说,现象世界中的诸事物,都是因缘和合,方能生起,只是幻相似有,本无自性,它的存在依靠因缘和合,所以是说“依他”,“依他起性”。现象世界中的诸事物,本是似有,而世俗妄情执之为实有,这是“遍计所执性”。事物虽然是幻有,但心本体常恒不变,这是“圆成实性”。

这也就是《成唯识论》所说的三性。但是,《金师子章》所说的“圆成实性”,同《成唯识论》所说的“圆成实性”,意义不同。《成唯识论》所说的是个体之心的“圆成实性”,《金师子章》所说的是宇宙之心的“圆成实性”。

《金师子章》又说:法藏在这里所讲的就是他《华严还源观》中所讲的“三遍”中的“一尘出生无尽遍”。意思是说:“一一毛中,皆有无边师子,又复一一毛,带此无边师子,还入一毛中。”现象世界中,每一事物都是真心全体之所现。真心包罗一切事物,故现象世界中的每一事物也包罗一切事物。此一事物不但包罗一切事物,并且也包罗一事物中所包罗的一切事物。它所包罗的每一事物中所包罗的一切事物,也各个包罗一切事物。

这就不是“金狮子”那个比喻能说明的了。据说,法藏又想了一个办法,他用十面镜子,十方(四方、四隅及上下)各置一面,相去各丈多远,中间放了一尊佛像,又在中间点了一支蜡烛。在这十面镜子中,每一面镜中,不止有别的镜的影,且有别的镜中的影中之影(见赞宁《高僧传》卷五)。这就是所谓“因陀罗网境界”。因陀罗网是一珠网,每一珠中现一切珠,又现一切珠中所反映的一切珠,这样一层一层地推下去,以至无穷。

法藏的这个说法,大概是打算说明这个个体的心和宇宙心的关系。宇宙的心包括宇宙间一切事物,当然也包括个体的心。像《成唯识论》

所说的阿赖耶识,就是个体的心,据说其中也包括一切事物的种子,它当然也带着这些种子被包含在宇宙的心中。

华严宗又创造了一对范畴:理和事。经过华严宗的宣扬以后,在中国哲学史中,成为一对重要的范畴。照华严宗的体系说:"真心"是"理",所表现的事物是"事"。法藏说:"如尘相圆小是事,尘性空无是理。以事无体,事随理而融通。由尘无体,即遍通于一切。由一切事,事不异理,全现尘中。"意思就是说,一粒微尘是事,表现了这粒微尘的"心"是理。事没有自己的存在,只能跟着理而存在,"心"遍于一切,所以一事也是一切事。一粒微尘虽小,也是真心全体之所现。真心的全体也见于一粒微尘之中。这样说,理和事就会通起来了(见《华严义海百门·镕融任运门·理事》条)。

法藏看出了宇宙间的许多对立,但是,他的原则是"一即一切,一切即一",照这个原则,一切对立都不是对立,而是"圆融"。

照这些话看起来,华严宗认为宇宙的总规律不是对立统一,不是矛盾和斗争,而是"圆融无碍"。法藏提出这些对立,为的是要说明这些对立并不是对立的,为的是要取消这些对立。

佛教和佛学在中国或在印度,都有许多宗派,华严宗用所谓判教的办法把它们统一起来。这个思想法藏已经有了,后来的宗密又加以发展。宗密也是华严宗的一个重要人物。他著有《原人论》,讲人的本质,及人们对于人的认识发展的各个阶段。《原人论》的第一段题为"斥迷指",首先对于中国原有的儒、道二家作了批驳,以后就讲佛法。

宗密认为,佛法本来只有一个,但佛说法的时候因环境的不同,所讲的法随时随地而有深浅偏全的不同。依深浅偏全的标准,可以把佛法分为五种教,这就是所谓的判教。所谓五教就是:"一、人天教,二、小乘教,三、大乘法相教,四、大乘破相教,五、一乘显性教。"宗密认为前四教是偏浅,偏者言其不够全面,浅者言其不够深入。最后一种教才是"佛了义实教"。《原人论》第二段题为"斥偏浅",是批评前四种教的。

《原人论》说:“佛为初心人,且说三世业报,善恶因果。”这就是人天教,“据此教中,业为身本”。

《原人论》说:小乘教“以色心二法,及贪嗔痴为根身器界之本”。所谓色心二法大略等于现代哲学中所说的物质与精神,所谓根身器界指人的身体器官及物质世界。

《原人论》说:“大乘法相教者,说一切有情,无始以来,法尔有八种识。于中第八阿赖耶识是其根本。顿变根身器界种子,转生七识,皆能变现,自分所缘,都无实法。”其实“我身唯识所变,识为身本”。

《原人论》说:“大乘破相教者,破前大小乘法相之执,密显后真性空寂之理。”“所变之境既妄,能变之识岂真。”故知梦时则梦想梦物,似能见所见之殊,据理则同一虚妄,都无所有。诸识亦尔,以皆假托众缘,无自性故。”“约此原身,身元是空,空即是本。”

《原人论》认为经过这样的破,各偏浅教中所有的“执”都没有了,在这一切的空中,“真心”就显露出来了。《原人论》第三段题为“直显真源”,这个真源就是一乘显性教所说的“一切有情,皆有本觉真心。无始以来,常住清净,昭昭不昧,了了常知,亦名佛性,亦名如来藏”。这个常住真心显然不是大乘法相教所说的阿赖耶识,因为大乘破相教已经说明诸事没有自性,是虚妄不实。宗密认为识和心是有区别的,但区别在什么地方,他没有明确地说明。其实这是显然的,阿赖耶识是个体的心,所谓常住真心是宇宙的心。

本章上文说过,《大乘起信论》和《大乘止观法门》都自标为“大乘”。后来大乘这个名称就用滥了。所以,宗密称这个“直显真源”的显性教为一乘,以表明它又高于大乘。

《原人论》的第四段题为“会通本末”,其中说:“真性虽为身本,生起盖有因由,不可无端忽成身相。但缘前宗未了,所以节节斥之。今将本末会通,乃至儒道亦是。”意思就是说,人的本质虽然是真性,但人所以成为现在这个样子，也有一个发展的过程，过程又有段落。对上边所说的各种宗派，因为不了解它们所说的只是一个段落，所以要加以驳斥。如果了解他们所说的只是一个段落，那他们又都不算错，就是儒道二家所说的也都是正确的。对于一个问题只能有一个真理，人们不能在一个时间内把一切真理都认识清楚，都说清楚，所以有不够全面、不够深入之处，如果不了解其不够全面、不够深入，而认为是全部真理，那他们就是错误的，如果了解它们都是真理的一部分，所以又都不错了。

《原人论》是从客观唯心主义的观点，对中国的佛教宗派加以总结。它所说的两个大乘教和一个一乘教，就是中国佛教教门中的三个大宗派。它所说的大乘法相教，就是唯识宗，后人称为法相宗。它所说的大乘破相教，就是三论宗，后人称为空宗。它所说的一乘显性教，就是华严宗，后人称为性宗。这是按逻辑顺序讲的，和中国佛教的三大宗派的历史顺序是不完全一致的。

《原人论》的"儒道亦是"的说法，预示宋明道学的出现。事实上，《原人论》所说的一乘显性教已为宋明道学提供了一个基本的内容。

第四十七章

中国佛学发展的第三阶段——“宗门”

第一节　禅宗出现的历史意义

在唐朝的中叶，佛教中发生了一个改革运动，形成一个新的宗派，这就是禅宗。它并不是同唯识、华严等宗派并行的一个宗派。它自称为“宗门”，称别的宗派为“教门”。“宗门”和“教门”是对立的。禅宗盛行以后，其他宗派的影响都逐渐衰微，甚至消失，“禅”成为佛教和佛学的同义语。

禅宗的这种自我估计，是有根据的。它的这种社会影响，就是社会对其自我估计的承认。就其所讲的佛学的内容看，也确实有与其他宗派对立的一方面。从其社会基础看，禅宗与其他宗派的矛盾，也是当时反对门阀士族的斗争在佛教中的反映。当时其他宗派都是与门阀士族密切联系的，它们就是佛教中的门阀士族。社会中的门阀士族的统治的崩溃，也引起了佛教中的门阀士族的统治的崩溃。代之而起的是一种新兴的僧侣，这就是禅宗的“祖师”们。

从这几方面都可以看出来，禅宗并不仅只是佛教和佛学中的一个宗派，而且是中国佛学发展的一个新阶段，第三阶段。

“禅”是从印度的“禅那”这个词音译过来的，是“禅那”的简称，意译是“思维修”或“静虑”，指的是佛教中的一种修行的方法。如佛教中所说的“参禅打坐”(凝神静坐)之类，其实禅宗是反对“参禅打坐”的。不过它更反对从文字上学习佛教和佛学，可以说是注重“思维修”。禅宗的名字大概就是这样来的。

上章讲过，用“遮诠”讲佛学的人认为，“表诠”所表示的总有不合适的地方，在用过一个“表诠”以后，总应该接着说这个话不对，说了算白说，这就叫随说随扫。这也就是玄学家所说的：“以言遣言，遣之又遣之，以致无遣。”总的说来，作为“宗门”的禅宗是对于教门中各宗派所说的话，作了一个“总扫”、“总遣”。好像是来了一个大扫除，把扫除来的东西都作为垃圾倒出去。但禅宗也不是像有些笑话中所说的那样，有人倒洗澡盆，把脏水和小孩一起倒出去，小孩它还是要的，那就是教门所讲的教义，不过它认为最高的教义是不能用“表诠”表达的，如果一用“表诠”，它就成为垃圾了。

用另套话说，禅宗改革了教门，也继承了教门。这就是黑格尔所说的扬弃。扬弃是真正的发展，是发展过程中的一个主要规律。

照禅宗的说法，当初释迦牟尼创立佛教的时候，除了说“教”之外，还有一个“教外别传”，“以心传心，不立文字”。教是靠文字言说传授的。所谓教门，都是这一类的传授。照禅宗说，真正的佛学，不能靠这样的传授。上面所讲的那些佛教派别，无论它是着重“遮诠”，或着重“表诠”，都有几种佛教经典作为它们的根据。它们都对于它们所根据的佛教经典作了许多烦琐的注解和无谓的争论。禅宗认为，它自己接受了佛教经典以外的释迦牟尼的直接的秘密的传授，所以自己称为“宗门”，以别于那些“教门”。它不但不要那些教门的烦琐的注解和无谓的争论，而且基本上也不要任何佛教经典作为根据。它认为，它的根据就是人的自己的“本心”。从佛教和佛学的发展看，禅宗的兴起，也是对于佛学的烦琐哲学的一种否定。

照禅宗的传说，释迦牟尼的这种秘密传授，称为“密意”或“心法”，这个“密意”或“心法”,在印度经过二十七代的传授,到梁武帝的时候,经过达摩传到中国。又经过五代,传给慧能(亦作惠能,638—713年)。照禅宗的说法,慧能是中国禅宗的第六代祖师。实际上,禅宗基本上是慧能创始的,它的社会影响,是经过慧能才扩大的。慧能以后,禅宗代替了其他宗派,“禅”成为佛教的别名。

第二节 慧能和神秀——禅宗中的客观唯心主义和主观唯心主义

慧能姓卢,据他的自序说:“慈父本官范阳。左降迁流岭南,作新洲百姓。”(《坛经·自序品》)就是说,他的父亲本来是北方的一个官僚,后来被贬到广东。据此可知,慧能出身于没落官僚家庭。出生于广东,幼年以卖柴为生。后来听说禅宗的五祖弘忍在湖北黄梅宣扬佛教,他就到弘忍所主持的寺院去见弘忍,弘忍问他说:“汝何方人?……复求何物?”慧能说:“弟子是岭南人,新洲百姓。今故远来礼拜和尚,不求余物,惟求作佛。”弘忍说:“汝是岭南人,又是獦獠(少数民族),若为堪(怎么能)作佛?”慧能说:“人即有南北,佛性即无南北。獦獠身与和尚不同,佛性有何差别?”弘忍叫慧能在寺里砍柴、舂米。有一天,弘忍叫庙里和尚们每人作一个偈,如果作得好,就把法、衣(继承权的象征)传给他,当第六代祖师。当时有一个最有学问的“教授师”,名叫神秀,作了一个偈,写在墙上。偈说:“身是菩提树,心如明镜台,时时勤拂拭,莫使惹尘埃。”意思就是说,人的身子比如一棵智慧的树,人的心比如一面光明的镜子。要时时刻刻勤加擦洗,别叫它招惹灰尘。慧能在舂米的地方,听见有人念这个偈,就说:我也有个偈,但是不会写。他托了一个会写的人把他的偈也写在墙上,偈说:“菩提本无树,明镜亦非台,本来无一物,何处惹尘埃?”意思是说:本来没有什么智慧的树,也没有什么光明的镜子，本来什么东西都没有，什么地方可以招惹尘埃？弘忍后来把法、衣传授给慧能，叫他当第六代祖师，并且告诉他，要马上离开这个寺院，恐怕有人争夺继承权，要害他。慧能走了两个月到大庾岭，果然有几百人从后面追来，要夺衣钵、杀慧能，但是没有成功。后来慧能在广东宣扬禅宗思想，他在韶州的一部分的讲演，经他的徒弟整理记录，称为《坛经》。上面所说的这些故事，见于《坛经》的《自序品》。

上面所讲的那些故事，有多少是真实的，我们无从深考，也无须深考。但是，在这些故事中，我们可以看出当时佛教内部的一些斗争情况。这个斗争，主要的是，受佛教僧侣排斥的人和僧侣的斗争，是下层僧侣以及在寺庙中服务的人和上层僧侣的斗争，是没有学问的僧侣和有学问的僧侣的斗争。弘忍认为，慧能是边疆的人又是少数民族，不能成佛。可见边疆的人和少数民族是受佛教僧侣排斥的人。慧能的回答批判了这种排斥和歧视，但他还没有取得僧侣的资格。仅只能在弘忍寺院中作为一个劳动力，做些体力劳动。但是，他却成为禅宗的第六代祖师，这是对于上层僧侣的嘲笑。神秀是当时寺院中最有学问的“教授师”，自以为必定可以得到继承权，慧能一个字不识，但是得了继承权。这是对于有学问的僧侣的嘲笑。弘忍把衣钵传给慧能，但又叫他马上离开寺院逃走，继承什么呢？衣是一件衣服，钵是和尚乞食用的饭碗，衣钵是继承权的象征。说是继承佛法，实际上也是继承寺院的财产，所以争夺很激烈。哪个和尚得了继承权，在他的权威还没有树立以前，就有被杀害的危险。

上面所说的故事，所反映的情况，就是禅宗兴起的社会背景，它是有反抗这一面的。这种反抗，也是隋唐之际的农民大起义在佛教内部的反映。这种反抗形成为佛教内部的改革运动。但是，这种改革，主要是佛教内部的事情，对于人民说，并没有什么积极的意义。它打倒了佛教经典的权威，但是，代之而起的是禅宗“祖师”们的语录的权威。他们教学生所说的话,以及他们在教徒弟的时候所采取的某种动作(他们往往以某种动作,例如打学生一拳,一棒,或大喝一声,取代言语)都载入语录之内。《六祖坛经》本来是慧能的语录,但也被尊为“经”。他们破坏了原来寺庙僧侣的等级制度,而代之以他们自己的等级制度。他们还是有他们自己的寺院,有他们自己的财产。对于财产权的争夺,还是很激烈的,如上面所说的那样。他们自己中间又分成许多宗派,其间的分歧、争论、排挤,仍然是很激烈的。

禅宗的语录的特点是,它不用翻译佛教经典所用的那种翻译文体,也不用魏晋隋唐那种骈体文言。它能够用当时的通俗易懂的白话,把佛教和佛学的中心思想简明扼要地表达出来。这是中国佛学的发展进入第三阶段的特征,也是禅宗所以广泛流行的部分原因。

神秀和慧能的这两个偈,是禅宗中的重要文件,其内容是互相对立的。神秀所说的是原来的佛学,一棵菩提树,一个明镜台,表明他所说的心是个体的心。他认为对于这个心,要“时时勤拂拭,莫使惹尘埃”。慧能否定了神秀的偈,提出了“本来无一物”这五个大字,否定了神秀关于个体的心的说法。弘忍对于这两个偈都作了评论。他认为神秀仅只是进了佛学的大门,还没有进入二门,距离“菩提”还相当远。弘忍对于慧能的偈,也没有完全肯定,认为慧能“亦未见性”。怎样才是见性呢?他没有说,但是《坛经》在后面所说的那几个“何期”作了回答。慧能悟到了这几个“何期”,有了这几个“何期”,他就见性了。这个“性”,就是宇宙的心。如果把这两个偈与上章所讲的教门中的那几个宗派联系起来看,神秀的偈相当于大乘法相教,慧能的偈相当于大乘破相教,他所悟到的那几个“何期”,相当于一乘显性教。从哲学上说,神秀所讲的是主观唯心主义,慧能所讲的是客观唯心主义。后来禅宗成为南北二宗,神秀是北宗的领袖,慧能是南宗的领袖。在历史上,这两宗也可以照着主观唯心主义和客观唯心主义划分。

据说慧能在广州的时候,在一个寺院听人讲经,其时有风,吹动了旗杆上的幡。有的人说是风动，有的人说是幡动。慧能说：“不是风动，不是幡动，仁者心动。”（《坛经·自序品》）“仁者”指对面说话的人。

曾有许多人根据这个故事，说慧能的哲学是主观唯心主义。这是望文生义，事情恐怕没有那么简单，慧能所说的可能是僧肇的《物不迁论》所说的那种道理，他说：“旋岚偃岳而常静，江河竞注而不流。”山岳并不是不动，江河并不是不流，但是动而常静，流而不流，因为“物不迁”。照这个道理，风是动的，幡也是动的，但平常人不了解动的真相，所以不知道风、幡都是动而常静，所以说是“仁者心动”。这个道理比较深奥，而慧能能这样说，所以当时主讲的印宗法师就知道他是一个了不起的人物。

慧能自述弘忍向他传法、衣的经过时，说：弘忍“为说《金刚经》，‘至应无所住而生其心’，慧能言下大悟，一切万法，不离自性。遂启祖言，何期自性本自清净，何期自性本不生灭，何期自性本自具足，何期自性本无动摇，何期自性能生万法。祖知悟本性”。（《坛经·自序品》）

所谓本性就是宇宙的心，本性或本心，对每一个人说都是本来就有的，所以又称为自本性。这个自本性生出来连续不断的念头，也生出来万法万境。弘忍说“万境自如如”，所谓“如如”，就是说，是那个样子。万法万境，就是那个样子。这些就是真实的，因为它们都是人的自本性所生出来的。神秀的偈所以未见本性，因为他把尘埃和菩提树、明镜台对立起来，不知道尘埃就是菩提树、明镜台，万法万境就是自本性。弘忍说：慧能的偈“亦未见性”，因为他把自本性和尘埃都讲空了，也没有见到自本性的本来的样子。

上面已经说过，禅宗的教义基本上和教门是一致的，它的特殊之处在于方法论。方法论有两方面：讲说的方面和修行的方面。在讲说的方面，禅宗以不讲说为讲说，即所谓“不道之道”。在修行方面，禅宗以不修行为修行，即所谓“无修之修”。

第二节 禅宗的“不道之道”

禅宗自以为他们所讲的佛法,是“超佛越祖之谈”。其所谓超越二字,甚有意思。他们以教门中的各宗为“教”,而以自己为“教外别传”。他们是从一个较高的观点来看教门中的各宗的。他们所讲的佛法,严格地说,不是教“外”别传,而是教“上”别传。所谓上,就是超越的意思。

所谓“超佛越祖之谈”,禅宗宗门称之为第一义或第一句。《镇州临济慧照禅师语录》云:“若第一句中得,与祖佛为师。若第二句中得,与人天为师。若第三句中得,自救不了。”(《古尊宿语录》卷四)但“超佛越祖之谈”是不可谈的,“第一句”或“第一义”是不可说的。《文益禅师语录》云:“问:‘如何是第一义?’师曰:‘我向尔道,是第二义。’”《佛果禅师语录》云:“师升座,焦山和尚白槌云:‘法筵龙象众,当观第一义。’师乃云:‘适来未升座,第一义已自现成,如今槌下分疏,知他是第几义也?’”禅宗常说,第一义不可说,因为第一义所拟说者不可说。《怀让禅师语录》云:“师乃白祖(慧能)云:‘某甲有个会处。’祖师云:‘作么生?’师云:‘说似一物即不中。’”(《古尊宿语录》卷一)南泉(普愿)云:“江西马祖说:‘即心即佛。’王老师不恁么道,不是心,不是佛,不是物。”(《传灯录》卷八)《洞山(良价)语录》云:“云岩(昙成)问一尼:‘汝爷在?’曰:‘在’。岩曰:‘年多少?’云:‘年八十。’岩曰:‘汝有个爷,不年八十,还知否?’云:‘莫是什么来者?’岩曰:‘犹是儿孙在。’师曰:‘直是不什么来者亦是儿孙。’”(又见《传灯录》卷一四)第一义所拟说者不能说是心,亦不能说是物,称谓什么即不是。即称谓不什么亦不是。如拟说第一义所拟说者,其说必与其所拟说者不合,所以禅宗说:“有拟议既乖。”所以第一义不可说。

如拟说第一义所拟说者，其说必不是第一义，至多也不过是第二义，也许不知是第几义。这些说都是“戏论”。僧问马祖（道一）：“‘和尚为什么说即心即佛？’曰：‘为止小儿啼。’曰：‘啼止时将如何？’曰：‘非心非佛。’”（《古尊宿语录》卷一）百丈（怀海）说：“说道修行得佛，有修有证，是心是佛，即心即佛”，这“是死语”，“不许修行得佛，无修无证，非心非佛”，这“是生语”。（同上）所谓生是活的意思，这些语是生语或活语，因为这些语并不对于第一义所拟说者有所肯定。说非心非佛，并不是肯定第一义所拟说者是非心非佛。说非心非佛，只是说，不能说第一义所拟说者是心是佛。

凡对于第一义所拟说者作肯定，以为其一定是如此如此者，都是所谓死语。说死语的人，用禅宗的话说，都是该打的。《宗杲语录》云：“乌龙长老访冯济川说话次，云：昔有官人闻泗州大圣，‘师何姓？’圣曰：‘姓何’。官云：‘住何国？’圣云：‘住何国。’龙云：‘大圣本不姓何，亦不住何国，乃随缘化度耳。’冯笑曰：‘人圣决定姓何，住何国。’如是往返数次，遂致书于师，乞断此公案，师云：‘有六十棒。将三十棒打大圣，不合道姓何，三十棒打济川，不合道大圣决定姓何。’”（《大慧普光禅师宗门武库》）

禅宗亦喜说重复叙述的命题（拖拖逻辑）。因为这种命题并没说什么。《文益禅师语录》云：“师一上上堂，僧问：‘如何是曹源一滴水？’师云：‘是曹源一点水。’又云：‘上堂。尽十方世界皎皎地无一丝头。若有一丝头，即是一丝头。’又云：‘举昔有老僧住庵，于门上书心字、于窗上书心字、于壁上书心字。’师云：‘门上但书门字，窗上但书窗字，壁上但书壁字。’”

第一义虽不可说，“超佛越祖之谈”虽不可谈，但总须有方法表现之。不然则即等于没有第一义，没有“超佛越祖之谈”。其实说第一义不可说，这就是用“遮诠”说第一义。说“超佛越祖之谈”不可谈，这就是用“遮诠”谈“超佛越祖之谈”。因为人们若了解为什么不可说不可谈,他也就了解第一义,了解“超佛越祖之谈”了,这就叫不道之道。

中国画画月亮有两种办法。一种是在白纸上画一个圆圈,一种办法是在白纸上涂些颜色作为云彩,在云彩中露出一个白圆块,这就是月亮。这种办法叫烘云托月。它不直接画月亮,只画云彩,用云彩把月亮托出来,这可以说是不画之画,用佛学的话说,前者是用“表诠”,后者是用“遮诠”。

第四节 禅宗的“无修之修”

慧能的大弟子怀让的语录中说:“马祖(道一)居南岳传法院,独处一庵,惟习坐禅,凡有来访者都不顾……(师)一日将砖于庵前磨,马祖亦不顾。时既久,乃问曰:‘作什么?’师云:‘磨作镜。’马祖云:‘磨砖岂能成镜?’师云:‘磨砖不能成镜,坐禅岂能成佛?’”(《古尊宿语录》卷一)说坐禅不能成佛,是说道不可修。《马祖语录》云:“问:‘如何是修道?’师云:‘道不属修。若言修得,修成还坏,即同声闻。若言不修,即同凡夫。’”得道的方法,是非修非不修。非修非不修,就是无修之修。

有修之修,是有心的作为,就是所谓有为。有为是生灭法,是有生有灭的,所以修成还坏。黄檗(希运)云:“设使恒沙劫数,行六度万行,得佛菩提,亦非究竟。何以故?为属因缘造作故。因缘若尽,还归无常。”又说:“诸行尽归无常。势力皆有尽期。犹如箭射于空,力尽还坠。都归生死轮回。如斯修行,不解佛意,虚受辛苦,岂非大错?”(《古尊宿语录》卷三)有心的修行,是有为法,其所得亦是万法中的一法。不是超乎万法者。超乎万法者,就是禅宗所谓不与万法为侣者。庞居士问马祖:“不与万法为侣者是什么人?”马祖说:“待汝一口吸尽西江水,即向汝道。”(《古尊宿语录》卷一)不与万法为侣者,是不可说的。因为说之所说,即是一法,即是与万法为侣者。马祖说:“待汝一口吸尽西江水，即向汝道。”就是说不能向汝道。说不能向汝道，亦即是有所道。这就是“不道之道”。欲说不与万法为侣者，须以“不道之道”。欲得不与万法为侣者，须用“无修之修”。

有修之修的修行，亦是一种行。有行即是于佛法所谓生死轮回中造业，造业即须受报。黄檗云：“若未会无心，著相皆属魔业，乃至作净土佛事，并皆成业。乃名佛障，障汝心故。被因果管束，去住无自由分。所以菩提等法，本不是有。如来所说，皆是化人。犹如黄叶为金钱，权止小儿啼。故实无法，名阿耨菩提。如今既会此意，何用驱驱？但随缘消旧业，更莫造新殃。”（《古尊宿语录》卷三）不造新业，所以无修。然此无修，正是修。所以此修是无修之修。

不造新业，并不是不做任何事，而是做事以无心。马祖云：“自性本来具足，但于善恶事上不滞，唤作修道人。取善舍恶，观空入定，即属造作。更若向外驰求，转疏转远。……故经云：但以众法，合成此身，起时唯法起，灭时唯法灭。此法起时不言我起，灭时不言我灭。前念，后念，中念，念念不相待，念念寂灭，唤作海印三昧。”（《古尊宿语录》卷一）“于善恶事上不滞”，就是无心。不滞就是不着，也就是不住，也就是无情系。《百丈怀海禅师语录》云：“问：‘如何是有情无佛性，无情有佛性？’师云：‘从人至佛，是圣情执。纵人至地狱，是凡情执。只如今但于凡圣二境有染爱心，是名有情无佛性。只如今但于凡圣二境及一切有无诸法都无取舍心，亦无无取舍知解，是名无情有佛性。只是无其情系，故名无情。不同木石、太虚、黄华、翠竹之无情。’”又云：“若踏佛阶梯，无情有佛性。若未踏佛阶梯，有情无佛性。”（同上）

无心也就是无念。《坛经》云：“我此法门，从上已来，顿渐皆立无念为宗，无相为体，无住为本。……无相者，于相而离相，无念者，于念而无念。无住者，为人本性，念念不住。前念，念（今）念，后念，念念相续，无有断绝。若一念断绝，法身即离色身。念念时中，于一切法上无住。一念若住，念念即住，名系缚。于一切上，念念不住，即无缚也。此是以无住为本。”(据郭朋《坛经校释》)所谓无念,不是“百物不思,念尽除却”。若“百物不思”,亦是“法缚”(《坛经》)。神会云:“声闻修空住空,被空缚。修定住定被定缚,修静住静被静缚。修寂住寂被寂缚。”(《菏泽神会禅师语录》卷一)“百物不思”,即“修空住空”之类也。无念是“于诸境上心不染”,“常离诸境”(《坛经》)。“于诸境上心不染”,即是“于诸法上念念不住”。此即是无住,亦即是“于相而离相”。亦即是“无相”。所以《坛经》所说:“无念为宗,无相为体,无住为本。”实只是“无念”。“前念著境即烦恼,后念离境即菩提。”(《坛经》)此即是“善不受报”、“顿悟成佛”之义。

临济(义玄)云:“如今学者不得,病在甚处?病在不自信处。你若自信不及,即便茫茫地徇一切境转,被佗万境回换,不得自由。你若能歇得念念驰求心,便与祖佛不别。你欲得识祖佛么?只你面前听法底是。”(《古尊宿语录》卷四)又说:“道流,佛法无用功处。只是平常无事,屙屎送尿,著衣吃饭,困来即卧,愚人笑我,智乃知焉。”(同上)学者要自信得及,一切放下,不必于日用平常行事外,别有用功,别有修行。只于日用平常行事中,于相而无相,于念而无念。这就是不用功的用功,也就是无修之修。

临济又云:“有时夺人不夺境,有时夺境不夺人。有时人境俱夺,有时人境俱不夺。”(同上)人是能知的主体,境是所知的对象。《禅宗传》说:“明上座向六祖(慧能)求法。六祖云:‘汝其暂时敛欲念,善恶都莫思量。’明上座乃禀言。六祖云:‘不思善,不思恶,正当与么时,还我明上座父母未生时面目来。’时上座于言下,忽然默契,便体拜云:‘如人饮水,冷暖自知。’”父母未生明上座时,并无明上座。亦无对此人之境。令明上座还其父母未生时面目,就是令其人境俱夺。人境俱夺,与“无”同体,谓之默契。契者契合,言其与无契合为一,并不是仅知有“无”。

忽然默契,就是所谓顿悟。所谓“一念相应,便成正觉”(《神会语录》)。悟与普通所谓知识不同。普通所谓知识,有能知与所知的对立。悟无能悟与所悟的对立。因其无对象,可以说是无知。但悟亦并不是普通所谓无知。悟是非有知,非无知,是所谓无知之知。

《赵州(从念)语录》云:“师问南泉(普愿):‘如何是道?’泉云:‘平常心是道。’师云:‘还可趣向不?’泉云:‘拟既乖。’师云:‘不拟,争知是道?’泉云:‘道不属知不知,知是妄觉,不知是无记。若真达不疑之道,犹如太虚,廓然荡豁,岂可强是非也。’”(《古尊宿语录》卷一三)舒州佛眼禅师(清远)云:“先师(法演)三十五方落发,便在成都听习唯识百法。因闻说,菩萨入见道时,智与理冥,境与神会,不分能证所证。外道就难,既不分能所证,却以何为证?时无能对者,不鸣钟鼓,返披袈裟。后来唐三藏至彼,救此义云:‘智与理冥,境与神会时,如人饮水,冷暖自知。’遂自思惟,冷暖则可矣,作么生是自知的事?无不深疑。因问讲师,不知自知之理如何。讲师不能对。……后来浮渡山见圆鉴,看他升堂入室,所说者尽皆说着心下事。遂住一年。令看‘如来有密语,迦叶不复藏’之语。一日云:‘子何不早来,吾年老矣,可往参白云端和尚。’先师到白云,一日上法堂,便大悟:‘如来有密语,迦叶不复藏’,果然果然。智与理冥,境与神会,如人饮水,冷暖自知,诚哉是言也。乃有投机颂云:‘山前一片闲田地,叉手叮咛向祖翁。几度卖来还自买,为怜松竹引青风。’端和尚觑了点头。”(《古尊宿语录》卷三二)理为知的对象,境为神的对象,智与神为能,理与境为所。“智与理冥,境与神会”即是知对象之能,与对象之所,冥合不分。不分而又自觉其是不分。此所谓“如人饮水,冷暖自知”。南泉云:“道不属知不知。”普通所谓知识之知,有能知所知之分,知道之知不能有此等分别,故曰:“知是妄觉”。道不属知。然人于悟中所得的能所不分,亦不是不自觉的,如其是不自觉的,则即是一个浑沌,一个原始的无知,一个“空顽”。所以说:“不知是无记。”道不属不知。

禅宗人常形容悟“如桶底子脱”,桶底子脱,则桶中所有之物均一时脱出。得道的人于悟时,以前所有的各种问题均一时解决。其解决并不是积极的解决,而是在悟中懂得此等问题,本来都不是问题。所以悟后所得的道,为“不疑之道”。

僧肇有《般若无知论》,般若无知就是“无知之知”。在第四十五章中我说,这种知是一种直觉。什么是直觉,禅宗用“如人饮水,冷暖自知”,这八个字说出来了。看到别人饮水,你问他是暖是冷,他回答热或是冷,这个冷热是概念是名言。其实,他所喝的水,岂只冷暖而已?自有特别的冷法或热法。这就不是概念名言所能表达出来的。必须自己饮水,才能用直觉感到它的冷法或热法。在直觉中,你的感觉和水的冷热合二为一,不分能感、所感,这就是所谓“冥合”、“契合”。

悟之所得,并不是一种积极的知识,原来亦不是得到什么东西。舒州云:“如今明得了,向前明不得底在什么处? 如今明不得,到几时明得去,只凭么翻复体究,也须会去。所以道,向前迷底,便是即今悟底。即今悟底,便是向前迷底。”(《古尊宿语录》卷三二)禅宗人常说:山是山,水是水,在你迷中,山是山,水是水,在你悟中,山还是山,水还是水。“山前一片闲田地”,“几度卖来还自买”。田地本来就只是那一片田地,而且本就是你的,除此外另找田地,谓之“骑驴觅驴”。既得驴之后,自以为真有所得,谓之“骑驴不肯下”。舒州云:“只有二种病,一是骑驴觅驴,二是骑却驴了不肯下。你道骑却驴了更觅驴,可杀,是大病。山僧向你道,不要觅,伶俐人当下识得。除却觅底病,狂心遂息。既识得驴了,骑了不肯下,此一病最难医。山僧向你道,不要骑。你便是驴,尽大地是个驴,你作么生骑。你若骑,管取病不去。若不骑,十方世界廓落地。此二病一时去,心下无一事,名为道人,复有什么事?”(《古尊宿语录》卷三一)

于悟前无道可修。于悟后亦无佛可成。《黄檗语录》云:“问:‘今正悟时,佛在何处?’师云:‘问从何来,觉从何起? 语默动静,一切声色,尽是佛事。何处觅佛? 不可更头上安头,嘴上加嘴。’”(《古尊宿语录》卷三）不但无佛可成，且亦无悟可得。“对迷说悟，本既无迷，悟亦不立。”（马祖语，见《古尊宿语录》卷一）此所谓“得无所得”，亦谓为“究竟无得”。

所以圣人的生活，无异于平常人的生活。禅宗人常说：“著衣吃饭，屙屎送尿。”平常人所做的是此等平常的事，圣人所做的亦是此等平常的事。禅宗的主要意思，说穿点破，实是明白简单。舒州云：“参禅唤作金屎法。未会一似金，会了一似屎。”（《古尊宿语录》卷三二）此主要意思，若说点破，亦毫无奇特秘密。所以禅宗人常说：“如来有密语，迦叶不复藏。”云居士（道膺）云：“汝若不会，世尊有密语。汝若会，迦叶不复藏。”（《传灯录》卷七）密语之所以是密，因众人不会也。佛果云：“迦叶不复藏，乃如来真密语也。当不藏即密，当密即不复藏。”（《佛果禅师语录》卷一五）不复藏的密，即所谓公开的秘密。

原来佛法中的宇宙论，心理学等，都可以说是“戏论之粪”（百丈语，见《古尊宿语录》卷二）。亦可说是“闲家具”（药山禅师语，见《传灯录》卷一四）。“戏论之粪”是需要“运出”的，“闲家具”是用不着的。把这些一扫而空之后，佛法所剩，就是这一点的公开秘密。临济云：“我二十年在黄檗先师处，三度问佛法的大意，三度被打。后于大愚处大悟，云：‘元来黄檗佛法无多子。’”（《古尊宿语录》卷四）不只黄檗佛法无多子，佛法本来无多子。《传灯录》卷一一记临济此言，正作佛法无多子。

自迷而悟，谓之从凡入圣。入圣之后，圣人的生活，也无异于平常人的生活。“平常心是道”，圣人的心也是平常心。此之所谓从圣入凡。从圣入凡谓之堕。堕亦可说是堕落，亦可说是超圣（此皆《洞山（良价）语录》中语）。超圣是所谓“百尺竿头，更进一步”。南泉云：“直向那边会了，却来这里行履。”（《古尊宿语录》卷一二）《曹洞语录》引作：“先过那边知有，却来这里行履。”“直向那边会了”，是从凡入圣。“却来这里行履”，是从圣入凡。

因为圣人平常所做的事,是从圣入凡,所以他所做的事只是平常人所做的事,而其实并非此等事与平常人做的事不同。百丈(怀海)云:“未悟未解时名贪瞋,悟了唤作佛慧。故云:‘不异旧时人,只异旧时行履处。’”(《古尊宿语录》卷一)黄檗云:“但无一切心,即名无漏智。汝每日行住坐卧,一切言语,但莫著有为法,出言瞬目尽同无漏。”(《古尊宿语录》卷二)庞居士偈云:“神通并妙用,担水及砍柴。”担水砍柴平常做之,只是担水砍柴,圣人做之,就是神通妙用。

因有此不同,所以圣人虽做平常人所做的事,而不受所谓生死轮回中的果报。《百丈怀海语录》云:“问:‘斩草伐木,掘地垦土,为有罪报相否?’师云:‘不得定言有罪,亦不得定言无罪。有罪无罪,事在当人。若贪染一切有无等法,有取舍心在,透三句不过,此人定言有罪。若透三句外,心如虚空,亦莫作虚空想,此人定言无罪。’又云:‘罪若作了,道不见有罪,无有是处。若不作罪,道有罪,亦无有是处。如律中,本迷煞人,及转相煞,尚不得煞罪,何况禅宗下相承,心如虚空,不停留一物,亦无虚空相,将罪何处安著?’”(《古尊宿语录》卷一)圣人虽做平常人所做的事,但不沾滞于此等事,不为此等事所累。黄檗云:“但终日吃饭,未曾咬著一粒米。终日行,未曾踏著一片地。与么时,无人无我等相。终日不离一切事,不被诸境惑,方名自在人。”(《古尊宿语录》卷三)云门匡真亦说:“终日说事,未曾挂著唇齿,未曾道著一字。终日著衣吃饭,未曾触著一粒米,挂著一缕丝。”(《古尊宿语录》卷一五)《洞山语录》云:“师与密师伯过水次,乃问曰:‘过水事作么生?’伯曰:‘不湿脚。’师曰:‘老老大大,作这个话。’伯曰:‘尔作么生道?’师曰:‘脚不湿。’”过水而脚不湿,谓做事而不沾滞于事,不为事所累。圣人就是这样的自在人,禅宗亦称为自由人。

这是“无修之修”所得的成就。于修时,也是要念念不著于相,于相而无相。于成就时,也是念念不著于相,于相而无相。不过于修行时如此,是出于努力。于成就时如此,则是不用努力,自能如此。这不是说,因为修行的人养成了一种习惯,所以不必努力,自能如此。而是因为修行的人于成就时,顿悟“同无”,所以不必努力,自能如此。

圣人的境界,就是所谓“人境俱不夺”的境界。在此等境界中,山还是山,水还是水,但人已不是旧日的,而是从凡人入圣人了。百丈所引:“不异旧时人,只异旧时行履处。”严格地说应该说:“只异旧时人,不异旧时行履处。”人是从圣入凡,所以虽有人有境,而仍若无人无境。“人境俱夺”,是从凡入圣的工夫。“人境俱不夺”,是从圣入凡的境界。

上面说过,玄学家说,圣人亦应务应世,不过是说,圣人亦能应务应世。僧肇所谓:“圣人居动用之域,而止无为之境。”不过是说:“居动用之域”无碍于“止无为之境”。若此说,则圣人的玄远与其应务应世、动用之域、无为之境,仍是两行,不是一行。如照禅宗所说,则应务应世对于圣人就是妙道,“动用之域”就是“无为之境”。如此说,则只有一行,没有两行。

但如果担水砍柴就是妙道,何以修道的人仍须出家?何以“事父事君”不是妙道?这又须下一转语。宋明道学的使命,就是下这一转语。

第五节　禅宗中的派别

禅宗也有许多派别,主要的是所谓南宗北宗。上边讲到慧能和神秀在黄梅时的对立。后来神秀受了武后的尊重,进入宫中。他的佛学在北方影响很大,称为北宗。慧能离黄梅以后,在广东宣扬佛学,影响也很大,称为南宗。慧能的声名传到北方,唐中宗于神龙元年派内侍薛简到南方邀请慧能进京。慧能辞绝。薛简对慧能说:“京城禅德皆云,欲得会道,必须坐禅习定。若不因禅定而得解脱者,未之有也。未审师所说法如何?”慧能说:“道由心悟,岂在坐也?”照这个记载看起来,慧能和神秀在成立了宗派之后,仍各持他们在黄梅时所作的那两个偈的意思,北宗和南宗的对立仍然是那两个偈的对立。薛简请慧能“指示心要”,慧能说:“道无明暗,明暗是代谢之义。明暗无尽亦是有尽,相待立名。故经云:‘法无有比,无相待故’。”慧能的这几句话仍然是就他和神秀在黄梅时所作的那两个偈说的。“明”就是“心如明镜台”那个“明”。明镜是“明”,尘埃就是“暗”了。这是把明镜和尘埃作为两个对立的东西,也就是把明暗作为两个对立的东西。慧能指出,明暗是“代谢之义”,“相待立名”。意思就是说,明暗不是两个对立的东西,而是心的两种情况。明是明,暗是无明。无明就是没有明,并不是和明相对立的另一个东西。有了明就没有无明,有了无明就没有明,这就是所谓代谢。这个代谢是无尽的,也是有尽的,看情况而定。慧能引经说:“法无有比,无相待故”。无相待就是没有相对,没有相对就是绝对。个体的心是相对的,宇宙的心是绝对的,这是不可混淆的。慧能和神秀的两个偈的根本不同就在这里。

薛简又问说:“明喻智慧,暗况烦恼。修道之人,倘不以智慧照破烦恼,无始生死,凭何出离?”慧能回答说:“烦恼即是菩提,无二无别。若以智慧照烦恼者,此是二乘小见,羊鹿等机。大智上根,悉不如是。”

薛简又问说:“如何是大乘见解?”慧能回答说:“明与无明,其性无二。无二之性,即是实性。实性者,处凡愚而不减,在贤圣而不增,住烦恼而不乱,居禅定而不寂。不断不常,不来不去,不在中间及其内外,不生不灭,性相如如,常住不迁,名之曰道。”慧能在这里说出禅宗最后的见解。个体的心也就是宇宙的心。心就是那么一个心,无论在什么情况下,它就是那么一个样子,这就叫如如。菩提是它,烦恼也是它。菩提与烦恼的分别不在于它,而在于个人的迷悟。迷了它就是烦恼,悟了它就是菩提。所以说,烦恼菩提“无二无别”。《大乘起信论》或其他佛学的著作,常举一个比喻说,一个迷了方向的人错误地以西为东,等到他正确地认识了方向以后,他就知道原来的西就是东,并不是还有一个方向叫作东。

薛简又问说:“师说不生不灭,何异外道?”慧能回答说:“外道所说不生不灭者,将灭止生,以生显灭,灭犹不灭,生说无生。我说不生不灭者,本自无生,今亦无灭,所以不同外道。汝若欲知心恶(依上文当作心要),但一切善恶都莫思量,自然得入。清净心体,湛然常寂,妙用恒沙。”意思就是说,外道仍然是把生灭对立起来,然后用修行去掉这种对立,以得到不生不灭,即所谓“无生”。慧能自以为他所说的不生不灭,是“本自无生,今亦无灭”,所以同外道不同。这就是宇宙的心,也就是禅宗所说的“实性”。一个人有了这种认识,就叫“见性”。上边说过,弘忍说神秀的偈“未见本性”,慧能的偈“亦未见性”,因为那两个偈都没有讲到慧能在这里讲的道理。

慧能并且告诉了薛简“心要”和“得入”的方法,薛简“豁然大悟”(以上引文均见《五灯会元》卷一)。这一段文章很重要,但是事情发生在《坛经》行世以后,所以没有载入《坛经》。

在慧能的时代,哲学的用语还不很完备,所以慧能的意思还没有说清楚。用现在哲学中的话说,外道所说的不生不灭,是时间中的生灭相续,所谓无生,其实是长生。慧能所说的“本自无生,今亦无灭”,不是时间中的生灭相续,而是永恒。永恒不是长时间,而是无时间。

禅宗中的南北两宗不同,照传统的说法,是修行方法的不同,北宗主张“渐修”,南宗主张“顿悟”。这个不同是有的,但其所以有这个不同,是因为它们在哲学上有根本的不同。这个不同,就是主观唯心主义和客观唯心主义的不同。

第四十八章

隋唐佛学向宋明道学的过渡

第一节　所谓“三教合流”

从佛教在东汉时期进入中国以后，就有所谓三教，即儒、释、道三家。儒教就是以孔丘为主的儒家思想，道教就是以老子为主的道家的一部分思想，佛教则是以释迦牟尼为主的思想。如前几章所讲的，有一种一般的说法，认为儒教的思想是入世的，道教和佛教的思想是出世的。所谓“世”就是社会。就是说，儒家所着重的是社会内的事情，如社会组织和人与人的关系等。佛教和道教所着重的是脱离日常社会的生活，以求达到一个脱离社会的虚幻世界，即所谓成仙、成佛。道教的道士和佛教的和尚，都是所谓“出家人”。这个“出”字，就是所谓“出世”那个“出”字。严格地说，“出家”是可能的，“出”社会是不可能的。和尚、道士们纵然住在深山老林之中，但他们还是要吃饭穿衣，从社会中得到他们的生活必需品，他还是在社会之中。他们所宣扬的出社会的思想也还是一种社会思想，在社会中也产生一种消极的影响。

不过，相对地说，儒教和道教、佛教是有所谓“入世”和“出世”的这点不同。拿这个标准说，儒教是一边，道教和佛教是另一边。比如，就“出家”这一点说，儒教和道教、佛教的不同是显然的。道教和佛教的不同，粗看就不是那么显然。和尚和道士都出家修行，但是他们的目的还有不同。和尚们出家的目的是想成佛，道士们出家的目的是想成仙。当然佛、仙都是虚构，但照他们自己讲起来，却是根本不同的。

这些虚构，从其认识论的根源说，是围绕着一个人的生死问题而起的。儒、释、道三教对于人的生死这个问题各有不同的了解和不同的态度。

儒教对于生死的问题的了解、对于生死问题的态度基本上是合乎自然规律的。宇宙间的事物，有成必有坏，一切生物有生必有死。但是生物有一种传种接代的自然方法，那就是雌雄配合，生育子女。下一代的子女就是这一代的父母的替身。这一代的父母死了，下一代的子女可以把他的生命传递下去。所以一代一代的生物都是死而不死。就人类社会说，下一代的子女不仅可以传递这一代的父母的生命，还可以传递这一代父母的事业。就像老愚公移山时说的那样，这个山他这一辈子是挖不完的，但是他死了以后，还有他儿子继续去挖，他儿子死了以后，还有他的孙子继续去挖，他的子子孙孙是没有穷尽的，一直继续挖下去，他的移山的事业，终究是会完成的。老愚公的这一段话，也表示一种对于生死问题的态度。儒教对于生死问题的态度基本上也就是这样。

在《老子》这部书里面，关于生死问题，有两种思想。《老子》说："吾所以有大患者，为吾有身，及吾无身，吾有何患！"（第十三章）但《老子》也讲"深根固柢，长生久视之道"（第五十九章）。这两种思想是相反的。第一种思想认为，人生的一切麻烦都是由于有这个身体，如果没有这个身体，我的一切麻烦也都没有了。这种思想，可以说是对于人生的虚无主义。第二种思想认为，如果对于人的精神和身体保养得法，那就可以得到长生。后来庄子发挥了第一种思想，汉初的道家发挥了第二种思想。司马谈说："凡人所生者神也，所托者形也。神大（太）用则竭，形大劳则敝，形神离则死。死者不可复生，离者不可复合，故圣人重之。"又说："夫神大用则竭，形大劳则敝，形神骚动，欲与天地长久，非所闻也。”(《史记·太史公自序》引)这里谈到形、神关系的问题。司马谈认为,神是人的生命的根本,但是神必须有形以为寄托。神寄托于形,这就是形、神合。形、神合,人就生。如果没有形,神无所寄托,那就是形、神离。形、神离,人就死了。照司马谈的说法,神虽然是根本,但是离开形也不能单独存在。所以要想长生,必须形、神俱养。养的办法就是不要用之太过。这就是《老子》所说的“啬”。要想保养精神和身体,就要劳逸结合,如果结合得好,可以延年益寿,这是不错的。但是,司马谈希望保养精神,人的生命就可以“与天地长久”,这就是迷信。

魏晋的玄学家们,基本上是发挥《老子》的第一种思想以及《庄子》的思想。但是他们之中也有人不放弃《老子》的第二种思想,像司马谈所说的那样。《嵇康》的《养生论》就是讲“长生久视”这种思想。

道教的基本思想就是讲“长生久视”。晋朝的葛洪(自称为抱朴子)所作的《抱朴子》阐述了道教的基本理论,以及一些修行的方法。他说:“夫陶冶造化,莫灵于人。故达其浅者,则能役用万物;得其深者,则能长生久视。知上药之延年,故服其药以求仙。知龟鹤之遐寿,故效其导引以增年。”(《抱朴子·内篇·对俗》)意思就是说,人能役使万物,因为人能够懂得“道”,懂得浅的也能够叫万物听他的驱使(葛洪在这里所指的是画符念咒等巫术),懂得深的,就可以“长生久视”。人知道上等的药可以延年,所以就吃这种药,以求成为仙人。人知道龟和鹤的寿命很长,所以就学他们吸气的方法(导引),以增加自己的寿命。葛洪在这里说出了道教的基本原理,以及修炼方法的原则。基本原理是求“道”以得到“长生久视”。原则有两种,一种是吃药,以求外来的补助。道教所谓外丹,就是根据这个原则。另一个原则,就是自己用呼吸运气等方法,发挥人身体内部本来有的潜力。道教所谓的内丹,就是根据这个原则。

道教认为,靠这两种方法,可以得到长生。长生的人,就叫仙。所谓长生,就是这个身体永远存在下去。葛洪说:他听他老师说,仙人有的升到天上，有的照旧住在地上，各从其所好，如果炼成了金丹，愿意留在世间，可以先吃半剂，以后如果想升天，就把剩下的半剂也吃了。总之，已经得到长生不死，无论在什么地方住，都没有关系。彭祖活了八百岁，据彭祖说，天上有很多“尊官大臣”，新升天的仙人，地位比较低，如果升天还要伺候那些“尊官大臣”，所以他不愿意早升天，在人间住了八百年。又说成仙的人并不需要放弃妻子。人所以求长生，正是因为舍不得今天所欲求的事，“求长生者正惜今日之所欲耳”（同上）。葛洪的这一句话，说出了求仙的人的真正动机。秦皇、汉武求仙，因为他们舍不得他们的皇帝的地位。他们想得到一种“不死药”，吃下去可以长生不死。道教所说的长生不死，都是就这个身体而言，这个身体可以永远存在下去。住在地上是这个身体，升天也是这个身体升到天上去。认为形可以永远存在下去，那完全是迷信。

道教的人，在佛教进入中国以后，又模仿了佛教经典的形式，作了一些道教的经典。模仿佛教的宗教仪式，作了一些道教的仪式，以与佛教相对抗。

道教的长生不死的迷信，在佛教中也是有的。天台宗的祖师慧思，曾发誓愿，要作“长寿仙”，以学习和宣扬佛法。他说：“誓于此生作长寿五通仙，以为护法故求长寿命。”“誓愿入山学神仙，得长寿命学佛道，……过去、未来、今诸佛，所有经藏我悉持。一切十方世界中，若有佛法欲灭处，我愿持续命不灭，为彼国土人广说。”（《南岳思大禅师立誓愿文》，日本《大正大藏经》卷四六）他认为佛法无边，学是学不完的，世界无边，宣扬也宣扬不尽的，所以要先修成长寿仙，才可有充分时间做这些事。他的求仙的动机和道教不同，但其为迷信则一。

但这不是佛教的主要思想。佛教认为，形的存在或不存在是由一种更深的因果报应的规律所决定的。无论寿命的长短，都不能根本解决生死的问题。老子说：“及吾无身，吾有何患。”照佛教说，没有那么便宜的事，你即使没有身，你的大患仍然存在。你的身，不过是从无始以来,一连串的因果报应的一个环节。问题不在于你的这个身体是不是能够永远存在下去,而在于你怎样才能从这个因果报应的环节中跳出去。这个一连串的环节,就是所谓"生死轮回"。能够跳出去,就是所谓"超出轮回"。就生死问题说,佛教的说法,在表面上看起来似乎比较深入一层,但是其前提是个虚构。因前提是虚构,由此推论出来整个体系,也都是虚构的了。

佛教和佛学的整个体系,虽都是虚构,但其中牵涉到许多哲学问题。所以我们对于它在中国发展的三个阶段都作了评述。但是就道教说,它的前提是一个迷信,他所讲的修炼的方法可能牵涉到一些科学问题,但是,与哲学相距很远。

在南北朝的时候,道、佛二教的斗争是很激烈的。它们都想凭借一个时期的政治上的势力压倒对方,使自己占优势。唐朝的道宣所作的《广弘明集》,叙述了这种斗争的几次大事。

这些斗争都是你死我活的斗争,都以废除对方或压倒对方为目的。当时的统治者受其影响,或灭佛,或灭道。但是被灭的一方面,也都不久就又恢复。唐太宗以后,这种情况有所改变,由一教独尊,改为三教并行。唐太宗在贞观十三年(639 年),命令国子祭酒孔颖达,沙门慧净,道士蔡晃入弘文殿谈论三教。但是,对于道、佛两教,分了先后。因为唐朝的皇帝自称为是老子的后代,唐太宗在贞观十一年,命令在供斋的会中,道士的座位在和尚之上。有一部佛教经典中有"女主威伏天下"的话。武后当了皇帝,又命令说:"今后释教宜在道法之上,缁服处黄冠之前",把和尚的地位提高在道士之上。到了睿宗景云二年(711 年),又命令僧道"齐行并进",不分先后,和尚道士的地位是平等的。唐德宗于贞元十二年(796 年)在麟德殿命令给事中徐岱等与沙门覃延、道士葛参成论三教。第二年又命令沙门端甫入内殿与儒道论议。这些事情都说明在唐朝除唐武宗于会昌五年(845 年)一度灭佛法外,儒、释、道三教是并行的。

隋末唐初的一个文人王绩，在其《答程道士书》中说："孔子曰：'无可无不可'，而欲居九夷。老子曰：'同谓之元（玄）'，而乘关西出。释迦曰：'色即是空'，而建立诸法。此皆圣人通方之元（玄）致，宏济之秘藏。"（《全唐文》卷一三二）这就不但承认了三教并行，而且主张三教合流了。

《新唐书·王绩传》说："王绩……兄通，隋末大儒也。"《旧唐书·王勃传》说：王通"以著书讲学为业。依《春秋》体例，自获麟后，历秦、汉至于后魏，著纪年之书，谓之《元经》。又依《孔子家语》、扬雄《法言》例，为客主对答之说，号曰《中说》。"当时是佛教盛行的时候，这也是过渡时期的一个段落。

这个段落的趋势也表现在政治方面。在政治上三教并行之中，也有所偏重。在有所偏重中，儒教逐渐取得了优势，逐渐恢复了封建社会中统治思想的地位。

在唐朝开始的时候，唐高祖就命令在太学中立周公孔子庙。唐太宗在当秦王的时候，就在王府"开文学馆，召名儒十八人为学士，与议天下事"。他当了皇帝以后，又设"弘文馆，悉引内学士番宿更休。听朝之间，则与讨古今，道前王所以成败"。贞观六年（632 年）又"诏……以孔子为先圣，颜氏为先师。尽召天下惇师老德，以为学官"。太学的学生，能够通一种儒家的经典，就可以作官。他又"雠正五经缪缺，颁天下，示学者，与诸儒稡章句为义疏，俾久其传"。（《新唐书·儒学列传》序）

这里所说的义疏就是唐太宗命令孔颖达同颜师古等人所作的"五经正义"。《儒学列传》中的《孔颖达传》说："颖达与颜师古、司马才章、王恭、王琰，受诏撰五经义训，凡百余篇，号《义赞》，诏改为《正义》云。"

唐太宗命令孔颖达等人作《五经正义》，这是儒教逐渐恢复统治思想的地位的标志。儒家的经典在汉朝经过董仲舒等人的解释，成为他们宣扬谶纬迷信的工具。汉朝的唯物主义者，对于这种迷信，进行了坚决的斗争。东汉末年,农民大起义严重地打击了当时的地主在政治上和思想上的统治,在三国时期魏明帝命令何晏等人作《论语集解》。这是当时的统治阶级重新整顿儒家的经典、以使其为统治思想的一种尝试。何晏的《论语集解》,王弼的《周易注》,都排斥谶纬迷信,开辟一种新经学的风气。这种风气,后来转为玄学,没有发展下去。孔颖达的《五经正义》可以说是这个新经学的一种继续。他的《周易正义》用王弼的《周易注》,《诗经正义》用《毛传》,《书经正义》用《伪孔传》。这些传注,都是排除谶纬迷信的。何晏的《论语集解》以后也成为标准的注解。

据此,《五经正义》是在唐太宗亲自主持下写作的,其目的在于确定儒家经典的官方注解,充实经典的内容,恢复这些经典的权威,使儒家重新取得统治思想的地位。

孔颖达的《五经正义》的初稿出来以后,有些人提出批评的意见,唐太宗命令孔颖达重修。唐高宗永徽二年(651 年),命令中书门下与国子三馆博士、弘文馆学士考证之。他动员了所有当时政府中的高级官员以及文教界的人士,全力修订这个稿子。经过这番修订,才把这部书正式公布(《新唐书·孔颖达传》)。

第二节 韩愈、李翱在过渡时期的贡献

韩愈(768—824 年)邓州南阳人(今河南邓县),是唐朝文学界和思想界的一个重要人物,是当时复古运动的一个领袖,也是当时反佛教的一个有力的人物。这个复古运动有“文”和“道”的两个方面。在“文”的方面,是要用所谓三代两汉文体代替魏晋以来的骈文,用所谓“古文”代替魏晋以来的“靡靡之音”。在“道”的方面,要用儒教代替佛教和道教,为儒教争取统治的地位,以代替佛教或道教统治的地位。这个

运动说是复古,实际上是一种革新。

唐朝的皇帝自称是老子的后代。韩愈对于老子,有时也作些属于应酬性质的颂扬之辞。他有《和杜相公太清宫》诗颂扬老子说:"象帝威严大,仙宗宝历赊。……礼乐追尊盛,乾坤降福遐。"(《昌黎先生集》卷十)但是,他对于道教,作了尖锐的批判。

当时有个妇女名叫谢自然。据说,她修道成仙,肉体升天。韩愈作了一首诗:批判了这个谣言。在诗中,他先叙当时的谣言说:(谢自然)"凝心感魑魅,慌惚难具言。一朝坐空室,云雾生其间。如聆笙竽韵,来自冥冥天。白日变幽晦,萧萧风景寒。檐楹暂明灭,五色光属联。观者徒倾骇,踯躅讵敢前?须臾自轻举,飘若风中烟。茫茫八纮大,影响无由缘。里胥上其事,郡守惊且叹。驱车领官吏,甿俗争相先。入门无所见,冠屦同蜕蝉。皆云神仙事,灼灼言可传。"(《谢自然》,《昌黎先生集》卷一)这一段诗,活灵活现地把当时的谣言记录下来。据谣言说,谢自然有一天在家里坐着,忽然之间,生起云雾,又好像有音乐的声音从天上下来,房檐之间,有五色的光彩。顷刻之间,谢自然就飘入空中,升天去了。当地的官僚和老百姓进了她的屋子,只看见她的衣服鞋子,脱在那里。大家都认为她成仙去了。韩愈批判说:"人生处万类,知识最为贤。奈何不自信,反欲从物迁。……人生有常理,男女各有伦。寒衣及饥食,在纺绩耕耘。下以保子孙,上以奉君亲。苟异于此道,皆为弃其身。噫乎彼寒女,永托异物群。"(同上)这是从儒教的立场和观点批判道教。韩愈的意思是说:人生最重要的事情是穿衣吃饭。要解决衣食问题,就要老老实实地纺织、种地,这样就可以养活子孙,侍奉父母和皇帝。这是他反对佛教和道教的一个主要的理由和动机。

在批判这个谣言的时候,韩愈没有直接指出这完全是胡说八道、毫无根据的谣言。他认为谢自然是受了一种妖怪("魑魅")的迷惑而变成妖怪了。他说,在万物之中,人是最高的。谢自然不能自信,把自己变成不同于人的别种东西("异物群")。他认为谢自然"永托异物群"

是很可悲的。但是他不知道根本就没有像他所说的那种“异物群”。

韩愈还有一首诗,题目是《华山女》。诗中说:“黄衣道士亦讲说,座下寥落如明星。华山女儿家奉道,欲驱异教归仙灵。洗妆拭面著冠帔,白咽红颊长眉青。遂来升座演真诀,观门不许人开扃。不知谁人暗相报,訇然振动如雷霆。扫除众寺人迹绝,骅骝塞路连辎軿。观中人满坐观外,后至无地无由听。抽钗脱钏解环佩,堆金叠玉光青荧。天门贵人传诏召,六宫愿识师颜形。玉皇领首许归去,乘龙驾鹤来青冥。豪家少年岂知道,来绕百匝脚不停。云窗雾阁事慌惚,重重翠幔深金屏。”(《昌黎先生集》卷六)

在这首诗里面,韩愈生动地写了当时道教中的一件丑事。说的是道士讲经,听的人很少。他们就用了一个美人计,叫了一个华山女子上台去讲。他们故作神秘,把观(道教的庙宇叫观,念去声)门都关起来,可是,消息一传出去,起了一阵大轰动。寺(佛教的庙宇叫寺)里面的人都跑到观里来了。有钱的人,有的骑马,有的坐车,都来听讲。观里面坐满了,就坐在观外。后来观外也没有坐的地方了。他们把金银首饰脱下来作布施,堆积起来,五光十色。消息传到皇宫里面,皇后、妃子都想见华山女。皇帝传下命令叫她进宫,豪门大族的少爷们,不知道她已经进宫,还在观外跑来跑去。至于她进宫以后,见了皇帝,做些什么事,因为“云窗雾阁”,又加上重重的帷幕和屏风,很恍惚而不能说了。韩愈的这首诗,是对于道教的无情的讥讽和嘲笑。

韩愈对于佛教的最尖锐的斗争是他谏唐宪宗迎佛骨表。当时在凤翔一个寺庙里,有一块据说是佛的手指的骨头。唐宪宗元和十四年(817 年)派人把佛骨迎入宫内。韩愈上“表”反对。表中说:佛骨所到之处,迷信的人,“焚顶烧指,百十为群,解衣散钱,自朝至暮,转相仿效,惟恐后时”。表中说:“夫佛本夷狄之人,与中国言语不通,衣服殊制。口不言先王之法言,身不服先王之法服,不知君臣之义,父子之情。……况其身死已久,枯朽之骨,凶秽之余,岂宜令入宫禁? ……乞以此骨付之有司，投诸水火，永绝根本，断天下之疑，绝后代之惑。使天下之人，知大圣人之所作为，出于寻常万万也。岂不盛哉！岂不快哉！佛如有灵，能作祸祟，凡有殃咎，宜加臣身。上天鉴临，臣不怨悔。”（《论佛骨表》，《昌黎先生集》卷三九）

意思就是说，佛本来是野蛮的人，跟中国言语衣服都不相同，不遵奉中国古代先王的教训，不知道君臣关系的道理，父子关系的情分。况且他已经死了很久，剩下的骨头，又凶又脏，不可以进入宫内。请把这块骨头交给有关方面的人员，把它扔在水里或火里，永远断绝佛教的根本，叫天下的人，都不受佛教的迷惑。这才是大快人心的盛事。如果佛真是有灵，能够降祸于反对的人，那就请他把祸降到我的身上。我是绝不后悔的。

这个“表”上去以后，唐宪宗大怒，把韩愈贬为潮州刺史。这是当时反佛教斗争的一件大事。韩愈在往潮州的途上，作了一首诗。诗中说：“一封朝奏九重天，夕贬潮阳路八千。欲为圣明除弊事，敢将衰朽惜残年。”（《左迁至蓝关示侄孙湘》，《昌黎先生集》卷十）他的斗争的意志是很坚强的。

韩愈在理论上反对佛教、道教的著作是《原道》（《昌黎先生集》卷一一）。这篇文章开头说：“博爱之谓仁，行而宜之之为义，由是而之焉之谓道，足乎己无待于外之谓德。仁与义为定名，道与德为虚位。故道有君子小人，而德有凶有吉。”在这里，韩愈给仁、义、道、德下了定义。照他的定义，仁、义有特定的内容，是儒家所特别有的。道、德的意义比较宽泛。君子所由之路，可以叫做道，小人所由之路也可以叫做道。好的品质，可以叫做德，不好的品质也可以叫做德。

《原道》接着说：“老子之小仁义，非毁之也，其见者小也。……其所谓道，道其所道，非吾所谓道也。其所谓德，德其所德，非吾所谓德也。凡吾所谓道德云者，合仁与义言之也，天下之公言也。老子之所谓道德云者，去仁与义言之也，一人之私言也。”

意思就是说,老子讲道德,他的书就叫《道德经》,儒家也讲道德。道德本来是两个通用的名词,两家都可以用。但是,老子所讲的道德,并不是儒家所讲的道德。儒家所讲的道德,其内容包括仁义,这是天下的人所共同承认的道德。老子所讲的道德,其内容不包括仁义,这是他一个人的道德。

《原道》接着说:"周道衰,孔子没,火于秦,黄老于汉,佛于晋、魏、梁、隋之间。其言道德仁义者(案不当有仁义二字),不入于杨,则入于墨,不入于老,则入于佛。入于彼,必出于此。入者主之,出者奴之。入者附之,出者污之。噫,后之人其欲闻仁义道德之说,孰从而听之?"意思就是说,孔子所讲的道,就是周道。周道衰了,孔子死了,他的经典被秦朝烧了。他的道,在汉朝受到黄老的干扰,在六朝又受到佛教的干扰。在这些时候,讲道德的人不是入于佛,就是入于老。入于佛老的人,必定要脱离儒教。入于佛老的人,必定要以佛老为主,以儒家为奴,必定要迷惑于佛教道教,反对儒教。儒家的仁义道德甚至没有人讲了。这是韩愈叙述魏晋以来三教斗争的情况。

《原道》批判这些情况,说:"古之为民者四,今之为民者六。古之教者处其一,今之教者处其三。农之家一而食粟之家六,工之家一而用器之家六,贾之家一而资焉之家六,奈之何民不穷且盗也?"

意思就是说,古来把民按其职业分为四种,即士(知识分子)、农(农民)、工(手工业者)、商(即贾,做生意买卖的人),叫作四民。现在又有和尚、道士,四民就变成六民了。古来只有一个教,就是儒教,现在又加上道教、佛教,一教就变为三教了。农只有一家,而吃粮食的有六家;工只有一家,而用器具的有六家;贾只有一家,而六家的人都需要物资交换,商品流通。劳动工作的人还是那么多,凭空加上和尚、道士这两种吃闲饭的人,所以人民越来越穷,盗贼越来越多。这是从生产经济方面说明佛教、道教的危害性。

《原道》接着说:"古之时,人之害多矣。有圣人者立,然后教之以相生养之道。为之君,为之师。……为之礼以次其先后,为之乐以宣其湮郁,为之政以率其怠倦,为之刑以锄其强梗。"

意思就是说,在古时,害人的东西是很多的,人的生活是极困难的。后来出了圣人,教人怎样生活,给人立君,以统治他们,立师教育他们。怎样种庄稼,怎样盖房子,怎样交流物资,都是圣人教的。圣人还立了礼、乐、政、刑这些上层建筑。礼的作用是规定社会中先后的次序;乐的作用是发泄人的心中的烦闷;政的作用是管理人民,叫他们不敢懒惰;刑的作用是去掉那些敢于违抗的人,对于这些人要像除草一样,把他们统统除去。

韩愈在这里说出了封建统治阶级统治人民的一整套办法。韩愈在这里连用了许多"为之","之"就是指的人民。好像是圣人搞这些统治人民的办法,都是为了人民的利益,都是对于人民的仁慈。其实用的是刽子手、牧师的两手,这就是他所说的"博爱之谓仁"的具体内容。

《原道》接着说:"如古之无圣人,人之类灭久矣。何也? 无羽毛鳞介以居寒热也,无爪牙以争食也。是故君者,出令者也。臣者,行君之令而致之民者也。民者,出粟米麻丝(农)、作器皿(工)、通货财(商贾)以事其上者也。君不出令,则失其所以为君;臣不行君之令而致之民,则失其所以为臣;民不出粟米麻丝、作器皿、通货财以事其上,则诛。"

韩愈在这里特别提出封建社会中所谓君臣关系。上面讲的两种职能,在封建社会中也不是并立并行的。君是最高的统治者,师也是臣的地位。这一段的意思是说,君是最高发号施令的,臣是执行君的命令以统治人民的。民,有的出粟米麻丝(农),有的制造器具(工),有的流通货财(商贾)。他们用这些劳动工作以为在他们上面的人服务。君如果不发号施令,就失去其所以为君的道理。臣如果不执行君的命令以统治人民,那就失去所以为臣的道理。民如果不好好劳动工作,为在他们上面的人服务,那就要杀。

韩愈讲"四民",可是没有明确地说,士的职务是什么。实际上,在封建社会中,士就是臣的预备队,臣是封建社会中的官僚,封建政府的庞大的官僚机构就是靠这些官僚支持的,士就是候补官僚。

韩愈在这里讲了礼、乐、刑、政,讲了君、臣、民的关系,他认为这些都是应该如此的,都是非这样作不可的,这就叫"行而宜之"。他这里所说的,就是"行而宜之之谓义"的具体内容。

《原道》接着说:"今其法曰:必弃而君臣、去而父子、禁而相生养之道,以求其所谓清净寂灭者。……灭(各本无此字,以意加)其天常。子焉而不父其父,臣焉而不君其君,民焉而不事其事。……今也举夷狄之法而加之先王之教之上,几何其不胥而为夷也。"

意思就是说:现在道教和佛教的"法"告诉人民说,必须抛弃你们的君臣关系,去掉你们的父子关系,禁止你们的生活原则,这样才可以得到像道教所说的清净,像佛教所说的寂灭。这就是要消灭人的本性中所本来有的东西。和尚和道士们也都是子,可是他们不以他们的父为父;他们都是臣,可是不以他们的君为君;他们都是民,可是他们不干民所应该干的事。这就是把野蛮人的道理加到中国先王的道理之上,这就是把中国人降低为野蛮人。

韩愈在这里,从上层建筑方面,批判道教和佛教的危害性。指出,道教和佛教,都是破坏封建社会的伦常道德的。而中国封建社会的纲常名教的上层建筑,就是唯一的文化。破坏它,就是破坏文化,使中国的文明人降低为野蛮人。

其实,道教和佛教也是维护中国封建社会的上层建筑的,中国封建统治者也用他们作为维护封建统治的工具。就这一点说,儒、释、道三教是一样的。

《原道》最后说:"然则如之何而可也?曰:不塞不流,不止不行。人其人,火其书,庐其居,明先王之道以道之,鳏寡孤独废疾者有养也。其亦庶乎其可也。"

意思就是说:现在怎么办呢?回答说:如果不把水流的错误渠道堵

塞了,水就不向着正经的渠道流。如果不把错误的道理禁止了,正确的道理就不能通行。应该把佛教、道教的僧侣都恢复成为人,把它们的书都烧了,把它们的庙宇都改成住宅,宣扬中国的先王之道以教育人民,使那些鳏寡孤独、有疾病的人都能够生活,这就差不多了。

《原道》提出了韩愈所以反对佛教、道教的理由,表露了他反对佛教道教的动机以及禁止佛教、道教的措施。他的动机是庶族地主阶级的动机,他的理由是庶族地主阶级的理由。庶族地主阶级认为佛教、道教不适宜于作为统治人民的思想工具,而且对于地主阶级的统治有很大的危害性。他所想的是庶族地主阶级的利益,他的措施是依靠地主阶级的政权、用政治的力量禁止佛教和道教。

韩愈还作有《原人》。他说:"天者,日月星辰之主也。地者,草木山川之主也。人者,夷狄禽兽之主也。"(《昌黎先生集》卷一一)他认为,野蛮人和禽兽是一类的,严格地说,都不能算是人。佛教是野蛮人的教,中国人信了佛教,就变成野蛮人了,严格地说,就不能算是人了。应该把这些信佛教的人拉回到中国先王之道这边来,使他们恢复所谓人的资格。这就是所谓"人其人"。

禅宗自称,有一个它的这种"以心传心"的"心法",在印度经过七佛、二十八祖师的传授,经过菩提达摩,传到中国,为东土的初祖,经过五代的传授,到慧能为六祖。历代祖师,一脉相传。韩愈企图用禅宗的办法对抗佛教,他也为儒家制造了一个"道统"。据他说,儒家的"道",从神话式的人物尧开始,经过舜、禹、周文王、武王、周公传到孔子,孔子又传给孟轲。在《原道》中,他只说:孟轲之死,"不得其传焉"。在另一个地方他说:"释老之害,过于杨、墨。韩愈之贤,不及孟子。……使其道由愈而粗传,虽灭死万万无恨。"(《与孟尚书书》,《昌黎先生集》卷一八)他自以为是孟子以后的"道统"的唯一继承人。

《原道》说:"传曰:'古之欲明明德于天下者,先治其国。欲治其国者,先齐其家。欲齐其家者,先修其身。欲修其身者,先正其心。欲正其心者,先诚其意’。然则古之所谓正心而诚意者,将以有为也。今也欲治其心而外天下国家。”韩愈所引的“传”就是《大学》。韩愈指出,儒家也并不是不讲“正心诚意”,但它讲“正心诚意”的目的,为的是“治国平天下”。而佛教、道教讲“正心诚意”,却要抛弃天下国家。这里所说的就是所谓“入世”和“出世”的分别。这种分别是有的,上面已经说过。

《原道》提出《大学》还有一个重要的意义。佛教的经典分为经、律、论三藏。经据说是佛的言论,律规定佛教修行的清规戒律,论是对一些问题的有系统的阐述。佛教中各派别都有它们所根据的经、论。即使禅宗不立文字,也常引《金刚经》。韩愈为了对抗佛教的经、论,也想找出一些儒家的经典著作为根据。儒家虽然也有《五经》和《论语》、《孟子》等书,但除《易传》外,多不是对于某些问题的有系统的阐述。韩愈找出《大学》,引了一大段,这就是为他的“道统”找出一个经典。《大学》本来只是《礼记》中的一篇,韩愈把它挑选出来,成为后来道学所遵奉的《四书》之一。照后来道学家们的解释,《大学》有“三纲领”、“八条目”。“三纲领”是“明明德”、“亲民”、“止于至善”。“八条目”是格物、致知、诚意、正心、修身、齐家、治国、平天下。韩愈在《原道》中所引的,正是这个“三纲领”和“八条目”的一大部分。

韩愈又作有《原性》,为它的仁义作理论的根据。他说:“性也者,与生俱生也。情也者,接于物而生也。性之品有三,而其所以为性者五。情之品有三,而其所以为情者七。”(《昌黎先生集》卷一一)意思就是说:性是人生来就有的东西,情是人与外物接触的时候所发生的东西。性有上、中、下三品。上品是善,下品是恶,中品是可以为善也可以为恶。性的内容就是仁、义、礼、智、信这五种封建道德。情的内容是喜、怒、哀、惧、爱、恶、欲这七种情感。这七种情感,在发动的时候,有的得其中,合乎封建道德所规定的限制,有的太过,有的不及。这些情况是由人性的三品所决定的。所以随着人性的三品,情也有三品。照这样说来,仁、义是人的性中所本来有的。所以儒家所讲的以仁义为内容的道德,是合乎人性的。佛教、道教所讲的不以仁义为内容的道德,是违反人性的。

韩愈又举出哲学史中的三家人性论。一家是孟轲,认为人性善。一家是荀况,认为人性恶。一家是扬雄,认为人性是善恶混,其中有善的成分,也有恶的成分。韩愈认为孟轲讲的是就人性的上品而言的,扬雄讲的是就人性的中品而言的,荀况讲的是就人性的下品而言的,所以都不全面。

韩愈的性三品说不过是重复孔丘关于人性的说法。孔丘说,有中人的性,也有上智与下愚。中人的性可以为恶,也可以为善。上智与下愚是不可改变的。韩愈说:"上之性就学而愈明,下之性畏威而寡罪。是故上者可教而下者可制也,其品则孔子谓不移也。"(《昌黎先生集》卷一一)意思就是说,上品的性,如果加上学习,就更能发挥他的光辉。下品的性,也可以因制裁而少犯罪。所以上品可以教育,下品可以制裁,但这并不是对于性的本身有所改变。这就是孔子所说的"惟上智与下愚不移"。

如果把韩愈所说的三品的性和他在《原道》中所说的君、臣、民三个等级联系起来,就可以看出,他所说的有上品的性的人就是圣人,圣人是应该为君的。他所说的有中品性的人就是那些为臣的人。他所说的有下品性的人就是民,民所应该做的事就只能是老老实实地劳动,以侍候在他们上边的人。

韩愈又作《原鬼》,说:"有形而无声者,物有之矣,土石是也。有声而无形者,物有之矣,风霆是也。有声与形者,物有之矣,人兽是也。无声与形者,物有之矣,鬼神是也。"(《昌黎先生集》卷一一)

意思就是说,有些东西,有形象而没有声音,像土块和石头就是这一类的东西。有些东西,没有形象而有声音,像风和雷就是这一类的东西。有些东西又有形象又有声音,像人和禽兽就是这一类的东西。有些东西既没有形象也没有声音,像鬼神就是这一类的东西。韩愈相信有鬼神,而且相信有妖怪。上面说过,当时谣传谢自然成仙了,韩愈不相信她成仙,但是认为谢自然变成妖怪了。

韩愈反对佛教,但并不反对迷信。在这一点上他常常顺从世俗流行的见解。在《原道》中,他又认为,儒家的道不但合乎人性,而且合乎"天意"。"郊焉而天神假,庙焉而人鬼飨。"他又说,佛不能为祸于人,因为如果佛是个"君子",他"必不妄加祸于守道之人"。如果佛是个"小人",其人已死,其鬼不灵。"天地神祇,昭布森列,非可诬也。又肯令其鬼行胸臆,作威福于其间哉?"(《与孟尚书书》,《昌黎先生集》卷一八)韩愈否认佛能给人祸福,这是对的。但是他所举的理由,认为有"天"和各种的"神",不准佛胡乱给人祸福,这就是唯心主义了。

韩愈的文集中有几篇祭神文。他在潮州时,要驱逐鳄鱼,也派人先去祭告,限它们于三天至七天的期限中搬走,不然,就要派兵驱逐。(见《昌黎先生集》卷三七)柳宗元在柳州死了以后,柳州的人谣传柳宗元成神了,给他修了一座庙。韩愈作的碑文说:"余谓柳侯生能泽其民,死能惊动福祸之,以食其土,可谓灵也已。"(《柳州罗池庙碑》,《昌黎先生集》卷三一)韩愈相信,有有意志的天,可以赏善罚恶,又有一个鬼神系统,帮助天赏善罚恶。这正是道教的一部分的内容。就这一点说,韩愈反道教是不彻底的。

韩愈有很多的和尚朋友,特别是他被贬到潮州的时候,同一个名叫大颠的和尚来往相当密切。当时有一种谣言,说他同佛教妥协了。他的朋友孟简写信告诉他这个谣言。他回孟简的信说:大颠这个和尚"颇聪明识道理……实能外形骸,以理自胜,不为事物侵乱。与之语,虽不尽解,要自胸中无滞碍。以为难得,因与来往"(《与孟尚书书》,《昌黎先生集》卷一八)。这是韩愈的辟谣之辞。在这个辟谣之辞中,也可以看出韩愈的思想情况。他说:大颠"识道理","以理自胜",照他在《原道》中所用的逻辑推起来,道理也是虚位了。儒、释、道三教,各有各的道理。大颠所识的道理,“以理自胜”的理究竟是哪家的理,哪一家的道?如果大颠能“以理自胜”,所以能“外形骸”,“不为事物侵乱”,“胸中无滞碍”。如果是那样,他所识的道理,“以理自胜”的理,基本上还是佛教的道理。韩愈用这些话称许大颠,可见他同大颠的这些道理有共鸣之处。

韩愈反对佛教和道教,基本上是从政治、经济的问题上说的。他没有能够在哲学上反对道教和佛教,他没有能够把佛教道教的根本原则,提到哲学的高度加以批判。因此,他的批判就不会彻底。韩愈的自然观是唯心主义的,而且还是有神论的,多神论的。用这种思想批判佛教和道教,当然是不会彻底的。只有彻底的唯物论才能彻底地驳倒唯心主义和宗教迷信。

与韩愈同时的李翱(死于830年),对于韩愈的思想,作了发展和补充。他认为:“佛法之所言者,列御寇庄周言所(当作所言)详矣。其余则皆戎狄之道也。”(《去佛斋》,《李文公集》卷四)他指出,出家的佛教徒,“不蚕而衣裳具,弗耨而饭食充。安居不作,役物以养己者,至于几千百万人。推是而冻馁者几何人可知矣”(同上)。他的这些“排佛”的理由,同韩愈是一致的。

韩愈企图从理论上“排佛”,可是并没有接触到哲学的根本问题,并没有从哲学根本问题上与佛教作斗争。他的那些理论,并不能把佛教驳倒。李翱说:“惑之者溺于其(佛)教,而排之者不知其心。虽辩而当,不能使其徒无哗而劝来者。”(同上)他的这些话不一定是指韩愈说的,可是韩愈的《原道》确有这种情况。

李翱同韩愈一样,企图在儒家著作中,找出他所要依据的经典。韩愈找出了《大学》,李翱找出了《中庸》。李翱对于韩愈所制造的“道统”也作了一些补充。他认为孔子有“尽性命之道”的“道”。孔子的孙子子思,得了这个“道”,作《中庸》传给孟子。孟子死以后,《中庸》的文字固然还有人了解,可是其中所谈的“性命之源”就没有传人了。李翱认为,因此,谈到性命之源,人都“入于庄、列、老、释”。人都认为,儒家的人,“不足以穷性命之道”(《复性书上》,《李文公集》卷二)。他认为这是儒家所以敌不过佛教的一个原因。

佛教的思想体系包括有哲学方面的问题。其中有一部分就是李翱所说的关于“性命之源”的问题。要想驳倒佛教,必须对于这些问题提出与佛教不同的解决。李翱看出了这个问题,提出了《中庸》。

《中庸》原来也是《礼记》中的一篇,经过李翱的推崇,后来道学家把《中庸》列为《四书》之一,认为是儒家的一部根本经典。

李翱认为《中庸》是“性命之书”。《中庸》的头一句话就是“天命之谓性”,这可以说是谈到“性命之源”。但是专凭这样的一句话,还是不能解决问题。李翱企图发挥这部“性命之书”的思想。可是在哲学根本问题上,李翱的思想还是唯心主义。因此,在发挥《中庸》的时候,佛教的唯心主义哲学,对于他又是有用的了。他从佛教的唯心主义中吸取了很多东西。他的主观意图是企图以《中庸》抵制佛教,实际上是,在许多论点上,他把《中庸》同佛教合流了。

李翱作了三篇《复性书》。上篇总论性、情和“圣人”,中篇论所以“修养”成为“圣人”的方法,下篇论“修养”的必要。他认为,“人之所以为圣人者,性也。人之所以惑其性者,情也。”这同韩愈在《原性》中所讲的,在名词上看是一致的。但是,韩愈讲性情的善恶,只是就伦理道德方面说的。李翱所讲的不仅只是伦理学上的问题,而且是关于“性命之源”的哲学根本问题。

李翱说:“百姓之性与圣人之性弗差也。虽然,情之所昏,交相攻伐,未始有穷,故虽终身而不自睹其性焉。”(《复性书上》,《李文云集》卷二)意思就是说,平常人也都有与“圣人”完全一样的“性”,所不同的,就是平常人都为“情”所惑。他所说的性,实际上相当于佛教所谓“佛性”。他所说的情,实际上相当于佛教所谓“无明”。所谓“昏”就是无明的意思。因为昏,所以每人都有性而不自知。李翱不同意韩愈的性三品说,但是他的“复性”说更接近于佛教。李翱接着说:“圣人者,人之先觉者也。觉则明,否则惑,惑则昏。……夫明者所以对昏,昏既灭,则明亦不立矣。”(同上)意思就是说,“圣人”的特点就是“觉”,佛教所谓佛,也就是觉的意思。平常人虽不觉,可是其性完全与“圣人”无异。只要去掉“情”的“惑”,就可以恢复“性”的本来面目。这就是他所说的“复性”。李翱在理论上认为人的性都是一样,可是,实际上他肯定“圣人”与常人还是不同的,因为能“复性”的毕竟还是极少的一部分人。

李翱与佛教实际的不同,在于他和韩愈一样,肯定“君臣、父子、夫妇、兄弟、朋友,存有所养,死有所归。生物有道,费之有节。自伏羲至于仲尼,虽百代圣人不能革也”(《去佛斋》,《李文公集》卷四)。就是说,封建社会的道德和秩序是“性”的具体内容,因而也就是“圣人之道”的具体内容。

李翱认为他所讲的这些道理,就是“尼父(孔丘)之心”。“夫子复生,不废吾言矣。”(同上)他认为孟轲以后的“道统”就是归于他自己。

韩愈和李翱等所领导的复古运动,企图割去六朝骈文和玄学、佛学这一历史阶段,与秦汉以前接起来。对于骈文、玄学和佛学说,这个运动有革新的内容。但他们确实要恢复“孔子之道”的原来面目,所以这个复古运动也确实是名副其实的复古主义运动。

历史是不能割断的。对于佛教,如果没有彻底的唯物主义思想把佛教的唯心主义驳倒,那还是要受其影响。韩愈、李翱就是这样。他们是用他们儒家的唯心主义反对佛教的唯心主义。这种反对,只能是软弱无力的。

他们的又一个特点是,他们虽反对佛教而不反对迷信。这在韩愈尤其明显。他们的反佛教,不是唯物主义与唯心主义的斗争,而是唯心主义内部的斗争。

韩愈和李翱为道学奠定了基础。他们制造了一个“道统”,为道学作历史根据。他们提出《大学》、《中庸》,作为道学的基本经典,加上《论语》(韩愈和李翱曾合注《论语》)、《孟子》,成为后来的道学的《四书》。

但是,仅只如此还不够。要想有一个哲学体系,可以作为一个时代的时代思潮,它必须同佛教一样,包括哲学主要方面的根本问题。就这方面说,《四书》是不够的。李翱的《复性书》也引《易传》。《易传》后来也成为道学的基本典籍。但是也还不够。道学家必须把这些典籍中的思想加以提炼,把其中有一大部分原来只是伦理的思想,提到哲学的高度。道学家在这样作的时候,佛教就不是他们的哲学的对立物,反而成为他们所要吸取的养料了。李翱开了这样一个途径。后来的道学家都是照着这个途径进行的。

从唐末到宋初,随着地主阶级的要求的发展,韩愈在封建统治阶级中的地位,也越来越高。五代时期的刘昫所作的《唐书》(《旧唐书》)对于韩愈和李翱,仅只说,"虽于道未弘,亦端士之用心也"(《旧唐书·韩愈传》)。到北宋,欧阳修和宋祁所作的《唐书》(《新唐书》)就说:"自愈没,其言大行,学者仰之如泰山北斗云。"(《新唐书·韩愈传》)苏轼也说:(韩愈)"匹夫而为百世师,一言而为天下法。……文起八代之衰,道济天下之溺。"(《韩文公庙碑》,《东坡文集》卷五五)到了南宋时期,道学的体系完全建立起来。韩愈在封建统治阶级中的地位,就降低了。这是因为韩愈只是为道学的建立创造了条件,而在哲学上,还不能列入道学的创始者的行列。

从这些地方可以看出道学发展的阶段。

第三节 柳宗元的唯物主义思想和反迷信的斗争

柳宗元(773—819年)字子厚,河东人。是唐代著名的文学家和唯物主义哲学家。在唐顺宗的时候,王叔文做了宰相。他掌握政权只有几个月,就失败了。柳宗元参加了王叔文的政治改革运动。王叔文失败,柳宗元也被贬,终身受政治上的迫害。他的著作,后辑为文集,有不同的名称和版本,本章所根据的是称为《唐柳先生集》的四部丛刊本。

唯物主义哲学家柳宗元和刘禹锡,同唯心主义哲学家韩愈之间展开了一个唯物主义反驳唯心主义的辩论,这个辩论的主题是天与人的关系。

“天”这个名词,在中国哲学的著作中,有五种不同的意义。有一种意义是指与地相对的天,这可以说是“物质之天”。第二种意义,是指自然界及其规律,这可以说是“自然之天”。第三种意义是像一般宗教所说的上帝,这可以说是“主宰之天”。第四个意义是像有些唯心主义哲学家所说的宇宙精神,这可以说是“意志之天”。第五个意义是像有些唯心主义哲学家所说的宇宙的道德原则,这可以说是“道德之天”或“义理之天”。这五种意义的分别,在古代哲学著作中经常是不清楚的。

柳宗元作有《天说》(《唐柳先生集》卷一六)。这篇文章开头说:“韩愈谓柳子曰:‘若知天之说乎? 吾为子言天之说。……夫果蓏饮食既坏,虫生之。人之血气败逆壅底,为痈疡、疣赘、瘘痔,虫生之。木朽而蝎中,草腐而萤飞,是岂不以坏而后出耶? 物坏,虫由之生。元气阴阳之坏,人由之生。虫之生而物益坏,食啮之,攻穴之,虫之祸物也滋甚。其有能去之者,有功于物者也。繁而息之者,物之仇也。人之坏元气阴阳亦滋甚。垦原田,伐山林,凿泉以井饮,窾墓以送死,……其为祸元气阴阳也,不甚于虫之所为乎? 吾意,有能残斯人使日薄岁削,祸元气阴阳者滋少,是则有功于天地者也。繁而息之者,天地之仇也。……有功者受赏必矣,其祸焉者受罚亦大矣。子以吾言为何如?’”

这是韩愈的天说,照现在所有的材料看,韩愈没有这一篇文章。这大概是韩愈和柳宗元的一段谈话。“韩愈谓柳子曰”,这句话说明这一点。韩愈的这段话开始所说的天,是自然之天。他认为天就是元气阴阳。他说,草木瓜果坏了,就生虫,虫是破坏草木瓜果的。阴阳元气坏了就生人,人是破坏元气阴阳的。他列举了许多人类破坏元气阴阳的事实。假使韩愈能活到现在,他就能列举更多的、更严重的事实。因此他认为如果有人能够破坏人类的生存,他就对于天有大功;如果有人能够帮助人类,使其进一步破坏元气阴阳,他就是天的仇人。对于天有功的人就应该受天的赏,如果是天的仇人,就应该受天的罚。

韩愈在这段话里,开始所谈的问题,是人类和自然斗争的问题。在这个斗争中,人要战胜自然,改造自然。用韩愈的话说,就是破坏自然。可是,在后半段,韩愈所说的天,就不是自然之天,而是主宰之天了。这个天能分别什么人对于它有功,什么人对于它有罪。这是韩愈的话第一层意思。人是破坏天的,是天的仇人。对于人类有功的人,就是对于天有罪,对于人类有罪的人,就是对于天有功。这是韩愈这段话的第二层意思。第一层意思同韩愈向来所主张的是一致的。第二层意思同韩愈向来所主张的相违背。韩愈向来主张天赏善罚恶。这个善恶是就人类说的。对于人类有益的是善,对于人类有害的是恶。韩愈的第二层意思是他发牢骚的话。韩愈曾经两次被贬,被贬的原因,都是因为他做了他认为是对于人有益的事,所以他发这样的牢骚。柳宗元的《天说》接着说:“柳子曰:‘子诚有激而为是耶?则信辩且美矣。吾能终其说’。”意思就是说,你的话的意思大概是牢骚之辞,你的话是很好,但你没有从其中推出应有的结论。我替你推出这个结论。

《天说》接着说:“彼上而玄者,世谓之天。下而黄者,世谓之地。浑然而中处者,世谓之元气。寒而暑者,世谓之阴阳。是虽大,无异果蓏、痈痔、草木也。”意思就是说,往上边看那个苍苍的东西,就是一般人所说的天。往下边看那些黄色的土,就是一般人所说的地。在天地中间,有些浑然不分的东西,这就是一般人所说的元气。冬寒夏热,这就是一般人所说的阴阳。这些东西虽然很大,但是,和果蓏、痈痔、草木都是一类的东西。就是说,都是物质的东西。柳宗元在这里所说的天,是物质之天。他肯定天是物质的东西,地也是物质的东西,以及天地之间的大大小小的东西都是物质的东西。这是一个唯物主义的原则。

《天说》接着说:“假而有能去其攻穴者,是物也,其能有报乎?蕃而息之者,其能有怒乎?”意思就是说,果蓏草木坏了,就生虫。人的血气坏了,就生疮。虫害果蓏草木,假使有人能把虫去掉,果蓏草木能够感恩吗?假使有人培养这些虫,让他繁殖,果蓏草木能够发怒吗?当然是不能的。

《天说》接着说:“天地,大果蓏也。元气,大痈痔也。阴阳,大草木也。其乌能赏功而罚祸乎?功者自功,祸者自祸,欲望其赏罚者,大谬。呼而怨,欲望其哀且仁者愈大谬矣。”意思就是说,天地、元气、阴阳和果蓏草木都是一类的东西。它们都不能赏功,也不能罚祸。有功的人就是有功,有祸的人就是有祸,这和天是两回事,其间并没有什么关系。有些人希望天赏功罚祸,这是大错。更有些人,有了什么冤屈就怨天恨地,有些人还认为天是仁慈的,希望天能救他们,这更是大错特错了。

《天说》接着说:“子而信子之仁义以游其内,生而死尔,乌置存亡得丧于果蓏、痈痔、草木耶。”意思就是说,你是相信仁义的,你就本着你的仁义生活,也无非就是由生到死。何必在果蓏草木上边考虑存亡得失?这是柳宗元对于韩愈的一个劝告。

柳宗元对于韩愈的第二层意思,未加批评,认为这是他的牢骚之辞。对于韩愈的第一层意思加以批评,因为这是物质和精神哪个是第一位的问题,这是唯物主义和唯心主义的根本分歧的问题。

柳宗元又作有《天对》(《唐柳先生集》卷一四)。战国时期的屈原作了一篇《天问》,提出了一些哲学上和历史上的问题。他把这些问题作为疑问提出来,有问而无对。柳宗元的《天对》就是要回答屈原所提出的问题,所以叫《天对》。

关于屈原的《天问》,本书在第二册第十八章中已经讲过。关于柳宗元的《天对》,朱熹在他的《楚辞集注》中说,向来注释《天问》的人,都注重在文字上的注解和故事上的考证,不了解屈原为什么要这样问,更不知道应该怎样回答这些问题。唐朝的柳宗元能够从义理上回答这些问题。但是他学未闻道,所以他的对还是不能令人满意的。朱熹在他的《楚辞集注》中,也作了一些"对"。

朱熹的话的前半段所说倒是事实,在后半段中,他说柳宗元"学未闻道",这个道是唯心主义的道。柳宗元从唯物主义的观点回答屈原所提出的问题,当然不能叫朱熹满意。朱熹的"对",是从唯心主义的观点提出的。在中国哲学史中,从哲学上回答屈原所提出的问题,也就是柳宗元和朱熹两家。下面我们把两家的观点比较一下。

屈原的《天问》开头就问:"遂古之初,谁传道之?上下未形,何由考之?冥昭瞢暗,谁能极之?冯翼惟象,何以识之?明明暗暗,惟时何为?"这是屈原就当时所流行的一种宇宙发生论所提出的疑问。

这里所提出的,首先是一个关于认识论方面的问题。朱熹的《楚辞集注》解释《天问》开头这几句话说:"往古之初,未有天地,固未有人,谁得见之,而传道其事乎?"意思就是说,讲到宇宙发生,就是要讲还没有人的时候的事。既然还没有人,是谁把这些事传说下来的。要说那个时候,一切都是浑然不分("冥昭瞢暗,冯翼惟象",都是还没有光明、还没有分别的意思),又怎能够有认识呢?

柳宗元回答说:"本始之茫,诞者传焉。鸿灵幽纷,曷可言焉?曶黑晰眇,往来屯屯,庬昧革化,惟元气存,而何为焉?"意思就是说,关于宇宙开始的情况,是"诞者"传说的。那种情况是浑沌不分的,这本来是没有什么可说的。后来分别明暗,还有许多变化,这都是由于元气的存在。这都是出于自然,并不是有意识的作为。

"诞"指夸张而没有充分根据的话。"诞者"就是说这一类话的人。这并不是说,他所说的话,完全是荒谬的。只是说,这些话是夸张的,没有充分的根据,是一种揣度之辞。

朱熹的《楚辞集注》说："答之曰：开辟之初，其事虽不可知，其理则具于吾心，固可反求而默识，非如传记杂书谬妄之说，必诞者而后传，如柳子之所讥也。"这是朱熹对于屈原的这样的"问"的"对"。他的意思是说，关于天地开辟的事情，虽然没有人看见，但是关于天地开辟的"理"，确是人的心中所具有的。只要向人的心中认识这种"理"，就可以知道天地是怎样开辟的。这并不是像一些历史故事，必须诞者才能传说，像柳宗元所批评的那样。这是朱熹对于柳宗元"对"的批评。

柳宗元的"对"和朱熹的"对"，比较起来，不仅其内容截然不同，他们所用的方法，也是截然不同的。

柳宗元的方法是从经验、事实出发。他认为，关于天地开辟的情况，就当时的知识的水平，是没有充分的根据可以明确地说的。所有的说法，都是一种没有充分根据的说法，所以说"诞者传焉"。这不一定是对于这些说法的批评，这只是说明，关于这些说法的一种不可避免的情况。柳宗元在《封建论》中说："天地果无初乎？吾不得而知之也。生人果有初乎？吾不得而知之也。然则孰为近？曰：有初为近。"（《唐柳先生集》卷三）在这里，柳宗元明确地说天地是否真是无开始，他不知道。人类是否真是有开始，他也不知道。他对这两个问题的提法，说明他倾向于认为天地是无始的，人类是有始的。他认为，人类有始的说法比较合乎事实。就下文看起来，他所说的"有始为近"是专就人类说的。柳宗元的这种态度，是唯物主义的态度。他的方法，是唯物主义的方法。他重视经验事实，不肯轻信没有充分根据的揣测之辞。

朱熹的态度和方法，完全不同。他认为像天地开辟这一类的问题，可以从"理"上去推，所以，朱熹和柳宗元的分歧是唯理论和经验论的不同。

屈原的《天问》说："阴阳三合，何本何化？"意思就是问，阴阳三者合起来哪一个是本，哪一个是化。阴阳就有两个，怎么是三合，那个第三者又是什么。这一点屈原没有说清楚。但是提出来的一个问题，就是问:在三者中间,哪一个是根本,哪一个是从根本化生出来。就是要问:哪一个是根本的,哪一个是派生的。

柳宗元回答说:"合焉者三,一以统同。吁炎吹冷,交错而功。"意思就是说,三个东西合成一个东西,有寒有热,寒热交错,发生作用。

所谓三者是什么?柳宗元也没有清楚地说。他在《天说》中说,上边有天,下边有地,中间有元气阴阳。照这个说法,所谓三者就是天、地、元气阴阳。所谓寒热就是指阴阳。照《天说》中所说的,他似乎认为天地是本,元气阴阳是化,这同中国哲学史中唯物主义者一般的说法不同。一般的说法,认为元气是本,天地是化。无论如何,柳宗元的这个回答,是一个唯物主义的回答。

朱熹的《楚辞集注》说:"此问盖曰:明必有明之者,暗必有暗之者,是何物之所为乎?阴也、阳也、天也,三者之合,何者为本、何者为化乎?今答之曰,天地之化,阴阳而已。……所谓天者,理而已矣。……是为阴阳之本,而其两端,循环不已者为之化焉。"照朱熹的解释,三合的"三",就是阴、阳、天。阳是明,阴是暗,天是使明能明、使暗能暗的根本原因,"理"是使明能明、使暗能暗的原则。天就是"理",阴和阳,一暗一明,一静一动,循环不已,这就是化。理是阴阳的"本",阴阳是理的"化",这是一种唯心主义的回答。朱熹的态度和方法,是唯心主义的。

柳宗元又作《时令论》上、下两篇(《唐柳先生集》卷三),对于《礼记》中的《月令》提出批判。关于《月令》,本书在第二册中,已经讲过。《吕氏春秋》有十二纪,每一纪里的第一篇专讲某一个月的天文、气候和其他方面的自然情况。根据这种情况,决定在生产方面所应该做的事情,以及统治者在宗教政治方面所应有的活动。十二纪有十二篇,综合起来,就成为一年十二个月的月历。汉朝人把这个月历从《吕氏春秋》中抽出来,编入《礼记》,称为《月令》。

《时令论》说:"其(《月令》)言有十二月,七十有二候,迎日步气,以追寒暑之序，类其物宜，而逆为之备，圣人之作也。然而圣人之道，不穷异以为神，不引天以为高，利于人，备于事，如斯而已矣。观《月令》之说，苟以合五事，配五行，而施其政令，离圣人之道，不亦远乎？”意思就是说，《月令》讲每年有十二个月，每月有六种物候，如雁来、花开之类，以表示气象上的变化。根据这些物候，可以知道春、夏、秋、冬四时的变化。在每一种变化中，生产特别是在农业生产方面，应该做些什么事，可以预先准备，这是正确的，这是合乎圣人之道的。但是圣人之道，不讲特别奇怪的事以表示神秘，不讲有意志的天以表示自己的高贵，它所讲的，仅只是于人有利，于事情能做好准备。它所讲的就是这些。可是《月令》所讲的，用国君的貌、言、视、听、思这五事，配合水、火、木、金、土这五行，用这些东西，决定国家的政治上的措施和号令，这离圣人之道是很远的。

《月令》是科学和宗教迷信的混合产物，柳宗元在这里明确地区分了其中的科学方面和宗教迷信方面。其科学方面，柳宗元认为是圣人之道。这一方面，我们现行的农历基本上继承下来。其迷信方面，应该批判。柳宗元《时令论》就是批判《月令》的这一方面。

《时令论》接着说：“凡政令之作，有俟时而行之者，有不俟时而行之者。”就是说，政治上的措施和号令，有些是要随着天时的变化而决定的，有些是不随着天时的变化而决定的。前者必须等待有合适的天时，才能施行，后者完全不要等待。比如说，在孟春的时候（农历正月）在农业生产方面，应该整顿田地，兴修水利，修理农具，这一类的事情，是要同天时配合的。在孟秋的时候，要号召人民，准备种麦，预备棉衣，储藏柴炭，修理仓库，这也是和天时相配合的。至于说，春天是万物生长的时候，国君也应该举行庆赏，秋天是万物衰落的时候，国君也应该在这个时候施行刑罚。其实，庆赏刑罚，这一类的事情是“不俟时而行”的，完全没有与天时配合的必要。可是《月令》还认为，非在春天不能行庆赏，非在秋天不能行刑罚，国君在政治上的措施和号令，不能违反时令,如果反时令,那就要有天灾人祸。柳宗元说:“若是者特瞽史之语,非出于圣人者也。”就是说,那些话完全是宗教迷信。

《月令》的迷信部分所根据的原则,是“天人感应”。它认为人的行事的善恶得失,可以感动天。天是有意志的,它能够随着人事的善恶得失给他们以应得的赏罚。比如说,风调雨顺就是天的赏,自然的灾害就是天的罚。柳宗元又作《断刑论》(《唐柳先生集》卷三)批判这种迷信。《断刑论》说:“赏以春夏,而刑以秋冬,而谓之至理者,伪也。”意思就是说,有些人肯定必须在春夏才能行赏,必须在秋冬才能刑罚,认为这是一个真理。这个真理,是假的。

《断刑论》又说:“或者务言天而不言人,是惑于道者也。胡不谋之人心以熟吾道,吾道之尽而人化乎?是知苍苍者焉能与吾事而暇知之哉?”意思就是说,有些人专讲天而不讲人,这是对于真理的不了解。应该注意于人的思想,以熟习我们所说的道理,如果完全懂得我们的道理,人的思想就起了变化。那个苍颜色的物质是天,不能干预我们的事情,我们也没有工夫去考究它。

《断刑论》说:“或者乃以为雪霜者,天之经也;雷霆者,天之权也。非常之罪,不时可以杀,人之权也。当刑者必须时而杀,人之经也。是又不然。夫雷霆、雪霜者,特一气耳,非有心于物者也。圣人有心于物者也。春夏之有雷霆也,或发而震破巨石,裂大木,木石岂为非常之罪也哉?秋冬之有霜雪也,举草木而残之,草木岂有非常之罪也哉?彼岂有惩于物也哉?彼无所惩,则效之者惑也。”

意思是说,有些人认为,也不是说不在秋冬就绝对不可以杀人。什么事情都有“经”有“权”。“经”是原则,“权”是随时的变动。比如说,秋冬有霜雪,这是天的“经”,春夏有雷霆,这是天的“权”。遇见有非常的大罪,可以不必等待秋冬就可以杀人,这是人的“权”。必须秋冬才可以杀人,这是人的“经”。柳宗元说:这种说法也不对。自然界的雷霆霜雪,都是阴阳之气的变化,并不是有意识的。而人的赏罚,是有意识的。天在春夏的时候有雷霆能够破坏大石、大木，这并不是因为大石、大木有非常的大罪。在秋冬的时候，有霜雪，能够使草木凋零，这也并不是因为草木有非常的罪。雷霆霜雪，对于木石、草木并没有自意识的惩罚。人对于人的刑法，是有意识的惩罚。说有意识的惩罚，应该仿效无意识的霜雪雷霆，这是不合道理的。

柳宗元在这里明确地指出了天与人的分别，划清了天与人的界限，也就是划清了自然和社会的界限。这里所谓天，是物质之天，或自然之天。人都是社会中的人。自然界的变化和人的行为之间的主要分别，在于柳宗元所说的无心或有心。他认为自然的变化都是无意识的，人的活动是有意识的。"天人感应论"就是在这一点上混淆了天和人的分别。这个分别一混淆，所谓天就是主宰的天和意识的天，这就成为唯心主义自然观，成为目的论。唯物主义自然观就是要在这一点上同唯心主义划清界限，反对目的论。柳宗元正是这样做的。

柳宗元的这种唯物主义主张，还表现在他所作的《非国语》中。《国语》是先秦的一部历史书，其中有许多宣扬迷信的记载。柳宗元说："而其说多诬淫不概于圣"，他"本诸理，作非国语"（《唐柳先生集》别集上）。就是说他要根据唯物主义的道理批判《国语》。

《国语·周语》中有一条记载说：在周幽王二年（前780年）发生了地震。有三条河都被震动而干枯了。当时有一个名叫伯阳父的人说："周将亡矣。"柳宗元批判说："山川者，特天地之物也。阴与阳者，气而游乎其间者也。自动自休，自峙自流，是恶乎与我谋？自斗自竭，自崩自缺，是恶乎为我设？彼固有所逼，引而认之者，不塞则惑。夫釜鬲而爨者，必涌溢蒸郁以糜百物。畦汲而灌者，必冲荡溃激以败土石，是特老圃者之为也，犹足动乎物。又况天地之无倪，阴阳之无穷，以澒洞轇轕乎其中，或会，或离，或吸，或吹，如轮，如机，其孰能知之？"

意思就是说，山川不过是天地之间的一种东西，阴阳是气，在天地之间的各种东西之间流动。它的流动和静止都是出于自然，并不是有什么打算。山有时崩了,水有时干了,这都是自然而然,并不是为人而设。这些自然情况,是受一种自然力量的支配。认为自然界的变动,都是为人打算,这是错误的。这种错误说法,如果不把它批判掉,那就会使人迷惑。一个老太太烧火做饭,必有热气冲激,饭才能熟。一个种菜园的老人用水浇菜,也必须有冲激的力量,才能把土石冲开。一个老太太和一个种菜的老人,还能够引起自然界的变动,何况天地之大是无限的,阴阳之气的力量是无穷的。气在天地之间有各种各样的变动,这是人所不能完全知道的。

柳宗元在这里指出,像地震、山崩、川竭这些自然现象,都是阴阳之气流动冲激的作用。人的认识不能完全了解这些作用。但是有一点是肯定的,那就是这些作用都是出于必然,并不是替人打算,也不是替人的行动准备什么条件。柳宗元在这里所说的,气与天地万物的关系,和他在《天说》中所说的是一致的。他认为气是天地之间的流动的东西,并不是先天地而有的。

柳宗元接着说:“且曰:‘源塞国必亡’。‘人乏财用,不亡何待?’则又吾所不识也。且所谓者天事乎?抑人事乎?若曰天者,则吾既陈于前矣。人也,则乏财用而取亡者,不有他术乎?而曰是川之为尤,又曰‘天之所弃,不过其纪’。愈甚乎哉,吾无取乎尔也。”

意思是,有人说,河里水源塞住了,这对于生产是很大的危害,生产受害,经济受其影响,所以要灭亡。回答说:你这个说法,我不能懂。你所说的究竟是天事还是人事?如果你讲的是天事,天事不是为人事打算,这一点我上面已经讲过。你如果讲的是人事,在人事中间危害生产、妨碍经济的事情多得很,为什么把山崩、川竭特别提出来作为罪魁祸首?况且又断定西周在十年之内就要灭亡,这就更荒唐了。这种荒唐的话,我是不相信的。

柳宗元关于人事方面的主要著作,是他的《封建论》(《唐柳先生集》卷三)。

这里所谓封建，同我们现在所谓封建，意义完全不相同。我们现在所谓封建，指的是五种社会制度中的一种。《封建论》所说的封建，是封土建国。同封建制相对立的是郡县制。

秦始皇统一中国，在郡县制的基础上建立了封建专制主义的中央集权的中央政府。在这种制度中只有皇帝是世袭的，其余的统治者，无论大小，都是皇帝的官吏。这样就结束了以前的诸侯割据的局面。这是中国历史中的一次大改革。秦朝以后，统一与地方割据的斗争，在实际政治上，屡次反复。在思想辩论上也时断时续。梁昭明太子的《文选》中有曹冏的《六代论》、陆机的《辩亡论》都主张恢复封建制。在唐朝的初年，唐太宗也讲"封建事，欲与三代比隆"。当时有许多人反对，没有实现。在武则天以后，又有人主张恢复封建制(《宗室传赞》,《新唐书》卷七八)。隋唐以来，历史发展的趋势是恢复秦汉建立的统一的中央集权，反对地方割据。唐朝中期以后，军阀专权，实际上又形成了诸侯割据的局面。在这种形势下，柳宗元作《封建论》，反对封建制。

复古主义者的一个论点，就是认为封建是圣人规定的制度，圣人所规定的必然是好的，所以不可改变。

对于这个论点，柳宗元驳斥说："封建非圣人意也，势也。"就是说封建并不是圣人有意规定的制度，并不是圣人的意志所决定，只是当时的形势必须如此。

《封建论》引历史的事实，以说明所谓"势"的意义。它说："又以为殷周圣王也，而不革其制，固不当复议也。是大不然。夫殷周之不革者，是不得已也，盖以诸侯归殷者三千焉，资以黜夏，汤不得而废。归周者八百焉，资以胜殷，武王不得而易。徇之以为安，仍之以为俗，汤、武之所不得已也。"

意思就是说，有人认为殷朝和周朝的创始人都是圣人，可是他们都没有改革封建制，所以对于封建制是不能批判的。这种意见是错的。殷周之所以没有改革封建制，是为当时的形势所迫，不得已而如此。在殷朝以前,本来就有许多诸侯。殷朝的汤王伐夏的时候,有三千诸侯归附,汤王靠这些力量才能把夏朝灭了。成功以后,他不能把原来帮助他的诸侯都废了。周武王伐殷的时候,有八百诸侯来归附,武王靠这些力量才能把殷朝灭了。成功以后,他不能把原来帮助他的诸侯都废了。所以汤王和武王只能够维持现状,使之成为风俗习惯。汤、武并不是愿意如此,只是不得已而然。

主张恢复封建的人的第二个论点是,过去行封建制的殷周朝代都能维持很久。周朝能维持八百多年。秦朝废封建制,行郡县制,只维持了两代就灭亡了。可见对于统治者说,封建制比郡县制优越多了。

对于这个论点,《封建论》说:"余以为周之丧久矣,徒建空名于公侯之上耳。得非诸侯之盛强,末大不掉之咎欤?遂判为十二,合为七国,威分于陪臣之邦,国殄于后封之秦。则周之败端其在乎此矣。秦有天下,裂都会而为之郡邑,废侯卫而为之守宰,据天下之雄图,都六合之上游,摄制四海,运于掌握之内。此其所以为得也。"

意思就是说,从形式上看,周朝维持了八百年,实际上并没有那么久。周朝平王东迁以后,也就降为诸侯之一,不过是有一个王的空名。后来诸侯兼并,先并为十二国,后并为七国。就是这七国之中,也有许多为它们的原来的臣所篡夺。秦国在周朝是后封的,可是它把其余的六国都灭了。可见,周朝衰败的原因就是封建制。秦朝夺得政权,把原来各国的都会改为直接隶属于天子的郡的首府,废除世袭的诸侯,代之以由天子直接任免地方官。天子自己占住天下的要害之地,把天下都掌握在自己的手中,这是郡县制的优越之处。

《封建论》又说:"周之事迹断可见矣。列侯骄盈,黩货事戎。大凡乱国多,理国寡。侯伯不得变其政,天子不得变其君,私土子人者,百不有一。失在于制,不在于政。周事然也。秦之事迹亦断可见矣。有理人之制而不委郡邑是矣,有理人之臣而不使守宰是矣。郡邑不得正其制,守宰不得行其理,酷刑苦役,而万人侧目,失在于政,不在于制。秦事然也。”

意思就是说，周朝的事情是很清楚的。当时的诸侯骄奢淫逸，只知道要钱、打仗。总起来说，那个时候的列国，乱的占多数，治理好的占少数。侯伯(率领一个地区的大国)也不能改变它们的政治，天子(周王在名义上称为天王)也不能废黜它们的国君。有人说，这些国君必然把他的国当成他的私产，把他的老百姓当成他的子女。出于他的私心，他必然要好好地管理他的私产，保护他的子女。其实，能够这样做的，一百个之中也没有一个。这就证明封建制是不好的。周朝的错，就错在封建制上。它的政治也不见得特别的坏，错在制上，不在政上。周朝的事情就是这样。秦朝的事情也是很清楚的。秦朝行郡县制，这种制是可以治理人民的，但是它没有把这种权完全交给郡邑。它有能够治理人民的官僚，但是不用他们到郡邑里面当长官。郡邑不能正确地实现这种制度，各地方的长官也不能很好地治理人民。它的刑法是残酷的，徭役是困苦的，以至于引起广大人民的怨恨。秦朝的制度是好的，政治是坏的，错在政治上，不在于制度上。《封建论》用历史的事实证明郡县制优于封建制。

柳宗元认为，封建和郡县是两种制度。一个时期的政治上的措施，同制度不是一回事。坏的制度不一定就有坏的政治，好的制度也可能有坏的政治。他用这种分析法，驳斥了从汉朝以来拥护封建制的复古主义论点。

柳宗元认为，在封建和郡县这两种制度中，后者优于前者。其所以优，因为有利于地主阶级的专制主义的中央集权的政权。他指出，在秦朝灭亡的时候，“有叛人而无叛吏，人怨于下而吏畏于上”。就是说，在当时的农民大起义中，人民背叛了秦朝，可是，统治郡县的官僚没有背叛的。人民在下面怨恨秦朝最高统治者，可是，统治地方的官僚还是害怕最高统治者的刑罚，不敢背叛。汉朝部分地恢复了封建制。《封建论》说：“然而封建之始，郡国居半。时则有叛国而无叛郡。秦制之得，亦以明矣。”就是说,在汉朝初年,全国之内有的地方是封建制的国,有的地方是郡县制的郡。郡、国各有一半。后来,那些封建制的国叛变了。当时只有叛变的国,没有叛变的郡。这就可以证明了秦朝的郡县制是好的。《封建论》接着说:“唐兴,制州邑,立守宰,此其所以为宜也。然犹桀猾时起,虐害方域者,失不在于州,而在于兵。时则有叛将而无叛州。州县之设,固不可革也。”意思就是说,在唐朝的初年,也是行郡县制,这是很合适的。到了后来,各地的军阀搞割据,对于中央政府半独立,甚至叛变。在这个时候,只有背叛的有兵权的将领,没有背叛的州县的官吏。这可见郡县制是不可变的。在柳宗元的时候,正是唐朝的藩镇地方割据最厉害的时候。《封建论》的这一段,表现了这篇文章在当时的现实意义。

在中国的封建(现在所说的封建)社会中,秦朝建立了中央集权的专制主义地主阶级政权,郡县制是中央集权的专制主义政权的必然产物,这种政权对于中国的统一是必要的。中国的统一,也是今天社会主义中国的繁荣富强的必要的条件。这是中国历史发展的规律和趋势。主张割据的人想恢复封建制,这是违反历史发展的规律。柳宗元的《封建论》是同当时地方割据势力斗争的一篇重要著作。

在《封建论》中,柳宗元还提出了他的社会观和历史观。《封建论》说:“天地果无初乎?吾不得而知之也。生人果有初乎?吾不得而知之也。然则孰为近?曰:有初为近。孰明之?由封建而明之也。……彼其初与万物皆生,草木榛榛,鹿豕狉狉,人不能搏噬,而且无毛羽,莫克自奉自卫。荀卿有言,必将假物以为用者也。夫假物者必争,争而不已,必就其能断曲直者而听命焉。其智而明者,所伏必众,告之以直而不改,必痛之而后畏。由是君长刑政生焉。故近者聚而为群,群之分其争必大,而后有兵有德。又有大者,众群之长又就而听命焉,以安其属,于是有诸侯之列。”

意思就是说,人类的存在是不是有一个开始,这是很难决定的一个问题。但是，认为有一个开始，似乎是近于事实。怎么知道呢？从封建这个历史事实就可以知道。在初有人类的时候，人同其他生物，同生出来，同草、木、鹿、豕是一样的。可是，人没有像其他动物所有的那样爪牙，不能攫取食物。也没有像其他动物所有的羽毛，以御寒冷。人不能像其他动物一样，自己养活自己，自己保护自己。正是像荀子所说那样，人必须利用别的东西为自己服务。每一个人都要利用别的东西，他们之间就要争夺。争夺之中，必定有是非曲直。人之间必定有比较明智的人，能够判断是非曲直。人争夺不已，必定要找这些比较明智的人以判断他们的是非曲直。这些能判断的人，就得到人的信服。越能判断，信服他的人就越多。他作出的判断如果有人不听，他就加以惩罚，叫他害怕。这样就生出来君长刑政的制度。这样，周围的人就组织起来，联合成为一个群。有了群以后，这个群和那个群之间又有争夺。这种争夺，不是个人与个人之间的争夺，而是群与群之间的争夺。所以其规模就更大，这种争夺，就要用有组织的军队。有些人有更大的明智和道德。那些群的长就要找这样的人，请他判断是非曲直，听他的命令，以保卫他们自己的群里面的人。《封建论》用这样的逻辑一层一层地推下去，到后来就推论说最后有一个最有道德、最明智的人，能够判断天下的是非曲直。天下的人就都服从他，他就成为最高的统治者——天子。

柳宗元说这些话，是要证明历史中原来的诸侯割据，并不是什么人特意安排的。可是，在这一段话中，他提出了一个社会起源论和一个社会发展观。他的这种说法，有许多可以批评处。他的说法，有一点像恩格斯在《反杜林论》中所批判的暴力论。他专从政治方面讲社会起源，经济方面则没讲，而这一方面其实是最重要的。他讲“是非曲直”，好像在社会建立以前，本来就有一种道德标准。其实，道德标准是社会的产物，是随着社会而发展的。在阶级社会中，各阶级有各阶级的道德标准。《封建论》的这种说法，又特别强调所谓有道德的明智的人的作用。

但是,《封建论》在这个问题上,基本上是继承荀况的唯物主义传统的。同荀况相对的是孟子的唯心主义传统。在社会起源这个问题上,孟子讲的是"天生蒸民"、"作之君,作之师",认为君是天所立的。这是君权神授论。在这个问题上,荀况和孟轲的两种说法代表了在这个问题上的唯物主义和唯心主义的斗争。上面讲过,韩愈推崇孟轲,他是继承孟轲的唯心主义传统的。柳宗元的《天说》和《封建论》,与韩愈的主张成了鲜明的对比。

《封建论》虽然强调所谓有道德的明智的人的作用,但是,他又认为决定历史发展的主要力量,是社会的形势,不是圣人的意志。《封建论》说:"彼封建者,更古圣王,尧、舜、禹、汤、文、武而莫能去之。盖非不欲去之也,势不可也。势之来,其生人之初乎?不初,无以有封建。封建,非圣人意也。"意思就是说,从古以来,经过许多"圣王",都不能把封建制去掉,并不是不想把它去掉,而是形势不允许。这个形势就是初有人类的时候的那种情况。所以从有封建制这一点,就可以证明人类的存在是有始的。而人类开始存在的时候的形势,就决定必有封建制。

上面讲过,《封建论》指出,殷汤和周武王都是依靠当时诸侯的力量,才能成功。成功以后,他们当然不能废除封建制。他们保存封建制,是当时的形势决定的。还有一种形势,《封建论》没有说。秦国灭了六国,统一了全中国,这是光靠他自己的力量,并不靠别的诸侯的帮助。在它本国之内,他已经用法家的学说,以暴力消灭了国王以外的其他世袭奴隶主贵族。在这种形势下,在它统一中国以后,它必定要废除封建制,实行郡县制,以建立专制主义的中央集权的国家。就是这种形势,使郡县制确立下来。这一种形势,《封建论》没有说,但是照他的逻辑,是应该这样说的。

《封建论》的逻辑认为,决定历史发展的主要力量是势,而不是某一些大人物的意志。这包含有一种思想，认为历史的发展有客观的规律，这个思想也是唯物主义的思想。

《封建论》指出，殷汤、周武王行封建制，是由于不得已。下面接着说，"夫不得已，非公之大者也，私其力于己也，私其卫于子孙也。秦之所以革之者，其为制，公之大者也。其情私也，私其一己之威也，私其尽臣畜于我也。然而公天下之端自秦始。"意思就是说，殷汤、周武王保存封建制是出于私心。他们的私心认为，保存这些诸侯，可以为他们自己出力，也可以保护他们的子孙。秦朝废封建制，行郡县制，按郡县制这种制度说，它是大公的制度。当然，秦朝之所以行这种制度，也是出于私心。他的私心认为，行这种制度，君主可以有最高的权威，所有的人都必须服从他。虽然如此，秦朝行郡县制为公天下作了一个开始。

《封建论》的这一段话，包含有一种思想，认为历史的发展有一定的趋向。这个趋向就是公天下。在柳宗元的时代，他当然不能完全了解公天下的完全意义，也不能指出达到完全公天下的必由途径。但是，他能知道秦朝施行的郡县制，只是公天下的一个开始，而历史方面的趋向就是公天下。这就是很突出的具有进步意义的历史观。

《封建论》接着说："夫天下之道，理安斯得人者也。使贤者居上，不肖者居下，而后可以理安。今夫封建者，继世而理。继世而理者，上果贤乎？下果不肖乎？则生人之理乱，未可知也。将欲利其社稷，以一其人之视听，则又有世大夫世食禄邑，以尽其封略。圣贤生于其时，亦无以立于天下。封建者为之也，岂圣人之制使至于是乎？吾固曰：非圣人之意也，势也。"

意思就是说，按道理讲，能够使国家治安，能得人民的拥护。有道德才能的人占高级地位，没有道德才能的人占低级的地位，这样才可以使国家治安。在封建制的下面，国君都是世袭的，在上边的不一定是有道德才能的人，在下边的也不一定是道德不高、没有才能的人。这就不能保证这一国一定是治不是乱。即使一国的国君是道德高有才能的人,想把国治好,可是在他下面的中小贵族也都是世袭,也有他们自己受封的土地。一个国的土地,除了封给中小贵族以外,也就所余无几了。即使有"圣人"、"贤人"生在那种制度下,也不能有所作为,有所表现。这都是封建制所有的恶果,"圣人"的制度会生恶果吗?所以说,封建并不是出于"圣人"的意思,而是由于当时的形势。

这一段所讲的,大概就是柳宗元所说的"公天下"的内容。他所谓"公天下",就是叫道德高和有才能的人居于统治的地位,道德不高、没有才能的人,就居于被统治的地位。他所谓"公天下",就是使这些合理的安排得到实现。其实,在剥削阶级统治的社会中,统治阶级的人总是认为他们自己是道德最高、最有才能的人,照我们现在的标准看,柳宗元所理想的"公天下"的标准,实在是太低了。但是,拥护封建制的复古主义者,竟然连这一点的理想都没有。两下比较起来才可以看出,《封建论》在当时思想斗争中的积极意义。

柳宗元还作有《六逆论》(《唐柳先生集》卷三)。论中说:"春秋左氏言卫州吁之事,因载六逆之说,曰:'贱妨贵、少陵长、远间亲、新间旧、小加大、淫破义,六者乱之本也'。余谓:少陵长,小加大,淫破义,是三者固诚为乱矣。然其所谓贱妨贵,远间亲,新间旧,虽为理之本可也。何必曰乱?"意思就是说,《左传·隐公三年》记载卫国州吁的事情,讲到六逆的说法,认为六逆是祸乱的根本。柳宗元认为,所谓六逆,其中三者,固然是乱之本;其中另外三者,不但不是乱之本,而且是治之本。这另外三者,就是所谓"贱妨贵、远间亲、新间旧"。

《六逆论》接着说:"所谓贱妨贵者,盖斥言择嗣之道,子以母贵者也。若贵而愚,贱而圣且贤,以是而妨之,其为理本大矣。而可舍之以从斯言乎?此其不可固也。夫所谓远间亲、新间旧者,盖言任用者之道也。使亲而旧者愚,远而新者圣且贤,以是而间之,其为理本亦大矣,又可舍之以从斯言乎?必从斯言而乱天下,谓之师古训,可乎?此又不可者也。"

意思就是说，所谓贱妨贵，说的是一个国君选择他的继承人的原则。国君的儿孙们，有的是正夫人生的，有的不是正夫人生的。正夫人生的就是贵，他的贵，是从他的母亲的贵来的。这就叫子以母贵。不是正夫人生的就是贱，贱不能妨贵。正夫人生的应该有继承权。《六逆论》认为，如果贵的是愚人，贱的是道德高而又有才能的人，那就应该立这个贱的为继承人，贱的就是应该妨贵。这是治的根本。如果贱妨贵是逆的话，这是不可以的。所谓远间亲，新间旧，说的是任用人的原则。《六逆论》认为，如果亲而旧的人是些愚人，远而新的人是道德高而且有才能的人，那就应该任用那些远而新的人。远的就是应该间亲，新的就是应该间旧。这不但不是逆，而且是顺，不但不是乱之本，而且是治之本。

柳宗元在这里所说的，是他"公天下"的理想的内容的一部分。《六逆论》可以说是《封建论》的补充。在封建制下，一个国君是世袭的，在他下面的卿大夫那些大小贵族，都是世袭的，都是国君的亲和旧。郡县制就是要打破这一种贵族世袭的制度。在郡县制下，远的就要间亲，新的也就是要间旧。

《六逆论》又说："噫！古之言理者罕能尽其说。建一言，立一辞，则臲卼而不安。谓之是可也，谓之非亦可也，混然而已。教于后世，莫知其所以去就。明者慨然将定其是非，则拘儒瞽生，相与群而咻之，以为狂为怪。而欲世之多有知者，可乎？夫中人可以及化者，天下为不少矣。然而罕有知圣人之道，则固为书者之罪也。"

柳宗元在这篇文章里，反对盲从"古训"，沉痛地说出了反复古主义的人所受的压力，以及他们所有的困难。柳宗元指出，复古主义者所用的武器就是书。其实，书里边的话，有许多是错误的，不妥当的，怎样解释都可以，以致造成人们的思想上的混乱。这是书的罪过，也是复古主义者的罪过。柳宗元在这里所讲的，是他自己同复古主义者作坚决斗争的经过和经验。

柳宗元又作有一篇《天爵论》(《唐柳先生集》卷三),论中说:"仁义忠信,先儒名以为天爵,未之尽也。夫天之责斯人也,则付刚健、纯粹于其躬,倬为至灵,大者圣神,其次贤能,所谓贵也。刚健之气钟于人也为志。……纯粹之气注于人也为明。……明离为天之用,恒久为天之道。举斯二者,人伦之要尽是焉。……然则圣贤之异愚也,职此而已。使仲尼之志、之明,可得而夺,则庸夫矣。授之于庸夫,则仲尼矣。若乃明之远迩,志之恒久,庸非天爵之有级哉。……道德与五常存乎人者也。克明而有常,受于天者也。……或曰:子所谓天付之者,若开府库焉量而与之耶?曰:否。其各合乎气者也。庄周言天曰自然,吾取之。"

意思就是说,从前的人说过,仁义忠信,是天给人的爵位。这个话,说得不够全面。人类是万物中最灵最贵的。天给人刚健、纯粹之气,最大的成为"圣神",其次成为"贤能"。有些人所受的刚健之气比较多,其表现是"志"。意志坚强的人,有毅力能坚持。有些人所受的纯粹之气比较多,其表现为"明"。有"明"的人,特别聪明,长于理解和分析。《周易》的《离卦》说的是明,明、离是天的作用。《周易》的《恒卦》讲的是"志",是坚持、恒久,是天的原则。关于人的各种事情,只要举出来"明"和"志"就够了。圣贤同愚人的分别,就在这两点上。如果把孔丘的"明"与"志"剥夺了,孔丘就是一般的人了。把"明"与"志"授予一般的人,一般的人就成为孔丘了。"明"有大小,有的"明"照得很远,有的明照得比较近。志也有大小。有的志,能够坚持很久,有的比较差一点。这说明,天爵也有等级。道德和仁义礼智信,是属于人这一方面的。聪明和坚持是属于天的那一方面,是人所受于天的。有人问,你说天给人以"明"和"志",你的意思是不是说,天有这种仓库,打开仓库,称出一定的分量,把它交给人?回答说,不是这样。意思不过是说,人的某种天生的品质,跟某种气相合。庄子说,天是自然,这个话是可取的。

柳宗元在这里所讨论的问题是,道德原则是不是人的本性中所本有的？孟轲认为，仁义礼智信这些封建道德的原则，是人的本性中所本有的，是天给予人的，所以称为天爵。至于人在封建等级中的地位，那是人所安排的，不过是人爵。这是唯心主义的先验论。柳宗元批判了这种先验论，他指出，道德原则是属于人这一方面的事情。至于属于天的方面的事情，不过是人的聪明和毅力。他又说明，他所说天，是自然之天。他划清了天和人的界线，也就是划清了自然和社会的界线。这就有力地批判了孟轲的唯心主义先验论。

上面讲过，韩愈的《原性》认为仁义礼智信是人性中所本有的，他继承了孟轲的唯心主义先验论。柳宗元批判孟轲，也就是批判韩愈。在道德原则的来源这个问题上，柳宗元和韩愈作了针锋相对的斗争。

柳宗元为慧能所作的碑文中说："自有生物，则好斗夺，相贼杀，丧其本实，悖乖淫流，莫克返于初。孔子无大位，没以余言持世。更杨、墨、黄、老益杂，其术分裂。而吾浮图说后出，推离还源，合所谓生而静者。梁氏好作有为，师达摩讥之，空术益显。六传至大鉴。……其教人，始以性善，终以性善，不假耘锄，本其静矣。"（《曹溪第六祖赐谥大鉴禅师碑》，《唐柳先生集》卷六）

意思就是说，自从有生物以来，他们互相争夺，互相残杀，失了他们的本性，这样悖乱下去，不能回到他们的本性。孔子没有得到君位。他死以后，只有他的教训遗留下来，维持世界。经过杨朱、墨翟、黄帝、老子这些派别的扰乱，孔子的道理也分裂了。以后来了佛教，这才能够把离开本性的事情推回到它的本源。《礼记》中的《乐记》说："人生而静，天之性也。"佛教的学说，是合乎这个道理的。在梁朝的时候，来了禅宗的中国第一代祖师达摩。梁武帝问达摩说，我修了很多的佛寺，抄了很多的佛经，度了很多的和尚，这些作为有什么功德？达摩回答说，并没有什么功德。达摩的这个回答给梁武帝以很大的讽刺。自此以后，佛教中讲"空"的学说，更为兴盛。又经过六代的传授，到了禅宗的六祖大鉴（这是当时皇帝给慧能的称号），他所讲的、所用以教人的，开始是性善,最后还是性善,不用修行,因为人的性本来就是“静”的。

碑中的这一段话,可能是叙述当时佛教徒的话,但是,他对于这段话所说的意思是赞赏的,在碑的铭文中,他又用自己的话,把这段的意思重述了一遍。

照这段话的意思,佛教和儒教不但不互相矛盾,而且他们的中心思想基本上是一致的。他们都讲性善,都讲“人生而静”。从孔子以后,儒教衰败了,抵挡不住道教的干扰。幸而有佛教来了,这才把儒家的基本道理恢复过来。这样说起来,佛教不但不是儒家的敌人,而且是儒家的功臣。

柳宗元给另一个和尚写的碑铭说:“一气回薄茫无穷,其上无初下无终。离而为合蔽而通,始末或异今焉同。虚无混冥道乃融,圣神无迹示教功。”(《南岳弥陀和尚碑》,《唐柳先生集》卷六)意思就是说,无穷的气,是无始无终的。有时候分离,但是分了还是要合。有时候蔽塞,但是蔽了还是要通。其中虽然有些小异,但是基本上还是大同。它是虚无混冥,融化为一。圣人用这个道理教人,但是他的教训,也没有什么可以看得见的迹象可寻。

在这一段话里,柳宗元又认为,佛教所讲的性,就是儒教所讲的气,也就是他所讲的元气。

柳宗元本来是学佛的,他说:“吾自幼好佛,求其道积三十年。”(《送巽上人赴中丞叔父召序》,《唐柳先生集》卷二五)当时禅宗中分成许多派别,互相攻击,柳宗元很厌恶这种情况,批判了这种情况(《龙安海禅师碑》,《唐柳先生集》卷六)。他赞成天台宗,他说:“呜呼!佛道逾远,异端竞起。唯天台大师为得其说。”(《岳州圣安寺无姓和尚碑》,《唐柳先生集》卷六)

柳宗元反对道教,他说:“若苟焉以图寿为道,又非吾之所谓道也。大形躯之寓于土,非吾能私之。幸而好求尧、舜、孔子之志唯恐不得,幸而遇行尧、舜、孔子之道唯恐不慊,若是而寿,可也。求之而得,行之而慊，虽夭其谁悲。今将以呼嘘为食，咀嚼为神，无事为闲，不死为生，则深山之木石，大泽之龟蛇，皆老而久，其于道何如也？”（《送娄图南秀才游淮南将入道序》，《唐柳先生集》卷二五）

这一段话是柳宗元对于一个打算入道教的人说的。意思就是说，如果说得到长寿就算是道，这不是我们所说的道。我们的身体，住在大地之上，这并不是我们的私产。如果我们幸而喜欢尧、舜、孔子的道，努力求它，唯恐不能得到，如果我幸而遇到机会能行尧、舜、孔子之道，我们唯恐怕行的不满意，如果能够这样，能够长寿是有好处的。如果求到了，行得也满意，虽然早死，也没有什么可悲的。如果专讲究怎样呼吸气功、吃药、养生，什么事都不做，认为只要不死就算长生，如果这样，深山里面的树木、石头，大湖里面的龟、长虫，都能够活得很久，这些东西也能算得道吗？

柳宗元对于道教的这种批判，打中了它的要害。道教所谓长生，其实仅只是不死，何况不死也是不能得到的。

柳宗元的最后的意思是以儒教为主的三教合流。他作有一篇《送元十八山人南游序》（《唐柳先生集》卷二五）。序中说：元十八山人对于儒释道，“悉取向之所以异者，通而同之，搜择融液，与道大适。咸伸其所长，而黜其奇衺。要之与孔子同道”。

意思就是说，元十八山人对于三教能够去异求同，消化融合，发挥三教的长处而去其不合乎道的地方。这个道就是孔子之道。柳宗元赞扬元十八山人的这种做法。这也就是他自己的做法。

柳宗元又作有一篇《送僧浩初序》（《唐柳先生集》卷二五），这篇序开头说：儒者韩退之是我的很好的朋友。他认为我的缺点是嗜好佛教的道理，批评我跟佛教徒在一起。近来他又写信来，说他看了我作的《送元十八山人南游序》，并批评我不驳斥佛教。柳宗元说：“浮图诚有不可斥者，往往与《易》、《论语》合。诚乐之，其于性情，奭然不与孔子异道。退之好儒，未能过扬子。扬子之书，于庄、墨、申、韩皆有取焉。

浮图者反不及庄、墨、申、韩之怪僻险贼耶?曰:以其夷也。果不信道而斥焉以夷,则将反恶来盗跖而贱季札由余乎?非所谓去名求实者矣。吾之所取者,与《易》、《论语》合,虽圣人复生,不可得而斥也。退之所罪者,其迹也,曰:髡而缁,无夫妇、父子,不为耕农蚕桑而活乎人。若是,虽吾亦不乐也。退之忿其外而遗其中,是知石而不知韫玉也。"

意思就是说,佛教是有不可以驳斥的地方,它所讲的道理,往往与《周易》、《论语》所讲的相合,它的关于性情的学说,与孔丘之道没有什么差别。韩退之对于儒家的喜好,也未必超过扬雄。扬雄的书,对于庄子、墨子、申不害、韩非,认为都有可取之处。这四家都很怪僻、俭贼,难道说,佛教反不及这四家吗?韩退之说,因为佛教是夷狄的教,所以要反对。在中国古代,恶来、盗跖,这两个恶人倒是中国人。还有季札、由余两个贤人,这两个人是夷狄。如果我们评论人,不是以道为标准而是以是否中国人为标准,难道说就可以恶来、盗跖为朋友,而贱视季札、由余?韩退之所着重的是名不是实。佛教中,我认为可取的地方,都是同《周易》和《论语》相合的,这些地方,就是"圣人"再生也不能驳斥的。韩退之所以认为是佛教的罪状,都是表面上的迹象。他说,佛教的信徒,把头剃光了,衣服也换了,没有夫妇、父子的关系,也不从事生产,专靠别人的劳动以维持他自己的生活。这些情况我也是不赞成的。韩退之所恨的是佛教的外表,至于它的内部精神,韩退之就遗弃了。这好像遗弃一块石头而不知道其中有蕴藏的玉。

照柳宗元"诚乐之"的说法看来,他对人生"乐"的精神境界还是有所追求,后来的道学教人寻孔颜乐处,柳宗元对这一点似先有了解,似有所见。如果再进一步,就过渡到了道学。

上边讲过,韩愈没有从哲学的根本问题驳斥佛教。他自己的哲学思想也是唯心主义。他是不能从根本上反对佛教的。柳宗元就其哲学思想说,本来可以应用其在自然观和社会观上的唯物主义思想,比韩愈进一步批判佛教。但是他所说的是以儒教为主,而采取佛教中跟他所认为是同孔丘之道相合的地方。他认为佛教所讲的“佛性”，就是儒家所说的“性本善”，佛教所说的能够创造世界的“心”，就是儒教所说的“元气”。这是很粗糙的比附，但是，这是佛学向道学的过渡。

第四节　刘禹锡的唯物主义和法制思想

刘禹锡(772—842年)字梦得，彭城人。唐代著名的诗人、文学家和唯物主义哲学家。他和柳宗元一起参加了王叔文的政治改革，在失败后，与柳宗元同样受到迫害。他的著作，后人编辑为《刘梦得文集》(本书用的是《四部丛刊》本)。他的哲学著作，主要的有《天论》三篇(《刘梦得文集》卷一二)。

《天论》的序说：向来讲天的人有两种说法。一种是说，天与人之间，有互相感应的影响，作恶的人必然得祸，行善的人必然得福。作恶或行善是感，得祸或得福是应。有个主宰之天，赏善罚恶。这种说法称为“阴骘之说”。另一种说法，是说“天人相异”，没有感应的关系，就自然界说，好的东西也不免于雷霆的打击，坏的东西，在春天也能同样地生长。天是没有选择的。宇宙之间，没有什么主宰。这种说法称为“自然之说”。韩愈的天说，主张“阴骘之说”。柳宗元作《天说》，主张“自然之说”。柳宗元的文章是很好的，但也是“有激而云”，讲得不够全面。刘禹锡说，所以他自已又作《天论》，把这个辩论进行到底。刘禹锡的这篇序言，说明了他们三个人关于天的辩论的过程。就实际情况来说，柳宗元、刘禹锡与韩愈的遭遇一样，立场一样。韩愈遭贬而发牢骚，刘禹锡、柳宗元是帮助韩愈说话，为之补充，并不是和韩愈作斗争。

从哲学上说，韩愈主张“天人感应”，这是唯心主义的主张。柳宗元主张“天人相异”，否认有主宰之天。就这一方面说柳宗元的思想，是唯物主义的。但是,专从他所讲的话看,似乎天与人是完全分开,各不相干,中间没有任何关系。这就不够全面。刘禹锡认为"天人感应"这种说法固然是不对,但是天人之间也是互相联系、互相影响的。这种情况,刘禹锡称之为"天人交相胜"。

他们三个人所讨论的问题,是自然界和人类的关系的问题,即中国传统哲学中所说的"天人之际"的问题。宗教迷信对于自然界作了歪曲,认为有一个主宰,能够干预人事,赏善罚恶。人的行为也能招来它的干预。这种主宰称为天,这个所谓天就是主宰之天。韩愈所说的天,就是主宰之天。这种天本来是没有的,韩愈的说法完全是虚妄的。柳宗元和刘禹锡所说的天是自然之天。自然之天本来是没有意识的,当然不能对于人事作有意识的干预。人的行动也不能招来它的有意识的干预。就这方面说"天人相异",天人不相影响。但是人类也是自然的一部分,自然的各部分都是互相影响的。刘禹锡就是在这一方面补充了柳宗元。

《天论上》开头就说:"大凡入形器者,皆有能有不能。天,有形之大者也;人,动物之尤者也。天之能人固不能也;人之能天亦有所不能也。故余曰:天与人交相胜尔。"在这段话里,刘禹锡肯定,天也是一种"形器",就是说,它也是有形的,具体的东西。就是说,它也是物质的东西。《天论下》说:"天之有三光悬寓,万象之神明者也,然而其本在乎山川五行。浊为清母,重为轻始。两位既仪,还相为庯。嘘为雨露,噫为雷风,乘气而生,群分汇从。植类曰生,动类曰虫。"意思就是说,天上有日、月、星三光,高悬在万物之上,是很神明的。其实,其根本还是在于"山川五行"(水、火、木、金、土)。天有阴阳二气,阳气的性质是清轻;阴气的性质是重浊。清是浊所生的,重是轻的开始。阴阳这两仪,是不同的,但是互相为用的。阴阳二气生出有雨、露、雷、风。有了雨、露、雷、风,就生出了万物。万物有许多类,主要的是植物和动物两类。

以前的唯物主义者也都认为天地的形成是由于元气的分化:“轻清者上浮为天;重浊者下沉为地”。刘禹锡继承了这个原则,但有不同的提法。他着重在“两仪”的交互作用,认为轻清的阳和重浊的阴,是交互错综、互相依存和互相转化的。“浊”反而为“清”的“母”,“重”反而为“轻”的“始”。这说明他的唯物主义自然观也兼有辩证的意义。

所以天也是一种有形的物质的东西,不过是特别大的而已。人也是一种动物,但是在动物之中最为突出。所以天和人都是有所能,有所不能。天所能的,人固然不能,人所能的,天也有所不能。在天所能而人所不能的问题上,天固然可以胜人,在人所能而天所不能的问题上,人也可以胜天。这就叫“天人交相胜”。

什么是天之所能而人之所不能的?什么是人之所能而天之所不能的?《天论上》接着说:“天之道在生植,其用在强弱。人之道在法制,其用在是非。”

刘禹锡在这里所讲的天与人的分别,接触到赫胥黎在他的《天演论》所讲的“天择”和“人治”的对立。赫胥黎认为,在自然界中,生物都是竞争生存,优胜劣败,弱肉强食。谁最强,谁就拿到别的生物当食物吃。而在社会中,就不由强弱所决定,社会所保护的,往往是弱者。刘禹锡也认为生物都是天所生的,生殖万物是“天之道”。天的作用表现在强弱。就是说,生物既生以后,能否存在,要看它的体力是强是弱。至于在人类社会中,人组织了社会,其中就要有维持社会存在的规章制度,这就叫法制。人生在社会中,是社会的成员。谁能存在,就不是靠他的体力强弱,而是靠他的行为能否合乎法制。法制是人所立的,是人之道,人之道的作用表现为是非。合乎法制的就是是,不合乎法制的就是非。体力强弱出于天,一只鸡怎么样也打不过老虎。法制是非,出于人。人可以在社会的范围内改变体力强弱相胜的自然状态,这就是“人之道”战胜了“天之道”。

刘禹锡举了一个例,以说明这个道理,他在《天论中》说:“若知旅乎？夫旅者群适乎莽苍，求休乎茂木，饮乎水泉，必强有力者先焉，否则虽圣且贤莫能竞也。斯非天胜乎？群次乎邑郛，求阴于华榱，饱于饩牢，必圣且贤者先焉，否则虽强有力莫能竞也。斯非人胜乎？苟道乎虞芮，虽莽苍犹郛邑然；苟由乎匡宋，虽郛邑犹莽苍然。是一日之途，天与人交相胜矣。”

意思就是说，譬如人旅行。走到离城市相当远的地方，想在大树下面休息一下，到泉水旁边喝一口水。在这种情况下，身体强壮有力量的人跑在前边。虽有圣人、贤人，也不能和他竞争。这不是“天胜”吗？人进了城，想在华丽的房子里面休息，想吃好饭。在这个时候，圣人、贤人就在先，身体强壮有力量的人也不能和他竞争。这不是“人胜”吗？如果社会上的秩序很好，在野外也就和在城里一样，都是“人胜”。如果秩序不好，在城里也和在野外一样，都是“天胜”。在走一天的路之中，就可以看出来这种差别。

《天论中》接着说：“吾固曰：是非存焉，虽在野，人理胜也。是非亡焉，虽在邦，天理胜也。然则天非务胜乎人者也。何哉？人不宰则归乎天也。人诚务胜乎天者也。何哉？天无私，故人可务乎胜也。”

意思就是说：是非是人理；强弱是天理。如果有是非，虽然在野外，也是人理胜天理。如果没有是非，虽然在城里，也还是天理胜人理。天并不是有意要胜人。人不管的地方就归于天。人是有意要胜天。天没有意志，所以人可以有意地胜天。

《天论上》说：“人能胜乎天者法也。法大行则是为公是，非为公非。天下之人，蹈道必赏，违善必罚。当其赏，虽三旌之贵，万钟之禄，处之咸曰宜。何也？为善而然也。当其罚，虽族属之夷，刀锯之惨，处之咸曰宜。何也？为恶而然也。故其人曰：天何预？乃人事邪。……法小弛则是非驳，赏不必尽善，罚不必尽恶。或贤而尊显，时以不肖参焉。或过而僇辱，时以不辜参焉。故其人曰：‘彼宜然而信然，理也。彼不当然而固然，岂理邪？天也。……法大弛，则是非易位，赏恒在佞而罚恒在直。义不足以制其强，刑不足以胜其非。人之能胜天之实尽丧矣。……故曰：天之所能者，生万物也。人之所能者，治万物也。法大行，则其人曰：'天何预人邪？我蹈道而已'。法大弛，则其人曰，'道竟何为邪？任人而已'。法小弛，则天人之论驳焉。……天恒执其所能以临乎下，非有预乎治乱云尔。人恒执其所能以仰乎天，非有预乎寒暑云尔。生乎治者人道明，咸知其所自，故德与怨，不归乎天。生乎乱者人道昧，不可知，故由人者举归乎天。非天预乎人尔。"

意思就是说，人之所以能胜天，是因为它能有社会组织。社会之所以能组织起来，因为它有法制（简称为法）。法是社会中的是非的唯一标准。合乎法的为是，违反法的为非。这种是非，不是哪一个人和哪一部分人的私见，而是社会上的公是公非，在法得到彻底贯彻的时候，就是这个样子。社会中的人，照着公是而行，就是善的行为。违反公是的行为，就是恶的行为。善的行为必然得赏，恶的行为必然得罚。如果一个人得到的赏和他的善的行为完全相当，无论得到怎么重的赏，大家也都认为是应该的。为什么呢？因为这是他行善的结果。如果一个人所得的罚和他的恶的行为完全相当，无论他得到怎么样重的罚，大家也说是应该的。为什么呢？因为是他作恶的结果。在这种情形之下，人都说天是不干预人事的。如果法有一点废弛，是非就混乱了。受赏的人不一定都是善人，受罚的人不一定都是恶人。于是人们就认为，这是天的干预。在法完全废弛的时候，是非完全颠倒了，受赏的是那些长于逢迎谄媚的人，受罚的倒是那些正直的人。道德伏不了那些强暴的人，刑罚也止不住那些为非作歹的人。于是人之所以能够胜天的那一点的实在的东西，完全丧失了。所以说：天之所能的，是生长万物。人之所能的，是治理万物。在法大行的时候，人们说：天同人有什么关系？我照着道而行就是了。法在废弛的时候，人们说：道有什么用？人爱干什么就干什么；在法部分废弛的时候，人们对于天人关系的认识就混乱了。实际情况是，天总是用天的所能以对待人，对于社会上的治乱，它是不能干预的。人总是用人的所能以对待天,像四时寒暑这些自然界的变化,人是不能干预的。在法制完全的时候,人道是光明的。生在这种时候的人,都知祸福是怎样来的,对于天,既不感恩,也不怨恨。在法制混乱的时候,人道是暧昧的,不发生作用了。生在这种时候的人,不知祸福是怎样来的,就把本来属于人的事,归之于天。其实,天对于人事是不干预的。

刘禹锡严格地区分了天和人的界限,由此建立了他的唯物主义自然观。他又提出了"天人交相胜"的理论,这又肯定了人的主观能动性。他认为天之所能的是生万物,人之所能的是治万物。他所说的治万物范围很广。他说:"阳而阜生,阴而肃杀,水火伤物,木坚金利,壮而武健,老而耗眊,气雄相君,力雄相长,天之能也。阳而艺树,阴而揪敛,防害用濡,禁焚用洒,斩材窾坚,液矿硎铓,义制强讦,礼分长幼,右贤尚功,建极闲邪,人之能也。"(《天论上》)

意思就是说,在春夏阳气盛的时候,万物都生长。在秋冬阴气盛的时候,万物都衰落。水火能够伤物,木头是坚的,金属是锋利的。凡生物在年轻的时候,都很强壮,在年老的时候,都要委靡。谁有雄气,谁有体力,谁就为长。这都是天之所能。在春夏阳气盛的时候,人就种庄稼,在秋冬阴气盛的时候,人就收获耕种的果实。水火能够伤物,但是人可以防治。木头是坚的,但是人能够把他砍断做成器具。金属是锋利的,但是人可以把它化为液体,铸成兵器。人也可以用义以制裁那些强横的人,制定礼以别长幼,尊崇有贤能、有功劳的人,建立是非的标准以防止邪恶的人。这是人之所能。刘禹锡所说人之所能是治万物,这个治万物,包括建立社会和改造自然界。一切改造自然界的事情都是治万物。

刘禹锡把《天论》送给柳宗元看,柳宗元回信说:"详读五、六日,求其所以异吾说,卒不可得……若子之说,要以乱为天理,理(按即治字)为人理耶,谬矣。……独所谓无形为无常形者甚善。"(《答刘禹锡天论书》,《唐柳先生集》卷三一)意思是说,他细读《天论》,没有发现同他的《天说》有根本的不同。刘禹锡认为,乱是天理,治是人理,这是大错,只有说无形是无常形,这一点很好。

照这封信看起来,柳宗元完全没有懂得刘禹锡的"天人交相胜"这个基本思想,没有分清自然和社会的界限。所谓治、乱,完全是就社会中的社会秩序而言。自然界不是社会,无所谓治、乱。"乱为天理,治为人理",这是把自然界也看成社会,把社会的范畴强加于自然界,这正是刘禹锡所反对的。"无形为无常形",这一点柳宗元赞同,这是他的唯物主义思想的表现。但是刘禹锡在这一点上的混乱,如上面所分析的,柳宗元没有看出,也是不可能看出的。

刘禹锡又指出,人对于天的迷信,如"阴阳之说"之类,还有其认识论的根源,那就是对于自然的不认识,不了解。刘禹锡举了一个比喻。一条船在小河里边走,走快走慢都是由人控制,什么时候停,什么时候走,也都是由人控制的。河里面也不会有大风、大浪。有些船走得快,走得平稳,这是由于人力;有些船翻了,有些搁浅了,这也是由于人。船里面的人没有讲天的,为什么呢?因为道理是很明白的。要是在大江、大河、大海里面,船走快或走慢,人不能控制什么时候停,也不能掌握什么时候走。遇见大风大浪,船能平稳地走是靠天,船沉了也是由于天,船危险了但是还能不沉,也是靠天。船里面的人没有不讲天的,为什么呢?因为道理不明白,"理昧故也"。

刘禹锡设问说:有几条船齐头并进,风和水的情况都是一样。可是,其中有的沉了,有的没有沉,这不是由天管住的吗?回答说:"水与舟,二物也。夫物之合并,必有数存乎其间焉。数存然后势形乎其间焉。一以沉,一以济,适当其数乘其势尔。彼势之附乎物而生,犹影响也。本乎徐者其势缓,故人得以晓也。本乎疾者其势遽,故难得以晓也。彼江海之覆,犹伊淄之覆也。势有疾徐,故有不晓尔。"(《天论中》)

意思就是说,水和船是两个东西。这两个东西合在一起,就有行船这种事情发生。凡不同的东西合在一起,其中必有一定的规律(数)。有了规律,就有一定的形势表现出来。有的船走过去了,有的船沉了。这是因为那些船恰好碰到某一种数和某一种势相乘的结果。形势是附于物而生的,就好像影子是跟着形象而生的,回响是跟着声音而生的。附于走得慢的东西而生的形势,是缓和的,所以人容易明白;附于走得快的东西而生的形势是急遽的,所以人不容易明白。船在江海里翻了同在小河里翻了道理是一样的,但是,小河里面的水流得慢,随着来的势也缓和。江海里面的水流得快,随着来的势也急遽,所以不容易明白。

总起来说,刘禹锡认为人对于天的迷信有两个来源,一个是社会中的法制的松弛,如果法制得到贯彻,迷信的这个来源就没有了。一个是对于自然的不认识,不了解,如果对于自然增加认识和了解,迷信的这个来源也就没有了。

关于认识和了解自然这一方面,刘禹锡提出"数"和"势"这两个概念。他又提出一个原则:"数存而势生"。他解释说:"天形恒圆而色恒青,周回可以度得,昼夜可以表候,非数之存乎?恒高而不卑,恒动而不已,非势之乘乎?今夫苍苍然者,一受其形于高大,而不能自还于卑小,一乘其气于动用而不能自休于俄顷。又恶能逃乎数而越乎势邪?吾固曰:万物之所以为无穷者,交相胜而已矣,还相用而已矣。天与人,万物之尤者尔。"(《天论中》)

意思就是说,有某一个规律,就有某种形势生出来。天的形是圆的,颜色是青的,周围是可以用度数量的,昼夜是可以用仪表测的,可见是有规律(数)存于其间。天的形是高大的,已成为高大就不能回到卑小。天的气是动而发生作用。动就不能一刻停止。可见天也不能逃出它的规律,超出它的形势。所以我说,万物之所以是能存在无穷,因为它们是交相胜,互相用。天和人不过是万物中比较突出的东西。天人交相胜，不过是万物交相胜、互相用的一个突出的例子。

刘禹锡在这里接触到哲学中的一个重要问题，就是一般和特殊的问题。数这个字在中国古代思想中，有很多不同的意思。如算命占卦那些迷信，也称它们讲的是数，刘禹锡所说的数是规律的意思。他说，天周围可以用度数量，昼夜可以用仪表测，这说明他认为自然界的运行是有规律的，他所说的数是一般，他所说的势是特殊，一般存于特殊之中。他讲数的时候，用"存"字，他讲势的时候用"形"字，一般是不能有形的，有形就成为势。"形存而势生"，就是一般存在特殊之中。这就是所谓数和势相"乘"。这个"乘"可以解释为乘马乘车的乘，也可以认为是加、减、乘、除的乘，有互相依存、互相作用的意思。

刘禹锡接触到另一个哲学问题，就是万物之间的关系问题。刘禹锡用六个字说明这个关系，就是"交相胜"、"互相用"。就是说，万物都是互相联系在一起的，其中有斗争，有统一。斗争就是交相胜，统一就是互相用。刘禹锡接触到万物变化的总规律，矛盾统一的规律。

刘禹锡又设问说：天是有形的东西，所以不能逃乎数。那些没有形的东西，你把它的数寓在什么地方？回答说："若所谓无形者，非空乎？空者，形之希微者也。为体也不妨乎物，而为用也恒资乎有，必依于物而后形焉。今为室庐而高厚之形藏乎内也。为器用而规矩之形起乎内也。音之作也有大小，而响不能逾；表之立也有曲直，而影不能逾。非空之数欤？夫目之视，非能有光也，必因乎日、月、火炎而后光存焉。所谓晦为幽者，目有所不能烛尔。彼狸、狌、犬、鼠之目庸谓晦为幽邪？吾固曰：以目而视，得形之粗者也。以智而视，得形之微者也。乌有天地之内有无形者邪？古所谓无形，盖无常形尔，必因物而后见尔，乌能逃乎数邪？"（《天论中》）

意思就是说，你所谓无形的东西，大概是空吧？空是稀微的形。就它的本体说，它对于别的东西不成为窒碍。就它的用说，它必须依靠别的东西，他才能有自己的形。盖一所房子，其中就藏有高厚之形。作一件器具,其中就显出来方圆之形。发出来的声音有小有大,它的回响也有小有大。立一个标尺有曲有直,它的影子也有曲有直,这不就是空的数吗?人的眼睛看东西,不能自己发光,必须借日光或火光,然后才能看见东西。在没有光的地方,人看是黑的,这不过是人的眼看不见而已。像狸猫、猩猩、狗和老鼠,它们的眼能够看见人所看不见的东西,它们就不说没有光的地方是黑的。我一直说,用眼看,所得到的是粗的形,用智力看,所得到的是稀微的形。天地之内岂能有无形的东西?所谓无形,不过是没有平常所见的形,必须依靠别的东西才能显出自己的形来。它岂能逃出一般的规律之外?

刘禹锡的这一段话,提出了一个重要的唯物主义原则命题,就是说,没有无形的东西。所谓无形的东西,只是人的感觉器官所不能感觉到的。比如原子、电子之类,并不是无形,只是因为人的感觉器官能力有限,不能感觉这样的微形。就人说,只能凭自己的智力才能认识这些似乎是无形的东西。凡有形的东西,都必须受一定的规律的支配。这就是刘禹锡所说的不能逃乎数。

但是,刘禹锡所举的例,有些是不恰当的。比如他说,盖了房子就有高厚之形,作了器具就有方圆之形。其实高厚和方圆是房子和器具的性质。高厚和房子的关系,方圆和器具的关系,是一般与特殊的关系。一般必须寓于特殊之中,必须依靠特殊而后存在。但是,这种分别并不是粗和微的分别。不能说房子是粗的形,高厚是细的形,器具是粗的形,方圆是细的形。至于声音的回响,标尺的影子,就人的感觉说,也本来就是有形的东西。这两个例子不说明什么问题。

大概刘禹锡讲无形的时候,他所讲的无形包括一般,也包括细微的物质。他所说的"空者,形之希微者也"以下几句话,讲的是一般。就下边所举的例说,高厚这个一般对于别的东西没有窒碍,又必须依靠别的东西才能有形。这就是说,高厚这个一般存在于高厚的房子中,它是高厚房子的性质。这里所说的是一般和特殊的关系,抽象和具体的关系。一般和抽象是不能凭感觉认识的，只可凭智力认识。刘禹锡所讲的，人的视力所不能见到的东西，狗和猫的视力可以见到。这里所讲的是粗和微的分别。这同抽象和具体的分别完全是两回事。刘禹锡所讲的无形，似乎包括这两回事。所以有点混乱。但古人究竟是古人，不能苛求。

《天论下》作了一个总括说："倮虫之长，为智最大，能执人理，与天交胜。用天之利，立人之纪，纪纲或坏，复归其始。"意思就是说，动物之中人是最突出的，他的智力最大，他能用人理同天斗争，能改造自然，利用自然为自己服务。他能立法制以建立社会。法制是最重要的，如果法制没有了，社会就坏了，人就回返到原始自然状态。这是刘禹锡对于人类在宇宙中的地位所作的估价。这种估价是正确的。他对于人类的前途也作了指示警告，指出人类之所以能存在，由于有社会，社会人的存在，由于有法制。如果没有法制，社会就要破坏，人类就要毁灭。这种指示和警告，也是正确的。

对于佛教，刘禹锡还是非常尊崇的。他说：他做官二十年，在思想上没有什么成就。于是他认为，世上所讲的"道"，都难走通，只有佛教的"出世间法"，值得用心。他"事佛而佞"，就是说尊奉释迦牟尼，达到谄媚的地步(《送僧元暠南游》，《刘梦得集》卷七)。这是刘禹锡对于佛教的态度。

刘禹锡又说："天生人而不能使情欲有节，君牧人而不能去威势以理至有。乘天工之隙以补其化，释王者之位以迁其人，则素王立中枢之教，懋建大中；慈氏起西方之教，习登正觉。至哉！乾坤定位，有圣人之道参行乎其中，亦犹水火异气，成味也同德。轮辕异象，致远也同功。然则儒以中道御群生，罕言性命，故世衰而寖息；佛以大悲救诸苦，广启因业，故劫浊而益尊。……革盗心于冥昧之间，泯爱缘于死生之际，阴助教化，总持人天。所谓生成之外，别有陶冶，刑政不及，曲为调揉，其方可言，其旨不可得而言也。"(《袁州萍乡县杨岐山故广禅师碑》，《刘

梦得文集》卷三〇)

意思就是说,天生人,可是不能叫人的情欲有节制。君治理人,可是不能不用威势以办事。天和君的作用,都有一定的限制,一定的缺陷。总还需要有些人出来,他们也是人,但是,他们能够弥补天的不及。他们没有君位,但是他们能够用一种教使人改变心性,像中国的孔丘,西方的释迦牟尼,就是这样的人。孔丘之教的要点是"大中",佛教的要点是"正觉"。自从有了天地,这两种圣人之道就存于其间。它们有所不同,这就比如水和火是不同的,但做饭菜需要水也需要火。车轮和车辕是不一样的,但是用车走路,必须要轮,也必须要辕。不过儒教用"中道"教人,不多讲性命,所以在世衰的时候,儒教也逐渐地衰了。佛教用大悲救众生,脱离苦海,宣传因果报应,所以世道越衰它就越得到人的信仰。它能够在人没有生的时候,就把他的贪爱之心消灭了。它在无形之中帮助教化。他的教化不仅普及于人,也普及于"天",佛教所说的天也是一种有情之物。而在天地生成之外,还有一种造作,于人群的政治之外,还有一种教化。它的具体的表现是可以用言语说的,它的根本的精神,是不能用言语说的。

刘禹锡在这段话里,说出了他心目中的儒教和佛教的作用,以及这两教的优劣。在《天论》中,他认为社会之所以能够建立,主要的是靠法制。在这段话里,他又认为仅只法制还是不行,因为人生来都有情欲,而又不能对于自己的情欲有所节制。这是人生来就有的缺陷,所以要用法制、威势以作节制。但是,专靠威势还是不行,还需要教化。刘禹锡认为,儒教和佛教,它们之间有所不同,但是可以起同样的作用,相互为用。在这一点上,刘禹锡的主张和当时的三教平行论是一致的。刘禹锡又认为,儒教讲的是"中道",其作用就个人说,可以节制情欲,就社会说,可以缓和阶级矛盾。但是,儒教不着重讲人生的根本问题,就社会论社会,所以在社会秩序混乱的时候,它就不行了。佛教着重讲生死轮回、因果报应,所以社会越混乱,人就越向佛教中逃避现实,寻求安慰，就越信仰佛教。刘禹锡认为，这是佛教优于儒教的地方。

柳宗元为慧能作碑文，刘禹锡为慧能作第二碑。碑的铭文说："至人之生，无有种类。同人者形，出人者智。蠢蠢南裔，降生杰异。父乾母坤，独肖元气。一言顿悟，不践初地。"（《刘梦得文集》卷三〇）他说："独肖元气"。可见他认为佛教所说的真心，相当于儒教所说的元气。在这一点上，他也有用儒家思想解释佛教的倾向，像柳宗元那样。不过在这一点上他没有发挥。

从上面四个人所讨论的问题看，他们所注意的不是人的生死问题，而是社会的治乱问题。他们所注意的不是因果报应，而是人和自然的关系，个人和社会的关系。他们所注意的不是人的来生，而是人的今生。他们都企图用儒家的一些范畴解释佛家，虽然他们的解释都粗略比附，不是融会贯通。他们对于儒、佛两家都有所联系。这是一个过渡时期常有的现象。他们的时代是从佛学向道学过渡的时代，他们是这个时代的思想上的代表人物。

责任编辑:李之美
版式设计:顾杰珍

图书在版编目(CIP)数据

中国哲学史新编(中卷)/冯友兰著.
-北京:人民出版社,2007.3(2017.4重印)
(当代中国学术精品·哲学)
ISBN 978-7-01-002666-4

Ⅰ.中…　Ⅱ.冯…　Ⅲ.哲学史-中国　Ⅳ.B2

中国哲学史新编

ZHONGGUO ZHEXUESHI XINBIAN

(中　卷)

冯友兰　著

人民出版社 出版发行
(100706　北京朝阳门内大街166号)

北京中科印刷有限公司印刷　新华书店经销

1998年12月第1版　2007年3月第2版
2017年4月北京第10次印刷
开本:635毫米×927毫米 1/16　印张:40
字数:509千字　印数:31,901-36,900册

ISBN 978-7-01-002666-4　定价:63.00元

邮购地址 100706　北京朝阳门内大街166号
人民东方图书销售中心　电话 (010)65250042　65289539